九十波逸提（一）

比丘戒研究
・第六冊・

淨業編委會 著

主編：賢威

副主編：賢幫、法教

編委：賢處、法馳、賢極、賢徹、賢虛、賢爽、賢唐、法額、法愚

推薦序

道偉法師

　　去年底，中國智者佛教文化研究中心在天台宗祖庭玉泉寺成立了。該中心的研究範圍主要以玉泉寺祖庭文化為依託，同時涵蓋整體佛教文化、中國傳統文化以及湖北宜昌地區文化的研究。中心計劃定期舉辦佛教學術研討交流活動和文化藝術活動，開展佛學講座，培養佛學研究人才，並陸續出版一些學術研究著作。簡言之，我們成立智者佛教文化研究中心的目的，就是想為佛教教育及佛學研究做點微薄的貢獻。

　　深入推進新時代佛教中國化，是目前中國佛教的重要課題和發展主線。對於玉泉寺來說，它在歷史上的出現及延續本就受惠於佛教中國化，畢竟作為漢傳佛教八大宗派之一的天台宗正是佛教中國化的代表性產物。天台宗祖智者大師在這裏貢獻了智慧，玉泉寺則見證了這一大事因緣，並由此塑造出獨特的祖庭文化。如今，新時代佛教中國化成為了佛教在當代中國契理契機傳承的必由之路，在「傳統佛教如何轉型為適應現代中國社會的現代佛教」這一課題的深入研討上，玉泉寺更有着義不容辭的責任和義務。因此，我們不僅僅想讓智者佛教文化研究中心成為玉泉寺學修體系的承載平台，同時也希望該中心以推進佛教中國化作為工作主線，為弘揚社會主義核心價值觀、

踐行人間佛教思想，為實現中華民族偉大復興的中國夢貢獻應有的智慧和力量！

基於這樣的理想，智者佛教文化研究中心聚集了一些志同道合的專家學者，賢威、法教、法馳、法額、法愚等法師陸續加入進來，壯大了科研隊伍。

早在中心成立之前，賢威法師等人就已經着手編撰《比丘戒研究》，數年來聚螢積雪，如今功成，將要付梓，值得祝賀。中心的其他同仁也表示這是一部佳作，值得推廣，希望能幫助推進出版事宜。他們約我寫幾句話，實在不好推辭，然而我不曾深入研究戒律學，在此謹就本書的相關情況向讀者進行一下介紹。

戒律作為佛法修學的必備基礎，其重要性無須多言。但由於時空與文化的種種隔礙，能夠準確理解戒律之內涵並在新的境況下具體行持，實屬不易。其困難來自於，雖然歷史上祖師完成了戒律的中國化——南山律在古代中國指導了戒律行持，但新時代戒律中國化的研究卻寥寥無幾。因此，修行人面臨理論與實踐方面的重重困惑，尤其需要當代對戒律的深入研究，本書即是此方面的探索。

有價值的研究必須在之前的基礎上有更豐富的研究材料，以及採取更優良的研究方法。本書採用的研究材料，除了南山律採用的當時已經翻譯的四律五論，又增加了後續翻譯的《根有律》、《巴利律》。同時利用了梵巴藏律典文獻，並借鑒了古今中外重要的律學研究成果。得益於時代的發展，本書在研究材料方面比傳統的律學研究更具優勢。

本書採用的研究方法也頗具創意。賢威法師等在多年深入南山律的基礎上，整合了教界與學界的佛學研究方法，形成了方法論的「三觀」：用無常觀涵攝史學方法，用因緣觀涵攝各類社科方法，用圓融觀指導修行實踐。應該說，本書所採用的傳統和現代結合、信仰和學術互補的綜合性研究方法，在教內外對比丘戒全體作系統性研究的著作中並不多見。教內的比丘戒研究一般遵循傳統解毗尼的方法，研究成果也就很難超越傳統結論的邊界，由於彼此立場和方法的對立，與學界的溝通也受一定限制。而學界的研究，限於對「客觀真實」的單線訴求，只求解構分析而無實踐的意識和動力，也往往造成

結論的局限又無關於實際修證。本書在方法論方面的探索，能夠優化教界與學界的溝通渠道，使其更有利於理解戒律的深刻內涵，有可能成為佛學研究的優良範例。

可以說，本書所做的戒律研究是新時代佛教中國化的勇敢探索。衷心希望這本書的出版能對戒律學修有所幫助，乃至於起到實踐指導作用。

衷心感謝香港信眾黃振強、曾紅荔伉儷的大力支持，讓本書得以順利出版。

玉泉寺方丈、中國智者佛教文化研究中心發起人

釋道偉

癸卯年農曆二月廿一

編序

賢威

　　2009 年，我們一批戒子在香港西方寺完成了三壇大戒的受戒儀軌，從形似沙彌成為具戒比丘。想到自己成為和舍利弗、目犍連一樣的比丘，內心無比歡喜，發願要好好持守戒律。

　　但緊接着，關於持戒的困惑接踵而來，每天都會擔心自己犯了戒，更擔心自己因為無知犯戒而不自知，甚至因看到南山律的個別文句而擔心自己是否得戒。理工科出身的自己總是喜歡鑽牛角尖，層出不窮地產生新的戒律問題，縈繞於心不能自拔。那段時間經常因這些困惑不斷去問師父，師父也不厭其煩地回答，總算度過了最迷茫的時期。

　　2012 年開始，師父指導僧團研究南山律，並在研究過程中整理南山律典籍的校釋。2013 年至 2015 年，筆者帶領一個十人小組負責《四分律含注戒本》、《四分律含注戒本疏》、《拾毗尼義鈔》的研究，獲得了很多對戒律的進一步理解，得知之前的很多問題來自對律學的無知與執著，但仍然對一些持戒問題困惑不已，尤其是發現不少戒律的要求很難在實際中落實。在研究過程中，我們一開始對南山律的觀點是完全接納，毋庸置疑。但通過溯源律典原文，我們發現南山律中的一些引文過於簡略會導致理解的偏差，甚至發現

祖師也會對印度文化不熟悉而產生誤解，慢慢了解到南山律雖然達到了所在時代的律學頂峰，但也存在着時代的局限。而自己和同行的持戒經歷，使筆者發現所學的律學與時空因緣有不少脫節之處，造成許多持戒的困惑，甚至誘發焦慮與恐慌。很長時間後自己才反思到，死執南山律的文句，其實完全與祖師之意背道而馳。道宣律師在反覆學習律典並精進行持的基礎上，創造性地完成了適應當時因緣的南山律，是唐代佛教戒律研究的典範。而我們作為後來的學人，沒有效學祖師的研究精神，僅將其結論作為唯一標準，其實是思想與行為的懶惰，必然導致種種困惑與矛盾。蕅益大師的感歎「《隨機羯磨》出，而律學衰，如水添乳也」，更啟發自己產生了研究律典以解決疑問的願望。在這個時代，戒律相關的各種文獻資料比過去更容易得到，對戒律背後的層層緣起可以理解得更加深入，我們有機會站在祖師的肩膀上，更深刻地理解戒律的內涵，以達成順應當下因緣的戒律實踐。

在研究戒律期間，師父也多次組織弟子們去海內外的寺院參訪，讓我們了解到，不同僧團對戒律的不同理解和行持，帶給各個僧團不同的修行氣質。由此我們大大擴展了眼界，對很多問題不再執著要找到一個標準答案，而是思考不同做法背後的現實因緣。而諸位高僧大德的智慧開示，也啟發我們深入思考，萌發了解決戒律問題的決心和自信。而解決這些問題，僅依靠南山律是不夠的，必須研究更早期的律典，並採取優良的研究方法。

研究南山律的經歷讓我們理解了傳統義理研究方法的特點。而自出家始，師父就重視弟子佛教教理的學習，除了《法華經》、《大般涅槃經》等主要的幾部大乘經典，《俱舍論》、《大智度論》、《中論》、《瑜伽師地論》也是必讀論著。同時，師父一直要求弟子掌握現代佛學研究方法，邀請了專家學者指導我們的研究，並多次邀請社會科學相關的老師授課，指導弟子學習了文獻學、語言學、思想史、哲學史、佛教史、印度史、藏經學、宗教學、法律學、印度教派義理等等各方面的知識。這些積累都成為之後研究律典的基礎。

2016 年在師父的指導下，常住組建了由筆者負責的律典研究小組。我們在研究南山律的基礎上，結合傳統和現代的研究方法，目的是指導實際的修

持，解決持戒的困惑。半年時間的籌備，使我們了解古今中外對比丘戒的研究成果，結合之前修學戒律的經驗，確定了小組的研究方向。研究過程中，我們收集了各類部派律典以及戒律相關的文獻素材，為掌握研究方法學習了各類學科和相關語言，結合實際行持戒律的經驗，以及僧團中共住的經驗，通過多年的閉門專研，完成了這部《比丘戒研究》。

師父多年以來孜孜不倦的教誨和培養，大恩無言；龍泉寺常住法師們的關懷與慈悲，深恩難忘。謹以此書聊以報之！

由於是集體的研究工作，本書部分行文無法做到流暢自然。而梵語、藏語的學習是在我們研究過程中進行，不免會有失誤之處。相關結論限於知識不足，或許武斷。希望讀者能夠避開本書的不足之處，獲取所需。

除了編委會成員作為主要的研究人員，先後有多位法師參與此研究工作：賢崗、賢開、賢化、賢昌、賢擦、賢衛、賢漕、賢沖、賢海、賢山、賢蘇、賢崇、賢論、賢善、賢愧、賢承、賢潮、賢泛、賢屈、賢純、賢頌、賢懺、賢伴、賢奮、賢純、賢敏和賢恩等。法教和賢保兩位法師完成了本書文字的簡轉繁工作。

衷心感謝常住龍泉寺賢健法師的大力支持與指導，讓研究工作得以順利完成並出版。感謝禪興法師和賢然法師等諸位法師的大力支持，以及上海信眾陳亮兵、陳福琴伉儷的虔心護持，讓研究工作得以順利完成。

特別感謝天台祖庭玉泉寺、智者佛教文化研究中心道偉法師的全力推動，以及香港信眾黃振強、曾紅荔伉儷的大力支持，讓本書得以順利出版。

賢威
癸卯年農曆二月初八

前言

有志於深入研究律藏的人，現在面臨着很好的時代機遇：先有上世紀南山典籍的回歸，後有現代資訊流通和技術發展所帶來的種種便利。當代的出家人，有責任利用這些外部條件，來對比丘戒進行透徹的研究。本書即是這方面的一次嘗試和努力。撰寫本書的主要目的有二：一是深入比較諸部律典的同異；二是力求闡明和解決現代比丘戒律行持中的實際問題。前者的重點在於力求學術層面的精確性；後者則要求從戒律精神出發，將律學和實踐結合。

有了目標，接下來即要考慮研究宗旨和方法。對漢地律學的發展歷史和特點作一全景式的回顧，可以為此提供線索和指導。

一、漢傳佛教律學歷史的回顧

（一）初春──律典翻譯

佛教傳入漢地，兩百年間並沒有專門的律典被翻譯和引入。人們對戒律的認識，一方面來自對梵僧言行舉止的觀察，另一方面則是基於安世高、支樓迦讖等所譯佛經中包含的一些戒律思想，即「隨經律」。天竺沙門曇柯迦羅於曹魏嘉平年間抵達洛陽，看到的是這樣的情形：「於時魏境雖有佛法，而道風訛替，亦有眾僧未稟歸戒，正以剪落殊俗耳。」[1] 由於缺少完整的律本，僧眾只能依照模糊的戒律內容來規範行持，更沒有條件秉受大戒，僅僅以剃除鬚髮而在外相上和俗人相區別。

因曇柯迦羅能誦「大小乘經及諸部毗尼」，僧眾遂祈請他翻譯律典。然而曇柯迦羅認為：「律部曲制，文言繁廣。佛教未昌，必不承用。」[2] 所以當時並沒有翻譯廣律，只是於嘉平二年（250）在洛陽白馬寺譯出《僧祇戒心》一卷。正元年間（254–256），擅精律學的安息國沙門曇帝來到漢地，譯出《曇無德羯磨》一卷。《僧祇戒心》與《曇無德羯磨》的譯出，標誌着中國佛教的戒律典籍實現了從無到有的蛻變。漢地僧眾的戒律行持有了最基本的依據，這為即將到來的律學春天播下了種子。不久，曇柯迦羅上書乞行受戒法，並在洛陽舉辦戒會。朱士行因此成為了漢地第一位受比丘戒的出家人，被後世譽為「受戒之始」[3]。

隨着佛法的傳播，到東晉時期，出家人數日盛。此時戒法初具，但並不完備，遠遠不能滿足出家僧尼的實際需要。同時，外部的持戒環境與僧侶的持戒意識也不理想。當時以道安大師為代表的諸位佛教志士，都認識到律典

1　《高僧傳》卷 1，《大正藏》50 冊，324 頁下欄。
2　《高僧傳》卷 1，《大正藏》50 冊，325 頁上欄。
3　《佛祖統紀》卷 35，《大正藏》49 冊，332 頁上欄。

的完備對於解決僧團管理與個人持戒等問題的必要性。道安大師對於廣律有着強烈的渴求，他曾嘆道：「云有《五百戒》，不知何以不至，此乃最急。四部不具，於大化有所闕。《般若經》乃以善男子、善女人為教首。而戒，立行之本，百行之始，猶樹之有根。常以為深恨。」[1] 大師曾派弟子到天竺求取律典，但當時的律典只在部分律師群體之間口耳相傳，外國沙門對律典的外傳也非常謹慎，因此求取律典殊為不易。後來，大師得知罽賓國律師耶舍可以背誦《鼻奈耶》，即令「佛提梵書，佛念為譯，曇景筆受」[2]，於前秦建元十九年譯出《鼻奈耶》。《鼻奈耶》雖算不上是一部完整的廣律，但解決了道安大師的許多疑惑，道安大師因此感歎：「於此秦邦，三藏具焉。」[3]

因緣匯聚，經由天竺、西域與漢地諸位高僧大德的持續努力，四部完整的廣律——《十誦律》、《四分律》、《僧祇律》和《五分律》終於在二十年之內（404–424）相繼傳入漢地，並被完整地翻譯出來。首先譯出的是說一切有部的《十誦律》，其翻譯過程可謂一波三折，歷經十年（404–413）才完全譯出。姚秦弘始十二年（410），佛陀耶舍於長安譯場誦出法藏部《四分律》的梵文，涼州沙門竺佛念譯為秦言，道含筆受，於弘始十四年（412）譯出。最初譯出的《四分律》為四十五卷，後開為六十卷。早在東晉隆安三年（399），因「慨律藏殘缺」，法顯大師就踏上了西行求律之旅，並抄得大眾部《僧祇律》與彌沙塞部《五分律》兩部廣律回國。後於義熙十二年至十四年（416–418），大師與天竺沙門佛馱跋陀羅在建業[4] 道場寺翻譯出《僧祇律》。遺憾的是，大師未能等到《五分律》譯出便已遷化，然其「令戒律流通漢地」的夙願最終實現。宋景平元年（423），《五分律》由「專精律品兼達禪要」的罽賓國三藏佛陀什與于闐沙門智勝譯出，道生、慧嚴等筆受。另外，到南北朝時期，律學論著《毗尼母經》、《薩婆多論》、《摩得勒伽論》、《善見論》、

1 　《出三藏記集》卷 9，《大正藏》55 冊，62 頁下欄。

2 　《鼻奈耶》卷 1，《大正藏》24 冊，851 頁上欄。

3 　《鼻奈耶》卷 1，《大正藏》24 冊，851 頁上欄。

4 　建業：今南京。

《律明了論》也紛紛被翻譯引入。至此，作為漢地律學基本典籍的「四律五論」得以完備。

「四律」的譯就使得漢地僧眾有律可習，有法可依，神州大地上湧現出了一批批律學人才。從律學的發展歷史來看，當時「律本流行，隨方不同。關內《僧祇》，江左《十誦》，《四分》一律，由在藏中」[1]。作為第一部翻譯的廣律，《十誦律》經由卑摩羅叉在江陵的講解，再加上慧觀整理其講義傳行於建康[2]，在南方得到了廣泛的學習和弘揚。在北方，最初得到弘傳的是《僧祇律》。之後法聰律師考證自己的戒體是依法藏部羯磨而來，故以「受隨一致」為由，專弘《四分律》。法聰律師也因此被後世稱為「初開律師」。慧光律師（469-538）著《四分律疏》，開創了注解《四分律》的先河，並對當時流傳的《戒本》、《羯磨》作了修訂。慧光律師弘揚《四分律》的活動對僧眾有很大的影響力，有力地促進了《四分律》在北方的發展。

佛法初傳漢地的四百年內，律學發展面臨的最大困難便是典籍不足。律典是律學發展的基礎，沒有完備的律學典籍，僧人行持便缺乏依據，律學研究也會受到限制。面對這一根本性困境，歷代高僧大德積極應對，或前往天竺求取律典，或組織譯經團隊翻譯典籍。從最初只能從「隨經律」中窺探戒律，到第一部廣律《鼻奈耶》譯出，再到南北朝時期「四律五論」得以完備，律學研究也逐步深入，為後世律學的繁榮和律宗的建立奠定了基礎。

另外，由於同時傳入了多部律典，諸部又存在固有的差異與部執，漢地僧眾對律典的實際行持需要進一步調適。諸部律典的會通、融合，將在隋唐時期進一步展開。

（二）盛夏——律宗建立

隋唐兩朝是中國佛教發展的繁盛時期，在律學研究方面也獲得了空前的

1　《四分律搜玄錄》卷 2，《卍續藏》41 冊，865 頁上欄。
2　建康：今南京。

進步，南山律宗的建立更是標誌着中國律學的發展達到了高峰。

當時「四律五論」雖已完備，但僧人在如何持戒方面仍有諸多困境：「傳度歸戒多迷體相。五部混而未分，二見紛其交雜。海內受戒，並誦法正之文。至於行護隨相，多委師資相襲。緩急任其去取，輕重互而裁斷。」[1] 僧眾對五部律的持犯理解多有混淆，並無明確標準。面對這一問題，智首律師（567–635）撰《五部區分鈔》辨析諸部同異，又著《四分律疏》二十卷會通諸律。智首律師以《四分律》為主同時融合他部律的戒律思想和研究方法，後來也為道宣律師所繼承。

法礪律師（569–635）由於常居相州[2]，因此其所創律學被稱為「相部宗」。法礪律師撰寫的《四分律疏》主要依《成實論》的思想解釋《四分律》。此疏因有十卷而被稱為「中疏」，並與慧光的「略疏」、智首的「廣疏」，統稱為「三要疏」。法礪律師的弟子定賓、曇一分別著有《四分律疏飾宗義記》與《發正義記》，用以發揚、捍衛本宗的宗義。之後，其門徒中不再有重要的著作問世。一直到北宋初期，相部律在吳越一帶仍然延續，之後逐漸消融於南山宗。

道宣律師（596–667）因曾長期隱居住長安附近的終南山，所創學派得名「南山宗」。他在律學方面主要受到智首律師的影響，於其門下學習了六年。因有感於當時的律學「準事行用，浩汗難分，學者但可望崖尋途，未通鑽仰」[3]，於 626 年初撰《行事鈔》，完成後到關外參學，也曾拜見過法礪律師，之後又對《行事鈔》作了修訂。《行事鈔》的完成標誌着南山律思想體系基本形成，並與《戒本疏》、《羯磨疏》合稱為「南山三大部」，加上《拾毗尼義鈔》和《比丘尼鈔》，合稱為「南山五大部」。除此之外，道宣律師還為規範僧眾的法服與儀禮作法創作《釋門章服儀》與《釋門歸敬儀》，為區分五眾物而著述《量處輕重儀》，為新學比丘撰寫《教誡新學比丘行護律儀》，為比丘如法受戒撰寫《關中創立戒壇圖經》等等。這些著作不僅使整個南山律學成為一

---

1 《續高僧傳》卷 22，《大正藏》50 冊，614 頁中欄。

2 相州：鄴都，今河南安陽。

3 《量處輕重儀》卷 1，《大正藏》45 冊，839 頁下欄。

個完備的思想理論體系，而且還將戒律理論與比丘的日常實踐相融合。道宣律師繼承了慧光律師《四分律》分通大乘的思想，並提出「五義分通」，從理論上進一步證明此觀點。他還借用古唯識的思想來詮釋戒體，令戒學大乘化的特色更為明顯。南山律思想因此更加契合漢地宗依大乘的價值取向，對於後世漢地僧人持好比丘戒產生了莫大的作用。

懷素律師（624–697），早年隨玄奘大師出家，思想上曾受玄奘大師新譯經典的影響，後隨法礪律師的弟子道成學律。懷素律師在研讀法礪律師《四分律疏》、道宣律師《行事鈔》之後，感「古人義章未能盡善」，所以撰寫《四分律開宗記》，並遵從說一切有部的宗義，廣引《俱舍論》和《大毗婆沙論》。由於與法礪律師的「舊疏」有明顯的傳承關係，故《四分律開宗記》也被稱為「新疏」。因懷素律師曾居於長安崇福寺東塔，所以其所創律學被稱作「東塔宗」。作為唐代律學三家中最晚成立的一支，東塔宗雖然在當時有較大影響，但後來並不興盛，著作也不豐富。此宗至北宋初年尚有活動，其後不傳。

通過幾代律師的探索和積澱，再加上當時文化的兼容並包以及君王對佛教寬容乃至扶持的態度，佛教義學得以空前發展。隋唐四分律學的人才積累、研究能力均具備了深厚基礎，形成了以《四分律》為中心的律學宗派。四分律宗在內部又形成三足鼎立的態勢——「律有三宗，礪、素、宣是歟」[1]，即法礪律師開創的相部宗、懷素律師的東塔宗以及道宣律師的南山宗。

唐代除四分律學的主流學派之外，還有一迥異的支流值得留意，即義淨三藏（635–713）翻譯和倡導的根本說一切有部。義淨三藏不滿於當時「諸部互牽」、「章鈔繁雜」的律學現狀，西行天竺，留學求法，取回根本說一切有部的律典，組織譯場翻譯並加以弘揚。《根有律》是傳入漢地的幾部律典中內容比較豐富的一部，極大地擴充了中國佛教戒律典籍的內容。義淨三藏根據自己的觀察，提出了專宗有部戒律行持回歸印度傳統等主張，其律學思想獨具特色。但是當時四分為主、他部補充的律學主流已經形成，律學的本土化

1　《宋高僧傳》卷 16，《大正藏》50 冊，811 頁上欄。

也是歷史發展的大勢所趨，故義淨三藏所翻譯的有部律及其戒律主張在後世律學的發展過程中並未得到發揚而趨於沉默。

隨着對外文化交流的日漸頻繁，漢地律學逐漸傳入朝鮮半島、日本等地。新羅的慈藏律師自唐回國後，創立戒壇，整頓律制，著述《四分律羯磨私記》、《十誦律木叉記》等書，講解《菩薩戒本》，被奉為新羅戒律之祖。唐代鑒真大師（688-763）赴日本傳戒，開創日本律宗。他早年不僅師從南山宗的律師學習過道宣律師的著作，也跟隨相部宗律師學習了法礪律師的著述，赴日前已有「江淮之間，獨為化主」的盛名，並且法嗣廣布。大師從743年開始先後六次東渡，於753年以六十六歲的高齡抵達日本，受到天皇的禮遇，隨後建立戒壇，正式傳戒，講演律學。

要而言之，進入隋唐時期，律學發展有了完備的典籍作為基礎，僧人可以依照「四律五論」規範個人行持，僧團管理也有了更加明確的依據和參考。然而，擺在當時僧人和律學研究者面前的是如何將「四律五論」和漢地僧人的修行作更好的結合，如抉擇一部律還是多部律，多部律之間如何會通等問題。因此，進入這一時期，律學發展的困境已經從典籍不足轉變為理論不足。律學研究者所致力的工作不再是引入律典和組織翻譯，而是如何深化理論，解決實際問題。在此驅動力下，智首、法礪、道宣、懷素等諸多律師作出了很多努力。他們或提出諸部會通的思想與方法，或為《四分律》注疏開演。其中，最值得一提的是道宣律師。他開創了南山宗，使得以戒律為主體的宗派在漢地佔有一席之地。作為一個宗派，南山律宗有着獨特的修行法門和完整的教理行果修證次第，令漢地僧眾認識到，戒律不僅是定慧之基，更是成就法身佛的正因。

（三）深秋——中興和衰落

唐代會昌法難以及隨後的五代十國之亂，對北方佛教打擊甚重，致使典籍散失，僧侶逃遁，昔日佛教的鼎盛一去不返。南方由於戰亂較少，政治寬鬆安定，律學中心由北向南加速轉移，至北宋時形成定局。宋代的律宗已是

南山律一門獨大：「天下言行事者，以南山為司南矣。」[1] 這一時期，律師研習的重點已不再是《四分律》，而是直接注疏《行事鈔》。唐代以來，對《行事鈔》注疏者傳有六十二家之多，這樣的研習規模，漢地本土僧侶撰寫的其他律學典籍無出其右。一方面表明《行事鈔》內容完善，另一方面，意味着律學趨向因循，預示着衰落的必然。不過，經歷唐末五代的短暫低迷之後，北宋律宗學人依然能夠研習律學，並融會各宗，以元照律師（1048-1116）為代表的一批南山律學的中興力量逐漸湧現出來。

元照律師早年研習天台教觀，所以兼得天台的傳承。道宣律師借《法華經》將圓教思想引入南山律學，元照律師則依天台的教義，把圓教的思想融合得更為徹底，闡發得愈加通透。元照律師觀察到當時諸家對《行事鈔》的注疏解釋多有偏差：「理致淵奧，討論者鮮得其門；事類森羅，駕說者或容遺謬。」[2] 再加上「正法下衰，人情鄙薄」[3]，為改善律學研究和僧人道風，元照律師於是撰寫《資持記》以注釋《行事鈔》，又撰寫《行宗記》、《濟緣記》分別注釋《戒本疏》、《羯磨疏》。「南山五大部」從而擴增為「南山八大部」。除了著書之外，元照律師還不遺餘力地建造戒壇，傳戒宣講，使得南山律再次得以興盛，法脈一直延續至南宋。

伴隨着天台宗的流行，元照之後的律師也多研習天台教觀，以至於對律學的認識和理解都發生了變化。例如南宋守一律師在《終南家業》開卷便有「吾祖弘律，以妙觀為本」[4] 之言。又如留學南宋的日僧俊芿（1166-1227），在《律宗問答》的發問中，已不再涉及傳統律學戒相罪行分判的問題。從中可以看出，律宗內部關注的重點漸有脫離「戒學」本位的傾向。另外，宋代禪淨流行，崇尚實修之風濃厚。比如，元照律師在個人的修持上以淨土為歸，自稱「生弘律範，死歸安養，平生所得，唯二法門」[5]，是「淨律雙修」的典範。

1　《宋高僧傳》卷 16，《大正藏》50 冊，812 頁上欄。
2　《四分律行事鈔資持記校釋》，8 頁。
3　《芝園集》卷 2，《卍續藏》59 冊，662 頁下欄。
4　《終南家業》卷 1，《卍續藏》59 冊，717 頁下欄。
5　《佛祖統紀》卷 29，《大正藏》49 冊，297 頁下欄。

後代律師在修持上則由兼修淨土轉向以淨土為主。因此，在宋朝宗派融合的背景下，律宗在理論以及實踐上逐漸式微，宗派主體性面臨着難以為繼的窘境。

早期禪僧都是附居於律寺別院，「至曹溪已來，多居律寺」[1]。唐代百丈懷海禪師在獨居百丈山之後，「始立天下叢林規式，謂之清規」[2]。清規作為禪宗獨創的僧團管理制度，一方面沿襲大小乘戒律的思想和規範，另一方面結合漢地的倫理道德，並和當時的社會環境相適應。禪宗具有隱居山林、農禪並舉的作風，因此受到法難、戰亂衝擊的程度較輕，加之簡練深邃、講求實行的特點，之後逐漸成為漢地最為繁盛的一宗，受到上至王公將相，下至平民百姓的追捧。相形之下，律宗受到冷落，以至宋代逐漸出現了律寺改為禪院的情況。這些因素加劇了律宗在宋代的衰落。

元代朝廷雖對佛教持親和態度，但是經過多年戰亂，宋元年間南山典籍散佚，漢地律學傳承遭到破壞。元代僧人戒行鬆弛，文化水平整體較低，缺乏專研律學的律師，因此並無重要的律學著述出現。在禪淨興盛的背景下，律學重要性進一步低落，戒律主要由其他宗派的僧人延續，律宗宗派主體性趨於消失。與此對比，元代叢林清規興盛，逐漸取代南山律著對僧團行事的指導作用。其中《敕修百丈清規》因官方推行而天下叢林皆遵從，對後世有較大影響。而省悟律師的《律苑事規》結合了戒律行事和禪宗清規，是南山後人在當時環境下試圖傳承南山律著的一種努力。

整體來看，宋元年間的律學發展面臨多方面的壓力。首先是理論困境。自道宣律師已降，雖有多達六十二家為《行事鈔》作疏釋義，然而後代律師的注解漸漸偏於理論詮釋，遠離了道宣律師「以行事為中心」的初衷，弱化了指導僧人實際行持的作用。元照律師觀察到此類問題，為重振南山宗風，回歸道宣律師本意，「仰承行事之旨」，撰述靈芝三記，中興律學。其次是僧人的行持方向。淨土宗、禪宗的興盛使得當時的僧人更加注重禪、淨的修

1　《（重雕補註）禪苑清規》卷 10，《卍續藏》63 冊，550 頁上欄。
2　《釋門正統》卷 4，《卍續藏》75 冊，312 頁中欄。

持，戒律僅作為三學之基。律宗在此過程中逐漸隱沒於他宗之中，漢地本土的清規則愈漸興盛。再次是外部壓力。政府和禪師主導的「革律為禪」，也使律宗寺院減少，研律氛圍變淡。因此，宋元期間的律學，一方面有元照律師等人的中興之舉，另一方面在多方壓力作用下開始走向衰落。

（四）嚴冬——困境中的應對

明清時期，漢地律學在傳承不明、佛教整體衰落的緣起下迎難前進。明代律學遭遇三次戒壇封禁的低谷，後經諸多律師圓融應對，實現了短暫復興。清代廢除試經和度牒制度，降低了出家門檻，再加上經懺佛事的盛行，僧人行持難以保障，研律之風寡淡，律宗徹底進入寒冬。

明代期間革律為教，導致律學進一步衰落。明中後期靠牒度僧氾濫，試經制度廢棄，由此僧尼素質低下，戒律廢弛。至嘉靖時期，皇帝崇道抑佛、寺院亂傳戒律等種種內外因素交織，最終導致戒壇三次封禁。第一次（1526年）和第二次（1546年），封禁範圍限於北京。而第三次封禁（1566年）的範圍擴展至全國寺院，封禁時間長達四十八年，造成佛教界數十年未開壇傳戒的局面，對戒律傳承造成重大打擊。

面對戒壇封禁的無常，雲棲蓮池、古心如馨等諸位大德積極應對，為律宗的寒冬尋找溫暖，最終促成了律宗及「萬曆佛教」（1573-1620）的短暫復興。

蓮池大師一方面主動配合官方政策，遵守法令，內斂變通，隨緣創造出一套求戒、受戒新模式——「佛像前受戒」[1]。另一方面整頓戒律，將戒律的學修和持守融入清規，制定出《雲棲共住規約》。書中的求戒式、受戒式、學戒式、誦戒儀和律堂等規約[2]，體現了禪宗叢林的戒律實踐。在蓮池大師及其住持的雲棲寺影響下，一批律學研究者與律學著作湧現。蓮池大師所著《戒疏

1　《雲棲法彙》卷 22，《嘉興藏》33 冊，171 頁下欄。
2　《雲棲法彙》卷 22，《嘉興藏》33 冊，171 頁下欄。

發隱》、《沙彌律儀要略》、《沙彌沙彌尼戒錄要》、《具戒便蒙》等成果乃是大師統籌考慮戒律、清規、時代緣起及出家人根器而作，契理契機，填補了當時教界的空缺。蓮池大師的努力彌補了當時律學傳承的缺失。

在蓮池大師等祖師的應對與帶動下，更多僧人深入律藏，使律學不斷向前發展。蕅益、法藏、元賢和弘贊等諸師對律學有進一步思考和研究，其律學成果主要包括：法藏禪師調和禪律而落實於受戒、傳戒儀軌的《弘戒法儀》，元賢禪師的《四分戒本約義》和以羯磨法為研究重點的《律學發軔》，以及弘贊禪師的《四分戒本如釋》、《四分律名義標釋》、《沙彌律儀要略增註》等多部律學著作。

律學義理上，蕅益大師提出五戒、十戒、比丘戒和菩薩戒都要同等重視，同等持守，「四級重樓，級級皆圓頓境，八萬細行，行行與法界周」。[1] 蕅益大師將戒律與禪淨會通，著有律學成果《重治毗尼事義集要》和《閱藏知津》。

如馨一系的探索則系統而持續。如馨律師發心重振戒律，於五台山獲文殊菩薩授記而得戒。萬曆四十一年（1613），神宗皇帝詔請其赴五台山傳戒、講律，至此戒壇禁令終於解除。如馨律師將戒法傳於三昧寂光後，漢地戒律才真正回歸到傳統的南山法脈上。寂光律師將剛恢復的傳戒活動繼續發揚光大，大振律學，創建律宗道場寶華山千華派，並培養了大批律學人才。

見月讀體律師（1601–1679）繼承寂光律師衣鉢，大力推進規範傳戒，所著的《三壇傳戒正範》成為後世傳戒準則，影響深遠。福聚律師（1686–1765）推動了寶華山律學著作收入《乾隆大藏經》。這一輪律學發展到康熙年間達到頂峰，後又逐漸沒落。乾隆年間廢除試僧和度牒制度，僧人質素難以保證，戒律廢弛。

清末，持續十幾年之久的太平天國運動給佛教帶來了致命的摧殘，其所到之處「無廟不焚，無像不毀」，無數的寺院、佛塔、經書、典籍被毀。晚

1　《重治毗尼事義集要》卷 1，《卍續藏》40 冊，344 頁下欄。

清、民國時期兩次大規模「廟產興學」運動，導致大量寺產被侵吞佔用，使佛教的命運遭遇重大危機。由於國勢衰微、內外交困，佛教積弊叢生，到了清末民國期間，漢地大部分僧團的戒律已經廢弛。

　　總之，明清期間，律學發展走入低谷，其原因主要來自外部。政府下令鬻牒度僧，廢除試經制度，使得出家眾良莠不齊，僧人行持難以保障，引發社會譏嫌；三次封禁戒壇，更是給律學的傳承、僧種的延續造成極大的打擊；太平天國運動、「廟產興學」運動等都為佛教的發展帶來了阻礙。面對這些困境，幸有蓮池大師、如馨律師兩系積極應對，努力變通，延續了律學的命脈，並為近現代律學的復興奠定了基礎。

（五）復興——近現代之努力

　　春夏秋冬又一春，律學的發展在經歷寒冬的考驗後，又迎來了春天。近代中國在恢復漢地律學方面進行了諸多探索與努力，主要有以下幾個方面：以弘一律師為代表的對南山律學的堅守與弘傳、以太虛大師為代表的佛教僧伽制度改革、虛雲大師在禪林對戒律精神的重振，以及印光大師對戒律精神與儒家倫理所作的融合。近代的漢地律學雖然面臨着很多挑戰，但也充滿了機遇，這些高僧大德的努力為現代律學發展奠定了基礎。

　　宋元年間，大部分南山典籍雖然在漢地散佚，但在日本一直流傳下來。近代徐蔚如居士將南山律典從日本請回，並創立刻經處付梓流通，使得深入律學研究有了文本典籍的基礎。

　　被後人尊為「律宗十一祖」的弘一律師（1880–1942），出家後接觸蕅益大師和見月律師的著作，發心學律。弘一律師早年重視有部律，曾引義淨三藏的說法來糾正南山律，後自悟有「輕謗古德」之過，又逐漸認識到「南山一派，尤深契此土機宜」，並經徐蔚如居士勸請，於 1931 年在佛前發願棄捨有部專學南山。弘一律師傾全力於南山典籍的整理、研究、教學、弘揚。他從多方收集古刻本精審點校，對律典進行表釋、科判、略釋、集釋等整理和簡化工作。經過整理後的南山律典版本精良、注釋完善、有條理、易學習，

為人們學習南山律典提供了極大方便，對南山律學的復興起到了至關重要的作用。同時，弘一律師編纂《戒相表記》、《扶桑集釋》等律著，並廣開講筵，創建「南山律學苑」，講述南山律學著作，培育律學僧才。弘一律師還為在家信眾編成《南山律在家備覽》，闡揚南山宗義。弘一律師對律宗的復興、對近代中國佛教的提振，居功至偉。他以自己的言傳身教，實現了「誓捨身命，弘護南山四分律教久住神州」之夙願。

太虛大師（1889–1947）是中國近代著名的佛教改革者，他重視以南山律學規範佛教僧團，並對此提出了改革和重建計劃。大師在重視戒律持守的同時，強調對律學進行與時代相應的研習。大師在 1915 年撰寫完成的《整理僧伽制度論》中，提出了改良佛教律制建設的諸多構想，包括出家資格、出家流程、受戒流程和懺悔還淨等。大師在律典、祖師著作的基礎之上，結合近代中國的時代因緣，提出了很多改革辦法。雖然在當時這些舉措未能實現，但卻為今天的律制建設和律學研究提供了寶貴的參考。

虛雲大師（1840–1959）看到當時佛教衰敗的原因之一是傳戒不如法：「佛法之敗，敗於傳戒不如法。若傳戒如法，僧尼又嚴守戒律，則佛教不致如今日之衰敗。」他致力於規範傳戒，比如在鼓山湧泉寺將戒期由原來的八天改成三十天，加強戒期教育，廢止寄戒、不剃髮搭衣等不良風氣。虛雲大師還對僧制進行改良，並開辦戒律學院。

圓拙法師（1909–1997）曾經跟隨弘一大師學習南山律。圓拙法師介紹妙因法師，後者抄錄《四分律行事鈔資持記通釋》、《鈔記濟覽》二書，完成弘一律師遺作《四分律行事鈔資持記扶桑集釋》。在宗教政策恢復後，圓拙法師不遺餘力地推動傳戒工作，主張並推動按照律制三人一壇受戒以及二部僧傳戒。圓拙法師還在廣化寺組織五比丘專研南山律典，培養律學人才，其中的演蓮法師、界詮法師、濟群法師至今仍是弘揚南山律的中流砥柱。現在漢地律學研學較好的寺廟，很多和圓拙法師有一定淵源。

近幾年，龍泉寺在律學研究等方面進行了一些探索。弘一律師校勘南山律時，由於條件所限只利用了有限的敦煌寫本。龍泉寺在已出版的南山律典校釋系列中，最大限度地彌補了這一缺憾，採用了全面的敦煌寫本，以及日

本、美國所藏的各種宋刊本、古刻本、寫本一切經等。在本書中，我們一方面力求對比丘戒作系統、全面的對比分析，另一方面也嘗試在新時代背景下重新審視比丘戒的行持問題。

二、漢傳佛教律學的特點

上文簡要回顧了比丘戒在漢地傳入、發展、興盛、衰落而又復興的歷史脈絡，從中可以看到漢地律學的一些特點。

（一）四分為主，博採他部

在三大語系佛教中，藏傳佛教和南傳佛教的戒律傳承都是專宗一部，而漢傳佛教大部分時間以四分為主，兼容他部。雖然也有義淨三藏主張專宗一部，但是主流的做法還是諸部會通。漢傳佛教這種多律型的特點是由歷史和現實需要等多重因素形成的。

首先，在短短二十年內，幾部廣律被相繼引入和翻譯，律師們都進行了研習，其中不乏博通多部之人。多部並習的情況，自然會產生會通的需求。四分律師中，法礪律師主張綜合諸部觀點，智首律師遍學五部而不局四分一宗之見，這些律師都具有融合諸部的思想。道宣律師曾經在《行事鈔》中列舉了之前四分律師們的六種做法：「一、唯執《四分》一部，不用外宗。二、當部缺文，取外引用。三、當宗有義，文非明了。四、此部文義具明，而是異宗所廢。五、兼取五藏，通會律宗。六、終窮所歸，大乘至極。」《行事鈔》主要採取第三、第六兩種觀點，即在大乘思想的基礎上，以《四分律》為宗，同時「餘亦參取，得失隨機」，必要的時候也會採用他部。[1]

會通諸部的思想基礎，也來自律師對於諸律同源的認識。漢地律師面對幾部廣律的態度與印度律師有所不同。漢地律師並無律典的宗派觀念，而是將幾部廣律視作一個整體來看待。如《行事鈔》：「統明律藏，本實一文，但為機悟不同，致令諸計岳立。所以隨其樂欲，成立己宗。競采大眾之文，用

1　《四分律刪繁補闕行事鈔校釋》，宗教文化出版社，2015 年 9 月，35 頁至 36 頁。

集一家之典。」[1] 既然同出一源，只是因為後世根機不同而產生差異，那麼自然可以通過綜合諸部來還原和把握律學原始統一的面貌。這是歷代律師對四律五論進行會通的原動力之一。

會通諸部的做法，還受到現實需要的驅動。諸律之間的差異，多是部派佛教為應對不同外部環境所作出的不同取捨，是律師們有意識的選擇，故可以說，部派律典是不同的律學實踐經驗的總集。中國漢地的地理、人文環境和印度差異很大，單靠一部廣律來指導所有的行持實踐是有困難的，因此會通諸部成了後世律學很自然的選擇。

總之，漢地律學「四分為主，博採他部」的抉擇，一方面可以弱化部派色彩，更好地把握佛陀的制戒精神，回歸佛陀本懷；另一方面可以靈活應對實踐中的各種情況，既增加了更多的參考點，又能夠在取捨過程中作出更加符合緣起的抉擇。

（二）比丘戒和菩薩戒並行

中國是大乘佛教流布的地區，菩薩戒和比丘戒約在同一時期傳入漢地。兩晉南北朝時期是菩薩戒經典集中翻譯的階段，鳩摩羅什譯出《梵網經盧舍那佛說菩薩心地戒品》，曇無讖譯出《菩薩地持經》、《菩薩戒本》、《優婆塞戒經》，竺佛念譯出《菩薩瓔珞本業經》。唐貞觀年間，玄奘大師譯《瑜伽師地論》，標誌着中國菩薩戒經典的翻譯趨於完整。

菩薩戒不僅出家僧尼受習，隨着佛教的昌盛也融入到整個社會生活之中，上至帝王、士大夫階層，下至尋常百姓都受持奉行。兩個主要的菩薩戒系統中，梵網菩薩戒的內容與漢地的孝道精神相契合，並經天台、華嚴兩宗高僧的弘揚，成為漢地菩薩戒的主流；瑜伽菩薩戒次第明晰，戒條內容和比丘戒互補性強，也利於漢藏佛教間的互通和交流，在近代得到太虛大師等的

1　《四分律刪繁補闕行事鈔校釋》，31 頁。

重視。

　　大乘佛法的開展，菩薩戒和比丘戒並行，一方面秉持大乘教理，另一方面按照聲聞戒律行持，這兩者如何結合一直是漢地佛教面臨的問題。在漢地，要推行比丘戒就必須融會大小乘，故歷代律師多致力於研究兩者的會通——在大乘思想的背景下來闡述和完善比丘戒的律學體系。在戒相判斷上，比丘戒重行而菩薩戒重心，故道宣律師以《四分律》傾向按心判罪等理由而判其分通大乘。道宣律師又依唯識思想建立南山律戒體理論，並提倡三聚淨戒而將比丘戒納於攝律儀戒。元照律師以天台圓教進一步發展南山律戒體理論，將菩薩戒納入南山律學體系。南山律以大乘思想融會比丘戒，這是其取得後世律學主流地位的重要原因。

　　實踐方面，大乘思想及菩薩戒對漢地比丘律學也產生了深刻的影響。後世三壇大戒的傳戒形式，是漢地比丘戒和菩薩戒並重和融合互補的集中體現。南山律的懺罪之法包含了大乘內涵的化懺，即在比丘戒原有懺罪方法的基礎上作了擴充。六祖慧能提出「無相戒」，深刻地影響了漢地出家眾的戒律觀。比丘戒律允許食用魚肉，而漢地僧眾素食的傳統則是受大乘思想和菩薩戒影響。

（三）戒律和僧制雙軌並行

　　佛教傳入漢地不久便出現了僧制。漢傳佛教的僧制起始於道安大師創立的「三例」，其內容包括講經、行香、六時共修、布薩、懺悔等多方面的軌則。當時僧團日益擴大，而諸部廣律尚未被翻譯進來，僧團管理與僧人行持對戒律的需求無法被滿足，道安大師便制定僧制管理僧團，規範僧人行持，統領大眾修行。

　　此後，「僧制」在漢傳佛教的發展歷史中從未中斷，至唐朝百丈懷海禪師時演變為「清規」。「叢林清規」最早出現在唐朝的禪宗叢林，後逐漸擴展至各宗派。其最初的內容包括僧團管理架構、普請法等制度，後逐漸增加禪門規矩、執事職責、佛事活動等多個方面。清規最能反映漢地僧團的僧制特

色，經不斷發展、完善，一直沿用至今。

僧制是戒律精神在漢地僧團本土化的體現。《五分律》記載：「雖是我所制，而於餘方不以為清淨者，皆不應用；雖非我所制，而於餘方必應行者，皆不得不行。」[1]佛法的覺悟精神是一味的，但不同的弘化地區面臨着不同的環境與問題。漢地和古印度環境的不同，給佛法住世和僧人修行方式帶來了不同的影響。漢地僧團的僧制便是在「餘方」國土對戒律最好的補充與開演，與戒律雙軌並行。

首先，僧制非常注重對戒律精神的把握和持戒環境的營造。如宋代《禪苑清規》：「參禪問道，戒律為先……受戒之後常應守護，寧有法死，不無法生。」[2]警策僧眾在參禪之前先打好持戒的基礎，應如守護生命般守護戒體。又如《教苑清規》：「香錢、油錢不得互用，亦任施主隨心喜捨，切勿苦覓，令生厭心。」[3]這裏則要求僧眾嚴謹遵守「三寶物不得互用」的盜戒。

其次，僧制對戒律的落實起到補充與細化作用。如宋代《入眾日用》涉及睡眠、飲食、衣鉢等威儀方面的內容，是對律典中相關規定的補充。以鉢為例，《四分律》中用鉢威儀的規定有如下幾條：「平鉢受食，應當學。平鉢受羹，應當學……不得挑鉢中而食，應當學……不得視比坐鉢中食，應當學。當繫鉢想食，應當學。」[4]《入眾日用》進一步細化為：「先展鉢單，仰左手，取鉢安單上。以兩手頭指拼取鐼子，從小次第展之，不得敲磕作聲，仍護第四指第五指為觸指，不得用鉢，拭摺令小，並匙箸袋，近身橫放。入則先匙，出則先箸……兩手捧鉢受食，想念偈云：『若受食時，當願眾生，禪悅為食，法喜充滿。』」[5]可見，《入眾日用》對於用鉢過堂的規定更加詳細，並且結合了漢地使用湯匙的特點，這些細緻的規定和條文可令僧眾在過堂用鉢時保持正念，努力用功。

1　《五分律》卷 22，《大正藏》22 冊，153 頁上欄。

2　《（重雕補註）禪苑清規》卷 1，《卍續藏》63 冊，523 頁上欄至中欄。

3　《增修教苑清規》卷 1，《卍續藏》57 冊，315 頁下欄。

4　《四分律比丘戒本》，《大正藏》22 冊，1021 頁上欄至中欄。

5　《入眾日用》，《卍續藏》63 冊，557 頁上欄。

再次，僧制體現了戒律在漢地的變通。以普請法為例，普請法是叢林的集體勞作制度。由於古印度盛行乞食制度，僧人無須從事勞作，而漢地的風俗則難以接受乞食行為。百丈山在當時又恰好處在交通不便的山區，於是懷海禪師便組織僧眾集體從事農業生產，自給自足。在務農過程中，僧人難免觸犯「掘地」等遮戒，懷海禪師解釋：「不得定言有罪，亦不得定言無罪。有罪無罪，事在當人。若貪染一切有無等法，有取捨心在，透三句不過，此人定言有罪；若透三句外，心如虛空，亦莫作虛空想，此人定言無罪。」[1]事實上，佛陀制定此戒主要是因為傷害土地的行為受到古印度人的譏嫌。律典記載，在有三寶事緣時，佛陀也開緣掘地。因此，懷海禪師創立的「普請法」也是對「掘地戒」的善巧變通，並不違背佛陀的制戒本意，且能夠保證僧團的住世與發展。

漢傳佛教的僧制是漢地律學發展歷史中深具特色的內容。它對戒律在漢地的落實起到了很好的輔助作用，提醒僧人重視戒律，持守戒律。在「隨方毗尼」的原則下，僧制結合漢地僧人的學修生活特點，對戒條的內容作出更加細緻的規定，並對漢地難以落實或影響僧團住世和僧人學修的遮戒作出變通。戒律與僧制雙軌並行的模式是漢地律學發展中的寶貴財富。

（四）律宗的形成

律宗是漢傳佛教八宗之一，南山律學成為獨立宗派，是漢地律學的又一特點。南山律宗宗派主體的形成，既有外部條件的驅動，也有自身律學體系內在因素的作用。

隋唐佛教義學發達，形成了諸多學派，對律宗理論的成熟起了很大的孕育作用。比如，道宣律師借用唯識理論建立了南山戒體觀。唐朝擁有穩定的律師群體，他們對諸部廣律都有深入研究，其律學思想也漸趨成熟。道宣律

1　《古尊宿語錄》卷 1，《卍續藏》68 冊，8 頁上欄至中欄。

師構建的南山律是以前代律師的研究成果為基礎的。南山律會通諸部的思想理論，在道宣律師之前的法礪律師、智首律師等著作中已有相關表述。道宣律師師承智首律師研習《四分律》多年，《行事鈔》對智首律師的《四分律疏》也多有借鑒和繼承。元照律師在完善南山律學體系的時候，也吸收了時代的教理營養。要而言之，佛教義學包括律學整體研究的成熟和發達，是南山律宗得以成立的外部條件。

南山律宗自身完整、豐富的理論體系，是其能夠形成獨立宗派的關鍵內因。太虛大師曾說：「一切佛法，以教、理、行、果四字攝盡。」南山律以《四分律》為宗，融合大小乘，以大乘發心持守聲聞戒，三聚圓修，最終成就佛果，即蘊含了教、理、行、果四個要素而構成完整的修學體系。擁有自己的判教體系是宗派成熟的標誌之一，道宣律師將佛法判為化制二教，又分為「神足輪」、「說法輪」、「憶念輪」，通過「二教」、「三輪」，建立了南山律宗判教體系。特別地，南山律宗戒體觀在教理層面成功地會通大小乘，一定程度上祛除了律學實踐中產生的重大輕小的流弊，解決了大乘比丘持守聲聞戒律的疑惑，對後世漢地律學作了重要的理論指引。

後代學人的傳承和發揚是律宗得以延續的必要條件。道宣律師創建南山律學之後，弟子門人如文綱律師、道岸律師等，憑藉自己淵博的學識以及對僧俗二眾的影響力，促進了南山律在北方的進一步發展，並將四分律學推進至南方地區。後又有鑒真大師等將南山律傳播至日本，為近代南山律典籍的回歸埋下了伏筆。道宣律師的弟子大慈律師著《行事抄記》，開啟了唐宋六十二家南山律疏的序幕。律師群體對南山典籍不斷深入研習和傳承實踐，使南山律宗在歷史的長河中逐漸確立了優勢地位。

律宗的成立是律學研究成熟和發達的標誌。反過來，南山律宗的出現，也使得漢地比丘戒研究的重心發生轉向。研究對象從廣律等律學原典轉向南山典籍，研究取向上也以理解和承襲祖師思想為主，律學研究的活力和開創性逐漸減弱，這種情況一直延續到了今天。

三、關於本書

關於佛教義理研究可循之路徑，太虛大師嘗言：「先以恢復初唐之故有，進之遍究全藏，旁探錫蘭、中國藏地，而溯巴利文、梵文原典，當非復宗派傳統之可拘蔽，而入世界佛學之新時代矣。」[1]

如前所述，律學於隋唐達到頂峰之後，律家的重點即轉向南山律的注疏。本書則繼承隋唐律師的研究成果和研究方法，回歸律藏原文，對諸部律典作系統性的對比研究。在具體取捨上，本書仍遵循「四分為宗，博採他部」的漢地律學傳統，並承襲傳統律學中多律型之開放態度。在此基礎上，本書積極吸收當今世界佛學研究的成果與方法，並參考和借鑒其他語系的律典，這一方面可算本書在祖師著作基礎上向外所做的拓展。

最終呈現給讀者的這十二冊書，是著者過去幾年對比丘戒進行系統梳理、研究的成果。希望以此為中國佛教律學的復興盡一份綿薄之力。囿於研究水平和時間所限，不足之處敬請教內外大德不吝指正。

1　《太虛大師全書》，宗教文化出版社，2005 年，1 冊，17 頁。

目錄

01　小妄語戒 / 61

02　行罵戒 / 97

03　兩舌戒 / 125

06　與未具人同誦戒 / 215

07　向非具人說粗罪戒 / 245

08　實得道向未具者説戒 / 279

10　掘地戒 / 341

11　壞生種戒 / 375

12　身口綺戒 / 411

13　嫌罵僧知事戒 / 443

14　露地敷僧物戒 / 473

15　覆處敷僧物戒 / 511

16　強敷戒 / 543

17 牽他出僧房戒 / 579

表目錄

凡例

一、對於古今用法存在差異的文字，本書採用區別對待原則：出現在引文中的文字，尊重原文；非引文中的文字，按照現代漢語的語法規則使用。如現代漢語常用的「皈依」、「三皈」等詞，在引文中保留「歸依」、「三歸」等古代用法；又如「蓄積」的「蓄」，引文中保留原來的「畜」。

二、所有引文都加了現代標點。正文及引文的標點主要參考了《古籍標點釋例》（中華書局）和《中華人民共和國國家標準 · 標點符號用法》(GB/T 15834-2011) 中的規則，並適當採取了一些靈活處理。

三、主要人名在各篇初次出現時，以括號加注其生卒年。若年份無法確定者，則用「？」表示。

四、文中出現的年號，在首次出現時，後面括號中加注公元年份。

五、引用中出現的佛典，被收錄入 CBETA2016 版者，標注相應藏經的冊、頁、欄；未收錄入 CBETA2016 版者，則用一般古籍通用引用方式處理。

六、對於《大正藏》中的部分錯誤，本書參考《高麗藏》再雕版作了校勘，並附校勘記。

七、線裝古籍或古籍影印本，如沒有頁碼則直接寫卷數，但注明相關版

本。有一些古籍一頁包含正反兩面者，則分別將正反面用 a、b 表示。

八、現代校點整理的古籍，在引用時注明了點校者、出版社、版本和頁碼。如對原作者的標點和文字做了修改，在注釋中說明。

九、現代出版專著，在腳注中注明了作者、專著名、出版社、出版時間、頁碼。

十、期刊論文或叢書中某一單篇論文，標注了作者、題目、期刊名及該期時間、刊號、發表時間、頁碼。

十一、外文標點符號的使用遵循外文的習慣用法。中外文混排，在中文中夾用一些外文單詞、短語，使用中文標點；整句、整段引用外文，按所引文種的規定使用標點符號。

十二、外文專著標注順序為責任者與責任方式、專著名、出版地、出版者、出版時間、頁碼，書名用斜體，其他內容用正體；外文析出文獻標注順序為責任者與責任方式、析出文獻題名、所載書名或期刊名及卷冊、出版時間，頁碼，析出文獻題名用英文引號標示，期刊名或書名用斜體，其他內容用正體。

十三、當同一部書第二次引用時，使用簡引，只標明書名和頁碼。

十四、因正文中引用了大量律典的原文，為了簡化，在每一戒條緣起、戒本、辨相部分標注其所在律典的起始範圍，若後文中出現這一範圍內的引文，將不再標注。未在此範圍內或引自其他原典的引文，按正常格式標注。

十五、注釋的編碼緊跟被注字、詞的右上方，或者句子末尾點號右上方，內容呈現於當頁腳注。

十六、正文中，《巴利律》相對應的腳注為《經分別》、《犍度》、《附隨》。

十七、為了敘述簡潔，以下藏經和典籍用了簡稱：

1. 藏經：《大正藏》（《大正新修大藏經》），《卍續藏》（《卍新纂續藏經》），《高麗藏》（再雕版《高麗大藏經》）。

2. 典籍：以下書名使用簡稱，不用全稱，未列出的典籍均使用全稱。

原名稱	簡稱
《彌沙塞部和醯五分律》	《五分律》
《摩訶僧祇律》	《僧祇律》
《摩訶僧祇律大比丘戒本》	《僧祇比丘戒本》
《十誦比丘波羅提木叉戒本》	《十誦比丘戒本》
《善見律毗婆沙》	《善見論》
《薩婆多部毗尼摩得勒伽》	《摩得勒伽》
《薩婆多毗尼毗婆沙》	《薩婆多論》
《律二十二明了論》	《明了論》
《根本說一切有部毗奈耶》	《根有律》
《根本說一切有部毗奈耶……事》	《根有律……事》
《根本說一切有部戒經》	《根有戒經》
《根本薩婆多部律攝》	《根有律攝》
藏文《根本說一切有部毗奈耶》	藏文《根有律》
麗江版藏文大藏經《甘珠爾》第五函的《別解脫經》	藏文《根有戒經》
梵文、巴利文戒經使用的簡稱	梵文《說出世部戒經》 梵文《根有戒經》 梵文《有部戒經》 巴利《戒經》
《四分律刪繁補闕行事鈔》	《行事鈔》
《四分律含注戒本疏》	《戒本疏》
《四分律刪補隨機羯磨疏》	《羯磨疏》
《四分律比丘含注戒本》	《含注戒本》
《四分律刪補隨機羯磨》	《隨機羯磨》
《四分律比丘尼鈔》	《比丘尼鈔》
《四分律拾毗尼義鈔》	《義鈔》
《四分律刪繁補闕行事鈔資持記》	《資持記》
《四分律含注戒本疏行宗記》	《行宗記》
《四分律刪補隨機羯磨疏濟緣記》	《濟緣記》

波逸提引言

　　《四分律》、《鼻奈耶》、《十誦律》、《根有律》的波逸提戒條數目為 90
條，《僧祇律》、《五分律》、《巴利律》為 92 條。後者比前者多「比丘尼住處
戒」和「迴僧物戒」。總體而言，諸律波逸提戒條的數目比較一致。諸律共通
的 90 條戒中以遮戒為主，大約佔了三分之二。

　　波逸提戒條在內容方面總體上呈現多樣化的趨勢，其中又有三個重點領
域。第一個是關於比丘在僧團內部行為規範的戒條，包括了比丘之間如何相
處、愛護僧物、敬重戒律、尊重僧事決議、沙彌相關等幾個方面，加起來約
有 30 條。僧團是比丘學修、生活的所依處，比丘能與其他比丘和睦相處，履
行自身對僧團的責任義務，對於個人和團體都非常重要。第二個重點領域是
和女眾（包括尼眾和俗女）相關的戒條，共 14 條（按《四分律》）。這些戒
條主要為防止世人譏嫌，同時也可以防止發生男女染情，避開比丘犯前兩篇
的外緣。其中和尼眾相關的又有約 10 條，反映出佛陀對於僧尼互動規範的重
視，這對維護佛陀僧團的整體聲譽比較重要。第三個重點領域是和衣、物、
食等相關的戒條，約有 20 條。捨墮篇對這方面已作了集中規定，本篇中則有
相關內容的延續。

波逸提戒條體現出一些與其他篇聚類似的共性。第一，不少戒條的制定與古印度社會文化習俗有密切關係。佛陀制戒主要是為了隨順因緣，防止譏嫌。如「掘地戒」是為了符順當時印度人認為萬物有靈的觀念。與食物相關的戒如非時食等，和當時的出家人乃至俗眾的習俗有關。若認為這些戒條純粹為了防止貪欲，則不符合真實情況。對於此類戒條，應該充分了解相關背景因素，這樣才能真正理解佛陀的制戒本懷，在戒律行持中才能把握中道。第二，遮戒在涉及命難、梵行難及病緣的情況下一般都可以開緣。可以看出，保證比丘的安全和健康是佛陀制戒時的基本考慮因素。對於遮戒，佛陀反對機械教條地持守戒相。以上為本篇的整體概況，下面就部分戒條略作介紹。

「小妄語戒」中，比丘無心而說或誤說時，由於缺少發起心，故不犯本戒。為了保護三寶、慈護有情、教誡等目的而說的方便語，或者為符合社會規範而說的寒暄語、客套話，又或者個人語言風格所致的誇張語等，都不犯「小妄語戒」。實際行持和判罰中，應考慮如上因素，避免將小妄語的範疇無限擴大。

「行罵戒」、「兩舌戒」以及「嫌罵僧知事戒」均為防止比丘因瞋心或嫉妒等煩惱而造作口業。「行罵戒」中，以侮辱性內容直接或者暗示罵對方，都會正犯；若以善法罵即通常所說的反諷，結突吉羅；以教誡為目的而說折服語則不犯。比丘說離間雙方的話語，不管是對方真實所說還是自己編造，都會正犯「兩舌戒」。

《四分律》中，「與女共宿戒」規定比丘與女人同臥或亞臥都犯波逸提。「亞」在字源上有「俯」和「倚傍」兩個意思。若依「倚傍」義，容易認為稍微倚靠就算「亞臥」了。然而比對諸律辨相，以及根據《四分律》提到的相關內容，亞臥都有「脅著地」或者「枕於案上」的意思，可以看出，「亞臥」的內涵是接近平躺，稍微的傾斜或者倚靠椅背等情況並不算「亞臥」。據此，比丘與女人同臥時倒伏而臥才犯此戒。在現實生活中，比丘出門坐火車、飛機等，如果旁邊座位上是女眾，比丘倚靠一下椅背是不犯此戒的。「與女人說法過限戒」規定，比丘對女人說法不超過「五六語」，本戒的制意在於限制

比丘在主觀樂說欲的驅使下為女眾過度講法，女眾主動問法則不受五六語限制。「譏教尼人戒」是為了遮止緣起比丘對僧差比丘的嫉妒憎恨，不管譏謗對方教誡比丘尼是為了得到物質利益，如《四分律》提到的「飲食」，還是非物質的「敬信、名聞」等，都會正犯此戒。

「掘地戒」與古印度民眾「萬物有靈」的信仰有關，他們認為山河大地都是有生命的。在古印度文化習俗背景下制定的這條戒，卻在重視農業生產的中國引起了不少紛爭。不少人指責禪門不重視戒律，墾土掘地，輕忽佛戒；亦有比丘因此有所顧慮，不願承擔僧團相關的出坡勞動。這些說法和做法，其實都是對律典了解不深入而導致的誤解。在律典裏，佛陀對於比丘種菜、種樹，乃至於造房修屋等都是開許的。

和食物相關的戒條中，「非時食戒」、「足食戒」、「殘宿食戒」、「不受食戒」、「別眾食戒」和「輾轉食戒」六條戒值得注意。這些戒常常被簡單理解成比丘對食物貪著的對治，但每條戒其實各有其特定的制戒背景和意趣。「非時食戒」主要為了遮止比丘非時乞食，損惱俗眾。古印度的宗教修行實踐有較濃厚的苦行色彩，其中即包括嚴格地限制飲食。在這樣的宗教背景下，很多不同教派的修行者都過午不食。另外由於地理、氣候等原因，不少普通民眾都有不非時食的習慣。漢地比丘的生活方式、飲食結構和古印度比丘不同，堅持午後不食對大部分人的修行和健康未必有益，因此應該根據團體和個人具體情況來抉擇。「足食戒」在某些律典中主要是為了遮止比丘應供後再次前往檀越家乞食，引起檀越譏嫌。有些律典中則強調一坐食法的背景，有避免比丘對食物產生貪著的意趣。因此，比丘在具體行持時應綜合考慮這兩方面的因素。「殘宿食戒」是為了防止比丘因貪欲蓄積食物。從食品衛生角度看，印度氣候炎熱，食物經夜容易腐壞變質，故印度人歷來視殘食為不淨。中國的民眾則講究勤儉節約，輕易丟棄過夜而未壞的食物會被視為浪費。因此現代比丘在持守「殘宿食戒」時應兼顧制戒意趣和現實因緣，一方面個人不應由於貪欲而儲蓄食物，另一方面僧團留存多餘食物則可以開許，但應注意食品衛生。「不受食戒」是為了防止比丘自取而食，避免被別人譏嫌，功能上也起到對大盜戒的外圍防護作用。現代生活中常見的自助餐，等同於律

典中的「置地受」。主人已經作意授食，比丘自取不犯本戒。「別眾食戒」是為了防止四個或以上的比丘形成小團體共同受食，主要意趣在於保證僧團內部和合，故仍具有重要的現實意義。「輾轉食戒」，又稱「處處食戒」，意在保護檀越信心。比丘受檀越請，在應供之前卻先用他食，這會讓檀越認為自己沒得到供齋的功德，或引發其憤怒和譏嫌。總體而言，這幾條和食物相關的戒條，主要目的都是為遮止古印度比丘乞食生活模式下可能出現的不當行為，避免引來民眾譏嫌。部分戒條也有對治貪欲的意趣。現代比丘持戒時應結合其制戒精神和當下的實際因緣，靈活行持。

「飲酒戒」中，「能醉人」基本是諸律對酒的共同定義。比丘有病必須以酒為藥內服，或者酒作外用等，一切無犯。如果不是酒，即使有酒色、酒香、酒味，若不醉人，飲之不犯。如果用料酒、醋酒等調料，煮熟後無酒性的，食用不犯。現代社會中有用水果等含糖物質發酵製成的乙醇飲料，比丘要小心鑑別。如果沒有生病等因緣，哪怕一滴酒都不能飲用。作為本戒的外延，比丘要遠離大麻、海洛英、搖頭丸等；另外，比丘抽煙在漢地容易被譏嫌，也不宜為之。

「捉寶戒」中，諸律對「寶」的解釋相似，一般指金銀等稀有貴價物，只是所列舉的種類、數量有所不同。捉寶、捉以寶製成或裝飾的「莊嚴具」都會犯到此戒。如果是為了三寶事緣而捉持，依據律典是開許不犯的，比如為常住接收居士供養，捉舉佛像或者莊嚴供具，以及為了說法而坐寶座，使用帶寶的法器等，皆不犯。對於捉錢的問題，作淨後的錢捉持不犯，不作淨則犯突吉羅。

「露處敷僧物戒」和「覆處敷僧物戒」，均為倡導愛護公物，防範比丘輕忽對待僧物。現代比丘犯此戒的可能性比較大，比如平時曬的被子，或戶外辦法會等活動時擺放的拜墊、桌椅、音響設備等物品，若輕忽心不及時收舉，都可能會犯到此戒。另外，若寺院處於建設階段，所使用的鋼筋、水泥等物資，要妥善保存，防止雨淋；戶外出坡時的工具等應及時收存，防止散失。

「擊攊戒」、「怖比丘戒」、「搏比丘戒」和「打比丘戒」，這幾條戒制斷

針對同行比丘的不當行為。這些行為或給對方造成傷害，或者助長散亂煩惱等，總之都有損僧團內部的和合有序。「擊攊戒」一般以戲樂心而為；「怖比丘戒」則是故意恐怖對方；「搏比丘戒」和「打比丘戒」則以瞋心所為，前者是恐嚇作勢欲打，後者則更進一步付諸實際行動。具體判罰中，比丘的行為觸犯哪條戒，需要看具體的發起心。比如比丘作打未打的情況，如果本意只想嚇唬對方取樂，則屬「怖比丘戒」所攝；如果是做相恐嚇發泄瞋恨，那就是搏比丘的行為；如果只以打人之心做打，則犯「打比丘戒」的方便罪。

為了遮止比丘造殺業，避免世人譏嫌，佛陀制定「斷畜生命戒」、「用蟲水戒」、「飲蟲水戒」。這三條戒和「大殺戒」一起，集中體現了佛教「不害」的宗教倫理。「用蟲水戒」、「飲蟲水戒」似乎可以包含在「斷畜生命戒」中，但發起心與之有所不同：「斷畜生命戒」的發起心是故殺畜生之心，即主觀的希望心；而「兩條蟲水戒」的發起心不是故意的殺心，而是一種輕忽懈怠、對蟲子死亡無所謂的態度，即放任心。比丘的傷生行為具體犯哪條戒，要看其主觀意志屬於哪種情況。如果比丘以殺心用蟲水或者飲蟲水，則犯「斷畜生命戒」。兩條蟲水戒中的蟲是指可被漉水囊過濾、肉眼能夠看到的蟲，肉眼不可見的不犯。有持戒護生意識的比丘一般不會犯「斷畜生命戒」，但在一些場景中仍應小心防護，比如可能會被詢問是否可以給流浪狗安樂死或者畜生墮胎等問題，若對戒相不明，給予肯定答覆，也會正犯此戒。

「共未受具人宿過限戒」、「向非具人說粗罪戒」、「與未具人同誦戒」和「實得道向未具者說戒」，這四條戒分別從生活、學修以及知見等角度規範比丘與未受具戒人之間互動的倫理。「共未受具人宿過限戒」、「向非具人說粗罪戒」意在維護未受具人對比丘或僧團的信心。「與未具人同誦戒」和古印度師徒口傳相授的傳統教學方法有關，有助於培養對方尊師求法的恭敬心，避免產生輕慢心理。若比丘不是在教授對方，比如二人同師受學或共同誦習佛經時，則同誦不犯。漢地寺院早晚課誦中，比丘和沙彌、沙彌尼或居士等人一起誦經，即屬此開緣。「實得道向未具者說戒」制止比丘向俗眾實說得「上人法」，以防止相關過患。

「觀軍戒」、「軍中過宿戒」和「觀軍合戰戒」，其制戒意趣主要是避世

譏嫌，也是讓比丘遮止散亂煩惱，遠離鬥戰是非之地。現實情況中，比丘在日常出行路上可能會碰到部隊拉練或學生軍訓等場面，按照「觀軍戒」的意趣，比丘都不宜駐足觀看。如果比丘受政府方面邀請觀看閱兵等，不犯。按照「觀軍合戰戒」的制戒意趣，比丘也不宜以觀賞心觀看戰爭相關的影視作品，若為觀世間苦等教育目的則可開許。玩戰爭暴力類遊戲也正犯此戒。

「過量牀足戒」、「過量尼師壇戒」、「過量作覆瘡衣戒」、「雨浴衣戒」和「佛衣等量戒」，這五條戒是與資具尺寸有關的戒條，現代漢地比丘較難犯到。比丘持守這些戒條，重在遵循其制戒精神，防止自己對各種資具產生貪心。

01

小妄語戒

一、緣起

（一）緣起略述

《四分律》有一個本制。象力比丘善於談論，與外道論議時，若不如對方，便說妄語，在僧中問話時，又說妄語，因此引起外道譏嫌。少欲知足的持戒比丘知道後呵責象力比丘，並向佛陀匯報，佛陀以此因緣為比丘制戒。[1]

諸律緣起差異比較：

1. 制戒地點

《四分律》中，制戒地點為「釋翅瘦迦維羅衛尼拘類園」，《鼻奈耶》[2]為「舍衛國祇樹給孤獨園」，《十誦律》[3]為「舍衛國」，《僧祇律》[4]、《五分律》[5]為「舍衛城」，《根有律》[6]為「逝多林」，《巴利律》[7]為「舍衛城祇樹給孤獨園」。

2. 緣起比丘

《四分律》中，緣起比丘為「象力」，《鼻奈耶》為「羅芸」，《十誦律》為「訶哆釋子」，《僧祇律》為「尸利耶婆」，《五分律》為「沙蘭」，《根有律》為「法手」，《巴利律》為「喝陀伽釋子」。

1　《四分律》卷 11，《大正藏》22 冊，634 頁上欄至下欄。

2　《鼻奈耶》卷 7，《大正藏》24 冊，878 頁下欄至 879 頁上欄。

3　《十誦律》卷 9，《大正藏》23 冊，63 頁中欄至 64 頁上欄；卷 41，《大正藏》23 冊，298 頁中欄；卷 53，《大正藏》23 冊，391 頁中欄；卷 55，《大正藏》23 冊，409 頁下欄。

4　《僧祇律》卷 12，《大正藏》22 冊，324 頁下欄至 325 頁中欄；卷 25，《大正藏》22 冊，432 頁中欄。

5　《五分律》卷 6，《大正藏》22 冊，37 頁中欄至下欄。

6　《根有律》卷 25，《大正藏》23 冊，760 頁中欄至 763 頁下欄。

7　《經分別》卷 5，《漢譯南傳大藏經》2 冊，1 頁至 5 頁；《附隨》卷 1，《漢譯南傳大藏經》5 冊，56 頁。

3. 犯戒對象

《四分律》中，犯戒對象為「外道梵志」與「眾僧」，《鼻奈耶》為「眾人」，《十誦律》為「南天竺論議師」，《僧祇律》為「眾僧」，《五分律》中只提到緣起比丘說妄語的對象是人，《根有律》為「南方大論師」，《巴利律》為「諸外道」。

4. 緣起情節

《十誦律》和《巴利律》均只有一個本制。緣起故事情節與《四分律》類似，同樣有與外道論議的背景，但緣起比丘自知不如對方，於是說妄語爽約，這一點和《四分律》略有不同。

《五分律》有一個本制和一個隨制。本制與《四分律》緣起中的情節相似，隨制是佛陀開緣「誤見」、「誤說」不犯妄語。

《根有律》有一個緣起和一個本制。本制情節與《四分律》略有不同，描述的是緣起比丘與婆羅門論師預約在某處辯論，但後來緣起比丘爽約，因此引起諸外道譏嫌。緣起描述的是羅怙羅做惡作劇，說妄語，阻止敬信婆羅門、居士見佛。

《僧祇律》只有一個本制，描述緣起比丘為逃避僧團治罪而說妄語，其情節與《四分律》有所差別。

與《四分律》差異較大的是《鼻奈耶》，同樣只有一個本制，但情節是緣起比丘因「戲笑妄語」，諸比丘白佛後，佛陀因此制戒。

（二）緣起比丘形象

據《四分律》記載，緣起比丘「善能談論」，故口才很好；與外道論議，「若不如時便違反前語」，故怕輸，好勝心重，虛榮心強；之後又在僧中妄語，故無視僧制。

《五分律》、《根有律》對緣起比丘的描述與《四分律》相似。另外，《根有律》中緣起比丘和外道論議前思維：「我若破得此論師者，亦未能免巡百家

門食方滿腹。若婆羅門儻摧我者，我之所有名稱花冠悉皆隱沒。」可見緣起比丘非常看重名聞利養，並用看似理性的分析為自己說妄語找藉口。

《僧祇律》中僧眾問緣起比丘是否犯僧伽婆尸沙時，回答「犯」，後因擔心被治罰，僧眾再問時，回答「不犯」，內心反覆無常。因恐懼處罰，公然僧中妄語。

相較於《四分律》、《五分律》和《根有律》中善能談論、充滿自信的比丘，《十誦律》中緣起比丘內心糾結和自卑。緣起比丘受城中人民的邀請與外道論議，由於缺乏自信，所以「聞之心愁，不得已而來入城道中」，見到兩隻羊打架，即作是念：「一羊是婆羅門，一羊是我。」結果是「我者，鬥則不如」，於是緣起比丘「見已轉更愁憂」。之後，見兩人打架，緣起比丘如前作意，結果還是一樣。後又見到一女人持滿瓶水，水瓶破裂，於是想：「我見諸不吉相，將無不如。」緣起比丘通過種種偶然的外境來不斷強化內心中「自己必然會輸」的想法，表現出內心糾結且不自信。

《鼻奈耶》、《巴利律》中沒有緣起比丘形象的具體描述。

（三）犯戒內因

據《四分律》記載，緣起比丘「若不如時，便違反前語」，並且「若僧中問是語時，即復違反前語」，可以看出，比丘因要面子，貪圖虛榮，或者害怕受到懲罰而說妄語。

《十誦律》、《五分律》、《根有律》、《巴利律》與《四分律》相似，比丘因虛榮心說妄語。

《鼻奈耶》中，比丘「嬉笑妄語」，可見嬉笑的心態、散亂的習氣是犯戒內因。

《僧祇律》中，比丘犯戒後因恐懼僧團的懲罰而通過說妄語來自我保護。

通過諸律的對比可以看到，貪圖名聞利養的虛榮心、害怕受到懲罰的恐懼心和嬉笑的散亂心，均可以成為緣起比丘犯戒的內因，促使比丘觸犯本戒。

（四）犯戒外緣

《四分律》中犯戒外緣是緣起比丘與外道「論議」，《十誦律》、《根有律》、《巴利律》與《四分律》相同。

《五分律》是常「與人論議」，與《四分律》相似。

《僧祇律》是緣起比丘犯戒，僧作羯磨欲懲罰。

（五）犯戒後的影響

《四分律》中，緣起比丘犯戒後，引起外道的譏嫌：「沙門釋子無有慚愧，常作妄語，而自稱言：『我行正法。』如今有何正法？」《根有律》、《巴利律》與《四分律》相似。

《十誦律》中，緣起比丘妄語爽約，引發「諸城內人聞已種種呵責：『云何名比丘故妄語？』一人語二人，二人語三人，如是展轉，惡名流布，滿舍衛城」，造成非常不好的社會影響。

（六）佛陀考量

《四分律》和多數律典中，佛陀制戒的緣起都是比丘與人論議，因為怕輸而口說妄語。相較於《四分律》，《根有律》中還有一個緣起，即眾多敬信婆羅門、居士問羅怙羅世尊住在何處，羅怙羅想要戲弄他們，於是佛在竹林中時，羅怙羅便說在鷲峰山；佛在鷲峰山時，便說在竹林中。敬信婆羅門、居士們想禮佛卻見不到佛，身體疲倦，問羅怙羅：「聖者！何因故惱我等？」答言：「實爾，我故相惱。」羅怙羅出於一種好玩的惡作劇心態而說妄語，不讓信眾見佛。

佛陀知道後，準備就此緣起教育羅怙羅，但佛陀並沒有像對一般犯戒的比丘那樣呼羅怙羅過來，當面呵責教育，而是飯食之後前往羅怙羅住處。羅怙羅「遙見佛來，為佛敷座，即安置瓶水並洗足器」，淨手足後往迎世尊。佛

陀坐下洗完雙腳後，將洗足器中大部分的水倒掉，只留一點點水，然後對羅怙羅說：「若苾芻故心妄語，無有慚恥亦無追悔，我觀如是愚癡之人，說為乏少沙門之法。」之後佛陀將洗足器中的水倒掉，然後又「以其器傾側至地」，接著再「以其器覆之於地」，佛陀每做完一個動作後，都會以此類比說明妄語的危害。佛陀又以「醉象王」為喻，對羅怙羅說：「若復苾芻故心妄語，無有慚恥亦無追悔，我說是人無惡不造。」並以偈頌描述了說妄語墮地獄的果報。最後，佛陀又問羅怙羅為何世人「手執明鏡」，羅怙羅回答說是「觀己面善惡之相」。世尊即以鏡為喻，告訴羅怙羅於自己所造之業，「應當數數善自觀察」，思維業的異熟果報，之後，「所有罪業應對佛前至誠懇惻說所作罪，或於清淨同梵行者前說其愆咎，發露說悔，將來禁戒更不重犯」。世尊說完後，「羅怙羅禮佛雙足歡喜奉行，於時世尊從座而去」。

從佛陀教育羅怙羅的過程，能體會到佛陀教育弟子的善巧。對於一般的犯戒比丘，佛陀通常是「種種呵責」，再說法教育。但羅怙羅由於年齡偏小，心智尚未成熟，如果正面呵責教育，或許他會因害怕而不敢打開心扉，承認錯誤；或許會因佛陀的嚴厲態度而認為佛陀不夠慈悲，非理作意。所以佛陀採用的是一種溫情的、循循善誘、藉物寓事的教育方式。佛陀親自到羅怙羅住所，如同往日一樣，沒有表現出特意為教誡而來，避免出現緊張的氛圍。同時佛陀也沒有開門見山指出羅怙羅的錯誤，敘說妄語危害，而是在羅怙羅承事自己的過程中，看似隨意又很善巧地用身邊器具作喻，間接指出羅怙羅的問題，以及妄語的危害。這樣，既保護了羅怙羅的自尊心，又能引導其自省，達到教誡的目的。

（七）文體分析

從文本題材來看，《四分律》是一個因緣制戒，《五分律》、《根有律》是兩個因緣，其他律典與《四分律》一致，都是一個因緣。另外，《鼻奈耶》中有一則伽陀，說明妄語的果報和危害，《根有律》有一個譬喻和兩則伽陀，講述妄語果報和對三業時常觀察與反省。

從律典文字風格看，《四分律》多客觀描述，簡潔明快，結構緊湊。《鼻奈耶》、《五分律》、《巴利律》和《四分律》相似，其中《鼻奈耶》有一段伽陀，使文字風格略有變化。

《僧祇律》中緣起比丘從僧團出來後：「作是念：『我何故無事而受是罪？此諸比丘恆數數治我罪，我今不應受是罪，今寧妄語眾僧，當治我妄語罪，雖治故輕。』」生動的心理描寫使得人物形象豐滿，整個故事生動有趣，可讀性強。

《根有律》緣起敘述情節曲折，相較其他律典，多了一則「羅怙羅說妄語」的故事，故事中有大量的人物對話，邏輯嚴密。另一則因緣故事有大量心理描寫，如：「復作是念：『然此苾芻無過二種：一是情識愚惷，二是才辯過人。』」

二、戒本

《四分律》中，本戒的戒本為：「若比丘，知而妄語者，波逸提。」

（一）若比丘，知而妄語者

《四分律》、《四分律比丘戒本》[1] 作「若比丘，知而妄語者」，意思是：如果比丘，知道而（故意）說妄語。

與《四分律》相似：

《僧祇律》作「若比丘，知而妄語」。

《新刪定四分僧戒本》[2] 作「若比丘，知而忘語者」，這裏的「忘」，在古漢語中通「妄」，因此兩者所表達的意思相同。

梵文《根有戒經》[3] 作 "saṃprajānan mṛṣāvādāt"，梵文《說出世部戒經》[4] 作 "saṃprajānamṛṣāvāde"，梵文《有部戒經》[5] 作 "saṃprajānamṛṣāvādāt"。這三部梵文戒本的意思均是：知道而（故意）說妄語。

巴利《戒經》[6] 作 "sampajānamusāvāde"，意思是：知道而（故意）說妄語。藏文《根有戒經》[7] 作 "ཤེས་བཞིན་དུ་བརྫུན་དུ་སྨྲ་ན"，意思是：明知而（故意）虛妄說。

1　《四分律比丘戒本》，《大正藏》22 冊，1018 頁中欄。

2　《新刪定四分僧戒本》，《卍續藏》39 冊，266 頁中欄。

3　Anukul Chandra Banerjee, *Two Buddhist Vinaya Texts in Sanskrit,* Calcutta: The World Press, 1977, p. 32.

4　Nathmal Tatia, *Prātimokṣasūtram of the Lokottaravādimahāsāṅghika School*, Tibetan Sanskrit Works Series, no. 16, Patna: Kashi Prasad Jayaswal Research Institute, 1975, p. 19.

5　Georg von Simson, *Prātimokṣasūtra der Sarvāstivādins Teil II*, Sanskrittexte aus den Turfanfunden, XI, Göttingen: Ndenhoeck & Ruprecht, 2000, p. 204.

6　Bhikkhu Ñāṇatusita, *Analysis of the Bhikkhu Pātimokkha,* Kandy: Buddhist Publication Society, 2014, p. 167.

7　麗江版《甘珠爾》（འཇང་ས་ཏ་ཧམ་འགྱུར）第 5 函《別解脫經》（སོ་སོར་ཐར་པའི་མདོ）11b。

以上五部非漢文戒本中均缺少與「若比丘」直接對應的內容。

與《四分律》有部分差異：

《僧祇比丘戒本》[1] 作「若比丘，知而故妄語」，比《四分律》多了一個「故」字。

《四分僧戒本》[2]、《十誦律》作「若比丘，故妄語者」，《十誦比丘戒本》[3]、《五分律》、《彌沙塞五分戒本》[4]、《解脫戒經》[5] 作「若比丘，故妄語」，《根有律》、《根有戒經》[6]、《根有律攝》[7] 作「若復苾芻，故妄語者」。

以上《四分僧戒本》及之後的律典中，用「故」（故意）代替《四分律》中的「知」（知道），兩者意思略有不同。

與《四分律》差異較大：

《鼻奈耶》作「若比丘，戲笑妄語者」，《四分律》的「知」，這裏寫作「戲笑」。

（二）波逸提

《四分律》、《四分僧戒本》、《新刪定四分僧戒本》、《四分律比丘戒本》作「波逸提」，意思是：犯墮罪。

與《四分律》相同：

《五分律》、《彌沙塞五分戒本》、《解脫戒經》作「波逸提」。

與《四分律》相似：

《鼻奈耶》作「貝夜提」。

1　《僧祇比丘戒本》，《大正藏》22 冊，552 頁上欄。
2　《四分僧戒本》，《大正藏》22 冊，1026 頁上欄。
3　《十誦比丘戒本》，《大正藏》23 冊，474 頁上欄。
4　《彌沙塞五分戒本》，《大正藏》22 冊，197 頁上欄。
5　《解脫戒經》，《大正藏》24 冊，662 頁上欄。
6　《根有戒經》，《大正藏》24 冊，503 頁下欄。
7　《根有律攝》卷 8，《大正藏》24 冊，572 頁中欄。

《十誦律》、《十誦比丘戒本》、《僧祇律》、《僧祇比丘戒本》作「波夜提」。

《根有律》、《根有戒經》、《根有律攝》作「波逸底迦」。

梵文《說出世部戒經》作“pācattikaṃ”，梵文《有部戒經》作“pātayantikā”，梵文《根有戒經》作“pāyantikā”，意思都是「墮」。

巴利《戒經》作“pācittiyaṃ”，意思是「墮」。

藏文《根有戒經》作“ལྟུང་བྱེད་དོ།།”，意思是「墮」。

三、關鍵詞

（一）波逸提

梵文《有部戒經》作"pātayantikā"，梵文《根有戒經》作"pāyantikā"，梵文《說出世部戒經》作"pācattika"。以上三個梵文單詞都音譯為「波逸提」，另外還有「波夜提」、「波逸底迦」、「波藥致」、「波羅逸尼柯」、「波羅夜質胝迦」、「波質胝柯」等音譯，直譯為：引發墮落的罪（英譯：transgression causing fall）。藏文《根有戒經》作"ལྟུང་བྱེད"，即引發墮落（的罪）（英譯：commit a sin which caused fallen, requires expiation）。據《翻譯名義大集》，此詞與梵文《有部戒經》"pātayantikā"有對應關係，意思相同。

巴利《戒經》作"pācittiya"，推測原詞來自吠陀梵語"prāyaścitta"一詞，由此解釋成：應悔（英譯：transgression involving expiation）。

《四分律》中，對「波逸提」沒有解釋。

《十誦律》記載：「波夜提者，是罪名燒煮覆障，若不悔過，能障閡道。」律文闡釋了其障道的含義。《根有律》、《根有律攝》除了有障道的內涵外，還有墮落的意思。《根有律》記載：「波逸底迦者，是燒煮墮落義，謂犯罪者墮在地獄、傍生、餓鬼惡道之中，受燒煮苦。又此罪若不殷勤說除，便能障礙所有善法。此有諸義故名波逸底迦。」《根有律攝》記載：「言波逸底迦者，謂是燒煮墮惡趣義。」

《僧祇律》、《毗尼母經》分別從罪性的判別和輕重的角度解釋波逸提。《僧祇律》記載：「波夜提者，分別制罪名也。」《毗尼母經》：「波逸提者，所犯罪微，故名波逸提。又復波逸提者，非斷滅善根罪，枝條罪，名波逸提。又復波逸提者，如被斫者少傷其皮，不至損命。波逸提罪亦復如是，此罪傷善處少，名波逸提。」

其他律典沒有相關記載。

綜上所述，詞源分析中，梵藏戒經中波逸提的意思是引發墮落的罪，巴

利《戒經》傾向於「應悔」之意。漢譯律典中，《根有律》、《根有律攝》與梵藏戒經內涵一致。此外，《十誦律》、《根有律》、《根有律攝》對波逸提的解釋還有障道的意思。《僧祇律》從罪性判別的角度來解釋，説明波逸提是罪名的一種。《毗尼母經》從罪性輕重的角度來闡釋。

（二）知而妄語

「知而妄語」在梵文《説出世部戒經》中對應的表述是"saṃprajānamṛṣāvāde"。"saṃprajāna"的主要意思是「知道、明了」（英譯：conscious, mindful, thoughtful），"mṛṣā"意為「虛妄的、錯誤的」（英譯：wrongly, falsely, lyingly），"vāde"意為「言説、語」（英譯：speech, discourse, statement）。整體翻譯為：在知道的情況下説妄語（英譯：in speaking a conscious lie）。梵文《根有戒經》和梵文《有部戒經》中的內容與此基本相同。巴利《戒經》為"sampajānamusāvāde"，該詞由"sampajāna"、"musā"和"vāde"三部分組成，意思也和梵文相似。

需要特別説明的是，上述梵文"saṃprajāna"和巴利文"sampajāna"，除了主要表述「正知」的含義外，還可引申「故意的」（英譯：deliberate）意思。因此上述四部梵巴戒本可以意譯為：知道而故意説妄語（英譯：in deliberately speaking a conscious lie）。

藏文《根有戒經》作"ཤེས་བཞིན་དུ་བརྫུན་དུ་སྨྲ"，意思是：知道的情況下故説謊（英譯：to tell a lie knowingly）。其中，"ཤེས་བཞིན་དུ་"有知道和故意的意思；"བརྫུན"，名詞，意為「虛妄，虛構，謊話」；"སྨྲ"的含義為「説」。整體與梵文意思基本相同。

律典其他一些戒條中有的詞也包含「知」字，但使用的梵巴詞語與本戒不同。下表列舉了梵文《説出世部戒經》和巴利《戒經》幾條戒中與「知」字對應的詞語。

表 6-1　不同戒條中「知」字對應的梵語和巴利語

	覆藏他粗罪戒	飲蟲水戒	強敷戒
梵文《説出世部戒經》	jānan	jānan	jānan
巴利《戒經》	jānaṃ	jānaṃ	jānaṃ

　　可以看到，這幾條戒使用的詞語基本一致。以梵文《説出世部戒經》為例，"jānan" 僅表達出了 "saṃpra + jāna" 一詞的後半部分含義。所以本戒梵巴文的 "saṃprajāna" 和 "sampajāna" 在「知」的基礎上表達了更豐富的含義，翻譯為「正知、明了」更為合適。不過由於 "saṃprajāna" 一詞也有「故意的」含義，因此不少漢譯資料中將本戒翻譯為「故妄語」，而非「正知妄語」。「故妄語」是指「故意想要説妄語」，這是從發起心角度來闡述；而「正知妄語」則是指「知道自己在説妄語」，是從想心這個角度來闡述。

　　事實上，在其他幾個帶有「故意」含義的戒條中，巴利《戒經》和梵文《説出世部戒經》中使用的詞語都非本詞。下表中列舉了梵文《説出世部戒經》和巴利《戒經》幾條戒中與「故」字對應的詞語，可以看到這些詞與 "saṃprajāna" 和 "sampajāna" 有較大差別。因此，結合上述分析，本戒中的詞並不僅僅包含「故意」內涵，翻譯為「知道而故意」比較合適。

表 6-2　不同戒條中「故」字對應的梵語和巴利語

	故出精戒	故斷畜生命戒	故惱比丘戒
梵文《説出世部戒經》	saṃcetanikāye	saṃcintya	saṃcintya
巴利《戒經》	sañcetanikā	sañcicca	sañcicca

　　漢譯律典中，《四分律》和《僧祇律》作「知而妄語」，而《十誦律》、《五分律》、《根有律》以及相應的戒本均為「故妄語」。

　　對於這個詞的含義，各部律典都作了解釋。據《四分律》記載：「知而妄

語者：不見言見，不聞言聞，不觸言觸，不知言知；見言不見，聞言不聞，觸言不觸，知言不知。」

其他律典大多也記載了與《四分律》相似的內容，一些律典還從其他角度解釋這個概念。

《僧祇律》記載：「知者，先念知。妄者，事不爾。語者，口業説。」

《十誦律》記載：「故妄語者，知是事不爾，誑他故異説。」

《根有律》記載：「故者，謂是故心，了知其事。」對於妄語，該律在關鍵詞中舉了許多例子，總結起來即辨相中所説的「凡所有語違心而説」。《根有律攝》記載：「故者，是決定心，表非謬誤。言妄語者，謂對了知人違心異説，作詭誑言，名為妄語。」《巴利律》記載：「故意妄語者，是欲欺誑者之言、語、説、話、語告等，非聖之語業也。」《善見論》記載：「妄語者，口與心相違，亦名空語也。」

綜上所述，詞源分析中，諸部戒經內涵一致，都是指「知道並故意説妄語」。漢譯諸律典中，《四分律》、《僧祇律》強調「知道説妄語」，《五分律》偏向於故意説妄語，《十誦律》和《根有律》雖然在戒條中作「故」妄語，但注釋中也包含了「知」的含義。對於「妄語」一詞，《四分律》和各部律典的含義都是指「違心而説」，即「不見言見，見言不見」這類與自己認知不相符的情況。

四、辨相

（一）犯緣

具足以下五個方面的犯緣便正犯本戒：

1. 所犯境

據《四分律》記載，本戒的所犯境是人。

其他律典的記載均與《四分律》相同。

其中藏傳《苾芻學處》[1] 還列舉了幾個條件：「對說之境須具五種名言，身平等住，與自體異。」五種名言是指：能言語，能解義，心住本性，可依止，男女根有作用。《毗尼母經》、《明了論》沒有此戒的內容，下不贅述。

2. 能犯心
（1）發起心

《四分律》中本戒的發起心是「故妄語」，即故意說妄語之心。《十誦律》、《薩婆多論》[2]、《摩得勒伽》[3]、《五分律》、《根有律》、《根有律攝》[4]、《巴利律》、《善見論》[5] 與此相同。如《十誦律》關鍵詞中，發起心是「誑他」之心，《薩婆多論》是「作妄語意」，《根有律攝》是「作妄心」，《巴利律》是「欲欺誑」之心，《善見論》是「發心欲妄」。雖然這幾部律典的表述不同，但內涵一致。

上述諸律中，《五分律》、《根有律》的發起心是從戒條內提取出來的。

---

1 《苾芻學處》，《宗喀巴大師集》卷 5，88 頁至 89 頁。

2 《薩婆多論》卷 6，《大正藏》23 冊，539 頁下欄至 540 頁上欄。

3 《摩得勒伽》卷 2，《大正藏》23 冊，574 頁下欄；卷 9，《大正藏》23 冊，620 頁上欄。

4 《根有律攝》卷 8，《大正藏》24 冊，572 頁中欄至 573 頁上欄。

5 《善見論》卷 9，《大正藏》24 冊，733 頁上欄；卷 15，《大正藏》24 冊，779 頁上欄至中欄；卷 18，《大正藏》24 冊，800 頁中欄。

《鼻奈耶》的發起心是「戲笑」之心。

藏傳《苾芻學處》的發起心為「欲覆想而說，相續未斷」，與其他律典相比多了「相續未斷」這個條件，要求更為細緻和嚴格。

《僧祇律》中沒有關於發起心的明確記載。

（2）想心

據《四分律》記載：若比丘實際沒有見到，作不見想，知而妄語說「我見」，結波逸提罪；不見作見想，知而妄語說「我不見」，結波逸提罪；不見而作疑，知而妄語說「我不疑」，結波逸提罪；不見而且不疑，知而妄語說「我疑」，亦結波逸提罪。見、聞、觸、知，以及不聞、不觸、不知等情況與「不見」相同。所以，對「不見」等境作「不見想」、「見想」、「疑」或「不疑」，與判罪無關，只要「知而妄語」，即認為自己所說的話是在欺騙對方，便正犯。因此《四分律》中本戒的想心為「妄語作妄語想」。

《十誦律》、《薩婆多論》、《僧祇律》、《五分律》、《根有律》、《巴利律》、《善見論》與《四分律》相同，只要認為自己所說的話是謊言，即妄語作妄語想，便正犯。其中，《五分律》的想心是從緣起之中推出來的，所用律文材料和上文發起心相同。

藏傳《苾芻學處》中的想心為「想不錯亂」，內涵亦與《四分律》相同。（藏傳《苾芻學處》的「想不錯亂」指 A 作 A 想，下文不再解釋其含義。）

《根有律攝》的記載與《四分律》有些差異，對自己的見聞覺知有「疑」心的情況並不正犯，如文：「實見生疑便云：『我見。』或云：『不見。』得惡作罪。……若實不見而有疑心，便云：『我見。』得惡作罪。」

《鼻奈耶》、《摩得勒伽》中沒有明確提及想心的情況。

3. 方便加行

《四分律》中，方便加行是說妄語，即違心而說。

藏傳《苾芻學處》中，方便加行為「以具五相語言發起言說」。

其他律典的方便加行和《四分律》一致。

4. 究竟成犯

《四分律》中究竟成犯是「說了了」。

《根有律》中究竟成犯是「說時得本罪」，不需要對方領解。

《根有律攝》中究竟成犯是「前人領解」，《善見論》中究竟成犯是「前人知解」，藏傳《苾芻學處》中究竟成犯是「其對說境了義時」。這三部律典均是對方領解時才正犯。

其他律典中沒有明確提及究竟成犯。

5. 犯戒主體

據《四分律》記載，此戒的犯戒主體是比丘，比丘尼同犯。

《薩婆多論》、《五分律》、藏傳《苾芻學處》與《四分律》相同。

其他律典中，此戒的犯戒主體是比丘，沒有提及比丘尼。

（二）輕重

1. 所犯境

《四分律》中，如果比丘對人說妄語，結波逸提罪。律中沒有非正犯境結罪輕重的記載。

其他律典除對人說妄語結波逸提罪外，沒有記載其他所犯境的結罪情況。

2. 能犯心
（1）發起心

《四分律》中，比丘若故意說妄語，結波逸提罪，如律文：「妄語時自知是妄語……故妄語，波逸提。」

《十誦律》、《薩婆多論》、《根有律攝》、《巴利律》、《善見論》中均記載，如果比丘以欺誑心、妄心而說妄語，結波逸提罪。《摩得勒伽》、《五分律》、《根有律》中，「故心」也就是故意說妄語，犯波逸提。

《鼻奈耶》中，「戲笑」說妄語，犯波逸提。

藏傳《苾芻學處》中，「欲覆想而説，相續未斷」，犯波逸提。

僅《薩婆多論》中記載了比丘無心説妄語的判罪情況，如律文：「若先無心妄語，誤亂失口妄語，盡突吉羅。」

《僧祇律》中沒有關於發起心的判罪。

（2）想心

據《四分律》記載，若比丘知而妄語，結波逸提罪。《根有律攝》記載：「實見生疑便云：『我見。』或云：『不見。』得惡作罪。……若實不見而有疑心，便云：『我見。』得惡作罪。」

其他律典中想心正犯結罪情況如上文犯緣所述。

另外，《四分律》中，從想和説的時間關係來看可以分成三個時間階段，即妄語前、妄語時和妄語後。不論妄語前是否準備説妄語，妄語後是否記得説妄語，只要説妄語的時候知道在説妄語，即結波逸提。如律中記載：「本作是念：『我當妄語。』妄語時自知是妄語，妄語已知是妄語，故妄語，波逸提……本不作妄語意，妄語時知是妄語，妄語已不憶是妄語，故妄語，波逸提。」

《根有律》中也有三時妄語的記載：「又有三種妄語，作如是念：『我當妄語，我正妄語，我已妄語。』云何二種妄語？謂我正妄語，我已妄語。無有一種成妄語者。」《根有律攝》與《根有律》相同。

《薩婆多論》中，必須三時同時滿足才結波逸提罪，與《四分律》差異較大：「或有三事以成妄語：一、先作妄語意；二、設言妄語；三、妄語已説是妄語。」《巴利律》和《善見論》與此觀點相同。《巴利律》記載：「由三行相不見而言『我見』，如此故意妄語者，波逸提。即（一）語前思：『我將語虛妄。』（二）語時思：『我語虛妄。』（三）語已思：『我語虛妄已。』」《善見論》中，妄語需要具足的條件中包括「發心欲妄，發口成妄，妄語竟知是妄語」。

可以看到，上述幾部律典雖然都提到了三時，但對於成就妄語的條件有不同的觀點。《四分律》認為只要説妄語的時候知道在説妄語，就結波逸提罪。《根有律》、《根有律攝》認為，對於三時劃分，至少要同時滿足「正妄語」

和「已妄語」兩個條件才成妄語，僅滿足其中一項不能構成妄語而結波逸提罪。《薩婆多論》、《巴利律》和《善見論》中需要三時都滿足才結波逸提罪，與《四分律》差異較大。

3. 方便加行

（1）口說

據《四分律》記載，違心而說便結波逸提。藏傳《苾芻學處》中，對口說妄語還多出了「具五相」的要求，其他律典的記載與《四分律》相同。

另外，《僧祇律》記載，構成妄語的方便加行有五種要素，具足這些要素時比丘若知而妄語便得波逸提罪。五種要素是指「實有、有想、轉心、背想、異口說」。其中「異口說」最為重要，乃至於僅具足「異口說」也能成就妄語：「有一法成就，知而妄語，波夜提。何等一？異口語，知而妄語，波夜提。」這裏「異口語」的意思就是：心口不一，違心而說的謊言。

《摩得勒伽》中有兩段特別的記載，此戒和「行罵戒」似乎有重合的地方，如《摩得勒伽》記載：「語人言眼瞎，彼實不瞎，得二波夜提。故妄語、毀呰語，波夜提。」

（2）非口說

《四分律》記載：「說戒時，乃至三問憶念罪而不說者，突吉羅。」藏傳《苾芻學處》的記載與此基本相同：「若作長淨時問云：『此中清淨否？』自知不清淨，或疑不清淨，默然而住，犯惡作罪。」《根有律》和《根有律攝》也有相同記載，如《根有律》：「半月半月作褒灑陀，誦戒經時彼問清淨不？而實不清淨自知有犯，作覆藏心默然而住，此之妄語得突色訖里多。」《根有律攝》則記載：「入突色訖里多妄語者，謂說戒時自知有犯，作覆藏心默然而住。」

《薩婆多論》記載：「若使妄語，若書信妄語，盡突吉羅。」

《摩得勒伽》記載：「手印相，皆突吉羅。手作相、口不語，突吉羅。」「共期不去，故妄語，波夜提。」

《根有律攝》記載：「語所言事，身亦表知，同得本罪。」

（3）其他

《十誦律》中還記載了一種妄語犯輕的情況，如律文：「問：『若人問比丘言：「汝見人用蓋行不？」比丘言：「不見。」為因腳故言我不見，得何罪？』答：『得突吉羅。扇、革屣、珠釧、糯頭、瓔珞、寶鬘、欽跋羅、氈、拘執、車乘、帽輦輿等亦如是。』」這裏提到的情況是別人向比丘問問題的時候，比丘故意混淆了對方問題的意思，而作出了貌似正確、實則錯誤的回答，犯突吉羅。

藏傳《苾芻學處》記載：「學處惡作者，謂如賭誓等。」

4. 究竟成犯

據《四分律》記載：「說而了了者，波逸提；說而不了了者，突吉羅。」

《根有律》中，比丘說妄語，說時「語語皆得」波逸提。

《根有律攝》記載：「起心欲誑，得責心罪。乃至發言前人未解，咸得對說惡作之罪。」若「說語分明」、「前人領解」，便結波逸提罪。此律還有結罪次數的說明，「一一說時，各各得罪」。

其他律典正犯波逸提的情況如上犯緣所述。

5. 犯戒主體

據《四分律》記載，比丘、比丘尼若犯此戒，均結波逸提罪；式叉摩那、沙彌、沙彌尼犯時結突吉羅。

《薩婆多論》、《五分律》與《四分律》相同。

藏傳《苾芻學處》僅提到比丘、比丘尼犯戒結波逸提罪，沒有提到下三眾的結罪情況。

其他律典中僅提到比丘犯波逸提。

（三）不犯

1. 能犯心不具足

《摩得勒伽》記載：「教誡語，不犯。」《巴利律》記載：「戲興而說，躁急而說（戲興而說者，即不考慮而說；躁急而說者，即想說此，〔誤〕而說他也）……不犯也。」《善見論》中記載：「不犯者，欲說此誤說彼。」

2. 方便加行不具足

《四分律》記載：「不犯者，不見言不見，不聞言不聞，不觸言不觸，不知言不知，見言見，聞言聞，觸言觸，知言知，意有見想便說者。」這是指隨心所想而言說，不犯。

《十誦律》、《薩婆多論》、《僧祇律》、《五分律》、《根有律》、《根有律攝》與《四分律》相同。其中，《五分律》的開緣是從緣起之中提取出來的，如律文「從心想說，犯波逸提者，無有是處」。

《根有律攝》記載：「若實不見而有見想，說見無犯。」所說的內容雖與事實不符，但這也是隨想而說，依然不犯。

3. 犯戒主體不具足

《四分律》記載：「不犯者，最初未制戒，癡狂、心亂、痛惱所纏。」

《五分律》、《根有律》與《四分律》一致。

《薩婆多論》記載：「若狂心、亂心、病壞心，無犯。」「或有妄語無罪，如先作，如在家無師僧，本破戒還作比丘。」

《巴利律》記載：「癡狂者、最初之犯行者，不犯也。」

五、原理

（一）故心妄語，無惡不造

「小妄語戒」屬於性戒。妄語主要由覆藏煩惱所驅使，如《根有律攝》記載：「由違心事覆藏煩惱，制斯學處。」

人為了得到名聞利養，或者害怕過失被發現，都有可能說種種虛妄不實的話來欺騙他人。如幾部律中記載，緣起比丘與外道辯論，出於好勝心而說妄語。《僧祇律》中，緣起比丘在僧作羯磨時妄語。比丘有罪不及時向僧團發露，而是掩飾、覆藏自身的問題，這種「僧中妄語」的行為無益於淨化煩惱，同時也會由於其不服從管理而影響僧團和合。

妄語屬於十惡業之一，說妄語本就有業道罪。說妄語的人，往往本身有過失而又不悔過，反而加以掩飾，只會使惡業增廣。如《鼻奈耶》中佛陀說「妄語地獄近」。又如《根有律》中佛陀教誡羅怙羅：「若復苾芻故心妄語，無有慚恥亦無追悔，我說是人無惡不造。」

佛陀制戒，幫助比丘斷除貪覆煩惱，近則能防「違想而說」的惡業，中則於二篇的「二謗戒」防患未然，遠則於初篇之「大妄語戒」亦可防微杜漸。因而此戒也可看作初篇、二篇中與妄語業有關戒條的深防。防範妄語，同時也是防範妄語背後的三毒煩惱，如「大妄語」背後是對利養的貪心，「無根謗」和「假根謗」背後是瞋心，一般所謂「善意的謊言」更多則是癡心使然。

（二）妄語三型

謊言違背客觀事實和真實想法，因此說謊都要付出一定的心理成本，但是在現實生活中，說謊的現象卻數見不鮮。下面按照動機將妄語分成謀利型妄語、防衛型妄語和取樂型妄語三種，以便於歸納總結。

謀利型妄語的動機是利用謊言來騙取金錢與名譽等現實利益，以滿足自

己的貪心與虛榮心。如《四分律》中即記載緣起比丘與外道辯論,「不如時便違反前語」,通過説妄語來保全自己,維護名譽。

防衛型妄語是為了逃避某種責任,保護自己免受懲罰或痛苦而説的妄語。如《僧祇律》中緣起比丘為了逃避僧殘罪的治罰,在眾僧前説妄語,本來已經承認了犯戒行為,又反覆無常,拒絕承認,正是出於這種逃避懲罰的心理。

取樂型妄語有惡作劇的性質,説謊者往往內心散亂,四處攀緣,妄語的目的是戲弄別人,並以此自鳴得意,獲得心理上的滿足。如《根有律》中婆羅門居士問佛住處時,羅怙羅故意指錯地點,戲弄居士,讓他們勞碌奔波而見不到佛陀,即屬於此種取樂型妄語。

無論何種形式的妄語,最終被揭穿時,不僅不能達到其最初的目的,往往還會給自己和他人帶來更大的傷害和損失。妄語於人於己都不會有長期且真實的益處,相反,誠實守信、坦誠相待才是人際交往的根本法則。

(三) 宗教交流中的誠信原則

佛陀時代的印度,宗教宗派林立,教派之間經常辯論。此戒緣起中,多部律典中都有外道與比丘論辯的情節。教派之間的論辯,一方面是向大眾宣揚、闡述自宗教理;另一方面則是為了傳教,當時輸的一方通常要放棄自己的信仰,改信對方的宗派。所以,辯論是教派傳教的重要方式之一。

佛教在當時的印度社會屬於新興的教派,善於辯論,發展非常迅速。《根有律》記載:「是沙門釋子近日方興,於四姓中獨稱尊勝,多聞辯説,人所共知。」佛教的比丘們名聲在外,自然會召引來很多外道前來辯論。如果比丘在辯論中失敗,可能會失去在信眾中的聲譽:「若婆羅門儻摧我者,我之所有名稱花冠悉皆隱沒。」所以才會通過妄語來避免在辯論中失利。

辯論中的勝負固然重要,但是辯論仍須建立在誠信的基礎上。沒有誠信便無從談及公平公正,辯論也就失去了意義與價值。佛陀時代的印度,誠實守信是各宗教都共許的交往原則。如婆羅門教的《摩奴法論》記載:「他必須

説真實的事情；他必須説中聽的事情；他不得説真實而不中聽的事情；他也不得説中聽而不真實的事情；這是永恆的法。」[1] 又如，耆那教信奉言語交流中的誠實語（Satya）：只説實話且語不傷人。因此，在當時宗教文化交流中，互相辯駁爭論實屬正常，若不能遵循誠信則有違交流的基本原則。比丘在辯論時説謊會引發世人譏嫌，影響佛教聲譽。

1　蔣忠新譯：《摩奴法論》，中國社會科學出版社，2007 年 8 月，81 頁。

六、專題

專題：小妄語戒的開緣

「小妄語戒」規定比丘不得故說妄語。那麼，比丘對於外界的任何提問，是不是都必須一五一十地回答呢？絕大部分情況，比丘應該按事實而說，但是在一些特殊情景下，比丘不如實說，可視作「小妄語戒」的開緣。下面試舉幾類情況，並加以簡單辨析。

（一）為保護三寶、慈護有情等而說方便語

在特定情況下，有時候比丘需要回答一些比較敏感的問題，若如實答覆，可能對三寶產生當前的或者潛在的危害。在無法以沉默或者其他方式來保護三寶的情況下，比丘可以不如實回答這些問題，來化解危機或者未來的風險。比如律典中七滅諍法「多人語」行籌的部分，有類似這種情況的例子。滅諍過程中行籌比丘負有護持正法的責任，因此要確保行籌的結果能夠讓如法的一方勝出。《十誦律》中介紹了一種「顛倒行籌」的方法：「顛倒行籌者，若顛倒行籌，以說如法人籌與說非法人，以說非法人籌與說如法人，是名顛倒。」[1] 即行籌比丘觀察雙方人數對比的情況，在行籌的時候可以蒙蔽受籌比丘將籌調換，達到如法籌佔多數而令正法方勝出的目的。這種「顛倒行籌」的行為，本質就是一種相似妄語。從這個例子可以看到，在一些緊急情況下，如果沒有其他的方法，則可以對「小妄語戒」開緣，達到保護聖教的目的。

保護有情方面，《根有律》通過一個很有意思的公案，教授比丘如何應對獵人詢問獵物去向的問題。律典首先告誡比丘在這種情況下不能說自己見到獵物，而是應該嘗試用其他話題吸引獵人注意力，以避免正面回答獵物去向

1　《十誦律》卷 35，《大正藏》23 冊，254 頁下欄。

的問題。如果獵人繼續追問，則可以嘗試用巧妙的雙關語，爭取在不異語的情況下，讓獵人將比丘的話語領會成比丘並沒有見到獵物。最後假如獵人還是追問，比丘應該思維聖義諦空性之理，報之以否定的問答：「苾芻即應遍觀四方，作如是念：『於勝義諦，一切諸行本無有情。』即報彼云：『我不見有情。』此皆無犯。」[1] 從《根有律》這個公案可以看到，本着保護有情生命的目的，可以作相似的不如實語，這種情況應視作「小妄語戒」的開緣。

（二）師長的方便教誡語

師長在調教弟子時，有些情況下會說一些和事實不符的話。其用意或是教誡弟子調伏慢心給予的特別考驗；或是在其修行的關鍵點上給予心智特別的觸發等等。這些話語都是出於師長的慈心，是師長的善巧方便，不能視作小妄語。

律典中明確提到，此類以教誡為目的而說的話不犯妄語，比如《摩得勒伽》：「『汝是缺戒人、漏戒人、羸戒人、污戒人。』故妄語，波夜提。教誡語，不犯。」

《法華經》譬喻品中，長者父為拯救耽於玩樂不願離開火宅的兒子們，用方便語許諾賜予「珍寶大車」，才將兒子們成功誘出火宅。在講完這個著名的譬喻之後，佛陀和舍利弗尊者之間有這樣的一段對話：「『舍利弗，於汝意云何，是長者等與諸子珍寶大車，寧有虛妄不？』舍利弗言：『不也，世尊！是長者但令諸子得免火難，全其軀命，非為虛妄。何以故？若全身命，便為已得玩好之具，況復方便於彼火宅而拔濟之。世尊，若是長者，乃至不與最小一車，猶不虛妄。何以故？是長者先作是意：「我以方便令子得出。」以是因緣，無虛妄也。』」[2] 從《法華經》的這個公案也可以看出，師長為善巧教誡而說的方便語是定性為「無虛妄」的。

1　《根有律》卷 28，《大正藏》23 冊，779 頁上欄至中欄。

2　《妙法蓮華經》卷 2，《大正藏》9 冊，13 頁上欄。

（三）社會互動規範中的方便語

這種方便語屬於特定社會文化中默認的互動規範的範疇。在這種情景下，雙方都知道對方說的話並不一定是實際情況，但是因為這是雙方都遵循的互動規範，所以不會認為對方是在說妄語。世間和出世間都存在這種人際互動規範。

《善見論》中有僧團為調伏惡比丘而說此類方便語的例子。比丘與他人起諍，請眾僧作判決。眾僧看此比丘無慚愧心，就用方便語回絕了他的請求：「雖滿三請，心猶剛強，言語粗強，眾僧語言：『此處少律師，不得為汝判此事，汝可往餘寺求判。』眾僧問言：『汝已求僧未？』答言：『已求僧，教我來此。』眾僧言：『若如是者，此處亦無律師，可餘寺更覓。』如是次第求覓不得，心軟折伏，還歸本處，白眾僧言：『我等諸處覓求僧，無人判，願大德為我等判此事，我等歡喜奉行。』眾僧應依法為判。」這裏，本寺僧和餘寺僧看到這個比丘「心猶剛強，言語粗強」，就用了「此處無律師」、「此處少律師」等方便語。《善見論》對他們這樣做的原因作了解釋：「法師曰：『何以有慚愧者教，無慚愧者不教，眾僧便隨愛、瞋、怖、癡？』答曰：『不然。何以故？為欲折伏無慚愧人故，有慚愧者得安樂住故。若教無慚愧人，得勢力增長惡法故，有慚愧者無勢力，不得安樂住故，是故僧不教無慚愧人。』」[1]這個例子中，其實無慚愧比丘也知道，僧團拒絕不是因為表面上說的「此處無律師」等原因，所以他四處碰壁，內心真正折服之後，知道返回本寺誠心請求，聽受僧團判決。

佛教中還有另外一類常見的例子，有人向高僧拜師求法時，高僧經常會觀察來者的根器和發心，有時候會用「我這裏無法，請另尋高明」等方便語加以拒絕，或者加以考驗。求法人一般也知道這些方便語背後真正的意思，而有所堅持或者抉擇。這種情況也不能說高僧是在說妄語。

至於世間的例子，一種典型情況是在中國社會的社交禮儀中，兩人在

1　《善見論》卷13，《大正藏》24冊，767頁中欄至下欄。

飯點前後見面時，作為東道主的一方為表示關心，常常會問候對方「吃飯了嗎？」之類的話。訪客方不管吃過或沒吃，一般都會回答「吃過了」。若回答「還沒吃」，可能就顯得非常突兀和無禮，也使東道主陷入了有義務馬上提供招待的境地。這種情況下客人知道主人只是客氣，主人也知道客人未必真吃飯了。所以，本質上這些話語只是一種寒暄用語，雙方都在遵循默認的社交規範，不會認為對方在撒謊或者不真誠。即使對方真心願意招待，本着不給別人添麻煩的考慮，比丘作這樣的方便語不能算是欺誑對方，對方也能領會比丘不願麻煩自己的善意。當然，這裏指一般情況下採取的應對方式。若對方是很熟悉的人，或者虔信的居士，就不妨實話實說。畢竟這些人不是在說客套話，同時也能夠理解比丘如實而答的方式而不會譏嫌。總之，需要按照具體情況，智慧地抉擇合適的應對方式。

此類社交規範的例子還包括與人互動時的一些謙虛之言，如「做得不好」、「難當此任」等等。這些謙虛之言和事實本身可能會有一定距離。不過主體在說謙虛話時，本來就不是要從字面上去肯定或者否定對方的誇獎，而是為了讓雙方的交流更加友好順暢，故不能算作妄語。

可以這麼說，無論是飯點問候語還是謙虛話，本質上在雙方的對話過程中都發生了這樣的情形：最初對方所問的問題已經被社交規範所過濾和轉換，主體之想心已經不是從字面上去答覆對方，真正的問題變成了「我如何根據社會規範來善意或得體地回答對方」。同樣對方對主體回答的真正內涵也心知肚明，不會認為主體在說妄語。「小妄語戒」所制的是主體內心所想和所說的不一致。如果忽視了上述內在情景的轉換，就會簡單地從字面上來判斷，認為主體在說妄語。這樣「小妄語戒」中從主體內心的角度來判斷的要求被忽略了，因而導致了錯誤的結論。

另外一種可能被判作小妄語的情形是，有時和別人說話時會說一些「快熱死了」等字面上看起來誇張的話。如果不是故意要誤導對方（這種情況即算妄語），這些誇張的語言一般是個人從自己的文化環境中習得的語言習慣或者修辭手法，也受到個人性格對語言風格喜好的影響。在主體自身的語言體系裏，這種表面誇張的話就是用來表達自己當下真實的想法和感受的，心想

和所説一致，不存在説謊的情況。如果非得從字面上去指責主體説妄語，那就犯了脱離主體主觀視角作判罰的錯誤。對於這類方便語，要認識到人的自然語言本來就具有一定的模糊性、形象性，無論從群體角度或者個體角度都存在着多樣性，不能要求説話像作學術報告一樣嚴謹。

（四）小結

「小妄語戒」為性戒，戒相很嚴格，從制戒原理看主要是為了調伏比丘覆藏過惡、求取名利等煩惱現行。另外，小妄語戒通世間道德準則，比丘説妄語勢必被世人譏嫌，因此，制定此戒也有維護僧團聲譽的考慮。然而如前面的章節所述，為了利他或者避免譏嫌，「小妄語戒」也有若干開緣的特殊場景。

在實際行持中，比丘應該對當前的對境作嚴格甄別，不能隨意開緣，否則就會犯「小妄語戒」。要嚴格觀察自己的意樂是否清淨，是否還有其他的方法可以應對，對方的具體情況是否有説方便語的必要等，這些條件都具足才可以開緣。總之，行持好「小妄語戒」，使人心性質直，有助於悟道，然而又不能到愚直的地步，無視可能對他人或者三寶造成的傷害。

同時要避免在日常生活中把妄語的概念無限擴展。一些社交互動規則中隱含要求的善意方便語、客氣話，或者字面上有誇張色彩的用詞等，都不能看成是妄語。這些對話情景中，對方不會產生誤解，因此也不會起到妄語的作用。對比丘而言，過分謙虛或者誇大的用詞自然不説為好，但是如果沒有超過社會規範和個人用語習慣，也沒有達到有意誤導他人的程度，不應該被判小妄語。

七、總結

（一）諸律差異分析

1. 緣起差異

（1）結構差異

《四分律》、《鼻奈耶》、《十誦律》、《僧祇律》、《巴利律》均只有一個本制。《五分律》有一個本制和一個隨制。《根有律》有一個緣起和一個本制。

（2）情節差異

《十誦律》和《巴利律》緣起故事背景與《四分律》類似，具體情節差異較大。《四分律》中，緣起比丘為與外道論議，不如時「便反前語」，若僧中問時「復違反語」。《巴利律》與《四分律》相似，但缺少緣起比丘在僧眾問話的情形。《十誦律》中，緣起比丘說妄語推辭第二日再辯，乘機溜走。

《五分律》中的本制與《四分律》緣起中的情節相似。《五分律》隨制中，佛陀開緣「誤見」、「誤說」不犯妄語，故說才犯，而其他律典在本制中已含有「故意說妄語」的內涵。

《根有律》本制情節與《四分律》相似，比《四分律》多一個緣起：羅怙羅做惡作劇，說妄語阻止敬信婆羅門居士見佛，佛以種種方便教化。

《鼻奈耶》、《僧祇律》緣起故事與《四分律》差異較大。《鼻奈耶》為緣起比丘在眾中「戲笑妄語」。《僧祇律》中對緣起比丘在僧中妄語的情形描寫得比《四分律》更細緻：緣起比丘犯戒，僧眾問其是否犯僧伽婆尸沙，答言「犯」，後因擔心治罰，僧眾再問時，答言「不犯」，反覆無常，因恐懼僧團的懲罰而說妄語。

（3）結論

綜上所述，本戒緣起無需調整，仍取《四分律》的結構與情節。

2. 戒本差異

諸律間的差異主要集中在對應《四分律》「知而」的表述上，除了《四分

僧戒本》、《十誦律》、《十誦比丘戒本》、《僧祇比丘戒本》、《五分律》、《彌沙塞五分戒本》、《解脫戒經》、《根有律》、《根有戒經》、《根有律攝》中均為「故意」的意思外，其他律典與《四分律》相似。此外，《鼻奈耶》中強調的是「戲笑」妄語，與諸律差異較大。

戒本調整方面，為了使文意更為淺白，明了，據《四分僧戒本》等將「知而」改為「故」字。

3. 辨相差異
（1）能犯心

據《四分律》記載，從時間前後來看，説妄語可以分成三個階段，即妄語前、妄語時和妄語後。不論妄語前是否準備説妄語，妄語後是否記得説妄語，只要説妄語的時候知道自己説的是妄語，即結波逸提罪。《根有律》和《根有律攝》認為至少需要具足妄語時了知和妄語後了知這兩項，僅滿足其中一項不能構成妄語。《薩婆多論》、《巴利律》和《善見論》中則記載需三時同時滿足才結波逸提罪。

對於妄語前的想心狀態，可以認為是説妄語的方便前行。比丘在説妄語之前，可能事先已經有籌劃説妄語的發起心，也可能是在交談過程中，因有所覆藏而臨時説妄語。不論是提前準備説，還是臨時產生説妄語的發起心，比丘真正要説出妄語的時候，需要具足主觀意樂。然而，人的心識活動非常微細，尤其在交談過程中，説之前和説出口可能只是很短暫的時間，只要比丘在説的時候內心知道，但還繼續説，就具足了主觀的發起心。而説妄語之後才知道的情況，是對已發生行為的回憶，這種情況並不能説明比丘是故意説。因而，應以《四分律》的規定為準，即説妄語時明確知道自己在説妄語作為本戒的正犯條件比較合理。而且，這種情況也説明了比丘具足説妄語的發起心。

比丘故説妄語之後，如果忘記了自己曾經説過妄語，可以暫時不用懺悔，但並不能因此推翻既成事實的犯罪行為及其影響，一旦比丘重新憶起説妄語的事實，仍然需要懺悔。

另外，《四分律》還提及，若以為有而說沒有，正犯。只要所想與所說不符，即使所說與事實相符也正犯。如果心存懷疑，卻說是確定的，也正犯。《十誦律》、《薩婆多論》、《僧祇律》、《五分律》、《根有律》、《巴利律》、《善見論》的判罪與《四分律》基本一致。藏傳《苾芻學處》的想心為「想不錯亂」，內涵亦類似。而《根有律攝》中，對自己的見聞覺知有「疑」心，並不正犯，如「實見生疑便云：『我見。』或云：『不見』」，得突吉羅罪。對於疑想的情況，如果比丘明知自己對所說的內容不確定，卻仍然傳遞給別人肯定的信息，這實際上也是與比丘內心的認知相違背，也應符合「小妄語戒」正犯的條件。因而，《四分律》的觀點更為合理。

（2）方便加行

對於口說妄語的情況，《四分律》記載，不管比丘作肯定想，還是作疑想，只要說出與自己內心認定不相同的言語，就犯波逸提。其他律典與《四分律》相同。

對於非口說的情況，《薩婆多論》記載：「若使妄語，若書信妄語，盡突吉羅。」《摩得勒伽》記載：「手印相，皆突吉羅。手作相、口不語，突吉羅。」這兩種情況《四分律》及其他律典中均未記載，而實際生活中又很可能碰到，結合實踐需求，本戒予以採納。

另外，《摩得勒伽》中還有「共期不去，故妄語，波夜提」的記載。對此較為合理的理解方式為：比丘明知道自己不會去赴約，但仍然以欺騙之心與他人約定。這種情況顯然是違心而說，是正犯，故應當借鑒。

（3）究竟成犯

《四分律》中，對方聽懂時，波逸提。《根有律》中，比丘說妄語時，即得波逸提。而《根有律攝》、《善見論》和藏傳《苾芻學處》中，對方聽懂才會正犯。綜合來看，「對方聽懂」作為究竟成犯的條件比較合理，也能更好指導實踐。因此本戒的究竟成犯為：比丘說妄語時，若對方聽懂，犯波逸提；若未聽懂，犯突吉羅。

結罪次數方面，《根有律》、《根有律攝》中，每說一句妄語，結一個波逸提罪。《四分律》等其他律典中沒有相關記載。上述觀點本戒予以採納。

（4）不犯

本戒專題中提到出於利他以及防護譏嫌等目的，有三種開緣情況，分別是：為保護三寶、慈護有情等目的而說的方便語，師長對弟子的方便教誡語，以及屬於社會互動規範中的方便語。以上三種情況可以作為「小妄語戒」不犯的補充。

4. 諸律內部差異

各律典中，此戒的緣起、戒本以及辨相三部分相符。

（二）調整文本

通過以上諸律間觀點同異的對比與分析，文本在《四分律》的基礎上作如下調整：

1. 緣起

佛在釋翅瘦迦維羅衛尼拘類園中，釋子象力善能談論，與外道論議不如時，就否認自己之前說過的話，在僧中論議時，又否認之前的言語。諸比丘將他的過失匯報佛陀，佛因此制戒。

2. 戒本

若比丘，故[1]妄語者，波逸提。

3. 關鍵詞

（1）波逸提：犯戒罪名中的一種，也叫墮罪，意思是令心墮落的罪，另外還有障道的含義。

（2）故妄語：知道並故意說與自己內心認知不相符的言語。

1　「故」，底本作「知而」，據《四分僧戒本》、《十誦律》、《十誦比丘戒本》、《五分律》、《彌沙塞五分戒本》、《解脫戒經》、《根有律》、《根有戒經》、《根有律攝》改。

4. 辨相

（1）犯緣

本戒具足四緣成犯：一、對方是人；二、違心而說；三、知道自己違心而說；四、對方聽懂，成犯。

（2）辨相結罪輕重

①對方是人

②違心而說

比丘若違心而說妄語，波逸提。

所想與所說不符，無論所說與事實是否相符，波逸提。

心存懷疑，卻肯定說，無論所說與事實是否相符，波逸提。

若以欺騙對方之心作約定，波逸提。

說戒時乃至三問，憶念罪而不說者，突吉羅。

若通過遣使、書信或者手印等方式表達妄語，突吉羅。

比丘如實而說，如心想而說，不犯。

③知道自己違心而說

說妄語時知道自己違心而說，波逸提；若不知，不犯。

④對方聽懂

若對方聽懂，波逸提。每說一句妄語，結一波逸提罪。對方未聽懂，突吉羅。

⑤犯戒主體

比丘、比丘尼犯本戒，波逸提。下三眾犯，突吉羅。

⑥不犯

若誤說，不犯。

為保護三寶、慈護有情而說方便語，不犯。

師長對弟子說方便教誡語，不犯。

說社會互動規範中的方便語，不犯。

最初未制戒，癲狂、心亂、痛惱所纏，不犯。

八、現代行持參考

「小妄語戒」的持守對於當今比丘仍然非常重要。當今時代，無論是現實的社會，還是虛擬的網絡世界，都充斥着大量不實、誇張的資訊。這給比丘持戒帶來很大挑戰。

一方面，比丘可以充分利用僧團營造的清淨環境保護自己，努力減少外緣的干擾；另一方面，在與他人交往的過程中，比丘應端正自己的意樂和動機，本着實事求是的態度如實而說。需要注意的是，除了直接口說妄語的情況，通過手提電話、網絡等媒介向他人傳遞不實信息同樣會觸犯「小妄語戒」，因而也需要避免。

比丘在不說妄語的同時，應多說真實語和柔軟語，這不僅能增長俗眾的信心，而且能為社會注入正能量，對比丘自身的修行和佛法的弘揚都大有利益。

02

行罵戒

一、緣起

（一）緣起略述

　　《四分律》中僅有一個本制。佛在舍衛國，六群比丘在僧斷諍事時辱罵比丘，使得被罵比丘「慚愧，忘失前後，不得語」。頭陀比丘知道後，報告世尊。世尊以無數方便呵責六群比丘，並為大眾開示牛和婆羅門的公案，告誡比丘：「畜生得人毀告，猶自慚愧，不堪進力；況復於人，得他毀辱能不有慚愧耶！」並由此制戒。[1]

　　諸律緣起差異比較：

1. 制戒地點

　　《四分律》中，制戒地點為「舍衛國祇樹給孤獨園」，《鼻奈耶》[2]與《四分律》相同。《根有律》[3]為「室羅伐城逝多林給孤獨園」，《巴利律》[4]為「舍衛城祇樹給孤獨園」。《十誦律》[5]為「王舍城」，《僧祇律》[6]、《五分律》[7]為「舍衛城」。

2. 緣起比丘

　　《四分律》中，緣起比丘為「六群比丘」，《鼻奈耶》、《十誦律》、《僧祇

1　《四分律》卷 11，《大正藏》22 冊，634 頁下欄至 636 頁上欄。

2　《鼻奈耶》卷 7，《大正藏》24 冊，879 頁上欄。

3　《根有律》卷 25，《大正藏》23 冊，763 頁下欄至 765 頁中欄；卷 26，《大正藏》23 冊，766 頁上欄至 767 頁下欄。

4　《經分別》卷 5，《漢譯南傳大藏經》2 冊，5 頁至 15 頁；《附隨》卷 1，《漢譯南傳大藏經》5 冊，56 頁。

5　《十誦律》卷 9，《大正藏》23 冊，64 頁上欄至 65 頁下欄；卷 53，《大正藏》23 冊，391 頁中欄至下欄。

6　《僧祇律》卷 12，《大正藏》22 冊，325 頁中欄至 326 頁中欄；卷 33，《大正藏》22 冊，493 頁下欄至 494 頁上欄。

7　《五分律》卷 6，《大正藏》22 冊，37 頁下欄至 38 頁上欄。

律》、《五分律》、《根有律》、《巴利律》與《四分律》相同。

3. 犯戒對象

《四分律》中，犯戒對象為「比丘」，《鼻奈耶》、《十誦律》、《五分律》、《根有律》為「諸比丘」，《僧祇律》為「諸年少比丘」，《巴利律》為「諸善比丘」。

4. 緣起情節

除《根有律》外，其他律典與《四分律》相同，都是一個本制。《根有律》有一個緣起和一個本制。

在本制情節方面，《鼻奈耶》、《根有律》、《巴利律》和《四分律》相似，但只提及緣起比丘辱罵其他比丘，沒有《四分律》中「僧斷諍事」的背景。

《十誦律》與《四分律》有部分差異。《十誦律》中，緣起比丘「喜鬥諍相罵」，與諸比丘鬥諍後，便辱罵對方，導致「有未諍者便諍，已諍者不欲止，未出事便出，已出事不可滅」。

《僧祇律》與《四分律》差異較大。《僧祇律》中，緣起比丘先誘問諸年少比丘的姓名、種姓、父母情況，以及出家前從事的工作等信息，後來緣起比丘與年少比丘產生矛盾，起了嫌恨心，於是用先前誘問出來的信息辱罵他們，令他們慚愧不已。

差異最大的是《五分律》，律中記載，緣起比丘看見其他比丘「與和尚、阿闍梨，同和尚、阿闍梨共勤學問，初夜、後夜未曾睡眠」，起嫉妒心，思維其他比丘「不久當勝我等，當見我過，當求我失」。於是，緣起比丘便毀訾這些比丘，致使他們心生憂惱而荒廢學業。

(二) 緣起比丘形象

《四分律》中，緣起比丘在僧斷諍事時辱罵比丘，不顧及場合，公然和僧團頂撞衝突，可謂驕慢專橫。

《十誦律》中，緣起比丘「喜鬥諍相罵」，以鬥罵為樂，習氣很重。

《僧祇律》中，緣起比丘對年少比丘先是「軟語誘問」，表面似乎是關心年少比丘，後嫌恨年少比丘時，便用先前誘問的信息惡語辱罵他，表現得善變和無情。

《五分律》中，緣起比丘看見其他比丘精進用功，非理作意，怕他們超過自己後會對自己不利，於是毀呰這些比丘，「惱使廢業」，緣起比丘表現出很強的嫉妒心和自我保護意識。

《鼻奈耶》、《根有律》和《巴利律》沒有明確記載緣起比丘的形象。

（三）犯戒內因

《四分律》中，緣起比丘在「僧斷諍事」時說毀呰語，可能是因不滿「僧斷諍事」的結果而辱罵比丘。

其他律典和《四分律》略有差異。其中《僧祇律》中，緣起比丘因嫌恨而辱罵比丘，發泄不滿。《巴利律》中，緣起比丘和善比丘爭論，發生衝突時辱罵對方，究其原因應該是瞋煩惱。《五分律》中，緣起比丘看見別人精進用功，因猜忌和嫉妒口出毀呰語，打擊對方。《十誦律》中，緣起比丘「喜鬥諍相罵」，其散亂放逸的等流習氣導致犯戒。《鼻奈耶》和《根有律》沒有明確記載。

（四）犯戒外緣

《四分律》中，緣起比丘罵人的外緣是「僧斷諍事」。《十誦律》中，緣起比丘「與諸比丘共鬥諍」後出口罵人。《僧祇律》中，緣起比丘與年少比丘有矛盾時，口出毀呰語。《五分律》中，「六群比丘」看見「比丘展轉相教，晝夜不廢」、精勤用功時，口出罵言打擊對方。《巴利律》中，緣起比丘在「與諸善比丘諍論」時辱罵對方。《鼻奈耶》和《根有律》中沒有明確記載犯戒外緣。

（五）犯戒後的影響

　　據《四分律》記載，比丘被罵後「慚愧，忘失前後，不得語」。《僧祇律》、《五分律》、《根有律》與《四分律》相似，也記載了比丘被罵後的反應。《僧祇律》中，比丘「極懷慚羞」。《五分律》中，比丘被罵後，「生憂惱，廢退學業」。《根有律》：「慚赧憂愁不樂，讀誦思惟悉皆廢闕，懷憂而住。」

　　《十誦律》記載，緣起比丘辱罵諸比丘的惡行導致「有未諍者便諍，已諍者不欲止，未出事便出，已出事不可滅」，使僧團比丘間的摩擦不斷。

（六）佛陀考量

　　《四分律》中，緣起比丘口出毀呰語，其他比丘白佛後，佛陀呵責。《五分律》、《根有律》和《巴利律》中同樣有佛陀呵責緣起比丘的描述，《巴利律》中佛陀甚至呵責其是「愚人」。佛陀的呵責和緣起比丘的毀呰語完全不同，佛陀不是為了折辱弟子，而是為了教誡弟子，希望弟子能夠認識錯誤，改正錯誤，這是佛陀慈悲心的自然流露。

　　除《鼻奈耶》外，其他律典都有「畜生聞毀呰語而失力」的譬喻故事。其中，《四分律》在故事最後，佛陀說：「畜生得人毀呰，猶自慚愧，不堪進力；況復於人，得他毀辱能不有慚愧耶！」通過一個動物的公案，佛陀向大眾宣說毀呰語的危害，又教誡比丘：「凡人欲有所說，當說善語，不應說惡語，善語者善，惡語者自熱惱。」可見，佛陀教導弟子時非常注重次第和善巧。先呵責，讓緣起比丘認識到錯誤，再通過故事說明錯誤帶來的嚴重後果，讓緣起比丘產生慚愧心，進而及時改正。

（七）文體分析

　　在本戒的制戒緣起中，除《根有律》有兩個因緣外，諸律與《四分律》一致，都只有一個因緣。除《鼻奈耶》外，諸律都有譬喻，《根有律》有兩

則，其他律有一則，但《僧祇律》只提到故事來自《難提本生經》，沒有詳細內容。

另外，《十誦律》、《五分律》、《根有律》、《巴利律》中各有一段祇夜。其中，《十誦律》、《根有律》和《巴利律》中的祇夜主要通過概括譬喻故事來說明說愛語的利益，如《十誦律》中牛的主人在自己的牛勝出比賽後說了一段偈頌：「載重入深轍，隨我語能去，是故應軟語，不應出惡言。軟語有色力，是牛能牽重；我獲大財物，身心得喜樂。」《五分律》則通過佛陀敘說的偈頌將譬喻故事的意義作了擴展與延伸：「當說可意言，勿為不可語，畜生聞尚悅，引重拔峻阪。由是無有敵，獲倍生歡喜；何況於人倫，毀譽無增損？」特別是最後兩句，通過類比手法，將動物聽到愛語後的反應拓展到人，教育比丘要認識到毀訾語的危害和愛語的功德。

從律典文字風格看，《四分律》多客觀描述，簡潔明快，結構緊密。《十誦律》、《五分律》與《四分律》相似，《五分律》尤為明顯，特別是辨相部分富有層次，邏輯性強，可能和譯者翻譯風格有關係。《根有律》緣起情節曲折，較其他律典多了一則「長者和善來外甥」的故事，並且多有心理描寫。如：「時居士子便作是念：『我不得錢復不得婦，虛淹歲序靡見成功。我今宜可損害其人方隨意去。』」

二、戒本

《四分律》中，本戒的戒本為：「若比丘，種類毀呰語者，波逸提。」

若比丘，種類毀呰語者，波逸提

《四分律》、《四分律比丘戒本》[1] 作「若比丘，種類毀呰語者，波逸提」，意思是：如果比丘，說種種詆毀（對方）的話，犯墮罪。

與《四分律》相似：

《新刪定四分僧戒本》[2] 作「若比丘，種類毀呰語者，波逸提」。

《鼻奈耶》作「若比丘，種類相罵者，貝夜提」，《僧祇律》、《僧祇比丘戒本》[3] 作「若比丘，種類形相語，波夜提」，其中「相罵」和「形相語」都有辱罵的含義，和《四分律》中的「毀呰語」含義相近。

與《四分律》有部分差異：

《四分僧戒本》[4] 作「若比丘，種類毀呰比丘者，波逸提」，比《四分律》多出「比丘」；《五分律》、《彌沙塞五分戒本》[5] 作「若比丘，毀呰比丘，波逸提」，比《四分律》少了「種類」，多出了「比丘」。這三部律典相比《四分律》，限定了具體的所犯境——「比丘」。

以下律典相比《四分律》，均缺少「種類」的內涵。

《十誦比丘戒本》[6] 作「若比丘，毀呰語，波夜提」，《解脫戒經》[7] 作「若比

1　《四分律比丘戒本》，《大正藏》22 冊，1018 頁中欄。

2　《新刪定四分僧戒本》，《卍續藏》39 冊，266 頁中欄。

3　《僧祇比丘戒本》，《大正藏》22 冊，552 頁上欄。

4　《四分僧戒本》，《大正藏》22 冊，1026 頁上欄。

5　《彌沙塞五分戒本》，《大正藏》22 冊，197 頁上欄。

6　《十誦比丘戒本》，《大正藏》23 冊，474 頁上欄。

7　《解脫戒經》，《大正藏》24 冊，662 頁上欄。

丘，毀呰語，波逸提」，《根有律》作「若復苾芻，毀呰語故，波逸底迦」，《根有戒經》[1]、《根有律攝》[2] 作「若復苾芻，毀訾語故，波逸底迦」。

《十誦律》作「若比丘，形相他者，波夜提」，「形相」在這裏有辱罵的含義，和《四分律》中的「毀呰語」意思相近。

梵文《說出世部戒經》[3] 作 "omṛṣyavāde pācattikaṃ"，梵文《有部戒經》[4] 作 "Apakarṣavādāt pātayantikā"，意思都是：說詆毀的話，墮。

梵文《根有戒經》[5] 作 "ūnamanuṣyavādāt pāyantikā"，意思是：說詆毀（別）人的話，墮。

巴利《戒經》[6] 作 "omasavāde，pācittiyaṃ"，意思是：說詆毀的話，墮。

藏文《根有戒經》[7] 作 "མིའི་སྐྱོན་ནས་སྨྲ་བ་ཡང་བྱེད་དོ།།"，意思是：如果說（他）人的缺點，墮。

同《四分律》相比，上述五部非漢文戒本缺少與「若比丘」直接對應的內容。

1　《根有戒經》，《大正藏》24 冊，503 頁下欄。

2　《根有律攝》卷 7，《大正藏》24 冊，573 頁上欄。

3　Nathmal Tatia, *Prātimokṣasūtram of the Lokottaravādimahāsāṅghika School*, Tibetan Sanskrit Works Series, no. 16, p. 19.

4　Georg von Simson, *Prātimokṣasūtra der Sarvāstivādins Teil II*, Sanskrittexte aus den Turfanfunden, XI, p. 204.

5　Anukul Chandra Banerjee, *Two Buddhist Vinaya Texts in Sanskrit*, p. 32.

6　Bhikkhu Ñāṇatusita, *Analysis of the Bhikkhu Pātimokkha*, p. 167.

7　麗江版《甘珠爾》（འཛང་བཀའ་འགྱུར）第 5 函《別解脫經》（སོ་སོར་ཐར་པའི་མདོ）11b。

三、關鍵詞

種類毀呰語

從詞源上看,「種類毀呰語」對應三部梵文戒本的表述各不相同。其中梵文《說出世部戒經》作 "omṛṣya（侮辱、謾罵）vāde（言說）",和巴利《戒經》的 "omasa（侮辱、謾罵）vāde（言說）" 較為相似。梵文《有部戒經》作 "apakarṣa（詆毀、貶損）vādāt（言說）",梵文《根有戒經》作 "ūna（貶低）manuṣya（人）vādāt（言說）",雖然表述各異,但意思基本相同。四部戒本都可以意譯為「說侮辱、詆毀的話語」（英譯：in insulting, depreciative speech）。不過從詞源分析中可以看出,這幾部戒本中似乎都沒有包含「種類」的含義。

藏文《根有戒經》作 "ཞེ་（他人的）སྐྱོན་（缺點,過失,錯誤,毛病）ནས་（從格）སྨྲ་（說）",其中 "སྨྲ་" 有多種意思,翻譯時可以分別羅列出來,如:說（他人）缺點、過失、錯誤、毛病（英譯：speak evil words）。

《四分律》解釋為:「種類毀呰人者,卑姓家生,行業亦卑,伎術工巧亦卑。或言:『汝是犯過人。』或言:『汝多結使人。』或言:『汝盲人。』或言:『汝禿瞎人。』」主要包括種姓、業、工巧,犯、結使、禿瞎六類。「卑」即如「旃陀羅種、除糞種、竹師種、車師種」這樣的工種。「卑姓」就是說別人的姓卑微,如「拘湊、拘尸婆蘇晝、迦葉、阿提利夜、婆羅墮,若本非卑姓習卑伎術即是卑姓」。「卑業」說的是從事的行業卑下,「販賣豬羊,殺牛,放鷹鷂,獵人,網魚,作賊,捕賊者,守城,知刑獄」屬於此類。「卑伎」指技術下等,如「鍛作、木作、瓦陶作、皮韋作、剃髮作、簸箕作」。說別人犯過即為「犯」,如說別人犯「波羅夷、僧伽婆尸沙、波逸提、波羅提提舍尼、偷蘭遮、突吉羅、惡說」。「結」就是說別人有煩惱,如「從瞋恚乃至五百結」。說別人身體上的缺陷稱之為「盲瞎」,如說「盲瞎、癃躄跛、聾瘂及餘眾患所加」。

《十誦律》和《薩婆多論》中毀呰種類有八種:種、技、作、犯、病、相、煩惱、罵。《僧祇律》中種類毀呰有七事:種姓、業、相貌、病、罪、罵、結

使。《五分律》中記載:「毀呰者:言下賤工師種。」《根有律》記載:「毀呰語者,謂於他人為毀辱事出言彰表。」此律毀呰種類共有八種:種族、工巧、業、形象、病、罪、煩惱、惡罵。《根有律攝》中包括八種:「一、氏族;二、工巧;三、形相;四、疾病;五、破戒;六、煩惱;七、無戒;八、非類。」[1]《巴利律》記載:「『罵詈語者』,以十事罵詈,即從種、名、姓、行業、職技、病、相、欲結、犯過、惡罵。」《善見論》記載:「毀呰語者,欲令彼羞也。」[2]

上述諸律典和《四分律》「種類毀呰語」的內涵有相同的部分,也有不同的內容。

1. 《四分律》中有關「種姓、業、工巧」的毀呰語,除《五分律》、《善見論》外,上述諸律典都有提到。其中,《巴利律》關於種姓的內容描述地更細,包括名和姓,如阿蛙康那加、奢蛙康那加等卑名,庫奢耶姓、婆拉多蛙奢姓等卑姓,以及瞿曇姓、莫迦拉那姓等貴姓。

2. 《四分律》中,「結使」表示人的種種煩惱。如:多欲、多瞋、多癡、喜憂惱等;「禿瞎」代表人的相貌,如捲手、兀手、瘻癖等;「犯」指比丘犯戒,如犯波羅夷、僧伽婆尸沙等罪。這三類毀呰語的內容都包含在上述諸律典中。《根有律》中的「罪」,除了有《四分律》中「犯」的含義外,還包含罵比丘不是比丘,或者罵比丘是白衣的情況。

3. 「病」和「罵」在《四分律》中沒有出現,但《十誦律》、《僧祇律》、《根有律》和《巴利律》中毀呰的內容中包括這兩項。「病」的含義四部律典一致,是指比丘得了某種疾病,如癩病、癲病、白癩病等病。「罵」的內容差異比較大。《僧祇律》和《根有律》中的「罵」指的是惡罵。《十誦律》中分為白衣罵和出家罵兩種。《巴利律》中則分為卑罵與貴罵:「卑罵者,汝是駱駝,汝是羊,汝是牛,汝是驢馬,汝是畜生,汝是墮地獄人,汝無善趣,惡趣在等汝之謂;或以耶音呼之,或以巴音呼之,或以男女根名呼之,此等名為卑罵。貴罵者,汝是賢者,汝是有能者,汝是智者,汝是多聞者,汝是說法者,汝無惡趣,善趣在等汝之謂,此等名為貴罵。」

---

1 《根有律攝》卷 8,《大正藏》24 冊,573 頁上欄。
2 《善見論》卷 15,《大正藏》24 冊,779 頁中欄。

四、辨相

（一）犯緣

具足以下五個方面的犯緣便正犯本戒：

1. 所犯境

《四分律》辨相與戒條中沒有提及此戒的所犯境，但通過緣起推斷所犯境是比丘。《鼻奈耶》與《四分律》相同。

《十誦律》、《薩婆多論》[1]、《摩得勒伽》[2]、《僧祇律》、《根有律》、《根有律攝》[3]、《巴利律》中所犯境是比丘，《五分律》戒條中記載是比丘，《善見論》[4]中沒有提及。

藏傳《苾芻學處》[5]中所犯境是「具六法比丘」，即比丘戒清淨、見合、相合、具足三種名言、身平等住、住本性地。

《毗尼母經》、《明了論》中沒有記載本戒相關內容。下不贅述。

2. 能犯心

（1）發起心

《四分律》中沒有明確提及發起心。

《鼻奈耶》、《摩得勒伽》和《四分律》相同。

《十誦律》和《薩婆多論》中發起心是輕毀之心，《五分律》中是「欲毀

1　《薩婆多論》卷6，《大正藏》23冊，540頁上欄至中欄。
2　《摩得勒伽》卷2，《大正藏》23冊，574頁下欄至575頁中欄；卷9，《大正藏》23冊，620頁上欄至中欄。
3　《根有律攝》卷8，《大正藏》24冊，573頁上欄至中欄。
4　《善見論》卷15，《大正藏》24冊，779頁中欄。
5　《苾芻學處》，《宗喀巴大師集》卷5，89頁。

之」，《根有律》中是「作毀呰語意」，《根有律攝》中是「作毀呰意」。藏傳《苾芻學處》：「發起心，惟以毀呰心欲說其語，相續未斷」。這幾部律典對發起心的描述雖然略有不同，但內涵一致。

《僧祇律》中發起心是「欲使彼人慚羞」，《善見論》為「欲令彼羞也」。

《巴利律》的發起心有三種，「以惡口之意、侮慢之意、使其為難之意」。前面兩種與《十誦律》、《五分律》、《根有律》等律典比較相似，後面一種與《僧祇律》、《善見論》比較相似。

（2）想心

《四分律》中沒有提及想心。

《根有律攝》中的想心是「此事此事想，於六句中四犯、二無犯」，即罵作罵想、疑，正犯本戒。

藏傳《苾芻學處》中的想心是「想不錯亂」。

其他律典和《四分律》相同。

3. 方便加行

據《四分律》記載，此戒的方便加行是說毀呰語。其他律典與此相同。

對於諸律典中毀呰語的內涵和種類，關鍵詞解釋中已作了詳細辨析，此處不再贅述。

對於說毀呰語的方式，《四分律》記載，有「若面罵，若喻罵，若自比罵」三種：面罵，如罵比丘「汝是竹師種」；喻罵，如罵比丘「汝似竹師種」；自比罵，如對比丘說「我非竹師種」。藏傳《苾芻學處》記載：「以具五相語或婉或粗而起言說。」《五分律》中還記載，說毀呰語後，「而彼言非」，比丘「猶證為是」，也正犯本戒。

4. 究竟成犯

《四分律》中，本戒的究竟成犯是「說了了」，即對方理解時，正犯此戒。《五分律》、《根有律》和《根有律攝》都明確提到，對方理解時，才正犯。如《五分律》：「若彼聞解，語語波逸提。」《根有律》：「他領解時，得波逸底

迦罪。」《根有律攝》：「他領解時，咸得本罪。」藏傳《苾芻學處》：「彼縱未不喜，但解其意時即成犯。」也是指對方聞解時才犯。此外，通過分析可知，《摩得勒伽》中也是對方聽懂時，正犯此戒。

《薩婆多論》中，「若聞者，波逸提」，即對方聽到時，就正犯。

其他律典中沒有記載此戒的究竟成犯。

5. 犯戒主體

《四分律》中，此戒的犯戒主體是比丘，比丘尼同犯。《薩婆多論》、《摩得勒伽》、《五分律》、《根有律攝》與《四分律》相同，比丘和比丘尼同犯此戒。

《十誦律》中，比丘、比丘尼和「與學戒沙彌」，均是此戒的犯戒主體。

其他律典此戒的犯戒主體是比丘，沒有提及比丘尼。

（二）輕重

1. 所犯境

《四分律》記載，如果比丘對其他比丘說毀呰語，得波逸提。其他律典正犯此戒的所犯境如犯緣所述。

《十誦律》中，若比丘毀呰「破戒，若賊住，若先來白衣」這幾種比丘，不得波逸提罪。但結何罪，律典沒有記載。又《十誦律》：「若除比丘，以八種輕毀餘人者，突吉羅」，由此可知，辱罵比丘之外的其他身分的人，犯突吉羅。

《摩得勒伽》中，毀呰「本犯戒……污染比丘尼……非人出家……天、龍、夜叉、乾闥婆、緊那羅、摩睺羅伽、毗舍闍、鳩槃茶等出家」，突吉羅。

對比丘以外所犯境說毀呰語的結罪情況，《四分律》中沒有提及，其他律典的情況如下：

（1）比丘尼

向比丘尼說毀呰語，《僧祇律》結偷蘭遮罪，如：「種類毀呰比丘尼者，

偷蘭罪。」

而《十誦律》、《薩婆多論》、《摩得勒伽》、《五分律》、《根有律攝》都結突吉羅。如《薩婆多論》記載：「若以八事輕毀比丘尼，突吉羅。」《五分律》中，「若比丘毀呰比丘尼」，突吉羅。

（2）下三眾

《十誦律》、《薩婆多論》、《摩得勒伽》、《僧祇律》、《五分律》和《巴利律》中，向式叉摩那、沙彌、沙彌尼說毀呰語，結突吉羅。如《薩婆多論》記載：「以此八事輕毀三眾，突吉羅。」《僧祇律》記載：「式叉摩尼、沙彌、沙彌尼，得越毗尼罪。」

（3）其他

《僧祇律》記載：「種類俗人，得越毗尼心悔。」

《薩婆多論》記載：「以此八事輕毀，狂心、亂心、病壞心、在家無師僧、越濟人、一切在家人、聾人，盡突吉羅；六罪人，亦突吉羅。」

《根有律攝》記載：「若毀苾芻尼乃至俗人，咸得惡作。」

《巴利律》記載：「罵詈未受具戒者，突吉羅。」

《摩得勒伽》記載：「毀呰狂人、散亂心、苦病人、聾啞，中國人毀呰邊地人，不解故，突吉羅；邊地人毀呰中國人，不解，突吉羅。」又記載：「毀呰賊住人，突吉羅。先不和合、學戒、污染比丘尼亦如是。」

藏傳《苾芻學處》記載：「如剎帝利種於彼時處共許為惡者，以毀呰而說，或說綺語，或說粗惡語，皆惡作罪。」

2. 能犯心

（1）發起心

《四分律》中沒有發起心結罪的明確記載。《鼻奈耶》、《摩得勒伽》與《四分律》相同。

其他律典的情況如下：

①以輕毀、折辱對方之心，說毀呰語，結波逸提。

《十誦律》、《薩婆多論》、《僧祇律》、《五分律》、《根有律》、《根有律

攝》、《巴利律》、《善見論》和藏傳《苾芻學處》都結波逸提。如《十誦律》記載:「輕毀心故,波夜提。」《僧祇律》記載:「欲使彼慚羞者,得波夜提罪。」《巴利律》記載:「以惡口之意、侮慢之意、使其為難之意……語語波逸提。」

《薩婆多論》記載:「若前人有此八事,輕毀者波逸提;若無八事,但為惱故輕毀,突吉羅。」

②以嬉戲之心說毀訾語結罪分兩種情況。

以嬉戲之心說毀訾語,《四分律》記載:「戲笑故說……無犯。」《巴利律》結突吉羅罪:「無惡口、侮慢之意,亦無使其為難之意,為嬉戲……言:『汝是旃陀羅……汝是打掃者。』語語惡說。」

（2）想心

《四分律》沒有想心結罪的明確記載。除《根有律攝》、藏傳《苾芻學處》外,其他律典和《四分律》相同。

《根有律攝》記載:「此事此事想,於六句中四犯、二無犯。」即罵作罵想、疑,犯波逸提;非罵作罵想、疑,犯突吉羅;若罵、非罵作非罵想,不犯。藏傳《苾芻學處》中,「想不錯亂」,結波逸提。

3. 方便加行

《四分律》中,說種類毀訾語,波逸提。諸律典正犯本戒結波逸提的方便加行如犯緣所述。

（1）行罵的內容和方式諸律分類不同,結罪也不一樣

《四分律》中,比丘說善法罵,突吉羅。「善法罵」相當於我們通常所說的反諷,意在通過抬高的方式諷刺別人。《四分律》記載:「說善法者,阿蘭若、乞食、補納衣,乃至坐禪人。說善法面罵者,汝是阿蘭若乃至坐禪人。」「若比丘說善法面罵,人喻罵,自比罵,說而了了者,突吉羅;說不了了者,亦突吉羅。」《巴利律》中亦有類似記載,該律關鍵詞中記載為「貴罵」,若罵對方「賢者、有能者、智者、多聞者、說法者、彼等無惡趣、善趣在等彼者,語語惡作」。

《僧祇律》中,說毀訾語的方式有「說、自解、有人說」三種,如律文:

「『長老，此中有旃陀羅、竹師、皮師、瓦師乃至獄卒魁膾』，是名説。自解者，『長老，我非旃陀羅乃至魁膾獄卒』，是名自解。有人者，『此中或有人是旃陀羅乃至獄卒』，是名有人。如是方面、姓、形貌、病、罪、結使亦如是。是中毀呰，越比尼罪。」此外，通過辱罵親友、師長毀呰對方，也會觸犯此戒。如律中記載：「若言『汝父母是旃陀羅』，乃至『皮師』，作是語使彼慚羞，波夜提；若言『汝和上、阿闍梨是旃陀羅』，乃至『皮師』，使彼慚羞，得偷蘭遮；若言『汝同友知識是旃陀羅』，乃至『皮師』，作是語使彼慚羞，越毗尼罪。」

《根有律》中，毀呰的內容有八種：種族、工巧、作業、形相、病、罪、煩惱、罵詈。其中，如果以種族、工巧、作業單個方面毀呰婆羅門、刹帝利種姓的比丘，犯突吉羅，其餘的情況犯波逸提。

《十誦律》中，毀呰內容也分為八種，謂種、技、作、犯、病、相、煩惱、罵。如果以種（種姓）、技（技術）、作（事業）這三個方面來辱罵婆羅門、刹帝利種或估客種姓的比丘，犯突吉羅，除此之外的辱罵，均犯波逸提。此外，此律還記載：「若以餘事輕毀比丘者，突吉羅。」《薩婆多論》與《十誦律》相同，此律記載：「是中犯者有八種，謂：一、種姓；二、伎；三、作；四、犯；五、病；六、想；七、煩惱；八、罵。以此八種輕比丘者，若以種、伎、作三事輕毀刹利、婆羅門、估客子三種人者，突吉羅；以此三事輕毀餘人者，盡波逸提。以餘五事輕毀刹利乃至栴陀羅，波逸提。」此外，還記載：「若以八事輕毀言：『汝有此八事，皆不應出家法。』如是語故，波逸提。若直以八事輕毀，突吉羅。除此八事，以餘輕毀者，設言：『汝多食、多眠、多談語，用出家受戒為？』突吉羅。」

（2）其他

《摩得勒伽》記載：「若比丘為他罵，突吉羅……傳罵，突吉羅。」

《薩婆多論》記載：「若以八事現前輕毀，波逸提；屏處輕毀，突吉羅。」

《五分律》記載：「若言：『汝是下賤。』而彼言非，猶證為是，語語波逸提。」

《薩婆多論》記載：「若遣使、書信，突吉羅。」《根有律攝》記載：「為

書印等亦皆惡作。」「對中方人作邊地語，對邊地人作中方語，若他解者，得根本罪；若不解者，得惡作罪。」《摩得勒伽》記載：「遣使手印，突吉羅。」《十誦律》記載：「若作書，若遣使，若示相，若展轉毀呰，得突吉羅。」

4. 究竟成犯

據《四分律》記載，若比丘「種類毀呰語，了了，波逸提；不了了者，突吉羅」。

《摩得勒伽》、《五分律》、《根有律》、《根有律攝》和藏傳《苾芻學處》與《四分律》相同，都明確提到，對方聽懂、理解時，才犯重，如果對方沒有聞解，即犯輕。如《摩得勒伽》記載：「毀呰狂人、散亂心、苦病人、聾啞，中國人毀呰邊地人，不解故，突吉羅；邊地人毀呰中國人，不解，突吉羅。」《五分律》記載：「若彼聞解，語語波逸提；若不聞不解，突吉羅。」《根有律》記載：「他領解時，得波逸底迦罪。」《根有律攝》記載：「此等諸事毀呰他人，若實若虛，他領解時，咸得本罪。」

《薩婆多論》記載：「若聞者，波逸提；不聞者，突吉羅」。

《十誦律》和《巴利律》只提到比丘說便犯，與《四分律》略有不同。《鼻奈耶》、《僧祇律》、《善見論》沒有明確的究竟成犯記載。

結罪次數方面，《十誦律》、《巴利律》、《五分律》中，說一句毀呰語結一個波逸提罪。如《十誦律》記載：「一一語，波夜提。」《巴利律》記載：「語語波逸提。」《五分律》中，隨「語語」犯波逸提。

5. 犯戒主體

《四分律》中，比丘、比丘尼若犯此戒，結波逸提；式叉摩那、沙彌、沙彌尼，結突吉羅。《薩婆多論》與《四分律》相同：「此是共戒，比丘、尼俱波逸提，三眾突吉羅。」

《五分律》中，比丘，犯波逸提；下三眾，犯突吉羅。比丘尼毀呰比丘、比丘尼，犯波逸提；毀呰下三眾，犯突吉羅。

《十誦律》、《摩得勒伽》和《根有律攝》中，比丘，犯波逸提；下三眾，

犯突吉羅。比丘尼毀訾比丘尼，犯波逸提；毀訾比丘及下三眾，犯突吉羅。

《十誦律》還記載，「與學戒沙彌」，犯波逸提。《摩得勒伽》記載：「本犯戒人」犯戒，不結波逸提；「乃至污染比丘尼毀訾語，突吉羅；非人出家毀訾語，突吉羅；天、龍、夜叉、乾闥婆、緊那羅、摩睺羅伽、毗舍闍、鳩槃荼等出家毀訾語，突吉羅」。

其他律典中，比丘犯波逸提。

（三）不犯

1. 能犯心不具足

《四分律》記載：「相利故說，為法故說，為律故說，為教授故說，為親友故說，或戲笑故說，或因語次失口說，或在獨處說，或於夢中語，或欲說此而誤說彼，無犯。」

《五分律》記載：「不犯者：欲利益語，教誡語，同意語。」

《根有律》中記載：「無犯者，若一住處有多同名苾芻，若問他時，他不識者，應報彼云『是如是種類苾芻』，悉皆無犯。」

《根有律攝》中，「非惡心錯誤而說，或為教誨意，或作饒益心」，不犯；另外，「其無犯者，若以種姓簡名而說，謂婆羅門苾芻某甲」。想心方面，若罵、非罵作非罵想，不犯。

《巴利律》中，「為義而說，為法而說，為教而說」，不犯。

《善見論》記載：「無罪者，唯除教授。」

2. 犯戒主體不具足

《四分律》記載：「無犯者，最初未制戒，癡狂、心亂、痛惱所纏。」

《五分律》、《根有律》和《四分律》一致。

《巴利律》中僅記載：「癡狂者、最初之犯行者，不犯也。」

五、原理

（一）對境不忍，瞋恨怨怒

本戒是一條性戒，主要約束比丘的瞋煩惱。如《根有律攝》記載：「由出家事不忍煩惱，制斯學處。」對境不堪忍，是導致惡語毀訾的主要原因。

惡語屬於十惡業之一，說惡語本身就有業道罪。佛陀在制戒時說道，毀訾他人「是惡法」，「非沙門所應作事」，並通過一則動物的譬喻故事，教誡比丘「凡人欲有所說，當說善語，不應說惡語。善語者善，惡語者自熱惱」。遮止惡語，減少惡業，是佛陀制戒的本懷。本戒制斷毀訾語，對個人來說可以減少與周圍人的違緣；對其他比丘來說可以善護其心念；對僧團來說，有利於成員之間的平等、和合、共住，使團體健康發展。

（二）種姓制度與比丘僧團

古印度社會種姓制度等級森嚴，它將人按等級排出高低貴賤，不同種姓人們之間有嚴格的權利和義務區分。而佛教不同，在僧團內部，比丘之間的關係主要由戒臘倫理來規範，種姓不平等得到有效遏制。本戒的很多規定即能很好地體現這一點，如《僧祇律》記載：「種姓者，下中上。下者，汝是旃陀羅、剃毛師、織師、瓦師、皮師種姓。若作此語，使彼慚羞，得波夜提罪。……上者，語其人言：『汝是刹利婆羅門種。』作是語欲使彼慚羞者，越毗尼罪。」

僧團比丘出家前屬於不同的種姓，來自不同的社會階層，出家後如果佛法熏習不夠，依舊以世間種姓高下論說他人，往往會給他人造成傷害。如《五分律》中，緣起比丘罵對方「汝是下賤種姓工師小人，汝曾作諸大惡，無仁善行。」被罵者「便生憂惱，廢退學業」。其他律也記載了被毀訾比丘的感受，如「極懷慚羞」、「懷憂而住」等，顯示這些比丘已經陷入到了消沉、低

迷的情緒之中，同時自信心和上進心也受到嚴重打擊，乃至「讀誦思惟悉皆廢闕」。心理學的研究表明，每個人都有自尊的需要和受到他人尊重的需要，滿足不了就會產生自卑、無助和沮喪的情緒。惡意的毀訾不僅給別人帶來心靈上的創傷，甚至會改變別人的生命軌跡，影響一生。

另外，還有律典記載毀訾語導致了「未諍者便諍，已諍者不欲止，未出事便出，已出事不可滅」。顯然，也有一部分比丘採取了回擊的態度，加劇了僧團中的鬥諍。傷害他人，不可避免地會招致怨恨和報復，也是在間接地傷害自己。

綜上所述，此戒能夠防止出現因社會地位不同而導致的歧視情況，維護僧團的清淨平等和合，使比丘能夠安心修道。

（三）其他宗教和法律的態度

通過語言侮辱別人，進行人身攻擊，也為其他宗教、社會道德和現代法律所不容。

婆羅門教的《摩奴法典》[1]中，「罵詈、謊言、誹謗公眾、語無倫次，是言論方面的壞行為」，並且對辱罵者要處以體罰或罰金。《聖經》中「或辱罵的，或醉酒的，或勒索的，這樣的人不可與他相交」，建議信徒不要與罵人、醉酒等品質低劣的人交往。《古蘭經》中「誣陷、罵人、揭人短處都是惡魔的行持和道」，也將誣陷、罵人等視為是人性中惡劣、陰暗的一面。

日常生活中，隨便罵人、揭短也被視為不文明、不道德的行為，為社會大眾所唾棄。情節嚴重的甚至可能觸犯法律，《民法通則》規定：「公民、法人享有名譽權，公民的人格尊嚴受法律保護，禁止用侮辱、誹謗等方式損害公民、法人的名譽。」

尊重他人，文明用語，是人類社會的普遍要求。無論在家出家，何種宗教信仰，都應該遵守這一基本的道德規範。

1　迭朗善譯，馬香雪轉譯：《摩奴法典》，商務印書館，2009 年，290 頁。

六、總結

（一）諸律差異分析

1. 緣起差異

（1）結構差異

在本戒的制戒緣起中，除《根有律》有一個緣起、一個本制外，包括《四分律》在內的其他律典都只有一個本制。

除《鼻奈耶》外，諸律都有譬喻，《根有律》中有兩則，其他律典有一則，但《僧祇律》中的譬喻故事只提到故事來自《難提本生經》，沒有詳細內容。《根有律》的第二則譬喻及其他律典的譬喻和《四分律》相似，《根有律》多了一則「長者和善來外甥」的譬喻。

因此，本戒的結構仍以《四分律》為準，即為一個本制、一則關於「牸牛決鬥」的譬喻。

（2）情節差異

諸律情節差異不大，都是六群比丘以種種方便罵其他比丘，佛陀因此制戒。《四分律》、《鼻奈耶》、《根有律》、《巴利律》的緣起相似，但是《四分律》多了「僧斷諍事」的背景。

《十誦律》、《僧祇律》、《五分律》的緣起與《四分律》有差異。《十誦律》中六群比丘喜好鬥諍相罵，導致諸比丘不和合。《僧祇律》中六群比丘先是誘問年少比丘的姓名、種姓、父母、生業等信息，後來與年少比丘產生矛盾，遂以此辱罵年少比丘，《五分律》中，六群比丘看見其他比丘「共勤學問」，晝夜不廢，起嫉妒心，非理作意，於是便毀呰這些比丘，致使他們荒廢學業。《十誦律》、《僧祇律》、《五分律》所犯對象都屬於個體，而《四分律》既包含個體，也可能涉及僧團。

本戒主要是約束比丘的瞋心，從身口上制斷比丘口出毀呰語，體現「口合無諍」的「六合」精神。口說「愛語」是對他人的尊重，也是對僧團和合

的維護。《四分律》的制戒因緣中有「僧斷諍事」的背景，又有對個體傷害的描述，更能體現佛陀制戒的本懷。

（3）結論

綜上所述，本戒緣起無需調整，仍取《四分律》的結構與情節。

2. 戒本差異

諸律間差異不大。同《四分律》相比，《四分僧戒本》、《五分律》、《彌沙塞五分戒本》都限定了「比丘」為具體的所犯境；而《十誦律》、《十誦比丘戒本》、《解脫戒經》、《根有律》、《根有戒經》、《根有律攝》及五部梵巴藏戒本都沒有「種類」的意思。

戒本調整方面，為了使文意更清晰明了，依據《十誦比丘戒本》等將「種類」二字刪去。據《四分僧戒本》將「呰」改為更為常用的「訾」字，補入所犯境「比丘」，並略去原來的「語」字。

3. 辨相差異

（1）所犯境

《四分律》中所犯境是比丘。《鼻奈耶》、《十誦律》、《薩婆多論》、《摩得勒伽》、《僧祇律》、《五分律》、《根有律》、《根有律攝》、《巴利律》與此相同。此外，《十誦律》中還記載：若比丘毀訾「破戒，若賊住，若先來白衣」這幾種比丘，不得波逸提罪，根據後文「若除比丘，以八種輕毀餘人者，突吉羅」，推知應該結突吉羅罪。《摩得勒伽》與此類似，結突吉羅。由於破戒、賊住等人並不入僧數，判輕較為合理，《十誦律》的判罰值得借鑒。

《四分律》沒有提及對比丘以外的其他人說毀訾語的結罪情況。對比丘尼說毀訾語的結罪方面，《僧祇律》結偷蘭遮（屬於波逸提方便，等同於突吉羅），而《十誦律》、《薩婆多論》、《摩得勒伽》、《五分律》、《根有律攝》都結突吉羅。對下三眾說毀訾語的情況，《十誦律》、《薩婆多論》、《摩得勒伽》、《僧祇律》、《五分律》和《巴利律》都是結突吉羅，其他律典沒有相關內容。另外，《薩婆多論》、《摩得勒伽》、《僧祇律》、《根有律攝》、《巴利律》

還提到毀呰其他人也結突吉羅罪。《摩得勒伽》中提到罵畜生也結突吉羅。鑑於輕毀比丘以外的其他人同樣屬於比丘煩惱的外現，也一樣會損惱他人並產生不好的影響。因此，上述律典的相關內容可以作為所犯境很好的補充。

此外，有一種較為特殊的情況，如果毀呰大家公認的「為惡者」，藏傳《苾芻學處》記載，犯惡作。《四分律》中沒有相關內容，可以參考。

（2）能犯心

《四分律》對此戒的發起心未作明確說明。《鼻奈耶》、《摩得勒伽》和《四分律》相同。《十誦律》、《薩婆多論》、《僧祇律》、《五分律》、《根有律》、《根有律攝》、《巴利律》、《善見論》和藏傳《苾芻學處》中發起心是輕毀、折辱對方之心。如《十誦律》記載：「輕毀心故，波夜提。」《僧祇律》記載：「欲使彼慚羞者，得波夜提罪。」《巴利律》記載：「以惡口之意、侮慢之意、使其為難之意……語語波逸提。」這種語業行為的背後，最為惡劣的是輕毀折辱他人的用心，這是本戒所要遮止的，因此可採納諸律發起心的觀點。

另外，對於以嬉戲之心說毀呰語，《四分律》認為無犯，而《巴利律》則判為突吉羅罪。結合現實緣起來看，即便是沒有惡意的戲笑之說也可能會給對方造成損惱，尤其當所說的內容涉及到別人出身的貴賤、身分高低、犯戒與否等對方非常在意的內容。因此《巴利律》的判罰更為合理。

（3）方便加行

①所說方式

A. 以言語的方式表達毀呰語

《四分律》記載了三種說毀呰語的方式：「面罵」、「喻罵」、「自比罵」，均犯波逸提。《僧祇律》、藏傳《苾芻學處》與《四分律》類似，只是開合不同。《摩得勒伽》還提到為他人罵以及替他人傳罵，突吉羅。

B. 表達毀呰語的處所

《薩婆多論》記載：「現前輕毀，波逸提；屏處輕毀，突吉羅。」

C. 以非言語的方式表達毀呰語

《十誦律》、《摩得勒伽》、《薩婆多論》記載如果以書信、遣使、示相等非語言方式表達毀呰語，均犯突吉羅。

以上幾部律典記載的內容，都可以作為很好的補充。

②所說內容

《四分律》中說善法罵，突吉羅。《巴利律》與此類似。《十誦律》中以種姓、伎作等八個方面來毀訾他人，波逸提。律中還舉例說明了以八事輕毀有此八事之人不應出家受戒，波逸提；如果以八事輕毀無此八事之人，例如以種、技、作輕毀剎帝利、婆羅門、估客子三種人不應出家受戒，突吉羅。而以這八種以外的方式來毀訾，結突吉羅；其他輕毀的情況，均結突吉羅。《薩婆多論》也有類似記載

綜合看來，只要以羞辱對方之心說毀訾語，都會給對方造成極大的損惱。漢地與古代印度有着不同的文化背景，以八事毀謗實際上是詆毀他人的出身、職業等情況，在具體的內容上可能有很多的差異，《四分律》中以善法罵，則是以比丘說話時的內心意樂作為衡量的標準，較為合理，可予以採納。

（4）究竟成犯

《四分律》中，若對方聽懂，理解，正犯；沒聽懂，突吉羅。《摩得勒伽》、《五分律》、《根有律》、《根有律攝》和藏傳《苾芻學處》與此相同。《薩婆多論》中，對方聽到，波逸提。《十誦律》和《巴利律》中，比丘說毀訾語，即得波逸提罪。實際行持中，應以《四分律》的觀點為準。

對於結罪數量，《四分律》中並沒有明確的說明。《十誦律》、《五分律》和《巴利律》均記載，比丘每說一句毀訾語，就結一個波逸提。應該參考這幾部律典，補充對結罪數量的判定。

4. 諸律內部差異

各律典中，此戒的緣起、戒本以及辨相三部分相符。

（二）調整文本

通過以上諸律間觀點同異的對比與分析，文本在《四分律》的基礎上作如下調整：

1. 緣起

佛在舍衛國，六群比丘在僧斷諍事時辱罵比丘，使得被罵比丘忘記了前面說過的話和接下來要講的話，導致斷事比丘非常慚愧。頭陀比丘將此事報告世尊。世尊呵責六群比丘，並為大眾開示「牸牛」的公案。剎尸國婆羅門有牸牛，與國中長者牛鬥力，賭注為一千兩金。婆羅門在眾人前毀訾此牸牛「一角可牽」，牸牛因此不肯出力，長者牛獲勝。婆羅門責問牸牛，牸牛回答：「因為你在眾人前毀訾我，如果你在眾人前誇獎我，我再次與長者牛鬥力，賭注二千金。」婆羅門在眾人前讚歎「端正好角」，於是得勝。佛以此告誡比丘：「畜生得人毀訾，猶自慚愧，不堪進力；況復於人，得他毀辱能不有慚愧耶？」因以制戒。

2. 戒本

若比丘[1]，毀訾[2]比丘[3]者，波逸提。

3. 關鍵詞

毀訾：多種侮辱、詆毀他人的話語。

4. 辨相

（1）犯緣

本戒具足四緣成犯：一、對方是比丘；二、以輕毀、折辱對方之心；三、說毀訾語；四、對方聽懂，成犯。

---

1 「丘」後，底本有「種類」，據《十誦比丘戒本》、《五分律》、《彌沙塞五分戒本》、《解脫戒經》、《根有律》、《根有戒經》、《根有律攝》刪。

2 「訾」，底本作「呰」，據《四分僧戒本》、《新刪定四分僧戒本》、《十誦比丘戒本》、《根有戒經》、《根有律攝》改。

3 「比丘」，底本作「語」，據《四分僧戒本》、《五分律》、《彌沙塞比丘戒本》改。

（2）辨相結罪輕重

①對方是比丘

若毀呰比丘，波逸提；若毀呰破戒、賊住、先來白衣，突吉羅。

若毀呰比丘尼、下三眾、在家人乃至畜生，突吉羅。

若毀呰公認的為惡者，突吉羅。

②以輕毀、折辱對方之心

以輕毀、折辱對方之心說毀呰語，波逸提；以嬉戲之心說毀呰語，突吉羅；以教誡之心、饒益之心說，均不犯。

③說毀呰語

說毀呰語，不論是直接罵，作比喻罵，自比罵，皆波逸提；若是屏處罵，突吉羅。

以善法諷刺罵，突吉羅。

若遣使、書信或者示相等毀呰，突吉羅。

為他罵或傳罵，突吉羅。

④對方聽懂

對方聽懂，波逸提，每說一句毀呰語，結一個波逸提罪；對方未聽懂，突吉羅。

⑤犯戒主體

比丘、比丘尼若犯，波逸提；式叉摩那、沙彌、沙彌尼若犯，突吉羅。

⑥不犯

為利益故說，為法故說，為律故說，為教授故說，為親友故說，或因語次失口說，或在獨處說，或於夢中語，或欲說此而誤說彼：皆不犯。

最初犯人，癲狂、心亂、痛惱所纏，不犯。

七、現代行持參考

毀訾語被稱為「語言暴力」，會給他人的身心造成很大傷害，尤其當所說的內容涉及到對方的出生、比丘身分的正當性、是否犯戒等問題時，嚴重者甚至可能導致被傷害比丘罷道還俗，對佛法喪失信心。因此，對現代比丘來說，這條戒的持守依然非常重要。

除了物質利益，比丘更容易因知見以及行事方式的不同產生嫌隙。因此，比丘可以在平時多培養與同行善友的緣分，共同營造一個清淨和合的氛圍。無法認同他人的言行時，應觀照到其背後的種種因緣，從而避免負面情緒不斷累積。對於偶爾出現的彼此不和，也可以通過事後多反省、用法觀照內心等方式，及早消除隔閡。

另外，師長為了教育弟子而說的折服語，表面上與毀訾語相似，但動機不同，屬於本戒的開緣。如果是同行之間的互相勸諫，則需要觀察緣起，同時也要注意說話的方式。

03

兩舌戒

一、緣起

（一）緣起略述

　　《四分律》有一個本制。佛在舍衛國祇樹給孤獨園時，六群比丘「傳彼此語，傳此屏語向彼説，傳彼屏語向此説」，導致僧中本無諍事而起鬥諍，已有的諍事不能平息。諸比丘將此事向佛匯報，佛呵責六群比丘後，講了一個「善牙獅子、善博虎與野干」的公案，教敕比丘，二獸被離間尚且不悦，何況是人，於是為比丘結戒。[1]

　　諸律緣起差異比較：

1. 制戒地點

　　《四分律》中，制戒地點為「舍衛國祇樹給孤獨園」，《鼻奈耶》[2] 與《四分律》相同。《根有律》[3] 為「室羅伐城逝多林給孤獨園」，《巴利律》[4] 為「舍衛城祇樹給孤獨園」，《十誦律》[5] 為「王舍城」，《僧祇律》[6]、《五分律》[7] 為「舍衛城」。

2. 緣起比丘

　　《四分律》中，緣起比丘為「六群比丘」，《鼻奈耶》、《十誦律》、《僧祇律》、《五分律》、《根有律》、《巴利律》與《四分律》相同。

1　《四分律》卷 11，《大正藏》22 冊，636 頁上欄至 637 頁上欄；卷 53，《大正藏》22 冊，962 頁下欄。

2　《鼻奈耶》卷 7，《大正藏》24 冊，879 頁上欄。

3　《根有律》卷 26，《大正藏》23 冊，767 頁下欄至 770 頁上欄。

4　《經分別》卷 5，《漢譯南傳大藏經》2 冊，16 頁至 19 頁；《附隨》卷 1，《漢譯南傳大藏經》5 冊，56 頁。

5　《十誦律》卷 9，《大正藏》23 冊，66 頁上欄至 69 頁下欄；卷 53，《大正藏》23 冊，391 頁下欄。

6　《僧祇律》卷 12，《大正藏》22 冊，326 頁中欄至 327 頁中欄。

7　《五分律》卷 6，《大正藏》22 冊，38 頁上欄至中欄。

3. 犯戒對象

《四分律》中，犯戒對象為「眾僧」，《十誦律》與《四分律》相同，《鼻奈耶》為「十七群比丘」，《僧祇律》為「諸年少比丘」，《五分律》、《根有律》、《巴利律》為「諸比丘」。

4. 緣起情節

除《根有律》有一個緣起和一個本制外，其他律典與《四分律》相同，都只有一個本制。

在故事情節上，《十誦律》、《巴利律》與《四分律》相似。《鼻奈耶》、《僧祇律》、《根有律》與《四分律》略有不同。《鼻奈耶》中，六群比丘與十七群比丘共諍，「此間聞語，便往告彼；彼間聞語，便來告此」。《僧祇律》中，六群比丘誘問諸年少比丘有關其他比丘父母的種姓、職業等信息，後來六群比丘瞋恚時，就用這些信息來羞辱那位比丘，並說這些內容是年少比丘所說的，導致對方「極生慚羞」。《根有律》中，六群比丘於諸比丘作離間語，導致諸比丘「共相怨恨生大慚恥，各懷憂悒不能樂住，廢修正業讀誦思惟，久愛念心因斯斷絕」。

《五分律》與《四分律》的差別最大。六群比丘看見諸比丘「精勤學問」，害怕他們超過自己，便鬥亂他們，說：「汝與我知厚，而彼說汝是下賤種姓、工師小人，曾作大惡，無仁善行。我聞其語，與說我無異。」至彼比丘處，也是如此，導致「彼此聞之，心皆散亂，廢退學業，更相忿恚，不復共語」。佛陀知道後，呵責六群比丘，然後制戒。

（二）緣起比丘形象

《四分律》沒有對緣起比丘的形象作相關描述，《鼻奈耶》、《十誦律》、《根有律》、《巴利律》與《四分律》相同。

《僧祇律》中，緣起比丘先是誘問諸年少比丘，瞋恚時便離間比丘，性格反覆而又無情無義。

《五分律》中，緣起比丘看見「諸比丘精勤學問」，非理作意，認為他們超過自己會對自己不利，於是離間這些比丘，可見緣起比丘的嫉妒心很強。

（三）犯戒內因

《四分律》沒有明確記載犯戒內因。

《十誦律》中，緣起比丘「喜鬥諍」的等流習氣導致犯戒。

《僧祇律》中，緣起比丘說：「我作是事，用以快樂。」其犯戒動機是想以此得到快樂。

《五分律》中，緣起比丘「復恐勝己，便鬥亂之」，犯戒內因是擔心對方勝過自己。

其他律典與《四分律》相同，沒有明確記載犯戒內因。

（四）犯戒外緣

《四分律》沒有明確記載犯戒外緣。《根有律》與《四分律》相同。

《鼻奈耶》中，犯戒外緣為緣起比丘「常與十七群比丘共諍」，《十誦律》為僧團分裂為二部，《僧祇律》為緣起比丘和其他比丘發生矛盾，《巴利律》為有比丘起爭論。這幾部律典中比丘犯戒的外緣比較相似，都是有矛盾或糾紛產生。

《五分律》為緣起比丘看見其他比丘精進用功。

（五）犯戒後的影響

《四分律》中，緣起比丘犯戒後，一方面引起僧團整體不和合，令「未有鬥事而生鬥事，已有鬥事而不滅」；另一方面引起少欲知足比丘的譏嫌呵責。《十誦律》、《巴利律》與《四分律》第一點相同。第二點《十誦律》、《五分律》、《根有律》、《巴利律》中也有體現。

另外，《僧祇律》、《五分律》和《巴利律》還記載了緣起比丘犯戒後，被離間的比丘受到很大的影響。例如：《僧祇律》中，被離間的比丘「極生慚羞」；《五分律》中，被離間者「心皆散亂，廢退學業，更相忿恚，不復共語」；《根有律》中，被離間者「共相怨恨生大慚恥，各懷憂悒不能樂住，廢修正業讀誦思惟，久愛念心因斯斷絕」。

（六）佛陀考量

除《鼻奈耶》和《巴利律》外，其他律典都記載了佛陀呵斥緣起比丘後，通過「獅子、老虎與野干」的譬喻令弟子們深刻地認識到兩舌語所帶來的危害。如《十誦律》：「畜生尚以兩舌因緣故得不安樂，何況於人！」《根有律》中，佛陀也講道：「此傍生趣作離間時自招斷命，何況於人？」目的也是警醒和教育比丘們。此外，《十誦律》、《僧祇律》、《五分律》都記載了緣起比丘通過説他人種姓低賤的方式，一方面毀辱對方，另一方面達到離間他人的目的。佛陀考慮到當時佛教僧團由多個種姓的成員構成，如果以比丘的種姓進行侮辱和挑撥，容易引發僧團不同種姓之間的鬥諍，破壞僧團的穩定團結，導致僧團走向分裂。佛陀如此用心的開示，正是為了防止比丘傳播他人是非，挑撥彼此關係，從而為僧團和合發展提供必要的保障。

（七）文體分析

從文本題材來看，《四分律》因一個因緣制戒，除《根有律》有兩個因緣外，其他律典和《四分律》一致。《四分律》中有一則譬喻故事，《十誦律》、《五分律》與《四分律》相同。《僧祇律》只提到譬喻故事在《三獸本生經》中，並沒有詳細地叙述譬喻的內容。《根有律》有兩個譬喻，其內容相似，通過不同的故事結局説明了聽信兩舌語的危害以及不輕信兩舌語的利益。另外，《四分律》、《十誦律》、《五分律》和《根有律》在描述譬喻的過程中，多處用了偈頌，其中《四分律》有三個祇夜和一個伽陀，《十誦律》有五個伽陀，《五

分律》有三個伽陀，《根有律》有三個伽陀和兩個祇夜。《四分律》、《五分律》中，偈頌的內容都和譬喻故事自身有關。《十誦律》、《根有律》中的偈頌不但與故事相關，而且還敘述和宣傳佛教義理，如《根有律》：「積聚皆消散，崇高必墮落，合會終別離，有命咸歸死。」高度概括了佛教的無常觀。

從律典文字風格看，《四分律》多客觀描述，簡潔明快，結構緊密。《鼻奈耶》、《僧祇律》、《五分律》、《巴利律》與《四分律》相似。《十誦律》、《根有律》中除了包括《四分律》中的客觀敘述外，還有很多相關人物的心理描寫，如《根有律》記載：「師子見已便作是念：『此小犢兒我今亦取。』後更起念：『此不須殺，我若生兒將作朋友共為歡戲。』」通過心理描寫，把人物的特點表現得很具體，也增加了故事的趣味性。

二、戒本

《四分律》中，本戒的戒本為：「若比丘，兩舌語，波逸提。」

若比丘，兩舌語，波逸提

《四分律》作「若比丘，兩舌語，波逸提」，意思是：如果比丘，說搬弄是非、挑撥離間的話，犯墮罪。

與《四分律》相同：

《解脫戒經》[1] 作「若比丘，兩舌語，波逸提」。

與《四分律》相似：

《僧祇比丘戒本》[2] 作「若比丘，兩舌語，波夜提」，《四分僧戒本》[3]、《新刪定四分僧戒本》[4]、《四分律比丘戒本》[5] 作「若比丘，兩舌語者，波逸提」，《十誦律》、《僧祇律》作「若比丘，兩舌者，波夜提」。

《根有律》、《根有戒經》[6]、《根有律攝》[7] 作「若復苾芻，離間語故，波逸底迦」，這裏以「離間語」對應《四分律》的「兩舌語」。

與《四分律》有部分差異：

梵文《說出世部戒經》[8] 作 "bhikṣupaiśunye pācattikaṃ"，梵文《有部戒

1　《解脫戒經》，《大正藏》24 冊，662 頁上欄。
2　《僧祇比丘戒本》，《大正藏》22 冊，552 頁上欄。
3　《四分僧戒本》，《大正藏》22 冊，1026 頁上欄。
4　《新刪定四分僧戒本》，《卍續藏》39 冊，266 頁中欄。
5　《四分律比丘戒本》，《大正藏》22 冊，1018 頁中欄。
6　《根有戒經》，《大正藏》24 冊，503 頁下欄至 504 頁上欄。
7　《根有律攝》卷 8，《大正藏》24 冊，573 頁中欄。
8　Nathmal Tatia, *Prātimokṣasūtram of the Lokottaravādimahāsāṅghika School*, Tibetan Sanskrit Works Series, no. 16, p. 19.

經》[1] 作 "bhikṣupaiśunyāt pātayantikā"，梵文《根有戒經》[2] "bhikṣupaiśunyāt pāyantikā"，巴利《戒經》[3] 作 "bhikkhupesuññe，pācittiyaṃ"，藏文《根有戒經》[4] 作 "དགེ་སློང་ལ་ཕྲ་མ་བྱེད་ན་ལྟུང་བྱེད་དོ།"。五部梵巴藏戒本的意思同為：離間比丘，墮。

這五部律典與《四分律》相比，多出「比丘」這一所犯境的描述，缺少與「若比丘」直接對應的內容。

與《四分律》差異較大：

《鼻奈耶》作「若比丘，調戲兩舌鬥亂彼此者，貝夜提」，比《四分律》多了「調戲」和「鬥亂彼此者」。

《十誦比丘戒本》[5] 作「若比丘，兩舌鬥他比丘者，波夜提」，《五分律》、《彌沙塞五分戒本》[6] 作「若比丘，兩舌鬥亂比丘，波逸提」。相比《四分律》，這三部律典多出了「鬥他比丘」或「鬥亂比丘」。

---

1 Georg von Simson, *Prātimokṣasūtra der Sarvāstivādins Teil II*, Sanskrittexte aus den Turfanfunden, XI, p. 204.

2 Anukul Chandra Banerjee, *Two Buddhist Vinaya Texts in Sanskrit*, p. 32.

3 Bhikkhu Ñāṇatusita, *Analysis of the Bhikkhu Pātimokkha*, p. 168.

4 麗江版《甘珠爾》（འཇང་ས་ཏྷམ་འགྱུར）第 5 函《別解脫經》（སོ་སོར་ཐར་པའི་མདོ）11b。

5 《十誦比丘戒本》，《大正藏》23 冊，474 頁上欄。

6 《彌沙塞五分戒本》，《大正藏》22 冊，197 頁上欄。

三、關鍵詞

兩舌語

　　三部梵文戒經中，「兩舌語」均對應 "paiśunya" 一詞，該詞有「兩舌、離間」（英譯：in the backbiting of, in slander of）的意思。巴利《戒經》為 "pesuñña"，意思與梵文相似。

　　藏文《根有戒經》作 "དགེ་སློང་ལ་ཕྲ་མ་བྱེད"，意思是：對比丘造成兩舌、挑撥、離間、誹謗（英譯：slander a bhikkhu）。

　　《四分律》中解釋：兩舌者，比丘鬥亂比丘、比丘尼……異學沙門、婆羅門；鬥亂者，某甲說是言：「汝是旃陀羅種、除糞種……迦葉、阿提梨夜……獵師、作賊……，汝犯波羅夷、僧伽婆尸沙……，禿、盲瞎、跛躄、聾啞。」此處「鬥亂」即是離間之意。

　　《十誦律》、《僧祇律》、《根有律》、《根有律攝》、《巴利律》中與「兩舌語」對應的詞或為「兩舌」，或為「兩舌鬥亂」，或為「離間語」等。《十誦律》記載：「是中犯者有八種，謂：種、伎、作、犯、病、相、煩惱、罵。是八事中皆用五事：如是名、如是姓、如是種、如是作、如是相。」《僧祇律》中有七事，「姓、業、相貌、病、罪、罵、結使」。《巴利律》記載了十種，「種、名、姓、行業、職技、病、相、欲結、犯過、惡罵」，並闡述了離間語的目的，「即為得愛好或為使離叛」。離間語的目的在《根有律》、《根有律攝》中亦有記載，如《根有律》：「若苾芻於他苾芻處作離間意所有言説。」又如《根有律攝》：「言苾芻離間語故者，謂作惡心令他離間而發其語，或求資生，或作無益，或性嫉妒，或為福業事，謂讀誦依止等。」[1]

　　綜上所述，詞源分析中，諸部律典含義一致，都為「兩舌、離間」之意。

1　《根有律攝》卷 8，《大正藏》24 冊，573 頁中欄。

上述漢譯律典雖然翻譯的略有差別，但內涵一致。《四分律》、《十誦律》、《僧祇律》、《巴利律》還記載了兩舌語的種類，《根有律》、《根有律攝》、《巴利律》還提及兩舌語的目的。

四、辨相

（一）犯緣

具足以下五個方面的犯緣便正犯本戒：

1. 所犯境

據《四分律》記載，本戒的所犯境雙方均是比丘，即面對的是比丘，故所傳的話也是比丘所説。

《十誦律》、《薩婆多論》[1]、《五分律》、《根有律》、《根有律攝》[2]、《巴利律》、藏傳《苾芻學處》與此相同。其中藏傳《苾芻學處》[3] 還規定了兩個細節：「雙方均具六法比丘，非已離者。」此外，《五分律》的所犯境是從戒條內提取出來的。

《善見論》[4] 中，所犯境雙方是比丘或比丘尼，與《四分律》有差異。

《僧祇律》並沒有要求雙方都是比丘，僅提到說兩舌語的對象是比丘。《摩得勒伽》[5] 與《僧祇律》相同。

《鼻奈耶》沒有明確記載具體的所犯境。《毗尼母經》和《明了論》沒有關於此戒的記載，下不贅述。

2. 能犯心

（1）發起心

《四分律》沒有明確提及發起心。

1　《薩婆多論》卷 6，《大正藏》23 冊，540 頁中欄至下欄。

2　《根有律攝》卷 8，《大正藏》24 冊，573 頁中欄至下欄。

3　《苾芻學處》，《宗喀巴大師集》卷 5，89 頁。

4　《善見論》卷 15，《大正藏》24 冊，779 頁中欄。

5　《摩得勒伽》卷 2，《大正藏》23 冊，574 頁下欄至 575 頁上欄；卷 9，《大正藏》23 冊，620 頁中欄至下欄。

《十誦律》中，本戒的發起心為「別離心」。

《薩婆多論》中，本戒的發起心為「分離心」。

《僧祇律》中，發起心為「欲別離彼令與己合」之心。

《根有律》和《根有律攝》中，發起心都為「離間意」。

藏傳《苾芻學處》中，發起心為「欲令分離，相續未斷」。

《巴利律》中，發起心為「為得愛好或為使離叛」。

其他律典和《四分律》相同。

（2）想心

《四分律》沒有提及想心。

《根有律攝》中，想心為「此事此事想或疑」。

藏傳《苾芻學處》中，想心為「想不錯亂」。

其他律典和《四分律》相同。

3. 方便加行

《四分律》中，此戒的方便加行是說兩舌語離間雙方，即向此比丘轉述彼比丘貶低或辱罵他的話，破壞兩人的關係。兩舌語的內容包括此比丘種姓下劣、職業下劣、犯戒、煩惱和身體缺陷幾個方面。

《十誦律》、《薩婆多論》、《僧祇律》、《根有律》、《根有律攝》、《巴利律》中，方便加行均與《四分律》相同，也是說兩舌語來離間雙方，不過各律典中記載的話語內容均比《四分律》詳細。

《十誦律》中的話語內容包括兩方面：一方面是所轉述話語的內容，有八種，包括「種、伎、作、犯、病、相、煩惱、罵」；另一方面是說此話比丘的身分信息，包括「名」、「姓」、「種」、「作」、「相」五方面。若向甲比丘轉述乙比丘的話語時，也講出了乙比丘的身分信息，使甲比丘知道了對方的身分，講說者便達到了離間的目的。

《薩婆多論》中的話語內容與《十誦律》相同。另外該律典還提到，犯戒比丘所說的不必是實情，即使是妄語也正犯本戒。

《僧祇律》的關鍵詞中，兩舌語的內容包括「姓、業、相貌、病、罪、

罵、結使」七個方面。律文還記載，被貶低或辱罵的不一定是此比丘，若是其父母、和尚、阿闍梨、同友、知識，如某甲比丘説「你父親愚癡」，亦屬正犯。這個内容僅《僧祇律》提到。

《根有律》和《根有律攝》中，兩舌語的内容包括「種族」、「工巧」、「作業」、「形相」、「病」、「罪」、「煩惱」、「惡罵」，與《十誦律》表述不同，但内涵相同。

《巴利律》中，兩舌語的内容包括「種、名、姓、行業、職技、病、相、欲結、犯過、惡罵」十個方面。

《鼻奈耶》、《五分律》和《善見論》中，方便加行為「兩舌鬥亂」，《摩得勒伽》中為「行兩舌」。與上述律典不同，這四部律典中均沒有明確講述「兩舌」包含的具體内容。此外，《五分律》的方便加行是從戒條内提取出來的。

藏傳《苾芻學處》中，方便加行為「以具五相語，直説其名，而作分離方便」。除直説彼比丘的姓名以外，内涵與《四分律》相同。

4. 究竟成犯

《四分律》中究竟成犯為「説了了」。

《十誦律》、《摩得勒伽》、《五分律》、《根有律》、《根有律攝》和藏傳《苾芻學處》均為對方領解。

《薩婆多論》為對方聽聞。

其他律典中沒有明確記載本戒的究竟成犯。

5. 犯戒主體

《四分律》中，犯戒主體是比丘，比丘尼同犯。

《十誦律》、《薩婆多論》、《五分律》、《根有律攝》與《四分律》相同。《摩得勒伽》的犯戒主體包括了比丘、比丘尼和「學戒人」。

其他律典中此戒的犯戒主體是比丘，沒有提及比丘尼。

（二）輕重

1. 所犯境

《四分律》記載，如果比丘離間的雙方都是比丘，結波逸提罪。除《鼻奈耶》、《摩得勒伽》、《僧祇律》、《善見論》外，其他律典在這一點上與《四分律》一致。

對於離間其他人的結罪情況，《四分律》、《鼻奈耶》、《根有律》沒有提到，而其他律典中均有提及。

《十誦律》和藏傳《苾芻學處》中，除比丘外，離間其他人均結突吉羅罪。

《薩婆多論》記載：「若以八事傳向四眾，突吉羅。傳向在家無師僧，若遣使、書信，狂心、亂心、病壞心、聾、越濟人、六罪人、一切在家人，盡突吉羅。」律文中雖然對所犯境分幾類人闡述，但含義也是離間比丘以外的其他人均結突吉羅罪，與《十誦律》相同。

《僧祇律》中，結罪的輕重與其他律典均不同：說兩舌語的對象是比丘，犯波逸提；「於比丘尼所兩舌，偷蘭罪；於式叉摩尼、沙彌、沙彌尼，越毗尼；於俗人，越毗尼心悔」。

《善見論》記載：「若兩舌鬥亂比丘、比丘尼，波夜提；餘三眾，突吉羅；白衣亦突吉羅。」離間比丘尼亦結波逸提罪，判罪重於其他律典。

《摩得勒伽》卷2和卷9中都有關於所犯境的判罪。《摩得勒伽》卷2中，如果在比丘邊兩舌，犯波逸提；比丘尼、式叉摩那、沙彌、沙彌尼邊兩舌，突吉羅。比丘尼如果在「比丘邊兩舌，突吉羅；式叉摩那、沙彌、沙彌尼邊兩舌，突吉羅」。《摩得勒伽》卷9記載：「比丘於性住比丘所行兩舌，波夜提。」如果「於比丘尼所行兩舌，式叉摩那、沙彌、沙彌尼所行兩舌，皆突吉羅」。若所犯境是「本犯戒乃至污染比丘尼人」，聾盲瘖啞比丘以及「天、龍、夜叉乃至富單那出家作比丘」，則結突吉羅罪。比丘尼的結罪情況為：「比丘尼於比丘所行兩舌，式叉摩那、沙彌、沙彌尼所行兩舌，皆突吉羅。」結合律文中「五眾如輪亦如是」分析可知，比丘尼如果在比丘尼邊兩舌，應該犯波逸提。

上述律典所犯境内容範圍較廣，而下述律典範圍則較窄。

《五分律》中記載，比丘離間比丘尼和下三眾均結突吉羅罪，比丘尼毀呰比丘、比丘尼，波逸提；毀呰式叉摩那、沙彌、沙彌尼，突吉羅。

《根有律攝》記載：「若離授學人同善苾芻，或於求寂離間苾芻，或復翻此及先犯人等，並得惡作。」此外，如果離間「苾芻尼乃至俗人，咸得惡作」。

《巴利律》記載，比丘若在比丘和未受具戒者之間，或在兩個未受具戒者之間說兩舌語離間，結突吉羅罪。

《十誦律》和《根有律攝》還記載了比丘尼兩舌語的判罪。如《十誦律》中，比丘尼的所犯境判罪為：「比丘尼兩舌讒比丘尼，得波逸提；若比丘尼兩舌讒式叉摩尼、沙彌、沙彌尼、比丘，得突吉羅。」《根有律攝》與《十誦律》相同，如律文：「若苾芻尼毀苾芻尼時，亦得墮罪；若毀苾芻等，得惡作罪。」

《鼻奈耶》中沒有明確記載所犯境的相關判罪。

2. 能犯心

（1）發起心

《四分律》中沒有提及發起心結罪的情況。

其他律典中的結罪情況與上文犯緣中相同。

（2）想心

《四分律》中沒有提及想心結罪的情況。

《根有律攝》記載，兩舌語作兩舌語想、疑，得波逸提；非兩舌語作兩舌語想、疑，得突吉羅罪；兩舌語、非兩舌語作非兩舌語想，不犯。

藏傳《苾芻學處》中，想心為「想不錯亂」，結波逸提罪。

其他律典與《四分律》相同。

3. 方便加行

（1）說兩舌語

《四分律》記載，若有比丘對另一比丘說：「某甲說是言：『汝是旃陀羅種。』」結波逸提罪。若話語內容為「除糞種、竹師種」等其他卑劣種姓，或

販賣豬羊、殺牛等卑劣職業，或犯戒方面如「犯波羅夷戒」，或煩惱方面「瞋恚乃至五百結」，或「禿、盲瞎」等身體缺陷，均結波逸提罪。律文中沒有講述犯輕的結罪情況。

《十誦律》中，對不同種姓的比丘說兩舌語，結罪不同：若以「種、伎、作」三事向剎帝利、婆羅門、估客子這三類比丘說，犯突吉羅罪；若向其他比丘說則犯波逸提罪；若以其餘的「犯、病、相、煩惱、罵」五事向任何比丘說，均犯波逸提罪。這個內容在《四分律》中並未直接記載，但律文中描述正犯情況包括一些卑劣種姓和職業，應該有這方面的意思。

《薩婆多論》的記載與《十誦律》相同，不過多出來了一些判罪：如果說「八事」外的事離間，無論對方聞不聞，均犯突吉羅。如律文：「除此八事更以餘事者……聞則突吉羅，不聞亦突吉羅。」

《根有律》中，若向婆羅門、剎帝利比丘說「種姓」方面的兩舌語，並講出說此語比丘的姓名，結突吉羅罪；若講出說此語比丘的種族，亦結突吉羅罪。若向「薜舍等乃至於奴」比丘說「種姓」方面的兩舌語，若講出說此語比丘的姓名，結波逸提罪；若講出說此語比丘的種族，亦結波逸提罪。

《根有律攝》中，若對其他比丘說：「某甲苾芻曾於某處，數作如是不饒益語。」這類未涉及種姓、氏族等內容，結突吉羅罪；「若以氏族等而陳說」，結罪輕重與《根有律》相同。

《巴利律》中的判罪不像上述律典那樣根據種姓高低等來決定輕重，而是根據話語是否直接針對當事人說的來判罪。律中記載，對一比丘說「某比丘言汝是旃陀羅」和對他說「某比丘言汝是剎帝利」均判為波逸提罪，判罪沒有差別。而若對他說：「某比丘言：『此有多數之旃陀羅、竹師、獵師、車師、除糞師。』彼非言他，乃言汝也。」這種情況則結突吉羅罪。這類話並非直接針對此比丘，而是講說者分析得出的結論，所以判罪較輕。結罪次數方面，根據所說離間語的數量一一結罪，如律文「語語波逸提」。

藏傳《苾芻學處》記載：「若未直說其名……皆支分不具之惡作罪。」

各律典中其他的正犯情況皆如上文犯緣所述。

（2）其他方式

《十誦律》記載：「若作書，若遣使，若示相，若展轉讒，得突吉羅罪。」此外，比丘離間他人時，需要和對方處於同一地域內，否則犯突吉羅，如律文：「若比丘在界內讒界外比丘，得突吉羅。若在界外讒界內比丘，若在地讒高上比丘，若在高上讒在地比丘，得突吉羅。若比丘住界內，若坐，若立，若臥，讒界內比丘，得波逸提。」

《薩婆多論》記載：「若不傳彼此語，但二邊說令離散者，突吉羅。」此外，「若遣使、書信」，結突吉羅罪。

《摩得勒伽》記載：「遣使、手印兩舌，突吉羅。」「在地向空中人行兩舌，波夜提。在空中向地人行兩舌，波夜提。在界內向界外人兩舌，波夜提。在界外向界內行兩舌，波夜提。」

《根有律攝》與《摩得勒伽》相似：「為書印等亦皆惡作。」此外，還記載：「身在空前人在地，或身在地前人處空，或身在界內他在界外，或身在界外他在界內，或俱界內，或俱界外，皆得本罪。」

4. 究竟成犯

《四分律》記載，比丘說兩舌語，說而了了者，波逸提；說而不了了者，突吉羅。

《十誦律》、《摩得勒伽》、《五分律》、《根有律》、《根有律攝》和藏傳《苾芻學處》的觀點相同，均為：若對方聞解，得波逸提罪；若對方不解，結突吉羅罪。

其中《十誦律》記載：「若彼解者，波夜提；不解者，突吉羅；解已更說，波夜提、突吉羅。」究竟成犯以後，若再說兩舌語，則再結罪。

《摩得勒伽》列舉了兩種不解的情況：「中國人向邊地人行兩舌，不解，突吉羅；邊地人向中國人行兩舌，不解，突吉羅。」

《五分律》中記載了究竟成犯和結罪次數：「若彼聞解，語語波逸提；若不聞不解，突吉羅。」

《根有律》記載：「他領解時，得波逸底迦罪。」

《根有律攝》記載：「他不了時，但惡作罪。」「為離間語時，令他解了便得本罪，不要待他為離間事。」

藏傳《苾芻學處》記載：「彼了義時，雖未分離，亦得本罪。」

《薩婆多論》的觀點與上述律典有差異，該律典記載：「若彼聞者，波逸提；不聞，突吉羅。」此處的「聞」是指聽聞，與「解」不同。

此外，《巴利律》還記載了結罪次數為「語語波逸提」，也就是隨說離間語的次數而結波逸提罪。

其他律典沒有究竟成犯的判罪記載。

5. 犯戒主體

《四分律》記載，比丘、比丘尼犯此戒，均結波逸提罪；式叉摩那、沙彌、沙彌尼若犯，結突吉羅罪。

《十誦律》、《薩婆多論》、《摩得勒伽》、《五分律》、《根有律攝》與《四分律》一致。

另外，《摩得勒伽》中還記載，「賊住、本不和合」比丘若犯本戒，結突吉羅罪；「本犯戒人行兩舌，突吉羅。本犯戒比丘尼乃至污染比丘、比丘尼行兩舌，突吉羅。聾盲瘖啞人行兩舌，突吉羅。天、龍、夜叉乃至富單那出家作比丘行兩舌，突吉羅」。「學戒人」犯波逸提。

其他律典中，比丘犯波逸提，沒有其他判罪記載。

（三）不犯

1. 所犯境不具足

《四分律》記載：「不犯者：破惡知識；破惡伴黨；破方便壞僧者；破助壞僧者；破二人三人作羯磨者；破若作非法羯磨、非律羯磨者；破若僧、若塔、若廟、若和上、同和上、若阿闍梨、同阿闍梨、若知識、若親友，若數數語者，無義無利，欲方便作無義無利。破如是人者，不犯。」破壞這些想要行惡比丘之間的關係，能夠護持正法，所以不犯。

《根有律攝》中，「於惡友令其離間」，不犯。

2. 能犯心不具足

《根有律攝》中，「作利益心」不犯。想心方面，於兩舌語或非兩舌語而作非兩舌語想，均不犯。此外，此律還記載：「又無犯者，先非惡心，錯誤而說。」

《巴利律》記載，「非為得愛好、非欲離叛」，不犯。

3. 犯戒主體不具足

《四分律》中，「最初未制戒，癡狂、心亂、痛惱所纏」，不犯。

《五分律》、《根有律》與《四分律》相同。

《巴利律》中僅記載：「癡狂者、最初之犯行者，不犯也。」

4. 其他開緣

《四分律》記載：「捨兩舌。若聞此語不傳至彼，若聞彼語不傳至此，不相壞亂；若有離別，善為和合，和合親愛，常令歡喜；出和合言，所說知時：是為不兩舌。」

《五分律》中，「教誡語，同意語」或「欲利益語」，不犯。

五、原理

（一）身和同住，口和無諍

本戒屬於性戒。《四分律》中，六群比丘「傳此屏語向彼說，傳彼屏語向此說」，此處的「屏語」指在背後非議別人。比丘以惡心傳播兩舌語，使「未有鬥事而生鬥事，已有鬥事而不滅」，給僧團造成了很大的影響。僧以六和為義，其中包括身和同住、口和無諍。僧團的和合不僅為僧眾創造良好的學修環境，也是佛法住世的根本保障。佛陀制斷比丘說兩舌語，最重要的目的就是保證僧團的清淨與和合。

（二）兼聽則明，偏信則暗

說兩舌語者為了達到挑撥離間、興起鬥亂、破壞他人關係的目的，首先，其方法為發起帶有挑戰或貶損意味的話題。律中記載說兩舌語者以種姓、疾病、罵語、煩惱等歧視性話題鬥亂他人[1]，這些信息會讓當事者感到受屈辱與憤怒。說兩舌語者抓住了人與人之間容易起矛盾衝突的話題，以此為突破口來破壞他人親密友好的關係，或者加重原本對立的情緒。如《僧祇律》中，六群比丘「誘問」其他比丘的種姓職業，年少比丘「其性質直」，毫無隱瞞地坦誠相告，後來這些話成為六群比丘用來羞辱打擊他人和挑撥離間的工具。其次，其動機為瞋恨或者嫉妒，說兩舌語者往往從自身利益出發而非利他。如《鼻奈耶》、《十誦律》等律中，緣起比丘本人即處於衝突鬥爭的一方，為了打擊對方所以說兩舌語。《五分律》中緣起比丘看到其他比丘「精勤學問」，擔心勝過自己，便使對方互相鬥亂，「心皆散亂，廢退學業，更相忿

1　《薩婆多論》卷6：「是中犯者，有八種：一種、二伎、三作、四犯、五病、六想、七煩惱、八罵。」《大正藏》23 冊，540 頁中欄。

恚，不復共語」。

　　針對上述兩個特點，可以總結相應的對策如下：一方面要對所談論的話題有所警惕，遠離容易引起是非的話題；另一方面，要加強正面、良性的溝通，而不是一味信賴傳語。很多情況下人會被一面之詞蒙蔽，進而產生誤解，如《五分律》中，「精勤學問」的比丘們彼此溝通之後才發現被人利用。律中所提到的譬喻故事中，獅、虎最終識破了野干的詭計，將之殺死，雙方和好如初。這則故事意在說明，生活中處理人際關係時，謹記「兼聽則明，偏信則暗」的道理，就能避免被離間語所傷。如律中所言：「不信兩舌者，還共作和合；所懷相向說，心淨言柔軟；應作善知識，和合如水乳。」

六、總結

（一）諸律差異分析

1. 緣起差異

（1）結構差異

本戒的制戒緣起，除《根有律》有一個緣起和一個本制外，《四分律》及其他律典都只有一個本制。

除《鼻奈耶》、《巴利律》外，諸律都有譬喻，《根有律》有兩則，《四分律》及其他律典有一則，但《僧祇律》的譬喻故事只提到來自《三獸本生經》，沒有詳細內容。《根有律》的第二則譬喻及其他律典的譬喻和《四分律》相似，《根有律》多了一則「獅、牛聽信野干兩舌語相互殘殺」的譬喻。

因此，本戒的結構仍以《四分律》為準，即一個本制、一則「獅子、老虎與野干」的譬喻。

（2）情節差異

諸律情節差異不大，都是六群比丘傳他比丘語來離間雙方，佛陀因此制戒。

《十誦律》、《根有律》、《巴利律》與《四分律》相似。《鼻奈耶》、《僧祇律》與《四分律》略有不同。《鼻奈耶》中，六群比丘與十七群比丘共諍，在彼此間傳離間語，但沒有描述此行為造成的影響。《僧祇律》中六群比丘誘問年少比丘某甲比丘的父母種姓、事業，後來因瞋恚以種姓職業低下之語辱罵該比丘，同時又說這些信息是年少比丘告知自己的。《五分律》與《四分律》的差別較大，《五分律》中六群比丘看見其他比丘「共勤學問」晝夜不廢，起嫉妒心，非理作意，便離間他們，致使他們荒廢學業，不相往來。

本戒的故事情節仍取《四分律》。

（3）結論

綜上所述，本戒緣起無需調整，仍取《四分律》的結構與情節。

2. 戒本差異

諸律間的主要差異在於《鼻奈耶》、《十誦比丘戒本》、《五分律》、《彌沙塞五分戒本》比《四分律》均多了「鬥亂」的意思。此外，上述律典加上五部非漢文律典都限定了本戒所犯境為「比丘」。上述的內容都是《四分律》沒有的。

戒本調整方面，為了便於理解，據《根有律》等將「兩舌」換為「離間」。借鑒《五分律》等補入所犯境「比丘」，並將「語」字刪去。最後，為了讀誦流暢，格式統一，據《四分僧戒本》等在罪名前增加「者」字。

3. 辨相差異

(1) 所犯境

諸律中一致提到對比丘說離間語，正犯本戒。對於離間其他人的結罪情況，《四分律》沒有提到。《十誦律》、《薩婆多論》、藏傳《苾芻學處》中，離間其他人均結突吉羅罪。《僧祇律》中，離間比丘尼，偷蘭遮；除比丘、比丘尼，離間其他人，突吉羅。《善見論》中，離間比丘尼，波逸提；離間其他人均結突吉羅。可見，大部分律典對比丘之外的對境都不正犯。此處，依《十誦律》等三部律典將非比丘的情況都判為突吉羅。

(2) 能犯心

《四分律》沒有對發起心作明確說明。《十誦律》、《薩婆多論》、《僧祇律》、《根有律》和《根有律攝》都需要有「離間意」。而藏傳《苾芻學處》不但要求比丘有「欲令分離」的發起心，還要求此心「相續未斷」，才正犯此戒。《巴利律》發起心為「為得愛好或為使離叛」。其他律典與《四分律》相同。

在日常行持中，比丘有可能故意離間，也有可能無意或隨口說。判罪時如果不考慮比丘的動機，顯然是不合適的。因此，將發起心規定為欲離間雙方之心。

(3) 方便加行

《薩婆多論》記載：「或有兩舌是妄語是惡口，如一比丘傳此比丘語向彼比丘說，以別離心故是兩舌，以妄說故是妄語，以惡聲說故是惡口。」即所

傳內容也可能是比丘自己編造的。這種情況確實有可能出現，因此借鑒《薩婆多論》的觀點，比丘編造謊話傳離間同樣正犯此戒，同時還犯「小妄語戒」。

《薩婆多論》中還記載「遣使、書信」結突吉羅罪，《摩得勒伽》、《根有律攝》中亦記載「遣使、手印」結突吉羅罪。《四分律》沒有記載比丘用「說」以外的方式「兩舌」如何判罪，但這種情況在實際生活中卻是很可能發生。所以借鑒《薩婆多論》、《摩得勒伽》中的判罰：遣使、書信，或者通過手印離間，結突吉羅罪。

（4）究竟成犯

《四分律》中的究竟成犯為「說了了」。《十誦律》、《摩得勒伽》、《五分律》、《根有律》、《根有律攝》、藏傳《苾芻學處》為對方聽懂；若未聽懂，犯突吉羅。《薩婆多論》為對方聽聞，波逸提。實際行持中，如果對方不明白，比丘雖然有加行，但未產生離間效果，並不能算作究竟。因而，將究竟成犯定為：比丘說離間語，對方聽懂，犯波逸提；未聽懂，犯突吉羅。

結罪次數方面，《五分律》、《巴利律》中，每說一句，結一個波逸提罪。《四分律》等其他律典中沒有相關記載。上述觀點本戒予以採納。

（5）不犯

《四分律》：「破惡知識；破惡伴黨；破方便壞僧者；破助壞僧者；破二人三人作羯磨者；破若作非法羯磨、非律羯磨者；破若僧、若塔、若廟、若和上、同和上、若阿闍梨、同阿闍梨、若知識、若親友、若數數語者，無義無利，欲方便作無義無利。破如是人者，不犯。」上述內容其他律典都沒有提到。《四分律》防止他人親近惡人，護持正法，利益他人的開緣，可能與其分通大乘，有一定菩薩戒的內涵和精神有關。

4. 諸律內部差異

各律典中，此戒的緣起、戒本以及辨相三部分相符。

（二）調整文本

通過以上諸律間觀點同異的對比與分析，文本在《四分律》的基礎上作如下調整：

1. 緣起

佛在舍衛國祇樹給孤獨園時，六群比丘傳兩舌語，導致僧中起鬥諍，已有的諍事不能滅。諸比丘呵責六群比丘後，稟告佛，佛呵責六群比丘並為大眾開示「善牙獅子、善博虎與野干」的公案：善牙獅子與善博虎相互為伴，後被野干離間，雙方「瞋眼相視」，後知是野干離間，將野干殺死。佛以此譬喻教誡比丘，獅虎被離間尚且不悅，何況是人。於是為比丘結戒。

2. 戒本

若比丘，離間[1]比丘[2]者[3]，波逸提。

3. 辨相

（1）犯緣

本戒具足四緣成犯：一、雙方均是比丘；二、欲離間雙方之心；三、向一方傳離間語；四、對方聽懂，成犯。

（2）辨相結罪輕重

①是比丘

若比丘說離間語，離間的雙方都是比丘，波逸提。

如果有一方不是比丘，或者雙方都不是比丘，突吉羅。

---

1 「離間」，底本作「兩舌」，據《根有律》、《根有戒經》、《根有律攝》改。
2 「比丘」，底本作「語」，據《五分律》、《彌沙塞五分戒本》改。
3 「者」，底本闕，《四分僧戒本》、《新刪定四分僧戒本》、《四分律比丘戒本》、《鼻奈耶》、《十誦律》、《十誦比丘戒本》、《僧祇律》加。

②欲離間雙方之心

若比丘有欲離間雙方之心，波逸提；若沒有離間之心，不犯。

③傳離間語

比丘說離間語，波逸提。

若通過遣使、書信，或者手印離間，突吉羅。

④對方聽懂

比丘說離間語，對方聽懂，波逸提；每說一句，結一個波逸提罪；對方未聽懂，突吉羅。

⑤犯戒主體

比丘、比丘尼若犯，波逸提；式叉摩那、沙彌、沙彌尼若犯，突吉羅。

⑥不犯

破惡知識、破惡伴黨、破方便壞僧者、破助壞僧者、破二人三人作羯磨者、破若作非法羯磨、非律羯磨者，不犯。

如果有人對僧、塔、廟、和上、阿闍梨、知識、親友等，正在做或準備做無義無利的事情，比丘離間這些人，不犯。

最初犯人，癡狂、心亂、痛惱所纏，不犯。

七、現代行持參考

　　兩舌語很容易引發他人之間的矛盾，甚至導致整個僧團不和合，因此，這條戒仍需嚴格持守。在認識到兩舌語的過患之後，比丘可以在平時多用法觀照自身，對治內心中的比較、嫉妒、瞋恨等煩惱習氣，避免用心不當觸犯此戒。有時候人們並非有心說離間語，而是由於自己的語言表達不夠準確、清晰，因此容易讓別人產生誤解；或者由於聽者非常敏感，而自己講話時沒有很好地觀照緣起，因而損惱了對方。因此與人交流時，比丘應時刻保持正念，對自己出口之言應有所慎思。另外，比丘在交流中應當盡量避免說一些容易引起誤解或紛爭的話，多說有利於和合、減少紛爭的話。

　　在現代社會，資訊的傳播渠道更加多樣化。除了「說」以外，還有多種方式能夠達到挑撥離間的目的。但不管用什麼方式來離間，都不符合此戒的制戒精神，需要加以防範。

04

與女共宿戒

一、緣起

（一）緣起略述

《四分律》有一個本制。阿那律尊者從舍衛國前往拘薩羅國，途中寄宿一淫女家。夜裏淫女騷擾，尊者遂現神通，飛升空中。淫女慚愧並懺悔，聽受尊者說法而證法眼淨，皈依三寶。阿那律尊者回寺後，將此事告於其他比丘。其他比丘譏嫌並白佛，佛因此制戒。[1]

諸律緣起差異比較：

1. 制戒地點

《四分律》中制戒地點為「舍衛國祇樹給孤獨園」，《鼻奈耶》[2]與《四分律》相同。《根有律》[3]為「室羅伐城逝多林給孤獨園」，《巴利律》[4]為「舍衛城祇樹給孤獨園」，《十誦律》[5]為「舍衛國」，《僧祇律》[6]、《五分律》[7]為「舍衛城」。

2. 緣起比丘

《四分律》中緣起比丘為「阿那律」，《鼻奈耶》、《十誦律》、《僧祇律》、《五分律》、《巴利律》與《四分律》相同。《根有律》為「阿尼盧陀」，「阿那律」與「阿尼盧陀」為同一人，只是翻譯不同。

1　《四分律》卷 11，《大正藏》22 冊，637 頁上欄至 638 頁上欄。

2　《鼻奈耶》卷 9，《大正藏》24 冊，889 頁中欄至 890 頁中欄。

3　《根有律》卷 40，《大正藏》23 冊，849 頁中欄至 850 頁中欄。

4　《經分別》卷 5，《漢譯南傳大藏經》2 冊，24 頁至 27 頁；《附隨》卷 1，《漢譯南傳大藏經》5 冊，57 頁。

5　《十誦律》卷 16，《大正藏》23 冊，112 頁下欄至 113 頁中欄；卷 53，《大正藏》23 冊，395 頁中欄至下欄。

6　《僧祇律》卷 19，《大正藏》22 冊，381 頁下欄至 382 頁中欄；卷 25，《大正藏》22 冊，430 頁中欄。

7　《五分律》卷 8，《大正藏》22 冊，59 頁中欄至下欄。

3. 犯戒對象

《四分律》中犯戒對象為「一淫女」,《十誦律》與《四分律》相同。《鼻奈耶》、《五分律》為「一寡婦」,《僧祇律》為「一女」,《根有律》為「長者女」,《巴利律》為「一女人」。

4. 緣起情節

《五分律》、《根有律》有一個緣起和一個本制,其他律典與《四分律》一樣,都只有一個本制。

《鼻奈耶》、《十誦律》中,阿那律尊者行走的路線是從憍薩羅國(拘薩羅國)到舍衛國,與《四分律》正好相反。阿那律尊者途經聚落寄宿時,被人指示至女人家中,之後的情節與《四分律》類似。

《僧祇律》中,阿那律尊者在塔山夏安居結束後,回舍衛城禮覲問訊佛陀,途中寄宿一對母女家,遭女兒騷擾。《巴利律》中,阿那律尊者往舍衛城,途中寄宿在拘薩羅國一女人所設的福德舍中,晚上此女來引誘尊者,但尊者卻「垂目不視彼女人,亦默然不語」。女人被感化,向尊者懺悔並聽尊者說法而皈依三寶。《僧祇律》、《巴利律》相較《四分律》,都未記載阿那律尊者現神通的情節。

《五分律》、《根有律》與其他律典差異較大。《五分律》的緣起包含了多個比丘與女共宿的事件,如「一比丘、一女人,或多比丘、少女人,或少比丘、多女人」在一起共宿,比丘因生染心,有的還俗,有的轉做外道。本制中,有一寡婦為求夫而做一客舍以待合意之人,恰好阿那律尊者有緣在此寄宿,之後的情節與《四分律》類似。《根有律》緣起中,阿那律尊者證阿羅漢果後,為報佛恩而遊行世間,度化眾生,夜晚時寄宿在長者女家,之後的情節也與《四分律》類似。本制中,阿那律尊者冒着生命危險度五百賊出家,而後尊者將與女共宿之事告諸比丘。諸比丘白佛,佛以此因緣制戒。

（二）緣起比丘形象

諸律中，緣起比丘的形象都比較正面，關於外表，除《根有律》外，其他律典都有描述其容貌。如：《四分律》中尊者「顏貌端正」；《五分律》中「先好容貌，既得道後，顏色倍常」；《十誦律》中「端正有威德，顏色可愛」；《僧祇律》中「顏貌端正，威儀庠序」；《鼻奈耶》中「面首白淨」；《巴利律》則說明其「端正美麗」。由此可見，緣起比丘外表出眾，《僧祇律》中還記載其威儀也很好。

在人物特徵上，《四分律》中，阿那律尊者在被女人騷擾時的表現為「默然不答，亦不觀視」，《巴利律》為「垂目不視彼女人，亦默然不語」，《僧祇律》為「比丘覺已，起正身坐」，《五分律》為「閉目正坐，作赤骨觀」。以上律典都展現出了一位持戒精嚴的比丘形象。

《四分律》記載阿那律尊者「以神足力踴身在空中」，《五分律》為「踴升虛空」，《根有律》為「以神通力上升虛空」。這三部律典展現出一位有神通的比丘形象。

《十誦律》中緣起比丘出家前是位王子，「性貴故不憙問小小事，又不知何人可問，不可問」，遊行到一無僧坊處，結果被「諸年少」戲弄，教其到淫女家借宿，展現出一位出身高貴但缺乏社會經驗的比丘形象。

《根有律》則明顯不同，尊者「知其惡見，以神通力上升虛空……縱身而下，為其說法……升虛空現十八變，作希有事……聚落四近諸人，各並雲奔，共觀異相。尊者復坐，即便為眾宣說法要，令彼兄弟及萬二千人皆得見諦」，輕易就度化上萬人，展現出一位勇猛、有氣魄、神通過人的大阿羅漢形象。並且文中還特別記載了尊者在證得阿羅漢後的心理活動：「世尊於我已作大恩，我於世尊欲作何事而能報德？我今宜可利益有情，此即名為酬恩中勝。」可見，尊者還是位知恩報恩的善比丘。

（三）犯戒內因

諸律中沒有犯戒內因的確切記載。緣起比丘是位離欲的阿羅漢，不會因貪瞋煩惱而犯戒，但阿羅漢仍有非染污無明，也會因考慮不周而做一些令人不解的事情。例如本戒，阿那律尊者對與女人一起共宿的後果預判不足，被女人騷擾，被其他比丘譏嫌，故緣起比丘的犯戒內因是非染污無明。

（四）犯戒外緣

《四分律》中犯戒外緣是比丘在外遊行需要寄宿，《巴利律》的與之相同。其他律典與《四分律》在細節上略有差異。《鼻奈耶》、《十誦律》、《五分律》、《根有律》是比丘打聽住處時，被人指示到一個女人家裏宿。《僧祇律》是被女人邀請到其家中宿。

（五）犯戒後的影響

本戒與其他戒條有所不同，其他戒條的緣起一般是比丘犯戒後，被俗眾譏嫌，而本戒恰恰相反，除了《僧祇律》沒有相關記載外，其他律典都是俗眾因此得度。其中，《四分律》、《鼻奈耶》、《十誦律》、《五分律》、《根有律》中的女人證得法眼淨，《巴利律》中的女人因此皈依三寶。

（六）佛陀考量

《四分律》中，佛陀制定本戒的意趣是為了防止比丘與女人同宿一室而引發不良後果。在這一點上，其他律典與《四分律》相同。

《五分律》中有兩個因緣。第二個因緣是由阿那律引起的，這是制戒的直接因緣。第一個因緣是間接因緣，記載了諸比丘與女眾同宿後，有人還俗，有人改入外道。不過，從佛陀制定本戒的意趣來分析，間接緣起對僧團的影

響更大，涉及的人數也更多，似乎更適合作為制戒的直接緣起。但佛陀為什麼沒有因此制戒，而是在阿那律的緣起出現後才制戒？這也許有佛陀特殊的考量，因為通過阿羅漢的因緣制戒，比通過凡夫比丘的因緣制戒更能突出守持本戒的重要性：連阿羅漢尚且都不可以這樣做，更何況凡夫比丘。這也是為了對眾僧起到一種更強的警示作用。

《鼻奈耶》中，阿那律向佛述說了與女共宿的事後，世尊告誡：「阿那律，譬如四毒蛇同一室住，寧與惡蛇同處，不與女人同牀坐。」佛陀強調了與女人同宿的嚴重性後，策勵比丘要精勤用功。此律的緣起故事一般記載得比較簡潔，很少記載佛在制戒前作這樣大篇幅的說法和策勵。或許是佛陀考慮到此過患比較嚴重，所以特意強調，提策弟子嚴格防範。

（七）文體分析

《四分律》、《十誦律》、《僧祇律》只有一個因緣。《五分律》、《根有律》有兩個因緣。《巴利律》有一個因緣和一個譬喻。《鼻奈耶》有一個因緣和兩個譬喻。其中，《鼻奈耶》的兩個譬喻非常具有教育意義及策勵作用。佛陀以「四蛇」、「五賊」、「六怨家」等分別比喻「四大」、「五陰」、「六入」；又以「度彼岸」、「筏」、「手足排水」分別比喻「泥洹」、「八聖道」、「勇猛」，以此來告誡比丘：「我與汝等勤苦學道，正可爾耳。是以之故，阿練兒常處樹下、空處禪思莫懈。」

在文字風格和敘述特點上，除了《根有律》，其他律典都記述得很詳細，內容比較豐富，故事生動鮮活。《四分律》、《鼻奈耶》、《十誦律》、《僧祇律》、《五分律》、《根有律》中，既有故事的敘述，也有人物的對話，還有動作和心理的描寫。《巴利律》中沒有記載人物心理活動，但對話內容卻很豐富。另外，《四分律》還用設問的方式來展現緣起比丘的功德：「時尊者阿那律雖聞此語，默然不答，亦不觀視。何以故？由尊者得無上二俱解脫故。」

二、戒本

《四分律》中，本戒的戒本為：「若比丘，與婦女同室宿者，波逸提。」

梵文《根有戒經》[1] 中，本戒對應的內容，主要是通過藏文戒經重構的，因此不再參與以下的比較。

若比丘，與婦女同室宿者，波逸提

《四分律》作「若比丘，與婦女同室宿者，波逸提」，意思是：如果比丘，和女人在同一房間內止宿，犯墮罪。

與《四分律》相似：

《新刪定四分僧戒本》[2] 作「若比丘，與婦人同室宿者，波逸提」，《四分僧戒本》[3]、《四分律比丘戒本》[4] 作「若比丘，與女人同室宿者，波逸提」，《鼻奈耶》作「若比丘，與婦人同共室宿者，墮」，《五分律》、《彌沙塞五分戒本》[5]、《解脫戒經》[6] 作「若比丘，與女人同室宿，波逸提」，《僧祇律》作「若比丘，與女人同室宿，波夜提」，《根有律》、《根有戒經》[7]、《根有律攝》[8] 作「若復苾芻，共女人同室宿者，波逸底迦」。

《十誦律》作「若比丘，與女人同舍宿，波逸提」，《十誦比丘戒本》[9] 作「若

1　Anukul Chandra Banerjee, *Two Buddhist Vinaya Texts in Sanskrit*, p. 41.

2　《新刪定四分僧戒本》，《卍續藏》39 冊，266 頁中欄。

3　《四分僧戒本》，《大正藏》22 冊，1026 頁上欄。

4　《四分律比丘戒本》，《大正藏》22 冊，1018 頁中欄。

5　《彌沙塞五分戒本》，《大正藏》22 冊，198 頁上欄。

6　《解脫戒經》，《大正藏》24 冊，663 頁中欄。

7　《根有戒經》，《大正藏》24 冊，505 頁下欄。

8　《根有律攝》卷 12，《大正藏》24 冊，595 頁下欄。

9　《十誦比丘戒本》，《大正藏》23 冊，475 頁下欄。

比丘，共女人一房舍宿，波夜提」，《僧祇比丘戒本》[1]作「若比丘，與女人同屋宿，波夜提」。對於《四分律》中的「室」，這三部律典分別寫作「舍」、「房舍」和「屋」，雖然表述不同，但意思相似。

梵文《説出世部戒經》[2]作"yo puna bhikṣu mātṛgrāmeṇa sārdhaṃ sahagāraśayyāṃ kalpeya pācattikaṃ"，梵文《有部戒經》[3]作"yaḥ punar bhikṣur mātṛgrāmeṇa sārdhaṃ sahāgāraśayyāṃ kalpayet pātayantikā"，這兩部梵文戒本的意思都是：任何比丘，與女人一起在（同一個）房屋內睡臥，墮。

與《四分律》有部分差異：

巴利《戒經》[4]作"yo pana bhikkhu mātugāmena saha seyyaṃ kappeyya，pācittiyaṃ"，意思是：任何比丘，與女人共用一個睡覺的地方，墮。與《四分律》比，缺少「室」。

藏文《根有戒經》[5]作"ཡང་དགེ་སློང་གང་ཞིག་མེད་ཀྱི་ཕྱལ་དང་ལྷན་ཅིག་གནས་ས་ཁལ་ན་ཉལ་བྱེད་དོ། །"，意思是：任何比丘，如果與女人同處所睡臥。「處所」所描述的範圍似乎要比《四分律》的「室」更寬泛。

---

1 《僧祇比丘戒本》，《大正藏》22 冊，553 頁中欄。

2 Nathmal Tatia, *Prātimokṣasūtram of the Lokottaravādimahāsāṅghika School*, Tibetan Sanskrit Works Series, no. 16, p. 26.

3 Georg von Simson, *Prātimokṣasūtra der Sarvāstivādins Teil II*, Sanskrittexte aus den Turfanfunden, XI, p. 225.

4 Bhikkhu Ñāṇatusita, *Analysis of the Bhikkhu Pātimokkha*, p. 171.

5 麗江版《甘珠爾》（འཇང་སག་བཀའ་འགྱུར）第 5 函《別解脱經》（སོ་སོར་ཐར་པའི་མདོ）16a。

三、關鍵詞

室

梵文戒本中均對應複合詞 “sahāgāraśayyā（共室宿）” 中的 “āgāra”，意思是：室、房、屋（英譯：apartment, dwelling, house）。巴利《戒經》的 “saha（共）seyyaṃ（牀鋪）kappeyya（用）” 表述中沒有「室」的意思。

藏文《根有戒經》中對應詞為 “གནས”，意思是：處所、住所（英譯：dwelling）。

《四分律》解釋為：「有四周牆壁，障上有覆，或前敞而無壁，或有四壁上無覆，或有雖覆而不遍，或有雖覆遍而有開處，是謂室。」意思是：四周有牆壁，牆壁上有屋頂，或有一面沒有牆壁，或有四面牆壁但沒有屋頂，或有屋頂但沒有覆蓋完全，或屋頂完全覆蓋但有開口（如天窗），這些都是「室」。

諸律與《四分律》都認為：具有四周牆壁和屋頂的房間是「室」。但對於「室」的其他情況，諸律差異較大。《五分律》中，「室」的解釋沿用了「共未受具戒人宿過限戒」中的記載，「若上有覆，有四壁；或上有覆，無一壁、二壁……若有四壁，上已覆半，若未半，若過半」，較《四分律》多一個上有覆而缺兩面牆壁的情況，少一個「有四壁，上無覆」的情況。《僧祇律》解釋為「同障同覆」，即共用同一牆壁和屋頂的房屋，比如一個房間或屋內有套間的情況，與《四分律》中「有四周牆壁，障上有覆」的情況有重合，但沒有《四分律》中的其他情況。藏傳《苾芻學處》中，「處所」解釋為：「相成就，能容四威儀，是一弓內之一處。」[1]

《十誦律》、《薩婆多論》、《根有律》、《根有律攝》、《巴利律》都將「室」

---

1 《苾芻學處》，《宗喀巴大師集》卷 5，120 頁。

解釋為四種情況，但又各有不同。《十誦律》中，「一切覆一切障」和「一切障不覆」兩種情況與《四分律》相同，另外還有兩種與之不同，即「一切覆不障、一切覆少障」。其中「一切覆不障」，或許指類似亭子，只有頂而四周沒有牆壁的建築。《薩婆多論》中，「一切覆一切障，一切障不一切覆」兩種情況與《四分律》相同，「一切覆不一切障」的情況包含了《四分律》中的「前敞而無壁」，另外，比《四分律》多「一切覆少障」的情況。[1]《根有律》、《根有律攝》中的四種情況為：「一、總覆總障，如諸房舍及客堂樓觀等，上總遍覆四壁皆遮；二、總覆多障，於四壁少安窗戶；三、多覆總障，即四面舍，於四邊安壁，中間豎柱，四簷內入，或低或平；四、多覆多障，謂三面舍，於四面舍無其一邊。」其中「總覆總障」、「多覆多障」分別對應《四分律》中「有四周牆壁，障上有覆」、「前敞而無壁」兩種情況，其他不同於《四分律》。此外，這兩部律典辨相中記載：「若半障半覆，或多覆少障，或檐際等：並皆無犯。」可知這三種情況不符合「室」的要求。

《巴利律》記載了四種情況：「宿〔處〕者，全覆處、全障處、大部分覆處、大部分障處。」即宿處指房頂完整的房間、四周牆壁完整的房間、房頂被大部分覆蓋的房間、四周牆壁大部分完整的房間。與《四分律》中「有四周牆壁，障上有覆」、「或有四壁上無覆，或有雖覆而不遍，或有雖覆遍而有開處」這幾種情況相似。

綜上所述，巴利《戒經》中「室」的解釋為牀鋪，梵語戒經為房屋，藏語《根有戒經》為住所和處所。從梵巴藏詞源分析，所指範疇有大小不同的差異。漢譯律典都傾向房屋的解釋，但諸律典對四壁與屋頂有不同的規定。對於四壁的要求，最嚴的是《四分律》、《根有律》、《根有律攝》，要至少具足三壁，最寬的是《十誦律》，沒有牆壁的亭子也列入室的範疇。對於覆頂的要求，最嚴的是《根有律》、《根有律攝》，要求至少達到多覆，要求最寬的是《四分律》，在有四壁的情況下，即使沒有覆頂也視為室。

1　《薩婆多論》卷 8，《大正藏》23 冊，557 頁下欄。

四、辨相

（一）犯緣

具足以下五個方面的犯緣便正犯本戒：

1. 所犯境

《四分律》中，所犯境為室內活的有智女人。為便於對比，以下分為所犯對象和所犯處兩部分來分析，兩個條件同時滿足，才正犯此戒。

（1）所犯對象

《四分律》關鍵詞中，所犯對象為活的有智女人。

其他律典中所犯對象也是女人，但對女人的要求，與《四分律》有差異。《僧祇律》中為「若母、姊妹、若大、若小、在家、出家」，《五分律》中為「女人乃至初生及二根女」，《根有律》和《根有律攝》[1]中為堪行淫的人女，《摩得勒伽》[2]中為「身可捉」的女人，藏傳《苾芻學處》[3]為身邊無守護者並且須具六法的女人（此六法為：「一、女相有作用。二、身平等住。三、可依止。四、無神通。五、具足五種名言。六、非親」），《巴利律》為包括「初生之女」在內的「人女」。其他律典對女人沒有特別要求。其中，《僧祇律》、《根有律》、《根有律攝》、《巴利律》中的內容來自關鍵詞。

除此之外，《薩婆多論》[4]中，「若女人是畜生女，堪作淫欲者」，正犯此戒。《十誦律》中，「與大母畜生共宿」，正犯。《僧祇律》中，與睡眠的雌性雞、鵝、孔雀、狗、驢、牛、駱駝、象等共宿，均會正犯此戒。

1　《根有律攝》卷 12，《大正藏》24 冊，595 頁下欄至 596 頁上欄。

2　《摩得勒伽》卷 3，《大正藏》23 冊，578 頁上欄至中欄；卷 8，《大正藏》23 冊，615 頁下欄；卷 10，《大正藏》23 冊，625 頁上欄。

3　《苾芻學處》，《宗喀巴大師集》卷 5，119 頁至 120 頁。

4　《薩婆多論》卷 7，《大正藏》23 冊，547 頁上欄；卷 8，《大正藏》23 冊，557 頁下欄至 558 頁上欄。

《鼻奈耶》、《善見論》[1]、《毗尼母經》、《明了論》中沒有記載辨相內容，下文不再重述。

（2）所犯處

《四分律》中，所犯處為「室」，即共宿的處所須構成室相。

《鼻奈耶》、《十誦律》、《薩婆多論》、《摩得勒伽》、《僧祇律》、《五分律》、《根有律》、《根有律攝》、《巴利律》、藏傳《苾芻學處》中，所犯處也為「室」，但較《四分律》中的「室」內涵有所差異，在前文關鍵詞解釋裏已有辨析，此處不再贅述。另外，《僧祇律》中，「異房無隔」、「共房共隔」、「有覆有障」、「有障有覆」的情況，也正犯。

2. 能犯心

（1）發起心

《四分律》沒有發起心的描述。

藏傳《苾芻學處》中，發起心為欲與女人共宿。

其他律典與《四分律》相同。

（2）想心

《四分律》中，「若比丘不知彼室內有婦女而宿」不犯，從中可知想心為知道與女人同宿。

《僧祇律》記載：「有罪取事不取心者，不應問：『以何心淫？何心非時食？何心飲酒？何心與女人同室宿？』」即不要求想心。

《巴利律》中，女人作女人想或疑或非女人想，都正犯本戒。

《根有律攝》中，女人作女人想或疑，正犯。此律還記載另一種想心：「有說：『設無女人作有女想，亦得本罪。』」此外，「若苾芻先臥，女人後來，苾芻不知」，亦正犯。

藏傳《苾芻學處》中，想心為「想不錯亂」。

其他律未提及想心相關的內容。

1　《善見論》卷 15，《大正藏》24 冊，780 頁上欄。

3. 方便加行

《四分律》中的方便加行為比丘與女人以臥或亞臥的方式同宿。亞臥，或指俯臥，或指斜倚而臥。

除了《十誦律》、《僧祇律》、《根有律》、《根有律攝》，其他律典的方便加行為比丘與女人以臥的方式同宿。《十誦律》中，方便加行為女人「若臥若坐」，比丘以臥的方式與其同宿。《僧祇律》中，方便加行為比丘與女人同眠宿。《根有律》、《根有律攝》中，方便加行為同宿，未明確說明宿的威儀。

除了《四分律》外，其他律典中均未提到亞臥的情況。

4. 究竟成犯

《四分律》中，究竟成犯為「脅著地」，即臥相成時。

《十誦律》中，「若起還臥，更得波逸提」，可知究竟成犯為比丘臥相成，女人臥相成或坐相成。《僧祇律》中，究竟成犯為眠相成。藏傳《苾芻學處》比《四分律》多出一個時間條件，不僅需要臥相成，還需在夜分，經明相出。《根有律》、《根有律攝》中，明相出時成犯。《巴利律》為「日沒時」臥相成，成犯。《薩婆多論》中，除了「臥」時成犯，還提到此為「夜犯」，但並未明確究竟成犯的時間點。

《五分律》從「不臥」不犯的開緣中，得知究竟成犯為臥相成就。《摩得勒伽》中未提到究竟成犯的內容。

5. 犯戒主體

《四分律》中，犯戒主體為比丘，比丘尼同犯。《薩婆多論》、《五分律》與《四分律》相同。

藏傳《苾芻學處》中，犯戒主體為比丘，而且需「能犯者無伴」。《摩得勒伽》中，犯戒主體為比丘和學悔沙彌。

其他律典中，犯戒主體是比丘，沒有提及比丘尼。

（二）輕重

1. 所犯境

（1）所犯對象

《四分律》中，所犯對象若是活的有智人女，比丘犯波逸提；若是黃門、二根、天女、非人女、畜生女，比丘犯突吉羅。為便於對比，以下分為幾個類別來比較：

①人女

《四分律》中，所犯對象若是活的有智人女，比丘結波逸提罪。《僧祇律》中，包括「若母、姊妹、若大、若小、在家、出家」在內的女人，犯波逸提。《五分律》中，活的人女，乃至剛出生女、二根女，波逸提。《根有律》和《根有律攝》中，堪行淫的人女，波逸提。《摩得勒伽》中，「身可捉」的女人，波逸提。《巴利律》中，包括「初生之女」在內的「人女」，犯波逸提。藏傳《苾芻學處》中，身邊無守護者並且具六法的女人，波逸提。其他律典中，只要共宿對象是人女，比丘即犯波逸提。另外，《根有律攝》中，不堪作淫欲的女人，突吉羅。《薩婆多論》中，不堪行淫的石女、根壞女，突吉羅。

②黃門

《四分律》、《五分律》中，所犯對象為黃門時，結突吉羅，《巴利律》中，黃門女，突吉羅。其他律典未提及。

③二根

《四分律》中，所犯對象為二根時，結突吉羅。其他律典未提及。

④天女

《四分律》、《十誦律》、《薩婆多論》、《摩得勒伽》、《根有律攝》中，所犯對象為天女時，結突吉羅，《根有律攝》強調是「可見形」的天女或龍女。其他律典未提及。

⑤非人女

《四分律》、《十誦律》、《薩婆多論》、《摩得勒伽》、《五分律》、《巴利律》中，所犯對象為非人女時，結突吉羅。其他律典未提及。

⑥畜生女

《四分律》、《摩得勒伽》、《五分律》、《巴利律》中，所犯對象為畜生女時，結突吉羅。《十誦律》中，小畜生女，突吉羅；大母畜生，隨其成宿之時，結波逸提。如關鍵詞記載：大象倚或立，駝、馬、牛、羊臥或立，鵝、雁、孔雀、雞「一腳立」或「持頭置項上」等皆成宿。《薩婆多論》中，堪行淫的畜生女，波逸提；不堪行淫的畜生女，突吉羅。《僧祇律》中，「若雌象乃至雞，若駱駝、牛、驢擎頭時，未得罪；委頭眠者，波夜提。若雌狗舒頭時，無罪；屈頭眠時，波夜提。鵝、孔雀、雞舒頭，無罪；屈頭著翅下，波夜提。象正立時，無罪；倚時，波夜提」。《根有律攝》中，大畜生女，突吉羅；不堪行淫的小畜生女，不犯。

（2）所犯處

《四分律》中，共宿的環境構成室相，犯波逸提罪，未提及不成室相的判罪。其他律典正犯的情況如上犯緣所述。

《十誦律》和《薩婆多論》中，比丘鄰舍有女人宿，若兩房之間的牆壁上有貓可通過的孔洞，波逸提。此外，《十誦律》中，在竹林、樹下同宿，突吉羅。《薩婆多論》中，在樹下亦犯突吉羅。

《摩得勒伽》中，牆壁下、樹下、大空屋、草林、樹林、竹林、樹孔中宿，突吉羅；「一房舍相連、食堂中共一門，於中共宿，波夜提」。《根有律攝》中，密林中、崖陰下、樹下、空樹內等，突吉羅。

《薩婆多論》：「若舍一切覆、無障，突吉羅。若一切覆、三邊有障、一邊無障，若乃至一邊有障、三邊無障，突吉羅。若四邊有障、不一切覆，突吉羅。若一切覆一切障，不問大小，盡波逸提。」此外，同覆同障的房中，即使裏面有分割的小房間，比丘與女人分別在其中兩個小房裏宿，也犯波逸提。若在俗人家不相連接的兩個房間中，比丘在一房宿，女人在另一房宿，比丘不關門，犯突吉羅；關門，不犯。兩個房間牆壁相連且同一覆，出入口不同，比丘關門宿，無罪。《僧祇律》中，比丘與女人，有一人半身在室外，突吉羅；一人室內，一人室外，不犯。另外，「有覆半障」、「有障半覆」，突吉羅。《巴利律》中，半覆半障處，突吉羅。

《根有律》、《根有律攝》中，比丘與女人在同一樓的不同層房間宿，若有他人不眠而守護，或門有鎖能令雙方隔開，則不犯；否則，比丘結波逸提罪。《根有律》中，一人在屋簷下，一人在房內宿的判罪情況也是如此。《根有律攝》中，如果有一長排房子，門屋都敞開，比丘與女人分別在其中的兩個房間宿，犯波逸提；若比丘與女同室宿，須以物遮障，令相互不能進入對方的處所，否則，波逸提。

2. 能犯心

（1）發起心

《四分律》沒有提及發起心相關的結罪。

藏傳《苾芻學處》中，發起心為欲與女人共宿時，犯波逸提罪。

其他律典與《四分律》相同。

（2）想心

《四分律》中，想心為知與女同宿，犯波逸提罪。

這一點《摩得勒伽》、《根有律攝》與《四分律》有較大差異。《摩得勒伽》中，比丘睡眠時，女人來入共宿，醒後方知，波逸提；《根有律攝》中，比丘不知也得波逸提。

《僧祇律》中，不依想心判罪。《根有律攝》中，女作女想、疑，得本罪；非女人作女人想、疑，突吉羅；非女人、女人作非女人想，不犯；此律還記載了另外一種想心的判法：「有說：『設無女人作有女想，亦得本罪。』」《巴利律》中，於女人不以想心判罪，一律波逸提；於非女人作女人想或疑，突吉羅；於非女人作非女人想，不犯。藏傳《苾芻學處》中，「想不錯亂」，波逸提。

其他律典未提及相關內容。

3. 方便加行

《四分律》中，比丘與女人以臥或亞臥的方式同宿，無論是比丘先臥女人後臥，或女人先臥比丘後臥，或同時臥，都犯波逸提；此外，「晝日婦女立，

比丘臥者，突吉羅」。

《十誦律》中，比丘臥，女人「若臥若坐」，同宿，犯波逸提。《僧祇律》中，比丘與女人同臥，犯波逸提；此外，該律還記載：「若眾多比丘在房內眠，母人抱眠女兒入者，一切眠比丘，波夜提。若維那知事人，應語母人言：『汝正豎兒抱入。』」據此判斷，女人立，比丘臥，應不犯。《巴利律》中，無論比丘和女人是先後臥，還是同時臥，都犯波逸提。

其他律典正犯波逸提罪的方便加行如上犯緣所述。

4. 究竟成犯

《四分律》中，臥相成，波逸提。隨一翻身，結一個波逸提。沒有提到其他情況。

《十誦律》、《巴利律》中，每起來再臥下一次，都各結一個波逸提。女人坐，比丘臥，也結波逸提。《薩婆多論》中，與幾個女人宿，結幾個波逸提；每起來再臥下一次，對每個女人都各結一個波逸提。《巴利律》中，在「日沒時」，即太陽落下以後，欲臥而未成臥之前，突吉羅；成臥，波逸提。《根有律攝》、《根有律》中，與女同宿，明相未出前，得惡作罪；過明相，得波逸提罪。《僧祇律》：「若雌象乃至雞，若駱駝、牛、驢擎頭時，未得罪；委頭眠者，波夜提。若雌狗舒頭時，無罪；屈頭眠時，波夜提。鵝、孔雀、雞舒頭，無罪；屈頭著翅下，波夜提。象正立時，無罪；倚時，波夜提。」

其他律典正犯的情況如犯緣中所述。

5. 犯戒主體

《四分律》中，比丘、比丘尼若犯，波逸提；式叉摩那、沙彌、沙彌尼若犯，突吉羅。《薩婆多論》、《五分律》與《四分律》相同。

《摩得勒伽》中，比丘、學悔沙彌，波逸提；本犯戒人，突吉羅。

其他律典的情況如上犯緣中所述。

（三）不犯

1. 所犯境不具足

《四分律》中，不成室相而宿，不犯。

《五分律》中，「若同覆異隔」，不犯。《根有律》中，「半障半覆，或多覆少障，或簷際等」，不犯。《根有律攝》亦有類似的記載。《巴利律》中，「於全有覆全無障處、於全有障全無覆處、大部分有覆大部分無障處」，不犯。《僧祇律》中，「共一房，有隔、別戶」，或者「別房異戶」、「有覆無障」、「有障無覆」，皆不犯。

2. 能犯心不具足

《四分律》中，比丘不知室內有婦女而宿，不犯。

想心方面，《根有律攝》中，非女人、女人作非女人想，不犯。《巴利律》：「於非女人有非女人想者，不犯也。」

3. 方便加行不具足

《四分律》中，或行或坐而不臥，不犯。

《十誦律》、《薩婆多論》中，通夜不臥，不犯。《五分律》中，不臥，不犯。《巴利律》中，一人坐、一人臥，或兩人同坐，不犯。

4. 犯戒主體不具足

《四分律》、《五分律》、《根有律》中，狂心、亂心、病壞心，最初犯，不犯。

《巴利律》中，癡狂比丘、最初犯人，不犯。

5. 開緣

《四分律》：「頭眩倒地，若病臥，無犯。或為強力所捉，若為人所縛，若命難、淨行難，無犯。」

《僧祇律》中，對老、病比丘開緣與女同室宿，但是中間要有緻密的隔障隔開，高度至少要齊肩。在沒有隔障的情況下，對可信女，與對方商量好後，可交替睡。《五分律》中，大會說法時，不犯；母、姊、妹、近親生病，照顧對方時，不犯；「有有知男子自伴」，不犯。

　　《根有律》中，女人有夫主同在室內守護，不犯。《根有律攝》中，有父母、夫主等同在室內守護，不犯。

五、原理

（一）對比丘梵行的防護

本戒是一條遮戒。

本戒制戒意趣主要是為了防止世俗譏嫌，也是為約束比丘的淫欲煩惱，同時也是對大淫戒的深防。在緣起故事裏，女人戀慕比丘而生發「欲想」，主動向比丘示好並且願意貢獻自己所有的財產。由於比丘是阿羅漢，已經斷除淫欲煩惱，所以可以守住禁戒不犯。然而對於凡夫比丘來說，這種情境卻是很大的挑戰。即便沒有女眾主動誘惑，由於未斷淫欲煩惱，與女一室共宿也容易生發情染。如《五分律》記載：「爾時，世尊未制比丘與女人同室宿。或一比丘一女人，或多比丘少女人，或少比丘多女人同室宿，生染著心，有反俗者，作外道者。」

（二）與女人同室宿臥極易遭人譏嫌

在現實社會中，在同房間睡臥的男女兩人，除非是夫妻，否則會引起他人的猜疑。社會大眾已經認識到比丘是獨身者，因此與女共宿，即使什麼也沒發生，也很難讓人相信其清白。經典中便記載了這樣的故事：舍利弗、目犍連因下雨住在山洞，卻不知有牧羊女在內，外道看到之後，便誹謗比丘與女人行淫。[1]

《根有律》中，尊者阿尼盧陀是位「斷眾結惑，證阿羅漢」的聖者，由於與女共宿而差點招來殺身之禍，又由於對與女共宿過患的預判不足，使得他弘法度生苦樂參半：「利有情斯成樂行，幾遭斬首是為苦行。」

---

1 《雜寶藏經》卷3：「（二八）仇伽離謗舍利弗等緣……爾時五百仙人者，今長老等五百比丘是也。」《大正藏》4冊，460頁下欄至461頁中欄。

可見，在與女共宿這個問題上，連斷除淫欲心的阿羅漢也容易被世人誤解，身為修道中的凡夫比丘就更應該小心謹慎。

（三）借宿俗眾家

諸律制戒緣起中雖然都提到比丘在女人家宿，但是佛陀制斷的並不是在女人家宿，而是與女人在同一房間宿。佛世時，可供路途中食宿的「福德舍」[1]、寺院等場所還不是很多，所以比丘外出遊行時，借宿於俗眾家中的情況也很常見。俗眾家中一般都有女性，如果因為俗眾家中有女性而禁止比丘借宿，就很難解決比丘的住宿問題了。

緣起故事裏，在家人譏嫌的是比丘與女人同房共宿，而沒有譏嫌比丘在女人家宿。《根有律》中，有居士指點比丘到女人家裏宿。《僧祇律》中，女人主動邀請比丘到家中過宿。《巴利律》中，比丘到女人處問是否可以借宿。《四分律》、《十誦律》中，比丘甚至住宿在淫女家中。說明比丘在女人家借宿，在當時的印度社會還是可以被接受的。然而，身為行持梵行的出家人，雖可以住在有女眾的俗眾家中，但是不能不警惕由此帶來的危險。尤其在淫女家過宿，世人的譏嫌以及可能帶來的淫欲過患會更嚴重。因此，在「過三鉢受食戒」中，已經出現了不許比丘在淫女舍乞食的規定，如《根有律攝》記載：「有五處不應乞食：謂唱令家、淫女舍、酤酒店、王宮內、旃荼羅家。若知女人性多淫染，亦不從乞，恐生患故。」為了梵行清淨，比丘甚至不可在淫女舍乞食，就更不用說在淫女家住宿了。

---

1 即居士為求福德而設立的住所，供給往來僧眾，唯施一食一宿。因以福德施設故，稱為「福德舍」。參看「食處過限戒」。

六、總結

（一）諸律差異分析

1. 緣起差異

（1）結構差異

除《五分律》、《根有律》有一個緣起、一個本制外，包括《四分律》在內的其他律典只有一個本制。

《根有律》的緣起與《四分律》本制相似，即阿那律尊者借宿女人家，晚上女人前來擾亂。本制中阿那律尊者冒着生命危險度五百賊出家。阿那律尊者將上述兩件事告訴諸比丘，諸比丘白佛，佛因阿那律尊者「與女人共室宿」而制戒，因此《根有律》實際制戒的因緣是緣起。

《五分律》緣起中，比丘們因為與女眾同宿，有人還俗，有人做外道。《五分律》的本制和《四分律》相似。緣起中比丘與女同宿對僧團造成很大影響，並且與本戒的制戒緊密相關，可作為《四分律》的補充。

因此，本戒的結構基於《四分律》的本制，補充《五分律》的一個緣起。

（2）情節差異

諸律的故事情節差異不大，都為阿那律尊者遊行人間，借宿女人家，晚上女人前來擾亂，佛因此制戒。

除《僧祇律》、《巴利律》外，其他律典均有阿那律尊者現神通為女人說法，使女人得道的記載。

《根有律》比《四分律》多了阿那律尊者冒着生命危險度五百賊出家的因緣，不過此因緣與佛陀的制戒緣起關係不大。

《鼻奈耶》比其他律典多了佛陀在制戒前，為策勵諸比丘「勤苦學道」而說的一段譬喻。

（3）結論

綜上所述，本戒在《四分律》本制的基礎上做相應調整，補充《五分律》

的緣起，即比丘們因為與女眾同宿而導致有人還俗，有人做外道。

2. 戒本差異

諸律間的差異主要體現在「室」的表述上。巴利《戒經》中沒有提到「室」這一含義，藏文《根有戒經》則表述為「處所」。此外，《四分律》及漢譯律典中的「宿」字，梵語以及藏語戒本中均表述為「睡臥」，意思更明確。

戒本調整方面，《四分律》中「婦女」一詞，在現代漢語中一般特指成年後的女人。因此，為了避免產生歧義，據《四分僧戒本》等將其改為「女人」。

3. 辨相差異

（1）所犯境

《四分律》中所犯境要求是活的有智女人，其他律典在女人的要求上有所差異，例如：《五分律》為「女人乃至初生及二根女」，《根有律》、《根有律攝》是堪行淫的人女，《摩得勒伽》為「身可捉」之女人。從避免居士譏嫌及防護淫欲相關戒的角度來看，無智的女人同樣也是要防護的對象。因此，將《根有律》、《根有律攝》中堪行淫的人女作為所犯境較為合理。

《四分律》、《摩得勒伽》、《五分律》、《巴利律》中，所犯境是畜生女時，突吉羅，沒有再對動物結罪的情況作細緻的分類。其他律典對此看法不盡相同。《十誦律》、《薩婆多論》中，所犯境是堪作淫的大母畜生時，結波逸提；《僧祇律》與此相同，但還要求畜生女是在睡眠狀態中。而《根有律攝》中，大畜生女，突吉羅；不堪行淫的小畜生女，不犯。從現實來看，比丘居住的房間難免會有蚊子、小蟲，有時還有老鼠等。如果依據《四分律》的判罪，比丘難免觸犯此戒，本戒的制戒精神主要是防範淫欲相關的煩惱，因此，《根有律攝》的判法更值得參考。

（2）方便加行

《四分律》中，比丘夜裏與女人同臥或亞臥都犯波逸提。《十誦律》中，女人「若臥若坐」，比丘以臥的威儀與其共宿，則犯波逸提。此外，《根有律》、《根有律攝》僅提到同宿，沒有敘述威儀。其他律典均是比丘與女人以

卧的威儀同宿。不過，對於何種程度的「卧」才算正犯，在實際行持中也是需要考慮的。諸律中僅《四分律》提到「亞卧」，這正是對卧相的一種說明。然而對於「亞卧」一詞，《四分律》中有「若亞卧隨脅著地」及「亞卧枕於案上」等情況。可見，「脅著地」、「枕於案上」均屬於亞卧，也可以理解為是接近平躺或傾斜度較大的斜倚的方式。因此，若是稍微傾斜或倚靠並非是「亞卧」。在現實生活中，稍微的傾斜而坐是極為常見的。因此，本戒仍以《四分律》為準，比丘的卧相也包括亞卧的方式，即接近平躺或傾斜度較大的斜倚，但不包含一般的傾斜或倚靠坐的情況。

4. 諸律內部差異

緣起部分，《四分律》、《僧祇律》、《五分律》中的制戒緣起與戒本、辨相有一定差異。

《四分律》中，緣起比丘與女人在同室過夜，比丘只坐而沒有卧，緣起中提到「同室宿」、「結加趺坐」，戒本中提到「同宿」，都沒有提及共卧。但辨相中出現了「亞卧隨脅著地」，亞卧是接近平躺或傾斜度較大的斜倚，這是不太一致的地方。不過「同室宿」在三者中都相符順。另外，辨相中還提到在「晝日」裏「婦女立，比丘卧者」得突吉羅罪，可見這裏對「同室宿」作了更細的規定，不僅指夜裏，白天同室中婦女立比丘卧，也結突吉羅。

《五分律》記載，緣起比丘阿那律尊者與女「同室宿」，「便入，結加趺坐，繫念在前」，表明只是同室過夜，尊者只坐而沒有卧。戒本中是「宿」，辨相的核心也是「宿」，僅在開緣中提到卧：「若母、姊、妹、近親疾患，有有知男子自伴，不卧，皆不犯。」故《五分律》中三者基本一致。

《僧祇律》緣起中，「比丘即敷草蓐結跏趺坐」，「比丘道行疲極偃息而卧」，因此比丘最初和女人並不在一室。在比丘躺下休息後，女人到其房間反覆嬈惱，比丘便「起正身坐」，女人即離去，比丘還卧。之後女人又來騷擾，比丘便又起坐，一直到天亮。整個過程中，比丘並沒有與女人在同室共卧或共眠。而戒本是「同室宿」。辨相中記載：「若眾多比丘在房內眠，母人抱眠女兒入者，一切眠比丘，波夜提。」又說：「若無障者，女人可信者，應語言：

『優婆夷！汝先眠，我坐。』比丘欲眠時，語令起：『我欲眠，汝莫眠。眠者汝無福。』」可見辨相的核心是「眠」。可見，緣起、戒本、辨相分別強調的是「坐、臥」、「宿」、「眠」，三者差異明顯。

其他律典中，除《鼻奈耶》沒有辨相外，各律的緣起與戒本、辨相符順。

（二）調整文本

通過以上諸律間觀點同異的對比與分析，文本在四分律的基礎上作如下調整：

1. 緣起
（1）本制
佛在舍衛國祇樹給孤獨園，當時世尊還沒有規定比丘不能與女人同室宿，有一些比丘因為與女人同室宿而生染著心，導致一部分比丘還俗，一部分比丘做外道。諸居士見到之後，譏嫌比丘。

阿那律尊者從舍衛國前往拘薩羅國，途中寄宿在淫女家門下，有許多長者也來此寄宿，淫女對尊者心生愍念，請尊者進屋住宿。夜裏淫女多次騷擾尊者，尊者於是現神通，飛升空中，淫女心生慚愧並向尊者懺悔。尊者為淫女說法，淫女證得了法眼淨，並皈依三寶。阿那律尊者回寺後，將此事告於其他比丘。比丘譏嫌並白佛，佛因此制戒。

2. 戒本
若比丘，與女人¹同室宿者，波逸提。

1　「女人」，底本作「婦女」，據《四分僧戒本》、《四分律比丘戒本》、《十誦律》、《十誦比丘戒本》、《僧祇律》、《僧祇比丘戒本》、《五分律》、《彌沙塞五分戒本》、《解脫戒經》、《根有律》、《根有戒經》、《根有律攝》改。

3. 關鍵詞

室：指房屋。一般包括三種情況：（1）房頂與四面牆壁都完整的房間；（2）房頂完整，且至少有三面牆壁的房間；（3）沒有房頂（或房頂不完整），而四面牆壁都完整的房間。

4. 辨相

（1）犯緣

本戒具足四緣成犯：一、對方是堪行淫的人女；二、夜裏與女人同一室臥；三、知道與女人同一室臥；四、臥相成，成犯。

（2）辨相結罪輕重

①是堪行淫的人女

比丘同宿的對象若是堪行淫的人女，波逸提；若是天女、阿修羅女，若龍女、夜叉女、餓鬼女等非人女，突吉羅；若是黃門、二根人，大畜生女，突吉羅；小畜生女，不犯。

②夜裏與女人同一室臥

比丘與女人以臥（包括亞臥）的威儀同宿，波逸提；白天同臥，突吉羅。

③知道與女人同一室臥

比丘知道與女人同一室臥，波逸提；若不知室內有女人，不犯。

④臥相成

比丘與女人在同室共宿，當雙方臥相成時，波逸提；隨一翻身，結一個波逸提罪。若女人立，比丘臥，突吉羅。

⑤犯戒主體

比丘、比丘尼若犯，波逸提；式叉摩那、沙彌、沙彌尼若犯，突吉羅。

⑥不犯

頭眩而倒地，或病倒，不犯。

被強力所捉，被縛，命難、梵行難等，不犯。

比丘狂心、亂心、病壞心以及最初犯的比丘，不犯。

七、現代行持參考

本戒通過禁止比丘與女眾在同一個房間之內共宿，一方面約束了比丘的淫欲煩惱，另一方面在客觀上保護比丘避免受梵行難的影響。因而，在現代社會，比丘仍需要嚴持此戒。

現代社會，汽車、火車、飛機、輪船等常用的交通工具都滿足本戒中「室」的條件。它們為比丘出行帶來便利的同時，也對其持戒提出了更高的要求。根據本戒的精神，當比丘與女眾在同一個室內同時躺下時就會正犯此戒。因此，比丘乘坐火車出行時應盡量避免乘坐臥鋪車，其他車廂中即使有多餘的空位也應避免躺下。如果僅僅靠在椅背上休息，並不滿足臥的條件，不會犯到此戒。

此外，當比丘有因緣外出時，也應盡量選擇在沒有女眾的房間休息。比丘在賓館住宿時應將房門鎖好。

現實生活中，容易犯到本戒的外緣遠不止如此。種種緣起複雜多變，重要的是比丘要常常保持防範的意識和清醒的頭腦，對需要防護的外緣以及當下所處的時空環境要敏感，這樣才能避免犯戒。

05

共未受具人宿
過限戒

一、緣起

（一）緣起略述

《四分律》中有一個本制和一個隨制。六群比丘與諸長者一起在講堂中住宿，比丘因散亂心睡眠無所覺知而失威儀，被長者「譏嫌大笑調弄」。比丘白佛，佛以此因緣制戒，此是本制。後來，諸比丘因佛已制戒的緣故，將羅睺羅驅出，不與之共宿，導致後者夜宿廁所。佛陀因此增制了此戒，規定比丘可以和未受大戒人共宿兩夜，此是隨制。[1]

諸律緣起差異比較：

1. 制戒地點

《四分律》中制戒地點為「曠野城」。《鼻奈耶》[2]為「舍衛國祇樹給孤獨園」，《十誦律》[3]為「舍衛國」，《僧祇律》[4]為「曠野精舍」，《五分律》[5]為「阿荼脾邑」，《根有律》[6]為「憍閃毗妙音園」，《巴利律》[7]為「阿羅毗邑阿伽羅婆塔廟」。

2. 緣起比丘

《四分律》中緣起比丘為「六群比丘」。《鼻奈耶》、《十誦律》、《僧祇律》

---

1 《四分律》卷 11，《大正藏》22 冊，638 頁上欄至下欄。

2 《鼻奈耶》卷 9，《大正藏》24 冊，888 頁中欄。

3 《十誦律》卷 15，《大正藏》23 冊，105 頁中欄至 106 頁上欄；卷 53，《大正藏》23 冊，395 頁上欄至中欄。

4 《僧祇律》卷 17，《大正藏》22 冊，365 頁中欄至 366 頁上欄；卷 25，《大正藏》22 冊，430 頁中欄。

5 《五分律》卷 6，《大正藏》22 冊，40 頁上欄至中欄。

6 《根有律》卷 39，《大正藏》23 冊，838 頁下欄至 840 頁中欄。

7 《經分別》卷 5，《漢譯南傳大藏經》2 冊，21 頁至 23 頁；《附隨》卷 1，《漢譯南傳大藏經》5 冊，57 頁。

為「諸比丘」，《五分律》為「一比丘」，《根有律》為「鄔波難陀」，《巴利律》為「一少年比丘」。

3. 緣起情節

《五分律》、《巴利律》有一個本制和一個隨制，故事情節與《四分律》的本制和隨制相似。

《鼻奈耶》有一個本制，情節與《四分律》的本制相似。

《十誦律》、《僧祇律》中有一個緣起和一個本制。《十誦律》中的緣起情節與《四分律》不同之處在於：緣起比丘因為「不一心臥」而「鼾眠囈語，大喚掉臂」，被「諸賢者」譏嫌。本制情節與《四分律》相似。

《僧祇律》中，緣起情節是營事比丘僱人做工，工人「宿僧食堂中、禪坊中、溫室中，涕唾不淨，大小便處處穢污」，導致諸比丘無法「坐禪行道」，佛說不得與未受具戒人同室宿，但未制戒。本制情節與《四分律》相似。

《根有律》有十五個緣起和一個本制。第一個緣起的情節與《四分律》本制相似，不同之處在於摩訶羅比丘並非因亂心眠，失威儀而被譏嫌，而是因為「不用心眠」導致「夢中見與故二共為聚集」，並說了許多「非法事」而引發俗眾的譏嫌，佛因此不允許比丘與未受具戒人同室宿，但未制戒。第二個緣起的情節與《四分律》的隨制相似，其他緣起情節都是比丘因為睡覺或其他事情引發各種各樣的問題以及佛隨緣做出相應的規定。本制中，鄔波難陀故意與自己的兩個沙彌弟子共宿過限，違佛聖教，諸比丘譏嫌，佛因此制戒。

（二）緣起比丘形象

《四分律》中，緣起比丘在被譏嫌後「心懷慚愧無顏」，說明他還是一位有慚愧心的比丘。《五分律》與之相同。

《僧祇律》中，緣起比丘讓工人住在寺裏的原因是，「欲使作人早作晚止，得盡價直」。此舉說明他不想浪費常住的工程建設費，刻劃了一位有責任心，但做事欠考慮的寺院執事形象。

其他律典中沒有明確記載緣起比丘形象。

（三）犯戒內因

《四分律》中，六群比丘的犯戒內因是「散亂心」，即睡眠時沒有用功守護自心，缺乏正念。以下四部律典與《四分律》相似：《十誦律》為緣起比丘「不一心臥」，《五分律》為「不專繫念」，《根有律》為「不用心眠」，《巴利律》為「失正念」。

《鼻奈耶》、《僧祇律》沒有明確記載犯戒內因。

（四）犯戒外緣

《四分律》中，比丘與長者共宿於講堂之中。由此可知，當時寺院的住宿條件有限，房舍不足是比丘犯戒的外緣。反之，如果僧舍及客房充足，就不會出現比丘與俗眾「共宿講堂」而被譏嫌的情況。

此外，據《十誦律》、《五分律》、《根有律》、《巴利律》記載，因為居士在寺內通夜聽經聞法或坐禪經行，比丘才與之共宿。從上述四部律典可知，居士來到寺內過夜是此戒的重要外緣。

《僧祇律》中，犯戒外緣是寺院裏面進行工程建設，住進了大量的工人，僧俗混雜，如律中記載：「爾時營事比丘雇人作磚作泥。」

《鼻奈耶》沒有明確記載犯戒外緣。

（五）犯戒後的影響

《四分律》中，諸長者看見緣起比丘失威儀後「便生譏嫌大笑調弄」，其他比丘因之心生慚愧。《根有律》中，俗眾見到比丘失威儀後議論道：「仁等觀此年老苾芻尚為斯事，諸餘少壯當欲如何？」

《十誦律》中，諸賢者看見緣起比丘失威儀後說道：「看是尊眾，不一心

眠臥。」少欲比丘「聞是事心不喜」。《巴利律》與《十誦律》類似。

《五分律》中，居士見比丘失威儀後瞋道：「此等常聞種種呵欲，而今發露形起。如是若不樂道，何不還俗？」此外，緣起比丘與其他比丘聞後心生慚愧，這一點與《四分律》相同。

除上述影響外，諸律都記載了羅睺羅夜宿廁所，其中《鼻奈耶》、《十誦律》、《僧祇律》、《根有律》中，羅睺羅險些遇難。

（六）佛陀考量

1. 隨制與開緣

《四分律》中，佛陀制此戒主要是比丘與未受大戒人共宿時，如果沒有正念，會有種種非威儀的行為，為了防止僧眾被譏嫌，損減未受戒人的信心，於是制定本戒。

《四分律》、《十誦律》、《五分律》中，佛陀制戒後，諸比丘將沙彌羅睺羅驅出，受到佛的呵斥。從中可知，諸比丘持守戒律時忽視實際情況，沒有體會到佛制本戒的意趣是為了避免譏嫌，並非讓比丘不顧沙彌的安危，將其趕出房間。比丘僵化地理解、執行戒條，產生不良後果，佛隨後增制此戒，類似情況在諸律中多次出現。另外，《十誦律》中，佛陀安慰羅睺羅時說道：「汝不為貧窮，亦不失富貴；但為求道故，出家應忍苦。」佛告訴羅睺羅，出家是為了求道，不像世間一樣追求富貴，為了求道，應該忍受眾苦，幫助羅睺羅對當下境界如理作意，消滅煩惱。

2. 對佛陀的認識

諸律對佛陀的認識不一。從神通的角度來看，如《四分律》的制戒緣起中，「時佛知之」顯示出佛陀具有神通，能夠未卜先知，用大威神力救護眾生，並非常人。除《巴利律》外，其他律典與《四分律》相同。《巴利律》中，世尊沒有示現神通，也沒有預先知道羅睺羅在廁所裏，而是晚上起來如廁的時候才發現，如律文：「尊者羅睺羅不得牀而宿廁中。時，世尊夜曉起牀如廁，

作聲欬之聲，羅睺羅亦作聲欬之聲。」此律塑造了一位平易近人的佛陀形象。

另外，《四分律》中，佛陀發現羅睺羅被諸比丘驅出後說道：「云何愚癡比丘無有慈心，乃驅小兒出？是佛子不護我意耶？」律文描繪出一位充滿溫情的慈父形象。佛陀在眾生眼裏是覺悟者，但在羅睺羅眼裏，佛陀不僅是覺悟者，還是一位父親。雖然這種溫情的示現，與一般經典中放無量光，入三昧的佛陀形象有所不同，但卻讓人更能感受到佛陀的真實與慈悲。從另外一個角度分析，也可視為佛陀對比丘僵化持戒，不顧他人安危，背離佛制本戒意趣的感慨。

（七）文體分析

《四分律》有兩個因緣，《巴利律》與《四分律》相同。《鼻奈耶》有一個因緣，《十誦律》有兩個因緣和一個伽陀，《僧祇律》有兩個因緣、兩個本生和一個本事，《五分律》有兩個因緣和一個譬喻，《根有律》有十六個因緣和一個譬喻。

與其他律典相比，《鼻奈耶》的故事情節不太完整，缺少佛陀制止比丘與未受大戒人共宿的情節。

《僧祇律》提到《鳥本生經》和《鱉本生經》這一類本生經典，其他律典沒有記載。

《根有律》制戒緣起最為複雜，中間包含許多小緣起。如關於病人的規定：「其看病人雖臥燈明，亦無有犯。」還有關於沙彌索要食物的內容：「時彼求寂於小食時從索飲食，苾芻不與，佛言：『應與。』至午還索，苾芻報曰：『已與朝食因何更索？』遂不與食。佛言：『少年火盛，更可與食。』」《根有律》中還提到了另外一位沙彌，即「准陀」，他與羅睺羅的對話，使得整個故事更加豐滿有趣。如：「問言：『具壽，何故愁然似帶憂色？』答曰：『我暫出遊，有客來至，以我衣鉢棄在房前，日時欲暮天復將雨，我於今夜何處當臥？』准陀報曰：『隨處隨時，且容身臥，詎勞憂悒徒倚房前？』答曰：『仁具福德有大威神，化作草庵即堪止宿。我無威力其欲如何？』」

二、戒本

《四分律》中，本戒的戒本為：「若比丘，與未受大戒人共宿，過二宿至三宿，波逸提。」

（一）若比丘，與未受大戒人共宿

《四分律》、《四分僧戒本》[1]、《新刪定四分僧戒本》[2]、《四分律比丘戒本》[3]作「若比丘，與未受大戒人共宿」，意思是：如果比丘，與沒有受具足戒的人共同止宿。

與《四分律》相似：

《五分律》、《彌沙塞五分戒本》[4]作「若比丘，與未受具戒人宿」。

與《四分律》有部分差異：

《十誦律》作「若比丘，與未受大戒人共舍宿」，《十誦比丘戒本》[5]作「若比丘，未受具戒人共一房宿」，《解脫戒經》[6]作「若比丘，與未受具戒人同室宿」，《根有律》、《根有戒經》[7]、《根有律攝》[0]作「若復苾芻，與未近圓人同室宿」，《僧祇律》作「若比丘，與未受具戒人同室」，《僧祇比丘戒本》[9]作「若比丘，與未受具戒人同屋」。

1　《四分僧戒本》，《大正藏》22 冊，1026 頁上欄。
2　《新刪定四分僧戒本》，《卍續藏》39 冊，266 頁中欄。
3　《四分律比丘戒本》，《大正藏》22 冊，1018 頁中欄。
4　《彌沙塞五分戒本》，《大正藏》22 冊，197 頁上欄。
5　《十誦比丘戒本》，《大正藏》23 冊，475 頁中欄。
6　《解脫戒經》，《大正藏》24 冊，663 頁上欄。
7　《根有戒經》，《大正藏》24 冊，505 頁上欄。
8　《根有律攝》卷 12，《大正藏》24 冊，591 頁下欄。
9　《僧祇比丘戒本》，《大正藏》22 冊，552 頁下欄。

梵文《說出世部戒經》[1] 作 "yo puna bhikṣur anupasaṃpannena pudgalena sārdhaṃ [uttari dvirātraṃ trirātraṃ vā] sahagāraśayyāṃ kalpeya"，意思是：任何比丘，與沒有受具足戒的人一起在（同一個）房屋內睡臥〔超過兩夜或三夜〕。

梵文《根有戒經》[2] 作 "yaḥ punar bhikṣur anupasaṃpannena pudgalena sārdhaṃ [dvirātrād ūrdhvaṃ] sahāgāraśayyāṃ kalpayet"，梵文《有部戒經》[3] 作 "yaḥ punar bhikṣur anupasaṃpannena pudgalena sārdham [uttaraṃdvirātraṃ] sahāgāraśayyāṃ kalpayet"，這兩部梵文戒本的意思均是：任何比丘，與沒有受具足戒的人一起在（同一個）房屋內睡臥〔超過兩夜〕。

以上《十誦律》及之後的律典與《四分律》相比，都多出了對共宿場所的描述。此外，《僧祇律》和《僧祇比丘戒本》中還少了對「宿」的描述，但這兩部律典的戒條下文有過三「宿」的描述，因此結合來看，文意與《四分律》基本相同。

巴利《戒經》[4] 作 "yo pana bhikkhu anupasampannena [uttariṃ dirattatirattaṃ] saha seyyaṃ kappeyya"，意思是：任何比丘，與未受具足戒的人共用睡覺的地方〔超過二夜、三夜〕。

藏文《根有戒經》[5] 作 "ཡང་དགེ་སློང་གང་གང་ཟག་བསྙེན་པར་མ་རྫོགས་པ་དང་ལྷན་གཅིག་ཏུ་[ཞག་གཉིས་ལས་ལྷག་པར་]གནས་གཉིས་ཏུ་ཉལ་ན"，意思是：任何比丘，與沒有受具足戒的人，同在一個處所臥睡〔超過兩夜〕。

與《四分律》差異較大：

《鼻奈耶》作「聽沙彌與大比丘再宿」，此處將「未受大戒人」限定為「沙

1　Nathmal Tatia, *Prātimokṣasūtram of the Lokottaravādimahāsāṅghika School*, Tibetan Sanskrit Works Series, no. 16, p. 23.

2　Anukul Chandra Banerjee, *Two Buddhist Vinaya Texts in Sanskrit*, p. 38.

3　Georg von Simson, *Prātimokṣasūtra der Sarvāstivādins Teil II*, Sanskrittexte aus den Turfanfunden, XI, p. 218.

4　Bhikkhu Ñāṇatusita, *Analysis of the Bhikkhu Pātimokkha*, p. 169.

5　麗江版《甘珠爾》(འཛིན་བཀའ་འགྱུར) 第 5 函《別解脫經》(སོ་སོར་ཐར་པའི་མདོ) 14b。

彌」，與《四分律》及其他律典有較大不同。

（二）過二宿至三宿，波逸提

《四分律》作「過二宿至三宿，波逸提」，意思是：超過二夜，至第三夜，犯墮罪。此處理解上存在歧義，是過第二夜就犯，還是等到第三夜結束以後才成犯，文本上並沒有闡釋清楚。結合《四分僧戒本》中「過二夜至三夜曉者」的表述，推測此處意思也是第三夜結束以後才成犯。

與《四分律》相似：

《四分律比丘戒本》作「過二宿至三宿者，波逸提」，《新刪定四分僧戒本》作「過二夜至三夜者，波逸提」。

《四分僧戒本》作「過二夜至三夜曉者，波逸提」，其中「至三夜曉」的表達較為清晰明確。

巴利《戒經》作 "uttariṃ dirattatirattaṃ [saha seyyaṃ kappeyya], pācittiyaṃ"，意思是：〔共用睡覺的地方〕超過二夜、三夜，墮。

與《四分律》有部分差異：

梵文《說出世部戒經》作 "uttari dvirātraṃ trirātraṃ va [sahagāraśayyāṃ kalpeya] pācattikaṃ"，意思是：〔在（同一個）房屋內睡臥〕超過兩夜或三夜，墮。其中，「二夜」與「三夜」是「或者」的關係。

以下律典中少了「二宿」或相關的描述，但意思與《四分律》基本相同。

《彌沙塞五分戒本》作「過三夜，波逸提」，《僧祇律》作「過三宿者，波夜提」，《僧祇比丘戒本》作「過三宿，波夜提」，《解脫戒經》作「至三宿，波逸提」。

與《四分律》差異較大：

以下律典中的成犯條件為超過「二夜」。

《十誦律》、《五分律》作「過二夜，波逸提」，《十誦比丘戒本》作「過二夜，波夜提」，《根有律》、《根有戒經》、《根有律攝》作「過二夜者，波逸底迦」。

梵文《有部戒經》作"uttaraṃdvirātraṃ [sahāgāraśayyāṃ kalpayet] pātayantikā"，梵文《根有戒經》作"dvirātrād ūrdhvaṃ [sahāgāraśayyāṃ kalpayet] pāyantikā"，意思都是：〔（同一個）房屋內睡臥〕超過兩夜，墮。

藏文《根有戒經》作"ཉིན་གཉིས་ལས་ལྷག་པར [གནས་གཅིག་ཏུ་ཉལ་ན་]ལྟུང་བྱེད་དོ། །"，意思是：〔同在一個處所臥睡，〕超過兩夜，墮。

《鼻奈耶》作「過者，墮」。相比《四分律》少了時間的限定，但此戒上文有「聽沙彌與大比丘再宿」的描述，「再宿」相當於「二宿」的意思，因此戒本中「過者」，應指超過二宿。

三、關鍵詞

（一）過二宿至三宿

　　梵文《說出世部戒經》中對應的表述是 "uttari（超過）dvirātraṃ（兩夜）trirātraṃ（三夜）vā（或）"，意思是：超過兩夜或三夜（英譯：for more than two or three nights）。巴利《戒經》作 "uttariṃ（超過）dirattatirattaṃ（二、三夜）"，意思與之相同。

　　梵文《有部戒經》作 "uttaraṃ（超過）dvirātraṃ（兩夜）"，梵文《根有戒經》作 "dvirātrād（兩夜）ūrdhvaṃ（超過）"，雖然語序不同，但意思都是：超過兩夜（英譯：for more than two nights）。藏文《根有戒經》作 "རྒྱ（晚，夜）གཉིས（數詞，二）ལས（從格）ཤུག་པར（甚過，超越）"（英譯：for more than two nights），意思與梵文《根有戒經》相同。

　　《四分律》中，「過二宿至三宿」沒有明文解釋，但是從緣起中「若至三宿，明相未出時應起避去」可以分析出，「過二宿至三宿」的意思是：超過了兩夜，至第三夜的明相出時。

　　《根有律》作「過二夜」，從緣起中「二夜同宿無犯」和「應護明相，不假通宵」可以分析出，「過二夜」意思是：超過兩夜，至第三夜的明相出。《根有律攝》作「過二夜」，從「過二夜者，謂經二夜至第三夜」和「明相出時，便得墮罪」可以分析出，「過二夜」的意思是：超過二夜，至第三夜的明相出。《巴利律》解釋「過二夜、三夜」為「二夜、三夜以上」，據辨相記載：「於第四日天方曉，在未受具戒者之臥處，比丘臥之者，波逸提。」可以分析出，「過二夜、三夜」的意思是：超過了兩夜，至第三夜的明相出。《毗尼母經》：「二日二夜相應者，受具足人與未受具足者共宿，至第三夜，具足者明相未現時應起坐。」[1] 藏傳《苾芻學處》作「過兩夜」[2]，據此戒的究竟成犯「過第三夜

1　《毗尼母經》卷 7，《大正藏》24 冊，843 頁上欄。
2　《苾芻學處》，《宗喀巴大師集》卷 5，114 頁。

時成犯」可以分析出，「過兩夜」的意思是：超過了兩夜，至第三夜的明相出。

由上可知，《根有律》、《根有律攝》、《巴利律》、《毗尼母經》、藏傳《苾芻學處》與《四分律》意思相同，都為：超過了二夜，至第三夜的明相出時。

《十誦律》作「過二夜」，從「聽未受大戒人二夜共宿」、「至第三夜，驅沙彌去」可以分析出，「過二夜」意思是：超過兩夜，至第三夜。《薩婆多論》作「過二夜」，從「得共二宿……不聽三宿」[1] 可以分析出，「過二夜」的意思是：超過了兩夜，至第三夜。

《鼻奈耶》作「再宿，過者墮」，再宿，即兩宿，意思是：超過了兩夜。《摩得勒伽》[2] 與《鼻奈耶》相同，都沒有說明「過二夜」的確切時間。

《五分律》作「過二夜」，從緣起「聽諸比丘共未受具戒人二宿」和「若過二宿，至後夜時」可以分析出，「過二夜」的意思是：超過了兩夜，至第三夜的後夜。

《善見論》作「過三宿」，從「第三明相未出避去，若不避者全三宿亦不犯，第四宿初夜不得」[3] 可以分析出，「過三宿」的意思是：超過三夜，至第四夜。《僧祇律》作「過三宿」，從「三宿者，限齊三宿」和「得共未受具戒人同屋三宿，第四夜當別宿」可以分析出，「過三宿」的意思是：超過三夜，至第四夜。這兩部律典與《四分律》相比，共宿時限多了一夜。

綜上所述，詞源分析中，「過二宿至三宿」在梵文《說出世部戒經》與巴利《戒經》指「超過兩夜或三夜」，其餘四部戒經的含義為「超過兩夜」。漢譯律典中，《四分律》、《根有律》、《根有律攝》、《巴利律》、《毗尼母經》、藏傳《苾芻學處》意思相同，都為：超過了二夜，至第三夜的明相出時。《十誦律》、《薩婆多論》的內涵為超過了兩夜，至第三夜。《鼻奈耶》、《摩得勒伽》為超過了兩夜，但沒有明確說明「過二夜」的確切時間。《五分律》的內涵為超過了兩夜，至第三夜的後夜。《僧祇律》、《善見論》作「過三宿」，意思是超過三夜，至第四夜。

---

1 《薩婆多論》卷 8，《大正藏》23 冊，555 頁中欄。
2 《摩得勒伽》卷 10，《大正藏》23 冊，624 頁中欄。
3 《善見論》卷 15，《大正藏》24 冊，779 頁下欄。

（二）室

和「與女共宿戒」中關鍵詞「室」相比，本戒巴利《戒經》中沒有直接對應的內容，但多出《善見論》的記載，其餘均與「與女共宿戒」關鍵詞中「室」的解釋相同。

《善見論》中，「一切覆一切障，乃至以衣幔作屋」，都是「室」的內涵，但「屋少覆多障」或「多覆少障」都不成「室」。

綜上所述，詞源分析中，梵語戒經解釋為房、屋，藏文《根有戒經》為處所，巴利《戒經》中沒有記載。漢譯律典一致傾向為房屋，但對四壁與屋頂有着不同的規定和要求。對於四壁的要求，最嚴的是《四分律》、《根有律》、《根有律攝》，要求至少具足三壁；最寬的是《十誦律》，沒有牆壁的亭子也列入室的範疇。對於覆頂的要求，最嚴的是《善見論》，要求一切覆一切障；最寬的是《四分律》，在有四壁的情況下，即使沒有覆頂也可以視為室。

四、辨相

（一）犯緣

具足以下五個方面的犯緣便正犯本戒：

1. 所犯境

《四分律》中，所犯境為「未受大戒人」，意思是「沒有受具足戒的人」。具足戒又稱別解脫戒，分為比丘戒和比丘尼戒兩類。只要受具足戒，就成為比丘或者比丘尼。而未受大戒人，是除了比丘和比丘尼以外的人。

《鼻奈耶》中，所犯境為「沙彌」，和《四分律》相比，雖然沙彌也是「未受大戒人」的一種，但是含義更為狹窄，不包含式叉摩那、沙彌尼、優婆塞、優婆夷和其他俗眾。

《巴利律》中，所犯境為「未受具者」，意為除了比丘之外的所有人，這一點與《四分律》稍有區別。

藏傳《苾芻學處》[1]中，所犯境為「具五種名言，身平等住，堪依止，無神通」的「未受近圓或與彼相似者」。

除《鼻奈耶》、《巴利律》與藏傳《苾芻學處》外，其他律典的所犯境與《四分律》相同。另外，《明了論》沒有此戒相關的內容。

2. 能犯心
（1）發起心
《四分律》沒有明確說明此戒的發起心。

藏傳《苾芻學處》中，發起心為「欲同處臥」。

其他律典與《四分律》相同，都沒有說明此戒的發起心。

1　《苾芻學處》，《宗喀巴大師集》卷 5，114 頁。

（2）想心

《四分律》中，知有未受大戒人，正犯。

《根有律攝》[1]中，未受大戒作未受大戒人想、疑均正犯。

《摩得勒伽》[2]中，「若不知未受具戒人入宿，不犯」，由此可以反推知，如果比丘知道未受具戒人入宿，則正犯。

《僧祇律》中，「有罪取事不取心者……未受具足人過三宿」，由此可知，此律不依想心判罪。

《巴利律》中，只要是未受大戒人，不論作未受大戒人想、疑，還是受大戒人想，都正犯。藏傳《苾芻學處》中，想心為「想不錯亂」。

其他律典都沒有說明此戒的想心。

3. 方便加行

《四分律》中，方便加行為：在「室相成」的房間內以臥的方式共宿過三夜。

《僧祇律》、《巴利律》、《善見論》[3]、藏傳《苾芻學處》與《四分律》相同。藏傳《苾芻學處》還要求：「所宿處須處所體成就，能容四威儀，是一處，在一弓之內……夜未間隔，二俱臥睡。」《根有律》、《根有律攝》和《毗尼母經》[4]雖然表述為過二夜，但結合文中解釋，其含義應該與《四分律》相同，也是超過三夜成犯。如《根有律攝》記載：「過二夜者，謂經二夜至第三夜……明相出時，便得墮罪。」《毗尼母經》記載：「二日二夜同宿，第三夜受具者明相未現時應起坐。」

《十誦律》、《五分律》的中，方便加行是為：在「室相成」的房間內以臥的方式共宿過二夜。《薩婆多論》僅提到共室宿過二夜，而沒有說明以何威

1 　《根有律攝》卷 12，《大正藏》24 冊，591 頁下欄至 592 頁上欄。

2 　《摩得勒伽》卷 2，《大正藏》23 冊，577 頁中欄至下欄；卷 3，《大正藏》23 冊，578 頁中欄；卷 10，《大正藏》23 冊，624 頁中欄。

3 　《善見論》卷 5，《大正藏》24 冊，709 頁上欄；卷 15，《大正藏》24 冊，779 頁下欄至 780 頁上欄。

4 　《毗尼母經》卷 4，《大正藏》24 冊，823 頁下欄至 824 頁上欄；卷 7，《大正藏》24 冊，843 頁上欄至 844 頁上欄。

儀共宿。

《鼻奈耶》和《摩得勒伽》只記載了共宿過二夜，沒有記載同「室」宿。

諸律對「室」的解釋上有所差異，詳見上文關鍵詞解釋中「室」條目。

4. 究竟成犯

（1）第三夜

《四分律》緣起中記載：「自今已去聽諸比丘與未受大戒人共二宿，若至三宿，明相未出時應起避去。」由此可知，其究竟成犯是第三夜結束，第四日明相出時。而且，「若脅著地犯，若小轉側亦犯」。此外，如果第四夜仍共宿，則脅著地或小轉側便犯。

在第四日明相出時成犯這點上，《根有律》、《根有律攝》、《巴利律》、《毗尼母經》與《四分律》相同。其中，《根有律》是從緣起裏提取出來的究竟成犯。

藏傳《苾芻學處》中，「過第三夜時成犯」。

《十誦律》中，共宿至第三夜時，正犯此戒；之後「起已還臥，隨起還臥」，一一正犯此戒。《五分律》中，進入第三夜的後夜時，「以脅著牀及轉側」，正犯。《薩婆多論》中，第三夜成犯，但未明確說明第三夜的成犯時間點。《鼻奈耶》、《摩得勒伽》中僅提到超過二夜犯，但未說明具體的結犯時間。

（2）第四夜

《僧祇律》、《善見論》中，進入第四夜時，共臥便成犯。

5. 犯戒主體

《四分律》中，犯戒主體是比丘，比丘尼同犯。

《薩婆多論》[1]、《五分律》、藏傳《苾芻學處》與《四分律》相同。

其他律典中，犯戒主體為比丘，沒有提到比丘尼是否同犯。

1　《薩婆多論》卷 8，《大正藏》23 冊，555 頁中欄至下欄。

（二）輕重

1. 所犯境

（1）未受大戒人

《四分律》中，所犯境是「未受大戒人」時，犯波逸提。其他律典正犯的所犯境如上犯緣所述。

另外，藏傳《苾芻學處》中，「若有罪惡比丘時，有沙彌弟子者受前安居；若以受安居者守護初月；若有罪惡比丘在時而收新沙彌」，突吉羅。

（2）其他情況

《四分律》中，比丘與「天男、阿須羅男、乾闥婆男、夜叉男、餓鬼男，及與畜生中能變化者、不能變化者」共宿，犯突吉羅。

《十誦律》中，若比丘第三夜與不能男、黃門、二根人、擯人、滅擯沙彌共宿，犯突吉羅；若是第三夜與化人共宿，「若不知是化人，得突吉羅；若知是化人，無罪」。

《薩婆多論》中，比丘與黃門、二根共宿，「共宿一夜，突吉羅。過二宿，波逸提」。《摩得勒伽》中，比丘與黃門、二根、化人共宿，犯突吉羅。

《根有律攝》中，比丘第三夜與「扇侘、半擇迦等」共宿，犯突吉羅；「至第三夜共女宿時，便犯兩墮」。[1]

2. 能犯心

（1）發起心

《四分律》沒有與發起心有關的判罪。

藏傳《苾芻學處》中，比丘以「欲同處臥」的心共宿，犯波逸提。

---

[1] 《根有律攝》卷 13：「丈夫損壞者，謂半擇迦。此有五別：一、生半擇迦，謂生來不男；二、半月半擇迦，半月男半月不男；三、觸抱半擇迦，他抱觸時生支方起；四、嫉妒半擇迦，見他行淫，妒而根起；五、被害半擇迦，謂遇病傷或被刀割。此五黃門出家近圓悉皆非分，後一不定。若近圓已被傷損者，若性行不移還依舊位，若性改變應滅擯，初一黃門亦名扇侘。」《大正藏》24 冊，597 頁下欄至 598 頁上欄。

其他律典與《四分律》相同。

（2）想心

《四分律》中，知房內有未受大戒人，與之共宿犯波逸提；不知，無犯。而《根有律攝》：「於未近圓作未圓想等六句，四犯，二非犯。」據律典的前後文，分析「六句」的輕重為：未近圓人作未近圓想、疑，波逸提；近圓人作未近圓想、疑，突吉羅；近圓人或未近圓人作近圓想，不犯。

《摩得勒伽》中，比丘知道是未受具戒人而共宿，犯波逸提。

《巴利律》中，於未受具者有未受具者想、疑、受具者想，犯波逸提；於受具者有未受具者想、疑，犯突吉羅；有受具者想，不犯。

藏傳《苾芻學處》中，想心為「想不錯亂」犯波逸提。

《僧祇律》不以想心來判罪。

其他律典沒有與想心有關的判罪。

3. 方便加行

《四分律》中，在「室相成」的房間內，以臥的方式共宿過三夜，犯波逸提罪。其他律典正犯的方便加行如上犯緣所述。

《四分律》中還記載，「若比丘先至、未受大戒人後至，未受戒人前至、比丘後至，或二人俱至」，都犯波逸提。

藏傳《苾芻學處》記載：「或晝時同臥，或雖過第三夜但威儀不同（一坐睡，一臥睡）而睡者，皆惡作罪。」

《四分律》與其他律典對「室相」的界定不一，具體界定如前犯緣所述。其他判罪差異如下：

（1）所宿處

《薩婆多論》中，在「有覆無障」或「有障無覆」的房間內共宿，犯突吉羅；「若一切覆，三邊障、一邊不障，突吉羅」。《僧祇律》：「一房別戶有隔，無罪；異房共戶，波夜提；一房一戶，波夜提；異房異戶，無罪。有障有覆，波夜提；有障半覆，越毗尼罪；有障無覆，無罪；有覆有障，波夜提；有覆半障，越毗尼罪；有覆無障，無罪。」其中，「戶」即門；「一戶」即共享一

個門作為出口。

《巴利律》中,「於半覆半障處者,突吉羅」。

《善見論》中,如果很多房間共享一個門,犯波逸提;如果這些房間各自有門,不犯。如果許多房間圍成一圈並向內開戶（類似福建土樓）,共享一個大門作為出口,犯波逸提;若房間各自都有自己的出口,不犯。如果房間只有一個門,就算這個房間長達一由旬,也犯波逸提。有兩種房間,共宿犯突吉羅:①房頂大部分完整且牆壁只有一半的房間;②牆壁大部分完整且房頂只有一半的房間。

藏傳《苾芻學處》中,「若縱是二住處,但二俱多障多覆,處所相具足,二門相連,相距僅八肘半;若同在一層住處,自未閂門;若是上下樓住處,未隔二層未自收梯者,仍是一處」,犯波逸提。在室相不成的地方共宿,犯突吉羅。同室共宿,兩者的距離在一弓（一弓長四肘）以外,八肘半以內,犯突吉羅。據此推測:兩者相距一弓（四肘）以內,犯波逸提;相距八肘半以外,不犯。

（2）光線

《根有律》及《根有律攝》的緣起中對所宿處的光線有規定:同宿時不得點燈照明,但是二律並未對這種行為定具體的罪。日月所發出的光線照亮室內,不犯。

藏傳《苾芻學處》中,因室內光線明暗、光源種類不同,判罪也有差別:「或除日月光,在燈光等下無故而臥,皆學處惡作罪。若有光明,但坐不臥,是微細惡作罪。」

4. 究竟成犯

《四分律》中,第三夜結束,第四日明相出時,犯波逸提;第四夜隨躺下或稍微側轉身體,均犯波逸提。

《巴利律》記載:「於第四日天方曉,在未受具戒者之臥處,比丘臥之者,波逸提;在比丘之臥處,未受具戒者臥之者,比丘亦波逸提;或兩者共臥者,波逸提;起而再三臥之者,〔各〕波逸提。」「臥之前行者,突吉羅;已臥者,

波逸提。」

《僧祇律》、《善見論》中為同宿至第四夜，只要共臥便犯波逸提；之後隨臥下次數，一一犯波逸提。《善見論》中，在第四夜，「若未受具戒人眠已，起更眠，隨眠多少，得波夜提罪。……若比丘起已更眠，隨眠多少，眾多波夜提罪」。《僧祇律》中，如果比丘與未受大戒人同在房內宿，犯波逸提；其中一人在房內宿，另一人的身體一半在房內，一半在房外，犯突吉羅；一人在室內，一人在室外，不犯。比丘或未受具戒人「中間若起大小行已還臥，隨起，一一波夜提」。又記載：「此同室宿戒罪未悔過，復共宿者，罪轉增長；悔過已，當別房宿，更得共宿。」

《根有律》、《根有律攝》、《毗尼母經》中，同宿至第三夜結束，第四天明相出時，犯波逸提。另外，《根有律攝》還提到，至第三夜，「始從初臥即得惡作」。《毗尼母經》中，若第四夜繼續共宿，至第五天的明相出時，犯波逸提。

《十誦律》中，同宿至第三夜，比丘與未受大戒人一共臥，便犯波逸提；之後「起已還臥，隨起還臥，一一波逸提」。《五分律》中，進入第三夜的後夜時，犯波逸提；之後隨躺下或側轉身體，均犯波逸提。《薩婆多論》中，共宿三夜犯波逸提，但未明確說明第三夜成犯的時間點。此律還記載：「若共宿過二夜已，第三夜更共異人宿，波逸提，以前人相續故。若共宿二夜已，移在餘處，過一宿已，還共同宿，無過。」與黃門、二根共宿的究竟成犯有所不同：比丘與黃門、二根共宿，一夜，突吉羅；過二夜，波逸提。藏傳《苾芻學處》中，「過第三夜時」即犯波逸提。

《鼻奈耶》和《摩得勒伽》僅提到超過二夜宿，犯波逸提，但未說明具體的結犯時間。

5. 犯戒主體

《四分律》中，比丘、比丘尼，犯波逸提；下三眾犯突吉羅。

《薩婆多論》中，比丘、比丘尼，犯波逸提；下三眾不犯。

《五分律》、藏傳《苾芻學處》與《四分律》部分相同，不同點為：少了

對下三眾的判罪。《摩得勒伽》中，比丘，犯波逸提；若是「聾盲喑啞」的比丘，犯突吉羅；若是「本犯戒乃至污染比丘尼人」、非人出家做比丘、學悔沙彌，突吉羅。

其他律典中都只記載了比丘犯波逸提。與《四分律》相比，沒有記載比丘尼和下三眾的結罪情況。

（三）不犯

1. 室相不具足

《四分律》中，室相不具足，不犯。《僧祇律》、《五分律》、《根有律》、《根有律攝》、《巴利律》、《善見論》與《四分律》相同，只是對於室相不具足的定義有所不同。

《四分律》：「若屋上有覆無四障，或盡覆而半障，或有盡障而少覆，或半障半覆，或少障少覆，若空露地」，不犯。《僧祇律》中，「一房別戶有隔」、「異房異戶」、「有覆無障」、「有障無覆」四種情況不犯。《根有律》：「若半障半覆，或多覆少障，或檐際等，並皆無犯。」《根有律攝》中，除上述情況外，還提到「四面舍無其一邊」、「若崖坎下，或空樹中」，也不犯。《善見論》：「若多房共一戶亦犯，除別有戶不犯。……若屋少覆多障不犯，多覆少障亦不犯。若四周屋各向裏開戶，共一大戶出入亦犯，若別有戶不犯。」又記載：「屋若有龜鱔窟，止穿外邊，裏邊不通，不犯。」這裏的「龜鱔窟」類似於窯洞，就是在比丘共宿房間外側的牆壁上打的洞，但是沒有完全挖穿牆壁，比丘或未受大戒人分別宿在室內和「龜鱔窟」內，不犯。

《五分律》中，雖然雙方的房間共享一個房頂，但是房間之間有隔斷，各自分隔成獨立的室相，不犯；三面無牆的房屋，以及雖四面有牆但只有少分屋頂覆蓋的情況，不犯。《巴利律》：「於全有覆全無障處、於全有障全無覆處、於大部分有覆大部分無障處宿者，不犯。」

《薩婆多論》有兩種情況不犯：①「若卻入內，閉戶，無犯」，意思是一個大房間內套着一個小房間，退入內房，關上門，不犯；②「若大籬牆內，

無過」，即在大籬笆牆圍成的區域內共宿，不犯。

《摩得勒伽》：「若籬下、牆下、樹下，不犯。」

2. 犯戒主體不具足

《四分律》中，「最初未制戒，癲狂、心亂、痛惱所纏」，不犯。

《五分律》、《根有律》與《四分律》相同。

《巴利律》：「癲狂者、最初之犯行者，不犯也。」

3. 能犯心不具足

《四分律》中，比丘在不知有未受大戒人的情況下與未受大戒人共宿，不犯。例如：比丘不知房內有未受大戒人，入內共宿；或比丘在房內睡著後，未受大戒人進入室內共宿。

《摩得勒伽》記載：「若不知未受具戒人入宿，不犯。」

想心方面，《根有律攝》中，近圓人或未近圓人作近圓想，不犯。《巴利律》中，於受具者有受具者想，不犯。

4. 方便加行不具足

《四分律》記載：「若坐，若經行，不犯。」

《十誦律》、《薩婆多論》記載：「若通夜坐，不犯。」

《五分律》中，「若常坐不臥；若彼臥，比丘坐；彼坐，比丘臥」，不犯。《巴利律》與《五分律》相似，少了「常坐不臥」的描述，但意思相同。

5. 究竟成犯不具足

《薩婆多論》記載：「若共宿二夜已，移在餘處，過一宿已還共同宿，無過。」《根有律》在緣起中記載：「應護明相，不假通宵。」「隨夜未滿，共宿無犯。」《巴利律》記載：「宿二三夜、宿二三夜以下、宿二夜而於三夜天方曉前離去而再〔來〕宿者，不犯。」《毗尼母經》記載：「沙彌聽共大比丘二宿，至三夜若無去處，比丘不應睡臥，當結加趺坐至明相現；若第四日復無去處，

明相欲現時應遣沙彌出房外；若沙彌恐怖不能出者，大比丘應自出去。」《善見論》記載，第四宿初夜之前不犯，「第三明相未出避去，若不避者全三宿亦不犯。第四宿初夜不得」。

6. 疾病

《四分律》中，「若病臥」不犯。意思是：比丘如果因生病需要照料，與未受大戒人共宿，不犯。

《十誦律》、《僧祇律》、藏傳《苾芻學處》與《四分律》有相同的開緣。其中，《十誦律》還記載，如果病房裏同時還有無病比丘，無病者不應臥。《僧祇律》對於老病比丘有開緣：「若比丘老病不堪坐者，當以縵障若齊頂，若齊腋，縵下至地，當用緻物作，不得容貓子過。……若無障縵，坐至地了。若老病不能坐者，若未受具足人可信者，應語言：『汝眠，我當坐。』比丘欲眠時，當呼使覺：『我眠時汝坐，若眠者，汝無福德。』」

《五分律》記載：「不犯者……若病不能起居。」與《四分律》相似，也對比丘生病作了開緣，不同之處在於增加了對病情「不能起居」的描述。

《根有律》在本戒緣起中也提到，「病人雖過二夜，共宿無犯」。

7. 其他

《四分律》中，「若頭眩倒地」、「或為強力所執」，若被繫閉，若有命難、淨行難，不犯。

《五分律》中，「不犯者……若有諸難」，即有難緣時不犯。

《根有律》在緣起中記載，道行時或有惡比丘來寺時不犯，「如在行路通夜應眠，勿生疑惑」、「若於夏內安居已後，有惡苾芻來寺中者，時彼師主應與求寂同房而宿，以至夏終，勿致疑惑」。

五、原理

（一）護法息謗

此戒為遮戒，主要防範比丘癡煩惱所帶來的過患。

從律中的記載來看，俗眾看到比丘睡眠中不雅觀的儀態後，產生輕視與不恭敬；或者比丘不允許沙彌同宿，雖無惡意，卻沒有考慮沙彌的處境，可能使其受到諸如毒蛇、蚊蟻、惡鬼、惡人等所致的意外傷害。

《薩婆多論》總結此戒制戒意趣為：「與諸比丘結戒者，為佛法尊重故，為息誹謗故。與未受大戒一房，過二宿，波逸提。所以聽二宿者，以若都不聽，或有失命因緣。又若不聽二宿，必有種種惱事因緣。以憐愍故，得共二宿。以護佛法故，不聽三宿。」

（二）散心睡眠

以現代科學的視角來看，律中記載的比丘在睡眠過程中裸露身體、肢體亂動、說夢話等行為，都是正常的生理現象。當然，其中一些行為反映出比丘淫欲煩惱未斷，如《五分律》中，比丘「蹋衣離身，形起露現」，又如《根有律》中，一位老比丘夢到與故二相聚，說夢語皆與淫欲相關。另外，有些行為反映了比丘在做惡夢，如《十誦律》：「鼾眠瞋語，大喚掉臂。」也有的生如《善見論》中記載的奇怪現象：比丘發出「種種音聲，或如鳥聲，或如牛馬聲」。這些不安穩的睡眠狀態，很可能與比丘平時用功不夠，散心睡眠有關。居士看到後容易心生不快，產生一些不恰當的聯想。

同時，比丘身體疲憊以及外部燈光刺激等因素也不可忽略。如《十誦律》中，居士齋日到寺中受齋法，通夜燃燈；《五分律》中，比丘「竟夜說法，疲極而臥」。雖然如此，比丘畢竟是修行者、梵行者，居士對比丘期望很高，還是不能接受上述睡眠時不威儀的表現。因此，制定此戒既是為了避免居士譏

嫌，同時也提醒比丘平時須善護心念，臨睡時也須作六念法。否則，就有可能「臨眠不先作念，心即散亂」。[1]

（三）佛陀與佛子

在律典的敘述中，比丘為了持戒而不做被禁止的事情，一般都會得到佛陀的讚歎。而在此戒中，佛陀似乎透露出對其親子羅睺羅的偏愛。因為這一次佛陀沒有讚歎比丘為了持戒而拒絕與沙彌羅睺羅同宿的行為，反而呵斥：「云何愚癡比丘無有慈心，乃驅小兒出？是佛子不護我意耶？」佛陀與其子羅睺羅的故事在諸律中皆有記載。《僧祇律》「如《生經》中廣說」，說明此故事取材於佛陀本生故事。而《南傳小部經典》中的「臥鹿本生因緣」裏恰好有記載，其中的一些內容可以作為律典的補充，也可以增進對此戒內涵的理解。

首先，比丘並非一直對人冷漠，不近情理，而是經歷了由親和友善到缺乏顧念的轉變。如《南傳小部經典》記載：「以前，比丘眾因對佛的敬意，與因那尊者〔佛子羅睺羅〕愛好戒學，每逢他到自己宿處來時，非常優待，給他鋪好小牀，還給他衣服做枕頭。」但是佛陀制戒之後，「那日因為恐怕違犯學處，連宿處也不給他了」。

其次，佛陀對親子的愛念不是私心袒護，而是表達他長遠的「擔憂」：比丘眾對羅睺羅尚且如此冷遇，別的善男子出家時，將被如何對待呢？這樣下去，凡入此佛法而出家的人，將無棲住之處了吧！[2]

可見，佛陀以他與羅睺羅的親情關係來啟發比丘：比丘應該對沙彌如愛

1　《善見論》卷 15：「不前作念者，臨欲眠時，應先念佛，念法，念僧，念戒，念天，念無常，於六念中隨一一念，若不如是念，是名不前念。露身者，臨眠不先作念，心即散亂，是故露身種種音聲，或如鳥聲或如牛馬聲，諸優婆塞聞已皆生譏嫌：『云何出家人作如是眠！』」《大正藏》24 冊，779 頁下欄。

2　《南傳小部經典》卷 1：「舍利弗，你們對羅睺羅尚如此冷遇，則叫別的善男子出家時，將如何待遇他呢？這樣下去，凡入此佛法而出家的人，將無棲住之處了吧！」《大藏經補編》6 冊，197 頁中欄。

子一樣護念。這一點從律典中也可以得到證明，如《根有律》記載：「凡諸求寂無父無母，唯有汝等同梵行人共相慈念。此等多是阿羅漢胎，終將出離，汝等若不共相愍護，誰當見憂？」《鼻奈耶》：「此沙彌無父無母，唯仰和上、阿闍梨隨時看視。不看者，誰當看？」把沙彌稱作「佛子」、「阿羅漢胎」，是因為沙彌雖小，卻是佛教的新生力量，不應輕視！[1]

1　《大智度論》卷 22：「汝不聞佛説：『四事雖小而不可輕？太子雖小，當為國王，是不可輕；蛇子雖小，毒能殺人，亦不可輕；小火雖微，能燒山野，又不可輕也；沙彌雖小，得聖神通，最不可輕！』」《大正藏》25 冊，224 頁中欄。

六、總結

（一）諸律差異分析

1. 緣起差異

（1）結構差異

《四分律》、《五分律》、《巴利律》有一個本制和一個隨制。《鼻奈耶》只有一個本制。《十誦律》、《僧祇律》有一個緣起、一個本制。《根有律》有十五個緣起、一個本制。

《鼻奈耶》的本制中，「時沙彌羅云——舍利弗弟子，夜不聽使房中宿」，但是並未記載「不聽宿」的原因。對比《十誦律》可知，《鼻奈耶》在翻譯時省略了「不聽宿」原因的記載。

（2）情節差異

《四分律》、《五分律》、《巴利律》本制與《十誦律》的第一個緣起，《根有律》第一個緣起相似，都是緣起比丘與白衣共宿時失威儀而受到白衣譏嫌，不同之處在於《四分律》、《五分律》是「形露」，《十誦律》是「鼾眠」、説夢話、「大喚掉臂」，《根有律》是説夢話，《巴利律》是形露、「鼻鼾聲」、説夢話。

《四分律》的隨制與《鼻奈耶》、《十誦律》、《僧祇律》的本制、《五分律》的隨制、《根有律》第二個緣起相似，都為諸比丘驅出羅睺羅，不與之共宿，導致羅睺羅夜宿廁所遇到危險，世尊知道後將羅睺羅帶到自己的房間住。

《巴利律》隨制與《四分律》相似，但少了世尊將羅睺羅帶到自己的房間住的情節。

《僧祇律》的緣起與諸律差異較大，營事比丘雇人做工，工人「宿僧食堂中、禪坊中、溫室中，涕唾不淨，大小便處處穢污」，導致諸比丘無法「坐禪行道」。

（3）結論

綜上所述，本戒緣起無需調整，仍取《四分律》的結構與情節。

2. 戒本差異

諸律的差異集中在何時結罪的表述上。《四分律》中「過二宿至三宿」的意思不是很明確，而《四分僧戒本》增加了「至三夜曉」的說明，因此更為清晰。《僧祇律》、《僧祇比丘戒本》、《彌沙塞五分戒本》、《解脫戒經》的表述是過「三宿」成犯。《十誦律》、《十誦比丘戒本》、《五分律》、《根有律》、《根有戒經》、《根有律攝》、梵文《有部戒經》和藏文《根有戒經》都是過「二宿」成犯。此外，《鼻奈耶》暗含「超過二宿」。梵文《說出世部戒經》則是過「二夜或三夜」均可。

戒本調整方面，為了使所犯境的表達更加清晰，易於理解，根據《僧祇律》等戒本將「共」改為「同室」；並依據《彌沙塞五分戒本》把「過二宿至三宿」改為「過三夜」。最後，為了戒本的流暢和統一，據《四分僧戒本》等在罪名前補入「者」字。

3. 辨相差異

（1）所犯境

《四分律》中，本戒的所犯境為未受具戒人。《鼻奈耶》為沙彌。《巴利律》為除比丘之外的所有人。藏傳《苾芻學處》為「未受近圓或與彼相似者」，並且還要求「具五種名言，身平等住，堪依止，無神通」。其他律典的所犯境與《四分律》相同。《鼻奈耶》的所犯境只限於沙彌，範圍過於狹小。而《四分律》等律典則指除了比丘和比丘尼之外的人，應當涵蓋出家和在家眾。本戒仍採用《四分律》等諸律的觀點。

（2）能犯心

《四分律》中，若知道是未受具戒人，與之共宿犯波逸提；若不知，無犯。《摩得勒伽》中，知道是未受具戒人而與之共宿，正犯。《根有律攝》中，未近圓人作未近圓想、疑，波逸提；近圓人作未近圓想、疑，突吉羅；近圓

人、未近圓人作近圓想，不犯。《巴利律》中，於未受具者有未受具者想、疑、受具者想，犯波逸提；於受具者有未受具者想、疑，犯突吉羅；有受具者想，不犯。藏傳《苾芻學處》中，想不錯亂，正犯。其他律典沒有關於想心的記載。

《巴利律》的判罰偏於境，只要是正境，無論作何想，皆正犯。《根有律攝》的判罰偏於心。藏傳《苾芻學處》只有心境相應時才正犯。《四分律》中也提到，如果比丘不知對方未受具戒，不犯。因為比丘並沒有故意犯戒的心，判不犯是合理的。此外，如果比丘作疑想，其內心對於對方是否是受具戒人並不肯定，判為不正犯較為合適。綜上所述，本戒想心的判法為：未受具戒作未受具戒想，波逸提；未受具戒作未受具戒疑，已受具戒作未受具戒想、疑，突吉羅；受具戒、未受具戒人作受具戒人想，不犯。

（3）方便加行

《四分律》、《僧祇律》、《根有律》、《根有律攝》、《巴利律》、《善見論》、《毗尼母經》、藏傳《苾芻學處》中，本戒的方便加行為在「室相成」的房間內以臥的方式共宿過三夜。其中，藏傳《苾芻學處》還要求「所宿處須處所體成就，能容四威儀，是一處，在一弓之內」、「夜未間隔，二俱臥睡」。《十誦律》、《五分律》的方便加行為在「室相成」的房間內以臥的方式共宿過二夜。《薩婆多論》僅提到共室宿過二夜，而沒有說明以何威儀共宿。《鼻奈耶》和《摩得勒伽》只記載了共宿過二夜，沒有記載同「室」宿。

諸律觀點差異主要體現在時限是二夜還是三夜上。《四分律》、《僧祇律》、《根有律》等多數律典為三夜，過此即犯，而《鼻奈耶》等少數律典為二夜。根據實踐的需求，此處採用《四分律》等大多數律典的觀點。

（4）究竟成犯

《四分律》、《根有律》、《根有律攝》、《巴利律》、《毗尼母經》、藏傳《苾芻學處》中，第四日明相出時，究竟成犯。《十誦律》中，進入第三夜，共臥即正犯。《薩婆多論》第三夜成犯，但未說明具體的結犯時間。《五分律》中，進入第三夜的後夜時，「以脅著牀及轉側」，正犯。《鼻奈耶》、《摩得勒伽》僅提到超過二夜犯波逸提，未說明具體的結犯時間。《僧祇律》、《善見論》

中，進入第四夜，共臥即犯波逸提。

對於究竟成犯，諸律之間存在較大差異。此處以《四分律》的觀點為準，即「第四日明相出」時究竟成犯。此外，若第四夜仍共宿，若脅著地或小轉側便犯。

結罪次數方面，《四分律》、《五分律》中，每一轉側，結一波逸提罪。《十誦律》、《僧祇律》、《巴利律》中，隨起還臥，一一波逸提。《善見論》中，未受具戒人眠已起更眠，隨眠多少得波逸提罪；若比丘起已更眠，隨眠多少，眾多波逸提罪。此處「更眠」即是上文「還臥」之意。此處取《四分律》每一轉側結一波逸提罪，以及《十誦律》等律典中「隨起還臥，一一波逸提」的觀點。

（5）不犯

《四分律》、《十誦律》、《薩婆多論》、《五分律》中，若與未受具戒人共坐，不犯。

《五分律》、《巴利律》中，雙方一坐一臥，不犯，藏傳《苾芻學處》中則犯突吉羅，《四分律》中沒有提到這種情況。雙方共坐或一坐一臥並沒有構成真正意義上的共宿，因此，借鑒《五分律》的觀點，判為不犯為宜。

4. 諸律內部差異

《四分律》緣起中提到了「在講堂止住」，並有一人「散亂心睡眠，無所覺知，小轉側，形體發露」，可以看出有臥，諸比丘被譏嫌主要是因為「共止宿」。戒本中亦為「共宿」。而辨相中對於「同室宿」的解釋是共臥時正犯。《五分律》與此相同，即緣起中提到比丘「疲極而臥」，戒條中則為「共宿」，而辨相中，共臥時正犯，如「彼臥，比丘坐」或「彼坐，比丘臥」均不犯。

（二）調整文本

通過以上諸律間觀點同異的對比與分析，文本在《四分律》的基礎上作如下調整：

1. 緣起

（1）本制

佛在曠野城，六群比丘和長者在講堂內住宿，六群比丘中有一位比丘睡眠的時候攀緣五欲，心念散亂，導致「形體發露」乃至於「形起」而失威儀。長者看到後調笑、戲弄、譏嫌此比丘，比丘為此感到很慚愧。諸比丘將此事向佛匯報，佛呵責六群比丘後制戒：「若比丘與未受大戒人共宿，波逸提。」

（2）隨制

佛在拘睒毗國，諸比丘因為佛制戒「不能與未受大戒人共宿」，所以將沙彌羅云驅出房外，沙彌羅云只能在廁所住宿。佛知道後將沙彌羅云帶到自己房間住，並增制了此戒，開許可以和未受大戒人共宿兩夜。

2. 戒本

若比丘，與未受大戒人同室[1]宿過三夜[2]者[3]，波逸提。

3. 關鍵詞

過三夜：指超過了二夜，至第四日的明相出時。

4. 辨相

（1）犯緣

本戒具足四緣成犯：一、是未受具戒人；二、知道是未受具戒人；三、同一室宿過三夜；四、第四日明相出，成犯。

（2）辨相結罪輕重

①是未受具戒人

若比丘與未受具戒人共宿過三夜，犯波逸提。

---

1 「同室」，底本作「共」，據《僧祇律》、《解脫戒經》、《根有律》、《根有戒經》、《根有律攝》改。

2 「過三夜」，底本作「過二宿至三宿」，據《彌沙塞五分戒本》改。

3 「者」，底本闕，據《四分僧戒本》、《新刪定四分僧戒本》、《四分律比丘戒本》、《鼻奈耶》、《僧祇律》、《根有律》、《根有戒經》、《根有律攝》加。

與天男、阿修羅男、乾闥婆男、夜叉男、餓鬼男，以及與畜生男中能變化者、不能變化者共宿過三夜，犯突吉羅。

②知道是未受具戒人

未受具戒作未受具戒想，波逸提；未受具戒作未受具戒疑，已受具戒作未受具戒想、疑，突吉羅；受具戒、未受具戒人作受具戒想，不犯。

③共宿過三夜

若雙方共臥過三夜，波逸提；若共坐，或一坐一臥，不犯。

④第四日明相出，成犯

第四日明相出時，波逸提；明相未出以前，自己離去，或使未受具戒人離去，不犯。

若第四夜繼續共宿，一共臥便犯波逸提；每一轉側或隨起還臥，一一波逸提。

⑤犯戒主體

比丘、比丘尼若犯，波逸提；式叉摩那、沙彌、沙彌尼若犯，突吉羅。

⑥不犯

不知房內有未受具戒人而與之共宿，不犯。

如果比丘經行而不臥，不犯。

如果比丘因頭眩而倒地，或者因生病需要照料，與未受具戒人共宿，不犯。

如果為強力所執，或被繫閉，或有命難、梵行難時，共宿不犯。

最初未制戒，癲狂、心亂、痛惱所纏，不犯。

七、現代行持參考

本戒在現代還是需要注意持守。在道場掛單、住雲水堂或者睡廣單時，難免與未受大戒人同宿。如果寺院內部舉行大型法會或者進行工程建設時，住房會比較緊張，比丘有可能與未受大戒人住在一起。另外，比丘出門辦事住旅館時，也有可能與沙彌或其他俗眾住在一起。在這些情況下，比丘都需要提前做好準備，既要做好戒律上的防範，又要照顧實際緣起不要損惱他人。

值得注意的是，比丘在持守此戒的時候，不僅要注意不得與沙彌或者俗眾共宿超過三夜，還要注意避免出現因亂意睡眠而威儀不整，以及屋內物品隨意擺放，凌亂不堪的情況，這樣就能免遭他人譏嫌。

06

與未具人同誦戒

一、緣起

（一）緣起略述

　　《四分律》只有一個本制。佛在曠野城，六群比丘與諸長者一起在講堂誦經，聲音很大，擾亂到坐禪的人。頭陀比丘聽聞此事後譏嫌六群比丘「云何與諸長者在講堂中共誦經如婆羅門誦書聲耶？」諸比丘以此白佛，佛因此制戒。[1]

　　諸律緣起差異比較：

1. 制戒地點

　　《四分律》中，制戒地點為「曠野城」，《僧祇律》[2]與《四分律》相同。《鼻奈耶》[3]為「舍衛國祇樹給孤獨園」，《巴利律》[4]為「舍衛城祇樹給孤獨園」，《十誦律》[5]為「阿羅毗國」，《五分律》[6]為「舍衛城」，《根有律》[7]為「室羅伐城逝多林」。

2. 緣起比丘

　　《四分律》中，緣起比丘為「六群比丘」，《鼻奈耶》、《巴利律》與《四分律》相同。《十誦律》為「阿羅毗國比丘」，《僧祇律》為「營事比丘」，《五分律》為「諸比丘」，《根有律》為「六眾苾芻」。

1　《四分律》卷 11，《大正藏》22 冊，638 頁下欄至 639 頁上欄。
2　《僧祇律》卷 13，《大正藏》22 冊，336 頁下欄至 337 頁上欄。
3　《鼻奈耶》卷 7，《大正藏》24 冊，879 頁上欄。
4　《經分別》卷 5，《漢譯南傳大藏經》2 冊，19 頁至 21 頁；《附隨》卷 1，《漢譯南傳大藏經》5 冊，56 頁至 57 頁。
5　《十誦律》卷 9，《大正藏》23 冊，71 頁上欄至中欄；卷 53，《大正藏》23 冊，392 頁上欄至中欄。
6　《五分律》卷 6，《大正藏》22 冊，39 頁下欄至 40 頁上欄。
7　《根有律》卷 26，《大正藏》23 冊，771 頁下欄至 772 頁上欄。

3. 緣起情節

《鼻奈耶》、《十誦律》、《僧祇律》、《根有律》、《巴利律》都只有一個本制，這一點與《四分律》相同。《五分律》與《四分律》差異較大，共有兩個緣起、一個本制和一個隨制。

《鼻奈耶》中，六群比丘在舍衛國向沙彌說「毗尼語」，被諸比丘譏嫌，佛因此制戒。

《十誦律》中，緣起比丘以句法教未受具戒人，語聲高大，「似學算人聲，似婆羅門讀圍陀經時、如捕魚師失魚時聲」。佛聽見後，故問阿難，阿難如實白佛，佛因此制戒。《根有律》和《十誦律》相似。

《僧祇律》中，緣起比丘教童子句句誦經，被一個想要出家的婆羅門聽見，譏嫌「似如童子在學堂中學誦聲」，生不敬信心，不復出家。諸比丘以此白佛，佛因此制戒。

《五分律》的本制情節與《四分律》差異較大。先是居士求請諸比丘教他們誦讀經偈，佛便聽許比丘教白衣誦經。後來有居士譏嫌比丘誦經音句不正，比丘羞愧白佛，佛因此制戒禁止比丘教未受具戒人誦經。之後又有諸居士及沙彌欲求受經教，諸比丘白佛，佛因此增制了此戒。

《巴利律》中，緣起比丘令居士逐句同誦法語，居士因此不恭敬比丘。少欲比丘譏嫌緣起比丘，並以此白佛，佛因此制戒。

（二）緣起比丘形象

《四分律》沒有對緣起比丘作具體的描述和刻劃，僅記載其「與諸長者共在講堂誦佛經語，語聲高大」，因而影響到坐禪比丘修行。《根有律》與《四分律》相似，如：「時六眾苾芻與未圓具人同句讀誦，於其住處作大囂聲。」

《五分律》中，居士想向比丘學習誦讀經偈，諸比丘言：「佛未聽我等教白衣誦經。」展現出謹遵佛制的形象。後來，比丘誦讀經偈音句不正，遭到居士譏呵，於是「各各羞恥」，可見比丘富有慚愧心和羞恥心。接着又有居士

求受誦經，比丘沒有告訴他們佛陀已制戒，而是對居士說：「汝之等輩嫌我音句，不從我受。汝今復來，徒自勞苦。」可見比丘對之前受居士譏呵，內心還是有些不喜。

《鼻奈耶》、《十誦律》、《僧祇律》和《巴利律》中沒有緣起比丘形象的具體描述。

（三）犯戒內因

《四分律》中，緣起比丘影響到其他比丘修行，因此，犯戒內因是對與未受具戒人大聲同誦的行為後果預判不足，沒有考慮到可能帶來的不良影響，是一種非染污無明。

其他律典中，緣起比丘的犯戒內因與《四分律》一致。

（四）犯戒外緣

《四分律》、《鼻奈耶》、《根有律》、《巴利律》中沒有犯戒外緣的明確記載。

《五分律》中，外緣是居士請求比丘教授誦讀經偈。《十誦律》、《僧祇律》和《五分律》相似，其中《十誦律》是比丘「以句法」教授未受具戒人，《僧祇律》是比丘教眾多童子說「波羅耶那」。

（五）犯戒後的影響

《四分律》中，緣起比丘的行為影響到了大眾的修行，如「亂諸坐禪者」。

《十誦律》、《根有律》中，緣起比丘在住處發出很大的聲音，以致佛陀親自過問。

《巴利律》中，由於同誦而使優婆塞「不尊敬比丘，不隨順，不互相敬禮而住」，信眾對比丘的信心和恭敬心受到了很大的影響。

《五分律》中，緣起比丘教俗眾誦經卻被譏嫌：「云何比丘晝夜親承，而不知男、女、黃門、二根人語及多少語法？」

《僧祇律》同樣是俗眾譏嫌，但後果更嚴重。緣起比丘教眾多童子句句誦經，恰巧被一欲發心出家的婆羅門聽到，諷刺：「不知何者是師，誰是弟子。」遂「生不敬信心，竟不見佛即便還歸，不復出家」。這不僅是譏嫌，而是已經損傷了婆羅門出家的發心。

《鼻奈耶》沒有相關內容的明確記載。

（六）佛陀考量

《五分律》中，居士希求向比丘「學誦經偈，問所不解」，但佛尚未開許，所以比丘不敢教。佛陀知道後便聽許，令居士有了向比丘學習的機會。後來有居士譏呵比丘，佛陀知道後，遙責諸居士是「愚癡人」，並制戒禁止比丘教未受具戒人誦經，防止居士輕慢比丘。因為如果失去了希求心和恭敬心，對居士來說是巨大的損害。後來又有居士恭敬求受誦經，也有沙彌請求比丘教授，因此佛陀又重新制戒，允許比丘教未受具戒人經教，但不能同誦。

從中可以看出，佛陀因緣起制戒，不管是制了又開，還是開了再制，每一次的調整都是為了利益眾生。允許比丘教居士誦經，滿足了居士對佛法的希求；擔心居士輕師慢法，因此又予以制斷；為了讓居士能在三寶地中學習，也為了沙彌能有更好的教育，最後又開。

（七）文體分析

《四分律》有一個因緣。《鼻奈耶》、《巴利律》有一個因緣，《十誦律》有一個因緣和三個譬喻，《僧祇律》有一個因緣和一個譬喻，《五分律》有四個因緣，《根有律》有一個因緣和兩個譬喻。

《五分律》的情節描寫很生活化，層次分明，邏輯性強。與其他律典相比，情節曲折，更加富有變化。

相較於其他律典側重於直接敘事，《僧祇律》增加了一些心理描寫，如：「婆羅門作是念：『我今欲求勝法從彼出家，而此中嘩嘩似如童子在學堂中學誦聲，亦復不知何者是師，誰是弟子。』」

二、戒本

《四分律》中，本戒的戒本為：「若比丘，與未受戒人共誦者，波逸提。」

若比丘，與未受戒人共誦者，波逸提

《四分律》作「若比丘，與未受戒人共誦者，波逸提」，意思是：如果比丘，與未受具足戒的人共同念誦，犯墮罪。

與《四分律》相似：

《四分僧戒本》[1] 作「若比丘，與未受具戒人同誦者，波逸提」，《新刪定四分僧戒本》[2] 作「若比丘，與未受大戒人同誦者，波逸提」，《四分律比丘戒本》[3] 作「若比丘，與未受大戒人共誦者，波逸提」。

《解脫戒經》[4] 作「若比丘，與未受具戒人同誦，波逸提」。

與《四分律》有部分差異：

梵文《有部戒經》[5] 作 "yaḥ punar bhikṣur anupasaṃpannena pudgalena sārdhaṃ padaśo dharmaṃ vācayet pātayantikā"，意思是：任何比丘，與沒有受具足戒的人一同逐句地念誦教法，墮。

巴利《戒經》[6] 作 "yo pana bhikkhu anupasampannaṃ padaso dhammaṃ vāceyya，pācittiyaṃ"，意思是：任何比丘，與未受具足戒者一同逐句地念誦教法，墮。

藏文《根有戒經》[7] 作 "ཡང་དགེ་སློང་གང་གང་ཟག་བསྙེན་པར་མ་རྫོགས་པ་དང་ཚིག་གིས་ཆོས་འདོན་ན་ལྟུང་བྱེད་དོ།"，意思是：任何比丘，如果與沒有受具足戒的人逐句念誦教法，墮。

1　《四分僧戒本》，《大正藏》22 冊，1026 頁上欄。

2　《新刪定四分僧戒本》，《卍續藏》39 冊，266 頁中欄。

3　《四分律比丘戒本》，《大正藏》22 冊，1018 頁中欄。

4　《解脫戒經》，《大正藏》24 冊，662 頁中欄。

5　Georg von Simson, *Prātimokṣasūtra der Sarvāstivādins Teil II*, Sanskrittexte aus den Turfanfunden, XI, p. 205.

6　Bhikkhu Ñāṇatusita, *Analysis of the Bhikkhu Pātimokkha*, p. 168.

7　麗江版《甘珠爾》（འདུལ་བགང་འགྱུར）第 5 函《別解脫經》（སོ་སོར་ཐར་པའི་མདོ）11b-12a。

以上非漢文戒本相比《四分律》，強調是「逐句地」念誦。

《五分律》作「若比丘，教未受具足人經，並誦者，波逸提」，《彌沙塞五分戒本》[1]作「若比丘，教未受具戒人經，並誦者，波逸提」。

《十誦律》作「若比丘，以句法教未受具戒人者，波夜提」，《僧祇律》、《僧祇比丘戒本》[2]作「若比丘，教未受具戒人説句法，波夜提」。這幾部律典中少了「共誦」的描述，多了「句法」的描述。

《根有律》、《根有戒經》[3]、《根有律攝》[4]作「若復苾芻，與未近圓人同句讀誦教授法者，波逸底迦」，此處強調「同句讀誦」，與《四分律》略有差異。

梵文《説出世部戒經》[5]作 "yo puna bhikṣur anupasaṃpannaṃ pudgalaṃ padaśo dharmaṃ vāceya pācattikaṃ"，梵文《根有戒經》[6]作 "yaḥ punar bhikṣur anupasaṃpannāya pudgalāya padaśo dharmaṃ vācayet pāyantikā"，意思都是：任何比丘，教沒有受具足戒的人逐句地背誦教法，墮。

以上《五分律》及之後的律典，相比《四分律》都多出了「教」的内涵，強調比丘和未受具戒者之間是「教授」關係，而非單純的「共誦」。

與《四分律》差異較大：

《鼻奈耶》作「若比丘，向未受大戒者説一句戒法，貝夜提」，從律文内容來看，「戒法」應該指戒律的内容，強調比丘不得向未受大戒人言説戒法，和《四分律》中「同誦」的内涵不同。

《十誦比丘戒本》[7]作「若比丘，以闡陀偈句教未受具戒人者，波夜提」，「闡陀」，即婆羅門讀誦之法，意思是：以婆羅門教讀誦偈句的方法來教未受具足戒的人。

上述兩部律典提到了比丘念誦的内容是「戒法」和「闡陀偈句」，而《四分律》僅提到了「共誦」的形式。

1　《彌沙塞五分戒本》，《大正藏》22 冊，197 頁上欄。

2　《僧祇比丘戒本》，《大正藏》22 冊，552 頁上欄。

3　《根有戒經》，《大正藏》24 冊，504 頁上欄。

4　《根有律攝》卷 12，《大正藏》24 冊，575 頁上欄。

5　Nathmal Tatia, *Prātimokṣasūtram of the Lokottaravādimahāsāṅghika School*, Tibetan Sanskrit Works Series, no. 16, p. 19.

6　Anukul Chandra Banerjee, *Two Buddhist Vinaya Texts in Sanskrit*, p. 32.

7　《十誦比丘戒本》，《大正藏》23 冊，474 頁上欄。

三、關鍵詞

共誦

　　梵文《説出世部戒經》作"padaśo（逐句地）dharmaṃ（法）vāceya（使……背誦，講説）"，梵文《根有戒經》和巴利《戒經》與之非常相似，分別作"padaśo（逐句地）dharmaṃ（法）vācayet（使……背誦，講説）"和"padaso（逐句地）dhammam（法）vāceyya（使……背誦，講説）"，以上內容均可以直譯為：使（沒有受具足戒的人）逐句地背誦教法（英譯：have one recite the Dharma line by line）。不過這裏最後祈願式的動詞"vac（説）"，也可以引申為「教授」（英譯：teach）的意思，因而可以意譯為：教（沒有受具足戒的人）逐句地背誦教法（英譯：teach one recite the Dharma line by line）。不過梵文《有部戒經》的表述中則更加強調「共」誦的意味："sārdhaṃ（一起）padaśo（逐句地）dharmaṃ（法）vācayet（使……背誦，講説）"，所以整個意思是：一起逐句地背誦教法（recite the Dharma line by line together）。

　　藏文《根有戒經》作"ཚིག（名詞，言、句子）གིས（作格，以）ཆོས（法）འདོན（念誦）"，意思是：以句子（逐句）念誦（英譯：recite the Dharma line by line together）。

　　《四分律》記載，「共誦」分為「句義、非句義、句味、非句味、字義、非字義」六種情況。

　　句義，指與人齊聲讀誦偈頌這樣的語句，如「諸惡莫作，諸善奉行，自淨其意，是諸佛教」。非句義，讀誦偈頌不整齊，如一人説「諸惡莫作」未完，第二人便搶先説「諸惡莫作」。

　　句味，指與人齊聲讀誦有完整意思的句子，如「眼無常、耳無常，乃至意無常」。非句味，讀誦句子不整齊，如一人還未説「眼無常」，而第二人便搶先説「眼無常」。

　　字義，指與人齊聲讀誦一個單詞，如「阿羅波遮那」等。非字義，讀誦

單詞不整齊，如一人還未說「阿」，第二人便搶說「阿」。

如上，比丘與未受具戒人共誦的形式可以歸納為兩類：一、比丘和未受具戒人齊聲同誦，不前不後，即句義、句味、字義；二、二人讀誦不整齊，一人還未誦或還未誦完，另一人便搶先誦出，即非句義、非句味、非字義。

《十誦律》和《薩婆多論》[1]與「共誦」對應的內容是教句法，其含義也是「共誦」。在兩部律典中，句法的具體含義有差別。《十誦律》中，句法包括「足句、不足句、足字、不足字、足味、不足味」六種。從文義來看其含義應該是指完整的偈頌、不完整的偈頌、完整的單詞、不完整的單詞、完整的語句、不完整的語句。《薩婆多論》記載：「句法有二種：一足句、二不足句。足句者，律師云：同句。若師誦長句，弟子亦誦長句，是名同句。」

《僧祇律》對應的內容是「說句法」，其含義也是「共誦」。如：「句法者，若句味字，句味字共誦。」但辨相中記載，此處的「共誦」僅指「共舉，共下，共斷」，即齊聲讀誦，相當於《四分律》中的「句義、句味、字義」。

《五分律》中與「共誦」相對應的內容為「並誦」，分為三種。其中第一種是「俱時誦」，與《四分律》中的「句義、句味、字義」相同。其他兩種是「或授聲未絕彼已誦，或彼誦未竟此復授」，與《四分律》中的「非句義、非句味、非字義」的內涵相同。

《根有律》中相對應的內容是「同句讀誦」，包括同句、前句、同字、前字四種情況。「同句」、「同字」與《四分律》中的「句義」、「字義」含義一致，為比丘和未受具戒人同時讀誦。「前句」、「前字」意為比丘誦的聲音還未結束時，未受具戒人同聲道出此句，並搶先說出下一句或下一字的內容。《根有律攝》與《根有律》的含義一致，其文中解釋說：「俱時而說，名為同句……在先抄說，是名先句。」

《巴利律》中記載了四種讀誦的情況：「句、隨句、隨字、隨味。句者，共始共終也。隨句者，別始而共終也。隨字者，如言『色是無常也』，即言

1　《薩婆多論》卷 6，《大正藏》23 冊，541 頁下欄。

『色』而止。隨味者，言『色是無常也』，即出其音聲『受是無常也』。句、隨句、隨字、隨味皆是名為逐句之法。」

《善見論》中與「共誦」對應的內容是「同誦句」[1]，也包括四種讀誦方法，與《巴利律》的名字相同但含義有差別：「同誦句者，有四種。何者為四？一者句，二者隨句，三者隨字，四者隨味。何者為句？偈中句一句，是名一句。何者隨句？次第二句，是名隨句。何者隨字？隨文字而說是名隨文字。何者隨味？同字異義，是名隨味。有字義味，是名為句。」

綜上所述，詞源分析中，「共誦」在梵文《說出世部戒經》、梵文《根有戒經》和巴利《戒經》內涵一致，意為「使（沒有受具足戒的人）逐句地背誦教法」，也可以引申為「教授（沒有受具足戒的人）逐句地背誦教法」。梵文《有部戒經》、藏文《根有戒經》更傾向於「一起逐句地背誦教法」。漢譯律典中，《四分律》包括兩個方面的含義：齊聲同誦不前不後；讀誦不整齊，一人還未誦或還未誦完，另一人便搶先誦出。《十誦律》、《薩婆多論》、《五分律》、《根有律》、《根有律攝》、《巴利律》、《善見論》與《四分律》一致，《僧祇律》只有《四分律》中的第一種內涵。

1　《善見論》卷 15，《大正藏》24 冊，779 頁中欄。

四、辨相

（一）犯緣

具足以下五個方面的犯緣便正犯本戒：

1. 所犯境

《四分律》中，本戒的所犯境為「未受戒人」，即除比丘、比丘尼外的一切人。

《摩得勒伽》[1]中，所犯境是除五眾以外的人，與《四分律》差別較大。

《僧祇律》中，所犯境包括比丘尼和未受具戒人，即除比丘以外的人。

藏傳《苾芻學處》[2]中，所犯境是「同誦境未受近圓，具五種名言，身平等住，故意與比丘同誦或先誦，未更換」。此中指出未受具戒者有「故意」之心，其他律典中均未提到。

其他律典均與《四分律》相同。

《毗尼母經》、《明了論》沒有此戒的內容，下不贅述。

2. 能犯心
（1）發起心

《四分律》沒有明確提及發起心。

藏傳《苾芻學處》中，發起心為「欲在未受近圓者之後或同時誦之心相續未斷」。

其他律典和《四分律》相同。

1　《摩得勒伽》卷 2，《大正藏》23 冊，575 頁上欄；卷 9，《大正藏》23 冊，620 頁下欄至 621 頁上欄。

2　《苾芻學處》，《宗喀巴大師集》卷 5，91 頁。

（2）想心

《四分律》沒有提及想心。

《根有律》和《根有律攝》[1]中，只有對未受具戒者作未受具戒者想或疑，才正犯此戒。《根有律攝》還記載，「法作法想、疑」，正犯此戒。

《巴利律》中提到了想心，但在正犯境是「未受具戒者」的情況下，不依想心判：未受具戒者不論作未受具戒者想、疑或受具戒者想，均屬於正犯。

藏傳《苾芻學處》中，想心為「想不錯亂」。

其他律典和《四分律》一致。

3. 方便加行

《四分律》中，方便加行為「共誦」。

其他律典中，《十誦律》和《薩婆多論》[2]的方便加行為「教句法」，《摩得勒伽》為「並誦偈句法」，《僧祇律》戒條中方便加行為「説句法」，《五分律》為「並誦」，《根有律》和《根有律攝》為「同句讀誦」，《巴利律》為逐字逐句的誦讀教法，《善見論》[3]為「同誦句」。這些律典表述雖然差異較大，但其實際內涵均是共誦，與《四分律》相同。

藏傳《苾芻學處》中，方便加行是「以具五相語」且在「未受近圓者之後或同時誦」。

《鼻奈耶》中，方便加行為「説一句戒法」，與《四分律》差異較大。

對於所誦的內容，《四分律》的關鍵詞中為「佛所説、聲聞所説、仙人所説、諸天所説」，這是從説法者角度的描述。

以下律典的記載與《四分律》相似：

《十誦律》關鍵詞中記載：「法者，佛所説、弟子所説、天所説、仙人所説、化人所説，顯示布施、持戒、生天、泥洹。」根據説法者的不同分為五

1　《根有律攝》卷 9，《大正藏》24 冊，575 頁上欄至下欄。

2　《薩婆多論》卷 6，《大正藏》23 冊，541 頁下欄。

3　《善見論》卷 15，《大正藏》24 冊，779 頁中欄至下欄。

類，比《四分律》多出「化人所說」。同時又描述了所說的內容，即包括布施、持戒等。

《僧祇律》關鍵詞中記載：「法者，佛所說、佛所印可。佛說者，佛自說。佛所印可者，聲聞弟子及餘人說，佛印可之。諸善法乃至涅槃是名為法。」這裏以「佛所說」和「佛所印可」歸納了所有說法，又以「諸善法乃至涅槃」從內容上加以限定，與《十誦律》相似。

《根有律》關鍵詞中記載：「言法者，謂佛及聲聞所說之法。」

《巴利律》關鍵詞中記載：「法者，佛所說、聲聞所說、仙人所說、天人所說，而具義、具法者。」這種說法與《四分律》基本一致。

《善見論》中，同誦的內容僅包括「佛語、聲聞語」兩種。

其他的律典與《四分律》差異較大。如《鼻奈耶》中沒有作詳細地描述，從律文來看，「所誦法」僅限為「戒法」。《摩得勒伽》為「偈句法」和「經」。《五分律》中表述為「經」，內容是指佛法中的經偈。《根有律攝》中，「法」是指「十二分教」或「與毗奈耶相應之法」。藏傳《苾芻學處》記載：「所誦法是教法或字，是說體性，非先所知。」

4. 究竟成犯

《四分律》中，此戒的究竟成犯是「了了」。

《十誦律》與《四分律》相同，對方解了時成犯。

《巴利律》中，究竟成犯是「逐句誦之者」。

藏傳《苾芻學處》中，究竟成犯是「誦圓滿時」。

其他律典沒有相關內容。

5. 犯戒主體

據《四分律》記載，此戒的犯戒主體是比丘，比丘尼同犯。

《薩婆多論》、《五分律》、藏傳《苾芻學處》和《四分律》相同。

《十誦律》中，比丘、「與學沙彌」均為此戒的犯戒主體。

其他律典中，此戒的犯戒主體是比丘。

（二）輕重

1. 所犯境

《四分律》中，若比丘與比丘、比丘尼以外的一切人同誦，均結波逸提罪；若與非人，包括天子、阿修羅子、夜叉子、龍子、乾闥婆子、畜生能變化者同誦，結突吉羅。

其他律典中正犯的所犯境如上文犯緣中所述。部分律典還記載了一些其他的結罪情況。

《十誦律》記載：「若教天、龍、夜叉、薜荔伽、拘槃茶、毗舍遮、羅刹等非人讚誦，得突吉羅；教吃人誦，得突吉羅。」「若教啞人、聾人、啞聾人誦；……狂人、病壞心、散亂心，如是等教讚誦，得突吉羅。」

《薩婆多論》記載：「若以同句教具戒人，突吉羅。」

《摩得勒伽》記載：「共畜生誦，突吉羅。狂心、散亂心、重病人、天、龍、夜叉乃至富單那等比丘共誦，突吉羅。本犯戒乃至污染比丘尼人共誦，突吉羅。學戒人共誦，波夜提。共聾盲喑啞人誦，突吉羅。比丘共比丘誦，突吉羅。比丘共比丘尼乃至共沙彌尼誦，突吉羅。」對於式叉摩那、沙彌、沙彌尼，其他律典中均結波逸提罪，與此處的判罪不同。

《根有律攝》中記載：「或非人、傍生，或狂亂心，或苦受所纏、癡聾盲等，同句説時，咸得惡作。」

2. 能犯心

（1）發起心

《四分律》沒有關於發起心結罪的內容。

藏傳《苾芻學處》中，比丘「欲在未受近圓者之後或同時誦之心相續未斷」，才會犯波逸提罪。

其他律典與《四分律》相同，也沒有提及發起心。

（2）想心

《四分律》中沒有關於想心判罪的內容。

《十誦律》記載:「獨處誦,得突吉羅。獨非獨想,非獨獨想……得突吉羅。」

藏傳《苾芻學處》中,「想不錯亂」,犯波逸提。

其他律典中僅《根有律》、《根有律攝》以及《巴利律》中有想心結罪的記載。

《根有律》中,未圓具人作未圓具想及疑,犯波逸提;未圓具人作圓具想,犯突吉羅;圓具者作未圓具想及疑,犯突吉羅;圓具作圓具想,無犯。

《根有律攝》中,「實未近圓作未近圓想、疑」,犯波逸提;「於近圓人作未近圓想疑,得惡作罪」;近圓或未近圓作近圓想,無罪。此外。法作法想、疑,波逸提;非法作法想、疑,犯突吉羅;法和非法作非法想,無罪。

《巴利律》中,未圓具作未圓具想,波逸提;未圓具疑,波逸提;未圓具作圓具想,波逸提;圓具作未圓具想、疑,突吉羅;圓具作圓具想,不犯。

3. 方便加行

據《四分律》記載:「若比丘與未受戒人共誦,一説、二説、三説,若口授,若書授」,即犯波逸提罪。另外,比丘作為老師,若「不教言:『我説竟,汝可説』」,結突吉羅罪。

其他律典正犯的情況如上文犯緣中所述,此處不再贅述。

此外,《薩婆多論》中記載:「同句齊聲,得波逸提;若句不同齊聲者,突吉羅。」「弟子與師齊聲誦長句者,得波逸提。若誦短句,齊聲同誦,波逸提。若師誦長句,弟子誦短句,若齊聲者,突吉羅。若師誦短句,弟子誦長句,齊聲誦者,突吉羅。」「若師誦長句,弟子誤受短句,突吉羅。」

《十誦律》:「若作書,若遣使,若示相,若展轉語……得突吉羅。」

《摩得勒伽》中記載:「遣使,手印,突吉羅。」

4. 究竟成犯

據《四分律》記載,若比丘與未受具戒人共誦,「若了了,波逸提;説而不了了,突吉羅」。

《十誦律》中，「以中國語教邊地人誦，是邊地人不解是語；以邊地語教中國人誦，是中國人不解是語」犯突吉羅，由此可以推出究竟成犯為：受經者聽懂比丘教誦經的話語時，正犯。

《巴利律》中，「令誦之前行者，突吉羅；逐句誦之者，句句波逸提」。

其他律典的結罪情況如上文犯緣中所述。

對於結罪數量，《十誦律》中記載：「若比丘以足句法教未受具戒人：若偈說，偈偈波夜提；若經說，事事波夜提；若別句說，句句波夜提。」《五分律》中亦記載：「句句皆波逸提。」《巴利律》中記載：「依句而誦者，句句波逸提；依字而誦者，字字波逸提。」

5. 犯戒主體

《四分律》中，比丘、比丘尼犯此戒，結波逸提罪；式叉摩那、沙彌、沙彌尼犯此戒，結突吉羅罪。

《薩婆多論》、《五分律》與《四分律》相同。

《十誦律》中，比丘、學悔沙彌均犯波逸提。此律還記載：「若與學沙彌教啞人、聾人、啞聾人讚誦，得突吉羅。若與學沙彌以音句誦法，教比丘、比丘尼讚誦，得突吉羅。」

藏傳《苾芻學處》僅提到比丘、比丘尼犯此戒結波逸提罪，沒有提到下三眾的結罪情況。

其他律典僅記載比丘犯本戒結波逸提，沒有提及其他四眾的情況。

《摩得勒伽》記載：「比丘共比丘誦，突吉羅。比丘共比丘尼乃至共沙彌尼誦，突吉羅。比丘尼亦如是。式叉摩那、沙彌、沙彌尼亦如是。」

（三）不犯

1. 能犯心不具足

《四分律》記載：「或戲笑語，或疾疾語，或獨語，或夢中語，或欲說此乃說彼，無犯。」在這些情況下，比丘都不是故心，因此不犯。

《根有律》記載：「若口吃者，若性急者，若捷語者，並無犯。」

《根有律攝》記載：「無犯者，若語吃，若性急言。」

想心方面，《根有律》、《根有律攝》、《巴利律》中，圓具作圓具想，無犯。《根有律攝》中還記載：「若未近圓作近圓想及在後說想並非法想，並皆無犯」。

2. 方便加行不具足

《四分律》記載，「一人誦竟，一人書」，不犯。

《十誦律》：「不犯者，說竟說。不犯者，鬱提舍事問答並誦，彼中自已鬱提舍者授經，餘誦者誦竟。」「鬱提舍」意思為「說法」。

《薩婆多論》：「但令聲有前後，一切無犯。」

《善見論》記載，同誦「天人語」或「梵志語」，不犯。其中，「天人語」包括「魔王、梵王、帝釋、一切天人所語」；「梵志語」包括「一切外道梵志一品」。此外，若同誦「法師所撰文字」，亦不犯。

《根有律攝》中，「若同誦為正文句」，不犯。

3. 犯戒主體不具足

《四分律》記載：「無犯者，最初未制戒，癡狂、心亂、痛惱所纏。」

《五分律》、《根有律》與《四分律》一致。

《巴利律》僅記載：「癡狂者、最初之犯行者，不犯也。」

4. 其他開緣

《四分律》記載，「若二人同業同誦」，不犯。這是指比丘並未教授未受具戒人，如二人同師受學等。

《薩婆多論》：「若二人俱經利，並誦無犯，不得合唄。」

《巴利律》記載：「與〔未受具戒者〕共受學時、共修習時，通達大部分之讀誦經偈者（於彼落誦一偈時）止之而教〔如是〕誦時，〔於大眾中高聲讀誦時，畏怯而〕停頓時，〔催促而〕同誦時……不犯也。」

另外，《四分律》記載，比丘若先說「我說竟汝說」，不犯。《根有律攝》亦記載：「若教授時先告彼言：『汝勿與我同時而說。』雖同無犯。」還記載：「若賊樂聞為說罪相，或令聽戒經，或在王處，或信敬人，或是首領，並皆非犯。有五種人不應為說毗奈耶藏，謂性無所知強生異問，或不為除疑而發於問，或試弄故問，或惱他故問，或求過失故問，返上五人為說非犯。」

《根有律》記載：「若教誦時，若教問時，無犯。」

五、原理

（一）遮止輕慢佛法

本戒是一條遮戒。

首先，比丘同聲共誦音聲不一致，容易導致喧鬧嘈雜的後果。如《十誦律》中，寺院誦讀聲中既有來自婆羅門讀吠陀經的聲調，也有學算人與捕魚師的聲調，如此多的聲調同時誦讀，必然就會導致音聲雜亂、場面混亂的後果：「寺內出大音聲、高聲、多人眾聲」。

其次，比丘在教授佛法時，如果與未受戒人不分先後共同誦讀佛法，會讓後者生起慢心而對三寶產生不敬，如《巴利律》：「優婆塞不尊敬比丘，不隨順，不互相敬禮而住。」《根有律攝》記載，此戒「由慢法煩惱，制斯學處」。

（二）文化背景分析

1. 婆羅門教傳統下的教誦習俗

佛世時，婆羅門教已經建立起以四部吠陀為根本經典的文化傳統，其教典傳承方式為師徒口耳相傳，弟子憑記憶背誦。唐朝時留學印度的義淨三藏在《根有律雜事》記載了婆羅門讀誦吠陀的特點：「闡陀者[1]，謂是婆羅門讀誦之法，長引其聲，以手指點空而為節段，博士先唱，諸人隨後。」[2]這種師長先唱、弟子相隨以學的教學方式，在印度至今仍被保留，它被稱為「古儒庫拉」，傳承千年而不變。[3]

---

1 指吠陀的頌歌，"chandas" 的音譯。

2 《根有律雜事》卷 6，《大正藏》24 冊，232 頁下欄。

3 曹彥：《印度婆羅門教歷久常新的「古儒庫拉」教學模式》，《世界宗教文化》，2016 年第 5 期，61 頁至 65 頁。

婆羅門教的這種師資相授的傳統，強調師長的權威，弟子對師長極為尊敬。在這種風氣的影響下，如果比丘違背傳統，採取師徒同誦的方式，就很容易招致譏嫌，甚至令他人對佛教喪失信心。《僧祇律》記載，有一位本想從佛出家的婆羅門，看見比丘與兒童同誦，「不知何者是師，誰是弟子？」因此「生不敬信心，竟不見佛即便還歸，不復出家」。

綜上可知，佛陀制定此戒時，吸收了婆羅門傳統教學中尊師重道的一面，同時佛陀還要求弟子須同外道有所區別。例如：婆羅門教的傳統要求弟子需要將吠陀一字不差地背誦出來，強調在手勢動作的配合下以正確的韻律吟唱，並不要求理解經典具體文義。而佛陀更強調弟子們領會佛法內涵，如《毗尼母經》中，佛陀就告誡比丘們：「吾佛法中不與美言為是，但使義理不失，是吾意也。」《薩婆多論》中，此戒制戒意趣為：「為異外道故，為師與弟子差別故，為分別言語令分了故，為依實義不貴音聲故。」

2. 佛教的語言策略

佛陀時代，經典傳承主要靠師徒之間口耳相傳，書寫還沒有得到廣泛應用。當時，佔社會統治地位的婆羅門使用梵語且認為宗教知識不能傳授給低等種姓與女人。[1] 為了維護其文化壟斷地位，婆羅門階級內部使用繁難的吠陀梵語，若非講解，外人無法明白其含義。佛教強調眾生平等，反對這種以語言來壟斷知識的做法。因此，佛陀自己講法時不使用梵語，也不允許弟子們使用梵語，而是鼓勵他們使用各自的方言來學習和宣揚佛法。[2]

1　「最初，婆羅門、剎帝利、吠舍三個種姓的人同習經義。種姓分化逐漸明顯後，教育也隨着分化，剎帝利僅學少量經義，則用更多的時間去學習射術和行政管理；吠舍弟子最初也學習吠陀經典，後來《吠陀》的學習被取消，學術科目也不再學習。他們雖然還有少數人送子弟入古儒庫拉，但多數是到匠師家中，通過師徒傳授的方法，進行實際操作，學習技藝。」曹彥：《印度婆羅門教歷久常新的「古儒庫拉」教學模式》，《世界宗教文化》，2016年第5期。「以上這一系列人身的聖禮都應該按順序按時間為女子舉行，但是不得誦經文。」「女子無權接受伴誦禱告詞的聖禮，這是固定的法；女子沒有氣力，不識吠陀，妄語成性，這是常情。」《摩奴法論》，23頁、178頁。

2　季羨林：《印度古代語言論集》，中國社會科學出版社，1982年，402頁至411頁。

從諸律記載中可以看出，佛陀反對以婆羅門的誦書聲（吠陀梵語）來誦佛典。如《四分律》中，佛陀質問比丘：「汝等云何與長者共在講堂中，誦經聲如婆羅門無異耶？」《根有律攝》中，比丘自身「若作婆羅門誦書節段音韻而讀誦」，結突吉羅罪。《十誦比丘戒本》中，比丘以誦吠陀的方式教未受具戒人，結波逸提罪。[1] 而《五分律》中，有居士譏嫌比丘不懂梵語的各種語法變化時 [2]，佛陀甚至呵責其為「愚癡人」。因為在當時，佛陀的弟子們來自不同地域、不同階層，既有婆羅門弟子，也有低種姓者，彼此「言音不同」。[3] 如果按照吠陀梵語來誦讀佛典，對婆羅門種姓之外或者其他方言的人來說，就會難以趣入與理解。因此，《四分律》中，當有弟子向佛提出以梵語 [4]「修理佛經」時，佛呵斥「汝等癡人！此乃是毀損，以外道言論而欲雜糅佛經」，並特別強調「聽隨國俗言音所解誦習佛經」。[5] 可見當時佛陀考慮到弟子來自各個國家 [6]、各個種姓，為了避免他們因為語言而妨礙學法，制定了靈活的語言政策。

（三）尊師敬法

　　本戒要求老師與弟子不得同時讀誦，要求授法者先誦，受法者後附和，這樣就形成一定的倫理關係，體現出對法的恭敬，可以看出佛陀對於尊師重道觀念的重視。

1　《十誦比丘戒本》：「若比丘，以闡陀偈句教未受具戒人者，波夜提。」《大正藏》23 冊，474 頁上欄。「闡陀偈句」即吠陀梵語。

2　《五分律》卷 6：「云何比丘晝夜親承，而不知男、女、黃門、二根人語及多少語法？」（男、女、黃門、二根人語及多少語法：是指梵語的陽性詞、陰性詞及中性詞等語法變化。）《大正藏》22 冊，39 頁下欄。

3　《毗尼母經》卷 4：「佛弟子中，有種種性、種種國土人、種種郡縣人，言音不同。」《大正藏》24 冊，822 頁上欄。

4　《四分律》卷 52：「大德！此諸比丘眾姓出家，名字亦異破佛經義，願世尊聽我等以世間好言論修理佛經。」《大正藏》22 冊，955 頁上欄。「世間好言論」即梵語 "saṃskṛta" 的意譯。

5　《四分律》卷 52，《大正藏》22 冊，955 頁上欄。

6　《五分律》卷 6：「時諸比丘種種國出家。」《大正藏》22 冊，39 頁下欄。

《根有律攝》對此有更為細緻的論述：對於弟子來說，「其受法者具三威儀，為敬法故，不應眠受」。日常生活中，弟子還要行弟子之法：「若老，若少，到彼師所合掌鞠躬，亦申請問：『四大安不？』應生敬仰，直心無諂，請決所疑，一心善領，不令忘失。若無疑者，如常受法，禮足而退。」此外，「若師出行，隨後而去；若師坐者，自應蹲踞，或處卑座。」可見行、坐之中都要突顯對老師的尊敬。對於老師而言：「亦應敬彼學徒，勿生輕蔑，虛心授與，於法無吝，善領善答，有忍有悲，無懷恚恨，令受業者情無疲惱。」其中無不透露着一種師慈徒敬的精神內涵，這也是師徒倫理關係細化於生活點滴之間很好的體現。

六、總結

（一）諸律差異分析

1. 緣起差異

（1）結構差異

本戒《四分律》只有一個本制。《鼻奈耶》、《十誦律》、《僧祇律》、《根有律》、《巴利律》與《四分律》相同。《五分律》則有一個本制和一個隨制。

（2）情節差異

《四分律》講述比丘誦經，語聲高大，擾坐禪者，佛陀制戒。《十誦律》、《根有律》情節與《四分律》相似，同時提到了佛陀與阿難的對話。《僧祇律》、《巴利律》則導致居士生不敬，內涵與《四分律》一致。

《鼻奈耶》、《五分律》情節與《四分律》差異較大。《鼻奈耶》較為簡單，且講述的是比丘向沙彌說戒。《五分律》故事情節相對豐富，本制情節中佛先聽許比丘教白衣誦經，後異國比丘誦經音句不正，遭居士譏嫌，佛陀制戒不許教未受具人誦經；又有居士和沙彌找比丘誦經，佛陀隨制可教未受具人誦經，但不得並誦。

（3）結論

綜上所述，本戒緣起無需調整，仍取《四分律》的結構與情節。

2. 戒本差異

諸律間的表述有一定的差異。《四分律》中的「共誦」，《鼻奈耶》中對應為「說一句戒法」，《十誦比丘戒本》中則是「以闡陀偈句教」，這兩部律典表達的內容都比較獨特，與《四分律》及其他律典都不相同。《十誦律》、《僧祇律》、《僧祇比丘戒本》、《五分律》、《彌沙塞五分戒本》、《根有律》、《根有戒經》、《根有律攝》、梵文《說出世部戒經》、梵文《根有戒經》中都多出了「教」的意思。其中，《十誦律》、《僧祇律》、《僧祇比丘戒本》少了「共

誦」，但多出了「句法」。《根有律》、《根有戒經》、《根有律攝》中則多出「同句讀誦」。梵文《有部戒經》、巴利《戒經》、藏文《根有戒經》中增加了「逐句」念誦的內涵。

為了與「共未受具人宿過限戒」等戒條中「未受大戒人」的表述統一，據《新刪定四分僧戒本》等在「受」後增加一個「大」字。結合本戒的緣起、辨相內容，依據《四分僧戒本》等將「共誦」改為「同誦」，同時也借鑒《根有律》等，在「誦」後增加「教授法」，以便使文意更加明了，易懂。

3. 辨相差異

（1）所犯境

《四分律》中，本戒的所犯境為未受具戒人，即除比丘、比丘尼外的一切人。《摩得勒伽》中，所犯境是除五眾以外的人，與《四分律》差別較大。《僧祇律》中，所犯境包括比丘尼和未受具戒人。藏傳《苾芻學處》為「未受近圓，具五種名言，身平等住，故意與比丘同誦或先誦，未更換」。其他律典均與《四分律》相同。此處仍取《四分律》的說法。

（2）能犯心

《四分律》沒有關於想心的記載。《十誦律》中，獨處誦作非獨想，非獨處誦作獨想，突吉羅，其他想心的情況沒有記載。《根有律》中，未圓具作未圓具想、疑，波逸提；圓具作未圓具想、疑，突吉羅；未圓具作圓具想，突吉羅；圓具作圓具想，不犯。《根有律攝》前四想心同《根有律》，其他方面，圓具、未圓具作圓具想，不犯；法作法想、疑，波逸提；非法作法想、疑，突吉羅；法、非法作非法想，不犯。《巴利律》前四想心同《根有律》，其他方面，未圓具作圓具想，波逸提；圓具作圓具想，不犯。藏傳《苾芻學處》中，想不錯亂時正犯。本戒想心及判法與「共未受具人宿過限戒」相同。

（3）方便加行

《四分律》中，方便加行為共誦，包括口授和書授兩種方式。口授是口傳誦經，包括整齊地讀誦和不整齊地讀誦；書授指的是比丘口傳，未受具戒人同時書寫。需要特別指出的是，此處的共誦是一種師徒間的教學行為，並非

指現在一般的誦經活動，詳見本戒關鍵詞、原理部分。《十誦律》、《薩婆多論》為「教句法」，《摩得勒伽》為「並誦偈句法」，《僧祇律》為「說句法」，《五分律》為「並誦」，《根有律》和《根有律攝》為「同句讀誦」，《巴利律》為逐字逐句的誦讀教法，《善見論》為「同誦句」。以上諸律表述雖有差異，但實際內涵均是共誦。藏傳《苾芻學處》方便加行是「以具五相語」在「未受近圓者之後或同時誦」。《鼻奈耶》為「說一句戒法」，與《四分律》差異較大。此處取《四分律》的觀點。

從共誦的內容上來說，《四分律》、《巴利律》為佛、聲聞、仙人、諸天所說的法，《巴利律》還要求內容要「具義、具法」。《十誦律》比《四分律》多出了化人所說的法，共誦的具體內容是「布施、持戒、生天、泥洹」。《僧祇律》為「佛所說、佛所印可」的法，此律又進一步解釋說「佛說者，佛自說。佛所印可者，聲聞弟子及餘人說，佛印可之。諸善法乃至涅槃是名為法。」《根有律》為「佛及聲聞所說之法」。《善見論》包括佛語、聲聞語，其中佛語包括經律論三藏。若是梵志語、天人語，同誦不犯。《鼻奈耶》為戒法，《五分律》為經，《根有律攝》是指十二分教，或與毗奈耶相應之法。藏傳《苾芻學處》為「教法或字，是說體性，非先所知」。諸律中，說法者不一定是佛，但從《僧祇律》中可知，所說內容必須經過佛的印可，故可名為「佛法」。就具體內容來說，諸律存在較大差異，或是戒法，或是經，或是包含經律論在內的佛所說乃至佛所印可的一切佛法。此外，《僧祇律》中，若法師所撰文字，共誦不犯。從實踐的角度來說，共誦的內容取經律論三藏更便於實際行持。至於後世祖師對三藏的注釋，以及法師自撰的文字等內容，參考《僧祇律》的觀點，判為不犯為宜。

（4）究竟成犯

《四分律》中，究竟成犯是「了了」，即對方聽懂時正犯，《十誦律》與《四分律》相同。藏傳《苾芻學處》中，究竟成犯是「誦圓滿時」，即誦完時成犯。《巴利律》中，「逐句誦之者，句句波逸提」，可知誦完一句時，即究竟成犯。此處取《四分律》的觀點。

結罪數量方面，《十誦律》：「若偈說，偈偈波夜提；若經說，事事波夜提；

若別句說，句句波夜提。」《五分律》：「句句皆波逸提。」《巴利律》：「依句而誦者，句句波逸提；依字而誦者，字字波逸提。」《四分律》中，與未受戒人共誦，一說（句義，或非句義）、二說（句味，或非句味）、三說（字義，或非字義），若口授，若書授，若了了，波逸提。可推知，每誦一完整的句義（或非句義），結一個波逸提罪，句味、字義例同。此處，取《四分律》的觀點。

4. 諸律內部差異

各律典中，此戒的緣起、戒本以及辨相三部分相符。

（二）調整文本

通過以上諸律間觀點同異的對比與分析，文本在《四分律》的基礎上作如下調整：

1. 緣起

佛在曠野城，六群比丘與長者講堂誦經，語聲高大，如婆羅門，亂坐禪者，佛因此制戒。

2. 戒本

若比丘，與未受大[1]戒人同[2]誦教授法[3]者，波逸提。

3. 關鍵詞

同誦：本戒中指比丘作老師教授未受具戒人時，同時讀誦佛陀的教法。

1　「大」，底本闕，據《新刪定四分僧戒本》、《四分律比丘戒本》、《鼻奈耶》加。
2　「同」，底本作「共」，據《四分僧戒本》、《新刪定四分僧戒本》、《解脫戒經》改。
3　「教授法」，底本闕，據《根有律》、《根有戒經》、《根有律攝》加。

4. 辨相

（1）犯緣

本戒具足四緣成犯：一、是未受具戒人；二、知道是未受具戒人；三、教學時一起誦經律論三藏；四、對方聽懂，成犯。

（2）辨相結罪輕重

①是未受具戒人

與未受具戒人同誦，波逸提；若與天子、阿修羅子、夜叉子、龍子、乾闥婆子、畜生能變化者同誦，突吉羅。

②知道對方未受具戒

未受具戒作未受具戒想，波逸提；未受具戒作未受具戒疑，已受具戒作未受具戒想、疑，突吉羅；受具戒、未受具戒人作受具戒想，不犯。

③教學時一起誦經律論三藏

一起共誦（整齊地讀誦，或不整齊地讀誦，或比丘口傳，未受具人同時書寫），波逸提；教者誦完後，學習者誦或書寫，不犯。

④對方聽懂

對方聽懂時，波逸提。每誦一完整的句義（或非句義），或完整的句味（或非句味），或字義（或非字義），均結一個波逸提罪。對方未聽懂，突吉羅。共誦之前行者，突吉羅。

⑤犯戒主體

比丘、比丘尼若犯，波逸提；式叉摩那、沙彌、沙彌尼若犯，突吉羅。

⑥不犯

若二人同師受學，是同學關係，非師生關係，同誦不犯。

共誦後世祖師對三藏的注釋以及自撰的文字等內容，不犯。

若比丘戲笑語，或疾疾語，或獨語，或夢中語，或欲說此乃說彼，不犯。

最初未制戒、癡狂、心亂、痛惱所纏，不犯。

七、現代行持參考

佛世時，佛法的傳承並不是靠文字的記載，而是靠師徒的口耳相傳。師長口誦一句佛經，弟子跟誦一句，這是一種師徒倫理的體現。如果師生共誦，不僅難以達到傳法的效果，而且容易導致弟子產生輕慢心。

然而，佛法傳入漢地之後，社會大眾主要靠閱讀文字版的佛經典籍接觸與學習佛法。在寺院中，作為主要弘法方式的誦經，是出家法師起腔之後與信眾一起讀誦經論文本，而非師徒口授的方式。誦經的目的也不是為了傳授佛法，而是共同修習。因此，現在寺院裏通常的誦經或殿堂唱誦並不會犯到這條戒。但是，在一些特殊場合，需要讀誦一些特殊的偈頌，如三皈依、開經偈、懺悔偈等，可以提前提醒大眾一句句跟讀，不要與比丘法師同誦。

本戒尊師重道的制戒精神在今天仍然適用。比丘是人天師表，在給未受具戒人講法時，需要注意自己的威儀及身分，以更高的標準來要求自己，這也是對師徒倫理以及俗眾信心的保護，同時也可以避免因為一些不如法的行為而招致譏嫌，影響俗眾的信心。

07

向非具人說粗罪戒

一、緣起

（一）緣起略述

《四分律》有一個本制、一個隨制和一個開緣。佛在羅閱城耆闍崛山，有比丘犯戒，行波利婆沙、摩那埵，緣起比丘把其所犯粗惡罪告訴白衣，導致犯戒比丘和其他比丘心生慚愧。比丘白佛，佛因此制戒，此是本制。後來，有比丘說罪時不知是粗罪，「或有作波逸提懺悔者，或有畏慎者」，於是佛陀增制了此戒，規定不知者無犯，此是隨制。再後來，因僧差舍利弗說提婆達多罪過，舍利弗因前制不敢說罪。比丘以此因緣白佛，佛開許羯磨說罪，此是開緣。[1]

諸律緣起差異比較：

1. 制戒地點

《四分律》中，制戒地點為「羅閱城耆闍崛山」，《鼻奈耶》[2] 為「舍衛國祇樹給孤獨園」，《巴利律》[3] 為「舍衛國祇樹給孤獨園」，《十誦律》[4] 為「王舍城」，《僧祇律》[5]、《五分律》[6] 為「舍衛城」，《根有律》[7] 為「室羅伐城逝多林給孤獨園」。

---

1 《四分律》卷 11，《大正藏》22 冊，639 頁上欄至下欄。

2 《鼻奈耶》卷 7，《大正藏》24 冊，879 頁中欄。

3 《經分別》卷 5，《漢譯南傳大藏經》2 冊，39 頁至 41 頁；《附隨》卷 1，《漢譯南傳大藏經》5 冊，57 頁。

4 《十誦律》卷 10，《大正藏》23 冊，72 頁中欄至 74 頁上欄；卷 53，《大正藏》23 冊，392 頁中欄。

5 《僧祇律》卷 14，《大正藏》22 冊，337 頁中欄至 338 頁上欄；卷 27，《大正藏》22 冊，448 頁中欄。

6 《五分律》卷 6，《大正藏》22 冊，40 頁下欄至 41 頁上欄。

7 《根有律》卷 27，《大正藏》23 冊，772 頁上欄至 773 頁下欄。

2. 緣起比丘

《四分律》中，緣起比丘為「六群比丘」，《鼻奈耶》、《十誦律》、《五分律》、《巴利律》與《四分律》相同。《僧祇律》為「難陀」，《根有律》為「六眾苾芻」。

3. 犯戒對象

《四分律》中，犯戒對象為「諸白衣」，《鼻奈耶》為「不受大戒人」，《十誦律》為「未受大戒人」，《僧祇律》為「優婆夷」，《五分律》為「居士」，《根有律》為「信敬婆羅門居士」和「老宿苾芻弟子求寂」，《巴利律》為「優婆塞」。與《四分律》相比，《鼻奈耶》和《十誦律》沒有說明犯戒對象是白衣還是下三眾。《根有律》明確記載了犯戒對象有「求寂」。

4. 緣起情節

《鼻奈耶》只有一個本制，與《四分律》本制的不同點在於沒有比丘行波利婆沙、摩那埵的記載。

《十誦律》、《巴利律》也只有一個本制，與《四分律》本制的不同點在於多了緣起比丘與其他比丘鬥諍積怨，因此說惡罪或粗罪報復的內容。此外，《十誦律》中沒有提到比丘行波利婆沙、摩那埵的內容，並且緣起比丘說他比丘惡罪之後，導致僧團不和，「未破者便破，已破者不和合，未出事便出，已出事不可滅」。

《僧祇律》有一個緣起和一個本制。其中，緣起情節與《四分律》的隨制相似。隨制中，乞食比丘在乞食時，遇到居士以迦盧比丘為緣譏嫌佛教出家人全是非梵行人，比丘因前制不得說比丘罪，故不敢辯解，比丘白佛，佛以此因緣隨制允許作羯磨說過。

《五分律》有一個本制、一個隨制和一個開緣，與《四分律》的本制、隨制與開緣都相似。

《根有律》有一個本制和一個開緣。本制中，眾多比丘因犯僧殘，在寺內勤於勞作。「信敬婆羅門居士等」見後便讚歎這些比丘勤修福業，輕賤六群比

丘不修福業。六群比丘便告訴他們這些比丘因行非法事，被眾僧治罰，所以在此勞作，居士聞後心生「嫌恥」。六群比丘又向這些比丘的沙彌弟子説其過失，導致弟子不聽老師的話。諸比丘白佛，佛因此制戒，此是本制。《根有律》開緣比《四分律》增加了一些情節：僧團差一名比丘説罪，遭到犯粗罪比丘的威脅，於是佛制允許作羯磨，讓僧團所有人「普告俗家」。

（二）緣起比丘形象

《四分律》中沒有關於緣起比丘形象的描述。

《十誦律》中，緣起比丘「喜鬥諍相言相罵」，和其他比丘鬥爭後，為了報復而向未受大戒人説其惡罪，展現出一個喜歡惹是生非，報復心強的比丘形象。《巴利律》中也有類似記載，緣起比丘因與跋難陀「鬥諍不和」而説其粗罪。

《僧祇律》中，緣起比丘為捉弄長老比丘而向居士説其所犯粗罪，使居士失去信心。這裏刻劃出一名喜歡捉弄他人而不為他人着想的比丘形象。

《根有律》中，緣起比丘見居士讚歎勞作的比丘，輕賤自己，為了反駁居士的褒貶，便將勞作比丘所犯非法事説了出來。結果使得本來對三寶「信敬」的居士對所有比丘心生「嫌恥」。這裏展現出了緣起比丘嫉妒心、瞋恨心強，對自己的名利看得很重，為此不惜毀壞三寶形象。

其他律典沒有關於緣起比丘形象的描述。

（三）犯戒內因

《四分律》沒有明確説明此戒的犯戒內因。《鼻奈耶》、《僧祇律》、《五分律》與《四分律》相同。

《十誦律》中，六群比丘「共餘比丘鬥諍相言相罵」後，為打擊報復而向未受大戒人説其惡罪。由此可知，比丘的報復心是犯戒的內因。《巴利律》的犯戒內因與《十誦律》相同：「具壽跋難陀釋子與六群比丘鬥諍不和」。

《根有律》中，緣起比丘在兩次說其他比丘的粗惡罪之前，都有人讚歎其他比丘的功德。據此推斷，緣起比丘是因為聽到其他比丘被讚歎，同時自己被輕毀，內心生起嫉妒心和瞋恨心，所以才說其他比丘的粗惡罪，以破壞他們的形象。

（四）犯戒外緣

《四分律》中提到「時有行波利婆沙摩那埵比丘在下行坐」，即犯戒外緣是比丘得知有比丘犯粗罪。

《十誦律》、《巴利律》中，比丘之間的鬥諍與矛盾，是此戒的犯戒外緣。

《根有律》中，居士讚歎犯粗罪比丘「善知因果，收諸福業」，貶低緣起比丘「唯自養身，不修勝福」。沙彌讚歎犯粗罪比丘：「我之師主修諸福業。」反問緣起比丘：「大德，仁等何不修福？」據此可知，比丘聽見別人讚歎犯粗罪的比丘，貶低自己，是此戒的犯戒外緣。

其他律典與《四分律》類似。

（五）犯戒後的影響

《四分律》中，僧團內的比丘因為此事而慚愧：「有過比丘聞之慚愧，餘比丘聞之亦慚愧。」除《鼻奈耶》和《僧祇律》以外，諸律在第一點上與《四分律》相同。

《僧祇律》、《五分律》和《根有律》中都記載了緣起比丘被居士譏嫌。如《僧祇律》：「優婆夷聞已心不歡喜……即捉飯筐飲食擲地而去……而說偈言：『出家已經久，修習於梵行；童子戲不止，云何受信施？』」《五分律》中，居士譏呵：「此等沙門……而今如此，為道作穢。無沙門行，破沙門法。」《根有律》：「時彼婆羅門居士聞行非法，各生嫌恥作如是語：『斯等老宿尚作非理，諸餘年少有罪何疑？』」

另外，《根有律》的犯戒影響還有：僧團內的沙彌聽緣起比丘說其師父犯

粗惡罪後，不再聽從師父的指示：「師等何不自為？」並頂撞師父：「師等尚作如是如是非法之事，斯等作業何不合耶？」可見，僧團內的沙彌對自己依止的師父失去信心，不再承事。

《十誦律》的犯戒影響為：「是中比丘，未破者便破，已破者不和合，未出事便出，已出事不可滅。」即僧團內的和合被破壞，產生了矛盾和鬥爭。

《鼻奈耶》沒有記載犯戒後的影響。

（六）佛陀考量

《四分律》中，佛陀因提婆達多破僧的因緣，隨制比丘可以通過羯磨說其他比丘的粗罪。《五分律》和《根有律》也有相似的開緣。《僧祇律》中，居士因迦盧比丘不修梵行的緣故，譏嫌所有的比丘都是非梵行者，比丘因為佛陀制戒，不敢辯解，於是佛陀允許通過羯磨說比丘粗罪。

一般情況下，比丘向白衣說其他比丘的粗惡罪，會造成負面影響，但在特殊情況下，為了防止更嚴重的後果，佛陀允許羯磨後公布比丘的過惡。如《四分律》和《五分律》中，如果不將提婆達多破僧的罪行公之於眾，則會導致更多比丘和居士受提婆達多誤導。故此時說比丘的罪行，可以摧伏邪法，使僧團恢復和合。

同時，佛制說粗罪前必須作羯磨，從中也可以看出佛陀的用心。若未作羯磨而說其他比丘的粗惡罪時，如果兩人有矛盾，則比丘說罪時容易夾雜個人的報復心理；如果是業緣親近的比丘，則可能有包庇的情況。而僧團作羯磨是一種以僧團的名義來公布比丘罪行的行為，故可以避免上述過患。同時，羯磨法代表着全體僧眾的意見，也容易使犯戒者心服口服。

（七）文體分析

《四分律》有三個因緣。《五分律》與《四分律》相同。《鼻奈耶》、《十誦律》、《巴利律》只有一個因緣，《僧祇律》有兩個因緣和一個祇夜，《根有

律》有兩個因緣和五個譬喻。

其中，《鼻奈耶》的故事情節顯得單薄，沒有記載六群比丘説比丘粗罪時的對話，也沒有描寫犯戒後的影響。《十誦律》和《巴利律》的緣起情節顯得更流暢，都描寫了緣起比丘在犯戒之前和其他比丘鬥諍不和，所以為了報復對方而説其所犯惡罪或粗罪。

《僧祇律》的本制中描寫居士知道比丘的罪行後，「即捉飯筐飲食擲地而去」，從這個動作可以得知當時居士心生惱怒，這樣的描寫使得緣起人物形象更加富有立體感。《五分律》提前敘述了僧團裏很多比丘都犯了僧殘中與淫欲相關的戒，為後面的故事作了鋪墊，使整個故事情節更加完整。

《根有律》的緣起內容很豐富，包含兩段對話和許多細節。如居士讚歎比丘時説道：「世間有人善別寶玉，觀諸寶物非偽濫者方收舉之。此諸苾芻亦復如是。」

二、戒本

《四分律》中，本戒的戒本為：「若比丘，知他有粗惡罪，向未受大戒人說，除僧羯磨，波逸提。」

（一）若比丘，知他有粗惡罪，向未受大戒人說

《四分律》作「若比丘，知他有粗惡罪，向未受大戒人說」，意思是：如果比丘，知道其他（比丘）犯有粗惡罪，向沒有受具足戒的人說。

與《四分律》相似：

《四分僧戒本》[1]、《新刪定四分僧戒本》[2]、《四分律比丘戒本》[3]、《解脫戒經》[4] 作「若比丘，知他比丘有粗惡罪，向未受大戒人說」，《根有律》、《根有戒經》[5]、《根有律攝》[6] 作「若復苾芻，知他苾芻有粗惡罪，向未近圓人說」。

《十誦律》作「若比丘，知他有惡罪，向未受大戒人說」，《十誦比丘戒本》[7]、《僧祇律》、《五分律》、《彌沙塞五分戒本》[8] 作「若比丘，知他比丘粗罪，向未受具戒人說」，《僧祇比丘戒本》[9] 作「若比丘，知比丘粗罪，向未受具戒人說」。以上均以「惡罪」或「粗罪」對應《四分律》中的「粗惡罪」。

梵文《說出世部戒經》[10] 作 "yo puna bhikṣur jānan bhikṣusya duṣṭhullām

1　《四分僧戒本》，《大正藏》22 冊，1026 頁中欄。

2　《新刪定四分僧戒本》，《卍續藏》39 冊，266 頁中欄至下欄。

3　《四分律比丘戒本》，《大正藏》22 冊，1018 頁中欄。

4　《解脫戒經》，《大正藏》24 冊，662 頁中欄。

5　《根有戒經》，《大正藏》24 冊，504 頁上欄。

6　《根有律攝》卷 9，《大正藏》24 冊，575 頁下欄。

7　《十誦比丘戒本》，《大正藏》23 冊，474 頁上欄。

8　《彌沙塞五分戒本》，《大正藏》22 冊，197 頁上欄。

9　《僧祇比丘戒本》，《大正藏》22 冊，552 頁上欄。

10　Nathmal Tatia, *Prātimokṣasūtram of the Lokottaravādimahāsāṅghika School,* Tibetan Sanskrit Works Series, no. 16, p. 19.

āpattiṃ anupasaṃpannasya pudgalasya santike āroceya"，梵文《有部戒經》[1] 作 "yaḥ punar bhikṣur bhikṣor jānaṃ duṣṭhūlām āpattim anupasaṃpannasya pudgalasyāntike ārocayed"，這兩部梵文戒本的意思都是：任何比丘，知道（其他）比丘的粗罪，向沒有受具足戒的人說。

與《四分律》有部分差異：

梵文《根有戒經》[2] 作 "yaḥ punar bhikṣur anupasaṃpannāya pudgalāya duṣṭhulāpattim ārocayed"，意思是：任何比丘，向沒有受具足戒的人說（比丘的）粗罪。

巴利《戒經》[3] 作 "yo pana bhikkhu bhikkhussa duṭṭhullaṃ āpattiṃ anupasampannassa āroceyya"，意思是：任何比丘，向沒有受具足戒的人說比丘的粗罪。

藏文《根有戒經》[4] 作 "ཡང་དགེ་སློང་གང་གང་ཟག་བསྙེན་པར་མ་རྫོགས་པ་ལ་གནས་ངན་ལེན་གྱི་ལྱུང་བ་བརྫོད་ན"，意思是：任何比丘，如果對沒有受具足戒的人說（他比丘）粗重罪。

與《四分律》相比，以上三部律典均缺少「知他有粗惡罪」這一內容。

與《四分律》差異較大：

《鼻奈耶》作「若比丘，向未受大戒人說，犯僧伽婆施沙、貝逸提者」。與《四分律》相比，明確表示「粗惡罪」的範疇為僧殘、波逸提罪，但《四分律》辨相中解釋的「粗惡罪」則為波羅夷、僧殘罪，兩者差異較大。

（二）除僧羯磨，波逸提

《四分律》、《四分僧戒本》、《新刪定四分僧戒本》、《四分律比丘戒本》作「除僧羯磨，波逸提」，意思是：除非僧團作羯磨（允許言說），（否則）

1　Georg von Simson, *Prātimokṣasūtra der Sarvāstivādins Teil II*, Sanskrittexte aus den Turfanfunden, XI, p. 205.

2　Anukul Chandra Banerjee, *Two Buddhist Vinaya Texts in Sanskrit*, p. 32.

3　Bhikkhu Ñāṇatusita, *Analysis of the Bhikkhu Pātimokkha*, p. 172.

4　麗江版《甘珠爾》(འཛང་བཀའ་འགྱུར) 第 5 函《別解脱經》(སོ་སོར་ཐར་པའི་མདོ) 12a。

犯墮罪。

與《四分律》相同：

《五分律》、《彌沙塞五分戒本》、《解脱戒經》作「除僧羯磨，波逸提」。

與《四分律》相似：

《十誦律》、《僧祇律》、《僧祇比丘戒本》作「除僧羯磨，波夜提」，《十誦比丘戒本》作「波夜提，除僧羯磨」，《根有律》作「除僧羯磨，波逸底迦」，《根有戒經》、《根有律攝》作「除眾羯磨，波逸底迦」。

梵文《說出世部戒經》作 "anyatra kṛtāye prakāśanāsaṃmutīye pācattikaṃ"，意思是：除了為此而公開羯磨，墮。

與《四分律》有部分差異：

《鼻奈耶》作「除其僧使，貝逸提」。

梵文《有部戒經》作 "anyatra saṃghasaṃmatyā pā(ta)ya(n)tik(ā)"，梵文《根有戒經》作 "anyatra saṃghasaṃmatyān pāyantikā"，意思都是：除了僧團同意（的情況），墮。

巴利《戒經》作 "aññatra bhikkhusammutiyā, pācittiyaṃ"，意思是：除了得到比丘們的授權，墮。

藏文《根有戒經》作 "དགེ་འདུན་གྱིས་གནང་བ་མ་གཏོགས་ཏེ་ལྟུང་བྱེད་དོ།།"，意思是：除非僧團允許，墮。

與《四分律》相比，上述這些律典中均沒有提到「羯磨」。

三、關鍵詞

粗惡罪

梵文《説出世部戒經》作“duṣṭhullām（粗、粗重）āpattim（罪、罪過）”，直譯過來就是：粗重的罪（英譯：the depraved offence）。其他兩部梵文戒本與之基本相同：梵文《有部戒經》作“duṣṭhūlām（粗、粗重）āpattim（罪、罪過）”；梵文《根有戒經》為合成詞，作“duṣṭhul（粗、粗重）āpattim（罪、罪過）”。巴利《戒經》作“duṭṭhullaṃ（粗、粗重）āpattiṃ（罪、罪過）”，意思與梵文相同。

藏文《根有戒經》中作“གནས་ངན་ལེན་（粗惡）ཀྱི་（的）ལྟུང་བ་（墮落、罪）”（英譯：the depravity sin）。其中，“གནས་ངན་ལེན་（粗惡）”一詞與「覆藏他粗罪戒」中的「粗罪」用詞相同，因而在戒本語境中，此詞指代僧殘及四重罪的可能性比較大。

《四分律》解釋「粗惡罪」為：「四波羅夷、僧伽婆尸沙。」

《十誦律》中記載：「惡罪者，若波羅夷、僧伽婆尸沙，一切犯罪，皆名為惡。」《薩婆多論》記載：「説比丘粗罪者，波羅夷僧殘。」[1]《五分律》、《巴利律》與《薩婆多論》相同。《僧祇律》：「粗罪者，四事、十三事。」《善見論》與其相同。上述六部律典內涵都與《四分律》相同。

《根有律》解釋為：「言粗惡者有二種：謂波羅市迦因起，及僧伽伐尸沙因起。此粗惡者有二種相：一、自性粗惡；二、因起粗惡。」從文中可以得知，粗惡罪包括了波羅夷罪和僧殘罪。這裏的「自性」和「因起」意思不詳。《根有律攝》為：「言粗罪者，謂初二部及彼方便。此中意顯與淫相應自性方便，是雜染故，名為粗惡。」《根有律攝》與《根有律》一致，同時還解釋了前兩

1　《薩婆多論》卷6，《大正藏》23冊，542頁上欄至中欄。

篇戒條中與淫欲相應的罪被定為粗惡的原因，是其具有雜染的性質。

　　粗惡罪在《鼻奈耶》戒條中對應「僧伽婆施沙、貝逸提」。與《四分律》相比，《鼻奈耶》中少了波羅夷罪，多了波逸提罪。

　　綜上所述，詞源分析中，「粗惡罪」在諸部戒經中內涵一致，都是指「粗重的罪」，但沒有提及具體的範圍。漢譯律典中，除《鼻奈耶》、《根有律攝》外，諸律典與《四分律》相同，「粗惡罪」都是指「四波羅夷、僧伽婆尸沙」。《鼻奈耶》差異較大，粗惡罪指「僧伽婆施沙、貝逸提」。

四、辨相

（一）犯緣

具足以下五個方面的犯緣便正犯本戒：

1. 所犯境

《四分律》中，所犯境為其他比丘。另外，由「除比丘、比丘尼，以餘人粗惡罪向未受大戒人説者，突吉羅」可分析出：比丘尼也是正犯此戒的所犯境。

《十誦律》、《摩得勒伽》[1]、《僧祇律》、《五分律》、《根有律》、《根有律攝》[2]、《巴利律》、藏傳《苾芻學處》[3]的所犯境為其他比丘。《鼻奈耶》、《薩婆多論》[4]、《善見論》[5]只是規定說比丘粗惡罪就正犯此戒，沒說明是自己還是其他比丘的罪，而《四分律》、《摩得勒伽》、《根有律攝》中，比丘說自己的粗惡罪，不正犯。

《毗尼母經》和《明了論》無此戒內容，下不贅述。

2. 能犯心
（1）發起心
《四分律》沒有對此戒的發起心作明確說明。

除藏傳《苾芻學處》外，其他律典與《四分律》相同。

藏傳《苾芻學處》中，發起心為「欲說他粗罪之心未間斷」。與《四分律》

1　《摩得勒伽》卷 2，《大正藏》23 冊，575 頁上欄；卷 9，《大正藏》23 冊，621 頁上欄。

2　《根有律攝》卷 9，《大正藏》24 冊，575 頁下欄至 576 頁上欄。

3　《苾芻學處》，《宗喀巴大師集》卷 5，92 頁。

4　《薩婆多論》卷 6，《大正藏》23 冊，542 頁上欄至下欄。

5　《善見論》卷 15，《大正藏》24 冊，780 頁上欄至中欄。

相比，藏傳《苾芻學處》不僅要求比丘有故意想說粗罪的心，還要求這種心在究竟成犯之前一直「未間斷」。

（2）想心

《四分律》中，「粗惡罪粗惡想」，正犯此戒。

除《鼻奈耶》、《薩婆多論》、《摩得勒伽》、《善見論》沒有明確提及想心以外，其他律典戒條中都提到「知」他比丘粗惡罪，即比丘有粗惡罪作有粗惡罪想，正犯。

《根有律》中，「於不知俗家作不知想、疑」，正犯此戒。《根有律攝》與之相同。與《四分律》相比，《根有律》、《根有律攝》的想心為：知道或懷疑俗人不知比丘犯罪。藏傳《苾芻學處》中，「於未受大戒及不知罪相者或知或疑」，正犯此戒。與《四分律》相比，藏傳《苾芻學處》中想心內容不同之處為：知道或懷疑說話的對象，是未受具足戒且不知前二篇罪相的人。

《根有律攝》中，粗惡罪作粗惡罪想、疑，正犯此戒。與《四分律》相比，《根有律攝》多出了粗罪作粗罪疑正犯的判罪。《巴利律》中，於粗罪有粗罪想、疑、非粗罪想，正犯此戒。與《四分律》相比，《巴利律》多出了粗罪作粗罪疑、非粗罪想正犯的判罪。《十誦律》與《巴利律》相同，另外《十誦律》中還提到：見聞其他比丘犯罪，見聞作見聞想、疑、不見聞想，都正犯此戒。從這裏可以看出，《十誦律》、《巴利律》對於犯粗罪的情況，不考慮想心。

3. 方便加行

《四分律》中，此戒的方便加行為向未受大戒人說粗惡罪。

諸律在這一點上，與《四分律》相同，只是對於粗惡罪的解釋有所差異，詳見上文關鍵詞解釋部分。

其中，《四分律》、《根有律》和《根有律攝》中，未受大戒人事先不知道比丘犯戒的情況下，向其說罪，才正犯此戒。藏傳《苾芻學處》還強調，向「具五種名言，身平等住，不知他勝、僧殘罪相」的未受大戒人說罪，正犯此戒。《十誦律》中，向未受大戒人說罪，隨「說名」，一一正犯此戒；隨

「説事」，一一不正犯。雖然此律沒有詳細解釋「名」和「事」，但是結合上下文來分析，可能的解釋為：「名」是粗惡罪的罪名，「事」是所犯的粗惡事。《薩婆多論》的方便加行與《十誦律》相似，也有兩部分：說罪名，正犯；說罪事，不正犯。《巴利律》中，由開緣「言事而非言罪，言罪而非言事……不犯也」可知，言罪又言事，正犯。另外，《十誦律》中，「若俱在界內，若坐，若立，若臥，若向界內人說」，正犯。

此外，《四分律》沒有記載與羯磨有關的判罪。而《五分律》、《巴利律》、《善見論》中提到，超出羯磨允許說罪的範圍而說，也正犯此戒。其中，《五分律》中，對於羯磨差的說罪人，「若教向甲說，而向乙說；教說此罪，而說彼罪」也正犯此戒。《巴利律》中，有「罪限定」、「住限定」[1]兩種情況：罪限定，即限定只能說某些罪；住限定，即限定只能向住在某個地方的人說，如果超出任一限定範圍而說，便正犯此戒。《善見論》只有關於「處限定」一種情況，超出限定，犯波逸提。

4. 究竟成犯

《四分律》中，究竟成犯為「說了了」，即對方理解了比丘的話。

《摩得勒伽》中，「不解」不正犯，據此分析出：未受大戒人理解比丘的話時，正犯此戒。《根有律攝》與《摩得勒伽》相同。《僧祇律》的關鍵詞中，據「說者，語前人令知」可以分析出，前人理解時，正犯此戒。藏傳《苾芻學處》中，究竟成犯為對方理解比丘話語的含義時。

《巴利律》中，粗惡罪說完時，正犯此戒。

其他律典對究竟成犯沒有明確說明。

5. 犯戒主體

《四分律》中，犯戒主體為比丘，比丘尼同犯。

1　《經分別》卷5：「罪限定者，即罪被指定，只得語其罪。住限定者，住被指定，只得語於其住。」《漢譯南傳大藏經》2冊，40頁。

《薩婆多論》、《五分律》與《四分律》相同。

《十誦律》的犯戒主體除了比丘外，還包括「與學沙彌」。

其他律典的犯戒主體為比丘，沒有記載比丘尼同犯的情況。

（二）輕重

1. 所犯境

《四分律》中，說其他比丘或比丘尼犯粗惡罪，犯波逸提；說自己犯粗惡罪，突吉羅；「除比丘、比丘尼，以餘人粗惡罪向未受大戒人說者，突吉羅」。

《十誦律》、《摩得勒伽》、《僧祇律》、《五分律》、《根有律》、《根有律攝》、《巴利律》、藏傳《苾芻學處》在「說其他比丘粗惡罪，犯波逸提」這一點上與《四分律》相同。《鼻奈耶》、《薩婆多論》、《善見論》只是規定說比丘粗惡罪，犯波逸提，沒說明說的是自己的粗惡罪還是其他比丘的罪。其中，《薩婆多論》中還提到，不論被說的比丘實際有罪無罪，都犯波逸提。《摩得勒伽》、《根有律攝》中，向未受具戒人說自己粗惡罪，結突吉羅，與《四分律》相同。

《十誦律》中，比丘「向未受具戒人說比丘尼粗罪，得突吉羅；說式叉摩尼、沙彌、沙彌尼粗罪，得突吉羅」。

《薩婆多論》、《摩得勒伽》、《五分律》中，說比丘尼犯前二篇罪，犯突吉羅。《僧祇律》中，說比丘尼犯前二篇罪，犯偷蘭遮；說沙彌、沙彌尼所犯十戒罪，越毗尼；說居士所犯五戒罪，越毗尼心悔。《薩婆多論》中，說下三眾粗罪，突吉羅。《摩得勒伽》中，「說本犯戒乃至污染比丘尼人罪」，犯突吉羅；說學悔沙彌粗罪，突吉羅。藏傳《苾芻學處》中，說未受近圓者之粗惡罪，突吉羅。

2. 能犯心

（1）發起心

《四分律》沒有與發起心有關的判罪。

除藏傳《苾芻學處》外，諸律與《四分律》相同。

藏傳《苾芻學處》中，欲說他粗罪之心一直持續到究竟成犯為止，其間沒有中斷，犯波逸提。

（2）想心

《四分律》中，粗惡罪粗惡罪想，波逸提；粗惡罪疑，突吉羅；非粗惡罪想，不犯。非粗惡罪粗惡罪想，突吉羅；非粗惡罪疑，突吉羅。

除《鼻奈耶》、《薩婆多論》、《摩得勒伽》、《善見論》沒有明確提及想心外，其他律典中，有粗惡罪作有粗惡罪想，波逸提。《十誦律》中，見聞作見聞想、疑、不見聞想，都犯波逸提；於波羅夷和僧殘罪，不論作何想都犯波逸提；對於波逸提、波羅提提舍尼、突吉羅，不論作何想都犯突吉羅。

《五分律》的戒本中記載，「知他粗罪」而說，也就是粗罪作粗罪想，犯波逸提。此律緣起中還記載：「若比丘不知他是粗罪，向未受具戒人說，犯波逸提者，無有是處。」由此可知，非粗罪想，不犯。

《根有律攝》中，粗罪作粗罪想、疑，波逸提；非粗罪作粗罪想、疑，突吉羅；粗罪、非粗罪作非粗罪想，不犯。《巴利律》中，於粗罪有粗罪想、疑、非粗罪想，波逸提；於非粗罪有粗罪想、疑，突吉羅；非粗罪作非粗罪想，不犯。

《根有律》和《根有律攝》中，於不知比丘罪的俗家作不知想、疑，波逸提；於知比丘罪的俗家作不知想、疑，突吉羅。藏傳《苾芻學處》：「於未受大戒及不知罪相者或知或疑，波逸提。」「或聽者非不知罪相及未近圓作彼想或疑而對說者，皆惡作罪。」

3. 方便加行

《四分律》中，向未受大戒人說粗惡罪，犯波逸提。諸律在這一點上與《四分律》相同。

以下將方便加行的結罪情況分三個角度來對比諸律間結罪的不同：

（1）說罪內容

《四分律》中，說粗惡罪之外的罪，犯突吉羅；《十誦律》、《薩婆多論》、

《根有律攝》、《巴利律》、《善見論》、藏傳《苾芻學處》與《四分律》相同。其中，《根有律攝》中還提到，說與淫欲無關的罪或「壞見」（或指邪見），犯突吉羅。《巴利律》：「語非粗罪者，突吉羅；於未受具戒者語粗罪或非粗罪之小罪者，突吉羅。」即說所有罪的方便罪或非粗罪，都犯突吉羅。

《十誦律》、《薩婆多論》、《巴利律》把說罪分成了不同部分來判罪。《十誦律》中，說粗惡罪時，說所犯的罪名犯波逸提；說所犯的事件，則犯突吉羅。《薩婆多論》中，「說二篇罪名，波逸提；說罪事，突吉羅」；說「出佛身血」和「壞僧輪」罪，犯對首偷蘭遮；說「四事邊、十三事邊，一切偷蘭遮」，犯突吉羅。《巴利律》中，由開緣「言事而非言罪，言罪而非言事……不犯也」推出，言罪又言事，犯波逸提。《僧祇律》：「說比丘四事、十三事，得波夜提；說三十尼薩耆、九十二波夜提，越毗尼罪；說四波羅提提舍尼法、眾學威儀，越毗尼心悔。說比丘尼八波羅夷、十九僧殘，得偷蘭罪；三十尼薩耆、百四十一，波夜提；八波羅提提舍尼、眾學威儀，得越毗尼心悔。說沙彌、沙彌尼十戒，得越毗尼罪，下至俗人五戒，得越毗尼心悔。」此外，《僧祇律》還提到，將五篇罪名告訴未受具戒人，結突吉羅。

此外，《四分律》沒有關於羯磨說罪的判罪。《十誦律》中，羯磨允許向一部分人說罪，「若向餘人說者，突吉羅」；羯磨允許在一些地點內說罪，「若餘處說，突吉羅」。而《五分律》中，受羯磨差遣說罪的人，「當隨僧所教，若教向甲說，而向乙說；教說此罪，而說彼罪，皆波逸提」。《巴利律》中，關於「僧之認許」的說罪有「罪限定、住限定」兩種情況，如果超出任一限定範圍而說罪，便犯波逸提；「罪不限定，住不限定時者，不犯」。《善見論》只有關於「處限定」一種情況，超出限定，也犯波逸提。藏傳《苾芻學處》中，如果有污他家的比丘或比丘尼，未經僧團差遣而說罪，或雖經僧團差遣說罪，但是未在僧團允許的地點說罪，突吉羅。此外，此律還記載：「若無能說其粗惡罪之人時，未作單白羯磨，一切比丘同說其罪等，皆是學處惡作罪。」

（2）說罪方式

《十誦律》：「若在地向高上人說，若在高上向在地人說，得突吉羅。若在

界內向界外人說，若在界外向界內人說，得突吉羅。若俱在界內，若坐，若立，若臥，若向界內人說，得波夜提。」《薩婆多論》中，用「遣使、書信、印信」的方式說罪，犯突吉羅。《摩得勒伽》中，在地面向未受具戒人說空中比丘粗罪，犯波逸提；在空中說地面上人的粗罪亦如是；「界內界外亦如是」。用遣使、手印的方式來說粗惡罪，犯突吉羅。《摩得勒伽》中還記載：「中國人向邊地人，邊地人向中國人說，不解，突吉羅。」《根有律攝》：「雖得眾法，於已知人有私忿心而向說者，亦得惡作罪。」即雖經羯磨開許說罪，但若以「私忿心」向已知罪的人說粗惡罪，也犯突吉羅。

（3）說罪對象

《摩得勒伽》中，向比丘尼及式叉摩那、沙彌尼說，犯突吉羅。《根有律攝》中，比丘向比丘尼說自己所犯的粗罪，犯突吉羅。藏傳《苾芻學處》中，「聽者非不知罪相及未近圓」，突吉羅。《十誦律》中說：「若向天、龍、夜叉、薜荔伽、拘槃茶、毗舍遮、羅剎等非人說比丘粗罪，得突吉羅。」《僧祇律》中規定，「雖比丘尼受具足，亦不得向說」，但是此律沒有相應的判罪說明。

4. 究竟成犯

《四分律》中，說了了，波逸提；不了了，突吉羅。

《摩得勒伽》、《根有律攝》中，對方解了，波逸提；不解，突吉羅。《僧祇律》、藏傳《苾芻學處》中，說粗惡罪，對方理解時，犯波逸提。

《十誦律》中，對前二篇罪若說罪名，每一句話犯一個波逸提；若說罪事，每一句話犯一個突吉羅。後三篇罪，不論說名或說事，每一句話犯一個突吉羅。《巴利律》中，未說完時，犯突吉羅；說完，犯波逸提。

其他律典沒有與之相關的判罪。

5. 犯戒主體

《四分律》中，比丘、比丘尼若犯，波逸提；下三眾若犯，突吉羅。《五分律》與《四分律》相同。其他律典在「比丘，犯波逸提」這一點上與《四分律》相同。其中，《十誦律》中，「與學沙彌」若犯，波逸提；對於羯磨開

許說罪的情況，若羯磨差的說罪者說，不犯；其他比丘說，犯突吉羅。

《薩婆多論》與《四分律》相似，不同點為《薩婆多論》中，下三眾不犯。《摩得勒伽》中，比丘尼說比丘尼的粗惡罪，波逸提；說其他人的粗惡罪，突吉羅；下三眾，犯突吉羅。天、龍等出家做比丘，說自己或其他比丘的粗惡罪，突吉羅。「本犯戒乃至污染比丘尼人」出家，說比丘粗惡罪，犯突吉羅。

（三）不犯

1. 羯磨

《四分律》中，僧羯磨差遣比丘說罪，不犯。

除《摩得勒伽》沒有提及外，其他律典與《四分律》相同。其中，《十誦律》、《五分律》、《根有律》記載於戒條之中。

2. 能犯心不具足

《四分律》：「若不知……粗惡非粗惡想……不犯。」這裏的「不知」意為：不知所說的罪是粗惡罪。《五分律》與此相同。《根有律攝》中，粗罪、非粗罪作非粗罪想，不犯。《巴利律》中，非粗罪作非粗罪想，不犯。

另外，《根有律》、《根有律攝》中，於不知俗家作知想，不犯。這裏的「不知俗家」指的是不知道比丘的粗惡罪的俗眾。

3. 未受大戒人事先知罪

《四分律》中，「若白衣先已聞此粗惡罪」，不犯。

《五分律》：「若未受具戒人已聞彼比丘犯粗罪，問比丘。比丘反問：『汝所聞云何？』彼言：『我聞如是如是。』然後言：『我聞亦如是。』不犯。」

《根有律》：「若大眾詳說其事，或時人眾普悉知聞，猶如壁畫人所共觀，非我獨知，說皆無過。」這裏的「大眾詳說其事」應該指：粗惡罪已經在社會大眾中廣泛傳播，大家都知道了。《根有律攝》記載：「無犯者，謂遍城邑聚落之內，並悉知聞。」

4. 方便加行不具足

《巴利律》中，「言事而非言罪，言罪而非言事」，不犯。這裏的「事」和「罪」的意思不詳，從字面上推測，有可能「事」就是粗惡罪的情節，「罪」就是犯罪的篇名或罪名。

5. 犯戒主體不具足

《四分律》中，「最初未制戒，癡狂、心亂、痛惱所纏」，不犯。《五分律》、《根有律》與之相同。

《巴利律》中，「癡狂者、最初之犯行者」，不犯。

《根有律攝》中，「見諦人」，不犯。

五、原理

（一）寧破塔像，不說僧過惡

「向非具人說粗罪戒」是一條遮戒，通過禁止比丘說他人粗惡罪，既可以保護比丘免受譏嫌，也可以保護居士對僧團的信心。

本戒防範的是瞋煩惱，而瞋煩惱主要體現在報復心和嫉妒心上。《十誦律》和《巴利律》都提到了緣起比丘因和其他比丘有矛盾，為了報復而說對方的粗罪。《根有律》中，比丘聽到了居士讚揚其他比丘，貶低自己，於是說其他比丘的粗罪，這是嫉妒心的體現。

比丘以惡心傳播他人粗惡罪，會對其他比丘和僧團的形象造成負面影響。《四分律》中，緣起比丘向居士說了其他比丘的粗罪之後，「有過比丘聞之慚愧，餘比丘聞之亦慚愧」。《十誦律》還記載了緣起比丘把粗惡罪告訴居士後，導致僧團內的比丘產生矛盾，關係不和。有鑑於此，《薩婆多論》中告誡：「寧破塔壞像，不向未受具戒人說比丘過惡。若說過罪，則破法身故。」

（二）恥辱的標籤

在比丘僧團中，凡聖同居，我們很難從比丘一時的表現，就斷定其將來無所成就。如屬於六群比丘的迦留陀夷「於舍衛國污辱諸家」，僧殘戒裏的「漏失戒」、「摩觸戒」等許多與淫戒相關的戒皆因其而制定，但是他能夠懺悔罪過，精進努力，最終證得阿羅漢，並且廣行教化。人非完人，孰能無過？如果一味宣說他人以往的過錯，那麼犯錯的人就將生活在恥辱的標籤裏，這樣會使其內心的罪惡感不斷加深，改惡遷善的意願越來越弱。《僧祇律》中，佛陀說：「梵行人中間放逸，已還作如法，云何嗤弄，向未受具戒人說其粗罪？」可見，比丘改正錯誤之後，其行為即如法，不應該再宣說其罪過並故意嘲弄。

（三）僧羯磨如法説罪及其限度

　　雖然此戒的目的在於不向外宣説比丘的過失，以免給當事人和整個僧團帶來負面影響。但是諸律也提到了另外一種合法的説罪形式，即僧羯磨差遣比丘説罪。僧團裏有時會遇到個別輕視因果、輕忽戒律的惡比丘，他們即使犯了粗罪也會拒絕承認，比如犯了波羅夷罪卻説自己為如法比丘，犯了僧殘罪卻不履行出罪的懺悔程序。此時，僧團就可以通過羯磨差遣比丘向居士説罪，以此在僧俗二眾共同的壓力下，使犯罪比丘認錯，改過自新。

　　僧差比丘向居士説罪，可以使那些經常故意犯僧殘罪的比丘改正他們的惡習。這些意志薄弱的比丘，雖然反覆犯錯，但是絕大部分內心還是願意改正。對於一些頑固的比丘，有時候並不能起到理想的效果。相反，一些支持他們的居士因為並未親見其所犯罪過，反而誤解僧團因嫉妒而排擠對方，這樣恰好給了比丘利用他人分裂僧團的機會。《四分律》記載，「舍利弗為眾所差，在王眾中及諸人民眾中説調達過」，雖然舍利弗已經宣説其罪過，但是提婆達多並未稍減過惡，反而變本加厲，組織更多的人來實施其分裂僧團的計劃。可見，羯磨説粗罪這種方式也存在局限，僧團在運用時需慎重選擇。

六、總結

（一）諸律差異分析

1. 緣起差異

（1）結構差異

《四分律》、《五分律》均有一個本制、兩個隨制。《根有律》有一個本制、一個隨制。《鼻奈耶》、《十誦律》、《僧祇律》、《巴利律》均只有一個本制。

（2）情節差異

諸部律典的情節，大致都是緣起比丘將其他比丘犯戒的事情告訴了沙彌或白衣，損減了其對犯戒比丘乃至僧團的信心，破壞了僧俗乃至僧眾之間的和合。在諸部律典的緣起事件描述中，緣起比丘告知的對象及場合有差異。

《四分律》只提到犯戒比丘「在下行坐」這一場景，較為簡略。《僧祇律》、《五分律》中，施主對犯戒比丘乃至全體僧眾的態度，經歷了從不知道比丘犯戒時恭敬、讚歎，到知道後輕視、傲慢的變化過程。這一過程將居士對比丘恭敬供養的根本原因展露無遺，那就是比丘的清淨梵行與精神追求，從中也可體會出佛陀制定此戒的意趣所在。《五分律》中的「故出不淨」等粗罪較《僧祇律》中的「小兒時戲」更直接地表達了「粗惡罪」的意思。

《十誦律》、《巴利律》中，緣起情節都是緣起比丘因與犯戒比丘鬥諍不和而向未受具戒人說其粗罪，但在未受具戒人對比丘犯戒態度的描述上較為簡略，對於突顯本戒的制戒意趣略顯不足。《根有律》中，緣起比丘因居士讚歎犯戒比丘「善知因果，收諸福業」而輕視自己「唯自養身，不修勝福」的緣故，向居士說對方犯粗罪；又因老宿比丘的弟子問自己為何不修福業而說其師的粗罪，突顯了說粗罪對未受具戒人產生的負面影響。在情節方面，相較前面幾部律典中的比丘應供因緣來說，普遍性略顯不足。故本戒取《五分律》的本制。

第一個隨制中，《四分律》、《五分律》類似，均為比丘在不知道是粗罪

的情況下而向未受具戒人說，當知道後對於自己是否犯戒心存疑惑，佛陀於是制戒。

第二個隨制中，《四分律》、《五分律》的相同點為比丘被僧團羯磨所差，向外宣布提婆達多所做非法。不同點中，《四分律》中所差比丘是向國王、民眾說，《五分律》是向提婆達多部說。起疑的比丘方面，前者為所差比丘，後者為諸比丘，略為不同。根據本戒的制戒意趣，《四分律》的隨制更為合理。《根有律》中的隨制與戒條有些出入，在此不詳細展開。

（3）結論

本戒選取《五分律》的本制對《四分律》的本制作修訂，隨制不變。

2. 戒本差異

整體而言，諸律間差異不大。《四分律》及大部分律典中的「粗惡罪」在《鼻奈耶》中直接表述為「僧伽婆施沙、貝逸提」。此外，梵文《根有戒經》、巴利《戒經》以及藏文《根有戒經》中都缺少「知他有粗罪」。《鼻奈耶》、梵文《有部戒經》、巴利《戒經》和藏文《根有戒經》中均沒有提到「羯磨」二字，而是以「僧團同意」或類似的表達來代替。

戒本調整方面，依據《四分僧戒本》等在「知他」後面增加「比丘」二字，以使所犯境更加明確。為了便於理解和避免歧義，據《十誦比丘戒本》將「粗惡罪」中的「惡」字去掉。

3. 辨相差異

（1）所犯境

本戒的所犯境可分為兩部分來討論，一是所說的對象，二是對方犯罪的類型。

①所說對象

《四分律》中，所說的對象是其他比丘、比丘尼。《十誦律》、《摩得勒伽》、《僧祇律》、《五分律》、《根有律》、《根有律攝》、《巴利律》、藏傳《苾芻學處》中，所說的對象是其他比丘。《鼻奈耶》、《薩婆多論》、《善見論》

為比丘，未說明是自己還是其他比丘。

諸律中，唯《四分律》將比丘尼作為正犯境：說比丘尼粗惡罪，犯波逸提。而《十誦律》、《薩婆多論》、《摩得勒伽》、《五分律》中，說比丘尼粗惡罪，犯突吉羅。《僧祇律》中，說比丘尼粗惡罪，犯偷蘭遮。其他律典都沒有關於說比丘尼粗惡罪的判罪。從實踐的角度來說，與下三眾相比，比丘、比丘尼都是受具足戒的出家人，二者同為僧團的核心，說比丘尼的粗罪與說比丘的粗罪一樣，都會對當事人和僧團造成很大的負面影響，因此，本戒採用《四分律》觀點。

此外，所說的對象是非正犯境（包括說罪者自己，以及下三眾、白衣）時的結罪情況，此處也需要作一說明。向未受大戒人說自己的粗惡罪，《四分律》、《摩得勒伽》、《根有律攝》中結突吉羅罪，其他律典沒有明確說明。說下三眾的粗惡罪，《四分律》、《十誦律》、《薩婆多論》、《摩得勒伽》、《僧祇律》、藏傳《苾芻學處》的觀點一致，均結突吉羅罪。說白衣的粗惡罪，《四分律》、藏傳《苾芻學處》中，結突吉羅罪，《僧祇律》自責心悔。綜合諸律來看，說自己，下三眾以及白衣的粗惡罪，可判為突吉羅罪。

②犯罪類型

犯罪類型可分粗惡罪和非粗惡罪兩種情況。

粗惡罪方面，《四分律》中，說波羅夷或僧殘罪，正犯此戒。《鼻奈耶》中，說僧殘、波逸提罪，正犯此戒。《根有律攝》中，說波羅夷或僧殘中與淫欲有關的罪及其方便罪，正犯此戒。其他律典與《四分律》相同。此處仍取《四分律》的觀點。

若說非粗惡罪，即粗重罪以外的其他罪，《四分律》、《十誦律》、《薩婆多論》、《根有律攝》、《巴利律》、《善見論》和藏傳《苾芻學處》均判為突吉羅罪。而《僧祇律》則分兩種情況：說捨墮、單墮時，越毗尼罪；說波羅提提舍尼法、眾學威儀，越毗尼心悔。此處採用《四分律》等諸律的觀點，即說非粗罪，得突吉羅。

（2）能犯心

各律中，本戒的想心比較複雜，不僅內容不同，結罪輕重也存在差異。

①粗惡罪想方面，除《鼻奈耶》、《薩婆多論》、《摩得勒伽》、《善見論》外，其他律典中，粗惡罪作粗惡罪想均正犯。《四分律》中，粗惡罪粗惡罪想，波逸提；粗惡罪粗惡罪疑，突吉羅；非粗惡罪粗惡罪想、疑，突吉羅；粗惡罪非粗惡罪想，不犯。《根有律攝》中，粗罪作粗罪想、疑，波逸提；非粗罪作粗罪想、疑，突吉羅；粗罪、非粗罪作非粗罪想，不犯。《巴利律》中，粗罪非粗罪想，波逸提，其餘同《根有律攝》。

②見聞想方面，《十誦律》中，若看見或聽說對方犯前二篇粗罪，作見聞想、疑、不見聞想，都犯波逸提罪；若看見或聽說對方犯餘篇罪，作見聞想、疑、不見聞想，都犯突吉羅罪。對於見聞想的判法，可以看出，實際上比丘作見聞或不作見聞想都不影響判罪。

③俗家知（比丘犯粗罪）想方面，《根有律》、《根有律攝》中，俗家不知比丘粗惡罪作不知想、疑，波逸提；俗家知比丘粗惡罪作不知想、疑，突吉羅；俗家不知比丘粗惡罪作已知想，不犯。藏傳《苾芻學處》中，知道或懷疑對方是未受具足戒且不知道前二篇罪相時，正犯；知道或懷疑對方已受具足戒且知道前二篇罪相時，突吉羅。此處「知粗罪」的主體是未受大戒者，而上文「粗罪想」的主體是犯罪比丘自己。《四分律》則認為「若白衣先已聞此粗惡罪」，則不犯，即若白衣本身已經知道了此事，比丘再說時就不易再招致譏嫌。

本戒的能犯心取粗罪想。對於俗家已經知道比丘犯粗罪的情況，本戒採用《四分律》判法。

（3）方便加行

諸律中，本戒的方便加行是：僧未作羯磨差遣，向未受大戒人說（粗惡罪）。以下按羯磨差遣、說罪的方式，以及所對的人群（聽者）逐一分析異同。

諸律中，除《摩得勒伽》外，均提到了羯磨差遣比丘說罪一事。部分律典中，超過羯磨允許的範圍（包括粗罪的罪種、地點、所對人群）說罪時會結罪，但結罪輕重存在差異。《五分律》中，超出罪種、所對人群，《巴利律》中超出罪種、處所，《善見論》超出處所時，均結波逸提罪。而《十誦律》中，超出地點、所對人群，藏傳《苾芻學處》中超出處所時，均結突吉羅罪。

《四分律》中沒有相關內容。上述律典中，按照羯磨法的規定如法說罪符合實踐的需求。結罪輕重方面，本戒採納《十誦律》、藏傳《苾芻學處》的觀點，若不如法說罪，結突吉羅罪。但兩部律典都未提到罪種，此處借鑒地點、所對人群的判罪特點，將超出罪種範圍的說罪，調整為突吉羅罪。

說罪方式上，諸律均提到了口說這一方式。此外，《摩得勒伽》中，用遣使、手印的方式說粗惡罪，突吉羅。《薩婆多論》中，通過遣使、書信、印信的方式說粗惡罪，犯突吉羅。在實踐中，用「口說」以外的方式來說粗惡罪，也會給被說者和僧團造成負面影響。據此，本戒採納《摩得勒伽》和《薩婆多論》的觀點。

所對的人群方面，諸律觀點一致，均指未受具戒者。此外，部分律典中提到了向比丘尼說粗罪的情況。《摩得勒伽》中，向比丘尼說其他比丘的粗惡罪，突吉羅。《根有律攝》中，向比丘尼說自己所犯的粗惡罪，突吉羅。《四分律》中沒有相關記載。上述兩部律典提到的觀點符合實踐的需求，此處也予以採納。

（4）究竟成犯

《四分律》、《摩得勒伽》、《僧祇律》、《根有律攝》、藏傳《苾芻學處》中，對方聽懂時，正犯此戒。而《巴利律》中不需要對方理解，只要粗惡罪說完時，就正犯此戒。《十誦律》、《薩婆多論》中，說罪名，正犯。其他律典沒有明確記載此戒的究竟成犯。此處採用《四分律》等多數律典的觀點。

結罪數量方面，《十誦律》中，隨說罪名，一一波逸提，《四分律》及其他律典中沒有相關記載。此處取《十誦律》的觀點，每說一次粗惡罪名，結一波逸提罪。

（5）犯戒主體

諸律中，本戒犯戒主體都是比丘。僧團其他成員犯罪時，諸律判罪輕重不同。《四分律》、《五分律》中，比丘尼若犯，結波逸提罪；下三眾若犯，突吉羅。《摩得勒伽》中，比丘尼和下三眾若犯，突吉羅。《薩婆多論》中，比丘尼若犯，波逸提；下三眾，不犯。此處仍取用《四分律》的觀點。

4. 諸律內部差異

《鼻奈耶》、《十誦律》的緣起中並未提到僧羯磨，而戒條中則有「除其僧使」以及「除僧羯磨」。《十誦律》的辨相與戒條一致，其中，解釋了僧羯磨是比丘「於白衣舍作惡，若令他作」的情況下，需在居士前作羯磨說罪，因而這種情況不犯。《巴利律》緣起和戒條的不同之處在於：戒條中提到了「比丘僧認許」的情況，不犯；而緣起中沒有提到。

（二）調整文本

通過以上諸律間觀點同異的對比與分析，文本在《四分律》的基礎上作如下調整：

1. 緣起
（1）本制

佛在舍衛城時，有位比丘故出不淨而行別住。當時一位居士請僧眾應供，六群比丘坐了施主特意為這位比丘準備的好座位，施主責難六群不該坐此，六群比丘告訴居士該比丘因為犯戒不能坐這個位置。居士知道後譏嫌比丘「無沙門行，破沙門法」。長老比丘將此事報告世尊後，世尊便制了此戒：「若比丘，向未受大戒人說他粗罪，波逸提。」

（2）隨制

有比丘不知道其他比丘所犯的是粗惡罪，便向白衣說，當知道後有的作波逸提懺悔，有的心懷畏懼。佛陀於是又增制了本戒：「若比丘，知他比丘有粗罪，向未受大戒人說，波逸提。」

後來舍利弗被僧眾差遣，在國王團體及民眾中說提婆達多的過錯，由於前面佛陀已經制了戒，舍利弗便擔心犯戒。諸比丘報告世尊後，世尊又對此戒作了隨制，開許僧差說罪不犯。

2. 戒本

若比丘，知他比丘[1]有粗[2]罪，向未受大戒人説，除僧羯磨，波逸提。

3. 關鍵詞

粗罪：指波羅夷和僧伽婆尸沙罪。

4. 辨相

（1）犯緣

本戒具足五緣成犯：一、比丘或比丘尼犯粗惡罪（前二篇罪）；二、認為是犯粗惡罪；三、僧眾未作羯磨差遣；四、向未受大戒人説；五、對方聽懂，成犯。

（2）辨相結罪輕重

①比丘或比丘尼犯粗惡罪

説其他比丘或比丘尼的前二篇粗惡罪，波逸提；説前二篇之外的罪，突吉羅。

説比丘自己所犯的粗惡罪，突吉羅；説下三眾、白衣的粗惡罪，突吉羅。

②認為是犯粗惡罪

粗惡罪作粗惡罪想，波逸提；粗惡罪作粗惡罪疑，突吉羅；非粗惡罪作粗惡罪想、疑，突吉羅；粗惡罪、非粗惡罪作非粗惡罪想，不犯。

③僧眾未作羯磨差遣

僧眾未作羯磨差遣，波逸提；若僧眾已作羯磨差遣，但所説粗罪的罪種、地點，或所對的人群超出了羯磨所限定範圍，突吉羅；僧眾已作羯磨差遣，如法説罪，不犯。

1　「比丘」，底本闕，據《四分僧戒本》、《新刪定四分僧戒本》、《四分律比丘戒本》、《十誦比丘戒本》、《僧祇律》、《五分律》、《彌沙塞五分戒本》、《解脱戒經》、《根有律》、《根有戒經》、《根有律攝》加。

2　「粗」，底本作「粗惡」，據《十誦比丘戒本》、《僧祇律》、《僧祇比丘戒本》、《五分律》、《彌沙塞五分戒本》改。

④向未受大戒人說

向未受大戒人口說粗罪，波逸提。

用遣使、書信、手印等其他方式說粗罪，突吉羅。

向比丘尼說其他比丘或自己的粗惡罪，突吉羅。

⑤對方聽懂

說粗惡罪，對方聽懂時，波逸提，每說一次粗惡罪名，結一個波逸提罪；若未聽懂，突吉羅。

⑥犯戒主體

比丘、比丘尼若犯，波逸提；式叉摩那、沙彌、沙彌尼若犯，突吉羅。

⑦不犯

如果白衣已經提前知道比丘所犯的粗罪，不犯。

最初未制戒，癲狂、心亂、痛惱所纏，不犯。

七、現代行持參考

在現代社會，向非具戒人說比丘的粗罪同樣可能造成嚴重的影響：一方面對當事人造成很大的傷害，甚至會因而影響僧團和合；另一方面會影響沙彌及居士對當事比丘乃至整個僧團的信心。在當今資訊時代，這種負面影響可能會藉助網絡媒體進一步擴大，甚至發展到整個社會，使社會對佛教持負面評價。因此，現代比丘更需要嚴持此戒。

在世人眼裏，比丘的形象就代表着整個佛教的形象。僧團是以戒律為基礎的和合眾，其日常運作、內部成員的組織形式，乃至修行、生活等細節都與世俗社會的生活方式有很大的不同。因此，對於僧團內部的事務應該秉持僧事僧斷的原則，避免向外宣告僧團內部事務。任何不謹慎與不真實的言論，都可能給自己帶來傷害，也會給僧團帶來不必要的麻煩。

當然，如果有惡比丘犯戒後拒不承認，不遵守僧團的規定，甚至可能做出對三寶、社會有損的事情時，僧團可以通過適當途徑向外界公布，以便將負面影響降到最低。

08

實得道向未具者
說戒

一、緣起

（一）緣起略述

《四分律》只有一個本制。本制中直接記載，佛「以此因緣」集僧制戒。「此因緣」應該是指「大妄語戒」的制戒緣起，因為「大妄語戒」的緣起包含了比丘「妄說」和「實說」兩種情況，本戒屬於「實說」的情況。「大妄語戒」的緣起是「時世穀貴，人民飢餓，乞食難得」，比丘集中在一起，導致居士無力供養，佛陀於是遣比丘到各處安居求食。一些比丘為了獲得飲食，向居士說自己或他人實得上人聖法，並以此獲得了豐富的飲食供養。安居結束後，比丘們拜見佛陀，佛陀問他們用了什麼方法在饑荒時也能乞到豐富的食物。諸比丘據實回答，佛陀呵斥諸比丘後制戒。[1]

諸律緣起差異比較：

1. 制戒地點

《四分律》中，制戒地點為「毗舍離獼猴池樓閣精舍」，《鼻奈耶》[2] 為「舍衛國祇樹給孤獨園」，《十誦律》[3] 為「維耶離國」，《僧祇律》[4] 為「舍衛城」，《五分律》[5] 為「毗舍離」，《根有律》[6] 為「竹林聚落」，《巴利律》[7] 為「毗舍離大林之重

1　《四分律》卷 11，《大正藏》22 冊，639 頁下欄至 640 頁上欄；卷 56，《大正藏》22 冊，984 頁上欄至 985 頁下欄。

2　《鼻奈耶》卷 7，《大正藏》24 冊，879 頁上欄至中欄。

3　《十誦律》卷 10，《大正藏》23 冊，71 頁中欄至 72 頁中欄；卷 37，《大正藏》23 冊，268 頁下欄至 269 頁中欄；卷 53，《大正藏》23 冊，392 頁中欄。

4　《僧祇律》卷 4，《大正藏》22 冊，259 頁上欄至下欄；卷 13，《大正藏》22 冊，337 頁上欄至中欄。

5　《五分律》卷 6，《大正藏》22 冊，40 頁中欄至下欄；卷 26，《大正藏》22 冊，169 頁下欄至 170 頁下欄；卷 28，《大正藏》22 冊，184 頁中欄至下欄。

6　《根有律》卷 27，《大正藏》23 冊，773 頁下欄至 774 頁中欄。

7　《經分別》卷 5，《漢譯南傳大藏經》2 冊，31 頁至 39 頁；《附隨》卷 1，《漢譯南傳大藏經》5 冊，57 頁。

閣講堂」。以上制戒地點中，「維耶離國」與「毗舍離」為同一地名，只是翻譯不同。

2. 緣起比丘

《四分律》中，緣起比丘為「婆求園比丘」，《鼻奈耶》為「一比丘」，《十誦律》為「婆求摩訶比丘」，《僧祇律》中沒有提到緣起比丘，《五分律》為「婆求末河邊安居比丘」，《根有律》為「捕魚村五百苾芻」，《巴利律》為「婆裘河邊諸比丘」。

3. 緣起情節

諸律中均只有一個本制。

《鼻奈耶》中，一位比丘到沙彌處讚歎自己得四禪等上人法，諸比丘見後呵責此比丘，並以此白佛，佛因此制戒。

《僧祇律》、《五分律》的情節與《四分律》相似。

《十誦律》、《根有律》與《四分律》的故事情節基本一致，但整個緣起故事更為完整，內容更加豐富。

《巴利律》與《四分律》的不同之處有二。首先，《巴利律》中，緣起比丘一開始就與佛陀分別在不同的地方，緣起比丘在「婆求河邊」，佛陀在「毗舍離大林之重閣講堂」。而《四分律》中，緣起比丘一開始與佛陀在一起，後來遇到饑荒才奉世尊命前往各地求食。其次，《四分律》中，緣起比丘一致認為，可以說實得上人法來獲得飲食。而《巴利律》中，比丘先是商討如何獲得飲食以度過安居，出現兩派觀點，最終大眾同意用說上人法的方式。

《僧祇律》中，一個聚落內的兩眾比丘在安居結束後來拜見佛陀。其中一部分「行道如法」的比丘因不自讚歎，導致「乞食難得，衣物不足，諸優婆塞不數來往」。佛得知情況以後為他們說法，並說了往昔在畜生道當鸚鵡說法的本生故事。另一部分比丘因讚歎自己實得上人法，從而「乞食易得，多得安居衣，諸優婆塞來往者眾」。佛陀呵斥了這些比丘後制戒。《僧祇律》與《四分律》的不同點是沒有記載饑荒一事，但記載了兩眾比丘在同一個聚落內安居。

（二）緣起比丘形象

《四分律》中，緣起比丘在饑荒年代，為了得到「好美飲食」，用了說上人法的方式。律中記載：「中有信樂居士，所有飲食不敢自啖，不與妻子，當持供養我等。」這裏刻劃了一個自私的比丘形象。《五分律》與《四分律》相似。

《根有律》中，緣起比丘在前面因妄語說上人法被佛呵責，而制了「大妄語戒」；後又說實得上人法以獲得飲食，刻劃了一個喜歡鑽漏洞的比丘形象。

其他律典沒有關於緣起比丘形象的具體描述。

（三）犯戒內因

《四分律》沒有直接記載此戒的犯戒內因。而在緣起故事中，因為發生饑荒，缺乏食物，緣起比丘想「不以飲食為苦」，想「得好美飲食」，所以對居士說實得上人法。由此，犯戒內因應是對食物的貪心。

《十誦律》、《僧祇律》、《巴利律》中明確提到緣起比丘「以飲食故」、「為口腹故」等原因說實得上人法，因此，其犯戒內因是為了求得飲食。與《四分律》相比，雖然同為飲食，但未必有《四分律》所描述的貪心，可能只是為了果腹而已。

《根有律》也有記載比丘是為了獲得食物而說上人法。其他律典的犯戒內因不詳。

（四）犯戒外緣

《四分律》中，此戒的犯戒外緣有兩點：一是「時世穀貴，人民飢餓，乞食難得」，即饑荒導致乞食難得；二是在家人對上人法的尊崇，雖然發生饑荒，但居士聽到上人法後，仍會毫不猶豫地「以所有飲食，妻子之分不食，盡持供養」。

《十誦律》、《五分律》、《根有律》、《巴利律》的犯戒外緣與《四分律》相同。

《僧祇律》與《四分律》類似，此戒的犯戒外緣為居士偏好供養自稱有上人法的比丘。如律中記載：「入村乞食，有自稱譽者，乞食易得；不自稱譽者，極甚難得。」

其他律典沒有明確記載犯戒外緣。

（五）犯戒後的影響

《四分律》中，犯戒後的影響為：「時諸信樂居士信受其言，即以所有飲食、妻子之分不食，盡持供養諸比丘。」緣起比丘「顏色光澤和悅，氣力充足」。《根有律》、《巴利律》與《四分律》相似。

《十誦律》中，犯戒後的影響為：「富貴家」供養比丘「乃至如豐樂時，與僧小食中食悒鉢那，於饑儉時亦如是作」，比丘「啖是飲食大得色力，肥盛潤澤」。與《四分律》相比，《十誦律》少了施主減少自己和家人的口糧以供養比丘的內容。

《五分律》比《四分律》少了奪「妻了之分」以供養比丘的記載，多了「不復祭祠，斷施餘人並以供養」。其他律典沒有記載犯戒後的影響。

（六）佛陀考量

《十誦律》和《根有律》中，佛陀呵責緣起比丘「為飲食故」，說實得過人法。《僧祇律》和《巴利律》也有類似記載，「為口腹故」。從佛陀的呵斥中可以看出，佛陀制此戒的意趣是為了防止比丘利用說實得上人法來滿足個人的欲求。

另外，大多數律典的緣起中都記載，居士一聽說比丘有上人法，就虔誠供養；反之，沒有說自己有上人法的比丘就只得到很少的供養，乃至如《四分律》、《十誦律》、《根有律》中，比丘餓得「顏色憔悴」。可見，居士供養

時明顯心不均等，更偏向於供養那些有證量的比丘。這樣會造成僧眾利養不均，極易引發僧團的不和。因此，佛陀制此戒或許也是為了避免類似情況的發生，同時也是為了照顧那些沒有證得上人法的凡夫比丘，體現出「利和同均」的制戒精神。

（七）文體分析

《四分律》有一個因緣，《鼻奈耶》、《十誦律》、《五分律》、《根有律》、《巴利律》與《四分律》相同。其中，《鼻奈耶》的緣起故事情節最簡單，對比丘說上人法的內因、外緣、犯戒影響以及緣起的故事細節，都沒有作描述。

《巴利律》對饑荒的記載尤為詳細，還寫出了饑荒的原因，「穀物因病菌，葉莖乾枯如箸」，增加了緣起故事的真實性。此外，該律還記載了比丘討論如何「安穩度過雨安居，亦無飲食之苦」時，出現的兩派觀點：一是用幹活來換取食物；二是向居士說實得上人法。最後第二個方案被比丘們採納。也就是說，面對困境，他們在討論如何解決問題時，也會產生意見分歧。這些情節描寫使緣起比丘的形象富有立體感，貼近生活。

除了《四分律》，《僧祇律》也是與「大妄語戒」同一個緣起：「如第四戒妄語中，事事因緣廣說，但此中以說實為異。」《根有律》也是類似，如律文「廣說如前第四波羅市迦」。《五分律》也是如此：「有諸比丘在婆求末河邊安居者，種種因緣，如自稱得過人法中說。」《十誦律》、《巴利律》中雖然沒有明確記載本戒與「大妄語戒」是同一個緣起，但從內容上看，本戒的緣起跟「大妄語戒」非常相近，只是後者的內容更為豐富。七部廣律中，只有《鼻奈耶》中的緣起情節與「大妄語戒」不同，故不難推斷出「大妄語戒」與本戒應該是同時制定的，只是在律典結集的時候被編入了不同的篇聚。

二、戒本

《四分律》中，本戒的戒本為：「若比丘，向未受大戒人說過人法，言：『我見是，我知是。』實者，波逸提。」

若比丘，向未受大戒人說過人法，言：「我見是，我知是。」實者，波逸提

《四分律》、《四分律比丘戒本》[1] 作「若比丘，向未受大戒人說過人法，言：『我見是，我知是。』實者，波逸提」，意思是：「如果比丘，向未受具足戒的人說（自己證得）過人的法，說：『我見到了這些，我知道這些。』（即使所說是）真實的，犯墮罪。」

與《四分律》相似：

《四分僧戒本》[2]、《新刪定四分僧戒本》[3] 作「若比丘，向未受大戒人說過人法，言：『我知是，我見是。』見知實者，波逸提」。《五分律》、《彌沙塞五分戒本》[4] 作「若比丘，向未受具戒人自說得過人法，言：『我如是知，如是見。』實者，波逸提」。《十誦比丘戒本》[5] 作「若比丘，未受具戒人前自為身說過人法，若知，若見，自稱言：『我如是知，如是見。』乃至實，波夜提」。《僧祇比丘戒本》[6] 作「若比丘，自稱向未受具戒人說得過人法：『我如是知，如是見。』說實者，波夜提」。

1　《四分律比丘戒本》，《大正藏》22 冊，1018 頁中欄。

2　《四分僧戒本》，《大正藏》22 冊，1026 頁中欄。

3　《新刪定四分僧戒本》，《卍續藏》39 冊，266 頁下欄。

4　《彌沙塞五分戒本》，《大正藏》22 冊，197 頁上欄。

5　《十誦比丘戒本》，《大正藏》23 冊，474 頁上欄。

6　《僧祇比丘戒本》，《大正藏》22 冊，552 頁上欄。

與《四分律》有部分差異：

《解脱戒經》[1]作「若比丘，向未受具戒人自説得過人法，實者，波逸提」，與《四分律》比缺少説話内容「我見是，我知是」。

《十誦律》作「若比丘，實有過人法，向未受大戒人説者，波夜提」。《根有律》、《根有戒經》[2]、《根有律攝》[3]作「若復苾芻，實得上人法，向未近圓人説者，波逸底迦」。

梵文《有部戒經》[4]作 "yaḥ punar bhikṣur anupasaṃpannasya pudgalasyottaraṃmanuṣyadharmam ārocayed bhūtaṃ pātayantikā"，梵文《根有戒經》[5]作 "yaḥ punar bhikṣur anupasaṃpannāya pudgalāyottaraṃmanuṣyadharmam ārocayed bhūtāt pāyantikā"，這兩部梵文戒本的意思均是：任何比丘，實際獲得了上人法，向没有受具足戒的人説，墮。

巴利《戒經》[6]作 "yo pana bhikkhu anupasampannassa uttarimanussadhammaṃ āroceyya bhūtasmiṃ, pācittiyaṃ"，意思是：任何比丘，實際獲得了上人法，向没有受具足戒的人説，墮。

藏文《根有戒經》[7]作 "ཡང་དགེ་སློང་གང་གང་ཟག་བསྙེན་པར་མ་རྫོགས་པ་ལ་མིའི་ཆོས་བླ་མ་བདེན་པ་སྨྲ་ན་ལྟུང་བྱེད་དོ"，意思是：任何比丘，對没有受具足戒的人説真實上人法，墮。

以上律典與《四分律》相比，均缺少了「我見是，我知是」的言説内容，但不影響文意。另外，《根有律》及以下的律典均以「上人法」對應《四分律》的「過人法」。

《鼻奈耶》作「若比丘，向未受大戒人自稱譽言：『我知是見是。』實者，貝逸提」，與《四分律》相比，這裏没有明確表述所説的内容是「過人法」。

1　《解脱戒經》，《大正藏》24 冊，662 頁中欄。

2　《根有戒經》，《大正藏》24 冊，504 頁上欄。

3　《根有律攝》卷 9，《大正藏》24 冊，576 頁上欄。

4　Georg von Simson, *Prātimokṣasūtra der Sarvāstivādins Teil II*, Sanskrittexte aus den Turfanfunden, XI, p. 205.

5　Anukul Chandra Banerjee, *Two Buddhist Vinaya Texts in Sanskrit*, p. 32.

6　Bhikkhu Ñāṇatusita, *Analysis of the Bhikkhu Pātimokkha*, p. 169.

7　麗江版《甘珠爾》(འདུལ་བ་ཀ་འགྱུར) 第 5 函《別解脱經》(སོ་སོར་ཐར་པའི་མདོ) 12a。

與《四分律》差異較大：

《僧祇律》作「若比丘，自稱得過人法，我如是知，如是見，說實者，波夜提」，這裏沒有說明對誰說「過人法」時犯此戒。

梵文《説出世部戒經》[1]作"yo puna bhikṣur anupasaṃpannasya pudgalasya santike ātmopanāyikam uttarimanuṣyadharmam alamāryajñānadarśanaṃ viśeṣādhigamaṃ pratijāneya Ō iti jānāmi iti paśyāmīti bhūtasmiṃ pācattikaṃ"，意思是：「任何比丘，對沒有受具足戒的人讚歎自己擁有過人的法、十分殊勝的智慧和見地，說：『我知如此，我見到如此。』（即使）是真實的，墮。」這裏與《四分律》相比多出了對過人法的詳細描述「十分殊勝的智慧和見地」。

1　Nathmal Tatia, *Prātimokṣasūtram of the Lokottaravādimahāsāṅghika School*, Tibetan Sanskrit Works Series, no. 16, p. 19.

三、關鍵詞

過人法

本關鍵詞在「大妄語戒」中已詳細辨析,具體內容可參見第二冊「大妄語戒」中「上人法」專題。

四、辨相

（一）犯緣

具足以下五個方面的犯緣便正犯本戒：

1. 所犯境

《四分律》中，此戒的所犯境為「未受大戒人」，意思是：沒有受具足戒的人，即除比丘、比丘尼外，其他所有人都是未受具人。

《鼻奈耶》、《十誦律》、《薩婆多論》[1]、《摩得勒伽》[2]、《五分律》、《根有律》、《根有律攝》[3]、《巴利律》、《善見論》[4] 的所犯境與《四分律》相同。

藏傳《苾芻學處》[5] 為「未受近圓，具五種名言，身平等住，未見地」的人，這裏的「見地」可能指小乘的初果，或是大乘菩薩的初地。《薩婆多論》還記載，「若為利養故向具戒人說者」，也正犯此戒。

《毗尼母經》[6] 對此戒沒有明確的判罪，只是要求比丘「得過人法，不得向白衣說。若同出家人知舊言，不相違者可向說，不應向餘者說」。除此以外沒有其他記載。《僧祇律》沒有說明此戒的所犯境。

《明了論》無此戒內容，下不贅述。

1　《薩婆多論》卷 6，《大正藏》23 冊，541 頁下欄至 542 頁上欄。

2　《摩得勒伽》卷 2，《大正藏》23 冊，575 頁上欄至中欄；卷 9，《大正藏》23 冊，621 頁上欄至中欄。

3　《根有律攝》卷 9，《大正藏》24 冊，576 頁上欄至中欄。

4　《善見論》卷 15，《大正藏》24 冊，780 頁上欄。

5　《苾芻學處》，《宗喀巴大師集》卷 5，92 頁。

6　《毗尼母經》卷 8，《大正藏》24 冊，848 頁中欄。

2. 能犯心

（1）發起心

《四分律》沒有記載此戒的發起心。除《薩婆多論》和藏傳《苾芻學處》外，其他律典與《四分律》相同。

據《薩婆多論》的開緣「不為名利而為說者，無犯」，以及辨相「若說天龍鬼神來至我所，為名利故，波逸提」可以分析出，此戒的發起心為求名利之心。

藏傳《苾芻學處》中，此戒的發起心為「欲實說得上人法之心」，同時還要求此心一直持續到究竟成犯之前「未間斷」，才正犯此戒。

（2）想心

《四分律》沒有與想心有關的內容。除《十誦律》、《根有律》和藏傳《苾芻學處》外，其他律典與《四分律》相同。

《十誦律》中，「獨處說」，不正犯此戒。此外，「獨非獨想，非獨獨想」，均不正犯此戒；由這兩點可推出，非獨作非獨想，正犯此戒。

《根有律》中，「無虛妄心，作實解想」，正犯此戒，意思是：非欺誑心，作實得上人法想。

藏傳《苾芻學處》中，「想不錯亂」正犯此戒。

3. 方便加行

《四分律》中，方便加行為：實得上人法而向人說。藏傳《苾芻學處》與《四分律》相似，但多出了「以具五相語而起言說」的要求。

其他律典與《四分律》相同，只是對上人法內涵的解釋有所差異，詳見上文關鍵詞解釋部分。

此外，《四分律》中，用「若手印書，若作知相遣人」等方式說上人法，也正犯。《巴利律》中，欲說實得上人法，卻錯說成了其他的上人法，也正犯。

4. 究竟成犯

《四分律》中，「說了了」，正犯。

《摩得勒伽》中，「中國人向邊地人說……不解」，不正犯。據此推出，對方理解比丘的話時，正犯。《根有律攝》中的究竟成犯是「前人領解」。該律典在本戒中並未明確記載究竟成犯的條件，但在「故妄語學處」中記載究竟成犯是「前人領解」，然後又提到其他語言類戒條都與此相同：「所餘學處與言相應者，咸應類知。」《巴利律》記載了兩種究竟成犯的判法，分別為「已說者」與「對方理解」時。藏傳《苾芻學處》中，對方「了義」時（聽者理解時），正犯。

其他律典沒有明確記載此戒的究竟成犯。

5. 犯戒主體

《四分律》中，犯戒主體是比丘，比丘尼同犯。

《薩婆多論》、《五分律》、藏傳《苾芻學處》與《四分律》相同。

其他律典中，犯戒主體為比丘，比《四分律》少了比丘尼同犯的記載。

（二）輕重

1. 所犯境

《四分律》中，向未受大戒人說，犯波逸提；其他律典正犯波逸提的情況如上犯緣中所述。

《四分律》中，向「受大戒人非同意者」說，犯突吉羅，這裏的「非同意」是指心意不同。向「天子、阿修羅子、夜叉子、乾闥婆子、龍子、餓鬼子、畜生能變化、不能變化者」等人道之外的眾生說，犯突吉羅。

《十誦律》：「若天、龍、夜叉、薜荔伽、鳩槃茶、毗舍遮、羅刹等非人前說，得突吉羅。……若以中國語向邊地人說，邊地人不解；以邊地人語向中國人，中國人不解是語；若向啞人、聾人、啞聾人說……得突吉羅。若向狂人、散亂心人、病壞心人說，得突吉羅。」

《摩得勒伽》中，如果「向天龍乃至富單那等説」，犯突吉羅；向「狂心、散亂心、重病人、聾盲瘖啞，乃至污染比丘尼」説，犯突吉羅；「向賊住人、本不和合、學戒人説」，犯突吉羅；中國人向邊地人説，邊地人向中國人説，不解，突吉羅；向式叉摩那、沙彌、沙彌尼説，突吉羅。此外，此律還記載：「五眾展轉相向説，突吉羅。」也就是比丘、比丘尼、式叉摩那、沙彌、沙彌尼互相説實得上人法，犯突吉羅。

《五分律》中，「若受大戒人不問，而向説」，犯突吉羅。

《根有律攝》中，向「非人及癲狂等，並先犯等」説，犯突吉羅。結合上下文分析，這裏的「並先犯等」指的是之前受了具足戒，後來犯了四根本而破戒的人。

《僧祇律》沒有與所犯境有關的判罪。

2. 能犯心

（1）發起心

《四分律》沒有與發起心有關的判罪。

《薩婆多論》中，「為名利故，波逸提」。藏傳《苾芻學處》中，「欲實説得上人法之心未間斷」，犯波逸提。

其他律典與《四分律》相同。

（2）想心

《四分律》沒有與想心有關的判罪。

《根有律》中，只要比丘「無虛妄心，作實解想」，也就是實得上人法想，便犯波逸提。藏傳《苾芻學處》中，「想不錯亂」，犯波逸提。

《十誦律》中，如上犯緣推測可知，非獨處作非獨想，犯波逸提；「獨非獨想，非獨獨想」，均犯突吉羅。

其他律典與《四分律》相同。

3. 方便加行

《四分律》中，實得上人法而向人説，犯波逸提。除藏傳《苾芻學處》

外，其他律典與《四分律》相同。藏傳《苾芻學處》中，「以具五相語而起言説」，「所説事是自身所得上人法」，犯波逸提。

此外，《四分律》中，「若手印書，若作知相遣人」，犯波逸提罪。與《四分律》相比，下面兩部律典用類似方式説上人法，只結突吉羅罪。如《摩得勒伽》中的「手印遣使」和《根有律攝》中的「或為書印」，都犯突吉羅。而《僧祇律》中，用「作書手相印」的方式表達上人法，「現義現味」，犯偷蘭遮；「現義不現味，得越毗尼罪；若現味不現義，越毗尼心悔；現義現味，偷蘭遮；不現義不現味，無罪；下至現阿羅漢相，越毗尼心悔」。

《十誦律》中，説「我好持戒」等實有的非上人法，犯突吉羅；看見「土鬼來至我所」，向他人説，突吉羅。《薩婆多論》與《十誦律》相同，而且還提到：「若實誦三藏，為名利故向人説者，突吉羅；隨所誦經、隨所解義、隨能問答，為名利故向人説者，突吉羅。」此律還記載：「若作書，若遣使，若示相，若展轉語，得突吉羅。」「若獨處説，得突吉羅。」

《僧祇律》中，説實得上人法時，「説義説味」，得波逸提；「説義不説味」，得越毗尼；「説味不説義」，得越毗尼心悔。這裏的「義」謂言義，是字面上有直接的表示；「味」即意趣，是話語背後的深層內涵。此外，《僧祇律》中還記載：「若自言：『我法智耶？』越毗尼心悔；若言：『我法智。』越毗尼罪；若言：『我得法智作證。』波夜提。……若比丘語女人言：『某處夏安居比丘盡非凡夫。』得越毗尼心悔；問言：『尊者亦在中耶？』答言：『亦在中。』得越毗尼罪；若優婆夷問言：『尊者亦得此法不？』答言：『得。』説實者，波夜提。」

《根有律》中，向他人説自己真實見聞到「糞掃鬼」，或到「糞掃鬼處」，犯突吉羅。

《根有律攝》記載：「若對俗人現神通者，得惡作罪。若苾芻尼對大師前現神變者，亦得惡作。」藏傳《苾芻學處》也有類似記載：「若無特殊因緣，於在家人前而現神通，是學處惡作罪。」與《四分律》相比，這兩部律典多出了對示現神通的判罪。此外，《根有律攝》還記載了一種特殊情況：「若苾芻手中執果，他有問言『仁獲果耶』，意在此果，答言『得』者，得惡作罪；

意在聖果，答言『得』者，得波逸底迦。」

《巴利律》中，欲説此上人法而錯説了其他的上人法，也犯波逸提。使用暗示的方式説自己得上人法，犯突吉羅，例如向未受大戒人説：住某個精舍裏的比丘是阿羅漢，而自己就住在那個精舍裏。

4. 究竟成犯

《四分律》中，「説了了」，犯波逸提；「説而不了了」，犯突吉羅。

《摩得勒伽》中，「不解，突吉羅」。由此可以推測出對方「解」時，犯波逸提。《根有律攝》中，「前人領解」，犯波逸提。藏傳《苾芻學處》中，對方「了義」時，犯波逸提。《巴利律》記載了兩種究竟成犯的判法：《巴利律·附隨》中，「説之前行者，突吉羅；已説者，波逸提」；而《巴利律·經分別》中，「對方理解者，波逸提；不理解者，突吉羅」。

《五分律》中記載了此戒的結罪次數，「自説得過人法，語語波逸提」，即每説一句得一個波逸提。

其他律典沒有記載與究竟成犯有關的判罪。

5. 犯戒主體

《四分律》中，比丘、比丘尼，犯波逸提；下三眾，突吉羅。

《薩婆多論》、《五分律》與《四分律》相同。藏傳《苾芻學處》與《四分律》相比，少了對下三眾的判罪。

其他律典中，比丘，犯波逸提；未提及其他人的結罪情況。

（三）不犯

1. 所犯境不具足

《四分律》中，「若實得上人法向同意比丘説」，不犯。

《薩婆多論》中，所説的對象若是「知識同心，無外」，不犯。《巴利律》中，對受具戒者説，不犯。《毗尼母經》記載：「若同出家人知舊，言不相違

者，可向説。」

《摩得勒伽》：「向見諦人説，正見人説，不犯。」

2. 能犯心不具足

《薩婆多論》：「不為名利而為説者，無犯。」

3. 方便加行不具足

《四分律》中，「若説根、力、覺、道、解脱、入三昧，不向人説『我得』」，不犯。

《僧祇律》中，説上人法時「非説義非説味」，或「不現義不現味」，不犯。

4. 犯戒主體不具足

《四分律》中，「最初未制戒，癡狂、心亂、痛惱所纏」，不犯。

《五分律》、《根有律》與《四分律》相同。《巴利律》中，「最初之犯行者」不犯。

5. 開緣

《四分律》記載：「若增上慢，若自言是業報、不言是修得……或戲笑語，獨語，若夢中語，欲説此乃説彼，無犯。」

《薩婆多論》記載：「若遇賊難，畏失夭命故語言：『汝若殺我，得大重罪。』若為病故無人看視，得語前人：『若看我者，得大福德。』如是等因緣説則無罪，以人身難得故，是故無過。」

《摩得勒伽》還記載了一種特殊的不犯情況：「比丘漏盡，未受具戒人問漏盡不？手中捉果核，彼言：『得是。』不犯。如是隨其義説。」《五分律》記載：「不犯者，泥洹時説；受具戒人問，而後説。」《根有律攝》：「為顯聖教現希有事，自陳己德，或欲令彼所化有情心調伏故，雖説無罪。」

《五分律》中，「泥洹時説，受具戒人問，而後説」，不犯。

五、原理

（一）名利煩惱

　　此戒是一條遮戒，主要防護的是比丘通過說實得上人法而貪著名聞利養，如《根有律攝》云：「由求利煩惱，制斯學處。」

（二）謙虛心與平等心

　　首先，比丘宣說上人法有違修道者謙虛的品格。《薩婆多論》記載：「與比丘結戒者，為大人法故；若稱德行，覆藏過罪，是小人法。」《根有律雜事》也有相似的記載，佛陀教導比丘：「勿於來往沙門、婆羅門、長者、居士等前現其神變，作上人法……於勝善法應須掩覆，罪惡之事發露為先。」[1] 可見，佛陀更注重比丘能夠坦露過錯，努力提升自己的境界而不是炫耀德行。《僧祇律》中，比丘以說上人法的方式來滿足口腹之欲，佛陀斥責其無異於「淫女賣色自活」。

　　其次，比丘宣說上人法，居士就會對比丘起分別心，這對其他比丘不公平。如《十誦律》記載，在饑荒年代，居士寧可妻、子無有飲食也要供養聖者，因為聖者是「大福田」，而其他的比丘卻乞不到充足的食物。《薩婆多論》記載：「為平等法故，若自稱聖德則賢愚各異，前人於眾僧無平等心。」從律中記載可知，有的居士對聖者一味崇拜而缺乏理性，他們為了獲得來世的功德福報，供養時不惜代價，給自身也帶來了傷害。

1　《根有律雜事》卷 26，《大正藏》24 冊，329 頁下欄。

（三）超驗現象與測不準

　　上人法作為一種殊勝善法，由於其難以檢測，無法判斷真假，因此容易被人誤解。比如律中記載，目犍連尊者對於軍隊的勝敗、生男生女、是否下雨的預測，在常人眼中看來是虛妄不實的，而事實卻相反。可以想象，如果沒有佛陀來證明其真實，比丘將會面臨這樣的困境：由於其神通預測「不準」而被世人詬病，同時也會受到犯大妄語的指控。[1] 另外，上人法超越普通人的日常經驗，某些時候並不會被認為是一項可讚歎的「奇跡」，相反會被認為是「妖異」。因此，比丘向俗眾宣說或者展示神通，有時可能會給俗眾帶來困擾。如《五分律》記載，賓頭盧尊者為度化跋提長者之姊，攜帶大石頭飛騰到空中，令城中人「大怖懼」。[2]

　　律中雖然某些情況下有開緣，如在其他比丘主動詢問的時候[3]，但是若非「知舊」[4]、「同心」[5]，貿然相告恐怕也不是很妥當。可見，比丘擁有上人法對比丘尚需謹慎言說，何況對凡夫？如果言說上人法不能使人生信，那麼對聖者的毀謗將會帶來嚴重後果：「諸比丘不信汝言，何以故？令諸比丘不信故得多罪。」因此，為了避免凡夫無意中對聖者造罪，佛陀甚至禁止目犍連繼續說神通之事：「汝止！止！不須復說。」[6]

1　《四分律》卷 56：「目連虛稱得上人法，波羅夷非比丘。」《大正藏》22 冊，985 頁下欄。

2　《五分律》卷 26：「去王舍城不遠有大石，賓頭盧坐其上，合石飛入王舍城。城中人見，皆大怖懼，恐石落地，莫不馳走。至長者姊家上，便住不去。彼見已即大恐怖，心驚毛豎，叉手白言：『願施我命，以石著本處，我當與食！』」《大正藏》22 冊，170 頁中欄。

3　《五分律》卷 6：「受具戒人問，而後說。」《大正藏》22 冊，40 頁下欄。

4　《毗尼母經》卷 8：「若同出家人知舊言，不相違可向說。」《大正藏》24 冊，848 頁中欄。

5　《薩婆多論》卷 6：「若向知識同心無外，不為名利而為說者，無犯。」《大正藏》23 冊，542 頁上欄。

6　《四分律》卷 56：「爾時世尊告目連：『汝止！止！不須復說。諸比丘不信汝言。何以故？令諸比丘不信故得多罪。』」《大正藏》22 冊，985 頁下欄。

六、總結

（一）諸律差異分析

1. 緣起差異

（1）結構差異

《四分律》、《鼻奈耶》、《十誦律》、《僧祇律》、《五分律》、《根有律》、《巴利律》都只有一個本制。

（2）情節差異

《四分律》故事情節來自「大妄語」戒。《十誦律》、《五分律》、《根有律》與《四分律》的故事情節基本一致。《鼻奈耶》情節比較簡單，比丘並不是為了飲食說過人法。《僧祇律》相比《四分律》沒有對時世饑饉的描述。《巴利律》提到比丘商討使用哪種方式獲得飲食，這是《四分律》中沒有的，但故事內涵與《四分律》一致。

（3）結論

綜上所述，本戒緣起無需調整，仍取《四分律》的結構與情節。

2. 戒本差異

諸律典之間的差異不大。其中，《鼻奈耶》僅提到「自稱譽」，而缺乏對所說內容是「過人法」的明確表述。《僧祇律》缺少所說對象是「未受大戒人」的描述。此外，梵文《說出世部戒經》與《四分律》及其他律典相比，還多出了「十分殊勝的智慧和見地」。

戒本調整方面，為了使表述更加完整，避免歧義，據《僧祇律》在「說」字後增加一個「得」字，據《根有律》在「實」字後也增加一個「得」字。為了與「大妄語戒」保持統一，據《四分僧戒本》將「我見是」和「我知是」兩者間的順序作了對換。

3. 辨相差異

（1）所犯境

《四分律》中，自己實際證得上人法，如果向未受大戒人說，就正犯此戒；向與自己心意不同的受大戒人說，突吉羅；如果對非人說，突吉羅。《鼻奈耶》、《十誦律》、《薩婆多論》、《摩得勒伽》、《五分律》、《根有律》、《根有律攝》、《巴利律》、《善見論》的所犯境與《四分律》的正犯情況相同。《薩婆多論》還記載，「若為利養故向具戒人說者」，也正犯此戒。《毗尼母經》僅僅提到不能向白衣說，出家人之間也只能向關係比較近的人說，但是並未給出具體的判罪標準。在藏傳《苾芻學處》中，向「未見地」的未受大戒人說，才會正犯此戒。這裏「見地」可能指小乘的初果，或是大乘菩薩的初地。

綜合諸律來看，本戒的正犯境較為一致，即比丘和比丘尼之外的未受具戒者。另外，《毗尼母經》中只能對和自己關係比較近的受大戒人說，和《四分律》中對和自己「心意不同」的受大戒人說判突吉羅，兩者意趣類似；對和自己關係比較遠的人講上人法也容易產生過患，因此參考《四分律》判突吉羅。

（2）能犯心

《四分律》沒有記載此戒的發起心。《薩婆多論》的發起心為求名利之心。藏傳《苾芻學處》中，「欲實說得上人法之心未間斷」，犯波逸提。根據諸部律典的緣起記載可以看出，比丘希望通過說上人法來獲得居士的供養。再者，即使比丘不以名利之心，若隨便實說上人法也會有很多過患。因此，借鑒藏傳《苾芻學處》的觀點，發起心為欲實說上人法之心。

（3）方便加行

①用言語的方式表達上人法

《四分律》中，實得上人法而向人說，犯波逸提。《僧祇律》中，如果比丘表達清楚說上人法的內涵時，犯波逸提；未表達清楚，則犯突吉羅。《巴利律》中，欲說實得上人法，卻錯說成了其他的上人法，也犯波逸提，這種情況雖然錯說了，但所說的仍然是上人法，其發起心並沒有改變，因而結罪相同。以上判法值得參考。另外，《巴利律》中又記載，使用暗示的方式說自己

得了上人法，突吉羅。《僧祇律》亦有「說義不說味」，得越毗尼，如：「若比丘語女人言：『某處夏安居比丘盡非凡夫。』得越毗尼心悔；問言：『尊者亦在中耶？』答言：『亦在中。』得越毗尼罪。」用這種含蓄、暗示的方式表達得突吉羅罪。本戒亦可予以採納。

另外，《根有律》中提到，向他人說自己真實地見聞到「糞掃鬼」或到「糞掃鬼處」，犯突吉羅。《四分律》中並無類似記載，可以補充到說上人法的內涵中。

②用其他方式表達上人法

《四分律》中，「若手印書，若作知相遣人」，波逸提。相比之下，《摩得勒伽》與《根有律攝》只結突吉羅罪。《根有律攝》：「若對俗人現神通者，得惡作罪。若苾芻尼對大師前現神變者，亦得惡作。」藏傳《苾芻學處》與《根有律攝》類似。從現實來看，通過「手印書」等非語言的方式來表達上人法，能夠達到與言語表達相同的效果，因而應該以《四分律》的判罰為準。另外，於在家人面前直接現神通，能夠給對方更直觀的衝擊，具有與說上人法類似的效果。因此，應該借鑒《根有律攝》的判罰。

（4）究竟成犯

《四分律》、《摩得勒伽》、《根有律攝》、《巴利律》、藏傳《苾芻學處》中，對方聽懂時，究竟成犯。《巴利律》中還有另一種記載，話說完時，即正犯。此處取《四分律》的觀點。

結罪次數方面，《五分律》中，語語波逸提，即每說一句話結一波逸提罪。《四分律》及其他律典中沒有相關記載。本戒需要對方聽懂所說的過人法才正犯，而說過人法者可能需要很多句話才能把意思表達完整，故《五分律》的結罪次數本戒不予採納。

（5）不犯

《四分律》中，「向同意比丘說」，不犯。《薩婆多論》、《毗尼母經》與此類似。《巴利律》中，只要向同為受具足戒的人說，都不犯。《摩得勒伽》中，向見道者或者有正見的人說，均不犯。另外，《薩婆多論》記載了兩種《四分律》所沒有的特殊開緣：一是遇到賊難，為避免賊人造下重大的殺業，且為

保全比丘自己的生命而説；二是因為生病時沒有人看視而説，「若看我者，得大福德」。這兩種開緣值得借鑒。

另外，《五分律》、《根有律攝》中還分別提到，在圓寂前和為了弘法調服眾生而開緣説過人法。這在《四分律》中都沒有提到。在實際行持中，如果為了度化眾生，而非為了個人名利，這些情況下説過人法可以增加弟子和信眾對佛法的信心，或調服傲慢眾生，對於弘揚教法有利無過，因此可以借鑒。

4. 諸律內部差異

各律典中，此戒的緣起、戒本以及辨相三部分相符。

（二）調整文本

通過以上諸律間觀點同異的對比與分析，文本在《四分律》的基礎上作如下調整：

1. 緣起

世尊遊於毗舍離獼猴江邊高閣講堂，時世穀貴，乞食難得。婆裘河邊安居比丘自稱得上人法，得居士供養，顏色光澤和悦，氣力充足。相比之下，毗舍尼安居的比丘形體枯燥，衣服弊壞。世尊問明緣由後制戒。

2. 戒本

若比丘，向未受大戒人説得 [1] 上人法 [2]，言：「我知是 [3]，我見是 [4]。」實得 [5]

1　「得」，底本闕，據《僧祇律》、《僧祇比丘戒本》、《五分律》、《彌沙塞誤解本》、《解脱戒經》加。

2　「上人法」，底本作「過人法」，據《根有律》、《根有戒經》、《根有律攝》改。

3　「我知是」，底本作「我見是」，據《四分僧戒本》、《新刪定四分僧戒本》、《鼻奈耶》改。

4　「我見是」，底本作「我知是」，據《四分僧戒本》、《新刪定四分僧戒本》改。

5　「得」，底本闕，據《根有律》、《根有戒經》、《根有律攝》加。

者，波逸提。

3. 辨相

（1）犯緣

本戒具足四緣成犯：一、比丘證得上人法；二、欲實說上人法之心；三、向未受具戒人說自己證得上人法；四、對方聽懂，成犯。

（2）辨相結罪輕重

①比丘證得上人法

比丘實際證得了上人法，波逸提；若未證得上人法，犯「大妄語戒」波羅夷。

②欲實說上人法之心

比丘以實說上人法之心，波逸提；若是為了調伏眾生，不得已而說上人法，不犯。

③向未受具戒人說自己證得上人法

比丘向未受具戒人說自己實得上人法，波逸提。

欲說此上人法，而錯說成了其他的上人法，波逸提。

用言說之外的方式，如通過手印、書信、遣人或作知相，宣揚自己實得上人法，波逸提。

若以含蓄、暗示的方式表達上人法，得突吉羅罪。

向與自己關係較遠的受具戒者說自己實得上人法，突吉羅。

向他人宣說自己真實地見到「糞掃鬼」或到「糞掃鬼處」，突吉羅。

若無特殊因緣，於在家人前現神通，突吉羅。

④對方聽懂

若對方聽懂，波逸提；未聽懂，突吉羅。

⑤犯戒主體

比丘、比丘尼若犯，波逸提；下三眾若犯，突吉羅。

⑥不犯

實得道向同意比丘說，不犯。

戲笑語，獨語，夢中説，欲説此乃説彼，不犯。

若説上人法，非是自己修證所得，而是業報感得，不犯。

若遇命難或無人照顧的病緣，説實得上人法，不犯。

比丘在臨命終前，説自己實得的上人法，不犯。

最初未制戒，癲狂、心亂、痛惱所纏，不犯。

七、現代行持參考

現代比丘仍然需要嚴持此戒。對於比丘而言，對外聲稱已經證得上人法會招來名聞利養，比丘如果陷入其中，很容易妨礙道業。一般信眾很難在面對聖者比丘和凡夫比丘時用平常心、平等心來對待，供養時更願意選擇聖者，這不利於僧團的和合。此外，說上人法還會招致一部分不信之人的質疑與誹謗，令他人造下重大的惡業。

另外，現代社會中，也不乏一些標榜着擁有某種超自然能力的附佛外道。一般信眾很難區分出佛教的上人法與附佛外道所說的超自然能力，因此難免會將其混為一談，影響自己對佛教的正信。所以，比丘不說過人法，也是對信眾的一種保護。

09

與女人說法過限戒

一、緣起

（一）緣起略述

　　《四分律》有一個本制、兩個隨制和八個開緣。佛在舍衛國祇樹給孤獨園時，尊者迦留陀夷到一大長者家，在婆婆前與長者的兒媳婦「耳語說法」。婆婆看到後心生譏嫌，便責問兒媳婦。乞食比丘聽說此事後告訴其他比丘，後者便向佛陀匯報了此事。佛以此因緣嚴厲地呵責了迦留陀夷並集僧制戒，此是本制。後來，有諸女人請比丘說法，諸比丘心懷畏懼，不敢說法，遂向佛報告。佛知道後增制了此戒。隨後，因為沒有「有知男子」在場，諸比丘內心又生畏懼，依然不敢為女人說法，佛陀再次增制了此戒。隨後，還因沒有「有知男子」在場，諸比丘不敢與女人授五戒、說五戒法、授八關齋法、說八關齋法、說八聖道法、說十不善法、說十善法、回答問義，佛陀依次作了八個開緣。[1]

　　諸律緣起差異比較：

1. 制戒地點

　　《四分律》中，制戒地點為「舍衛國祇樹給孤獨園」，《鼻奈耶》[2]與《四分律》相同，《根有律》[3]為「室羅伐城逝多林給孤獨園」，《巴利律》[4]為「舍衛城祇樹給孤獨園」，《十誦律》[5]為「舍衛國」，《僧祇律》[6]、《五分律》[7]為「舍衛城」。

1　《四分律》卷 11，《大正藏》22 冊，640 頁上欄至 641 頁上欄；卷 59，《大正藏》22 冊，1005 頁下欄。

2　《鼻奈耶》卷 7，《大正藏》24 冊，879 頁上欄。

3　《根有律》卷 26，《大正藏》23 冊，770 頁中欄至 771 頁下欄。

4　《經分別》卷 5，《漢譯南傳大藏經》2 冊，27 頁至 30 頁；《附隨》卷 1，《漢譯南傳大藏經》5 冊，57 頁。

5　《十誦律》卷 9，《大正藏》23 冊，70 頁中欄至 71 頁上欄；卷 53，《大正藏》23 冊，392 頁上欄；卷 59，《大正藏》23 冊，445 頁中欄。

6　《僧祇律》卷 13，《大正藏》22 冊，335 頁中欄至 336 頁下欄。

7　《五分律》卷 6，《大正藏》22 冊，38 頁中欄至 39 頁上欄。

2. 緣起比丘

《四分律》中，緣起比丘為「迦留陀夷」，《鼻奈耶》、《十誦律》與《四分律》相同，《巴利律》、《僧祇律》為「優陀夷」，《五分律》為「跋難陀」，《根有律》為「六眾苾芻」。

3. 緣起情節

《鼻奈耶》和《十誦律》只有一個本制。《鼻奈耶》中，迦留陀夷獨入王宮與末利夫人說法，大臣譏嫌。《十誦律》中，迦留陀夷在寺內向母女及婆媳之間說「可羞事」，令她們彼此猜疑。

《五分律》有一個本制、一個隨制和四個開緣。跋難陀比丘為一家的婆媳分別說法，於是，婆媳間互相懷疑對方與比丘有染，「遂相道說，聞乎遠近」，引發不信佛者譏嫌，佛陀因此制戒，此是本制。後來，有比丘受女眾供養後，被邀請講法，比丘知道此時為其講法，對方就會證聖果，不講法，對方就會墮地獄。然而，比丘因佛制戒在先而不敢與女眾說法，婦女命終後墮地獄。佛陀知道此事後便增制了此戒。之後，諸比丘為婦人說法「五六語」後，婦女仍未解法義並繼續請法，佛陀以此開緣：假借為小兒或其他比丘說法，女人在旁聽不犯。之後又制在有「別知善惡語男子」的情況下可為女人說法，以及為女人授三皈五戒、八戒，說十善道和十不善道。

《僧祇律》有三個緣起、一個本制。緣起分別是：優陀夷在沒有有智男子在場時為眾多女人說法；優陀夷將「石人、木人、草人、畫人」等無心男子當作淨人，為眾多女人說法；優陀夷以嬰幼兒當作男子為眾多女人說法。佛得知這三件事後，一一呵責禁止，但是都沒有制戒，僅做了規定。本制中，毗舍佉鹿母生病，請阿難說法，阿難不敢為其說法。回寺後，阿難將此事報告佛陀，佛陀因此制戒。

《根有律》有五個緣起、一個本制。第一個緣起與《十誦律》的不同點為：緣起比丘分別向兩家婆媳說對方的隱秘處相，而《十誦律》只記載了一家。第二個緣起中，比丘乞食時女人請求說法，比丘因佛前制不敢說，女人因此不供養比丘，佛陀於是允許「作五句說法」。之後，又因比丘不敢多說法，

女人只供養少量食物，佛陀知道後分別開許「作六句說法」和有男子時可以為女人過六句說法，此是第三、第四個緣起。六群比丘把「獼猴、雞犬、犢子、小兒」當成男人，藉此為女人說法，佛陀因此要求說法時有智男子在場，此是第五個緣起。最後，六群比丘故意為女人說法過五六語，諸比丘譏嫌並將此事報告佛，佛陀因此制戒，此是本制。

《巴利律》有一個本制、一個隨制和一個開緣。本制緣起與《四分律》本制緣起相似。隨制的情節比《四分律》的隨制多出了優婆夷譏嫌比丘不說法的情節。開緣與《根有律》的本制緣起相似。

（二）緣起比丘形象

《四分律》中，緣起比丘在婆婆前與長者的兒媳婦「耳語說法」，婆婆的猜忌。《十誦律》中，緣起比丘除了好挑撥離間，還表現出淫欲煩惱熾盛的一面，如分別在母女、婆媳前說「可羞事」。

《僧祇律》中，佛制無有智男子不得為女人說法後，優陀夷仍然為女人說法，當被阿難尊者詰問時，他卻說：「汝不見此抱上小兒，飲乳小兒，臥小兒耶？一人便足，何況多人。」《根有律》中也有類似記載，當其他比丘質問緣起比丘時，後者回答：「豈六七句飲酒啖蒜耶？」這兩部律典反映出緣起比丘強詞奪理、掩過飾非的形象。

《五分律》中，緣起比丘「常出入一居士家為其說法，斷理官事，救諸病苦」，等到居士家「衰喪殆盡」時，還以「親厚意」為其遺孀說法，展現了一個樂於助人，有慈悲心腸，卻被人誤解而遭到誹謗的比丘形象。

其他律典沒有關於緣起比丘形象的具體描述。

（三）犯戒內因

《四分律》沒有明確記載犯戒內因。

《十誦律》、《根有律》中，犯戒內因為緣起比丘的淫欲煩惱。

《五分律》中，緣起比丘為居士家人分別說法，由此引發彼此懷疑並譏嫌。由此可知，緣起比丘對自己行為所產生的後果預判不足，引發犯戒。

其他律典中沒有犯戒內因的描述。

（四）犯戒外緣

《四分律》中，犯戒外緣是乞食時遇到女眾。

《僧祇律》、《五分律》、《根有律》、《巴利律》的犯戒外緣與《四分律》相似。

《五分律》中，跋難陀常出入一居士家為其家的婆媳講法。

《鼻奈耶》中，迦留陀夷獨入王宮為末利夫人說法。

《十誦律》中，有女人來寺，緣起比丘帶領她們看房。

（五）犯戒後的影響

《四分律》中，其他比丘呵責緣起比丘。

《鼻奈耶》中，大臣譏嫌：「云何比丘獨入宮說法？」

《十誦律》中，緣起比丘的行為導致「諸婦女展轉相疑」。

《五分律》中，不信樂佛法者，譏嫌責罵道：「沙門釋子行於非法，過於世間蕩逸之人，無沙門行，破沙門法。」

《巴利律》中，聽法的女眾譏嫌：「何以尊者優陀夷秘密說法耶？實應光明公開說法。」

《根有律》中，婆婆和媳婦共同譏嫌道：「大德！何因故惱我等？」並將此事告訴其他比丘。

（六）佛陀考量

《四分律》中，佛陀先制不得對女人說法，後來因女人請法而開緣：有有

智男子在場，不犯；無有智男子，得說五六語。隨後，世尊又因女眾希求聽法，遂開緣比丘可以給女眾授五戒、八戒，說戒法，答疑。《五分律》、《巴利律》也有類似開緣。《僧祇律》中，佛陀告訴阿難：「毗舍佉鹿母是智慧人，阿難，汝若為說五六語，彼病便差得安樂住。」可以看出，佛陀並非完全禁止比丘為女人說法，而是為了利益女眾，使她們能夠聽聞到佛法，所以開緣比丘為女眾說「五六語」，這種情況一般不會被人譏嫌，也不容易生起愛染心。此外，佛陀開緣有智男子在場時可以過五六語說法，一方面可以避免譏嫌，另一方面可以對比丘的言行起到監督的作用。

（七）文體分析

《四分律》、《巴利律》有三個因緣。《鼻奈耶》、《十誦律》有一個因緣。《僧祇律》有四個因緣。《五分律》有六個因緣，較《四分律》的情節更豐富，敘述更生動：「爾時，有大威德比丘，至時，著衣持鉢入城乞食。次到一家，婦人出，為敷座，設美飲食。」又如：「爾時，有優婆塞取不奉法家女為婦，語諸比丘：『大德，為我婦說法，令信樂三寶。』」

《十誦律》中，本戒的開頭和摩觸戒的開頭相似，可能是文本在傳譯過程中省略了。

《根有律》有六個因緣，側重對話描寫，通過婆媳、僧俗、比丘之間不同的人物關係，來表現人物性格特點。如少婦說其姑「暴急如兔中箭」，又如鄔陀夷說了種種污穢的語言，觸惱了婆媳，引起對方譏嫌。之後，婆媳二人從乞食苾芻處得知原委，內心依舊無法釋懷。如律文：「『彼是大臣子捨家棄俗持戒苾芻。』答曰：『若是持戒苾芻，何因得知女人隱處有黶等相耶？』苾芻報曰：『彼解身相知有黶等。』答曰：『豈可有相皆告人知？』」

二、戒本

《四分律》中，本戒的戒本為：「若比丘，與女人説法過五六語，除有知男子，波逸提。」

（一）若比丘，與女人説法過五六語

《四分律》、《新刪定四分僧戒本》[1]、《四分律比丘戒本》[2]作「若比丘，與女人説法過五六語」，意思是：如果比丘，為女人説法超過五六句話。

與《四分律》相同：

《十誦律》、《解脱戒經》[3]作「若比丘，與女人説法過五六語」。

與《四分律》相似：

《四分僧戒本》[4]作「若比丘，與女人説法過五六語者」，《僧祇比丘戒本》[5]、《五分律》、《彌沙塞五分戒本》[6]作「若比丘，為女人説法過五六語」，《十誦比丘戒本》[7]作「若比丘，為女人説法，若過五六語」，《根有律》、《根有戒經》[8]、《根有律攝》[9]作「若復苾芻，為女人説法過五六語」。

梵文《有部戒經》[10]作 "yaḥ punar bhikṣur mātṛgrāmasyottaraṃṣaṭpañcikayā

1　《新刪定四分僧戒本》，《卍續藏》39 冊，266 頁下欄。

2　《四分律比丘戒本》，《大正藏》22 冊，1018 頁中欄。

3　《解脱戒經》，《大正藏》24 冊，662 頁中欄。

4　《四分僧戒本》，《大正藏》22 冊，1026 頁中欄。

5　《僧祇比丘戒本》，《大正藏》22 冊，552 頁上欄。

6　《彌沙塞五分戒本》，《大正藏》22 冊，197 頁上欄。

7　《十誦比丘戒本》，《大正藏》23 冊，474 頁上欄。

8　《根有戒經》，《大正藏》24 冊，504 頁上欄。

9　《根有律攝》卷 8，《大正藏》24 冊，574 頁下欄。

10　Georg von Simson, *Prātimokṣasūtra der Sarvāstivādins Teil II*, Sanskrittexte aus den Turfanfunden, XI, p. 205.

vācā dharmaṃ deśayed"，梵文《根有戒經》[1] 作 "yaḥ punar bhikṣur mātṛgrāmasyottari ṣaṭpaṃcikayā vācā dharmaṃ deśayed"，意思都是：任何比丘，對女人説法超過五六句話。

巴利《戒經》[2] 作 "yo pana bhikkhu mātugāmassa uttariṃ chappañcavācāhi dhammaṃ deseyya"，意思是：任何比丘，對女人説法超過五六句話。

藏文《根有戒經》[3] 作 "ཡང་དགེ་སློང་གང་ཟུད་མེད་ཀྱི་ཡུལ་ལ་ཆོས་ལ་ལས་དྲུག་ལས་ལྷག་པར་ཆོས་སྟོན་ན"，意思是：任何比丘，對女人説法超過五六句話。

與《四分律》有部分差異：

《鼻奈耶》作「若比丘，獨與女人説法，不得過五六語」，與《四分律》相比，這裏強調比丘單獨與女人説法的情況。

與《四分律》差異較大：

《僧祇律》作「若比丘，無淨人，為女人説法過五六語」。梵文《説出世部戒經》[4] 作 "yo puna bhikṣur akalpiyakāro mātṛgrāmasya dharmaṃ deśeya uttari cchahi pañcahi vācāhi"，意思是：任何比丘，沒有淨人（的情況下），對女人説法超過五六語。這兩部律典與《四分律》相比，多了「無淨人」的條件。

（二）除有知男子，波逸提

《四分律》、《四分律比丘戒本》作「除有知男子，波逸提」。「知」在古漢語中也可讀四聲，通「智」。因此，這一段完整的意思是：除了有能聽懂善惡是非的智男子（在場），犯墮罪。

1　Anukul Chandra Banerjee, *Two Buddhist Vinaya Texts in Sanskrit*, p. 32.

2　Bhikkhu Ñāṇatusita, *Analysis of the Bhikkhu Pātimokkha*, p. 171.

3　麗江版《甘珠爾》（འདུལ་བའི་འགྱུར）第 5 函《別解脱經》（སོ་སོར་ཐར་པའི་མདོ）12a。

4　Nathmal Tatia, *Prātimokṣasūtram of the Lokottaravādimahāsāṅghika School*, Tibetan Sanskrit Works Series, no. 16, p. 19.

與《四分律》相似：

《新刪定四分僧戒本》、《解脫戒經》作「除有智男子，波逸提」，《僧祇比丘戒本》作「除有智男子，波夜提」，《根有律》、《根有戒經》、《根有律攝》作「除有智男子，波逸底迦」。

《四分僧戒本》作「波逸提，除有知男子」，《十誦律》、《僧祇律》作「波夜提，除有知男子」，《十誦比丘戒本》作「波夜提，除有智男子」，這四部律典中的語序和《四分律》不一樣，但文意相同。

梵文《說出世部戒經》作 "anyatra vijñapuruṣapudgalena pācattikaṃ"，意思是：除非與有智男子一起，墮。梵文《有部戒經》作 "anyatra vijñapuruṣāt pātayantikā"，梵文《根有戒經》作 "(anyatra vijñapu) ruṣāt pāyantikā"，意思是：除有智男子（在場的情況），墮。

巴利《戒經》作 "aññatra viññunā purisaviggahena, pācittiyaṃ"，意思是：除了有智男子（在場的情況），墮。

藏文《根有戒經》作 "རིག་པའི་སྐྱེས་པ་མ་གཏོགས་ཏེ་ལྟུང་བྱེད་དོ། །"，意思是：除有知解能力的男子（在場）以外，墮。

與《四分律》有部分差異：

《五分律》、《彌沙塞五分戒本》作「除有別知善惡語男子，波逸提」，與《四分律》相比，這兩部律典中「別知善惡語」的表述更為明確。

與《四分律》差異較大：

《鼻奈耶》作「除其有人，貝夜提」，此處沒有限定必須是「有知男子」，相對《四分律》更為寬泛。

三、關鍵詞

（一）法

　　梵文戒本均使用"dharma"一詞，而巴利《戒經》作"dhamma"，都是表示「法、佛法」的一般用詞。藏文《根有戒經》作"ཆོས（法，教義）"（英譯：dharma），含義與梵文戒經一致。

　　《四分律》關鍵詞中沒有解釋。

　　《僧祇律》解釋為：「法者，佛所說、佛印可。佛所說者，佛口自說。佛印可者，佛弟子、餘人所說，佛所印可。」

　　《十誦律》記載：「法者，名佛所說、弟子所說、天所說、仙人所說、化人所說，顯示布施、持戒、生天、涅槃。」律中除了界定說法的主體，還將法的內涵表述為：布施、持戒、生天、涅槃等生善的層面。《巴利律》記載：「『法』者，佛所說、聲聞所說、仙人所說、天人所說而具義、具法者。」

　　《根有律》記載：「法者，若佛說，若聲聞說。」《根有律攝》記載：「言法者，謂是如來親所宣說，或聲聞所說亦名為法。」兩部律典內涵一致。藏傳《苾芻學處》記載：「所說法是佛語，有義理。」[1]

　　綜上所述，詞源分析中諸部律典內涵一致。漢譯律典中，藏傳《苾芻學處》法的內涵最窄，僅指佛語。《根有律》、《根有律攝》則包括佛或聲聞所說。《十誦律》、《僧祇律》、《巴利律》的解釋更寬泛，不僅包括佛及弟子所說，還包括仙人、化人等所說。

（二）五六語

　　梵文《說出世部戒經》作"cchahi（六）pañcahi（五）vācāhi（語、話）"，

1　《苾芻學處》，《宗喀巴大師集》卷 5，91 頁。

巴利《戒經》與之相似，作"cha（六）pañca（五）vācāhi（語、話）"。其中"vācā"一詞，一般表示「話」（英譯：speech）或「詞」（英譯：word），不過結合語境，此處理解成「句」（英譯：sentence）似乎更合理一些。因此，完整的翻譯是：五、六句話（英譯：five or six sentences）。梵文《有部戒經》作"ṣaṭpañcikayā vācā"，梵文《根有戒經》作"ṣaṭpaṃcikayā vācā"，其中的複合詞"ṣaṭpañcikayā"或"ṣaṭpaṃcikayā"，一方面可以解釋成「包含五或六」（英譯：consisting of five or six），因此完整的翻譯和上述梵文《説出世部戒經》和巴利《戒經》的文意相同；另一方面也可以理解成「五組或六組」（英譯：a collection of five or six），完整的翻譯則可引申為：五組或六組的言詞（英譯：speech about five or six concepts）。

藏文《根有戒經》作"ཚིག（句）ལྔ（五）འམ（連詞）དྲུག（六）"，意思是：五、六句話（英譯：five or six senteces）。

《四分律》對「五語」的舉例是「色無我，受想行識無我」；「六語」是「眼無常，耳鼻舌身意無常」。《十誦律》為：「過五六語者：五語，名色陰無常，受、想、行、識陰無常；六語，名眼無常，耳、鼻、舌、身、意無常。」《薩婆多論》與之相同。《五分律》為：「五語者，色無常，受想行識無常。六語者，眼無我，耳鼻舌身心無我。」

《僧祇律》與《四分律》、《十誦律》、《五分律》等表述的內涵相似，把「五六語」分成長句和短句二種，長句是「一切惡莫作」，短句是「眼無常」。此處的長短句，並不只是限定「一切惡莫作」或「眼無常」，而是泛指類似的五六句法。在律中，有女人清晨來禮塔，向比丘請法，「比丘爾時得為說一偈半」，這裏說的「一偈半」，就是六句法。如果比丘到了聚落，再次為她說五六語法，就正犯。

另外，巴利語中「句」（巴卡）也可指「字」。《善見論》（義注）說，一個巴卡約等於行詩句。[1] 附注解釋義注說，一個巴卡散文等於一個動詞的結

1　《善見論》卷 15，《大正藏》24 冊，780 頁上欄。

合，即六個字。也就是說任一情況下，六巴卡斯都可達到六句。《善見論》說：「一句經文、五句義疏，合成六句，不犯。若過，波夜提。」由此可知，《巴利律》裏所說的「五六語」，就是指五六句法。

《根有律》說：「不得過五六語者，若說五句法時故心至六，若說六句法時故心至七。」《根有律攝》中進一步解釋說：「『五』謂五蘊，如言色是無常，受想行識亦復無常。『六』謂六根，如言眼是無常。……五六相應所有言語，名五六語。此中犯者，謂過五至六，過六至七。」

綜上所述，詞源分析中，梵文《說出世部戒經》、巴利《戒經》和藏文《根有戒經》都是指五六句話，而梵文《有部戒經》、梵文《根有戒經》除了有此含義外，還可引申為五組或六組的言詞。漢譯律典中，「五六語」即指五六句法語。整體來看，諸部律典對「五六語」的規定並無大的區別。事實上，古印度時期，比丘說法通常以「偈頌」為單位，一個「偈頌」的內容基本上即是「五六語」。因此，本戒當中即規定在沒有智男子的情況下，比丘不得為女眾主動說法超過「五六語」。

（三）知男子

梵文《說出世部戒經》作"vijña（知曉、解了）puruṣa（男）pudgala（人）"，梵文《有部戒經》、梵文《根有戒經》均作"vijña（知曉、解了）puruṣa（男人）"，巴利《戒經》作"viññunā（知曉、解了）purisaviggaha（男人）"，藏文《根有戒經》作" རིག་པའི་（知的，辨別的）སྐྱེས་པ（男子）"，意思都是：有知解、辨別能力的男子（英譯：a man who can understand what is said）。

《四分律》中對於「知男子」的解釋為：「解粗惡，不粗惡事。」《十誦律》記載：「有智男子者，知名能分別言語好醜。」《巴利律》記載：「『有智之男人』者，得知善語、惡語、粗語、非粗語者。」這兩部律典的解釋與《四分律》一致。

《根有律》記載：「除有智男子者，謂非無知解男子。」

《僧祇律》進一步詮釋：小於七歲或大於七歲，若不能夠理解好惡語的意

思，都是無智男子。如律文：「除有知男子者，若減七歲，不解好惡語義味，名為無知男子；雖過七歲，不解好惡語義味，亦名無知男子。若七歲，若過七歲，解好惡語義味，是名有知男子。」

《薩婆多論》中，特別強調此男子必須是白衣。如律文：「有智男子者，謂解人情語言意趣向。可作證明者，要是相解語言，若方類不同者，一切不聽。男子必是白衣，一切出家人亦不得，以事同故。」因為都是出家人，所以不可以為作證明。但是可以「為尼說法，一切尼眾以教誡法故無過」。

《根有律攝》中，在家出家都可以。如律文：「有智男子，謂是人趣，識善惡言，或在家人，或出家者，言說容儀皆無淫濫，名有智人。」

最為特別的是《鼻奈耶》，其戒本中的「除其有人」，並沒有說明是男、女或者在家、出家等。

《善見論》解釋：「有知男子者，是人男，非鬼、畜生。」這裏特別說明了「有知男子」必須是人類中的男性。

綜上所述，詞源分析中，梵巴藏戒經都解釋為：有分辨、知曉能力的男子。漢譯律典中，除了《鼻奈耶》沒有強調性別以及《善見論》要求必須是人男外，其他律典對於「知男子」的解釋大致相同，都是知道善惡是非、好語壞語的男子。但在「知男子」身分的要求上，諸律有所不同。《四分律》、《十誦律》、《僧祇律》、《五分律》、《根有律》、《巴利律》、《善見論》沒有說明是在家還是出家，《薩婆多論》強調此男子必須是白衣，而《根有律攝》中，在家、出家都可以。

四、辨相

（一）犯緣

具足以下五個方面的犯緣便正犯本戒：

1. 所犯境

《四分律》中，此戒的所犯境是女人。其他律典與《四分律》相同，只是部分律典對女人有特殊的要求。

《十誦律》、《薩婆多論》[1] 中，所犯境要求是「能受淫欲」的女人，其中《十誦律》的內容來自關鍵詞。《根有律》關鍵詞中，所犯境為「有力解善惡語」的女人。《根有律攝》[2] 關鍵詞中，所犯境為「能解知善惡言義」的女人。《巴利律》關鍵詞記載：「女人者，人女，而非夜叉女、餓鬼女、畜生女，有智而能知善語、惡語、粗語、非粗語者。」藏傳《苾芻學處》[3] 要求「女相有作用，身平等住，可依止，具足前四種名言，非有神通，是在家女，非親，未更換，非聰慧利根者」。《僧祇律》關鍵詞中記載的女人是：「若母、若姊妹、若大、若小、在家、出家。」

《毗尼母經》[4] 和《明了論》[5] 沒有具體的辨相內容，下不贅述。

1　《薩婆多論》卷 6，《大正藏》23 冊，541 頁中欄至下欄。
2　《根有律攝》卷 8，《大正藏》24 冊，574 頁中欄至下欄；卷 14，《大正藏》24 冊，607 頁下欄至608 頁上欄。
3　《苾芻學處》，《宗喀巴大師集》卷 5，90 頁至 91 頁。
4　《毗尼母經》卷 8，《大正藏》24 冊，848 頁中欄。
5　《明了論》，《大正藏》24 冊，666 頁中欄。

2. 能犯心

（1）發起心

《四分律》開緣中，女人主動問法時不犯，以及比丘自言自語或戲笑說時不犯，可以反推出發起心是主動為女眾說法之心。《根有律》中，「故心」為女人說法過五六語，正犯。《根有律攝》記載：「唯語，謂無故心過五六語，為女人說法，有犯。……語心俱，如為女說法，故心過五六語，有犯。」可見，在《根有律攝》中，無論故心與否，都正犯。

藏傳《苾芻學處》中，發起心為「欲過量說法之心未間斷」。

其他律典沒有發起心的明確記載。

（2）想心

《四分律》沒有提到想心的內容。

《巴利律》中，於女人作女人想、疑或非女人想，都正犯本戒。

《根有律攝》中，正犯本戒的想心有兩點：一是無智男子作無智男子想或疑，二是過五六語作過五六語想或疑。藏傳《苾芻學處》中，想心為「於過五六語或知或疑」。

其他律典沒有想心方面的相關內容。

3. 方便加行

《四分律》中，本戒的方便加行是說法過五六語。

這一點諸律與《四分律》觀點相同。其中，《鼻奈耶》還強調比丘是單獨為女人說法。《根有律》、《根有律攝》還要求說法過五六語的處所是在同一個地方，而非不同的地方一共說法過五六語。《僧祇律》則不同，比丘在一天中的不同地點對同一個女人說法的數量加起來超過五六語，便正犯。藏傳《苾芻學處》也有類似的描述：要求是在同一個地方以具五相語而說法，時間為同一日內，並且所說內容是對方所不知道的法。另外，此處「法」的所指，部分律典間有所差異，詳見上文關鍵詞解釋部分對「法」的解釋。

關於說法方式，《十誦律》、《薩婆多論》中提到了偈說、經說、句說等方式。《巴利律》中提到了句說、字說等方式。其他律典未提及。

4. 究竟成犯

《四分律》中，究竟成犯是說了了。

《十誦律》、《薩婆多論》和《巴利律》中，對於不同的說法方式，其究竟成犯也有所差異。《十誦律》、《薩婆多論》中，「若偈說」，一偈說完時成犯；「若經說」，一事說完時成犯；「若別句說」，一句說完時成犯。《巴利律》中，「依句說」，一句說完時成犯；「依字說」，一字說完時成犯。

《善見論》[1] 中，一個斷句說完時成犯。《根有律》描述為「若說五句法時故心至六，若說六句法時故心至七」，即超過五六語後，一句法說完時成犯；《根有律攝》與《根有律》相同。藏傳《苾芻學處》說：「了義時成犯。」

其他律典中僅提到超過五六語正犯，未詳細說明何時成犯。

5. 犯戒主體

《四分律》中，此戒的犯戒主體是比丘，比丘尼同犯。

《五分律》與《四分律》相同。

《摩得勒伽》[2] 中，學悔沙彌，正犯。

其他律典中，犯戒主體是比丘，未提到比丘尼。

（二）輕重

1. 所犯境

《四分律》中，若所犯境是女人，波逸提；若是天女、阿修羅女、龍女、夜叉女、乾闥婆女、餓鬼女，乃至能變化或不能變化的畜生女，突吉羅。其他律典中正犯波逸提罪的所犯境如上犯緣中所述。

《巴利律》與《四分律》部分相同，若所犯境是「夜叉女，或餓鬼女，或

1　《善見論》卷 15，《大正藏》24 冊，780 頁上欄。

2　《摩得勒伽》卷 1，《大正藏》23 冊，565 頁中欄、568 頁上欄；卷 2，《大正藏》23 冊，575 頁上欄；卷 9，《大正藏》23 冊，620 頁下欄。

黃門，或畜生女之有人體者」，突吉羅。

《十誦律》中，若所犯境是「天女、龍女、夜叉餓鬼女、毗舍遮女、鳩槃茶女、羅剎女」、「不能女人」、「二道合一道女」，皆犯突吉羅；若女人身邊有「無知淨人」、不能男淨人、啞淨人、聾淨人、啞聾淨人、睡着的淨人、「非人、天、龍、夜叉、薛荔伽、鳩槃茶、毗舍遮、羅剎等淨人」，突吉羅；「若女人淨、男子不淨，男子淨、女人不淨，若二俱不淨」，突吉羅。《摩得勒伽》與《十誦律》類似：若女人的身邊有「聾、盲、喑、啞、狂、散亂心、重病、天、龍、夜叉，乃至富單那等為淨人」，或「癡狂、邊地人、眠醉放逸、入定人」為淨人，突吉羅；「女人淨、淨人不淨」或「女人不淨、淨人淨」，突吉羅。若所犯境是黃門，突吉羅。《僧祇律》中，若女人身邊有淨人，分四種情況：淨人能聽到但是看不到比丘說法，或者能看到聽不到的情況，都犯突吉羅；聽不到也看不到的情況，波逸提；能聽到又能看到，不犯。此外，如果女人身邊沒有淨人，但有行人能聽到和看到比丘為女人說法，不犯；如果也沒有行人得以見聞，不得為說，推斷犯波逸提。

《薩婆多論》記載：「若石女，若小女，未堪任作淫欲者，突吉羅。」《根有律攝》記載：「若半擇迦等，或無識知人，或蔑戾車，或眠醉入定，或愚憃，或男無欲意女有染心，或時翻此，皆得惡作；縱是聰敏，亦不應說。」藏傳《苾芻學處》記載：「若女根增上之二相人為伴，若對半擇迦及變化等女說，是支分不具之惡作罪；若雖有善伴而對輕浮之女人說法，亦犯惡作罪。」

2. 能犯心

（1）發起心

諸律發起心正犯波逸提的情況如上犯緣所述，此外無犯輕記載。

（2）想心

《四分律》沒有提到關於想心的內容。

《巴利律》中，若於女人作女人想、疑或非女人想，波逸提；於非女人作女人想、疑，突吉羅；作非女人想，不犯。

《根有律攝》中，若無智男子作無智男子想或疑，波逸提；有智男子作

無智男子想或疑，突吉羅；有智男子、無智男子作有智男子想，不犯。五六語作過五六語想或疑，波逸提；未過五六語作過五六語想或疑，突吉羅；過五六語、未過五六語作未過五六語想，不犯。藏傳《苾芻學處》中，「於過五六語或知或疑」，波逸提。

其他律典中沒有相關的內容。

3. 方便加行

《四分律》中，說法過五六語，波逸提；未提及其他方便加行的結罪情況。其他律典正犯波逸提罪的方便加行如上犯緣中所述。

《薩婆多論》記載：「若說世間常事，突吉羅」。《摩得勒伽》記載：「手印、遣使，突吉羅」。

《僧祇律》中，如果有眾多女人來，欲聽法，比丘可以各各為說六句法：「應語第一女言：『我為汝說六句。』說已復語第二女言：『我為汝說六句。』如是眾多，無罪」。諸女人送比丘離開時，若比丘咒願「使汝速盡苦際」，波逸提；若說「使汝得無病安樂住」，不犯。之後，比丘到其他地方說法，先前已聽過法的女人又來聽，比丘若說「汝深樂法，可聽」，波逸提。若「雖見此女人，不共語，直為餘女人說法，先女人雖聞，無罪」。《五分律》、《巴利律》、《善見論》與《僧祇律》類似，不同之處在於這三部律沒有提到換場地的情況，僅說有眾多女人聽法，為第一個女人說五六語法後，再為第二、第三個女人說，即使第一女人在場聽，不犯。《十誦律》、《薩婆多論》對於以上《僧祇律》中多女人聽法的情況，判法差異較大：無論是否更換說法的場所，只要有先已聽完五六句法的女人再來聽法，此比丘再說法，不管是對誰講，都犯波逸提；若比丘不知先已聽法的女人在場，不犯。

《十誦律》中，以偈說、經說、句說等方式，都犯波逸提；又記載：「若作書，若遣使，若示相，若展轉語，說法過五六語，得突吉羅。」《根有律》、《根有律攝》中，若比丘對女人說完五六句法後離開了說法的地方，在另一處，比丘還可再為其說五六句，若超過五六句，犯波逸提。意即不同的地方為女人說法，若每個地方都不超過五六語，則即使各地方加起來超過了五六

語也不犯。藏傳《苾芻學處》記載:「若雖過五六語,是在兩處說⋯⋯是支分不具之惡作罪。」

4. 究竟成犯

《四分律》記載:「說而了了者,波逸提;不了了者,突吉羅。」

《巴利律》中記載:「說法之前行者,突吉羅。」開始說時,如果是「依句說」,一句說完後犯波逸提;如果是「依字說」,則是在一字說完後犯波逸提。

《四分律》只提到犯波逸提,但沒有提到如何判斷結犯的數量,而以下律典中都說明了結犯的數量。《薩婆多論》記載:「若初語時,語語波逸提;⋯⋯若經說,事事波逸提;若偈說,偈偈波逸提。」《十誦律》與之相同。《薩婆多論》更進一步解釋說:「偈者,三十二字,或三十字,或二十字。若轉經者,亦事事波逸提。」

《巴利律》中,「依句說者,句句波逸提;依字說者,字字波逸提。」《善見論》中說:「五六語者,若比丘為說五六語,無罪。五六語者,一偈一句若聲相連不斷,一波夜提;若句句斷,句句波夜提。一句經文、五句義疏,合成六句不犯;若過,波夜提。」

其他律典中正犯波逸提罪的情況如上犯緣所述,未提到結輕罪的情況。

5. 犯戒主體

《四分律》中,比丘、比丘尼若犯,波逸提;式叉摩那、沙彌、沙彌尼若犯,突吉羅。《五分律》與之相同。

《薩婆多論》、《摩得勒伽》中,比丘若犯,波逸提。此外,《薩婆多論》記載:「比丘尼與男子說法過五六語,突吉羅;二男子,不犯;式叉摩尼、沙彌尼亦突吉羅。沙彌與女人說法過五六語,亦突吉羅。」《摩得勒伽》記載:「本犯戒乃至污染比丘尼人為女說法,突吉羅。學戒人無淨人為女說法,波夜提。」

其他律典中,犯戒主體是比丘,未提到比丘尼及下三眾的結罪情況。

（三）不犯

1. 能犯心不具足

《四分律》中，戲笑語，自言自語，或夢中語，不犯。

想心方面，《根有律攝》中，有智男子、無智男子作有智男子想，不犯；過五六語、未過五六語作未過五六語想，不犯。《巴利律》中，非女人作非女人想，不犯。

2. 方便加行不具足

《四分律》中，說法不超過五六語，不犯。其他律典與《四分律》相同。

《十誦律》中，「若比丘唄」，不犯。《薩婆多論》中，「若唄」，不犯。《五分律》中，「若自誦經，女人來聽」，不犯。

3. 犯戒主體不具足

《四分律》記載：「無犯者，最初未制戒，癡狂、心亂、痛惱所纏。」《五分律》、《根有律》與《四分律》相同。

《巴利律》中，「癡狂」和「最初之犯行者」，不犯。

《根有律攝》中，「苾芻語吃，或性急頻言」，不犯。

4. 開緣
（1）受戒講法

《四分律》中，「授優婆夷五戒，及說五戒法，與八關齋法，說八齋法，及說八聖道法，為說十不善法、十善法」，不犯。

《五分律》中，「聽與女人受三歸五戒、八分戒，說十善、十不善道」，不犯。

《十誦律》中，「若達嚫，若說所施功德，若與受戒」，不犯。其中「達嚫」是指比丘接受信施後為對方咒願。

《薩婆多論》中，「若說布施福報咒願……若受五戒八戒」，不犯。

藏傳《苾芻學處》中，「傳授齋戒及施願頌等」，不犯。

（2）問義

《四分律》說：「女人問義，如是無有知男子，應答；若不解，得廣為說。」《十誦律》、《薩婆多論》、《僧祇律》、《五分律》、《根有律》、《根有律攝》、《巴利律》、《善見論》、藏傳《苾芻學處》內涵與《四分律》相同。

其中，《僧祇律》記載：「隨所問，事事得答，無罪。」《根有律》記載：「教女誦時，或復彼問，或復有智女人能於後後轉生異問者，應隨所問答之，無犯。」

（3）第三人

《四分律》中，有智男子在場，不犯。《五分律》、《根有律》在戒條中也有與此意思相同的記載。《鼻奈耶》提到「除其有人」，但沒有說明是男子還是只要有人在就可以。《善見論》中強調，「是人男，非鬼畜生」。藏傳《苾芻學處》中，在場人是「行相不變之同伴」，未明確是男是女。其他律典與《四分律》相同。

《僧祇律》中，無淨人而有勞作人往來，可以看到聽到比丘說法，不犯。若在俗人家為女說法，雖無淨人，但路上不斷有行人經過且能看到聽到比丘說法，不犯；「若路上行人斷無見聞」，則不得說。

《五分律》記載：「從今聽因比丘，為女人說法。」即講法比丘給其他比丘說法，女人隨聽，不犯。《根有律攝》記載：「又有釋云：『設對女人說亦無犯，猶如捨戒對有智男，雖曰女人智同男子，由對此女無邪說故。』」意為女人身邊若有有智女人，也不犯。又記載：「其無犯者，對有智男子，謂是人趣識善惡言，或在家人，或出家者，言說容儀皆無淫濫，名有智人。」《巴利律》中，對其他女人說法，或為他人說法而女人聞者，不犯。

5. 其他

《四分律》中，疾疾語，欲說此乃說彼，不犯。

《五分律》記載：「若比丘為女人說五六語竟，語言：『姊妹，法正齊此。』從坐起去。更有因緣，還復來坐，為說不犯。」《巴利律》中，說法達到五六語後，比丘或女人站起來再坐下，繼續說法則不犯。

藏傳《苾芻學處》中，「或說彼已知者」，不犯。

五、原理

（一）斷除樂說習氣，遮止外在染緣

本戒屬於遮戒，主要是為了遮止比丘單獨為女眾講法過多而引起世人譏嫌，同時也是為了防範比丘與女眾接觸過頻而生發情染。

（二）請法的熱忱

佛陀時代，比丘們以口耳相傳的形式傳承經典。記憶經典與宣說佛法就成為了比丘們的責任。當時，佔社會統治地位的婆羅門認為宗教知識不能傳授給女人與低等種姓，而佛陀的教法則對一切人平等。女信眾通常會表現出很大的求法熱忱，在律典裏女眾主動請法的情節處處可見。如《四分律》：「時有女人請諸比丘：『大德，為我說五戒法。』」《僧祇律》：「有女人來禮塔，禮塔已，次來禮比丘足，白言：『尊者，願為我說法。』」同時，很多女眾供養比丘最初的動機，也是為了能夠聽經聞法，如《巴利律》中，比丘受請而不講法，女眾反問：「何以諸尊師被我等請而不說法耶？」《根有律》不無諧趣地記載，如果比丘不說法，女眾便不予飲食供養；只講少許法，女眾就只供養少許飲食。[1]

比丘為女眾說法時，應當警惕可能產生的過患。一方面，比丘可能通過講法而博取名聞利養。另一方面，單獨為個別人講法可能引起他人的嫉妒與猜忌。如《五分律》中，比丘對女眾以「親厚意」分別講法，使得婆媳之間發生嫌隙。特別是在沒有他人的參與下，由於單獨交流而表現出來的親密感，難以逃脫曖昧之嫌。如《四分律》中比丘與女人互相「耳語」，《五分律》

1　《根有律》卷 26，《大正藏》23 冊，771 頁上欄。

中，他人過來後比丘就止語不說，這些不恰當的舉止，甚至使旁觀者懷疑雙方欲行「不淨行」。

（三）合理使用開緣

從律中的分析來看，比丘單獨為女眾講法，可能會引起大眾的懷疑與譏嫌，但是諸律又無一例外地開緣：女人主動問法的時候，不犯此戒。如《根有律》：「教女誦時，或復彼問，或復有智女人能於後後轉生異問者，應隨所問，答之無犯。」《善見論》甚至說「若女人問《長阿含》中事，比丘隨問而答，乃至盡阿含亦不犯」，講完一部《長阿含》，其量已經相當可觀。《僧祇律》中，「隨所問，事事得答，無罪」，意味着女眾詢問與佛法相關的問題時，比丘應盡可以給予解答。

這種特別開緣的情況對於滿足女眾對佛法的需求是必要的。在談話的過程中，由於很難保證話題不超出佛法之外，即便言行如法也難免被旁人誤解。因此，當作為第三方的有智男子在場時，比丘便可以避免單獨為女眾開示，這不失為一種明智的做法。

六、總結

（一）諸律差異分析

1. 緣起差異
（1）結構差異

本戒的緣起結構很豐富。《鼻奈耶》和《十誦律》有一個本制。《四分律》有一個本制、兩個隨制、八個開緣。《僧祇律》有三個緣起、一個本制。《五分律》有一個本制、一個隨制、四個開緣。《根有律》有五個緣起、一個本制。《巴利律》有一個本制、兩個隨制。

（2）情節差異

各律典本制的主要情節相似，都是緣起比丘為女眾說法引起譏嫌，佛因此制戒。緣起和隨制則存在差異。《四分律》隨制中，因為有女眾請比丘說法，佛開許可以為女眾說法，但說法的內容不能越過五六語所涉及的範圍。其後有比丘給女眾說法時，旁邊即使有能分別是非的男子，比丘仍舊說法不過五六語，佛陀因此再次開許在有智男子的情況下，說法可以過五六語。後來，佛陀針對不敢為女人授五戒，授八關齋法，說八聖道法，說十不善法等八種情況作了開緣。整個情節環環相扣，邏輯嚴密，內容完整有序。

《五分律》的隨制和緣起與《四分律》類似，只是開緣的內容有增減。《僧祇律》中，三個緣起是比丘在沒有智男子，卻有「石人、木人、草人、畫人」和男嬰等情況下為女眾說法，為佛陀所禁止。《根有律》的緣起中更側重比丘說法和女眾供養食物之間的聯繫。

（3）結論

綜上所述，本戒緣起無需調整，仍取《四分律》的結構與情節。

2. 戒本差異

諸律典的差異主要集中在以下幾點。首先是「與女人」，大部分律典與

《四分律》類似，只有《鼻奈耶》要求是「獨與女人」。其次，《僧祇律》和梵文《説出世部戒經》多了「無淨人」的要求。再次，在開緣的條件上，《鼻奈耶》表述為「除其有人」，沒有限定性別，也沒有像其他律典一樣要求對方為「有知男子」；而《五分律》、《彌沙塞五分戒本》則説明得更為細緻「除有別知善惡語男子」；其他律典均與《四分律》的表述類似。

戒本調整方面，為使文意表達得更為準確和清晰，據《十誦比丘戒本》等將「與女人」改為「為女人」；據《新刪定四分僧戒本》等將「有知」改為「有智」。

3. 辨相差異
（1）所犯境

《四分律》中，若所犯境是女人，犯波逸提；若是天女、阿修羅女等非人女以及能變化或不能變化的畜生女，均犯突吉羅。其他律典在正犯境是女人這一點上與《四分律》相同，但部分律典對女人還有一些額外的要求。例如，《十誦律》、《薩婆多論》要求對方是堪受淫欲的女人，《根有律》、《根有律攝》要求對方是能理解善惡語義的女人，《巴利律》則要求為有智女人。從制戒意趣的角度來看，無論對方是何種類型的女人，比丘都不應過多與其交談，否則極易引起世俗的譏嫌。故仍遵循《四分律》的觀點，所犯境是女人時，正犯本戒；若為非人女或畜生女，犯突吉羅。

對於女人身邊有第三人的情況，《四分律》及大部分律典中，有智男子在場時都有開緣，除此之外其他類型的人，諸律的記載及相關判罪不一。例如《鼻奈耶》中，只要女人旁有第三者，即不犯。《十誦律》中，女人身邊有無知淨人、不能男淨人、啞淨人、聾淨人、啞聾淨人乃至非人等，均犯突吉羅。《僧祇律》中，女人旁有淨人的情況可分為四種，即比丘説法時，若淨人能聽到而看不到或是能看到而聽不到，犯突吉羅；若聽不到也看不到，犯波逸提；若能聽到又能看到，則不犯。此律中對淨人的解釋為：「若盲，若聾，亦名無淨人。」《摩得勒伽》中對淨人的解釋是：「若謂癡狂、邊地人、眠醉放逸、入定人，不解不聞故，非淨人。」《根有律攝》則提到：「又有釋云：

『設對女人説亦無犯，猶如捨戒對有智男，雖曰女人智同男子，由對此女無邪説故。』」也就是説若女人身邊有有智女人，不犯。藏傳《苾芻學處》中，在場有「無行相不變之同伴」即不犯。綜合來看，現場有第三人的主要目的是避免他人譏嫌，同時也起到一定的監督作用。那麼，上述各類情況中，以有智男子作為現場的第三人應該是最佳的選擇，故這裏仍以《四分律》為準，即女人身邊有有智男子時，不犯。

（2）能犯心

①發起心

《四分律》中，根據女人主動問法時不犯以及比丘獨語或戲笑語時不犯可知，本戒的發起心是主動為女眾説法之心。《根有律》以及藏傳《苾芻學處》中，若故意為女人説法過五六語，犯波逸提，實際也是主動的意思。因此，本戒的發起心仍取《四分律》的觀點。

②想心

《四分律》等多數律典無想心方面的記載。《根有律攝》中，想心若是無智男子作無智男子想、疑，或者説法過五六語作過五六語想、疑，均犯波逸提。藏傳《苾芻學處》中，於過五六語或知或疑，正犯本戒。《巴利律》中，若比丘於女人作女人想、疑或者非女人想，均結波逸提罪。

本戒所遮止的重點是比丘過度與女人説法，若比丘明知道説法到限還繼續講説，則應正犯。因此，取「過五六語」的想心較為合適。對於過五六語的判罪，《根有律攝》中，未過五六語作過五六語想或疑，突吉羅；過五六語、未過五六語作未過五六語想，不犯。其中，過五六語有疑想而繼續説法時，説法者內心並不肯定，《四分律》中疑想一般判為不正犯，故此處結突吉羅罪較為合理。其他情況可參考《根有律攝》的判法。

（3）方便加行

《四分律》及其他律典中，説法過五六語時，犯波逸提。根據前文關鍵詞部分對「五六語」的辨析，在現代社會「五六語」應指自然語言的五六句話。此外，《四分律》沒有對説法形式作詳細説明。《十誦律》中，若以偈説、經説、句説等方式説法，都犯波逸提；若以作書、遣使、示相、展轉語等方式

説法，則犯突吉羅。這些說法形式在實際行持中都有可能遇到，可作借鑒。

《四分律》中，說法的內容是主要指佛法，並未提到世間法的情況。《薩婆多論》記載：「若說世間常事，突吉羅。」從現實情況來看，如果出於弘法或接引信眾的需要，比丘引用一些世間事是可以的，但若超過限制便有閑聊之嫌，應當遮止。故《薩婆多論》的觀點可做參考。

對於說法過限地點，《四分律》中並未明確說明，但根據上下文理解，應該是指在同一處說法過限才正犯。而《僧祇律》、《根有律》等律典裏還提到了不同地點說法累計後是否過限的判罰情況，這在實際操作中很難掌控，所以此處仍以《四分律》的記載為準。

（4）究竟成犯

關於究竟成犯，《四分律》、藏傳《苾芻學處》中，對方聽懂時，犯波逸提。其他多部律典中均提到，超過五六語便正犯本戒。結合上文方便加行中對「五六語」的解釋，可以認為若比丘主動講法超過五六語後仍繼續講說，即屬於正犯。這一種成犯標準相對於《四分律》中以對方聽懂來判罰更符合本戒的制戒意趣以及實際行持情況。因此，本戒的究竟成犯為說法超過五六語後繼續說，便結波逸提罪。

此外，對於結罪數量，《四分律》中無明確說明。《十誦律》、《薩婆多論》、《巴利律》等都是按不同的說法方式來結罪。例如，《十誦律》中，為女人說法過五六語後，若偈說，偈偈波逸提；若經說，事事波逸提；若別句說，句句波逸提。《巴利律》中則是：「依句說者，句句波逸提；依字說者，字字波逸提。」《善見論》則是按斷句來結罪的，若一偈一句聲相連不斷，一波逸提；若句句斷，句句波逸提。正犯之後，若比丘繼續講說，則根據多說的內容再次結罪的話，更利於遮止比丘無故為女眾說法過限的情況。故《十誦律》和《巴利律》的觀點值得借鑒。

（5）不犯

《巴利律》中，若比丘為他人說法而女人聞者，不犯。《十誦律》、《薩婆多論》等律典中，若比丘為居士宣說布施功德，受施後為居士咒願，或比丘自己誦經、讚誦三寶等，均不犯。《根有律攝》中，比丘口吃或性急頻言，也

不犯。《根有律》中，比丘教女人誦經時，不犯。《僧祇律》中，若女人身旁無淨人，但有勞作人往來，並且能夠看見和聽到比丘說法，不犯。此律還提到，若比丘在俗人家為女說法，雖旁邊無淨人，但是路上的行人來往不斷，也能夠看見和聽到比丘說法，不犯；但若是路上行人稀少，又無法看見和聽到，則不得說。以上諸律記載的這些開緣情況，基本屬於比丘無主觀故意之心，或不會引發譏嫌的情況，現實生活中可能會遇到這些情況，因而均可作為本戒的參考。

對於有多個女人的情況，《僧祇律》中，比丘可以各各為說六句法。《五分律》、《善見論》、《巴利律》與《僧祇律》類似，有眾多女人聽法，為第一個女人說法五六語後，再為第二、第三個女人說，即使第一女人在場聽，不犯。《十誦律》、《薩婆多論》中，只要有先已聽完五六句法的女人在場，此比丘不論是對誰再講法，都犯波逸提。《薩婆多論》中，若比丘不知先已聽法的女人在場，則不犯。比丘對多人講法，就不能只考慮某一個人是否聽完，否則，可能損惱大眾，也不利於弘揚佛法。所以，可以借鑒《僧祇律》、《巴利律》等律典的處理方式。

4. 諸律內部差異

《十誦律》緣起中，比丘在女人前「說兩可羞事」，類似於涉及隱私的粗惡語，並沒有體現講法的內容。與此緣起相似的《根有律》中則提到，比丘「善解身相」，講說女人的某種性格是因其「隱密處有暴惡相」或「隱密處有良善相」。可知，比丘說法的方式欠妥。《十誦律》的緣起並未表達說法的含義，而制戒部分卻禁止比丘為女人說法，其戒條中的「有知男子」、「過五六語」也沒有與之相對應的緣起故事。辨相關鍵詞中解釋了「有智男子」、「過五六語」。可見，戒條和辨相比較一致，而緣起與戒本、辨相之間存在一些差異。《鼻奈耶》戒條中的「過五六語」和「有知男子」也沒有與之相對應的緣起故事。其他律典的緣起與戒本、辨相符順。

（二）調整文本

通過以上諸律間觀點同異的對比與分析，為便於理解和實際行持，文本在《四分律》基礎上調整如下：

1. 緣起
（1）本制

佛在舍衛國祇樹給孤獨園，尊者迦留陀夷到一大長者家，在婆婆前與兒媳婦耳語說法，婆婆看到後心生譏嫌。比丘便向佛陀報告了這件事，佛嚴厲地呵責了迦留陀夷並制定了此戒：「若比丘為女人說法，波逸提。」

（2）隨制

有女眾請比丘說法，諸比丘因前制戒心懷畏慎，向佛報告。佛知道後增制了此戒：「若比丘為女人說法，過五六語，波逸提。」隨後，因為沒有智男子在場，諸比丘不敢為女眾說法，佛陀再次增制戒條：「若比丘為女人說法，過五六語，除有智男子，波逸提。」

（3）開緣

制戒後，諸比丘因沒有智男子在場，依然不敢為女人授五戒，說五戒法，授八關齋法，說八關齋法，說八聖道法，說十不善法，說十善法，回答問義，佛陀依次作了這八個方面的開緣。

2. 戒本

若比丘，為 [1] 女人說法過五六語，除有智 [2] 男子，波逸提。

1　「為」，底本作「與」，據《十誦比丘戒本》、《僧祇律》、《僧祇比丘戒本》、《五分律》、《彌沙塞五分戒本》、《根有律》、《根有戒經》、《根有律攝》改。

2　「智」，底本作「知」，據《新刪定四分僧戒本》、《十誦比丘戒本》、《僧祇比丘戒本》、《解脫戒經》、《根有律》、《根有戒經》、《根有律攝》改。

3. 關鍵詞

（1）五六語：解釋佛法的五六句話。

（2）智男子：指能夠知道善惡是非的男子。

4. 辨相

（1）犯緣

本戒具足六緣成犯：一、是女人；二、有主動為女人說法的心；三、向女人說法過五六語；四、知道說法過五六語；五、沒有智男子在場；六、說法五六句後繼續講法，成犯。

（2）辨相結罪輕重

①是女人

若比丘說法的對象是女人，波逸提；若是非人女、畜生女，突吉羅。

②有主動為女人說法的心

若比丘有主動為女人說法之心，波逸提；若沒有主動為女人說法之心，不犯；若戲笑說，不犯；若女人主動問法，不犯，若對方不解，應廣解說。

③向女人說法過五六語

若比丘向女人說法超過五六語，波逸提。

若以偈說、經說、句說等方式，波逸提。

若以作書、遣使、示相、展轉語等方式，突吉羅。

若說世間常事，突吉羅。

若比丘為女人說法不超過五六語，不犯。

④知道說法過五六語

說法過五六語作過五六語想，波逸提；過五六語作過五六語疑，突吉羅；未過五六語作過五六語想、疑，突吉羅；過五六語作未過五六語想、未過五六語作未過五六語想，不犯。

⑤沒有智男子在場

若沒有智男子在場，波逸提；若有智男子，則不犯。

⑥說法五六句後繼續講法

若比丘說法五六句後繼續講說，波逸提；若說法過限後，所說法以字說，字字波逸提；以偈說，偈偈波逸提；以句說，句句波逸提，如五句可以表達完整的，超過一句，波逸提，六句以此類推；以經說，事事波逸提。

⑦犯戒主體

比丘、比丘尼若犯，波逸提；式叉摩那、沙彌、沙彌尼若犯，突吉羅。

⑧不犯

若為女人授五戒、八戒，以及說五戒法、八戒法、八聖道法、十不善法、十善法，不犯。

若為女人宣說布施功德，受施後為其咒願，或比丘自己誦經、讚誦三寶，或教女人誦經等，均不犯。

若比丘口吃或性急頻言，若自言自語，夢中說，戲笑說，疾疾說，不犯。

若對眾多女人說法，比丘各各為說六句法，不犯。

最初犯人，或癲狂、心亂、痛惱所纏，不犯。

若女人身旁無淨人，但有勞作人往來並且能夠看見和聽到比丘說法；或者比丘在俗人家為女說法，雖旁邊無淨人但路上的行人不斷，可以看見和聽到比丘說法，均不犯。但若是路上行人稀少，比丘說法又無法被看見和聽到，則不得說。

七、現代行持參考

在現代社會，與女人說法戒也是特別需要持守的。比丘應熟悉本戒的開緣情況，既要做好防護，又要盡量利益他人。一方面，比丘有因緣需要主動向女眾講法時，如果身邊沒有其他男子隨行，要注重緣起，遵守戒律的規定。另一方面，當有女眾主動向比丘請法的時候，比丘要把握好內在的動機，清楚什麼應說，什麼不應說，避免增長樂說欲。

另外，在當今網絡時代，比丘在合理利用網絡、電話等方式弘法時，也要特別注意持守此戒。

10

掘地戒

一、緣起

（一）緣起略述

　　《四分律》有一個本制、一個隨制。佛在曠野城，六群比丘為佛修治講堂，在講堂周圍自手掘地。諸長者看到後譏嫌，其他比丘將此事向佛陀匯報，佛陀因此而制比丘不得自手掘地，此是本制。後六群比丘教其他人掘地，又被諸長者譏嫌，佛陀再次增制不得教人掘地，此為隨制。[1]

　　諸律緣起差異比較：

1. 制戒地點

　　《四分律》中，此戒的制戒地點為「曠野城」，《鼻奈耶》[2] 為「舍衛國祇樹給孤獨園」，《十誦律》[3] 為「阿羅毗國」，《僧祇律》[4] 為「曠野精舍」，《五分律》[5] 為「阿荼脾邑」，《根有律》[6] 為「室羅伐城逝多林給孤獨園」，《巴利律》[7] 為「阿羅毗邑阿伽羅婆塔廟」。

1　《四分律》卷 11，《大正藏》22 冊，641 頁上欄至中欄；卷 33，《大正藏》22 冊，802 頁中欄；卷 43，《大正藏》22 冊，875 頁上欄至中欄；卷 49，《大正藏》22 冊，931 頁中欄；卷 50，《大正藏》22 冊，937 頁上欄、941 頁中欄。

2　《鼻奈耶》卷 9，《大正藏》24 冊，891 頁上欄。

3　《十誦律》卷 16，《大正藏》23 冊，117 頁中欄至下欄；卷 34，《大正藏》23 冊，247 頁下欄；卷 53，《大正藏》23 冊，396 頁上欄；卷 57，《大正藏》23 冊，419 頁上欄；卷 61，《大正藏》23 冊，463 頁上欄、467 頁中欄。

4　《僧祇律》卷 8，《大正藏》22 冊，298 頁上欄至中欄；卷 19，《大正藏》22 冊，384 頁下欄至 385 頁中欄；卷 33，《大正藏》22 冊，496 頁中欄；卷 34，《大正藏》22 冊，502 頁下欄至 503 頁中欄、504 頁上欄、505 頁下欄。

5　《五分律》卷 8，《大正藏》22 冊，60 頁下欄。

6　《根有律》卷 41，《大正藏》23 冊，854 頁上欄至中欄。

7　《經分別》卷 5，《漢譯南傳大藏經》2 冊，41 頁至 43 頁；《附隨》卷 1，《漢譯南傳大藏經》5 冊，57 頁。

2. 緣起比丘

《四分律》中，緣起比丘為「六群比丘」，《鼻奈耶》與《四分律》相同，《十誦律》為「阿羅毗比丘」，《僧祇律》為「營事比丘」，《五分律》為「阿茶脾邑諸比丘」，《根有律》為「六眾苾芻」，《巴利律》為「阿羅毗邑諸比丘」。

3. 緣起情節

《鼻奈耶》、《十誦律》、《僧祇律》、《根有律》只有一個本制，所描述的內容和《四分律》相似，只是都沒有提到是為修建講堂而掘地。其中，《十誦律》提到了「自手掘地作牆基，掘渠、池、井，掘泥處」。《僧祇律》是為了「作基，作磚，作泥」。《巴利律》有一個本制，與《四分律》的情節相似，都是因修建講堂而自掘地或教人掘地。不同點為《巴利律》沒有提到為誰修建講堂。

《五分律》有一個本制、兩個隨制。本制情節和《四分律》相似。第一個隨制與《四分律》的隨制相同。第二個隨制中，有白衣送物為僧作房，諸比丘因前制不敢掘地，所以過了很久房屋仍沒有建成。居士責問作房比丘。比丘白佛，佛因此增制此戒：不作淨語而讓淨人掘地，犯波逸提。

（二）緣起比丘形象

本戒中，除《四分律》外，其他律典的緣起內容都比較簡略，對比丘形象的記載較少。

《四分律》中，六群比丘自手掘地，佛制戒後，又教人掘地，展現了一個鑽戒律漏洞的比丘形象。

《五分律》中，六群比丘的表現比《四分律》中更過分。當其他比丘問他們：「佛制不得掘地，汝今云何作此惡業？」後者卻說：「我使人掘。」說明其不僅大膽地鑽戒律漏洞，而且還展現出一副蠻橫而又不知悔過的形象。

其他律典沒有關於緣起比丘的詳細描述。

（三）犯戒內因

《四分律》、《五分律》、《巴利律》中，緣起比丘是為修建講堂而掘地，這是一種善心，但是由於沒有善觀緣起而引發了譏嫌，屬於非染污無明。

其他律典沒有明確記載犯戒內因。

（四）犯戒外緣

《四分律》中，緣起比丘犯戒的外緣是修建講堂。《五分律》、《巴利律》與之相似。其中，《五分律》中又有「白衣送物為僧作房」這一犯戒外緣。

《十誦律》、《僧祇律》中有「作牆基」等因緣，促使緣起比丘掘地。

（五）犯戒後的影響

《四分律》中，六群比丘自手掘地後，諸長者見後譏嫌道：「沙門釋子不知慚恥，斷他命根，外自稱言『我知正法』，如今觀之有何正法，而自掘地斷他命根？」其他律典的內容與《四分律》的描述相似。從中可知比丘的行為很不符合當時印度的風俗習慣，因而讓世間人譏嫌和不滿。

《十誦律》中，有居士是外道弟子，認為地有命根，以嫉心故呵責道：「沙門釋子自言『善好有功德』，而奪一根眾生命。」《根有律》中，諸外道見比丘此種行為，皆共譏嫌：「云何出家苾芻作諸俗務，掘地害命，情無悲愍？」由此引起外道的譏嫌。

《五分律》中，此戒引發的後果為「如上作講堂中說」，也就是與壞生種戒的犯戒影響相同，都是被居士譏嫌，認為比丘傷害了生命。

（六）佛陀考量

《四分律》中，比丘向佛報告緣起比丘掘地後，佛陀呵責了緣起比丘，並

兩次提到：「使諸長者譏嫌耶？」《巴利律》中，佛陀更呵責道：「愚人，諸人於地謂有情。愚人，此非令未信者生信。」《僧祇律》中，佛陀教誡道：「莫為世人所譏，失他善福。」由此可知，佛陀制此戒主要是避免世人的譏嫌，保護其對三寶的信心。此外，《五分律》中，居士供養僧團建房材料，佛陀為了令居士生信增福，開許比丘向淨人說淨語的方式暗示淨人掘地。這樣既可以避免居士的譏嫌，又可以滿足居士的供養願心。《僧祇律》中，佛陀告訴比丘們「當少事少務」。《根有律》中，佛更讚歎「持戒、少欲、知足」，「呵責多欲，作無益事」，由此反映出佛陀意在教育聲聞弟子們要安住修行，避免做不必要的雜務而妨礙修道。

（七）文體分析

《四分律》有兩個因緣，情節內容不算很多，但是相較其他律典卻最為豐富。《鼻奈耶》、《十誦律》、《僧祇律》、《根有律》、《巴利律》只有一個因緣，《五分律》有三個因緣，但內容都比較簡單，語言風格以敘述為主。

其中，《四分律》、《僧祇律》、《五分律》有一些較為具體的細節描寫，為簡單的故事情節增添了一分生動之處。如《四分律》：「爾時，六群比丘修治講堂教人掘地，言：『掘是，置是。』」《五分律》中，居士出資為僧作房，「久久來視，見房不成」，便問作房比丘：「何不為我速成此福？」《僧祇律》中，世人譏罵「傷破根命」，「何道之有」時，佛陀告訴比丘：「此中雖無命根，出家之人所不應作。」

二、戒本

《四分律》中，本戒的戒本為：「若比丘，自手掘地，若教人掘者，波逸提。」

梵文《根有戒經》[1]中，有關本條戒對應的內容均來自藏文戒經的重構，因此不再參與以下的比較。

（一）若比丘，自手掘地

《四分律》、《四分僧戒本》[2]、《新刪定四分僧戒本》[3]、《四分律比丘戒本》[4]作「若比丘，自手掘地」，意思是：如果比丘自己動手掘地。

與《四分律》相同：

《鼻奈耶》、《十誦律》、《十誦比丘戒本》[5]、《僧祇律》、《僧祇比丘戒本》[6]作「若比丘，自手掘地」。

與《四分律》相似：

《根有律》、《根有戒經》[7]、《根有律攝》[8]作「若復苾芻，自手掘地」。

《五分律》、《彌沙塞五分戒本》[9]、《解脫戒經》[10]作「若比丘，自掘地」，相比《四分律》少了「手」字，但內涵是一致的。

1　Anukul Chandra Banerjee, *Two Buddhist Vinaya Texts in Sanskrit*, p. 42.

2　《四分僧戒本》，《大正藏》22 冊，1026 頁中欄。

3　《新刪定四分僧戒本》，《卍續藏》39 冊，266 頁下欄。

4　《四分律比丘戒本》，《大正藏》22 冊，1018 頁中欄。

5　《十誦比丘戒本》，《大正藏》23 冊，476 頁上欄。

6　《僧祇比丘戒本》，《大正藏》22 冊，553 頁下欄。

7　《根有戒經》，《大正藏》24 冊，505 頁下欄。

8　《根有律攝》卷 13，《大正藏》24 冊，600 頁下欄。

9　《彌沙塞五分戒本》，《大正藏》22 冊，198 頁上欄。

10　《解脫戒經》，《大正藏》24 冊，663 頁中欄。

梵文《説出世部戒經》[1]作"yo puna bhikṣuḥ svahastaṃ pṛthivīṃ khaneya vā"，意思是：任何比丘，親手掘地。

藏文《根有戒經》[2]作"ཡང་དགེ་སློང་གང་རང་གི་ལག་གིས་ས་རྐོ"，意思是：任何比丘，自手掘地。

與《四分律》有部分差異：

梵文《有部戒經》[3]作"yaḥ punar bhikṣuḥ pṛthivīṃ khanyāt"，意思是：任何比丘，（自己）掘地。

巴利《戒經》[4]作"yo pana bhikkhu paṭhaviṃ khaṇeyya vā"，意思是：任何比丘，（自己）掘地。

以上兩部非漢文戒本與《四分律》相比少了「自手」二字，但內涵一致。

（二）若教人掘者，波逸提

《四分律》、《新刪定四分僧戒本》、《四分律比丘戒本》作「若教人掘者，波逸提」，意思是：或者教其他人掘地，犯墮罪。

與《四分律》相似：

《四分僧戒本》作「教人掘者，波逸提」，《根有律》、《根有戒經》、《根有律攝》作「若教人掘者，波逸底迦」，《解脫戒經》作「若教人掘地，波逸提」。

梵文《有部戒經》作"khānayed vā pātayantikā"，意思是：或是令別人掘，墮。

巴利《戒經》作"khaṇāpeyya vā, pācittiyaṃ"，意思是：或是令別人

1　Nathmal Tatia, *Prātimokṣasūtram of the Lokottaravādimahāsāṅghika School*, Tibetan Sanskrit Works Series, no. 16, p. 26.

2　麗江版《甘珠爾》(འཇང་ས་ཏཧམ་འགྱུར།) 第 5 函《別解脱經》(སོ་སོར་ཐར་པའི་མདོ།) 16a。

3　Georg von Simson, *Prātimokṣasūtra der Sarvāstivādins Teil II*, Sanskrittexte aus den Turfanfunden, XI, p. 228.

4　Bhikkhu Ñāṇatusita, *Analysis of the Bhikkhu Pātimokkha*, p. 173.

掘，墮。

藏文《根有戒經》作 "འམ་སྐོར་འཇུག་ན་ལྟུང་བྱེད་དོ། །"，意思是：或使人掘，墮。

與《四分律》有部分差異：

《僧祇律》作「若使人掘，指示語掘，波夜提」。這裏多出「指示語掘」。

《鼻奈耶》作「若教人『掘是，置是』者，墮」，《四分律》及其他律典中均缺乏與「置是」相對應的內容。《十誦律》作「若教他掘，作是言：『汝掘是處。』波逸提」。《十誦比丘戒本》作「若使人掘，若指示言：『掘是。』波夜提」。《僧祇比丘戒本》作「若使人掘，若指授語：『掘是地。』波夜提」。《五分律》作「若使人掘，言：『掘是！』波逸提」。《彌沙塞五分戒本》作「若使人掘，言『掘』者，波逸提」。

梵文《説出世部戒經》作 "khanāpeya vā antamaśato iha khanehīti vā vadeya pācattikaṃ"，意思是：或是令別人掘，或是乃至説「掘這裏」，墮。

以上《鼻奈耶》及之後律典相比《四分律》，除了教人掘外，還多了指示他人掘地的語言內容。

三、關鍵詞

地

梵文戒經均使用“pṛthivī”，意思是：地、土（英譯：earth, land, ground）。巴利《戒經》作“paṭhavi”，詞意和梵文相同。藏文《根有戒經》作“ས”，即一般意義上的地或土地（英譯：earth）。

《四分律》解釋為：「地者，已掘地，未掘地。若已掘地經四月，被雨漬，還如本。」「未掘地」即是沒有被掘過的生地。「已掘地」就是生地已經被人掘過，要是再被雨水浸透超過四個月，已掘地還同生地。在印度的文化觀念裏，認為大地也有生命，如果地被掘了，生命就不在了，需要經過雨水潤澤，生命才可以恢復。《根有律》、《根有律攝》與之相似，將地分為兩種，即生地和非生地。如果有雨水潤澤已掘地，三個月後，就可以變成生地；如果沒有雨水，則需要經過六個月才是生地。

《巴利律》把地分為生地與不生地，並解釋為：「言生地者，純壤純土，少有砂石瓦礫，大部份為土壤。非燒土亦言生地。又土壤之積聚，而瀑雨四月以上，亦言生地。」不生地與其相對應：「不生地者，言純石、純砂、純瓦、純礫，土壤少，而砂石瓦礫多。燒土亦言不生地。又土壤之積聚，瀑雨四月以下，亦言不生地。」

《善見論》中，地分為「真地」與「非真地」。如律文：「真地者，無有沙石瓦礫，純土，是名真地。非真地者，多有沙石瓦礫，沙土，是名非真地。若地被燒，亦名非真地。」這一點與《巴利律》相同。另外，《善見論》還進一步説明如何鑑別土地，以此決定是否掘地。如律文：「應取少土以水淘看，若四分石一分土，可得掘。若石上土厚四寸，燥，得取；若雨已經四月，不得取。」[1]

1　《善見論》卷 15，《大正藏》24 冊，780 頁中欄。

《十誦律》記載：「地者，有二種：生地，不生地——頹牆土、石底蟻封、土聚。生地者，若多雨國土，八月地生，若少雨國土，四月地生，是名生地。」《薩婆多論》與《十誦律》相同，並進一步解釋：「四月及八月，此是雨時，地相連著，潤勢相淹，能生草木故，義名生地。餘無雨時，日炙乾燥，風吹土起而不生草故，義名不生地也。」[1]《摩得勒伽》也是分為生地與非生地，並解釋「經夏四月，是名生地」。與其他律典略有差異。

《僧祇律》裏把地分為生和作。律中認為，「大地是名生」，此處意思不明確，可能有兩種理解：一種是指大地本身具有生命；另一種是指有生長植物的功用。作又分基作和上作：「基作者，露地牆壁。上作者，重閣屋上覆土。」均沒有生長植物的功用。

綜上所述，詞源分析中，諸部戒經內涵一致，指的是土地。漢譯律典中，諸律典的分類比較一致，都是分為兩類：《四分律》分為已掘地與未掘地；《十誦律》、《薩婆多論》、《摩得勒伽》、《根有律》、《根有律攝》、《巴利律》分為生地與不生地；《僧祇律》則分為生地與作地。

在內涵上，《四分律》中，「已掘」和「未掘」是從大地本身有生命的角度來理解的。如果掘了，大地就失去了生命，但是不代表沒有生長草木的能力。經過雨水潤澤後，可以再次恢復生命。《根有律》、《根有律攝》與《四分律》意思相同。《十誦律》、《薩婆多論》、《摩得勒伽》、《巴利律》、《善見論》是從生長草木的功用層面理解的，能生長草木的是生地，反之則為不生地。

非生地經過雨水潤澤變成生地所需的時間，各律典記載不一。《四分律》、《摩得勒伽》、《巴利律》、《善見論》為四個月，《根有律》、《根有律攝》為三個月。此外，後兩部律典還記載無雨的情況下，非生地需經過六個月才能變成生地。

1　《薩婆多論》卷 9，《大正藏》23 冊，559 頁中欄。

四、辨相

（一）犯緣

具足以下五個方面的犯緣便正犯本戒：

1. 所犯境

《四分律》中，本戒的所犯境為：未掘地及「經四月，被雨漬還如本」的已掘地。

《十誦律》、《薩婆多論》[1]、《摩得勒伽》[2]、《根有律》、《根有律攝》、《善見論》[3]、與《四分律》的表述雖略有不同，但內涵上都是指掘生地才正犯。另外，《根有律攝》[4]中還要求生地「不被火燒，未經耕墾」。

《巴利律》關鍵詞中也將地分為生地與不生地，但僅說掘地犯，並未說明掘生地正犯，掘非生地不犯或結輕罪，由此，所犯境或許包含了生地、非生地。

《僧祇律》中，所犯境為地，其關鍵詞解釋中，地包括生地和作地。《鼻奈耶》、《五分律》戒條中只提到掘地，沒有細分生地、非生地。

藏傳《苾芻學處》[5]中說的是「世間所共許地，地面與地基相連，未壞，堅住（非是浮土）」，故應該是指生地。

《毗尼母經》[6]、《明了論》沒有本戒辨相方面的記載，下不贅述。

---

1 《薩婆多論》卷 9，《大正藏》23 冊，559 頁中欄。
2 《摩得勒伽》卷 1，《大正藏》23 冊，565 頁中欄；卷 3，《大正藏》23 冊，578 頁下欄；卷 9，《大正藏》23 冊，621 頁中欄；卷 10，《大正藏》23 冊，625 頁中欄至下欄。
3 《善見論》卷 11，《大正藏》24 冊，754 頁中欄；卷 15，《大正藏》24 冊，780 頁中欄至下欄。
4 《根有律攝》卷 13，《大正藏》24 冊，600 頁中欄至下欄。
5 《苾芻學處》，《宗喀巴大師集》卷 5，122 頁至 123 頁。
6 《毗尼母經》卷 6，《大正藏》24 冊，837 頁中欄。

2. 能犯心

（1）發起心

《四分律》中，本戒的發起心為「故掘」。《巴利律》與《四分律》相同。

《僧祇律》中，發起心是「欲令壞」。藏傳《苾芻學處》中，本戒的發起心是「欲掘生地」，意思是想要掘生地之心。

其他律典均沒有發起心方面的內容。

（2）想心

想心方面，《四分律》提到「地有地想」。

《巴利律》中，「於地有地想」，正犯本戒。

《根有律攝》中，「生地生地想、地為地想」各有六句，其中，生地作生地想、疑，及地作地想、疑，都正犯本戒。藏傳《苾芻學處》作「想不錯亂」。

其他律典沒有想心方面的內容。

3. 方便加行

《四分律》戒條中，方便加行為「自手掘地，若教人掘」，其辨相中還包括以火燒、椎打、刀刺、爪掐等各種方式傷地。

《摩得勒伽》、《僧祇律》、《根有律》與《四分律》相同。其中，《根有律》還包括牆上釘杙和推牆壁與濕性相連。其中「推牆壁與濕性相連」的意思應該是在推倒牆壁的時候，將大地上的土壤從地裏一起帶出來而導致犯此戒。

《巴利律》中，方便加行為「掘之或令掘，破壞或使破壞，取或令取」。《根有律攝》為「若打橛，若剗削，堅鞭地皮、崩岸隤牆、著地堅泥舉令相離」。《摩得勒伽》為「自手掘地，使人掘」，或是燒地。藏傳《苾芻學處》中為「若自或教他打橛、拆牆等發起方便」。

《鼻奈耶》為「自手掘地，若教人『掘是，置是』」。《十誦律》為「自手掘地，若教他掘」。《五分律》為「自掘地，若使人掘」。《善見論》中，方便加行是「若指示教『掘是，斫是』」。

《薩婆多論》中，方便加行為「觸」，包括自觸和教他觸。

4. 究竟成犯

《四分律》中，「傷地」時，便正犯本戒。《根有律》和《四分律》相同。

《十誦律》記載：「若比丘掘生地，隨一一掘，波逸提。」由此判斷，一個掘地的動作完成時便究竟成犯。《巴利律》、《善見論》與《十誦律》相同。

《僧祇律》中，「傷如蚊腳，波夜提」，可見其究竟成犯也是傷地時，與《四分律》相同。此外，對於結罪數量，因加行不同而有所區別。對於自掘地的情況，《僧祇律》記載：「若自方便多掘，一波夜提；若中間止住，一一波夜提。」即一個連續的掘地行為，正犯本戒；如果掘地行為中斷之後再掘，則會再次成犯。對於使人掘的情況，文中僅提到：「前人多掘，一波夜提；若重語：『使掘，疾掘。』語語波夜提。」即若以話語遣使掘地時，需要結合掘地的實際情況，依指示的次數來判罪。

藏傳《苾芻學處》中，究竟成犯為「事畢」，意思是掘地完成後才正犯。

其他律典沒有明確記載究竟成犯。

5. 犯戒主體

此戒的犯戒主體是比丘，這一點諸律相同。

《四分律》、《五分律》、藏傳《苾芻學處》中，比丘尼同犯。

（二）輕重

1. 所犯境

《四分律》中，掘未掘地，波逸提；已經被掘過的地，經過四個月被雨浸潤之後恢復為生地，若再掘，結波逸提罪。其他律典正犯的所犯境如上犯緣所述。

《四分律》中，關於「地」的部分描述比較簡單，沒有具體說明。《鼻奈耶》、《五分律》的情況與《四分律》類似，僅說掘地犯波逸提。其他律典都有具體的辨析且把地分為生地和不生地，除《巴利律》外，兩者在判罪上皆有所不同；《巴利律》中未說明兩者之間的判罪有差異。

（1）掘生地

諸律中，掘生地，都犯波逸提。《根有律》中，如果「掘石地，石少土多」、「掘砂地，砂少土多」，都得波逸提罪。因為土多石少，有生長能力，如同生地。

《僧祇律》中，「被雨地」，波逸提。對於成塊的土，若所掘的重量超過一人重，波逸提；不足一人重，不犯。《根有律》中，比丘破壞「與濕性相連」的牆壁，犯波逸提；如果摧毀有璺裂的牆，犯突吉羅。比丘弄崩河岸時，如果河岸是生地，結波逸提；如果河岸上有璺裂，將其弄崩，結突吉羅。

（2）掘不生地

《四分律》中，對於不生地，沒有說明結罪的情況。

《十誦律》、《根有律》中，掘不生地，結突吉羅罪。《十誦律》記載：「若頹牆土、石底蟻封、土聚，若掘者，隨一一掘，突吉羅。」「掘泥處，乃至沒膝處掘取，隨一一掘，突吉羅。」

《摩得勒伽》卷 10 中記載：「掘燒壞地，突吉羅。」卷 3 中卻記載：「若掘死地、壞地，離自性，不犯。」

《僧祇律》記載：「掘地，波夜提；半沙，越毗尼罪；純沙，無罪；石礓、石糞灰亦如是。」若取淋雨的死土、鼠窩土，波逸提；房子的牆壁，突吉羅。又記載：「若營事比丘多有塔物、僧物欲藏地中，若在露處生地，不得自掘，當使淨人知；若在覆處死地，得自掘藏。」

《根有律》記載，「若苾芻舉地皮時，若與地性相連者」，犯波逸提；「若不相連者」，犯突吉羅。地性相連的是生地，不相連的是不生地。如果比丘因取牛糞而損傷地或牆，結惡作罪；只取牛糞不犯。如果比丘搖動河池中泥，或者拿起泥中的容器，或是損傷牆上的青苔，均得惡作罪。比丘掘磚石地，如果石少土多，得波逸提罪；如果土少石多，得惡作罪；掘砂地的情況與此類同。如果是純石或純砂，無犯。《根有律攝》與《根有律》類似，如律文：「若土多沙少者，咸得墮罪。」「若地皮等不堅鞕處，剗舉之時，得惡作罪。」

藏傳《苾芻學處》記載：「所掘之地，或未與地基相連，或已掘熟地，雖經天雨，未滿三月，餘時（未下雨時）未滿六月，或是灰、渣、石、沙等多

分相雜之地，或是地皮……皆支分不具之惡作罪。」此處所描述的「未與地基相連」，或「掘熟地」，未經過三個月的雨水及六個月的不下雨期，乃至相雜地等，都是不生地的範疇，判罪和《根有律》相同。

《薩婆多論》中，如果觸不生地上的乾土，犯突吉羅，「下侵濕地，犯墮」。又律中記載：「牆根齊築處，不犯，以異於地故。地雖築治，若濕相淹，發，犯墮。」這裏的「牆根齊築處」，是指牆土，不是地土，所以不犯。又記載：「凡欲取菜、草土，當遙言某處有好者淨來，若到邊指示，犯也。蟻封，雨時，犯突吉羅，以非根本實地故。若中生草，觸草犯墮；封土，犯突吉羅。所以犯突者，有少相連分故。泥下地，犯墮。屋上、牆上生草，如蟻封通覆處地，若土起，犯突；及下地，犯墮。」其中，泥下地是生地，所以結波逸提罪。

《善見論》中，對於有砂石的地，「應取少土以水淘看，若四分石、一分土，可得掘」；若石上有厚四寸的乾土，可以掘取；若地被淋過雨，經過四個月而掘，波逸提。

2. 能犯心

（1）發起心

《四分律》中，故掘，波逸提；不故掘，不犯。

《巴利律》與《四分律》相同。

《僧祇律》中，發起心是「欲令壞」時，波逸提；不故意，不犯。藏傳《苾芻學處》中，發起心是「欲掘生地」時，波逸提。

其他律典沒有相關內容。

（2）想心

《四分律》中，地有地想，結波逸提罪。

《根有律攝》、《巴利律》與之相同。此外，《巴利律》又記載：「於地有疑想而掘，或……令取者，突吉羅；於地有非地想而掘，或……令取者，不犯也。於非地有地想者，突吉羅；於非地有疑想者，突吉羅；於非地有非地想者，不犯也。」

《根有律攝》記載：「生地生地想，地為地想，各有六句，並同前說。」意思表達不明確。參考此律其他戒條，可以把「生地生地想」六句分為：生地生地想、疑，掘者，得墮罪；不生地生地想、疑，得惡作罪；生地、不生地作不生地想，不犯。「地為地想」六句分為：地為地想、疑，掘者，得墮罪；非地地想、疑，得惡作罪；地、非地作非地想，不犯。其中，《根有律攝》中，地作地疑正犯波逸提罪，不同於《巴利律》犯突吉羅。藏傳《苾芻學處》中，「想不錯亂」，波逸提。

其他律典沒有與此相關的內容。

3. 方便加行

《四分律》中，若自掘或教他掘地，波逸提。其他律典正犯的方便加行如上犯緣所述。

其中，部分律典更進一步說明了具體加行的判罪情況，如下：

《四分律》記載：「用鋤，或以钁斫，或以椎打，或以鐮刀刺，乃至指爪掏傷地，一切波逸提。打橛入地者，波逸提。地上然火，波逸提。」「若不教言：『看是知是』突吉羅。」如果比丘不用淨語而直接讓淨人掘地，口說掘時，結突吉羅罪；淨人開始掘的時候，一傷地就結波逸提罪。《善見論》與《四分律》類似，如：「若比丘語淨人言『汝為眾僧掘地及斫木』，不犯；若指示教『掘是，斫是』，波夜提。」

《僧祇律》對方便加行的判罪比《四分律》分得更細：若比丘「河邊坎上以腳踏」、掃地、牽曳木、驅牛馬、在地上打杙及拔杙、經行、住、坐、臥，以及「大小行用水時手摩地」等種種的方式來傷地，都犯波逸提。雨後，比丘不得自舀井水、池水等，應使淨人舀；若淨人年幼，當令淨人或等待動物把水弄混，然後自舀。又記載：「若泥被雨後，不得自取，使淨人取。若池泥、洸泥，新雨後，比丘不得自取，使淨人取。若水瀆，若屋流水道新雨後，比丘不得自抒，使淨人抒……若雨潦推土聚一處，比丘不得自取，使淨人取。若甕瓶器物在露地經雨已，比丘不得自取，使淨人取。若洗腳木經雨後不得自取。若木石、磚瓦，種種諸物在露地，雨後，比丘不得自取，使淨

人知。」

《十誦律》記載:「若手畫地,乃至沒芥子,一一畫,突吉羅。」但是如果比丘作師匠,「欲新起佛圖僧坊,畫地作模像處所」,不犯;餘比丘畫者,突吉羅。

藏傳《苾芻學處》記載:「或拔橛,或於地劃文,或撥地上牛糞,或動稀泥等,皆支分不具之惡作罪。」《善見論》對於畫地、作字,則判為波逸提。《根有律》中,畫地、畫壁,都結突吉羅,如果為了計數而劃,則不犯。另外,「若苾芻釘橛者,波逸底迦;若拔橛者,得惡作罪。」「若牆上釘杙者」,波逸提。《僧祇律》中「房內釘壁」、藏傳《苾芻學處》中「牆上泥而剗削等」只結突吉羅罪。

《根有律攝》中,「自掘、教人掘,若打橛,若剗削,堅鞭地皮,崩岸隤牆,著地堅泥舉令相離」,皆波逸提。《摩得勒伽》記載:「遣使、手印掘地,突吉羅。」《巴利律》記載:「自掘者,波逸提。令掘者,命他掘者,波逸提。命令一次,而屢屢掘者,〔一〕波逸提。……掘之或令掘,破壞或使破壞,取或令取者,波逸提。」

4. 究竟成犯

《四分律》中,傷地時,結波逸提。《根有律》與《四分律》相同。

《十誦律》中,對於生地,每完成一個掘的行為時,結一個波逸提罪;對於非生地,每完成一個掘的行為時,結一個突吉羅罪。《巴利律》記載:「掘之前行者,突吉羅;屢屢掘者,波逸提。」《善見論》與《十誦律》結罪相似,比丘「掘掘波夜提」,即每掘一下結一個波逸提罪。

《善見論》中,教人掘的情況:「若比丘語淨人言『汝為眾僧掘地及斫木』,不犯。若指示教『掘是,斫是』,波夜提。」這裏不犯是因為說淨語;犯則因為明確地指示淨人掘地。

《僧祇律》記載:「若比丘河邊坎上以腳踏墮,踏踏波夜提。池坎岸邊行,土崩,無罪。」「若自方便多掘,一波夜提;若中間止住,一一波夜提。」意思是:如果自己一直連續掘多下,只結一個波逸提罪;如果中間停了再掘,

每停一次結一個波逸提罪。又記載：「使人者，使他人掘，前人多掘，一波夜提。若重語『使掘，疾掘』，語語波夜提。」即如果用語言指使別人掘時，每說一句結一個波逸提罪。又記載：「若欲畫地，越毗尼罪；傷如蚊腳，波夜提。」如果比丘「欲使地平作方便掃地」、「若方便牽曳木，欲使破地」、「若驅牛馬，欲使破地」，在「掃地」、「牽曳」、「驅」時，得越毗尼罪；若傷如蚊腳，波逸提。如果在地上打杙及拔杙時，得越毗尼罪；傷如蚊腳時，則結波逸提。又記載：「若欲使地平故經行，行時，越毗尼罪；傷如蚊腳，波夜提。住、坐、臥亦如是。」「若比丘房內釘壁，毀損成功，越毗尼罪；若先有故孔，無罪。」

藏傳《苾芻學處》中，「事畢成犯」，即掘地完成後犯波逸提。

其他律典中沒有相關描述。

5. 犯戒主體

《四分律》中，比丘、比丘尼若犯，波逸提；式叉摩那、沙彌、沙彌尼若犯，突吉羅。

《五分律》與之相似，不同之處在於：對於下三眾結罪的原因，明確強調是「無事掘地」。

藏傳《苾芻學處》中，比丘、比丘尼都結波逸提。

其他律典中，比丘若犯，波逸提，未提及比丘尼即下三眾的結罪情況。

（三）不犯

1. 所犯境不具足

《四分律》中，「若反磚石，取牛屎，取崩岸土，若取鼠壞土，若除經行處土，若除屋內土」，一切不犯。

《五分律》：「若取燥土，不犯。」《僧祇律》記載：「畫末土，無罪。」

《十誦律》：「若生金銀、砷璖、瑪瑙、朱砂礦處，若掘是處，不犯。若生鐵礦處，銅、白鑞、鉛錫礦處，若雌黃、赭土、白墡處，若生石處、生黑石

處、沙處、鹽地，掘者，不犯。」《根有律攝》記載：「無犯者，若純沙石處。」《根有律》與之相同。《摩得勒伽》：「若掘死地、壞地，離自性，不犯。」其中，「自性」的意思是生地。死地、壞地沒有生長能力，因此不犯。

《薩婆多論》中記載：「牆根齊築處，不犯。」

2. 能犯心不具足

《四分律》中，「若不故掘」，不犯。

《僧祇律》、《巴利律》與《四分律》相同。

想心方面，《根有律攝》中，生地、不生地作不生地想，不犯；地、非地作非地想，不犯。《巴利律》中，「於非地有非地想者，不犯也」。

3. 方便加行不具足

《僧祇律》記載：「不作方便，無罪。」

4. 犯戒主體不具足

《四分律》記載：「不犯者，最初未制戒，癡狂、心亂、痛惱所纏。」《五分律》、《根有律》與之相同。

《巴利律》記載：「無念者、無知者、癡狂者、最初之犯行者，不犯也。」

5. 開緣
（1）作淨

《四分律》中，「若語言『知是看是』」，不犯。

《巴利律》：「言：『知此，與此，運此，欲此，以此作淨。』者，不犯也。」

《善見論》：「自溉灌，或教人溉灌，自掘地作池，或教人掘，以用貯水，或用洗浴，或用灌華，皆悉不善。若為僧作池，若自作，不得教言『掘』，唯作淨語，不犯。若為僧作園及自作園，若種樹為蔭涼故，皆用淨語。若種種華果，誘卹白衣男女，自種，教人種，悉突吉羅；若為佛僧種，不犯。」「作

淨語教人種，得。云何淨語？汝使此樹活，莫令死。淨人隨時料理灌水。」[1]

（2）淨人作

《僧祇律》中有種種比丘不能做的事緣，需要使淨人作，現分四類列出如下：

①藏物，掘地及釘地

如果營事比丘「多有塔物、僧物，欲藏地中，若在露處生地，不得自掘，當使淨人知；若在覆處、死地，得自掘藏」。又記載：「若比丘欲張氈氍，須釘四角，若覆處死地，自釘無罪；若露處生地，當使淨人知，拔時，當使淨人知。」

②朽房摘磚等

《僧祇律》：「若營事比丘欲作摸式，當畫板木磚上。若泥覆朽故房舍，欲撤時，不得自撤，當使淨人。若欲壞壁時，當使淨人卻泥，然後自得摘磚，至基際，使淨人摘。若壁不泥者，以曾被雨，使淨人摘兩三行，然後自摘至地際，復使淨人摘。若磚壞聚被雨已，不得自取，使淨人取上兩三重，然後自取至地際，復使淨人取。若覆上者得自取，到地際應使淨人取，磚聚亦如是。」

③被雨及抒井

《僧祇律》：「若死土被雨已，比丘不得自取，使淨人取。盡雨所洽際，然後自取，無罪。若鼠壤被雨，不得取，應使淨人取。」又記載：「若新雨後，比丘不得自抒井，應使淨人抒。若淨人小，不能者，當先下淨人擾令濁，然後自抒。若池水、洸水，新雨後，比丘不得自抒；若牛馬先涉，得自抒。若泥被雨後，不得自取，使淨人取。若池泥、洸泥，新雨後，比丘不得自取，使淨人取。若水漬，若屋流水道新雨後，比丘不得自抒，使淨人抒。」

④經雨取物

《僧祇律》：「若雨潦推土聚一處，比丘不得自取，使淨人取。若甕瓶器物

1　《善見論》卷 14，《大正藏》24 冊，770 頁中欄。

在露地經雨已，比丘不得自取，使淨人取。若洗腳木經雨後，不得自取。若木石、磚瓦，種種諸物在露地，雨後，比丘不得自取，使淨人知。」

《善見論》記載：「若比丘語淨人言『汝為眾僧掘地及斫木』，不犯」。

6. 其他情況

《四分律》：「時，祇桓外有野火燒，蔓莚來至，諸比丘不知云何，即白佛。佛言：『聽逆除中間草，若作坑塹斷，若以土滅。』」[1] 又「若曳材木、曳竹，若蘺倒地，扶正」，不犯；「若來往經行，若掃地，若杖築地」，不犯。

《十誦律》：「若比丘作師匠，欲新起佛圖僧坊，畫地作模像處所，不犯。」

《根有律》：「若營作苾芻欲定基時，得好星候吉辰，無有淨人，應自以橛釘地，欲記疆界，深四指者，無犯。」《根有律攝》：「營事苾芻得好時日，無驅使人，須定屋基拼繩打橛，深齊四寸者，無犯。」藏傳《苾芻學處》中也記載，「營事人，於吉期無人作淨時，自釘四指之橛」，不犯。

《善見論》：「若把火燒手擲地，不犯。」「若人放燒，火來近寺，為護住處故，比丘得鏟草掘土以斷火，不犯。」「若樹壓比丘，得斫樹掘地以救其命，不犯。」

1　《四分律》卷 53，《大正藏》22 冊，960 頁上欄。

五、原理

（一）防止譏嫌，不害物命，遠離纏縛

掘地戒是一條遮戒，意在避免比丘因為掘地而引發世人譏嫌和誹謗，同時也間接防止傷害土地中的生命。本戒的另一個重要意趣是幫助比丘遠離世事的纏縛，以便更好地精進修道。

《薩婆多論》就此戒的制意作了如下概括：「凡有三戒，大利益佛法在餘誦：一、不得擔，二、不殺草木，三、不掘地。若不制三戒，一切國王當使比丘種種作役；有此三戒，帝主、國王一切息心。」[1]

（二）土地不是生命

古代印度宗教思想濃厚，泛靈觀念深深影響着人們的行為。以婆羅門教為主導的吠陀文化是一種多神崇拜的文化，受其影響，當時的人們敬畏自然和神明，他們認為萬物都有生命，「將自然萬物看作由梵創造的由低到高的生命系列」。[2]《梨俱吠陀》的《大地女神頌》就以優美的讚頌歌唱女神用大力潤澤了大地，在婆羅門的觀念裏大地是神聖的。[3] 正因為如此，古印度人對耕田墾地的行為極為厭棄，如《摩奴法論》記載：「人們以為務農好；這個生計是受善人譴責的；鐵端的木棍既傷土地又殺地裏的生靈。」因此，婆羅門和利

1　《薩婆多論》卷 6，《大正藏》23 冊，543 頁中欄。

2　陳紅兵：《印度文化精神探析》，《南亞研究季刊》，2008 年第 1 期，79 頁。

3　「……農民要向自己的犁，牛和田地祈禱，甚至還有些農民由於相信『不殺生』，所以種地不施化肥，因為他們認為化肥同白骨有關；還有的民族至今耕地不用犁，因為怕傷了『地神母親』。」王樹英：《印度文化與民俗》，中國社會科學出版社，2007 年，15 頁。

帝利不允許參與上述生產勞動，只有吠舍階級才會去務農。[1]

　　與佛教同一時代的耆那教也有相似的見解，他們認為生物可以根據其自身的感覺與意識而分為五類，其中，土地與植物是一種僅僅具備觸覺的有情。耆那教經典《諦義證得經》記載：「地、水、植物、火、風等五類東西，都是具備一個根的生物。……耆那教認為這些生物具備的那個根是『身』，或稱『皮』，即具備觸覺。」[2]佛教律典中記載了持有這種看法的外道，如《十誦律》中，有居士是外道弟子，認為大地是生命，嫉恨比丘掘地「奪一根眾生命」。不僅是外道，當時的民眾也深深地受到了這種觀念的影響，如《中阿含經》中，陶師難提波羅「盡形壽手離鏵鍬，不自掘地，亦不教他，若水岸崩土及鼠傷土，取用作器」。[3]《根有律破僧事》中也有類似記載。[4]

　　《僧祇律》中，世人見比丘掘地而譏嫌「故傷破根命」。《根有律》中，諸外道見比丘掘地後說：「云何出家苾芻作諸俗務，掘地害命情無悲愍？」緣起比丘的行為與社會習俗及傳統觀念發生衝突，因而受到了大眾的譏嫌，在當時的社會文化背景下不足生怪。

　　但是，與婆羅門教或耆那教等其他外道的看法不同，佛教認為土地是沒有生命的。《僧祇律》記載：「佛語比丘：『此中雖無命根，出家之人所不應作，當少事少務，莫為世人所譏，失他善福。從今日後不得自手掘地。』」可見，此戒的制定與印度當時的社會習俗與文化氛圍有着密切的關係，佛陀雖然不認同，但是採取了尊重社會共許觀念的做法。

1　「經商、牧畜和務農是吠舍的生計」，書中對「務農」一詞有注解：「梵文 krei，本義是『耕（地）』，泛指務農。」《摩奴法論》，214 頁。

2　《諦義證得經》，《藏外佛教文獻》2 冊，377 頁。印度耆那教經典，作者是著名的耆那教哲學家烏瑪斯伐蒂（Umāsvāti）。

3　《中阿含經》卷 12，《大正藏》1 冊，499 頁下欄。

4　《根有律破僧事》卷 11：「其聚落中復有陶師，名曰喜護……所有壞生營事之具皆悉棄捨，以鼠壞土用無蟲水及無蟲木造諸瓦器。以此器物置於門外，遍告諸人：『施我米豆，將此器去多少隨意。』」《大正藏》24 冊，157 頁上欄。

（三）掘地在印度與中國的調適

　　佛陀制定了掘地戒與壞生種戒，兩者的結合更有力地阻止了當時的比丘從事任何與農業有關的勞作。然而，值得注意的是，律典裏佛陀開許比丘可以為三寶利益掘地。

　　《善見論》記載：「若人放燒，火來近寺，為護住處故，比丘得鏟草，掘土以斷火，不犯。」同時，比丘可以種花果，「若為佛、僧種，不犯」。《毗尼母經》認為，為三寶種樹不僅不犯戒，更可以積累福德：「若比丘為三寶種三種樹：一者果樹，二者花樹，三者葉樹，此但有福無過。」律典中此類開緣的例子很多，並且其中沒有淨人或者居士幫助，都是比丘自己種。如《五分律》：「梵志比丘作是念：『若世尊聽我等種菜者，饑時可以足食。』以是白佛，佛言：『聽！』」《四分律》中，諸比丘因種菜「自散種子」、移菜到餘處而懷疑犯戒不敢食用時，佛陀告訴比丘「聽食」，乃至自種或移植胡瓜、甘蔗、梨等，都可以食用。《根有律》中，佛陀開許比丘種樹，然而「苾芻種樹便棄而去，其樹便死」，佛陀便耐心教比丘種樹養護的各種方法。

　　另外，由於僧房建設的需要，律典中對掘地也作了相應的開緣。如《四分律》：「時諸比丘欲作房，佛言：『聽。』彼欲平地，佛言：『聽。』」《五分律》中，諸比丘聽說佛陀要來，沒有講堂，「便共自作，伐草掘地」。《十誦律》記載：「別房若毀壞，上座應自治，若使人治。」《僧祇律》記載：「壁孔應泥治。當塞鼠孔，泥治地……不聽見房舍漏壞不治，若草覆者草補，乃至泥覆者泥補。……若地燥者，當水和塗，若濕者淳用。」《五分律》[1]、《善見論》、《毗尼母經》中也有類似的開緣。

　　上面已經說到古印度婆羅門等對農業生產的厭棄，而在中國情況則與之不同：農業的賦稅收入是國家財政的主要來源；農民安居樂業是國家長治久安的保證。因此國家很重視農業。《亢倉子‧農道》記載：「古先聖主之所

---

[1] 《五分律》卷 25：「僧應畜斧鑿、刀鋸、鏵鍬、梯橙、泥墁種種作屋之具。」《大正藏》22 冊，167 頁中欄。

以理人者，先務農業。」佛教最初傳入中國時，出家人多是由國家來供養。隨着僧尼數量增多，這種供養方式給社會造成了很大的負擔。同時，出家人自身也面臨諸如托鉢乞食、遊行以及如何自養等需要與當時社會相適應的問題。後來，祖師大德為了適應中國的文化習俗，從戒律的精神出發，將禪學思想、修持法門與生產勞動結合在一起，開創出農禪並重的叢林家風，既維繫了佛教的命脈，又得到了社會的認可。[1]

綜上所述，佛陀一開始制戒不可以自手掘地，後又開許比丘可以墾土掘地，用來種菜、種果、種樹、建屋等，這些都是佛陀慈悲的體現，目的是讓比丘們能夠維持生活，解決實際的生存困難，進而能夠安心辦道，修行解脫。漢傳佛教祖師們的做法完全契合戒律與佛法精神。

（四）關於建房的再補充

佛陀開許比丘可以為三寶事而掘地，這一方面是現實的需要，另一方面很可能與當時僧團缺乏人力或者守園人（淨人）有關。因此，日常僧伽生活中許多事項皆須比丘親力親為，如《僧祇律》記載：「若精舍檀越在者，應語令治，若差人治。若無主，復不差人者，一切僧應治。」《十誦律》記載，若無人時，上座也須參與修治房屋的活動。[2]《根有律》中，比丘劃定地基，如果無淨人，可以自己用橛釘地，如：「得好星候吉辰，無有淨人，應自以橛釘地，欲記疆界，深四指者，無犯。」從中可看出，比丘需要通過建房或者掘井等方式來解決僧團大眾共同需求的時候，是可以掘地的。佛世時，比丘在夏安居時一般都會修理破壞的房屋，《毗尼母經》記載：「諸比丘夏安居法：若有破壞房舍，應受取，任力所能修補治之。」[3]後世比丘也應該效學這種自

1　「打破了印度原有的乞食、遊化方式和沙門不得耕作的戒禁，在僧團中開始實行所有僧眾通過農耕方式自作自食、自養自保的制度。」邱環：《農禪方式與佛教戒律》，《法音》，2012 年第 10 期，54 頁。

2　《十誦律》卷 57：「是別房若毀壞，上座應自治，若使人治。」《大正藏》23 冊，419 頁上欄。

3　《毗尼母經》卷 4，《大正藏》24 冊，822 頁中欄。

力更生的精神。《善見論》記載，佛陀滅度之後，當時有十八座大寺頹毀，「五百大德比丘順佛教故，修護房舍。若不修護，外道當作此言：『瞿曇沙門在世時修治房舍，既涅槃後棄捨而去。』為息此譏嫌故，宜應料理」。[1]

1　《善見論》卷 1，《大正藏》24 冊，674 頁中欄。

六、總結

（一）諸律差異分析

1. 緣起差異

（1）結構差異

《四分律》有一個本制、一個隨制。《五分律》有一個本制、兩個隨制。《鼻奈耶》、《十誦律》、《僧祇律》、《根有律》、《巴利律》都只有一個本制。

（2）情節差異

《鼻奈耶》、《十誦律》、《僧祇律》、《根有律》情節與《四分律》相似，只是都沒有提到掘地是為了修建講堂。《巴利律》與《四分律》一致，但沒有提為誰修建講堂。《五分律》的本制和第一個隨制與《四分律》相似，第二個隨制還描述了居士供養比丘修建僧房培福，佛陀開緣説淨語的情況。

（3）結論

綜上所述，本戒緣起無需調整，仍取《四分律》的結構與情節。

2. 戒本差異

諸律間的差異不大。《鼻奈耶》、《十誦律》、《十誦比丘戒本》、《僧祇律》、《僧祇比丘戒本》、《五分律》、《彌沙塞五分戒本》和梵文《説出世部戒經》比《四分律》僅多出了指示掘地的語言描寫。

戒本調整方面，為了使表述簡潔明了，據《五分律》將「自手」中的「手」字刪去；為了使「自手掘」與「教人掘」間的關係更為明確，依據梵文《説出世部戒經》將其中的「若」字改為「或」。最後，據《十誦比丘戒本》將「教人」改為「使人」，以避免歧義並保持措辭統一。

3. 辨相差異

（1）所犯境

《四分律》僅提到土地，未提及含沙、石的土地如何判罪。《僧祇律》和《根有律》均提到在掘沙地或者石地的時候，如果土多而石、沙少則犯墮罪，如果土少而石、沙多則犯突吉羅罪，如果純是石頭或沙子，則不犯。在現實中，純土的情況不容易遇到，一般的土裏都會含有沙石等雜質。因此《僧祇律》的判法，可以指導我們的實際行持，是對《四分律》判法很好的補充。

（2）能犯心

想心部分，《四分律》、《根有律攝》、《巴利律》中，地有地想，結波逸提罪。對於「生地、不生地作不生地想」，《巴利律》和《根有律攝》均為不犯。對於「非地有地想及疑想者」，《巴利律》和《根有律攝》均判為突吉羅罪。而對於「地有地疑」，《根有律攝》中結波逸提罪，而《巴利律》只犯突吉羅罪。藏傳《苾芻學處》中，「想不錯亂」，結波逸提罪。由於在實際行持中，比丘未必能夠清楚地判斷生地的情況，很容易產生「地作生地疑」的作意，因而採用《巴利律》的標準判為突吉羅較為合理。

（3）究竟成犯

在究竟成犯的判取上，《四分律》、《薩婆多論》中，傷地時，便正犯波逸提罪。藏傳《苾芻學處》中，掘地完成後才正犯。《十誦律》中，「隨一一掘，波逸提」，即掘一下便成犯。《巴利律》、《善見論》與《十誦律》相同。《僧祇律》中，自掘時，中間停下來便成犯；「牽曳木」、「驅牛馬」、「掃地」等方式掘地，傷地時便正犯；使人掘，一句話說完便成犯。除言語外，用其他方式使人掘地的結罪情況與自掘相同。《五分律》中，對於自掘的情況，律中沒有明確說明何時成犯。對於使人掘的情況，「言『掘是』，波逸提」，即指使人掘地的話說完便成犯。綜合看來，除了藏傳《苾芻學處》的「事畢成犯」，其他各部律典是在掘地的過程中或一次掘地動作結束即正犯。若以掘地完成時作為究竟成犯的標準，並不能防止掘地事實的發生，也就不能更好地防護本戒。因此，本戒仍取《四分律》的判法，「傷地」時正犯，較為合理。

《十誦律》、《善見論》中，每掘一下結一個波逸提罪。《僧祇律》中，連續掘地只結一個波逸提罪；若中間停頓，再次掘地，又結一波逸提，依此類推。用語言指使他人掘地時，語語波逸提，即每命令一次，結一個波逸提罪。《四分律》及其他律典沒有相關內容。根據上文傷地成犯的標準來看，每次掘地一般都會傷地，因而此處取《十誦律》的觀點。

（4）不犯

《根有律》中，當遇到「好星候吉辰」需要標記界線的時候，在沒有淨人可以幫忙的情況下，比丘「以橛釘地，欲記疆界」只要不超過四指深就屬於開緣。除藏傳《苾芻學處》外，與之同一部派的《鼻奈耶》、《十誦律》等都沒有此內容。這可能是隨順於當時的社會習俗，現代也可以根據實際情況開緣。

《善見論》中還提到，若為佛、僧種華果等，不犯。又記載：「若人放燒，火來近寺，為護住處故，比丘得鏟草，掘土以斷火，不犯。」此開緣中，為佛、僧種地以及為保護三寶財物而掘地，均不犯。在寺廟或道場建設中常會遇到這類問題，此開緣也比較合理。此外，律典又說：「若把火燒手擲地，不犯。」「若樹壓比丘，得斫樹掘地以救其命，不犯。」這些都是比丘在非故意的情況下傷地或掘地，不犯，也應予以採納。

4. 諸律內部差異

《十誦律》、《僧祇律》緣起中沒有教人掘的內容，而戒條和辨相中有。《五分律》緣起中詳細記載了自作、教他及開緣說淨語三個故事，戒條中也提到了「教人掘」，辨相中則較為簡略，並未提到教人掘。

（二）調整文本

通過以上諸律間觀點同異的對比與分析，文本在《四分律》的基礎上作如下調整：

1. 緣起

（1）本制

佛在曠野城，六群比丘修治講堂，自手掘地，遭人譏嫌。佛知道後呵責六群比丘並制定了此戒：「若比丘，自掘地，波逸提。」

（2）隨制

六群比丘修治講堂時教人掘地，於是，佛陀增制了此戒，把教人掘地犯戒的內容納入戒條。

2. 戒本

若比丘，自[1]掘地，或[2]使[3]人掘者，波逸提。

3. 關鍵詞

地：本戒中特指生地。未掘且能生長草木的地即是生地；反之則為非生地。對於已掘地，雨淋後經過四個月會重新恢復為生地。

4. 辨相

（1）犯緣

本戒具足五緣成犯：一、是生地；二、知道是生地；三、欲掘地；四、自掘或教人掘；五、傷地時，成犯。

（2）辨相結罪輕重

①是生地

若掘生地，以及被雨淋濕經過四個月的已掘地，波逸提。

若要掘的地土多而砂石少，波逸提；若土少而砂石多，或半沙半土或半

---

1 「自」後，底本有「手」，據《五分律》、《彌沙塞五分戒本》、《解脫戒經》刪。

2 「或」，底本作「若」，據梵文《説出世部戒經》、梵文《有部戒經》、梵文《根有戒經》、巴利《戒經》改。

3 「使」，底本作「教」，據《十誦比丘戒本》、《僧祇律》、《僧祇比丘戒本》、《五分律》、《彌沙塞五分戒本》改。

石半土,突吉羅;若掘純沙、純石不犯。其他如糞、灰等與石沙類同。

②知道是生地

生地作生地想,波逸提;生地作生地疑,突吉羅;非生地作生地想、疑,突吉羅;生地、非生地作非生地想,不犯。

③欲掘地

比丘有故意要掘地之心,波逸提;如果不是故意要掘地,不犯。

④自掘或教人掘

自己掘或教他人掘,波逸提;若指使淨人掘時,說淨語「知是看是」,不犯。

⑤傷地時

比丘在掘地意樂的驅使下,只要傷地就正犯;每掘一次,只要傷地,便結一個波逸提。

⑥犯戒主體

比丘、比丘尼若犯,波逸提;式叉摩那、沙彌、沙彌尼若犯,突吉羅。

⑦不犯

如果比丘拉木材、竹子,或者掃地,翻磚石,或鐵鍬等工具倒地時扶正,以及在土地上經行等,不犯。

為三寶事如種菜、種果、種樹、修建房舍等而掘地,不犯。

如果有人放火或者野火蔓延到寺院周圍,作坑塹斷火,或者以土滅火等,不犯。

若火把燒到手時擲地,不犯。

若比丘被東西壓到,掘地以救其命,不犯。

掘崩落的土、牛糞、鼠窩土、屋內土或已掘地,不犯。

七、現代行持參考

　　古印度社會「萬物有靈」的觀念，在現代中國社會並不具有廣泛的基礎。掘地本身並不會引發俗眾的譏嫌，歷史上甚至形成了「農禪並重」的叢林家風。雖然佛陀開許比丘為三寶做修建、種菜、種樹等時墾土掘地，但是有鑑於掘地可能會傷害到土壤中的蚯蚓、螞蟻等生命，因此除去承擔三寶事業的因緣，比丘仍然應當避免掘地。

11

壞生種戒

一、緣起

（一）緣起略述

　　《四分律》只有一個本制。佛在曠野城時，有一曠野比丘親自伐樹修葺房舍，佛以此因緣集僧，呵責並結戒。[1]

　　諸律緣起差異比較：

1. 制戒地點

　　《四分律》中，制戒地點為「曠野城」，《鼻奈耶》[2] 為「舍衛國祇樹給孤獨園」，《根有律》[3] 為「室羅伐城逝多林給孤獨園」，《十誦律》[4] 為「舍衛國」，《僧祇律》[5] 為「曠野精舍」，《五分律》[6] 為「阿荼脾邑」，《巴利律》[7] 為「阿羅毗邑阿伽羅婆塔廟」。

2. 緣起比丘

　　《四分律》中，緣起比丘為「一曠野比丘」，《鼻奈耶》為「六群比丘」，

1　《四分律》卷 12，《大正藏》22 冊，641 頁下欄至 642 頁上欄；卷 43，《大正藏》22 冊，874 頁下欄至 875 頁中欄。

2　《鼻奈耶》卷 7，《大正藏》24 冊，879 頁中欄至下欄。

3　《根有律》卷 27，《大正藏》23 冊，775 頁下欄至 777 頁上欄。

4　《十誦律》卷 10，《大正藏》23 冊，74 頁下欄至 75 頁下欄；卷 13，《大正藏》23 冊，93 頁上欄；卷 53，《大正藏》23 冊，392 頁下欄；卷 54，《大正藏》23 冊，400 頁中欄至 401 頁上欄；卷 56，《大正藏》23 冊，414 頁上欄。

5　《僧祇律》卷 14，《大正藏》22 冊，339 頁上欄至 340 頁上欄；卷 25，《大正藏》22 冊，430 頁中欄；卷 31，《大正藏》22 冊，478 頁上欄至中欄。

6　《五分律》卷 6，《大正藏》22 冊，41 頁下欄至 42 頁上欄；卷 21，《大正藏》22 冊，143 頁中欄；卷 25，《大正藏》22 冊，168 頁上欄；卷 26，《大正藏》22 冊，170 頁下欄至 171 頁上欄。

7　《經分別》卷 5，《漢譯南傳大藏經》2 冊，43 頁至 45 頁；《犍度》卷 15，《漢譯南傳大藏經》4 冊，148 頁；《附隨》卷 1，《漢譯南傳大藏經》5 冊，57 頁；《附隨》卷 6，《漢譯南傳大藏經》5 冊，210 頁。

《根有律》為「莫訶羅苾芻」，《十誦律》為「一摩訶盧比丘」，《僧祇律》為「營事比丘」，《五分律》為「阿荼脾邑諸比丘」，《巴利律》為「阿羅毗邑諸比丘」。

3. 緣起情節

《鼻奈耶》、《僧祇律》、《巴利律》只有一個本制，與《四分律》相同。而對緣起情節的描述，則與《四分律》略有差異。《巴利律》中，緣起比丘伐樹後不但引起了樹神的瞋恨，還招致了世人的譏嫌。《鼻奈耶》本制的情節與《巴利律》前半部分相似。《僧祇律》的本制情節與《巴利律》後半部分相似。《十誦律》有一個緣起、一個本制。其故事情節與《四分律》均有差異。第一個緣起是比丘拔草採花令居士譏嫌，佛陀只是呵責但並未制戒。本制是緣起比丘伐樹造房，樹神攜帶兒女去向佛告狀。

《五分律》有一個本制、兩個隨制，其故事情節與《四分律》較為不同。其中，本制是緣起比丘為佛及大眾建講堂而伐草木，被居士譏嫌，佛制比丘不能「殺生草木」。第一個隨制是諸比丘使守園人、沙彌斫伐草木，諸長老比丘譏嫌。第二個隨制是佛陀開許比丘可以說淨語使淨人伐鬼神村。

《根有律》有兩個緣起、一個本制，其故事情節均與《四分律》有些差異。第一緣起是莫訶羅比丘為僧建寺，斬伐勝妙大樹，致樹神失去住處，佛說：「從今已後，苾芻不應斬伐其樹，若斬伐者，得越法罪。」第二緣起是授事比丘因佛制戒的緣故而停息所有營作，佛便講了營事比丘伐樹時的應行之法，並說「若營作苾芻，如我所制，不依行者，得越法罪」。本制緣起與《僧祇律》相似，只是這裏比丘受到的是外道的譏嫌責罵，而非一般在家人。

（二）緣起比丘形象

《四分律》、《鼻奈耶》、《僧祇律》、《根有律》中沒有關於緣起比丘形象的具體描述。

《十誦律》中提到，緣起比丘出家前是「木師」，應有伐木的習氣。

《五分律》中，諸比丘聞佛及眾比丘要來，而當地信眾基礎薄弱，缺乏可

供接待的大講堂，所以他們擔心：「佛與大眾當於何住？」因此集眾共議後，「便自斫伐草木，而營理之」。由此可知，諸比丘的行為雖然引發居士譏嫌，但用心是出於對佛陀及大眾的恭敬和承事，體現了一種「尊師重道」的形象。

《巴利律》中記載，緣起比丘在伐樹時，樹神對他說：「大德！勿為欲作己之住處，而伐我住處。」但這位比丘「不肯而仍伐之，打小女樹神之腕」，由此體現出了這位比丘不聽勸告、缺乏悲憫心的形象。

（三）犯戒內因

《四分律》中只提到緣起比丘「修治屋舍」而砍樹，沒有其他記載。

《十誦律》與《四分律》相似，也只是提到建「大房舍」。

《鼻奈耶》中，比丘犯戒後，佛陀向諸比丘講了鬼神依樹而住的情況。由此說明，犯戒比丘當時可能不知道這些樹、草木是鬼神所依的房舍，沒有意識到自己的行為會給鬼神帶來很大的損失和影響，乃至受到在家人的譏嫌。因此，屬於非染污無明所導致的犯戒。《僧祇律》、《五分律》、《根有律》、《巴利律》所記載的犯戒內因與《鼻奈耶》相似。

（四）犯戒外緣

《四分律》中，犯戒外緣是屋舍破壞，需要修治。

《巴利律》中是講堂需要修治。《鼻奈耶》中的犯戒外緣是需要做牀。《十誦律》中是需要建造房舍。《五分律》是需要建造講堂。《僧祇律》、《根有律》中是需要做一些與伐樹除草等相關的事務。

（五）犯戒後的影響

《四分律》中沒有記載比丘犯戒後對自己和僧團及他人的影響。

其他律中，比丘犯戒後的影響可分為兩種情況，如下：

1. 對在家人的影響

《十誦律》、《僧祇律》、《五分律》、《根有律》、《巴利律》中，比丘犯戒後，都受到了在家人的譏嫌、呵責，如《十誦律》：「沙門釋子是奪命人，殺一切眾生。」《僧祇律》：「汝等看是沙門，瞿曇無量方便毀呰殺生，讚歎不殺生，而今自手斫樹採華，傷殺物命。失沙門法，何道之有？」《五分律》：「此等常說慈忍，護念眾生，而今斫伐，傷害無道。無沙門行，破沙門法。」《根有律》：「此諸沙門釋子自作、使人斬伐草木。然我俗流婆羅門等乃至傭人，亦自作、使人斬伐諸樹及殺草等，釋子沙門亦作其事，雖復出家，與俗何別？誰當供養如是禿沙門耶？」由此可知，比丘砍伐草木的行為，會嚴重影響比丘的形象。

2. 對鬼神的影響

《鼻奈耶》、《十誦律》、《根有律》、《根有律攝》和《巴利律》中，因比丘伐樹，導致樹神的房舍遭到破壞，引起樹神的不滿，《巴利律》中樹神甚至因瞋恨而想殺害比丘：「彼女樹神作是念：『我今當奪比丘命。』」由此可見，比丘伐樹壞生種，不僅會嚴重地損惱依之而住的有情，並且可能會給自己帶來一些不必要的麻煩，甚至生命危險。

（六）佛陀考量

《十誦律》、《根有律》、《巴利律》中，比丘伐樹後，樹神夜中去向佛陀報告，訴苦：「我兒子幼小眾多，冬八夜時，寒風破竹，冰凍寒甚，我當於何安隱兒子？」而佛陀知道後，為他們妥善安排了新的住所。佛陀這樣做的目的可能是為了安慰受傷害的樹神，也是為了保護比丘，避免鬼神因瞋恨而對比丘造成傷害。

在《根有律》中，佛陀制戒後，諸授事比丘因為怕犯戒的緣故，「於諸營造咸皆廢闕」，造寺、建房等事務因此而停工。佛陀知道後，便說了營作比丘所應行之法：「凡授事人為營作故將伐樹時，於七八日前，在彼樹下作曼

荼羅，布列香花，設諸祭食，誦三啟經，耆宿苾芻應作特欹揲咒願，説十善道，讚歎善業。……此樹今為佛法僧寶有所營作，過七八日已，應斬伐之。」以上的描述不僅充分體現了佛陀對眾生的尊重與平等、慈悲與呵護，也體現了佛陀行事的靈活、圓融。

（七）文體分析

諸部律都採用了因緣故事的文體形式。此外，《根有律》中有一個祇夜。

《四分律》有一個因緣，《鼻奈耶》、《僧祇律》、《巴利律》與《四分律》相同。《十誦律》有兩個因緣，《五分律》、《根有律》有三個因緣。

從文字風格和故事特色來看，《四分律》、《鼻奈耶》、《僧祇律》內容較少，故事簡潔明了，沒有太多的情節描述。《五分律》和前三部律相似，多以客觀敘述為主，雖然因緣故事較多，但整體結構緊湊，邏輯性強，組織較為嚴密，讀起來一目了然。《十誦律》、《根有律》、《巴利律》除了客觀敘述外，在因緣故事中還加了「樹神」的相關內容，對故事描寫得比較生動，並且通過一些鋪陳，把裏面人物的一些形象刻劃得較為鮮明。因此，整個故事比較有趣味，可讀性較強，如《根有律》：「此天身光周遍，輝耀逝多園林，白佛言：『……此樹是我久所依止舍宅之處。大德！今既時屬嚴冬，寒風裂竹，幼稚男女夜無所依，惟願世尊慈悲鑒察，我欲何計？』」

另外，《根有律》中的祇夜「根等生種想，斫樹草及花，樹等經行處，青苔瓶架等」，很形象地概括了辨相的事緣，讓人容易理解。

在行文的結構上，《四分律》省略了比丘伐樹的相關背景情節，直接敘述佛陀制戒。其他律典內容有詳有略，結構完整。

二、戒本

《四分律》中，本戒的戒本為：「若比丘，壞鬼神村，波逸提。」

若比丘，壞鬼神村，波逸提

《四分律》作「若比丘，壞鬼神村，波逸提」，意思是：如果比丘破壞鬼神（所寄居）的村落、房舍（指生長在地上的各種草木），犯墮罪。

與《四分律》相似：

《四分僧戒本》[1]、《新刪定四分僧戒本》[2]、《四分律比丘戒本》[3] 作「若比丘，壞鬼神村者，波逸提」。

《十誦比丘戒本》[4] 作「若比丘，殺眾草木，波夜提」，「殺」與「壞」意義相近；「眾草木」與「鬼神村」兩者雖表述不同，但內涵大致相同。

巴利《戒經》[5] 作 "bhūtagāmapātabyatāya, pācittiyaṃ"，意思是：破壞植物，墮。同《四分律》比，缺少與「若比丘」直接對應的內容。

與《四分律》有部分差異：

《十誦律》作「若比丘，斫拔鬼村種子，波夜提」，「斫」表示「砍、削」，因此這裏的「斫拔」也就是「毀壞、破壞」的意思。《僧祇律》作「若比丘，壞種子破鬼村者，波夜提」。《僧祇比丘戒本》[6] 作「若比丘，壞種子破鬼村，波夜提」。《解脫戒經》[7] 作「若比丘，壞種子鬼神村，波逸提」。

1　《四分僧戒本》，《大正藏》22 冊，1026 頁中欄。

2　《新刪定四分僧戒本》，《卍續藏》39 冊，266 頁下欄。

3　《四分律比丘戒本》，《大正藏》22 冊，1018 頁中欄。

4　《十誦比丘戒本》，《大正藏》23 冊，474 頁中欄。

5　Bhikkhu Ñāṇatusita, *Analysis of the Bhikkhu Pātimokkha*, p. 173.

6　《僧祇比丘戒本》，《大正藏》22 冊，552 頁中欄。

7　《解脫戒經》，《大正藏》24 冊，662 頁中欄。

梵文《説出世部戒經》[1] 作 "bījagrāmabhūtagrāmapātāpanake pācattikaṃ"，梵文《有部戒經》[2] 作 "bījagrāmabhūtagrāmapātanāt pā(ta)yantikā"，梵文《根有戒經》[3] 作 "bījagrāmabhūtagrāmapātanapātāpanāt pāyantikā"。三部梵文戒本的意思都是：破壞種子、鬼神住處，墮。

以上《十誦律》及之後的律典較《四分律》都多了「壞種子」。

藏文《根有戒經》[4] 作 "ས་བོན་གྱི་ཆགས་དང་འབྱུང་པོའི་གནས་འཇིག་གམ་འཇིག་ཏུ་འཇུག་ན་ལྟུང་བྱེད་དོ།"，意思是：（自）毀壞種子的聚合以及鬼神的住所，或使人壞，墮。這裏不僅多出了「壞種子」，還多了「使人壞」的表述。此外，以上幾部非漢文戒本中均缺少與「若比丘」直接對應的內容。

《根有律》、《根有戒經》[5]、《根有律攝》[6] 作「若復苾芻，自壞種子有情村，及令他壞者，波逸底迦」。這裏多出了「壞種子」及「令他壞」。此外，這裏的「有情村」對應《四分律》中的「鬼神村」。

《鼻奈耶》作「若比丘，自斫樹，教他斫，墮」。除了多出了「教他」外，《四分律》中的「鬼神村」，此律寫作「樹」，兩者有些差異。顯然「鬼神村」所涵攝的範圍更廣。

《五分律》作「若比丘，自伐鬼村，若使人，言：『伐是！』波逸提」。《彌沙塞五分戒本》[7] 作「若比丘，自伐鬼村，若使人伐，波逸提」。「伐」的本義為「砍殺」，與「壞」類似。以上兩部律比《四分律》多出了「教他」的情況，《五分律》中還增加了教他「伐是」的語言描寫。

1　Nathmal Tatia, *Prātimokṣasūtram of the Lokottaravādimahāsaṅghika School*, Tibetan Sanskrit Works Series, no. 16, p. 20.

2　Georg von Simson, *Prātimokṣasūtra der Sarvāstivādins Teil II*, Sanskrittexte aus den Turfanfunden, XI, p. 206.

3　Anukul Chandra Banerjee, *Two Buddhist Vinaya Texts in Sanskrit*, p. 33.

4　麗江版《甘珠爾》（འདུལ་བའི་འབྱུར）第 5 函《別解脱經》（སོ་སོར་ཐར་པའི་མདོ）12a。

5　《根有戒經》，《大正藏》24 冊，504 頁上欄。

6　《根有律攝》卷 9，《大正藏》24 冊，577 頁上欄。

7　《彌沙塞五分戒本》，《大正藏》22 冊，197 頁上欄。

三、關鍵詞

鬼神村

　　梵文《説出世部戒經》作"bījagrāmabhūtagrāma"，這是一個複合詞，如果遵照漢譯的文字，可以注解成："bīja（種子）-grāma（集合、聚集）-bhūta（鬼神、非人）-grāma（住處、村落）"，意思是：種子和鬼神的住處（英譯：all sorts of seeds and habitations of the ghost）。這和藏文《根有戒經》記載也是對應的，藏文《根有戒經》作"ས་བོན་（種子）གྱི་（的）ཚོགས་（聚，眾多）དང་（連詞）འབྱུང་པོ་（有情，鬼）ཞི་（的）གནས（處所；住所）"，意思是：種子的聚合以及鬼神的住所（英譯：accumulation of seeds and habitations of the ghost）。梵文《説出世部戒經》中兩處的"grāma"，分別取不同意思，前一處是「種類、聚合」（英譯：multitude, class, collection）；後一處為相對更一般的意思「住處、村落」（英譯：an inhabited place, village, hamlet）。梵文《有部戒經》、梵文《根有戒經》的複合詞在文詞上稍有差別，但詞意和複合的方式如出一轍。不過，需要指明的是，其中"bhūta"一詞的語意也是比較模糊的，除了指相對狹義的「鬼神」（英譯：uncanny being, spirit, ghost, goblin）一類有情外，也可以泛指所有的「生命、生靈」（英譯：being），其中也包括「植物、草木」（英譯：vegetation）。因此，對於巴利《戒經》中的"bhūtagāmapātabyatāya"，一些英譯中將"bhūta"直接翻譯為"vegetation（植物、草木）"，而"gāma"則取「種類」（kind）的意思，整體表述成：破壞植物（英譯：destruction of vegetation）。

　　漢譯律典中，諸律對應的用詞並不完全一致，大致可以分為三類：一類僅提到鬼神住處，如《四分律》記作「鬼神村」，《五分律》記作「鬼村」；第二類包括鬼神住處和種子，如《十誦律》記作「鬼村種子」，《僧祇律》記作「種子鬼村」，《根有律》記作「種子有情村」，《根有律攝》與《根有律》相似；最後一類如《巴利律》記作「草木」。

漢譯律典對此關鍵詞的解釋偏向於指植物，並根據繁殖方式進行分類，雖名稱和開合不同，但都包含所有植物。如《四分律》記載：「鬼者，非人是；村者，一切草木是……村有五種：有根種、枝種、節生種、覆羅種、子子種。」《五分律》緣起中記載：「有四種種子：根種子、莖種子、節種子、實種子。凡諸草木從四種子生。」《巴利律》記載：「草木者，有五類種生，即根種、莖種、節種、枝種、種子種，共五種。」

《十誦律》、《僧祇律》、《根有律》、《根有律攝》則分為兩個部分，鬼神村和種子（村），這與梵藏詞源是對應的。如《十誦律》記載：「鬼村者，謂生草木，眾生依住……草木有五種子：根種子、莖種子、節種子、自落種子、實種子。」《僧祇律》記載：「種子者，有五種：根種、莖種、心種、節種、子種，是為五種。鬼村者，樹木、草。」《根有律》記載：「種子村者，有五種子：一、根種；二、莖種；三、節種；四、開種；五、子種。……云何有情村？有情者，謂皀蟲、蛺蝶、蚊虻、蜣螂、蟻子、蛇蠍及諸蜂等，此等有情皆依草樹木而為窟宅。」這幾部律典的內涵一致，包括能繁殖的種子以及一切植物。

這些不同的概念，與古印度的風俗、觀念和當時人們對植物的認識密切相關。如律中記載，草木為鬼神畜生等依附之處，等同房舍，所以才有鬼神村或者有情村的別稱。

《根有律》依據生長方式的不同來劃分植物的種類：薑從根生，歸為根種；柳樹從莖生，劃入莖種；甘蔗、竹子從節上而生，名為節種；蘭香開裂而生，劃歸開種；大麥由子故生，名為子種。諸律雖然在具體分類上有微小的差別，但是分類的原則是一致的。律典中的種子是草木生長出來前的生命狀態，具有繁殖的能力，種子繁殖後可長成草木。律中草木，對應今時的概念，叫作植物。因此在巴利《戒經》的一些英譯沒有取鬼神村或者草木的概念，而是直接將其譯成植物。

綜上所述，詞源分析中梵藏戒經將其解釋為種子和鬼神的住處兩個部分，巴利《戒經》的一些英譯直接將其譯為植物。漢譯律典除了種子和鬼神村之外，也表達為草木，結合漢譯律典中關鍵詞的解釋，得知鬼神村和草木

是異名同指，即今時的植物，這與巴利《戒經》一些譯本也能對應。《十誦律》、《僧祇律》、《根有律》、《根有律攝》中有種子和植物兩種含義，但這兩種含義是有聯繫的，即具有繁殖能力的種子發芽後可以長成植物。《四分律》、《五分律》、《巴利律》偏向於指植物，同時還有關於植物的分類記載，這些分類記載均是依據植物繁殖方式來進行劃分，如柳樹因為莖生的緣故劃歸為莖種，但在具體分類及植物劃歸上有微小差異。值得一提的是，植物概念的多樣化以及植物分類方法，與古印度的文化、人們對植物的認知息息相關。

四、辨相

（一）犯緣

具足以下五個方面的犯緣便正犯本戒：

1. 所犯境

《四分律》中，若比丘損壞一切生種及生相（生草木），正犯本戒。因此，《四分律》中，壞生種戒的所犯境為生種及生相。

《鼻奈耶》中只說到伐「樹」正犯本戒，其他花草、種子等，在律文中沒有提及。

藏傳《苾芻學處》[1] 中，此戒的所犯境為「所壞之生種自體成就，未壞，未作淨」。

除此以外，其他律與《四分律》相同。

《明了論》[2] 沒有此戒辨相的判罪記載。

2. 能犯心
（1）發起心

《四分律》沒有明確提到本戒的發起心，但在其律文的不犯中記載：「若於生草木上曳材、曳竹、正離障……若除經行地上，若掃經行來往處地，誤撥斷生草木；若以杖築地，撥生草木斷，無犯。」由此可知，在沒有故意壞生種意樂的情況下，比丘壞生種是不犯本戒的。因此，《四分律》中，本戒的發起心為「故意壞生種之心」。

《僧祇律》記載：「若比丘欲使草不生故，在中經行，行時得越毗尼罪。

---

1 《苾芻學處》，《宗喀巴大師集》卷 5，92 頁至 93 頁。
2 《明了論》，《大正藏》24 冊，671 頁下欄至 672 頁上欄。

若傷草如蚊腳許，得波夜提；如是立、坐、臥亦如是。」只要有壞生草的心，傷之如「蚊腳許」，即犯本罪。

《根有律》、《根有律攝》中雖然沒有明確提到本戒的發起心，但卻提到在一些沒有損害心的情況下不犯此戒，如《根有律》：「若作傾瀉物心，無損壞意者，悉皆無犯。……若於生草地牽柴曳席，欲令壞者，得墮罪；若無壞心者，無犯。」《根有律攝》：「若行動時，及有牽曳、傾瀉湯水，並灑掃時無損害心，雖損無犯。」[1] 由此可知，《根有律》、《根有律攝》中，也需要有故意損壞生種之心，才正犯本戒，與《四分律》相同。

《巴利律》中，「非故意者」不犯，可知其發起心為「故意壞生種之心」。

藏傳《苾芻學處》提到本戒的發起心是「欲壞之心未間斷」，即指在壞生種的整個過程中，壞生種的心相續不斷才犯本戒，而《四分律》卻沒有提及要「心未間斷」，兩者有些差異。

其他律典沒有相關記載。

（2）想心

《四分律》中，「生草木作生草木想」，正犯。《僧祇律》、《巴利律》與《四分律》相同。

《十誦律》、《五分律》、《根有律》、《根有律攝》除了「生草木作生草木想」的情況與《四分律》一樣正犯本戒外，「生草木作生草木疑」也正犯，《十誦律》中甚至「生作乾想」也正犯。藏傳《苾芻學處》說到「於未壞作彼想或疑」正犯本戒，與上面幾部律相同。可見，《十誦律》、《五分律》、《根有律》、《根有律攝》和藏傳《苾芻學處》對「想」的判罪與《四分律》有些差異。

其他律典沒有想心的記載。

3. 方便加行

《四分律》中，此戒的方便加行為自作或教他以斷、炒、煮等方式損壞生種或生相。

1　《根有律攝》卷 9，《大正藏》24 冊，576 頁下欄至 577 頁中欄。

《鼻奈耶》、《十誦律》、《僧祇律》、《五分律》、《根有律》、《根有律攝》、藏傳《苾芻學處》與《四分律》相同，只是在使用的方式上略有差異。

《巴利律》的戒條和辨相中沒有提到教人壞的情況，但制戒緣起中說到比丘「伐樹又令伐」的情況。其中，「令伐」即教他。據此分析，《巴利律》中「教他壞」也正犯本戒。

《薩婆多論》[1] 中，自作正犯；教他作的情況，只有教比丘、比丘尼作才正犯。

《摩得勒伽》[2]、《善見論》[3] 中，自作正犯，沒有教他作正犯的記載。

4. 究竟成犯

《四分律》中，比丘只要損傷生種或生相，即犯此戒。但沒有具體講損傷的程度，而《僧祇律》則明確提到「傷如蚊腳」即正犯。

《摩得勒伽》中，只有損傷到一定程度才正犯。「若比丘以暖湯澆草，草死，波夜提；不死，突吉羅。若比丘殺五種種，五波夜提。以風吹日曝五種子，五突吉羅。火炙五種種，不死，五突吉羅；死，五波夜提」，可見對於草和種子來說，只有導致其死亡才正犯。「打生果落，波夜提。……比丘折樹枝，波夜提」，對於生果來說，掉落時正犯，文中對折樹枝雖然沒有明確說明何時成犯，結合生果的情況，應該是樹枝斷時正犯。

除此以外，其他律與《四分律》相同。

5. 犯戒主體

《四分律》中，比丘犯此戒，正結本罪。對此，諸律相同。此外，《四分律》、《薩婆多論》、《五分律》、藏傳《苾芻學處》中，比丘尼同犯。

《十誦律》、《摩得勒伽》中，學悔沙彌犯此戒，屬正犯。

1　《薩婆多論》卷 6，《大正藏》23 冊，543 頁中欄至下欄。

2　《摩得勒伽》卷 2，《大正藏》23 冊，575 頁中欄；卷 7，《大正藏》23 冊，605 頁上欄至中欄；卷 9，《大正藏》23 冊，621 頁中欄。

3　《善見論》卷 9，《大正藏》24 冊，733 頁上欄至下欄；卷 15，《大正藏》24 冊，780 頁中欄至下欄。

（二）輕重

1. 所犯境

《四分律》記載，若比丘損壞一切生種、生相，犯波逸提。其他律典正犯的所犯境如上犯緣所述。

此外，《僧祇律》記載：「若翻覆水中浮萍草，得越毗尼罪；若捉擲岸上，得波夜提。……若斷朝菌，得越毗尼罪。」此處的「朝菌」，應該是指某些朝生暮死的菌類植物。

《根有律》記載：「若於水中舉浮萍葉及青苔時，乃至未離水來，得惡作罪；離水得墮。若拔地菌，得惡作罪。若苾芻於瓶瓨等處及衣服上，若褥席等及衣架等處，有青衣白醭生者，若作損壞心，皆得惡作。」《根有律攝》記載：「若青苔、浮萍等水中搖動，咸得惡作；舉出水時，便得本罪。若地磚石有綠苔、生蛇蓋菌等而損壞者，或竿笓瓶衣生白醭而受用損動者，咸得惡作。令他拂淨者，無犯」，又記載「窠未生卵，或時殷壞，除者無犯。」《善見論》記載：「藏物既久，上生草木，名於中生，若斫伐此草木，得突吉羅。」「優鉢羅花、蓮華、浮萍水生，若水中翻覆，得突吉羅；若離水，波夜提。」藏傳《苾芻學處》中，或「壞地皮之菌，器具上所生之白醭等」，皆惡作罪。

由上所述內容可知，若比丘翻動水中的青苔或浮萍之類的生物，犯突吉羅；若舉出水，犯波逸提。此處雖然沒有用燒、砍、煮等方式損壞這些生物，但是這些生物大都是依水而生，若離水有可能就死亡，因此其性質和燒、砍、煮等一樣，所以會正犯本戒。此外，若比丘損壞食物，或衣物，或臥具，或石頭，或地上等所長的菌類生物，只犯突吉羅，不正犯本戒。

以上幾部律所提到的情況，《四分律》及其他律沒有相關記載。

另外，《四分律》記載：「若斷多分生草木，波逸提。」半乾半生，犯突吉羅；如果不說「看是知是」，突吉羅；若全部枯乾，則不犯。《十誦律》、《僧祇律》、《五分律》和藏傳《苾芻學處》只提到了壞乾草物不犯本戒。

此外，《摩得勒伽》記載，「若比丘打熟果落」，犯突吉羅；「打生果落」，犯波逸提。又記載：「取木耳，突吉羅。」其他律典也有相似的記載，如《根

有律》：「若果未熟，壞，得墮罪；若已熟者，壞，得惡作。」《根有律攝》：「……成熟果，損落此者，皆得惡作。……果未熟者，皆得本罪。」藏傳《苾芻學處》中，或壞已熟之果，皆惡作罪。但《僧祇律》中則有些差異：「若比丘摘生果，波夜提；半熟者，得越毗尼罪；熟取者，無罪。」前幾部律壞「熟果」犯突吉羅，此律則不犯。

《僧祇律》記載：「若比丘斷新生青軟葉，波夜提；若斷長足堅強葉，波夜提；若葉已衰黃，斷者，越毗尼；若風吹三種葉落，取用無罪。」

《根有律》記載：「若樹皴皮及不堅濕處，壞，得惡作；若壞堅濕處及傷破處，皆得墮罪。若苾芻損樹草生葉，得墮罪；若損黃葉，得惡作罪。若損未開花，得墮罪；若花已開，壞，得惡作。」《根有律攝》與此相同。

藏傳《苾芻學處》記載：「如果中籽實未壞而吞，或但壞樹之外皮及中皮，或壞已黃之葉，已開之花……未生之芽……皆惡作罪。」

如上幾部律所述，比丘損壞已熟之果、已黃之葉、已開之花，不正犯。其原因可能是因為果已熟、葉已黃、花已開，已經不容易再繼續生長，快接近於枯壞，因此不正犯。

此外，《僧祇律》記載：「若城，若聚落中，有人祠樹枝葉，雖燥，皆不得折取，折者，得越毗尼罪。」

以上幾部律所提到的情況，《四分律》及其他律中沒有相關內容。

2. 能犯心

（1）發起心

諸律正犯情況如上犯緣所述，此外無犯輕記載。

（2）想心

《四分律》記載，若比丘，生草木作生草木想，若自斷，教他斷，乃至煮，犯波逸提。生草作生草木疑，生草木非生草木想，非生草木生草木想，非生草木疑，若自斷，教他斷，乃至煮，皆犯突吉羅。

《十誦律》、《五分律》、《根有律》、《根有律攝》中，「生種作生種疑」，也犯波逸提，與《四分律》有較大不同。《十誦律》記載：「生中疑為乾、為

生，自斷教斷，波夜提。」「若乾中生想，自斷教斷，突吉羅；乾中疑為乾、為生，自斷教斷，突吉羅。」「乾中乾想，自斷教斷，不犯。」《僧祇律》中，生草生想，波逸提；「生草枯草想……乾草生想」，犯突吉羅；「乾草乾想，無罪」。《五分律》：「若生草生草想，生草疑，皆波逸提；乾草生草想，乾草疑，突吉羅；乾草乾草想，不犯。」《根有律》：「若苾芻，於根種作根種想，生作生想，自斫，教人斫，得波逸底迦；若疑，波逸底迦。」《巴利律》和《四分律》相同：「於種有疑想……突吉羅；於非種有種想者，突吉羅；於非種有疑想者，突吉羅。」此外，《巴利律》中，「於種有非種想」，不犯，與《四分律》不同。

《十誦律》記載：「生中乾想，自斷教斷，波夜提。」這種情況在《四分律》中犯突吉羅，兩者差異較大。

另外，《根有律攝》記載：「若苾芻於諸種子及生草木，有種子生草木想或復生疑，而以刀爪及持磚石、水、火、杵木、灰汁、沸湯，或是水生出令乾死，或牽柴所損，或經行處以足踏傷，隨以何緣，或自或他，故為壞損者，皆得本罪。若不傷者，得惡作罪。」可見，在此律中，比丘只要是正想（生草木生草木想）或疑，不管以何種方式自作、教他壞，都會犯到本戒。

藏傳《苾芻學處》中，「於未壞作彼想或疑」，犯波逸提；「若營事人為三寶故須伐樹等時」，突吉羅。

綜上所述，《四分律》和《巴利律》中，只有在「想不錯亂」，即「生草木作生草木想」的情況下，才正犯波逸提，其餘情況不正犯。《十誦律》、《五分律》、《根有律》、《根有律攝》，生草木作生草木疑，也犯波逸提。《十誦律》中「生作乾想」也犯波逸提。在對於想心的判罪上，這幾部律與《四分律》有些差異。

其他律典沒有關於想心的記載。

3. 方便加行

《四分律》中，若比丘自壞，或教他壞生種、生草木，皆犯波逸提罪。除了《薩婆多論》、《摩得勒伽》、《善見論》外，其他律典與《四分律》相同。

《摩得勒伽》、《善見論》中，自作犯波逸提，沒有教他作正犯的記載。

《薩婆多論》中，比丘自壞生草犯波逸提；對於「教他」的情況，因對象不同而結罪有所區別，「教他者，教比丘、比丘尼，得波逸提；若教三眾，突吉羅」。這一點《四分律》及其他律均未提及。

此外，《四分律》記載：「若打擲著生樹上，波逸提。若以火著生草木上，波逸提。」

《十誦律》、《摩得勒伽》記載有幾種自作、教他不犯波逸提的情況，如《十誦律》：「問：『頗比丘語他人令搖樹落果，不得波夜提耶？』答：『有！若作書，若遣使，若示相，若展轉語，得突吉羅。』」《摩得勒伽》記載：「若比丘以灰土覆生草，若沙及餘方便，突吉羅。若語人『取是果，我欲食』，突吉羅。若生果未淨，全咽，突吉羅。」「比丘以神力折樹枝，突吉羅。手作相使折，突吉羅。比丘言『汝某甲來折，如是如是』，突吉羅。」《薩婆多論》：「不淨果若合子吞咽，突吉羅；若嚙破，波逸提。」以上三部律典所提到的這幾種情況在《四分律》中沒有提及。

另外，《僧祇律》記載：「以五種生擲池水中，若井中，若大小便中、糞掃中，得越毗尼罪。若種爛壞者，得波夜提罪。……若以錐畫樹，傷如蚊腳，得波夜提。……若雨後材木著地，比丘不得自舉，舉者，得越毗尼罪。若傷草如蚊腳許，得波夜提。若淨人先舉，比丘後佐，無罪。」

藏傳《苾芻學處》中，「若營事人為三寶故須伐樹等時，未於七八日前為住樹之非人（依草附木鬼神）說布施勝利等令生歡喜；若雖如是作而彼不捨時（現異相）強為斫伐；或更藥七日藥、盡壽藥於午後須受用時，未注冷水等，皆是學處惡作罪。」

4. 究竟成犯

《四分律》記載，比丘只要以各種方式「損傷」到生草木，即犯波逸提。除了《摩得勒伽》外，其他律典與《四分律》相同。其中，《僧祇律》還明確說「傷如蚊腳許」即犯波逸提。

《摩得勒伽》中，只有損傷到一定程度才犯波逸提，否則結突吉羅罪。「若比丘以暖湯澆草，草死，波夜提；不死，突吉羅。若比丘殺五種種，五波

夜提；以風吹日曝五種子，五突吉羅；火炙五種種，不死，五突吉羅；死，五波夜提。」可見對於草和種子來説，只有導致其死亡才犯波逸提，如果不死只結突吉羅罪。「打生果落，波夜提。……比丘折樹枝，波夜提」，對於生果來説，掉落時犯波逸提，文中對折樹枝雖然沒有明確説明何時成犯，結合生果的情況，應該是樹枝斷時結波逸提罪。

此外，《巴利律》中，「伐之前行者，突吉羅；每伐者，波逸提」。

另外，諸律關於結罪次數的記載各不相同，大致可分為如下五類：

（1）沒有記載

《四分律》、《鼻奈耶》、《巴利律》、《善見論》、《毗尼母經》[1] 中沒有結罪次數的記載。

（2）按照壞生種的數量結罪

《十誦律》和《摩得勒伽》是按照所壞生種的數量一一結罪。如《十誦律》記載：「若比丘一時燒五種子，一時犯五波夜提；一一燒，一一波夜提，隨所燒，得爾所波夜提。」《摩得勒伽》記載：「若比丘殺五種種，五波夜提。以風吹日曝五種子，五突吉羅。火炙五種種，不死，五突吉羅；死，五波夜提。」

（3）按照壞生種的數量結罪，同時按照方便加行的次數結方便罪

《根有律》、《根有律攝》及藏傳《苾芻學處》中，若比丘以一方便壞多樹，得一惡作和多波逸提；以多方便壞一樹，得多惡作和一波逸提。如《根有律》記載：「若苾芻以一方便斫樹斷時，得一惡作，得一墮罪。若以一下斫兩樹，斷時得一惡作，得二墮罪。」藏傳《苾芻學處》記載：「若由一加行壞多生種，加行得一惡作罪。根本依所壞數量得一一墮罪。若是一樹，從根斫壞，枝條雖多，但得一根本罪。加行中隨一一斧鋸得一一惡作罪。」《根有律攝》記載：「若於前境別別損壞，隨有所損，皆得墮罪；於多方便皆得惡作。若以一方便壞多種者，得一惡作，得多本罪。若多方便損一種者，翻上應知。」

1　《毗尼母經》卷3，《大正藏》24 冊，817 頁上欄至中欄；卷 5，《大正藏》24 冊，830 頁上欄。

（4）按照壞生種的行為次數結罪

《五分律》記載：「若以刀斧斫，斫斫波逸提。」

《薩婆多論》記載：「若一時燒五種子者，一波逸提。」此論還記載：「若摘樹葉，若一一摘，一一波逸提；若一下斷樹，一波逸提。如是等比以類可解。」

（5）等壞生種的行為結束之後，通結一罪

《僧祇律》記載：「若自方便截五種生，竟日不止，得一波夜提。若中間息已更截，隨息一一波夜提。使人截者，一方便語，使人一日截，得一波夜提。若中間語言『疾疾截』，隨一一語波夜提。」

以上幾種情況，《四分律》均沒有提及。

5. 犯戒主體

《四分律》中，比丘犯此戒，結波逸提罪。這一點諸律與之相同。

此外，《四分律》、《薩婆多論》、《五分律》、藏傳《苾芻學處》記載，比丘尼犯此戒，亦結波逸提罪。

若式叉摩那、沙彌、沙彌尼犯此戒，《四分律》中結突吉羅罪。《五分律》則強調「無故殺生草木，突吉羅」，可見此律中，下三眾只有在沒有因緣的情況下壞生種才會犯突吉羅，如果有因緣應該不犯，這與《四分律》稍有不同。而《薩婆多論》則明確提到「三眾是淨人故，不犯」，與《四分律》有較大不同。

《十誦律》記載，學悔沙彌雖沒有具足戒，但若違犯此戒，也結波逸提罪。如此律說：「問：『頗不受具戒人殺草菜，得波夜提耶？』答：『有！與學沙彌是也。』」

《摩得勒伽》中，「本犯戒，乃至污染比丘尼人殺，突吉羅。水漬，火燒，舂搗，皆突吉羅。」此律還記載：「學戒人打熟果落，突吉羅；生果落，波夜提……學戒人殺草木，波夜提；斷鬚，突吉羅；擲物殺草木，突吉羅。」

以上《十誦律》和《摩得勒伽》提到的幾種情況，《四分律》及其他律典均未提及。

（三）不犯

1. 所犯境不具足

《四分律》記載，若比丘斷乾枯的草木，不犯本戒。《十誦律》、《僧祇律》、《五分律》記載與《四分律》相同。

《五分律》中，對於被火燒、被刀等砍過的草木，知道它必然不能夠再生長，比丘損壞，不犯。如此律說：「若為火燒，若析，若斫，知必不生，不犯。」

《根有律攝》記載：「窠未生卵，或時殿壞，除者無犯。」

2. 能犯心不具足

（1）發起心

《四分律》記載，若比丘，在生草木上拖拉木頭、竹子等；生草木上籬笆倒地，需要扶正；在生草木上撥動磚石；在生草木上取牛屎；生草蓋在路上，用棍子披遮令開；用瓦石支撐時，誤斷生草木；若打掃經行處的地面時，誤撥斷生草木等。以上種種情況，比丘不是故意損壞生草木，因此不犯此戒。

《根有律》記載，若比丘以熱湯、牛糞等倒在生草上，只要是作傾瀉物心，無損壞意，不犯。若比丘在生草地上經行，若但作經行心者，不犯。若比丘在生草地上「牽柴曳席」，如果沒有故壞心，不犯。《根有律攝》記載：「若行動時，及有牽曳、傾瀉湯水，並灑掃時，無損害心，雖損無犯。」《巴利律》記載，若比丘不是故意壞生草，不犯。《善見論》記載：「若無籃，入林斫竹及藤作籃，得波夜提，如前所說。或作得想，以此物供養三寶、齋講設會，如是言去時無罪。」即為三寶事不犯。

（2）想心

《十誦律》、《僧祇律》、《五分律》中，乾草作乾草想不犯。

《巴利律》中，「於種有非種想」、「於非種有非種想」，均不犯。

（3）犯戒主體不具足

《四分律》記載：「無犯者，最初未制戒，癡狂、心亂、痛惱所纏。」《五

分律》、《根有律》與《四分律》相同。

《巴利律》記載:「無念者、無知者、癡狂者、最初之犯行者,不犯也。」比《四分律》少了「心亂」和「痛惱所纏」,多了「無念者」和「無知者」。但通過分析可知,如果比丘心已亂,或者為痛惱所纏,那其所表現出來的就是無念和無知的狀態。因此,從這個角度來看,《巴利律》和《四分律》的兩種情況,其內涵相通。

《十誦律》記載:「問:『頗比丘殺草菜,不得波夜提耶?』答:『有!若先破戒,若賊住,若先來白衣是也。』」此處所講的比丘,雖然在外表上具有比丘相,但因破戒(這裏應指破四根本戒)或賊住等因緣失戒或不得戒,因為其內在不具備比丘的體性,所以即使違犯此戒,也不犯波逸提。

藏傳《苾芻學處》中,「能壞之人非被賊以生草繫時」,即比丘被賊以生草繫縛時,壞生草不犯。

3. 其他開緣

(1)教人時說淨語

《四分律》記載,若比丘教人壞生種時說淨語「看是,知是」,不犯。

《根有律》記載:「若五生種令人知淨者,亦皆無犯。」與《四分律》相同。

《僧祇律》記載:「若為僧作知事人,一切不得語淨人言:『截是,破是,碎是,燒是,剝是。』若爾者有罪。皆應言:『知是,淨是。』無罪。」此處雖然提到了知事人教淨人時說淨語不犯,但沒有提到所有比丘,與《四分律》有些差異。

《巴利律》記載:「言『知此!與此!運此!欲此!作淨!』者,不犯也。」說淨的用詞與《四分律》有所不同。

(2)作淨

《四分律》提到了諸生果菜作淨後,比丘食用而不犯此戒的情況。其中,淨法共有十種,分別是:

一、火淨,即用火一觸,便為淨。二、刀淨,即用刀一切,便為淨。三、瘡淨,即果子熟後從樹上自落,觸到木石等物傷皮如蚊腳許,即名為

淨。四、鳥啄破淨、即果子被鳥啄破後落地傷如蚊腳許，即名為淨。五、不中種淨，即種子不堪種植，便為淨。六、皮剝淨，即剝少許皮，便為淨。七、剝皮淨，即用刀削皮，便為淨。八、腐淨，即諸果菜等自身腐爛，便為淨。九、破淨，即諸果菜等若破傷，便為淨。十、瘀燥淨，即諸果菜若瘀傷、乾萎，便為淨。

這十種淨法中，火淨和不中種淨，可以連種子（核）和果肉（皮）一起食用，其他的八種淨，只可食用果肉，不可食用種子，若欲食用則需火淨。

此外，《十誦律》提到五種淨，其中爪淨和不生子淨與《四分律》有些差異，其餘相同。《五分律》提到九種淨，其中未成種淨、截淨和洗淨與《四分律》有些差異，其餘相同。《僧祇律》也提到了十種淨，其中，手揉修淨、摘卻芽目淨、爪甲淨、完出淨、火燒淨與《四分律》有些差異，其餘相同。《根有律》提到十種淨，其中爪淨、拔根淨、手折淨、截斷淨、無子淨與《四分律》有些差異，其餘相同。《根有律攝》與此相似。《巴利律》提到五種淨，其中爪淨、無種子淨、去種子淨與《四分律》有些差異，其餘相同。

《毗尼母經》提到十二種淨，其中，卻子淨、水所漂淨、塵土坌淨和《四分律》有些差異，其餘相同。《明了論》提到五種淨，其中爪等所傷淨與《四分律》有些差異，其餘相同。

以上諸律典所提到的淨法中，火淨和刀淨兩種淨為諸律典中共通的淨法。除了《巴利律》外，鳥淨也是諸律典中共通的淨法。其餘淨法則隨各律而略有差異。

此外，《巴利律》提到了「無種子淨」和「去種子淨」。其中，「無種子」應該指果子中還沒有生成種子；「去種子」應該指以人為的方式去掉種子，或者果子的種子自然掉落。這兩種淨的果子都沒有種子，只有果肉，因此比丘食用，無罪。因為有種子的果子，其有生命跡象，能夠繁殖的地方就是種子，果肉是沒有生命跡象的，不是生種，所以只要去掉種子而食用果肉，便沒有犯戒的過失。因此，《巴利律》的這兩種淨法比較符合現實情況。這兩種淨法在《四分律》中並沒有提及。《十誦律》提到了「不生子淨」，《五分律》提到了「未生種淨」，《根有律》提到了「無子淨」，這三種淨可能與《巴利律》

的「無種子淨」相似。《毗尼母經》提到了「卻子淨」，可能與《巴利律》的「去種子淨」相似。除此以外，其他律典沒有與此相似的記載。

此外，《四分律》記載：「是中刀淨、瘡淨、鳥淨應去子食。火淨、不中種淨都食。」對此，《明了論》的觀點則和《四分律》有些差異：「沙門淨有五種：一、火觸；二、刀等所傷……此中前二與核共淨，餘三但得啖皮肉，不得啖核。」在此論中，「刀淨」可以使果肉（皮）與核（子）共淨，而在《四分律》中，「刀淨」不能與核共淨，必須要火淨。

由上述可知，多數律中，凡諸生果菜，比丘應使淨人作火淨，或刀淨等，然後食用，不犯。或者諸果菜自身即成淨，如鳥淨、破淨、爛淨等，比丘食用，不犯。

另外，《根有律攝》記載，如果是路涉險途，沒有未受具戒的人，或者值遇饑荒年，比丘可不作淨而食果，不犯。

（3）難緣

《僧祇律》記載：「若比丘在山中住，泥雨滑行欲倒地時，捉草挽斷復更捉，如是比丘無罪。若為水所漂，若捉草隨斷，斷亦無罪。」《善見論》：「若樹壓比丘，得斫樹掘地以救其命，不犯。」以上所講的屬於緊急情況或難緣，關係到比丘生命的安全，因此開緣不犯。

（4）其他

《十誦律》記載：「問：『頗比丘殺草木，不得波夜提耶？』答：『有！……若飛去時傷殺，無罪。』」這裏應該是指比丘以神通力飛去時傷到草木，不犯。《摩得勒伽》記載：「『頗有比丘斷草，不犯波夜提耶？』答：『有，謂剃髮。』」

此外，《僧祇律》記載：「若石上生衣，比丘欲浣衣者，不得自除卻，應使淨人知然後浣衣。若日炙乾燥得自剝卻，無罪。」這裏的「衣」指石頭表面生長的苔蘚之類；「使淨人知」即讓淨人把石頭上的苔蘚等除去。「若比丘僧伽梨、鬱多羅僧、安陀會、尼師壇、枕褥、革屣、衣上生湄，使淨人知，著日中暴已得自揉修去。若餅上生湄，當使淨人知已，然後得食。」此處「湄」字的意思，律文裏沒有明確解釋，但根據一般情況推測，應該是指一種

黴菌。

　　《善見論》記載：「若須華果，得攀樹枝下，使淨人取，不犯，不得令枝折。若樹高，淨人不及，比丘得抱淨人取，不犯。」

　　《毗尼母經》記載：「有五種樹不得斫：一、菩提樹；二、神樹；三、路中大樹；四、尸陀林中樹；五、尼拘陀樹。除因緣。因緣者，若佛塔壞，若僧伽藍壞為水火燒。得斫四種，除菩提樹。」

五、原理

（一）對惡緣的防範及對比丘修行的保護

　　首先，壞生種是防護譏嫌的遮戒，意在防護比丘因壞生草木而引來世俗之人的譏嫌或責罵。因為當時有很多人認為生草木有生命，如《十誦律》記載：「是時有居士，於草木中生有命想見，以妒嫉心言：『沙門釋子是奪命人，殺一切眾生。』」《五分律》記載：「此等常說慈忍，護念眾生，而今斫伐，傷害無道。」《僧祇律》記載：「汝等看是沙門瞿曇，無量方便毀呰殺生，讚歎不殺生，而今自手斫樹採華，傷殺物命。」因此，比丘壞生草木的行為，在一些世俗人眼裏是殺生、不慈悲的表現，會受到他們的譏嫌和責罵。佛陀制定此戒，也是為了避免世人的譏嫌。

　　其次，雖然草木不像人及其他動物一樣具有感知喜怒哀樂的「生命」，但是有鬼神以它們為房舍，比丘壞生草木，即是破壞它們的住處，也是有損慈悲心的表現，如《鼻奈耶》：「有神依樹根，有神依樹岐，有神依樹枝裏，有神依樹皮裏……一切藥草樹木盡有神。神所以依住者，食其香故。」《巴利律》：「住其樹之女樹神向比丘言：『大德！勿為欲作己之住處，而伐我住處。』」因此，佛陀制定此戒，不僅防護了鬼神的房舍免遭破壞，避免由此而為比丘引來的一些不必要的麻煩（如樹神想殺害比丘等），也是為了長養比丘的慈悲心。

　　另外，佛陀制此戒後，雖然在一些如造房、建寺等特殊情況下，允許比丘通過作法請鬼神離開後再進行伐樹，但因為作法較為複雜，所以也能夠對比丘形成制約，這樣比丘在進行伐樹造房等活動時就會很謹慎；另一方面，佛制此戒後，國王、大臣等不會再讓比丘去從事與壞生草木相關的一些勞役，如《薩婆多論》：「凡有三戒，大利益佛法在餘誦：一、不得擔；二、不殺草木；三、不掘地。若不制三戒，一切國王當使比丘種種作役；有此三戒，帝主、國王一切息心。」因此，此戒的制定可以讓比丘們減少很多事緣，「汝

等亦可少作事業，捨諸緣務」，能節省出更多的時間用來修行。

由上可知，佛陀制定此壞生種戒，一方面能避免世俗之人對比丘的譏嫌，另一方面能避免比丘壞眾生房舍，損惱有情，同時也能為比丘減少諸多外緣雜務，有利於修行辦道。

（二）草木無情與樹神信仰

在古代印度社會，宗教哲學思想發達，各種宗派林立，尤其是婆羅門教對人們日常生活的影響更是廣泛，多數人們因受其宗教思想的影響，普遍認為一切花草樹木都是可以感知喜怒悲樂的「生命」，如《摩奴法論》記載：「所有的芽生的不動物都是從種子或者莖枝生長出來的。」「這些不動物被由行為造成的形形色色的暗所覆蔽；它們具有內在的知覺，有苦有樂。」[1] 前文已述，佛教律典也記載了當時一些人的看法：「是時有居士，於草木中生有命想見。」「瞿曇無量方便毀呰殺生，讚歎不殺生，而今自手斫樹採華，傷殺物命。」由此可見，這種觀點在當時的社會是一種較為普遍的認識。而這種認識在很大程度上是受到傳統婆羅門教的影響。佛教對此的認識則不同，它不認為芽生的植物屬於有情，「婆羅門教將有情發生之狀態，分成『四生』，即胎生（jarāyuja）、卵生（aṇḍaja）、濕生（svedaja）、芽生（udbhijja），也是承繼奧義書所說……但佛教沒有將芽生的植物納入輪迴範圍，而是以化生（upapāduka，巴利語是 opapātika）代之，亦即以天人之一類或依據神通力之變化身代之，提出其四生說（catvāro yonayaḥ）。」[2] 此觀點在經律中有明確的反映，《大般涅槃經》記載：「穀米、草木，無命無我，非眾生數。」[3]《僧祇律》中，佛陀對比丘說：「此是惡事。是中雖無命，不應使人生惡心。」此中所講的「無命」，不是指這些植物沒有生命，而是說沒有像《摩奴法論》中

1　《摩奴法論》，8頁至9頁。

2　高楠順次郎、木村泰賢：《印度哲學宗教史》，台灣商務印書館，2017年，302頁至303頁。

3　《大般涅槃經》卷7，《大正藏》12冊，409頁上欄。

記載的「具有內在的知覺，有苦有樂」的生命。佛教認為這些花草樹木有鬼神附在上面居住，有些像人和房子的關係。所以這兩種觀點表面相似，實則不同。因此，在這兩種緣起之下，佛陀為了「不使人生惡心」及「壞鬼神房舍」，制定此戒確實很有必要。

（三）護念樹神

諸律記載，比丘伐樹，樹神不滿，向佛陀與十二法比丘訴冤。鬼神皆有大神力，「此天身光周遍，輝耀逝多園林」，而比丘則未必都為證果者，與之相比力量很薄弱。因此，比丘毀壞了鬼神的房舍，鬼神皆有能力惱害或報復比丘，但在這幾部律的制戒緣起中，鬼神雖然不滿，卻沒有這麼做，可謂「敢怒不敢害」。《巴利律》中，雖然鬼神因憤怒而想殺比丘：「我今當奪比丘命！」但又轉念：「我今若奪比丘命，是我不正，我應以此事告世尊。」所以沒有殺害比丘。這些都可以說明鬼神對佛陀的弟子、比丘、修道者，還是存有敬畏之心，這也從側面反映出了其對佛陀的恭敬與尊重。而佛陀制定此戒，不准比丘伐草木，破壞鬼神的房舍，說明了比丘對鬼神也應該心存慈悲與愛護。

六、總結

（一）諸律差異分析

1. 緣起差異

（1）結構差異

《四分律》和《鼻奈耶》、《僧祇律》、《巴利律》相同，只有一個本制。《十誦律》有一個緣起、一個本制。《五分律》有一個本制、兩個隨制。《根有律》有兩個緣起、一個本制。與後三部律典相比，《四分律》的緣起結構稍顯簡單。

（2）情節差異

《四分律》情節最簡略，有曠野比丘伐樹建房，佛因此制戒。《鼻奈耶》、《十誦律》、《僧祇律》、《巴利律》增加了樹神瞋恨和在家人譏嫌的情節。

《五分律》本制是緣起比丘為佛及大眾建講堂而伐草木，被居士譏嫌；第一個隨制是諸比丘使守園人、沙彌斫伐草木，諸長老比丘譏嫌；第二個隨制是佛陀開許比丘可以説知淨語使淨人伐鬼神村。

《根有律》第一個緣起是比丘伐樹，使天神失去住處；第二個緣起是比丘因制戒而停止營造，佛隨制了伐樹之法，砍伐之前可作法；本制為比丘自作、使人伐樹，引起外道譏嫌，佛陀因此制戒。

《四分律》的緣起缺少大部分律典具有的情節，綜合比較，《五分律》、《根有律》、《巴利律》的內容比較完備。

（3）結論

綜合諸律來看，本戒取《巴利律》的本制，《根有律》的第二個緣起和《五分律》的第二個隨制，構成一個本制和兩個緣起，對本戒的緣起進行增補。

2. 戒本差異

相比《四分律》「壞鬼神村」的表述，《十誦律》、《僧祇律》、《僧祇比丘

戒本》、《解脫戒經》、《根有律》、《根有戒經》、《根有律攝》、三部梵文戒本以及藏文《根有戒經》都多出了「種子村」或類似的內容;《鼻奈耶》作「斫樹」,在諸部律典中最為特殊。此外,《鼻奈耶》、《五分律》、《彌沙塞五分戒本》、《根有律》、《根有戒經》、《根有律攝》和藏文《根有戒經》還包括了「教他作」的描述。

戒本調整方面,為了使所犯境的表述更為完整,借鑒《僧祇律》、《根有律》等,在「壞」字後增加「種子」二字;依據《十誦比丘戒本》將「鬼神村」換為「草木」。為了使文意更加清晰,易於理解,據《僧祇律》在「草木」前增加「破」字。最後,據《四分僧戒本》在罪名前增加「者」字,以使文辭流暢、統一。

3. 辨相差異

(1) 所犯境

《四分律》的所犯境為通過五種繁殖方式生成的草木,分別為「根種、枝種、節生種、覆羅種、子子種」。而《十誦律》、《僧祇律》、《根有律》、《根有律攝》則將所犯境分為鬼神村和種子村。其中鬼神村是指「生草木」,即仍然有生命活力的草木,而種子村指的是植物的五種繁殖器官,既可以是正在生長中草木的繁殖器官,也可以是已經離開母體但仍然具有繁殖能力的五類種子,損壞柳樹等「枝種」的樹木,不管所損壞的部分是位於草木上,還是處於離體狀態,均犯波逸提。綜合看來,《十誦律》等四部律典的分類更為合理。

(2) 能犯心

《四分律》、《巴利律》中,比丘「生草作生草疑」,犯突吉羅,不正犯本罪。《十誦律》、《五分律》、《根有律》、《根有律攝》中則正犯波逸提。而且在《十誦律》中,比丘「生作乾想」也正犯波逸提。由此可見,諸律之間對於「境想」的判罪不一樣,其中,《十誦律》只要所壞的對境是生種,無論比丘以何作意,都正犯本戒。綜合看來,《四分律》、《巴利律》的判罰更為合理,即只有當比丘明知道是生草,還去破壞它才正犯本戒。

（3）究竟成犯

①針對種子的結罪次數判斷

在犯戒數量的判取上，《四分律》沒有明確提到結罪的次數；《十誦律》和《摩得勒伽》是按照壞生種的數量來結罪，即在一次行為中有多少種子遭到破壞就結多少個波逸提；《薩婆多論》則根據壞生種具體行為的次數來結罪，與生種的數量無關，如果一次壞五種種子，只得一個波逸提。

②針對樹木的結罪次數判斷

A. 數量和加行結罪

《根有律》、《根有律攝》及藏傳《苾芻學處》對以樹為對象的壞生種行為，除了按樹的數量一一結罪之外，還多了一個加行罪：如果以一次加行破壞多棵樹，得一惡作和多個波逸提；而如果以多次加行破壞一棵樹，則得多個惡作和一個波逸提。

B. 根據行為間歇的次數結罪

《僧祇律》則是不管中間有多少次具體的行為，根據行為間歇的次數來結罪，「竟日不止，得一波夜提。若中間息已更截，隨息一一波夜提」。《五分律》則不按間歇來結罪，「若以刀斧斫，斫斫波逸提」。

綜合上述各部律典的觀點，相對而言，只要比丘對生種已經造成了傷害，就正犯波逸提罪。而結罪的次數，以比丘對生種傷害的次數來定則比較清晰，且能夠涵蓋對所有類型生種的破壞行為。據此，可以採納《薩婆多論》的判法，即一次壞生種的行為，結一個波逸提。

（4）不犯

開緣部分，《四分律》中，比丘在做種種事情的時候，如在生草上搬動木頭、打掃衛生等行為，只要不是故意要損壞生草木即不犯本戒。《根有律》中，比丘在草地上經行，只要沒有故意損壞生草之心，就不會犯到壞生種戒。《僧祇律》中，取用風吹下來的葉子，摘成熟的果子均不犯。以上三部律典所講的這種情況，比較符合實際中的持守。

在《根有律》的制戒緣起中，諸比丘為了持戒不敢砍伐樹木，最後導致相關的建築事業無法繼續進行。佛陀因此開許比丘可以通過作法請鬼神離開

後再伐樹，這樣既可避免因伐樹而損惱鬼神，也不影響對三寶事業的承擔。這點其他律典雖然沒有提及，但在現實生活中卻很有可能發生，所以很有參考價值。

4. 諸律內部差異

《四分律》緣起中只是提到了「斫樹」，沒有提到「鬼神村」的說法，而在戒條和辨相中都提到了「鬼神村」，並且在辨相中將所壞的對象解釋為「一切草木」。《五分律》在本制的戒條中提到了鬼神村，但是在本制和隨制的緣起中都是「殺生草木」。《巴利律》中在緣起中提到了「女樹神」，而在戒條中則是「伐草木者」，並未提到「鬼神村」。

另外，《鼻奈耶》的緣起中沒有提到教他作的情況，而在其戒條中卻有教他作的內容。《巴利律》的情況與《鼻奈耶》則剛好相反。《僧祇律》和《十誦律》的緣起和戒條中沒有提到教他作，而辨相中則提到了教他作也正犯，此外《僧祇律》中還提到可以用淨語，如「知是，淨是」，使人作則不犯。

（二）調整文本

通過以上諸律間觀點同異的對比與分析，文本在《四分律》的基礎上作如下調整：

1. 緣起
（1）本制
佛在阿羅毗邑阿伽羅婆塔廟，諸比丘為建講堂伐樹，也令別人砍伐，和女樹神發生衝突。樹神向佛陀申訴，得到佛的安撫。世人對比丘伐樹的行為也產生譏嫌，佛因此制戒。

（2）緣起
佛在曠野林，授事比丘因佛制戒的緣故而停息所有營作，佛便講了營事比丘伐樹時的應行之法：伐樹七八日前在樹下作相應的法事，告知樹神，伐

樹時若無異相，才可實行。

制戒後，諸比丘不能伐樹建房，佛陀開許比丘可以說知淨語使淨人伐樹。

2. 戒本

若比丘，壞種子[1]，破[2]草木[3]者[4]，波逸提。

3. 關鍵詞

（1）種子：本戒中指植物的種子，依據生長的不同方式分為根種、莖種、節種、開種、子種共五種。如薑從根生，歸為根種；柳樹從莖生，劃入莖種；甘蔗竹子節上而生，名為節種；蘭香開裂而生，劃歸開種；大麥由子故生，名為子種。

（2）草木：本戒中指各種植物。

4. 辨相

（1）犯緣

本戒具足五緣成犯：一、是生種；二、生種作生種想；三、有故意壞生種之心；四、自壞或教人壞生種；五、傷生種，成犯。

（2）辨相結罪輕重

①是生種

損壞一切活的草木，有繁殖能力的五種種子，包括生長狀態和離體狀態，波逸提；損壞霉菌、朝菌等菌類生物，突吉羅；生種半乾半生，突吉羅；全乾，不犯。

1　「種子」，底本闕，據《僧祇律》、《僧祇比丘戒本》、《解脫戒經》、《根有律》、《根有戒經》、《根有律攝》加。

2　「破」，底本闕，據《僧祇律》、《僧祇比丘戒本》加。

3　「草木」，底本作「鬼神村」，據《十誦比丘戒本》改。

4　「者」，底本闕，據《四分僧戒本》、《新刪定四分僧戒本》、《四分律比丘戒本》、《僧祇律》、《根有律》、《根有戒經》、《根有律攝》加。

②生種作生種想

生種作生種想，波逸提；生種作生種疑，生種作非生種想，非生種作生種想，非生種作生種疑，突吉羅；非生種作非生種想，不犯。

③有故意壞生種之心

有故意損壞生種之心，波逸提；若沒有，不犯。

④自壞或教人壞生種

自作、教他壞生種，波逸提；教他人壞生種時説淨語，不犯。

若寫書信，若派遣使者，若顯示種種形相教他壞，若展轉語（叫甲壞生種，而甲又叫乙去壞），突吉羅。

⑤傷生種

傷到生種，波逸提；按壞生種的次數，一一波逸提；傷生種之前行，突吉羅。

⑥犯戒主體

比丘、比丘尼若犯，波逸提；式叉摩那、沙彌、沙彌尼若犯，突吉羅。

⑦不犯

比丘不以損壞草木之心，在生草木上拖拉木頭、竹子、撥動磚石，以熱湯等倒在生草上等，皆不犯。

比丘不以損壞草木之心，在生草地上經行，生草蓋在路上，用棍子披遮令開，或打掃經行地面時，誤撥斷生草木等，皆不犯。

比丘不以損壞草木之心種菜、種樹，及無意中傷生草木等，皆不犯。

若生種通過淨人作火淨或刀淨，或者生種本身即成淨，如傷如蚊腳許、爛壞等，不犯。

若為了三寶事欲伐樹，事先作法請鬼神離開，過七八日後再伐，不犯。

若取用風吹下來的葉子，及摘成熟的果子，不犯。

七、現代行持參考

在現代工商業社會，雖然人們所處的環境與古代的農業社會有很大的不同，但是此戒對比丘的指導精神並不過時。

像緣起比丘那樣伐樹造房的情況已不多見，但是在一些寺院、房舍等建設過程中，這種情況也難以避免。因此，較好的方法是按照《根有律》中所講，提前作法請鬼神離開，再砍伐。這樣能最大限度地避免與鬼神發生衝突。

獲取果蔬須作淨，律中有十種作淨的方式：「火淨、刀淨、薦淨、鳥淨、爪淨、墮破淨、拔出淨、捩斷淨、擘破淨、非種淨。」[1] 並且生種只要有一點點傷破，乃至「傷如蚊腳」[2] 即可視為已經作淨。由此可見，採購來的果蔬，在收割及運輸的過程中作淨已經完成，因此不需要再作淨；如果是自己種植的果蔬，在沒有沙彌或淨人協助的情況下，開許比丘為三寶的原因摘取。除此之外，比丘應該盡量避免隨意攀折草木。

1　《根有律攝》卷 9：「淨法有五種：火淨、刀淨、薦淨、鳥淨、爪淨。又有五淨：墮破淨、拔出淨、捩斷淨、擘破淨、非種淨。」《大正藏》24 冊，577 頁中欄。

2　《僧祇律》卷 31：「若鳥啄，若器中傷破，下至如蚊腳，即名皮淨。」《大正藏》22 冊，478 頁中欄。

12

身口綺戒

一、緣起

（一）緣起略述

《四分律》有一個本制、一個隨制。佛在拘睒毗羅師羅園，闡陀比丘犯罪，諸比丘詢問時，其以不相關的事回答，諸比丘便向佛報告，佛以種種方便呵責闡陀比丘，令僧為其作餘語羯磨，並為比丘結戒。此是本制。[1]

佛制比丘不得作餘語後，闡陀比丘觸惱眾僧，「喚來不來，不喚來便來，應起不起，不應起便起，應語不語，不應語便語」。諸比丘以此事向佛報告，佛又呵責闡陀比丘，令僧為其作觸惱羯磨，並再次為比丘結戒。此為隨制。

諸律緣起差異比較：

1. 制戒地點

《四分律》中，制戒地點為「拘睒毗羅師羅園」，《鼻奈耶》[2]為「舍衛國祇樹給孤獨園」，《十誦律》[3]、《僧祇律》[4]「拘睒彌」，《五分律》[5]為「舍衛城」，《根有律》[6]為「憍閃毗國瞿師羅園」，《巴利律》[7]為「憍賞彌國瞿師羅園」。

2. 緣起比丘

《四分律》中，緣起比丘為「闡陀比丘」。《僧祇律》、《根有律》、《巴利律》與《四分律》相同。《十誦律》為「闡那」，《鼻奈耶》、《五分律》為「六

1　《四分律》卷 12，《大正藏》22 冊，642 頁上欄至 643 頁上欄。

2　《鼻奈耶》卷 7，《大正藏》24 冊，879 頁下欄。

3　《十誦律》卷 10，《大正藏》23 冊，76 頁中欄至下欄；卷 53，《大正藏》23 冊，393 頁上欄。

4　《僧祇律》卷 14，《大正藏》22 冊，340 頁上欄至下欄。

5　《五分律》卷 6，《大正藏》22 冊，42 頁上欄至中欄。

6　《根有律》卷 28，《大正藏》23 冊，778 頁上欄至 779 頁下欄。

7　《經分別》卷 5，《漢譯南傳大藏經》2 冊，45 頁至 48 頁；《附隨》卷 1，《漢譯南傳大藏經》5 冊，57 頁至 58 頁。

群比丘」。

3. 犯戒對象

《四分律》中，犯戒對象為「諸比丘」（即眾僧）。《十誦律》、《僧祇律》、《五分律》、《根有律》、《巴利律》與《四分律》相同。《鼻奈耶》為「阿練兒」（阿蘭若比丘）。

4. 緣起情節

《十誦律》、《五分律》、《巴利律》與《四分律》相同，也是有一個本制、一個隨制。在本制情節方面，《十誦律》、《五分律》、《巴利律》中本制緣起情節與《四分律》相似，都是緣起比丘犯罪，其他比丘勸其發露或懺悔，緣起比丘說其他話以逃避回答。這三部律中的隨制情節與《四分律》的不同之處在於，緣起比丘都是以默然的方式惱僧。此外，《五分律》中結戒前眾僧沒有對緣起比丘作羯磨。

《根有律》只有一個本制。其本制情節與《四分律》的差別是：緣起比丘開始是以異語惱僧，僧為其作羯磨；後又默然惱僧，僧再次為其作羯磨；最後以異語、默然兩種方式同時惱僧，佛陀因此制戒。

《僧祇律》只有一個本制。其本制情節與《四分律》差異較大。眾僧欲作羯磨，尊者闡陀認為僧要治罰他，於是向舍利弗反覆問義，反覆作餘語擾亂，餘比丘坐久疲乏散去，因此不成羯磨。

《鼻奈耶》只有一個本制，其本制情節與《四分律》差異較大。此律描述說六群比丘故意撓擾阿蘭若比丘：「諸君已得初禪、第二、第三、第四，盡生死修梵行。」佛因此制戒。

(二) 緣起比丘形象

《四分律》中，闡陀比丘犯罪後，諸比丘問他：「汝自知犯罪不耶？」目的是想讓他認識到自己所犯之罪，從而如法去懺悔。而闡陀卻說：「汝向誰

語？為說何事？為論何理？為語我，為語誰耶？是誰犯罪？罪由何生？我不見罪！云何言我有罪？」故意把話題引開。後來眾僧為他作「餘語羯磨」，他便故意觸惱眾僧：「喚來不來，不喚來便來，應起不起，不應起便起，應語不語，不應語便語。」由此可見，對自己所犯過失，闡陀比丘的覆藏心很強，知錯不改。不僅聽不進眾僧的勸諫、教誨，還以各種方式來觸惱眾僧，表現出高慢熾盛的惡劣形象。

《僧祇律》中，眾僧叫闡陀比丘參與僧團的羯磨，他卻以為眾僧欲治罰他，因此想在僧中擾亂一個比丘，使羯磨法無法進行。他第一個想擾亂目犍連尊者，但心想：「然目連有大神力知我不可，或能捉我擲他方世界，此事不可。」第二個想惱亂大迦葉尊者，但又想：「然大迦葉有大威德，或能於眾中折辱我，此事不可。」第三個想惱亂舍利弗尊者，因為「尊者舍利弗心柔軟質直易共語，若擾亂彼者，可使一切僧擾亂不得與我作羯磨」。因此，便到僧中向舍利弗尊者反覆問義，最後導致「諸比丘坐久疲乏，各各散出，僧不和合，遂不成羯磨」。

上述故事中，一方面反映出了闡陀比丘非理作意之心很強，本來可能不是治罰他的，但他卻作意成是眾僧欲治罰他，由此也就引發了後面一系列的惱亂事件。另一方面，他為了逃避僧團治罰，想盡辦法阻止羯磨，也反映出其覆藏心重的特點。

《五分律》中，六群比丘數數犯罪，「上牀、下牀皆不如法，數數食，別眾食，非時入聚落不白善比丘」，由此可見，緣起比丘不嚴持戒律，放逸散漫。

其他律典與《四分律》相同。

（三）犯戒內因

《四分律》中，犯戒內因是緣起比丘不願意接受勸諫，也不想懺罪。除了《鼻奈耶》稍有不同外，其他律典與《四分律》基本一致。

《十誦律》、《根有律》、《巴利律》與《四分律》相同，而且緣起比丘更

顯得驕慢。如《十誦律》：「闡那語諸比丘言：『汝等能謂我作是事耶？我不謂汝等能說我犯是事。』」「我何豫汝等事？我畏汝等耶？」《根有律》：「彼便答曰：『諸具壽！其犯罪者，自當說悔。』」《巴利律》中，緣起比丘說：「誰有罪？有何罪？於何而有罪？何故而有罪？汝等對誰言？汝等言何耶？」

《僧祇律》記載：「闡陀作是念：『今喚我者正當欲治罰我罪，更無餘事。』復作是思惟：『我今當擾亂阿誰，能使一切僧皆共擾亂不得作羯磨？』」由此可知，犯戒內因是害怕治罰，想擾亂眾僧作羯磨。

《鼻奈耶》中，犯戒內因是想故意刺激別人，如：「時六群比丘撓擾激動阿練兒：『諸君已得初禪、第二、第三、第四，盡生死修梵行。』」

此外，《根有律》中還提到闡陀比丘的本事故事，佛說：「於往昔時聞善友語，不肯依用遂致命終。乃至今時亦復如是，於同梵行者言不肯依用，或言或默惱亂諸人，致使僧伽作法呵責。」可見，闡陀比丘之所以犯戒，與其不聽善友勸諫的等流習氣有關。

（四）犯戒外緣

《四分律》中，犯戒外緣是闡陀比丘犯罪，諸比丘詢問其罪行。《十誦律》、《五分律》、《根有律》、《巴利律》與《四分律》相同。

《僧祇律》中，犯戒的外緣是眾僧欲作羯磨，派人去叫闡陀比丘。

《鼻奈耶》中沒有記載此戒的犯戒外緣。

（五）犯戒後的影響

《四分律》記載，闡陀比丘不隨問答、惱僧後，受到了少欲比丘的譏嫌和呵責。這一點，除了《鼻奈耶》和《僧祇律》，其他律典與《四分律》相同，只是在呵責的用語上有些差異。另外，眾僧還為犯戒比丘作了呵責羯磨（餘語、觸惱羯磨），這一點，《十誦律》、《根有律》、《巴利律》與《四分律》相似，只是所作的羯磨法稍有差異。

《僧祇律》中，僧團羯磨時，闡陀比丘故意長時反覆向舍利弗問義，最後導致羯磨法無法正常進行，對僧團的和合、羯磨運作造成了很大的影響。但此律沒有提到闡陀受到眾僧的呵責，而是佛知道此事後直接制戒。

《鼻奈耶》中，內容較為簡單，沒有記載六群比丘犯戒後造成的影響。

（六）佛陀考量

《四分律》、《十誦律》、《根有律》和《巴利律》中，比丘惱僧後，佛陀都讓眾僧為其作羯磨，呵責其惱僧的行為。《四分律》記載：「時世尊以無數方便呵責闡陀比丘已，告諸比丘：『自今已去聽白已，當名作餘語。』」當僧團中出現不如法的行為，佛陀沒有直接制戒，而是讓僧團作羯磨法來糾正比丘的過失。佛陀這樣做，一方面應該是希望藉助眾僧作羯磨法震懾犯戒比丘，折服比丘的慢心，讓其以後不敢惱僧；另一方面也是對犯戒比丘引導教育，讓其真正認識到自己的錯誤，進而改過自新。此外，由於緣起比丘損惱的對象是僧眾，佛陀也希望通過僧眾羯磨對其進行懲治，藉此減少乃至平息眾僧的惱怒。從僧團管理的角度來看，佛陀把權力交給了僧團，讓眾僧作羯磨呵責緣起比丘，這體現了僧團的平等，也保證了僧團清淨有序。

（七）文體分析

諸部律典對制戒緣起的記述都採用了因緣故事的文體形式。

《四分律》、《十誦律》、《五分律》、《巴利律》有兩個因緣。《鼻奈耶》、《僧祇律》只有一個因緣。《根有律》有一個因緣，還有一個本事和兩個伽陀。

其中，《四分律》、《十誦律》、《根有律》、《巴利律》對犯戒比丘的犯戒事實進行客觀的敘述，除此之外，還增加了「羯磨」的內容，這樣更有莊嚴感。

在文字風格上，諸部律都採用客觀敘述與語言描寫相結合的形式。其中《鼻奈耶》以客觀敘述為主，表達的內容相對比較簡單，沒有太多的情節。

《僧祇律》對犯戒比丘心理有較多的描寫，如：「闡陀作是念：『今喚我者正當欲治罰我罪，更無餘事。』復作是思惟：『我今當擾亂阿誰，能使一切僧皆共擾亂不得作羯磨？……』復更思惟：『若擾亂大迦葉者可辦此事……』復作是念：『尊者舍利弗心柔軟質直易共語，若擾亂彼者。』」添加這些心理描寫，使整個故事顯得較為活潑、生動、有趣，刻劃了犯戒比丘的生動形象，並且還可以從對犯戒比丘的心理描寫中，體會到其他比丘的功德，如目犍連尊者有大神力、迦葉尊者有大威德、舍利弗尊者心柔軟質直等，讓整個故事的可讀性增強，更有吸引力。

　　《鼻奈耶》結構不完整，缺少緣起比丘激惱阿蘭若比丘的原因。其他律典結構均比較完整。

二、戒本

《四分律》中，本戒的戒本為：「若比丘，妄作異語惱他者，波逸提。」

若比丘，妄作異語惱他者，波逸提

《四分律》、《四分僧戒本》[1]、《四分律比丘戒本》[2] 作「若比丘，妄作異語惱他者，波逸提」，意思是：如果比丘，胡亂說一些（與他人所問）無關的話來損惱別人，犯墮罪。

與《四分律》相似：

梵文《説出世部戒經》[3] 作 "anyavādavihiṃsanake pācattikaṃ"，梵文《有部戒經》[4] 作 "any(a)vādaviheṭhanāt pāta(yantikā)"，意思都是：以岔開話題（的方式）惱亂（別人），墮。巴利《戒經》[5] 作 "aññavādake vihesake, pācittiyaṃ"，意思是：以岔開話題（的方式）惱亂（別人），墮。這幾部律雖然在用詞上與《四分律》有些不同，但表達的意思相似。此外，這三部非漢文戒本缺少與「若比丘」直接對應的內容。

《僧祇律》、《僧祇比丘戒本》[6] 作「若比丘，異語惱他，波夜提」，比《四分律》少了「妄作」，但文意基本相同。

---

1 《四分僧戒本》，《大正藏》22 冊，1026 頁中欄。

2 《四分律比丘戒本》，《大正藏》22 冊，1018 頁中欄。

3 Nathmal Tatia, *Prātimokṣasūtram of the Lokottaravādimahāsāṅghika School*, Tibetan Sanskrit Works Series, no. 16, p. 20.

4 Georg von Simson, *Prātimokṣasūtra der Sarvāstivādins Teil II*, Sanskrittexte aus den Turfanfunden, XI, p. 207.

5 Bhikkhu Ñāṇatusita, *Analysis of the Bhikkhu Pātimokkha*, p. 176.

6 《僧祇比丘戒本》，《大正藏》22 冊，552 頁中欄。

與《四分律》有部分差異：

《新刪定四分僧戒本》[1]作「若比丘，妄作異語惱僧者，波逸提」，此處「惱僧」對應《四分律》中的「惱他」。

《十誦律》作「若比丘，用異事默然惱他，波夜提」。其中，「異事」與「異語」的意思相通，《四分律》沒有提及「默然」對應的內容。

《十誦比丘戒本》[2]作「若比丘，不隨問答惱他，波夜提」，《五分律》、《彌沙塞五分戒本》[3]作「若比丘，故不隨問答，波逸提」，與《四分律》中「異語」的表述不同，但意思相似。

與《四分律》差異較大：

《鼻奈耶》作「若比丘，激動人使瞋者，墮」。

《解脫戒經》[4]作「若比丘，不受諫，波逸提」。《根有律》、《根有戒經》[5]、《根有律攝》[6]作「若復苾芻，違惱言教者，波逸底迦」。

梵文《根有戒經》[7]作 "ājñāviheṭhanāt pāyantikā"，意思是：（通過）否定（他人的）言教來損惱（對方），墮。藏文《根有戒經》[8]作 "བསྒོ་བ་ལྡ་ལ་གནོན་ན་ལྟུང་བྱེད་དོ།"，意思是：不聽教誨，墮。除了文意與《四分律》不同外，這兩部非漢文戒本都缺少與「若比丘」直接對應的內容。

1　《新刪定四分僧戒本》，《卍續藏》39 冊，266 頁下欄。

2　《十誦比丘戒本》，《大正藏》23 冊，474 頁中欄。

3　《彌沙塞五分戒本》，《大正藏》22 冊，197 頁上欄。

4　《解脫戒經》，《大正藏》24 冊，662 頁中欄。

5　《根有戒經》，《大正藏》24 冊，504 頁上欄。

6　《根有律攝》卷 9，《大正藏》24 冊，577 頁下欄。

7　Anukul Chandra Banerjee, *Two Buddhist Vinaya Texts in Sanskrit*, p. 33.

8　麗江版《甘珠爾》（འདུལ་བ་དཀའ་འགྱུར）第 5 函《別解脫經》（སོ་སོར་ཐར་པའི་མདོ）12a。

三、關鍵詞

異語

梵文《説出世部戒經》、梵文《有部戒經》的整個複合詞中對應「異語」的部分作"anyavāda"，由"anya（額外的、不同的）"和"vāda（言詞、言説）"組成，直譯為「不同的言詞」（英譯：speaking different），其引申的含義是「岔開話題」。巴利《戒經》作"aññavādake"，構詞方式和詞意與梵文相同。梵文《根有戒經》和藏文《根有戒經》中文意差別較大，這裏不再參與比較。

《四分律》的制戒緣起中，「異語」這個詞寫作「餘語」，兩者意思相同。律中這樣解釋：「餘語者，僧未作白便作餘語：『汝向誰説？為説何事？為論何理？為我説，為餘人説？我不見此罪。』」，但此解釋意思不太清楚。結合此戒的制戒緣起來看，在「僧未作白」前，諸比丘曾向緣起比丘詢問「汝自知犯罪不耶？」緣起比丘回答：「汝向誰説？」由此分析可知，《四分律》中，「異語」的意思大致為：別人問題時，比丘故意不作正面回答，而以不相干或有差異的內容岔開，即「異語」。

《根有律攝》記載：「言違惱言教者，謂諸苾芻如法教時，此是應作，此不應作，既聞語已遂便違教，出不忍言，或時默然而不應答。」《巴利律》記載：「『作異語』者，於僧中就事或就罪受問，不欲述之，不欲除之，作異語遁辭，言：『誰有罪？有何罪？於何而有罪？何故而有罪？汝等對誰言？汝等言何耶？』」《善見論》記載：「不隨問答，是名餘語。」這三部律典與《四分律》內涵一致。

《僧祇律》記載：「異語惱他，有八事。何等八？一者，作羯磨時；二者，如法論時；三者，論阿毗曇時；四者，論毗尼時；五者，不異論；六者，不異人；七者，停論；八者，異語惱他。」列舉了異語惱他的八種情況。《根有律》記載：「違惱言教者，作惱他想以言表示。」即內心中有惱他的動機，並通過語言表現出來。

綜上所述，梵文《説出世部戒經》、梵文《有部戒經》以及巴利《戒經》內涵一致，意為「不同的言詞」，但兩部梵文戒經還可以引申為岔開話題。漢譯律典中，《四分律》、《根有律攝》、《巴利律》、《善見論》詞源分析一致，概括起來即為「故意不正面回答對方的問題，而是以不相干或有差異的內容岔開」，《根有律》含義為「用語言把內心的惱表現出來」，比較籠統；而《僧祇律》列舉了「異語」的八種情況，更加具體。

四、辨相

（一）犯緣

具足以下五個方面的犯緣便正犯本戒：

1. 所犯境

《四分律》中，本戒的所犯境需要滿足兩個方面，即所對境和所犯條件，當兩個方面同時滿足時，正犯此戒。

（1）所對境

《四分律》中，所對境為眾僧，即四人以上的比丘，《十誦律》、《薩婆多論》[1]、《僧祇律》、《巴利律》、《善見論》[2] 和《四分律》相同。

《鼻奈耶》、《摩得勒伽》[3]、《五分律》為「比丘」。藏傳《苾芻學處》[4] 為「具六法比丘」，《根有律》、《根有律攝》[5] 為眾僧或比丘。以上幾部律所提到的所對境與《四分律》有些差異。

（2）所犯條件

《四分律》中需僧羯磨呵治後才會犯此戒。僧羯磨呵治是指眾僧為其作餘語羯磨（即比丘以異語惱僧後，眾僧為其作羯磨呵責）或觸惱羯磨（即比丘雖不以異語惱僧，但以身體的各種方式惱僧，眾僧因此為其作羯磨呵責），呵責其惱僧行為，所用的是三種羯磨[6] 中的「單白羯磨」。

《十誦律》、《薩婆多論》、《巴利律》與《四分律》相同，也是僧羯磨呵

1　《薩婆多論》卷 6，《大正藏》23 冊，543 頁下欄至 544 頁上欄。

2　《善見論》卷 15，《大正藏》24 冊，780 頁下欄至 781 頁上欄。

3　《摩得勒伽》卷 2，《大正藏》23 冊，575 頁中欄；卷 9，《大正藏》23 冊，621 頁下欄。

4　《苾芻學處》，《宗喀巴大師集》卷 5，94 頁。

5　《根有律攝》卷 9，《大正藏》24 冊，577 頁下欄至 578 頁上欄。

6　三種羯磨：單白羯磨、白二羯磨、白四羯磨。

治後才犯此戒。其中，《十誦律》作「異事羯磨」或「默然羯磨」，統稱「憶識羯磨」，屬於「白二羯磨」。《薩婆多論》也是「憶識羯磨」，但沒有說明是何種羯磨類型。《巴利律》作「異語羯磨」或「默然羯磨」，也屬於「白二羯磨」。

《鼻奈耶》、《五分律》、《根有律》和《根有律攝》中，不需要僧羯磨呵治這個條件，比丘惱他便正犯。

《僧祇律》中，比丘在眾僧中問異答異才正犯（所對境是僧），但不一定是眾僧作羯磨呵責後才犯，與《四分律》不同。

藏傳《苾芻學處》中，面對「依教如法舉發自罪」的情況，比丘再次惱他，才正犯此戒，與《四分律》相似。

其他律中無僧羯磨呵治的內容。

此外，《根有律攝》還要求所違惱的是「稱理之教」，或者僧團教敕的事情。

《毗尼母經》[1]、《明了論》沒有此戒的辨相內容，下不贅述。

2. 能犯心

（1）發起心

《四分律》雖然沒有明確記載本戒的發起心，但是可以從文本中推出發起心是「故惱心」，即故意惱亂他人。藏傳《苾芻學處》中，本戒的發起心為「欲說違惱言教之語」。此處提到了「欲說」，即表明了犯戒比丘有想說違惱別人言教的話，也就是有故意違惱之心，與《四分律》相同。《根有律攝》中，「惱心」或「垢惡心」，都正犯。

《善見論》中沒有關於發起心的記載。除此以外，其他律典記載與《四分律》相同。

（2）想心

《四分律》中沒有關於想心的描述。

1　《毗尼母經》卷 2，《大正藏》24 冊，810 頁下欄至 811 頁上欄。

《巴利律》中，比丘對於如法羯磨有如法羯磨想，或疑，或非法羯磨想，都正犯。《根有律攝》中，「於稱理教稱理想、疑」，正犯。藏傳《苾芻學處》則認為，「想不錯亂」才正犯。可見，這三部律典之間對於想心的判罪有些差異。

《善見論》中，「若知是非法，作餘語答僧」，「若狐疑是法非法，作餘語答僧」，以及「若實知，答僧言我不知」，均正犯此戒。

除此以外，其他律典沒有這方面的內容。

3. 方便加行

《四分律》中，方便加行是「餘語」或「觸惱」兩種。「餘語」的解釋見上關鍵詞。「觸惱」則指「喚來不來、不喚來便來，應起不起、不應起便起，應語不語、不應語便語」等種種損惱他人的行為。

《僧祇律》、藏傳《苾芻學處》中，本戒的方便加行為：作異語不隨問答。

《摩得勒伽》中，「除罪事，以餘事惱比丘，突吉羅」，「問餘事說餘事，突吉羅；默然惱他，突吉羅」。由此可知，如果問罪事的時候，作異語，正犯；如果是其他情況，則不正犯。

《十誦律》、《薩婆多論》、《五分律》、《根有律》、《巴利律》、《善見論》中，本戒的方便加行有「作異語不隨問答」和「默然不答」兩種。

《根有律攝》中，以上三種方式都具有。

《鼻奈耶》中，方便加行為「激動人使瞋」，即激怒對方，正犯。

4. 究竟成犯

諸部律中對於本戒的究竟成犯有三種不同觀點：

（1）僧羯磨呵治後再次惱僧時犯

《四分律》中，本戒的究竟成犯是「更違」，即僧團為其作羯磨訶治以後，再次作餘語等種種方便觸惱他人。《十誦律》、《薩婆多論》、《巴利律》與《四分律》相同。

（2）不隨問答時犯

《僧祇律》、《五分律》、《根有律》、《根有律攝》中，只要對其他比丘不隨問答，即犯此戒，不需像《四分律》那樣在僧作羯磨後，再次作餘語才犯。

（3）對方理解時犯

在藏傳《苾芻學處》中，本戒的究竟成犯是「了義時成犯」，即比丘損惱的對象要聽明白、理解比丘所講的違惱之語，才正犯。

《鼻奈耶》、《摩得勒伽》、《善見論》沒有明確記載何時究竟成犯。

5. 犯戒主體

《四分律》中，犯戒主體是比丘，諸律與之相同。此外，《四分律》、《薩婆多論》、《五分律》中，比丘尼同犯。《摩得勒伽》中，「學戒」比丘，同犯。

（二）輕重

1. 所犯境

（1）所對境

①所對境正犯的情況

A. 眾僧

《四分律》中，比丘損惱眾僧，犯波逸提。《十誦律》、《薩婆多論》、《僧祇律》、《巴利律》、《善見論》與之相同。

B. 比丘

《鼻奈耶》、《摩得勒伽》、《五分律》只提到比丘損惱其他比丘犯波逸提，藏傳《苾芻學處》是「具六法比丘」。這幾部律與《四分律》不同。

C. 眾僧或比丘

《根有律》和《根有律攝》中，比丘損惱眾僧或其他比丘都犯波逸提。

②所對境不正犯的情況

A. 比丘

《四分律》記載：「若上座喚來，不來，突吉羅。」此處所提到的「上座」，

身分為比丘。據此分析,《四分律》中,比丘損惱其他比丘,只犯突吉羅。

《僧祇律》明確記載:「眾多人中、和上、阿闍梨前,諸長老比丘前,問異答異,得越毗尼罪。」

《十誦律》、《薩婆多論》、《巴利律》沒有明確提到損惱比丘(個人)犯波逸提還是突吉羅,但是都提到在僧羯磨後惱他才犯波逸提,而僧作羯磨法,最少需四人以上。據此分析,在這幾部律中,比丘損惱其他比丘,可能不正犯本戒。

B. 比丘尼及下三眾

《薩婆多論》中,若比丘尼、式叉摩那尼、沙彌尼,問比丘戒律之事,比丘不隨問答,犯突吉羅;如果是問其餘經法之事,比丘不隨問答,也犯突吉羅。《摩得勒伽》中,「除比丘,惱餘人,突吉羅」,其中餘人包括比丘尼和下三眾。

C. 其他人(包括在家人、非人、殘障人等)

《十誦律》記載:「若向啞人、聾人、啞聾人,不隨問答惱他,得突吉羅罪。……若向狂人、散亂心人、病壞心人;若向天、龍、夜叉、薜荔伽、拘槃茶、毗舍遮、羅剎等非人;若向先破戒人,若賊住,若先來白衣,不隨問答,皆得突吉羅。」

《摩得勒伽》中,若惱亂「狂心、散亂心、重病、聾、盲、暗、啞等」比丘、「非人出家」的比丘,或「本犯戒乃至污染比丘尼」的比丘,均犯突吉羅。此外,「中國人惱邊地人,邊地人惱中國人,突吉羅。除比丘,惱餘人,突吉羅」。

《根有攝律》中,若比丘違惱賊教,犯惡作罪;若對不解語人而作違惱,犯突吉羅罪;若「他問時先語後默者,得惡作罪」。

以上幾部律典提到的情況,《四分律》均未提及。

(2)所犯條件

《四分律》中,若比丘在僧未對其作「餘語」或「觸惱」羯磨之前惱他,犯突吉羅罪。若僧羯磨之後再惱他,則犯波逸提。

《十誦律》、《薩婆多論》、《巴利律》的記載與《四分律》相似,都說到

在僧羯磨前犯，結突吉羅；羯磨後犯，結波逸提。

此外，《十誦律》、《摩得勒伽》中，除了問罪事外，比丘以異語等不隨問答惱他，犯突吉羅。《根有律攝》中，「若於僧伽及尊重類稱理之教，垢心違惱亦得墮罪。非稱理教作違惱言，得惡作罪。僧伽教敕遣作此事為彼事者，亦得墮罪」。

其他律典正犯的情況如上犯緣所述。

2. 能犯心

（1）發起心

《四分律》以「故惱心」犯此戒，得波逸提。

《根有律攝》中，有惱心或垢惡心，犯波逸提；無垢惡心，犯突吉羅。

其他律典發起心如犯緣中所述，此外無犯輕記載。

（2）想心

《四分律》沒有關於想心的內容。

《巴利律》中，如法羯磨作如法羯磨想，如法羯磨作疑想，如法羯磨作非法羯磨想，皆犯波逸提；非法羯磨作如法羯磨想，非法羯磨作疑想，犯突吉羅；非法羯磨作非法羯磨想，不犯。

《根有律攝》記載：「於稱理教稱理想、疑，違皆墮罪；不稱理教作稱理想、疑，得惡作；若稱理教作不稱理想，雖違無犯。」

藏傳《苾芻學處》中，比丘「想不錯亂」，犯波逸提。

此外，《十誦律》中，若獨處異語惱他，突吉羅；若獨非獨想，非獨獨想，異語惱他，突吉羅。

《善見論》記載：「若知是非法，作餘語答僧，得波夜提；若狐疑是法非法，作餘語答僧，得波夜提；若實知，答僧言我不知，得波夜提。」

除此以外，其他律典沒有相關內容。

3. 方便加行

《四分律》中，若比丘以「餘語」或「觸惱」兩種方式惱他，犯波逸提。

《十誦律》、《薩婆多論》、《五分律》、《根有律》、《巴利律》、《善見論》中，若比丘以「異語」或「默然」兩種方式惱他，犯波逸提。

《僧祇律》中，若比丘作異語不隨問答，犯波逸提。

《摩得勒伽》中，若比丘作異語不隨問答，犯波逸提；「默然惱他」，突吉羅。

《根有律攝》中，若比丘以「異語」、「默然」、「身惱」三種方式惱他，犯波逸提。

藏傳《苾芻學處》中，比丘異語惱他，犯波逸提；默然惱他，犯突吉羅。「或言不憶而違言教等，是支分不具之惡作罪……若有輕毀十二種執事人及違惱言教者，未用單白羯磨呵責；若他請作見證時，自未遠避；若未預遮損門而作見證者」，皆突吉羅。

《鼻奈耶》中，「激動人使瞋」，即激怒對方，犯波逸提。

由上可知，除了《鼻奈耶》之外，以上諸律中出現犯波逸提的情況有三種，即異語、身綺、默然。其中，對於「異語」這一情況諸律都同犯波逸提；「身綺」則只有《四分律》和《根有律攝》提到犯波逸提；而對於「默然」，《四分律》沒有提及這種情況，藏傳《苾芻學處》、《摩得勒伽》則只犯突吉羅，其他律典犯波逸提，彼此間差異較大。

此外，《十誦律》中，若比丘以「中國語」向邊地人，邊地人不解；若以邊地人語向「中國人」，「中國人」不解，突吉羅；若「無知，若作書，若遣使，若示相，若展轉語」惱他，突吉羅。《摩得勒伽》中，若比丘「遣使、手印」惱他，犯突吉羅；「聞言不憶，突吉羅。」

4. 究竟成犯

（1）僧羯磨呵治後再次惱僧時犯

《四分律》、《十誦律》、《薩婆多論》、《巴利律》中，僧團為比丘作羯磨呵治後，再次惱亂他人，即犯波逸提；在羯磨前惱亂，犯突吉羅。如《四分律》：「僧未作白便作餘語……盡突吉羅。若作白已，如是語者，一切盡波逸

提。」《十誦律》：「若比丘，僧未憶識[1]，用異事依止異事，爾時用異事，突吉羅。若僧憶識已，爾時用異事依止異事，波夜提。」

（2）不隨問答時犯

《僧祇律》、《五分律》、《根有律》、《根有律攝》中，比丘不隨問答，即犯波逸提。如《僧祇律》：「若比丘僧中問異答異，得波夜提。」《根有律》：「若苾芻故作是語惱亂他時，得波逸底迦……如語既爾，默亦同斯，皆得墮罪。」《根有律攝》：「如是乃至片有惱心，詭詐異說，或時默然，若對僧伽及清淨苾芻違惱教時，咸得墮罪。」《五分律》還記載了犯戒次數：「若不隨問答，問問皆波逸提。」

（3）對方理解時犯

藏傳《苾芻學處》中，比丘損惱的對象聽明白、理解比丘所講的違惱之語（即了義），即犯波逸提。

《鼻奈耶》、《摩得勒伽》、《善見論》沒有明確記載何時究竟成犯。

5. 犯戒主體

《四分律》中，比丘犯此戒，結波逸提罪。諸律相同。

此外，《四分律》、《薩婆多論》、《五分律》中，比丘尼同犯；下三眾，結突吉羅罪。《摩得勒伽》中，「狂心、散亂心、重病、聾盲瘖啞等惱他，皆突吉羅」。此外，「非人出家」，或「本犯戒乃至污染比丘尼」的比丘，均犯突吉羅。「學戒」，犯波逸提。

（三）不犯

1. 所犯境不具足

《四分律》中，若欲為比丘作非法羯磨、非毗尼羯磨；若僧，若塔寺，若和上、同和上，若阿闍梨，同阿闍梨，若親舊知識，欲為作無利益羯磨，

---

1 憶識：即憶識羯磨。

不與和合，喚來不來，不犯。若欲知其無利益羯磨的具體情況，教言「莫來」，便來，不犯。若作非法羯磨、非毗尼羯磨，若僧，若塔寺，若和上、同和上，若阿闍梨、同阿闍梨，若親舊知識，若欲為作無利益，教莫語便語，不犯。

《巴利律》中，「非法或依別眾，或不宜羯磨者作羯磨而不言」，不犯。

以上兩部律所描述的屬於非法羯磨，其所犯境不具足，所以不犯此戒。

2. 能犯心不具足

《四分律》中，若比丘重聽不解，前語有參錯時，說「汝向誰說」乃至「我不見此罪」，不犯。若比丘小語，疾疾語，夢中語，獨語，或欲說此錯說彼，皆不犯。

《十誦律》記載，若比丘「恭敬佛故不語，恭敬和上、阿闍梨，恭敬上座、尊重故不語，不犯」。

《五分律》記載，「若誤取他語而答」，不犯。

《巴利律》記載，若比丘「不知而問」，不犯。即指其他人問比丘問題時，比丘內心確實不知道，或不理解其所問的問題而再次反問對方，不犯。

以上四部律典所描述的情況，皆沒有故惱之心，因此不犯此戒。此外，想心方面，《根有律攝》記載：「若稱理教作不稱理想，雖違無犯。」《巴利律》記載：「於非法羯磨有非法羯磨想者，不犯也。」

3. 犯戒主體不具足

《四分律》中，「最初未制戒，癡狂、心亂、痛惱所纏」，不犯。《五分律》、《根有律》與《四分律》相同。

《巴利律》沒有「心亂」和「痛惱所纏」兩種情況，其餘與《四分律》相同。

4. 其他開緣

（1）非法詢問

《四分律》中，如果眾僧對比丘進行非法詢問，比丘不隨問答，不犯此

戒。如律文:「若惡心問,若問上人法:『汝説是?』不與説,不犯。」

（2）病緣

《四分律》中,若比丘因生病而喚起不起,不犯。

《十誦律》記載:「若比丘口病,唇病,齒病,舌病,咽病,心病,面氣滿,若出血,如是不語,不犯。」「若不能語故不語,不犯。」

《根有律攝》記載:「若口有病含藥不言者,無犯。」

《巴利律》中,若比丘「患病而不言」,不犯。

以上四部律典所描述的情況,都屬於病緣,是較為特殊的情況,因此開緣不犯。

（3）難緣

《四分律》中,若比丘房舍崩壞,或燒,或毒蛇入舍,或遇賊,或虎狼獅子,或為強力將去,或為他所縛,或命難,或梵行難,教莫起便起,不犯。

（4）護生

《根有律》中,若比丘見有獵人逐獐鹿等來入寺內,比丘見後,為護生故,以種種方便不隨問答,不犯。《僧祇律》、《根有律攝》與此相似。

藏傳《苾芻學處》記載:「若以護他命難等……無犯。」

（5）為僧和合

《巴利律》中,「可能令僧起口論,或紛爭,或鬥諍,諍論而不言;可能有破僧或令僧不和合而不言」,皆不犯。

《善見論》記載:「畏成鬥僧,默然不犯。」

（6）其他

《四分律》中,若比丘,「一坐食,若不作餘食法食」,喚起不起,不犯。這兩種情況指的是兩種行頭陀的比丘,起身後再進食會犯到足食戒,所以喚時不起身不犯。

《五分律》記載:「先相恨不共語,故不答,不犯。」即指此比丘與彼比丘先前有矛盾、恩怨而不相共語,因而此時彼比丘詢問時,此比丘不答,不犯。

五、原理

（一）約束瞋恚、輕毀煩惱

此戒屬於性戒。本戒的結犯主要是由比丘瞋恚和輕毀煩惱而起，比丘為了掩飾所犯戒罪，在僧團問詢的時候答非所問惱亂他人，干擾僧團對他的治罰，如《根有律攝》言：「由違惱事輕毀煩惱，制斯學處。」佛陀制定此戒，有助於促使比丘正視自身過錯，於所作惡事心生追悔，同時能避免由此而帶來的僧團不和合。

（二）維護僧團和合，調節人際關係

首先，如法清淨的僧團秩序是比丘個人修道的保證。諸律中，緣起比丘故意以異語、身觸惱等方式損惱諸比丘，「喚來不來，不喚來便來，應起不起，不應起便起，應語不語，不應語便語」，這種故意不配合的行為，無疑會增加僧團管理的難度。

其次，比丘不隨問答，作異語惱他，很容易使其他人對其產生厭惡與懷疑。久而久之，所有人都不願意對其進行勸諫與交流，這就導致身口綺比丘在僧團內被孤立，道業也會受到影響。此戒規範了比丘的言行，使其在和其他比丘的交流過程中，避免因為身口綺產生矛盾，從而保護彼此間的良好關係。

此戒制斷了比丘損惱大眾的行為，維護了僧團的權威和比丘間的秩序，為比丘修道提供了保證。

（三）羯磨法的中道原則

諸部律中，比丘犯罪之後，諸比丘能夠以慈悲、利益之心對其勸諫，令

其如法發露懺悔，不要覆藏過失。如：「汝犯可悔過罪，當發露莫覆藏。」「汝自犯罪應如法説悔。」而在比丘不聽勸諫觸惱眾僧時，眾僧又能通過羯磨的形式對比丘進行呵責教誡。

經中，佛陀調伏惡比丘的過程就像調伏惡馬，它遵循這樣幾個步驟：「一者，柔軟；二者，剛強；三者，柔軟剛強。」如果實在剛強難調就採取默擯的手段。[1] 而此戒中以羯磨法的形式治罰惡比丘，可以説是僧團處理事情時採取的一種中道方式。羯磨法，雖然不以「暴力」的方式解決問題，但是它憑藉眾僧和合的強大心業力（共業），以「調柔」的方式對犯戒比丘起到震懾作用，能夠使其收斂或改正錯誤的行為，最終達到「難調者令調順」、「令僧歡喜」的效果。就如《根有律》中，眾僧作了羯磨法後，緣起比丘幡然悔悟：「此是我過，由共諸人言相酬答……我今宜可默無言説。」眾僧作了羯磨法後，犯戒比丘不敢再用和以前相同的方式惱僧，體現出了羯磨法的作用。

1　《雜阿含經》卷 32，《大正藏》2 冊，227 頁下欄至 228 頁上欄。

六、總結

（一）諸律差異分析

1. 緣起差異
（1）結構差異
《四分律》、《十誦律》、《五分律》、《巴利律》有一個本制、一個隨制。《鼻奈耶》、《僧祇律》、《根有律》只有一個本制。

（2）情節差異
諸律緣起在故事情節方面差異不大，《四分律》、《十誦律》、《根有律》、《巴利律》都是比丘先以「餘語」惱僧，僧為作羯磨，之後再以其他方式惱僧，佛陀最終制戒。《五分律》中除沒有眾僧作羯磨的情節外，其餘與《四分律》相似。

《鼻奈耶》、《僧祇律》和《四分律》差異較大，《僧祇律》為僧作羯磨，闡陀比丘以「異語」惱僧，佛因此制戒。《鼻奈耶》是六群比丘惱阿蘭若比丘，但沒有說明損惱的緣由。

所犯對象除《鼻奈耶》是阿蘭若比丘以外，包括《四分律》在內的其他律典都為眾僧。其中《四分律》對惱僧的方式記錄最詳細，餘語，喚來不來，不喚來便來，應起不起，不應起便起，應語不語，不應語便語。《十誦律》、《五分律》、《根有律》、《根有律攝》、《巴利律》是餘語、默然兩種方式，《僧祇律》只有一種方式餘語，《鼻奈耶》是「撓擾激動」。

（3）結論
本戒緣起無需調整，仍取《四分律》的結構和情節。

2. 戒本差異
諸律間的差異集中在「妄作異語惱他」的表述上：《鼻奈耶》作「激動人使瞋」，《解脫戒經》以「不受諫」對應《四分律》的「異語」，《根有律》、

《根有戒經》、《根有律攝》、梵文《根有戒經》和藏文《根有戒經》都是違反、不接受或否定教誡的意思。此外，《新刪定四分僧戒本》明確指出惱怒的對象必須為「僧」。

戒本調整方面，結合《四分律》辨相部分的內容，為使本戒所約束的行為表述更為明確，據《五分律》等將「妄作異語」改為「故不隨問答」；為了精確所犯境，據《新刪定四分僧戒本》將「惱他」改為「惱僧」。

3. 辨相差異
（1）所犯境
本戒的所犯境包括兩個方面：所對境和所犯條件，諸律均存在差異。

①所對境
《四分律》、《十誦律》、《薩婆多論》、《僧祇律》、《巴利律》、《善見論》中，所對境是眾僧。《鼻奈耶》、《摩得勒伽》、《五分律》中，所對境是「比丘」。藏傳《苾芻學處》中，所對境是「具六法比丘」。《根有律》、《根有律攝》中，所對境是眾僧或比丘。

諸律中，所對境大體可分為兩類，一類是僧（四人或四人以上），一類是非僧（不足四人）。從結罪輕重來看，《四分律》等律典以僧為所犯境，故對僧犯戒時結波逸提，所犯境不構成僧時，結突吉羅罪。《五分律》中，所犯境是比丘，所以對比丘個人犯罪，即正犯波逸提罪。《根有律》中，所犯境是僧與非僧，故均正犯。本戒依多數律典的觀點，取眾僧為所對境。

②所犯條件
關於本戒的所犯條件，諸律之間差異較大。《四分律》、《十誦律》、《巴利律》和藏傳《苾芻學處》明確説明「僧羯磨呵制」後，再次觸惱眾僧才正犯。《毗尼母經》雖提到羯磨，但未説明是犯戒的必要條件。《鼻奈耶》、《僧祇律》、《五分律》中則不需要羯磨後才正犯。這可能是因為《鼻奈耶》和《僧祇律》成文的時間比較早，所以較好地保持了戒律的原始形態，沒有加入羯磨法的內容。《四分律》、《十誦律》、《根有律》和《巴利律》雖然都增加了羯磨法的內容，但所用的羯磨不同，《四分律》用的是單白羯磨，《十誦律》、

《巴利律》用的是白二羯磨，《根有律》用的是白四羯磨。由此可知，這幾部律之間還是存在差異，反映出這幾部律對此戒的重視程度不一樣。

《四分律》、《十誦律》等律典中，所要治罰的是有前科、教而不改的比丘，即被「僧羯磨呵制」的比丘。在當今漢地的因緣條件下，通過羯磨治罰比丘的情況已很少見，因此根據現實需求，參考《五分律》等的判罰，只要通過身口行為觸惱眾僧，就正犯本戒。

（2）能犯心

本戒僅《根有律攝》、《巴利律》、《善見論》、藏傳《苾芻學處》有想心的記載。《巴利律》中，比丘對於如法羯磨作如法羯磨想，或疑，或非法羯磨想，都正犯。《根有律攝》中，於稱理教作稱理想、疑，正犯；不稱理教作稱理想、疑，結惡作罪；稱理教作不稱理想，無犯。《善見論》中，知道或懷疑是非法，均正犯。藏傳《苾芻學處》要求「想不錯亂」才正犯。不同律典的判罪角度因偏心、偏境不同，故出現種種的差異。

本戒的能犯心以發起心為主，此處不再對想心作比較取捨，即不論想心如何，均正犯此戒，原因有二：首先，此戒主要是為防止損惱眾僧，所對境是團體而非個人，故只要發起心是故意惱僧之心，作了身口綺的行為，不論想心如何，造成的後果都比較嚴重；其次，上文所犯境已取消「僧羯磨呵制」這一條件，相關的想心（如法、非法羯磨想等）已沒有取捨的必要。

（3）方便加行

諸律中，本戒的方便加行有三種。《四分律》中，本戒的方便加行是餘語或觸惱。餘語，即為口綺；觸惱，即為身綺。《僧祇律》、藏傳《苾芻學處》的方便加行為口綺。《十誦律》、《薩婆多論》、《摩得勒伽》、《五分律》、《根有律》、《巴利律》、《善見論》為口綺和「默然不答」兩種。《根有律攝》為身綺、口綺和默然不答三種。「默然不答」的結罪諸律有差異，《苾芻學處》默然觸惱結突吉羅罪，《十誦律》等律典結波逸提罪。雖然默然無言語行為，但是默然的方式是通過故意不理對方的行為來表達不滿的，也可視作身綺的一種，故本戒取《十誦律》的觀點，默然觸惱結波逸提罪。綜合諸律，在結罪方面，取《四分律》的觀點，身綺或口綺均結波逸提罪。

（4）究竟成犯

諸部律中，本戒的究竟成犯有三種觀點：僧羯磨呵制後再次惱僧時正犯，如《四分律》；無需僧羯磨，只要對其他比丘作異語即犯，如《僧祇律》；理解時成犯，如藏傳《苾芻學處》。如上文所述，本戒的方便加行是身綺和口綺。身綺可分為不應作的行為和應作的行為。比丘對於應作的行為而不作，或者不應作的行為而作，都會構成對僧眾的損惱，實際上也是對方理解時正犯。而對於口綺來說，也需要對方理解才會構成損惱，因此，取藏傳《苾芻學處》的觀點，理解時成犯。

關於結罪的數量，《四分律》沒有相關記載。《五分律》中，若不隨問答，問問波逸提，即每一句口綺，結一波逸提罪。本戒的方便加行是身綺或口綺，故結罪數量可調整為每作一個身綺或口綺，結一波逸提罪。

（5）不犯

《十誦律》記載：「若比丘口病，脣病，齒病，舌病，咽病，心病，面氣滿，若出血，如是不語，不犯。」《根有律攝》：「若口有病含藥不言者，無犯。」《巴利律》中，若比丘「患病而不言」不犯。《四分律》只提到「若病，喚起不起」不犯的情況，沒有提到「不言」的情況，故前述開緣，可作為補充。

《巴利律》中，若比丘「不知而問」，不犯。意思指其他人問比丘問題時，比丘內心確實不知道，或不理解其所問的問題而再次反問對方，不犯。這種情況並沒有觸惱他人的發起心，而且在生活中也很常見，但在《四分律》及其他律典中均沒有提及，因此也可作為不犯情況參考。

另外，《巴利律》中，「可能令僧起口論，或紛爭，或鬥諍，諍論而不言；可能有破僧或令僧不和合而不言」，皆不犯。《善見論》中，「畏成鬥僧，默然不犯」。這幾種情況在《四分律》及其他律典中也沒有提及。從現實角度來講，如果比丘遇到以上情況，必須要不隨問答，如果隨問而答，可能會導致眾僧鬥諍、僧團不和合等情況。無論對比丘個人，還是對整個僧團，都會帶來損失。因此在這種情況下可以開許比丘不隨問答，這樣比較符合實際持守的需要。

藏傳《苾芻學處》記載：「若以護他命難等⋯⋯無犯。」這種情況在《四分律》中沒有提及。但從現實角度上來說，暇滿難得，人身可貴，為了保護他人的生命而不隨問答，比較符合現實的行持需要。

4. 諸律內部差異
各部律的緣起與戒本、辨相基本相符順，沒有太大的差異。

（二）調整文本

通過以上諸律間觀點同異的對比與分析，文本在《四分律》的基礎上作如下調整：

1. 緣起
（1）本制
佛在拘睒毗瞿師羅園，闡陀比丘犯罪，餘比丘共相質問，闡陀以餘事回答。諸比丘譏嫌並告訴佛陀，世尊呵責闡陀後，集僧為其作餘語單白羯磨，之後制戒：「若比丘餘語者，波逸提。」

（2）隨制
佛制不得餘語惱僧，闡陀再次以喚來不來、不喚來便來、應起不起、不應起便起、應語不語、不應語便語等方式觸惱眾僧。諸比丘譏嫌並告訴佛陀，世尊呵責闡陀後，作觸惱單白羯磨，之後佛增制了此戒。

2. 戒本
若比丘，故不隨問答[1] 惱僧[2] 者，波逸提。

1　「故不隨問答」，底本作「妄作異語」，據《五分律》、《彌沙塞五分戒本》改。
2　「僧」，底本作「他」，據《新刪定四分僧戒本》改。

3. 關鍵詞

不隨問答：指故意不正面回答對方的問題，而是以與此問題不相干或有差異的話進行干擾的行為。

4. 辨相

（1）犯緣

本戒具足四緣成犯：一、是眾僧；二、故意損惱之心；三、作身口綺；四、對方領解，成犯。

（2）辨相結罪輕重

①是眾僧

若是眾僧，波逸提；若是比丘，突吉羅。

②故意損惱之心

故意損惱，波逸提；無損惱心，不犯；若比丘「不知而問」，即他人問比丘問題時，比丘確實不知道，或不理解其問題而反問對方，不犯。

③作身口綺

④對方領解

若比丘用語言或身體的行為惱僧，對方領解時，波逸提；每作一個語言或身體的觸惱，結一個波逸提罪；不領解時，突吉羅。

⑤犯戒主體

比丘、比丘尼若犯，波逸提；式叉摩那、沙彌、沙彌尼若犯，突吉羅。

⑥不犯

若比丘聽力異常，沒聽見，或對方未說清楚時，比丘作類似「餘語」的回答，不犯。

若比丘小語（只有自己能聽見），疾疾語，夢中語，獨語，或欲說此錯說彼，皆不犯。

若欲作非法羯磨、非毗尼羯磨，若欲為僧、塔寺、和上、同和上、阿闍梨、同阿闍梨、親舊知識作無利益羯磨，不與和合，讓來而不來，或為了解情況，不讓來而來，或為了阻止上述惡事，不讓說而說，皆不犯。

若受持一坐食，不作餘食法食，喚起不起，不犯。

或舍崩壞，或燒，或毒蛇入舍，或遇賊，或遇猛獸，或被外力帶走，或被他人所縛，或命難、梵行難時，不令起而起，不犯。

若以惡心提問，若問上人法時，不回答，不犯。

若眾僧對比丘進行非法詢問，比丘不隨問答，不犯。

若比丘因生病的緣故，他人喚起而不起，或問而不言，或口有病含藥而不言等，均不犯。

比丘為了保護他人的生命，不隨問答，不犯。

比丘如果隨問而答，可能會讓眾僧起諍論或鬥諍等，或者可能會破僧或令僧不和合，此時不答，不犯。

最初未制戒，若癲狂、心亂、痛惱所纏，不犯。

七、現代行持參考

　　身口綺戒不同於綺語，它是指比丘對於僧團的教誡，在言語及行動上採取消極抵抗的態度，例如故意答非所問，或者該說話時保持沉默，該沉默時又胡亂說話。這有違於僧團和合精神和羯磨制度，因此，本戒對於現代比丘的行持仍然重要。

　　僧團被稱為和合眾，戒律和僧規是維繫僧團和合不可或缺的制度。在這種制度的保護下，當比丘作不如法的行為時，僧團和善友就會時時加以調適和規勸，指缺補漏，以便讓當事人能夠懺悔改正，嚴淨戒體，舉止動靜都能符合律儀的要求。而比丘如果以異語及不合作的行為來觸惱眾僧或者其他比丘，以此來對抗他人的如法勸諫，對於自己的修道、僧團的和合，以及種種關係的處理等，都會帶來很大的妨害。

　　除了損惱僧團之外，異語損惱比丘及其他人，雖然只犯突吉羅，但這樣做也很容易引起別人的譏嫌，不是比丘應有的行誼。

13

嫌罵僧知事戒

一、緣起

（一）緣起略述

《四分律》有一個本制和一個隨制。佛在羅閱城耆闍崛山中，沓婆摩羅子為僧差知事人。慈地比丘對所分卧具和飲食不滿，便以語言攻擊知事比丘處事不公平。佛對其呵責，然後制戒，此為本制。之後，慈地比丘又在聞而不見處毀罵沓婆摩羅子，再次被比丘舉諫，佛陀因此而作隨制。[1]

諸律緣起差異比較：

1. 制戒地點

《四分律》中，制戒地點為「羅閱城耆闍崛山」，《鼻奈耶》[2]為「舍衛國祇樹給孤獨園」，《十誦律》[3]、《五分律》[4]為「王舍城」，《僧祇律》[5]為「舍衛城」，《根有律》[6]為「王舍城羯蘭鐸迦池竹林園」，《巴利律》[7]為「王舍城迦蘭陀竹林園」。

2. 緣起比丘

《四分律》中，緣起比丘為「慈地比丘」，《五分律》與《四分律》相同。《鼻奈耶》為「十七群比丘」，《十誦律》為「彌多羅浮摩比丘」，《僧祇律》為「難陀」，《根有律》為「友、地二苾芻」，《巴利律》為「慈比丘、地比丘」。

1　《四分律》卷 12，《大正藏》22 冊，643 頁上欄至下欄。

2　《鼻奈耶》卷 7，《大正藏》24 冊，879 頁下欄。

3　《十誦律》卷 10，《大正藏》23 冊，75 頁下欄至 76 頁上欄；卷 53，《大正藏》23 冊，392 頁下欄至 393 頁上欄。

4　《五分律》卷 6，《大正藏》22 冊，42 頁中欄。

5　《僧祇律》卷 14，《大正藏》22 冊，340 頁下欄至 341 頁下欄。

6　《根有律》卷 28，《大正藏》23 冊，777 頁上欄至 778 頁上欄。

7　《經分別》卷 5，《漢譯南傳大藏經》2 冊，49 頁至 50 頁；《附隨》卷 1，《漢譯南傳大藏經》5 冊，58 頁。

3. 犯戒對象

《四分律》、《巴利律》中，犯戒對象為「沓婆摩羅子」，《鼻奈耶》為「六群比丘」，《十誦律》、《僧祇律》為「陀驃比丘」，《五分律》為「陀婆比丘」，《根有律》為「實力子苾芻」。除《鼻奈耶》外，其他律典都是僧知事。

4. 緣起情節

《鼻奈耶》只有一個本制，內容為：「六群比丘常與十七群比丘共諍，十七群比丘不能忍，卒便瞋恚。」緣起中沒有出現執事比丘，與《四分律》差異較大。

《十誦律》、《五分律》、《巴利律》與《四分律》相同，都有一個本制和一個隨制，分別對應《四分律》的本制和隨制，其情節也與《四分律》相似。

《僧祇律》有兩個緣起、一個本制。

第一個是緣起，執事比丘陀驃是一位發願「營理僧事」的聖者阿羅漢。但是作執事後，未能平等分食，引起六群比丘不滿。此後佛親自教陀驃應如何分僧食。

第二個是緣起，難陀、優波難陀到施主家的時間過早，居士還沒有做飯。施主的女兒尚年幼，起牀洗浴後裸露身體。難陀「不攝諸根縱看女色」。居士知道難陀不善持戒，便作粗食將他打發走。之後又有一位威儀具足的長老比丘去施主家受食，居士施與種種的美食。難陀、優波難陀看到後即說陀驃比丘不平等分食，陀驃比丘說，他們去施主家的時間太早。

第三個是本制，第二天難陀又去施主家乞食，卻在「路中看象鬥馬鬥，聽俗人言論」，延誤了時間。居士以為祇洹精舍有人供僧，便把供養比丘的食物分與家人。難陀到居士家時，居士只能供養僕人的殘宿食。難陀回去後又說陀驃比丘不平等分食，佛呵責難陀後制戒。《僧祇律》中，緣起比丘當面嫌責知事，與《四分律》眼見耳不聞處和眼不見耳聞處不同。

《根有律》有兩個緣起、一個本制。對嫌毀輕賤僧知事的描述與《四分律》相同，但具體情節存在差異。第一個緣起，友、地比丘和鄔波難陀一起說話時，僧知事實力子比丘正好經過，緣起比丘便故意對鄔波難陀說：「大

德！仁若被眾差分臥具及知食次者，仁亦於我共相惱亂，如實力子見欺於我。」佛知道後令僧為友、地比丘作對面嫌毀呵責羯磨。第二緣起情節與《四分律》隨制情節相似，只是這次緣起比丘不說實力子的名字，而是假託其他事而嫌毀，眾僧也為其作呵責羯磨。之後緣起比丘還不斷毀謗實力子，佛便制此戒。

（二）緣起比丘形象

《四分律》中，緣起比丘對僧知事不滿，說他有愛有恚有怖有癡，這即是瞋怨的表現。慈地比丘因佛制戒不能在眼見耳不聞處譏嫌，他們便在耳聞而眼不見處嫌罵，被諸比丘嫌責後，反而狡辯說：「我等不嫌，是罵耳！」一副無慚無愧、不知悔改的樣子。除《鼻奈耶》，其他律典中的緣起比丘均有此形象特點。

此外，《十誦律》中，緣起比丘還表現出過於計較飲食的好壞。彌多羅浮摩比丘得粗惡不美飲食處，便瞋譏僧知事：「我等當共滅擯是人，更立差會人。」《僧祇律》中的緣起比丘也有類似表現。緣起比丘見到其他比丘從居士家得到美食時便說：「長老陀驃！世尊說平等分食，觀此二食為平等不？」此外，《僧祇律》中，緣起比丘還不注意密護根門，貪著女色；散亂放逸，隨自意樂。《根有律》中，友、地比丘在嫌毀僧知事後，遭到鄔波難陀反對時，說：「上座！豈可我自懊惱啼哭亦不得耶？」表現出無辜受害、被欺負的樣子，想以此來博取鄔波難陀的同情。

（三）犯戒內因

《四分律》中，犯戒內因是緣起比丘對知事比丘處理僧事不滿，引發了自己的嫌恨心。除《鼻奈耶》以外，諸律與《四分律》大致相同。

《鼻奈耶》中，犯戒內因是「不能忍」，即沒有控制住。

此外，《根有律》中說緣起比丘與知事人「積代怨仇，業緣未終」，雖經

兩次僧呵責,「由昔業力」仍不能改。可見,緣起比丘之所以做出這種犯戒行為,也與其宿世的業力有關。

(四)犯戒外緣

《四分律》中,犯戒外緣是沓婆摩羅子為眾僧所差,知僧坐具及差僧食,緣起比丘被分到不合心意的僧食或臥具,因此內心不滿。

《鼻奈耶》中,犯戒外緣是緣起比丘與六群比丘鬥諍。

《十誦律》、《僧祇律》中,犯戒外緣是緣起比丘被執事分派去應供,而其由於自己的原因得到粗惡的飲食,因此內心不滿意。

《五分律》沒有明確提到此戒的犯戒外緣。《根有律》也只提到實力子比丘被眾差令分僧臥具及知食次,並沒有講具體事件。

《巴利律》中,犯戒外緣是緣起比丘新入住,被分「得僧中之惡房惡食」,因此內心不滿。

(五)犯戒後的影響

《四分律》中,緣起比丘犯戒後,被頭陀比丘所譏嫌:「此沓婆摩羅子為僧所差,知僧坐具及差僧食,汝等云何罵耶?」

《十誦律》、《五分律》、《根有律》、《巴利律》中也都是被其他比丘譏嫌。

《鼻奈耶》、《僧祇律》中,影響不明顯。

從以上律典中可以看到,緣起比丘的行為主要是對少欲比丘產生了負面影響。

(六)佛陀考量

《四分律》中,佛呵責緣起比丘:「沓婆摩羅子為僧所差,知僧坐具及差僧食,汝等云何罵耶?」《十誦律》、《根有律》、《巴利律》中,佛也是呵

責緣起比丘不應嫌罵僧知事。佛陀考慮到僧知事為眾僧所差，是僧團管理的具體執行者，有一定的權威性。如果比丘輕毀僧知事如法的行事，一方面會削弱僧團的公信力，使得缺乏正見的比丘也會對僧知事產生負面的印象，從而不利於僧團事務的正常管理；另一方面也會影響僧知事對承擔僧團事務的信心。

《僧祇律》中，佛陀則是以另外的角度呵責緣起比丘：「汝常不聞我以無數方便，毀呰多欲，讚歎少欲？」佛陀說明了緣起比丘嫌責僧知事的根源在於多欲，讓緣起比丘知道自己問題的根源所在，並且以後應當少欲知足。這個角度與《四分律》不同。

《五分律》中，佛陀呵責緣起比丘：「人前、獨語，有何等異？」佛陀可能是想強調，誣陷別人本身就是一種惡業，無論在人前還是自己獨語，其性質都一樣，所以都應禁止。

（七）文體分析

諸律中，對緣起的記述都採用了因緣故事的文體，沒有本事、本生、伽陀等文體。

《四分律》文字平實簡潔，以客觀叙述與語言描寫相結合，主要通過語言描寫來刻劃人物形象。故事以緣起比丘犯過、頭陀比丘呵責、佛陀呵責制戒的時間順序進行記述，有條不紊，層次分明。

《十誦律》文字風格與《四分律》基本相同。與《四分律》相比，緣起故事開始先說明知事比丘的功德，這樣更能說明緣起比丘行為的非法。之後的記述則與《四分律》大致相同。

《僧祇律》文字風格與《四分律》基本相同，故事結構與《四分律》差別較大：陀驃比丘在學地時看到僧團中居士供養的飲食無人料理，停置臭穢，發願得無學位後做知事，但證阿羅漢後又改變想法，經佛陀勸導，便聽從佛語而做知事。與其他律典相比，《僧祇律》的記述更符合實際。陀驃比丘開始做知事時，考慮並不周到，經過佛陀的開示才變得善巧，這對承擔僧事的比

丘富有實際的教育意義。接着講述緣起比丘去施主家取食，其中對緣起比丘得到粗食或殘食，及其他比丘得到美食的原因也描述得很清楚，對比丘實際行持也有很好的借鑒和指導意義。其中，緣起比丘嫌責陀驃比丘時，陀驃比丘分析其得食不順的原因，也符合實際情況。

與以上三部律相比，《五分律》比較簡潔，文字風格更顯得直截了當。而客觀叙述與語言描寫相結合的特點，以及故事的結構，還是與《四分律》相同。

《根有律》的文字風格也與《四分律》基本相同。與其他律相比，故事結構方面則多了兩次佛陀詳細教僧眾為緣起比丘作呵責羯磨的情節。

《鼻奈耶》內容精簡，文字風格、結構特點都不明顯。

二、戒本

《四分律》中，本戒的戒本為：「若比丘，嫌罵，波逸提。」

若比丘，嫌罵，波逸提

《四分律》作「若比丘，嫌罵，波逸提」，意思是：如果比丘嫌罵（他人），犯墮罪。

與《四分律》相似：

《十誦比丘戒本》[1] 作「若比丘，嫌罵，波夜提」，《四分僧戒本》[2]、《四分律比丘戒本》[3] 作「若比丘，嫌罵者，波逸提」，《僧祇律》作「若比丘，嫌責者，波夜提」，《僧祇比丘戒本》[4] 作「若比丘，嫌責語，波夜提」。

梵文《說出世部戒經》[5] 作 "odhyāyanakṣīyanake pācattikaṃ"，梵文《有部戒經》[6] 作 "avadhyānakṣipaṇāt pātayantikā"，梵文《根有戒經》[7] 作 "avadhyānakṣipaṇāt pāyantikā"，意思均是：嫌怨，責罵，墮。這三部梵文戒本缺少與「若比丘」直接對應的內容。

與《四分律》有部分差異：

《解脫戒經》[8] 作「若比丘，譏罵者，波逸提」，這裏以「譏罵」對應《四分律》中的「嫌罵」。

1　《十誦比丘戒本》，《大正藏》23 冊，474 頁中欄。

2　《四分僧戒本》，《大正藏》22 冊，1026 頁中欄。

3　《四分律比丘戒本》，《大正藏》22 冊，1018 頁中欄。

4　《僧祇比丘戒本》，《大正藏》22 冊，552 頁中欄。

5　Nathmal Tatia, *Prātimokṣasūtram of the Lokottaravādimahāsāṅghika School*, Tibetan Sanskrit Works Series, no. 16, p. 20.

6　Georg von Simson, *Prātimokṣasūtra der Sarvāstivādins Teil II*, Sanskrittexte aus den Turfanfunden, XI, p. 207.

7　Anukul Chandra Banerjee, *Two Buddhist Vinaya Texts in Sanskrit*, p. 33.

8　《解脫戒經》，《大正藏》24 冊，662 頁中欄。

《新刪定四分僧戒本》[1] 作「若比丘，嫌罵僧知事者，波逸提」，相比《四分律》，此處明確指出所罵對象為「僧知事」。

《根有律》、《根有戒經》[2]、《根有律攝》[3] 作「若復苾芻，嫌毀輕賤苾芻者，波逸底迦」。其中「嫌毀」的「毀」有誹謗的意思，與《四分律》中「嫌罵」的意思有些不同。另外此戒本還強調了「輕賤」的心態，以及明確了所犯對象為比丘。

以下戒本中表述的意思與《四分律》稍有不同。

巴利《戒經》[4] 作 "ujjhāpanake khiyyanake, pācittiyaṃ"，意思是：嫌責，批評（他人），墮。

藏文《根有戒經》[5] 作 "འཕྱ་འམ་གཤགས་འབྱུ[6]ཉིད་ན་ལྟུང་བྱེད་དོ། །"，意思是：（直接）嘲弄，奚落，或側面譏毀，墮。

以上兩部非漢文戒本中均缺少與「若比丘」直接對應的內容。

與《四分律》差異較大：

《五分律》、《彌沙塞五分戒本》[7] 作「若比丘，誣說僧所差人，波逸提」。「誣說」有毀謗、欺騙的意思，和《四分律》的「嫌罵」有所差異。

《十誦律》作「若比丘，面前瞋譏僧所差人，若遙譏者，波夜提」。其中，「譏」與《四分律》中「嫌罵」相對應，但兩者意思有些差異。另外，此律還增加了「瞋」的心理描述，以及對「面前」和「遙」兩種譏誹方式的描述。

以上三部律典都強調了誣說或譏誹的對象為「僧所差人」，而《四分律》則沒有說明。

《鼻奈耶》作「卒瞋恚者，墮」，此處只強調了比丘「瞋恚」的心理狀態，並沒有提到具體的行為，與《四分律》及其他律典有較大不同。

1　《新刪定四分僧戒本》，《卍續藏》39 冊，266 頁下欄。

2　《根有戒經》，《大正藏》24 冊，504 頁上欄。

3　《根有律攝》卷 9，《大正藏》24 冊，577 頁中欄。

4　Bhikkhu Ñāṇatusita, *Analysis of the Bhikkhu Pātimokkha*, p. 177.

5　麗江版《甘珠爾》（བཀའ་འགྱུར་འབྲུག）第 5 函《別解脫經》（སོ་སོར་ཐར་པའི་མདོ）12a。

6　麗江版作 "བྱ"；北京版、朵宮版、廷邦瑪版作 "འབྱུ"。今據北京版、朵宮版、廷邦瑪版改。

7　《彌沙塞五分戒本》，《大正藏》22 冊，197 頁上欄。

三、關鍵詞

嫌罵

梵文《説出世部戒經》作"odhyāyanakṣīyanake",梵文《根有戒經》、梵文《有部戒經》均作"avadhyānakṣipaṇāt"。其中,梵文《説出世部戒經》的"odhyāyana"與後兩部戒經的"avadhyāna"一詞相同,意思都是:嫌怨(英譯:ill-feeling, censoriousness)。而後面的"kṣīyanake"一詞由詞根"kṣi(傷害、毀壞)"變化而來,梵文《有部戒經》、梵文《根有戒經》中的"kṣipaṇāt"則由詞根"kṣip(羞辱、謾罵)"變化而來,兩詞在這裏都可以引申為「詆毀、責罵」(英譯:abusing, criticising)的意思。巴利《戒經》則作"ujjhāpanake(嫌怨)khiyyanake(批評)",整體意思與梵文相似,可以翻譯為:嫌怨,責罵(英譯:in disparaging and criticising)。藏文《根有戒經》作"འཆལ(嘲弄,奚落,批評)འམ(或)གཞོགས(側面)འབེབས(譏毀)བྱེད(造作)",意思是:(直接)嘲弄,奚落,或側面譏毀(英譯:abusing directly or speaking sarcasm indirectly)。

《四分律》記載「若面見譏嫌,若背面罵」,並進一步加以闡釋:「面見嫌者,齊眼見不聞處言:『有愛、有瞋、有怖、有癡。』背面罵者,齊耳聞不見處言:『有愛、有瞋、有怖、有癡。』」《十誦律》沒有對「瞋譏」作進一步的解釋,從字面上看含有「瞋」煩惱的語言。

《僧祇律》關鍵詞記載:「嫌責者,若拜人、拜囑人、拜囑囑人。」但沒有對內涵進一步實質的解釋,但辨相部分有例子説明「嫌」和「嫌責」的區別。嫌而非責,比如,持己器中食比比坐器中食,作如是言:「此平等不?」雖嫌少但未指責;嫌責的情況是:「世尊説平等分食,觀此二食為平等不?」意思是,指責為何分配得少,與《四分律》解釋的角度不同。

《五分律》關鍵詞中沒有關於「誣説」的解釋,辨相有舉例,其具體內容是「隨欲、恚、癡、畏」,與《四分律》「有愛、有恚、有怖、有癡」意思相同,由此可知誣説與嫌罵內涵一致。

《根有律》中，「嫌毀輕賤者，謂對面直言，及假託餘事以言彰表」，通過當面直言或背後假借其他事情來「嫌毀輕賤」對方。《根有律攝》記載，「言嫌毀者，謂毀謗他，或時對面，或在私屏」，指明在當面或私下進行毀謗，與《根有律》相似。

《巴利律》不僅指出了嫌罵的行為，而且還點明了此舉的目的，「欲令羞恥，或欲令得不名譽，或欲令困惑，〔如此〕譏嫌或罵」。

綜上所述，梵巴戒經中都將「嫌罵」對應的詞解釋為嫌怨謾罵；藏語戒經中解釋為當面嘲弄，奚落，或側面譏毀。漢譯律典中，僅《四分律》、《僧祇律》、《根有律》、《根有律攝》、《巴利律》的關鍵詞中有相關記載。《僧祇律》側重於「指責」內涵，其餘四部律典的內涵相近，都是嫌毀謾罵之意。此外，《四分律》、《根有律》、《巴利律》還指出當面或私下兩種嫌罵方式，《巴利律》中，嫌罵的意圖是讓對方感到羞恥，或聲名掃地，或令其困擾。

四、辨相

（一）犯緣

具足以下五個方面的犯緣便正犯本戒：

1. 所犯境

《四分律》中，所犯境為僧知事，律文沒有直接記載，取自緣起。

《十誦律》、《五分律》為「僧所差人」。

《僧祇律》的辨相沒有明確提到是僧知事，但其緣起記載「爾時僧即拜知九事」，可見此律的所犯境也是僧知事，與《四分律》相同。並且，此律中的「拜囑人、拜囑囑人」即僧知事所囑託的人，以及這位囑託人再囑託的人，這點在其他律中都沒有提及。

《根有律》、《根有律攝》[1]為「十二種人被眾差者」；《巴利律》為「由僧所選定之受具戒者」，指的也是知事；《善見論》[2]為「被僧差人」；《薩婆多論》[3]為「僧先差十四人」；藏傳《苾芻學處》[4]為「是具六法比丘，或被差為授事人，或雖未差，現為僧眾執事者，或前曾差者」，這三種人都正犯。以上律典中，所犯境皆為僧知事。

《鼻奈耶》、《摩得勒伽》[5]沒有明確記載所犯境是「僧知事」。

《毗尼母經》、《明了論》沒有此戒的辨相內容，下不贅述。

---

1 《根有律攝》卷 9，《大正藏》24 冊，577 頁中欄至下欄。
2 《善見論》卷 15，《大正藏》24 冊，781 頁上欄。
3 《薩婆多論》卷 6，《大正藏》23 冊，543 頁下欄。
4 《苾芻學處》，《宗喀巴大師集》卷 5，93 頁至 94 頁。
5 《摩得勒伽》卷 2，《大正藏》23 冊，575 頁中欄；卷 9，《大正藏》23 冊，621 頁中欄至下欄。

2. 能犯心

（1）發起心

《四分律》沒有明確記載本戒的發起心，但在其開緣中記載：「夢中語，欲說此乃錯說彼，無犯。」在這兩種情況下，比丘沒有欲嫌罵對方之心，因此不犯。所以，據此可推出《四分律》的發起心應是「欲嫌罵之心」。

藏傳《苾芻學處》中，發起心是「欲以與自有關之事而相嫌毀」；《巴利律》中，發起心是「欲令羞恥，或欲令得不名譽，或欲令困惑」。

其他律典沒有相關內容。

（2）想心

《四分律》沒有明確提到想心。

《根有律》中，「境想句數准事應知」，可知善人作善人想或疑，正犯。《根有律攝》則明確記載：善人作善人想或疑，正犯。

《巴利律》中，於如法羯磨，有如法羯磨想或疑，正犯；乃至作非法羯磨想，亦正犯。

藏傳《苾芻學處》中，「想不錯亂」，正犯。

其他律典沒有相關內容。

3. 方便加行

《四分律》中，方便加行為嫌罵，《摩得勒伽》與之相同。

《鼻奈耶》為「卒瞋恚」，《十誦律》、《薩婆多論》為「瞋譏」，《僧祇律》為「嫌責」，《五分律》為「誣說」，《根有律》為「嫌毀、輕賤」，《根有律攝》為「嫌毀」，《巴利律》為「譏嫌」、「罵」，《善見論》為「譏嫌」，藏傳《苾芻學處》為「以具五相語於對境能聽聞之勢分內或說其名，顯了毀謗，或不說其名，方便譏刺」。

4. 究竟成犯

《四分律》中，「說而了了」為究竟，意思是，嫌罵對方，且對方聽清楚。

《十誦律》中，以對方聽到為究竟。《薩婆多論》中，「瞋譏」的情況沒有

具體說明何時成犯;「遙瞋譏」的情況則是對方聽到時正犯。《五分律》中,「說」即犯,與《四分律》、《十誦律》不同。

《摩得勒伽》中,由「不聞」不正犯此戒,可推出此戒的究竟成犯為:聞者成犯,也就是聽到的時候,正犯此戒。

《巴利律》中,譏嫌完成之後,正犯此戒。

《根有律》、《根有律攝》、藏傳《苾芻學處》中,能犯者被僧羯磨呵責之後,再次嫌毀,正犯本戒。但《根有律》、《根有律攝》沒有明確說明成犯的具體時間;而藏傳《苾芻學處》則明確提到「了義時成犯」,即言語明了且對方解意時正犯。

另外,《鼻奈耶》中只提到「卒瞋恚者」成犯,《僧祇律》只提到「嫌責」成犯,《善見論》中譏嫌成犯,但這三部律都沒有說明成犯的具體時間。

5. 犯戒主體

《四分律》中,犯戒主體是比丘,比丘尼同犯。《薩婆多論》、《五分律》與《四分律》觀點相同。

《根有律》、《根有律攝》、藏傳《苾芻學處》中,犯戒主體雖然也是比丘,但有一定要求,即此比丘是「已受僧眾作呵責羯磨者」,才正犯,與《四分律》及其他律有些差異。

《摩得勒伽》中,比丘,正犯;學悔沙彌,正犯。

除此以外,其他律典中,犯戒主體均為比丘,沒有記載比丘尼的結罪情況。

(二)輕重

1. 所犯境
(1)僧知事

《四分律》中,對僧知事,結波逸提罪。除了《鼻奈耶》、《摩得勒伽》沒有明確提及外,其他律典對僧知事的結罪與《四分律》相同。

（2）捨羯磨、非羯磨知事

《四分律》沒有涉及這部分內容。

《十誦律》記載：「若僧如法羯磨差十四人[1]，瞋譏是人者，波夜提。若十二人未捨羯磨，瞋譏是人者，波夜提。若捨羯磨已，瞋譏是人者，突吉羅。於十四人中二人[2]，若捨羯磨未捨羯磨，瞋譏是二人者，波夜提、突吉羅。乃至別房及同事差會，瞋譏是人者，突吉羅。」可見，此律中，除了教誡尼人和迎食人之外，瞋譏其他捨羯磨的知事，犯突吉羅。而不是僧羯磨差的知事，也只犯突吉羅，不犯波逸提。《薩婆多論》與《十誦律》大致相同，只是沒有提到「十四人中二人」，即教誡尼人和迎食人的情況。

《僧祇律》中，嫌責「拜囑人、拜囑囑人」，即僧差知事所囑託人和這位囑託人再囑託的人，也犯波逸提。

《五分律》中，若對方是僧差而非羯磨的知事，結突吉羅罪；《巴利律》中，非僧差知事、未受具戒知事人，突吉羅。

藏傳《苾芻學處》中，「是具六法比丘，被差為授事人，或雖未差，現為僧眾執事者，或前曾差者，三者隨一，非故分與自粗衣食者」，犯波逸提。其中，「或前曾差」的情況在《四分律》中沒有提及。

（3）僧知事之外的人

《十誦律》中，比丘瞋恨輕譏「若天、龍、夜叉、薜荔伽、拘槃茶、毗舍遮、羅剎等非人……先破戒，若賊住，若先來白衣……啞人、聾人、啞聾人……狂人、散亂心人、病壞心人……善性人」，均犯突吉羅。

《五分律》中，對僧羯磨知事之外的人，結突吉羅罪；《善見論》中，對僧差人之外的人，突吉羅。

《巴利律》中，「譏嫌或罵未受具戒者，突吉羅」。

《摩得勒伽》中，對境是非人出家、本犯戒、污染比丘尼人、聾、盲、喑、啞、狂、癡、散亂心、重病人，乃至畜生，皆犯突吉羅。

1　十四人：即十四種僧知事人。

2　十四人中二人：即教誡尼人，以及四悔中第四差羯磨使迎食人。

2. 能犯心

（1）發起心

諸律正犯的情況如犯緣所述。

《摩得勒伽》中，為他罵，突吉羅。

此外，其他律典無犯輕記載。

（2）想心

《四分律》沒有明確提到想心。

《十誦律》中，「獨非獨想，非獨獨想」，突吉羅。

《根有律》中，「境想句數准事應知」，按意應是善人作善人想或疑，犯波逸提；惡人作非惡人想或疑，犯突吉羅。

《根有律攝》中，若善人作善人想或疑，得波逸提罪；惡人作非惡人想或疑，得突吉羅罪；有人作無人想，或無人作有人想，得惡作罪；若善人作惡人想，或惡人作惡人想，不犯。

《巴利律》中，於如法羯磨作如法羯磨想，或疑想，或非法羯磨想，皆得波逸提罪；非法羯磨作如法羯磨想或者有疑想，得突吉羅罪；非法羯磨作非法羯磨想，不犯。

藏傳《苾芻學處》中，想不錯亂，結波逸提罪。

《摩得勒伽》記載：「獨非獨想，非獨獨想，獨獨想罵，突吉羅。」

除此以外，其他律典沒有想心的記載。

3. 方便加行

（1）嫌罵

在加行中，「嫌罵」同時包含了嫌罵語和所對境現前這兩個條件。

①嫌罵語

《四分律》嫌罵語為「有愛、有瞋、有怖、有癡」，犯波逸提；若「其人實有其事，而有愛、有瞋、有怖、有癡，恐後有悔恨，語令如法發露，便言『有愛、有瞋、有怖、有癡』，無犯」。

《鼻奈耶》中，「卒瞋恚者」，犯波逸提。

《摩得勒伽》中，嫌罵，犯波逸提。

《十誦律》、《薩婆多論》中，瞋譏，犯波逸提罪。

《五分律》中，誣說，結波逸提罪；實說不犯，如「實隨欲恚癡畏，語言『我當說彼聽』，不犯」，這與《四分律》有些相似。

《僧祇律》提到四種情況，即嫌而非呵責，呵責而非嫌，亦嫌亦呵責，非嫌非呵責。其中，「嫌而非呵責者，持己器中食比比坐器中食，作如是言：『此平等不？』是名嫌而非呵責。如是四句廣說」，可見，「嫌」就是嫌疑、懷疑的意思，並沒有呵責。對於這四種情況，此律記載：「嫌而不呵責，得越毗尼罪。呵責而不嫌者，得越毗尼罪。亦嫌亦呵責者，得波夜提罪。非嫌不呵責，無罪。」此律不以語言的內容來界定是否為嫌責。

《根有律》中，無論「嫌毀」或者「輕賤」，皆犯波逸提罪。《根有律攝》只提到「嫌毀」犯波逸提，「輕賤」犯波逸提的情況則沒有提及。

藏傳《苾芻學處》中，「以具五相語或說其名，顯了毀謗，或不說其名，方便譏刺」，都結波逸提罪。

《巴利律》沒有提到譏嫌語，但是「譏嫌事實上依愛、依瞋、依癡、依怖而為者」，不犯。另外，此律還提到：「譏嫌他比丘者，有兩種罪：譏嫌之前行者，突吉羅；譏嫌已者，波逸提。」

《善見論》中，譏嫌，犯波逸提。

②所對境現前

《四分律》中，在「眼見不聞處」，即對方能看見，但聽不見的地方；或者「耳聞不見處」，即對方能聽見，但看不見的地方，都結波逸提罪。

《十誦律》中，面前或遙（遠處），都犯波逸提，「若獨處瞋恨輕譏，得突吉羅」，「若以中國語瞋恨輕譏邊地人，邊地人不解是語；若以邊地語瞋恨輕譏中國人，中國人不解是語，皆得突吉羅」。《根有律》為「對面直言」和「假託餘事對面嫌毀」，都犯波逸提。

藏傳《苾芻學處》為「於對境能聽聞之勢分內」，《根有律攝》為「或時對面，或在私屏」，《薩婆多論》為「遙瞋譏十四人，若聞者波逸提，不聞者突吉羅」。以上諸律需要所對境現前，犯波逸提。

《五分律》中，無論「人前、獨語」，皆犯波逸提罪，此律不需要所對境現前，與《四分律》不同。

《僧祇律》、《巴利律》中，沒有所對境現前作相關要求。

此外，《根有律攝》記載：「若託傍生而興譏謗，或對不解方言者……或所對境無清淨苾芻者，皆惡作罪。」這幾種情況在《四分律》及其他律中均未提及。

（2）自作教他

《四分律》中，如果被上座指使去嫌罵，被指使者犯突吉羅罪。

《薩婆多論》中，遣使或寫書信瞋譏，突吉羅。

此外，《十誦律》中，「若作書，若遣使，若示相，若展轉瞋恨輕譏」，突吉羅。《摩得勒伽》中，傳罵，突吉羅。

4. 究竟成犯

《四分律》中，「說而了了」，結波逸提罪；「不了了者，突吉羅」。

《十誦律》、《摩得勒伽》中，聞者，結波逸提罪；不聞者，突吉羅。《薩婆多論》中，瞋譏，結波逸提罪（未說明成犯的具體時間）；遙瞋譏，若對方聞者，波逸提，不聞者，突吉羅。

《五分律》中，只要「說」即犯波逸提，並且「語語皆波逸提」。

《巴利律》中，「譏嫌之前行者，突吉羅；譏嫌已者，波逸提」。

《鼻奈耶》中，「卒瞋恚者」，犯波逸提。《僧祇律》中，嫌責，結波逸提罪。《根有律》、《根有律攝》中，能犯者被僧羯磨呵責之後，再次嫌毀，犯波逸提。《善見論》中，譏嫌被僧差人，犯波逸提。這幾部律中都沒有明確說明成犯的具體時間。

藏傳《苾芻學處》中，對方「了義時」結波逸提罪。此外，「若於無堪忍之人為作憶念，或差與自有仇隙者作僧執事，是學處惡作罪」，前者意思是：故意提及會使對方感受身心壓迫的事。

由上述可知，諸律對於本戒究竟成犯時間的判定標準有些差異：有的律以「說」時成犯，有的律以對方「聞」時成犯，有的律以對方「了義」時成犯，

有的律則沒有說明具體時間。

5. 犯戒主體

《四分律》中，比丘犯此戒，結波逸提罪。

《根有律》、《根有律攝》中，已經被僧作法呵責的比丘，得波逸提罪；若比丘不被眾僧作法呵責，而嫌責、輕毀僧知事，只犯突吉羅。可見，這兩部律的判罪標準比《四分律》要寬鬆一些。《四分律》中，只要能犯者是比丘即犯，而這兩部律不僅要能犯者是比丘，而且還需要被眾僧呵責之後才正犯，否則不正犯，與《四分律》的差異較大。

藏傳《苾芻學處》中，「已受僧眾作呵責羯磨者」犯波逸提，與《根有律》、《根有律攝》相同。

除此以外，其他律與《四分律》相同。

另外，《四分律》、《薩婆多論》、《五分律》中，比丘尼犯此戒，波逸提；式叉摩那、沙彌、沙彌尼，突吉羅。

《摩得勒伽》記載：「學戒人嫌罵，波夜提。中國人罵邊地人、邊地人罵中國人，不解，波夜提。」「非人出家嫌罵性住比丘，突吉羅。」「本犯戒乃至污染比丘尼人罵他，突吉羅。」聾、盲、喑、啞、狂、癡、散亂心、重病人罵性住比丘，突吉羅。

（三）不犯

1. 能犯心不具足

《根有律攝》中，若善人作惡人想，或惡人作惡人想，不犯。

《巴利律》中，非法羯磨作非法羯磨想，不犯。

2. 方便加行不具足

《四分律》中，戲笑，獨語，夢中語，或者欲說此乃錯說彼，皆不犯。此外，「其人實有其事，而有愛、有瞋、有怖、有癡，恐後有悔恨，語令如法發

露，便言『有愛、有瞋、有怖、有癡』，無犯」。

《五分律》中，「若實隨欲恚癡畏，語言『我當說彼聽』，不犯」。

《巴利律》中，「譏嫌事實上依愛、依瞋、依癡、依怖而為者」，不犯。

3. 犯戒主體不具足

《四分律》中，「最初未制戒，癡狂、心亂、痛惱所纏」，不犯，《五分律》、《根有律》與之相同。《巴利律》中，「癡狂者、最初之犯行者」，不犯。比《四分律》少了「心亂」和「痛惱所纏」兩種情況。

五、原理

（一）輕毀僧執事

本戒屬於性戒，如《善見論》記載：「此是性罪，身口業起。」

執事皆由僧團如法羯磨而確定，任何對執事的無端指責，都會給僧團管理以及整體氛圍帶來負面影響。因此，此戒的制定能夠遮止輕率批評僧團執事的行為，對保護執事的發心、維護僧團秩序起到重要作用。

同時，比丘以嫌罵的形式表達對僧執事的不滿，這是瞋煩惱的表現。如《根有律》中，僧團給予比丘「二種責數羯磨」後，比丘「尚猶對面毀實力子事不停息」，可見其瞋心之重。《根有律攝》記載：「由輕毀事，輕毀煩惱，制斯學處。」

（二）執事的作用

在僧團當中，作為執事常常要面對許多繁雜的事務，需要付出很多的時間和精力。儘管努力做到盡職盡責，還是很難讓所有人都滿意。如《僧祇律》中，陀驃比丘負責分食，按照「長老上座與上食、中坐與中間食、下座與粗食」的原則分食，卻引起了其他比丘的不滿。佛陀教導陀驃比丘：「凡出家人法，應平等與食，汝當知得少不足，得多者亦無厭，得好得惡俱不周悉。」可見，執事所處的位置涉及到許多人事安排，在推動事務進展的過程中，由於個人經驗與能力所限，難免會遇到困難挫折，面臨各種壓力。

雖然如此，執事比丘畢竟是秉公辦事而非出於偏私，如果其付出得不到公正的評價，反而被人嫌責，誹謗，其繼續承擔的勇氣和動力將難以維繫，而且影響所及，其他人也會對承擔僧團事務望而卻步。如此的後果是很多佛法的事業將無法開展，而且僧團正常的運轉也會受到影響。如《僧祇律》記載，僧團因缺少執事，居士供養的食物面臨「無人料理，停置臭穢」的局面。

（三）瞋心嫌罵與理性批評

　　諸律中，比丘嫌罵僧執事，並不是為大眾考慮，而是由於自身利益受損。很多情況下比丘所謂糟糕的境遇是其自身造成的。如《僧祇律》中，緣起比丘去檀越家應供，因「不攝諸根，縱看女色」，只得到「粗食」。之後又因為觀看象馬競鬥的遊戲而耽誤時間，最後僅得到「殘宿食」。比丘沒有反省自身的行為，反而把所有的責任都推脫到執事身上，這顯然是不公平的。

　　即使緣起比丘沒有犯錯，由於受外部客觀條件的限制，也不是總能得到其想要的東西。如《十誦律》記載，執事比丘按照次第安排比丘應請，並沒有故意難為被差比丘，對方得到的仍然是「粗惡不美飲食」。在這種情況下，由於錯誤的認知，比丘容易將他人無過失的行為看成是出於偏見與不公。比丘宣說「我等當共滅擯是人，更立差會人」，以此宣泄個人的失望與不滿情緒，既非理智，也不公正。在這種情況下，應體諒執事的難處，並盡量給予理解。

　　當然，執事行使權利、處理僧事的過程也應受到大眾的監督。執事並非完人，容或有錯，清眾理性地提出建議，有助於事務的進展。執事如果確有處事不當之處，比丘出於利益他人之心，進行善意的批評，實屬應當。如《四分律》記載：「其人實有其事，而有愛、有瞋、有怖、有癡，恐後有悔恨，語令如法發露，便言：『有愛、有瞋、有怖、有癡』，無犯。」

六、總結

（一）諸律差異分析

1. 緣起差異

（1）結構差異

《十誦律》、《五分律》、《巴利律》與《四分律》相同，都是一個本制與一個隨制。《鼻奈耶》只有一個本制。《僧祇律》、《根有律》有兩個緣起、一個本制。

（2）情節差異

《十誦律》、《五分律》、《根有律》、《巴利律》與《四分律》情節相似，都是緣起比丘嫌罵知事人，佛因此制戒。《鼻奈耶》緣起中沒有提到知事人。《僧祇律》的緣起情節與《四分律》等差異較大，陀驃比丘剛開始做執事時分食不平等，佛陀親自教授。之後難陀、優波難陀因自己的原因得到粗食供養，卻當面嫌責陀驃比丘，佛因此制戒。

（3）結論

綜上所述，本戒緣起無需調整，仍取《四分律》的結構與情節。

2. 戒本差異

《四分律》等多部律典缺少對所犯境的描述，而《新刪定四分僧戒本》、《五分律》、《彌沙塞五分戒本》、《十誦律》都明確了所犯境為「僧知事」或類似的內容。

對於「嫌罵」的表述，《根有律》、《根有戒經》、《根有律攝》為「嫌毀輕賤」，與《四分律》的「嫌罵」相比，含義略有差別。《五分律》、《彌沙塞五分戒本》則使用「誣說」一詞。《十誦律》為「面前瞋譏僧所差人，若遙譏」，其中提到的「面前瞋譏」、「遙譏」在《四分律》和其他律典中均未提及。巴利《戒經》和藏文《根有戒經》中對應的內涵也略有不同。

此外，《鼻奈耶》中，「卒瞋恚」的表述與《四分律》和其他律典差異很大。

戒本調整方面，據《新刪定四分僧戒本》增加「僧知事者」這一所犯境的描述。

3. 辨相差異

（1）能犯心

①發起心

《四分律》中，發起心為「欲嫌罵之心」，藏傳《苾芻學處》為「欲以與自有關之事而相嫌毀」，《巴利律》為「欲令羞恥，或欲令得不名譽，或欲令困惑」。此處仍取《四分律》的觀點。

②想心

本戒共有五部律典提到了想心。《根有律》為「境想句數准事應知」，未作詳細說明。《根有律攝》為「善人惡人」和「有人無人」兩個方面，其中，善人作善人想、疑，波逸提；惡人作非惡人想、疑，突吉羅罪；有人作無人想，或無人作有人想，得惡作罪；善人作惡人想，惡人作惡人想，不犯。前者是對所嫌罵的對境，後者是所對的人。《巴利律》中，如法羯磨作如法羯磨想、疑、非法羯磨想，波逸提；非法羯磨作如法羯磨想、疑，突吉羅；非法羯磨作非法羯磨想，不犯。藏傳《苾芻學處》中，「想不錯亂」時正犯。

上述幾部律典中想心的內容不一，或未詳細說明具體內容，或實踐性不強，或並非必要。故此處不作取捨。

（2）方便加行

《四分律》中，本戒的方便加行為嫌罵，《鼻奈耶》為「卒瞋恚」，《十誦律》為「瞋譏」，《僧祇律》為「嫌責」，《五分律》為「誣說」，《根有律》為「嫌毀、輕賤」，《根有律攝》為「嫌毀」，《巴利律》為「譏嫌」、「罵」，藏傳《苾芻學處》為「或說其名，顯了毀謗，或不說其名，方便譏刺」。諸律雖然用詞不同，但內涵相同。

在嫌罵的處所方面，諸律的差異比較大。《四分律》為「眼見不聞處」和「耳聞不見處」。《十誦律》為面前或遠處但能聽到的範圍內。《根有律》為「對

面直言」和「假託餘事對面嫌毀」。《根有律攝》為對面或私屏。藏傳《苾芻學處》為「於對境能聽聞之勢分內」。《薩婆多論》是遠處但能聽到的地方。《五分律》為「人前」或「獨語」。

《十誦律》、《根有律》、《根有律攝》中的「面前」或「對面」，以及《五分律》中的「人前」，均是面對着其他比丘嫌罵僧知事。從實踐的角度來說，嫌罵者在「人前」嫌罵的時候，無論被罵者在場與否，聽聞與否，只要實施嫌罵的惡劣行為，其對被罵者造成的不良影響立即產生，主觀詆毀人的目的就會達成。並且，在實際生活中，《四分律》中給出的情況較少發生，所以「人前」為嫌罵的處所界定，實用性較強。

（3）究竟成犯

諸律中，究竟成犯共有三種情況。《四分律》、藏傳《苾芻學處》中，對方聽懂時成犯。《十誦律》、《薩婆多論》、《摩得勒伽》中，對方聽聞時成犯。《五分律》中，說時成犯。《巴利律》中，說完成犯。《鼻奈耶》、《僧祇律》、《根有律》、《根有律攝》、《善見論》均未明確提到具體的成犯時間。

從實踐的角度來看，對方聽懂時，嫌罵的不良影響才能產生。因此，此處取《四分律》的觀點，即對方聽懂時究竟成犯。

結罪次數方面，《五分律》提到，語語波逸提，即每嫌罵一句即結一個波逸提罪。《四分律》及其他律典沒有相關記載，可採用《五分律》的觀點。

（4）犯戒主體

《四分律》等大多數律典中，犯戒主體是比丘，並且無特殊要求。而《根有律》、《根有律攝》、藏傳《苾芻學處》三部律對犯戒主體有一定的要求，即「已受僧眾作呵責羯磨」，與其他律有較大差異。此處仍取《四分律》的觀點。

4. 諸律內部差異

諸律緣起與戒本、辨相相符順，沒有太大差異。

（二）調整文本

通過以上諸律間觀點同異的對比與分析，文本在《四分律》的基礎上作如下調整：

1. 緣起

（1）本制

佛在羅閱城耆闍崛山中，沓婆摩羅子為僧差知事人。慈地比丘因對所分臥具和飲食不滿，在沓婆摩羅子聽不到的地方譏嫌知事比丘不公平，佛以此制戒：「若比丘譏嫌，波逸提。」

（2）隨制

其後，慈地比丘又在沓婆摩羅子聽到卻看不到的地方嫌罵知事比丘，佛因此重制戒。

2. 戒本

若比丘，嫌罵僧知事者[1]，波逸提。

3. 關鍵詞

嫌罵：為了讓對方羞恥、聲名掃地，對其造成困擾等目的，進行當面或私下的嫌毀謾罵。

4. 辨相

（1）犯緣

本戒具足六緣成犯：一、是僧差知事；二、知道是僧差知事；三、知事如法經理僧事；四、欲嫌罵之心；五、在人前嫌罵；六、對方聽懂，成犯。

1　「僧知事者」，底本闕，據《新刪定四分僧戒本》加。

（2）辨相結罪輕重

①是僧差知事

嫌罵僧差知事人，波逸提；嫌罵非僧差知事人，突吉羅。

②知道是僧差知事

③知事如法經理僧事

④欲嫌罵之心

有嫌罵的心，波逸提；無嫌罵心，如戲笑語時，不犯。

⑤在人前嫌罵

在人前，即當着其他比丘的面嫌罵時，波逸提；若當着被罵者的面嫌罵，則犯行罵戒，波逸提；若受上座教而嫌罵，被教者突吉羅。

⑥對方聽懂

對方聽懂時，波逸提；每嫌罵一句，結一個波逸提罪；對方未聽懂，突吉羅。

⑦犯戒主體

比丘、比丘尼犯此戒，波逸提；式叉摩那、沙彌、沙彌尼犯此戒，突吉羅。

⑧不犯

對方確實有愛、瞋、怖、癡，為了利益對方，避免其過後悔恨，勸諫其如法發露時，說「有愛、有瞋、有怖、有癡」，不犯。

若獨說，夢中說，打算說此錯說成彼，不犯。

最初未制戒，癡狂、心亂、痛惱所纏，不犯。

七、現代行持參考

現代比丘同樣應該重視對此戒的持守。相比佛世，現代僧執事的種類更加多樣，需要面對的僧事更為複雜。因此，在處理具體事務的時候，僧執事以及上下位之間如果缺乏有效的溝通渠道，就容易積累負面情緒，互相挑剔過失，甚至嫌罵。

從僧團管理的角度來看，可以在原有的戒律清規的基礎上，合理借鑒現代管理制度，更好地協調僧團的各項事務。同時，建立完善的溝通機制，避免發生誤會等。

從個人的角度來看，應多體諒執事比丘的承擔與付出，多給予對方包容、善意的勸諫，而不是隨意譏毀嫌罵。

14

露地敷僧物戒

一、緣起

（一）緣起略述

　　《四分律》只有本制。佛在舍衛國祇樹給孤獨園時，城中有長者欲齋僧，十七群比丘取僧坐具敷在露地經行，等待用齋。當時間一到，便急去應供，致使坐具為風吹塵染，蟲鳥啄壞，污穢不淨。佛陀因此制戒。[1]

　　諸律緣起差異比較：

1. 制戒地點

　　《四分律》中，制戒地點為「舍衛國祇樹給孤獨園」，《鼻奈耶》[2]與《四分律》相同，《十誦律》[3]為「舍衛國」，沒有提及「給孤獨園」，《僧祇律》[4]為「跋祇國」，《五分律》[5]為「毗舍離」，《根有律》[6]為「室羅伐城逝多林給孤獨園」，《巴利律》[7]為「舍衛城祇樹給孤獨園」。

2. 緣起比丘

　　《四分律》中，緣起比丘為「十七群比丘」，《鼻奈耶》為「六群比丘」，《十誦律》、《巴利律》為「諸比丘」，《僧祇律》為「五百阿羅漢」，《五分律》為「得下濕房」的比丘，《根有律》為「諸苾芻」。

1　《四分律》卷 12，《大正藏》22 冊，643 頁下欄至 644 頁中欄。
2　《鼻奈耶》卷 7，《大正藏》24 冊，879 頁下欄。
3　《十誦律》卷 10，《大正藏》23 冊，76 頁下欄至 77 頁中欄；卷 53，《大正藏》23 冊，393 頁上欄。
4　《僧祇律》卷 14，《大正藏》22 冊，341 頁下欄至 342 頁中欄。
5　《五分律》卷 6，《大正藏》22 冊，42 頁中欄至 43 頁中欄。
6　《根有律》卷 28，《大正藏》23 冊，779 頁下欄至 783 頁上欄；卷 29，《大正藏》23 冊，783 頁上欄至下欄。
7　《經分別》卷 5，《漢譯南傳大藏經》2 冊，51 頁至 53 頁；《附隨》卷 1，《漢譯南傳大藏經》5 冊，58 頁。

3. 緣起情節

《鼻奈耶》、《十誦律》、《僧祇律》都只有一個本制，與《四分律》相同，但情節與《四分律》都有差異。《鼻奈耶》中，由於六群比丘竟日坐論，去時不收敷具，敷具被大雨污濕而制戒。《十誦律》中，比丘去應供時，佛巡視比丘房舍時看到臥具被雨濕爛壞而制戒。《僧祇律》中，因五百阿羅漢各用神通往他方乞食，留下牀褥被風塵污穢而制戒。

《五分律》有一個本制、兩個隨制。本制情節與《四分律》差別較大，因比丘乞食回來後，所曬敷具被大雨沖散，佛制「去時不舉」犯戒。第一隨制情節與《四分律》本制情節相似，因六群比丘去時沒有使人收敷具而被鳥、雨所損壞，佛增制不使人舉犯戒。第二隨制，因比丘起座去時，不囑咐對方收敷具，佛增制不囑舉犯戒。

《根有律》有一個本制、一個開緣和一個隨制。本制情節基本與《十誦律》相同。開緣情節如下，客比丘夜裏走時收拾臥具耽誤了時間沒有趕上商隊，衣鉢被賊所劫，佛便開許比丘可以囑授其他比丘收拾。後來因比丘離去時囑授，仇家由此得知比丘去向，比丘被仇家追趕杖打幾將至死，佛因此增制本戒。

《巴利律》有一個本制和一個開緣。本制情節與《五分律》第二隨制情節相似，記載比丘曬臥具，食時不收，不令人收，又不託人收而離去，被雨所浸而制戒。開緣記載，八個月不降雨時，佛開許比丘於布帳內，或樹下烏鴉或鷹不排便處鋪置臥具。

（二）緣起比丘形象

《四分律》中，緣起比丘「經行望食時到，時到已不收攝僧坐具便往彼食」，表現了十七群盼食的急切心情。《十誦律》中，諸比丘也是經行等食時，時間一到也是「捨僧臥具，自持衣鉢往居士舍」。《僧祇律》中，五百阿羅漢乞食的時間到了，也與普通比丘一樣捨下敷具，各自去乞食，同樣缺乏對公物的愛護意識。《鼻奈耶》中，六群比丘在露地敷具「竟日坐論」，從文

意上看所表現的並不是正面的形象。《根有律》本制中，由「佛作是念」來表現比丘對於信眾供養物缺乏愛惜與重視的形象，如：「諸苾芻受用之時，不知其量，不善守護，隨處棄擲。」

（三）犯戒內因

《四分律》中，緣起比丘犯戒是由於缺乏維護三寶物的意識，疏忽大意，不愛惜僧物，如「時到已，不收攝僧坐具便往彼食」。《鼻奈耶》、《十誦律》、《僧祇律》、《根有律》、《巴利律》與《四分律》基本一致。如《鼻奈耶》，坐在敷具上議論，議論完不收敷具便去；《十誦律》中緣起比丘「捨僧臥具」，便去應供，佛陀也呵責說「不知護惜」；《僧祇律》中，緣起比丘沒有收牀座，即去乞食；《根有律》佛陀看到臥具在露地時作念「不善守護，隨處棄擲」；《巴利律》中，「人告以食時，不收臥具，不令收又不託人而離去」。

《五分律》中，緣起比丘曬臥具，曬着時去乞食，沒有預料到會下雨，導致犯戒。因此比丘的一時疏忽是犯戒內因。

（四）犯戒外緣

《四分律》中，急於應供是緣起比丘犯戒的主要外緣。《十誦律》、《根有律》的描述與《四分律》相同。

《僧祇律》、《五分律》中，犯戒外緣是緣起比丘去乞食。

《巴利律》中，犯戒外緣是食時到，沒有提到是去乞食還是應供。

《鼻奈耶》中，犯戒外緣不明顯。

（五）犯戒後的影響

1. 對僧物的損壞

《四分律》中，緣起比丘露地敷僧敷具離開時不收，導致僧敷具污損。這

一點諸律都有相關記載。

2. 受到居士譏嫌

《鼻奈耶》中，長者居士看到比丘的臥具被雨淋濕受到污損而譏嫌：「我等減損子孫分以供比丘僧。此比丘不慚，取他信施，使雨澆爛。」

（六）佛陀考量

《根有律》中，佛開許「於住止處若有苾芻，囑授而去」，《五分律》中也有類似記載。佛陀制教人舉，囑舉，主要是讓比丘之間在一些特殊的情況下，通過相互溝通來明確責任，避免臥具無人收舉而受損。

《僧祇律》中記載，緣起比丘五百阿羅漢證果後來到佛所，佛非常善待這些客座阿羅漢比丘，如：「佛告阿難：『為此諸客比丘敷牀座。』」隨後，阿難請佛安慰客比丘，佛告之「汝自不知我已入四禪中安慰客比丘」。佛陀雖然為三界導師，但在待人接物方面還是非常注意隨順世間緣起，客比丘來了也要給其準備座位，體現了對客比丘的尊重。由於客比丘都是阿羅漢，所以佛陀的問候方法也不同於一般凡夫，而是在禪定中問候，這也是佛陀的一種善巧方便，令客比丘生起信心。

《十誦律》中，佛親自收取「卷疊，舉著覆處」，待眾僧飽足回來後教誡諸比丘：「一切眾僧臥具，云何趣用踐蹋不知護惜？諸居士血肉乾竭，為福德故，布施供養，汝等應少用，守護者善。」佛陀從愛惜臥具，為施主培福的角度考慮，教育比丘要善護臥具。

《根有律》中，佛巡房看到敷具在地，便這樣想：「自苦己身減妻子分，而施僧伽為求勝福。而諸苾芻受用之時，不知其量，不善守護，隨處棄擲。」此時，「忽有非時風雨蒙密而至」，「世尊見已，作神通力屏除風雨，而有重雲靉靆垂布不散，以待世尊收攝臥褥」。之後佛又攝神通降雨洗沐，「佛洗身已，洗足入房宴默而住」。世尊一方面親自收攝比丘的敷具，一方面示現神通攝雨自如。同時，教導弟子：「諸有施主苦自己身，施僧求福，汝等不能如法

受用，虛損信施。」可見，佛與弟子的關係十分融洽，教化弟子時也非常有包容心和耐心，並不是高高在上。

（七）文體分析

《四分律》、《鼻奈耶》、《十誦律》只有一個因緣，《五分律》、《根有律》有三個因緣，《巴利律》和《僧祇律》有兩個因緣。

《四分律》、《鼻奈耶》、《五分律》、《巴利律》中，敘述風格簡略，沒有太多的細節。《十誦律》則詳細講述了佛在比丘應供時為弟子收敷具的事，情節豐富，敘事詳實。

《僧祇律》的因緣故事最有特色，故事一開始先講述了緣起比丘五百羅漢出家的經歷，其中有兩段伽陀。故事是《迦毗羅本生經》中百頭魚往昔惡口受報的本事。伽陀是諸比丘看到五百漁人捕魚而問佛陀，佛陀對諸比丘講的關於善惡因果的偈頌，如「已得難得身，云何作諸惡？染愛著身故，命終入惡道」、「所謂勤精進，非名一切欲；謂能離眾惡，以法自活命」。本事則是佛陀講述來度化五百捕魚人的，五百漁人聽完後即出家，後又證阿羅漢，富有教育意義。

《根有律》中，佛為了讓諸比丘能夠注意愛護臥具說了一段伽陀：「於他信施物，知量而受用；自身得安隱，令他福德增。」強調適度使用信施物的自他利益。

在行文結構上，除《僧祇律》先講述了緣起比丘出家得度的因緣以外，其他律典風格一致，都是直接進入露敷臥具不收舉的主題。

二、戒本

《四分律》中，本戒的戒本為：「若比丘，取僧繩牀、木牀，若臥具、坐褥，露地自敷，若教人敷，捨去，不自舉，不教人舉，波逸提。」

（一）若比丘，取僧繩牀、木牀，若臥具、坐褥，露地自敷，若教人敷

《四分律》作「若比丘，取僧繩牀、木牀，若臥具、坐褥，露地自敷，若教人敷」，意思是：如果比丘，取用僧團的繩牀、木牀、臥具、坐褥，在開闊的地面自己鋪設，或指使別人鋪設。

與《四分律》相似：

《四分僧戒本》[1]作「若比丘，取僧繩牀、木牀、臥具、坐褥，露地自敷，教人敷」，《新刪定四分僧戒本》[2]作「若比丘，取僧繩牀、木牀、臥具、坐褥，露地自敷，若教人敷」。

《四分律比丘戒本》[3]作「若比丘，取僧繩牀、木牀，若臥具、坐蓐，露地敷，若教人敷」。《四分律》的「褥」，這裏寫作「蓐」，「蓐」在古漢語中通「褥」，都有「墊子」的意思，在這裏兩者所表達的涵義相同。

巴利《戒經》[4]作 "yo pana bhikkhu saṅghikaṃ mañcaṃ vā pīṭhaṃ vā bhisiṃ vā kocchaṃ vā ajjhokāse santharitvā vā santharāpetvā vā"，意思是：任何比丘，屬於僧團的牀、椅子、墊子或藤椅，在露天處，鋪開後或者令（他人）鋪開之後。這裏以「牀、椅子、墊子或藤椅」對應《四分律》的「繩牀、木牀，

1　《四分僧戒本》，《大正藏》22 冊，1026 頁中欄。

2　《新刪定四分僧戒本》，《卍續藏》39 冊，266 頁下欄。

3　《四分律比丘戒本》，《大正藏》22 冊，1018 頁中欄。

4　Bhikkhu Ñāṇatusita, *Analysis of the Bhikkhu Pātimokkha*, p. 178.

若臥具、坐褥」，意思相近。

與《四分律》有部分差異：

《僧祇律》作「若比丘，僧住處，露地臥牀、坐牀、褥、枕，若自敷，若使人敷」，《僧祇比丘戒本》[1]作「若比丘，僧住處，露地敷臥牀、坐牀、褥、枕，若自敷，若使人敷」。

梵文《說出世部戒經》[2]作 "yo puna bhikṣuḥ sāṃghike bhikṣuvihāre abhyavakāśe mañcaṃ vā pīṭhaṃ vā viśikaṃ vā caturaśrakaṃ vā kurcaṃ vā bimbohanaṃ vā prajñāpetvā vā prajñāpayitvā vā"，意思是：任何比丘，在僧團的比丘住處，露天鋪開或者令（他人）鋪開牀、椅子、墊子、四方布、坐墊或是枕頭。

《僧祇律》及以下的三部戒本，與《四分律》相比，都少了對「臥具」的直接表述，多了「枕」的內容，並且強調地點是「僧住處」或是「僧團的比丘住處」。

《十誦律》作「若比丘，露地敷僧臥具，細繩牀、粗繩牀、褥被，若使人敷，是中坐臥」，《十誦比丘戒本》[3]作「若比丘，僧臥具，若坐牀，若臥牀，若鉤絭，若坐臥具，露地若自敷，若使人敷，是中若坐，若臥」，與《四分律》相比，這兩部律典都多出了「坐臥」內容，《十誦比丘戒本》還多出了「鉤絭」的類別。

《根有律》、《根有戒經》[4]、《根有律攝》[5]作「若復苾芻，於露地處安僧敷具及諸牀座」。與《四分律》相比，這裏表述得比較簡潔，具概括性。

梵文《有部戒經》[6]作 "yaḥ punar bhikṣuḥ sāṃghikaṃ śayyāsanaṃ pīṭhaṃ

1　《僧祇比丘戒本》，《大正藏》22 冊，552 頁上欄。

2　Nathmal Tatia, *Prātimokṣasūtram of the Lokottaravādimahāsāṅghika School*, Tibetan Sanskrit Works Series, no. 16, p. 20.

3　《十誦比丘戒本》，《大正藏》23 冊，474 頁上欄。

4　《根有戒經》，《大正藏》24 冊，504 頁上欄。

5　《根有律攝》卷 9，《大正藏》24 冊，578 頁上欄。

6　Georg von Simson, *Prātimokṣasūtra der Sarvāstivādins Teil II*, Sanskrittexte aus den Turfanfunden, XI, p. 207.

vā mañcaṃ vā bṛisiṃ vā kurcaṃ vā abhyavakāśe prajñapya"，意思是：任何比丘，椅子、牀、牀墊，或坐墊（等）僧團坐臥的器具，在露天處鋪開。

　　梵文《根有戒經》[1]作"yaḥ punar bhikṣuḥ sāṃghikaṃ maṃcaṃ vā pīṭhaṃ vā vṛsiko vā biṃbopadhānacaturaśrakaṃ vā abhyavakāśe upanikṣipyoparikṣipya vā"，意思是：任何比丘，在露天處安置僧團的牀、椅子、墊子或是四方的枕頭。

　　藏文《根有戒經》[2]作"ཡང་དགེ་སློང་གང་དགེ་འདུན་གྱི་ཁྲི་འམ། ཁྲིའུ་འམ། སྣན་ནང་ཆོས་ཅན་རྣམ། ལ་བ་འམ། སྔས་སམ། གོར་བུ་ལྟ་ཁམ་མེད་པར་བཏིང་ནས། གདིང་ད"，意思是：任何比丘，僧團的大小牀坐、厚墊子、毯子、枕頭或方墊，在露天處鋪設後。

　　《解脱戒經》[3]作「若比丘，露地置僧卧具」。這裏只提到了「卧具」的情況，少了「繩牀、木牀、坐褥」類別的表述。

　　《鼻奈耶》作「若比丘，於露地敷比丘僧牀、鷹席、拘拓，若坐，若卧」。其中「鷹（音讀：zhì）」有「墊、褥」的意思，與《四分律》的「坐褥」相對應。而「拘拓」的意思不明。此外，這裏少了「卧具」，但多出了「若坐，若卧」的描述。

　　《根有律》及之後的戒本中均缺少與《四分律》「若教人敷」相對應的內容。

　　《五分律》、《彌沙塞五分戒本》[4]作「若比丘，於露地自敷僧卧具，若使人敷，若他敷，若坐，若卧」。與《四分律》相比，這兩部律典同樣缺少「繩牀、木牀、坐褥」，但多出了「若坐，若卧」兩種行為。

（二）捨去，不自舉，不教人舉，波逸提

　　《四分律》、《四分律比丘戒本》作「捨去，不自舉，不教人舉，波逸提」，

1　Anukul Chandra Banerjee, *Two Buddhist Vinaya Texts in Sanskrit*, p. 33.

2　麗江版《甘珠爾》（འདུལ་བ་འབྱུང་）第 5 函《別解脫經》（སོ་སོར་ཐར་པའི་མདོ） 12a。

3　《解脱戒經》，《大正藏》24 冊，662 頁中欄。

4　《彌沙塞五分戒本》，《大正藏》22 冊，197 頁上欄。

意思是：離開時（將坐具等丟棄在那裏），自己不收取，也不交代別人（幫忙）收取，犯墮罪。

與《四分律》相似：

《四分僧戒本》、《新刪定四分僧戒本》作「捨去，不自舉，不教人舉者，波逸提」。

《十誦律》作「去時，不自舉，不教人舉者，波夜提」，《十誦比丘戒本》作「去時，不自舉，不教人舉，波夜提」，《僧祇律》、《僧祇比丘戒本》作「去時，不自舉，不使人舉，波夜提」，《鼻奈耶》作「起後，不自收，不教他人收者，墮」，《解脫戒經》作「不自收舉，不教人舉，捨行，波逸提」。

梵文《有部戒經》作 "tataḥ prakramen noddharen noddhārayed vā pātayantikā"，意思是：離開後不收起來或是不令（他人）收起來，墮。

與《四分律》有部分差異：

以下律典與《四分律》相比，多了「不囑舉」或類似的意思。

《五分律》作「去時，不自舉，不教人舉，不囑舉，波逸提」，《彌沙塞五分戒本》作「去時，不自舉，不教人舉，不囑舉，若見僧臥具敷在露地而不舉者，波逸提」。《彌沙塞五分戒本》多了「若見僧臥具敷在露地而不舉者」。

梵文《說出世部戒經》作 "tato prakramanto na uddhareya vā, na uddharāpeya vā, anāmantrayitvā vā prakrameya pācattikaṃ"，意思是：離開後不收起來，不令（他人）收起來，或是沒有囑咐（他人）就離開，墮。

巴利《戒經》作 "taṃ pakkamanto neva uddhareyya na uddharāpeyya, anāpucchaṃ vā gaccheyya, pācittiyaṃ"，意思是：離開（寺院）時，既沒有自己收起來，也沒有讓（他人）收起來，或者沒有囑咐（他人）就離開，墮。

《根有律》、《根有戒經》、《根有律攝》作「去時，不自舉，不教人舉。若有芯芻不囑授，除餘緣故，波逸底迦」。

梵文《根有戒經》作 "anuddhṛtānuddhṛtya vā tato viprakrāmet santaṃ bhikṣum anavalokyānyatra tadrūpāt（pratyayāt）pāyantikā"，意思是：或是不收起來，不令（他人）收起來，然後也不囑咐（其他）在場的比丘就離開，除了有其他的原因，墮。

藏文《根有戒經》作 "བཅུག་ནས་མ་བསྒྲས་སམ། སྤྱད་དུ་མ་བཅུག་གམ། དགེ་སློང་འཁོད་པ་ལ་མ་བཙལ་བར་དེ་ནས་སོང་ན་དེ་འདུ་བའི་རྐྱེན་མ་གཏོགས་ཏེ་ལྟུང་བྱེད་དོ།" ，意思是：比丘沒有委託別人而從那裏離開，沒有從安置的地方收起來，或者沒有教人收起來，除有其他的原因，墮。

　　以上《根有律》及之後的戒本與《四分律》相比，除了多出「不囑授」的意思外，還增加了「除餘緣」或類似的表述。

三、關鍵詞

（一）繩牀、木牀

梵文《説出世部戒經》、梵文《有部戒經》、巴利《戒經》均作"mañca（牀、坐牀）"（英譯：bed）和"pīṭha（椅子、凳子）"（英譯：chair, seat）。梵文《根有戒經》則作"maṃca"和"pīṭha"，意思與梵文《説出世部戒經》相同。

藏文《根有戒經》作"ཁྲི་（座、榻）དང（連詞）ཁྲིའུ（小座、小牀榻、小凳）"（英譯：couch, chair），意思相同。

《四分律》記作「繩牀」和「木牀」，並依據牀腳的不同將其各分五類，即「旋腳牀」、「直腳牀」、「曲腳牀」、「入陛牀」和「無腳牀」。《十誦律》分為粗繩牀和細繩牀，各自有「阿珊蹄腳、簸郎劬腳、殺羊角腳、尖腳、曲腳」五類。

《僧祇律》記為「臥牀」和「坐牀」，律中分別記載了五種：團腳、褥、開藤、烏那陀、陀彌。《巴利律》記作「臥牀」和「椅子」，並依支腳各自分為「波摩遮羅伽腳、文蹄腳、句利羅腳、阿遏遮腳」四類。《根有律攝》記載：「牀有多種：謂旋腳小牀、踞坐繩牀、眠臥繩牀。」

在《漢語大辭典》中，繩牀解釋為：「一種可以折疊的輕便坐具。以板為之，並用繩穿織而成。又稱『胡牀』、『交牀』。」《三國志·魏志·武帝紀》也有「胡牀」的記載，可見這種類似現代座椅的坐具從異域傳進中國的時候，亦以「牀」來命名。《南海寄歸內法傳》中還描述了繩牀的尺寸與樣式：「西方僧眾將食之時，必須人人淨洗手足，各各別踞小牀，高可七寸，方才一尺，藤繩織內腳圓且輕。」[1]因此，律典當中記載的牀，對照現在的話，應當

1　《南海寄歸內法傳》卷 1，《大正藏》54 冊，206 頁下欄。

包括了臥牀和座椅，這也符合梵巴藏詞源解釋和《僧祇律》、《根有律攝》、《巴利律》中的記載。

綜上所述，詞源分析中，梵巴藏三語戒經都解釋為牀和椅子；漢譯律典中，《僧祇律》、《根有律攝》、《巴利律》有此內涵，《四分律》、《十誦律》沒有這方面的記載。結合中國古代對座椅的描述來看，這些律典中記載的牀，應當是現在的牀和座椅。此外，除了《根有律攝》，以上律典都依據支腳式樣的不同列舉了當時常見的牀和座椅，只是在式樣和種類的記載上稍有差異。

（二）臥具、坐褥

梵文各部戒本中所羅列的詞語並不一致。梵文《說出世部戒經》有"viśika（墊子）"、"caturaśraka（四方布）"、"kurca（坐墊）"、"bimbohana（枕頭）"，梵文《有部戒經》中包括有"brisi（牀墊）"、"kurca（坐墊）"，梵文《根有戒經》中則是"vṛṣika（墊子）"、"biṃbopadhānacaturaśraka（四方的枕頭）"。巴利《戒經》中則是"bhisi（牀墊）"、"koccha（坐墊）"。整體而言，所列舉的都不出「臥具」的範疇，只是各部的詳略不同。

藏文《根有戒經》作"སྔན་བལ་ཅངས་ཅན་（厚褥子，絮有充填物的坐墊）རྣམ（連詞）། ལ་བ་（毯子）ངས（連詞）།སྔས་（枕頭）རྣམ（連詞）།གོར་བུ་（方墊）"，其中所列之物包括了：厚墊子、毯子、枕頭、方墊（英譯：cotton-padded mattress, blancket, pillow, squared cushion）。

《四分律》中，「臥具者，或用坐，或用臥。褥者，用坐」，介紹了臥具和坐褥的功用。

《十誦律》依製作材料的不同列舉了「甘蔗滓貯褥、瓠莖貯褥、長瓜莖貯褥、毳貯褥、芻摩貯褥、劫貝貯褥、文闍草貯褥、麻貯褥、水衣貯褥」九種褥子，以及「俱執被、芻摩被、毳被、劫貝被」四種被子。《僧祇律》列舉了「劫貝褥、毛毳褥、氈褥迦尸褥、草褥」四種褥子和「劫貝枕、毛毳枕、氈枕、迦尸枕」四種枕頭。《根有律》記載：「敷具者，謂是大牀、氈褥、被縹、氈氈、偃枕等。雜物者，謂是小牀坐枯及資具。」《根有律攝》記載：「言

敷具者，謂牀座被褥枕囊小褥等。」二者所指相似。《巴利律》列舉了毛、布、樹皮、草、樹葉五種臥褥，並記載「坐褥者，有樹皮製、優西羅，或文若草，或燈心草等所製，其內包裝他物」。

綜上所述，詞源分析中，梵巴戒經均記載為牀墊坐墊等臥具，藏語戒經列舉「厚墊子、毯子、枕頭、方墊」，其內涵與梵巴戒經大致相同。漢譯律典中，《四分律》僅就臥牀和坐褥的功用作了簡要說明，《十誦律》、《僧祇律》、《巴利律》依據製作材料列舉了一些被褥坐褥枕頭之類，究其範圍，不出坐臥具之外，《根有律》、《根有律攝》通指牀座、被褥、枕囊、小褥等坐臥具。

四、辨相

（一）犯緣

具足以下五個方面的犯緣便正犯本戒：

1. 所犯境

所犯境為僧物，各律舉例略有不同。

《四分律》中，本戒的所犯境為「僧繩牀、木牀、踞牀，若機，若臥具、坐褥」，意思是屬僧的牀具、臥具、敷具等。

《十誦律》為「臥具、細繩牀、粗繩牀、褥、被」，《薩婆多論》[1] 為「粗細繩牀、木牀、種種被褥、枕」，《僧祇律》為「臥牀、坐牀、褥、枕」，《毗尼母經》[2] 為「牀敷臥具」，《根有律》為「敷具及諸牀座」及「小牀坐枯及資具」，《根有律攝》[3] 為「牀座、被褥、枕囊、小褥等」。這幾部律典的記載略有差異，但內涵與《四分律》基本相同。

《摩得勒伽》[4]、《五分律》、《善見論》[5] 為「僧臥具」。這三部律典對僧臥具種類的解釋較為模糊，但是在「臥具屬僧」這一點上與《四分律》相同。

藏傳《苾芻學處》[6] 為「所壞之物是僧眾敷具，清淨，應量，或自受用，或教他用，有損壞緣」。

《巴利律》為「僧伽之臥牀、椅子、臥褥或坐褥」，其中「椅子」，與《四分律》有些差異，其餘內容相同。

1　《薩婆多論》卷 6，《大正藏》23 冊，544 頁上欄至中欄。
2　《毗尼母經》卷 8，《大正藏》24 冊，848 頁下欄。
3　《根有律攝》卷 9，《大正藏》24 冊，578 頁上欄至 579 頁下欄。
4　《摩得勒伽》卷 2，《大正藏》23 冊，575 頁中欄至下欄；卷 9，《大正藏》23 冊，621 頁下欄。
5　《善見論》卷 15，《大正藏》24 冊，781 頁上欄至中欄。
6　《苾芻學處》，《宗喀巴大師集》卷 5，94 頁至 96 頁。

《鼻奈耶》為「僧牀、廌席、拘拓」。

《明了論》無此戒內容，下不贅述。

2. 能犯心

（1）發起心

《四分律》未提到本戒的發起心。

《根有律攝》中，「或為他緣，或輕慢心，或由忘念捨之而去」，正犯此戒。

《根有律》中，「故不囑授」為發起心。如果離開時忘記囑授，可心念口言而作懺悔。藏傳《苾芻學處》中發起心為「欲棄之而去，或欲置於損壞處」。

其他律典與《四分律》相同，無發起心的記載。

（2）想心

《四分律》未提到本戒的想心。

《巴利律》中，於僧伽物有僧伽物想，於僧伽物有疑想，於僧伽物有私物想，均正犯。藏傳《苾芻學處》為「想不錯亂」正犯。

《根有律攝》記載：「境想六句，初重次輕，後二無犯。」根據之前戒條的經驗，此處應為：僧物作僧物想或疑，正犯。

除此以外，其他律沒有記載相關內容。

3. 方便加行

《四分律》中，本戒的方便加行為：自敷於露地，去時不自收，不教他人收。其中「露地」，藏傳《苾芻學處》作「損壞處」，該律典中，「如心所想顛倒而作」即正犯。《毗尼母經》沒有「不教他人收」的情況，其餘同《四分律》。

《僧祇律》的方便加行為：在「比丘僧住處」的露地若自敷，「去時不自舉、不使人舉」即正犯此戒。其中對「僧住處」的解釋為：「僧住處者，若阿練若住處，若聚落住處。」

其他律典與《四分律》相同。

除此以外，《四分律》中，教他敷，也正犯此戒；《鼻奈耶》、《薩婆多論》、《根有律》、《根有律攝》、《善見論》、《毗尼母經》無此項記載。《五分律》中，即使不是自己敷於露處的僧物，也正犯，如：「不自敷，不使人敷，己不坐臥，而不收舉……若見僧臥具敷在露地，而不舉者，波逸提。」

4. 究竟成犯

《四分律》中，「初出門」時為正犯。

《五分律》中，兩腳出界外為正犯，這裏所指的「界」不同於《四分律》的「門」，兩者也有部分差異。

《十誦律》中，「出寺門過四十九步」即正犯；《薩婆多論》則是出寺門過四十九步，明相出時正犯，兩者有些差異。此外，《十誦律》提到，比丘在正出明相的時候敷僧臥具，到明相後才收舉，或者從明相一直到日落的這段時間敷僧臥具，在日落後才收舉，均正犯此戒。《薩婆多論》的記載與此相同。

《僧祇律》為「去離二十五肘」，《巴利律》為「超過常人擲石所及之處」，《善見論》為「離中人擲石外」，《根有律》、《根有律攝》為超過「四十九尋」。這幾部律典均指離開僧物的距離，與《四分律》不同。

藏傳《苾芻學處》中，「或有風雨透至二層，或被蟲嚙，或已出門過四十九弓，成犯」，與《四分律》有所不同。

《鼻奈耶》、《摩得勒伽》、《毗尼母經》未明確記載本戒究竟成犯的時間。

5. 犯戒主體

《四分律》中，犯戒主體是比丘，比丘尼同犯。《薩婆多論》、《五分律》與《四分律》相同。

其他律典中，犯戒主體均為比丘，沒有記載比丘尼的情況。

（二）輕重

1. 所犯境

諸律中，所犯境若為眾僧的牀具、敷具等，結波逸提罪（具體如上犯緣中說）。

（1）餘物

《四分律》中，「空繩牀、木牀、踞牀，若機浴牀，若臥具表裏，若地敷，若取繩索毳放在露地不收便去」，犯突吉羅罪。

其他律典也有正犯境之外的情況。《摩得勒伽》中，「駱駝毛、牛毛、殺羊毛、鹿毛雜作」犯突吉羅；還有「不淨物雜作，突吉羅」，「臥具量乃至長八指若過，坐臥已，不自舉，不使舉，突吉羅」。《根有律攝》記載：「若諸敷具是不淨物，謂駝、牛、鹿毛間雜羊毛經緯相兼，或木牀過佛八指，或寶莊嚴……若不舉者，咸得惡作。」《巴利律》記載：「治彌利加布、外套、地毯、座、獸皮、足拭、板座等，鋪露於地……離去者，突吉羅。」《十誦律》記載：「不淨者，若駱駝毛、牛毛、殺羊毛、雜織作，不自舉，不教人舉，得突吉羅。若是粗楼繩牀、細楼繩牀，足過八指，不自舉，不使人舉，得突吉羅。」《善見論》記載：「若眾僧染盆、水瓻、瀝繩……不舉而去，突吉羅。」

（2）物的歸屬

《五分律》中，白衣入寺借僧敷具，用完之後，比丘應收，若不收，波逸提。若比丘在比丘尼僧坊中敷「比丘尼僧臥具」，比丘以為不是僧臥具而不舉者，亦犯波逸提。

《根有律》記載：「時有婆羅門居士，來至寺中用僧坐物，及至去時棄在露地，無人收舉致有損壞，佛言：『若初見者即應收舉。』時有年老羸劣苾芻，見僧坐牀棄在露地，不能擎舉，佛言：『老者應告授事人知，其授事人應作敬心舉置牀座，若不舉者，得越法罪。』」

另外，《四分律》沒有提及屬僧物之外的判罪情況。《僧祇律》中，私牀褥，得越毗尼罪。《薩婆多論》中，「自臥具者，不隨時舉，突吉羅」。《摩得勒伽》中，「若比丘自臥具，不自舉，不使人舉，突吉羅。五眾亦如是」。其

中「五眾」指比丘、比丘尼、式叉摩那、沙彌、沙彌尼，意思是這五眾的臥具比丘不舉，也犯突吉羅。《根有律攝》中，「或先犯等人及苾芻尼物……設居寺內，或是己物，或別人物，若不舉者，咸得惡作」。《巴利律》中，「己之私物者，不犯也」。可見，以上幾部律對於除僧物之外其他人臥具的判罪部分有些差異。

此外，《摩得勒伽》中，「比丘敷白衣臥具，不舉，突吉羅」。《善見論》中，「若他人私物，不舉亦突吉羅。自己物去時不舉，亦突吉羅」。

《鼻奈耶》、《十誦律》、《根有律》、藏傳《苾芻學處》沒有提到犯輕的情況。

2. 能犯心

《四分律》未提到本戒的發起心和想心。

（1）發起心

《根有律攝》中，「或為他緣，或輕慢心，或由忘念捨之而去」，犯波逸提；此外，如果出門時忘了而在路中想起時，可以作心念法，若不作，犯突吉羅。

《根有律》中，「故不囑授」，結波逸提罪。藏傳《苾芻學處》中，「欲棄之而去，或欲置於損壞處」，結波逸提罪。

其他律典無相關內容。

（2）想心

《根有律攝》中，「境想六句，初重次輕，後二無犯」，意思是：僧物作僧物想或疑，得墮罪；非僧物作僧物想或疑，得惡作罪；僧物、非僧物作非僧物想，不犯。

《巴利律》中，於僧伽物有僧伽物想或疑想，或於僧伽物有私物想，波逸提；於私物有僧伽物想，於私物有疑想，突吉羅；於私物有私物想，若是他人的私物，突吉羅；若是自己的私物，不犯。可見，在此律中，僧物作非僧物想（即僧伽物有私物想），也同樣犯波逸提，這與《根有律攝》不同；除此以外，其他情況則相同。

藏傳《苾芻學處》中,「想不錯亂」,波逸提。

其他律典沒有明確提及想心的內容。

3. 方便加行

《四分律》中,自敷於露地,去時不自收,不教他人收,犯波逸提。其中「露地」在藏傳《苾芻學處》中作「損壞處」,該律典中,「如心所想顛倒而作」便犯波逸提。其他律典正犯的方便加行如犯緣中所述。

除此以外,諸律另有其他不同的判罪情況,以下劃分為敷時、用時、收時,三個階段來比較:

(1) 敷時

①教他敷、為己敷、為他敷

《四分律》中,教他敷,也犯波逸提;《鼻奈耶》、《薩婆多論》、《根有律》、《根有律攝》、《善見論》、《毗尼母經》無此內容。《五分律》中,即使不是自己敷於露處的僧物,也犯波逸提,如「不自敷,不使人敷,己不坐臥,而不收舉……若見僧臥具敷在露地,而不舉者,波逸提」,這點與《四分律》不同。

《僧祇律》記載:「若大德比丘多有弟子,為敷牀褥,若師知為己敷,去時應囑人舉,不囑者,得越毗尼罪。」「若比丘為和上、阿闍梨敷牀褥已而去者,越毗尼罪。」這兩種情況在《四分律》中均未提及。

此外,《巴利律》的關鍵詞中還提到,教他敷時根據所教的對象不同,若未收舉,最後獲罪之人也不同。如律文:「『使鋪』者,使他人鋪之。使未受具戒者鋪〔而不收〕,為己之罪;使受具戒者鋪,鋪者之罪。」

②所敷處

《僧祇律》中,在眾僧住處露地敷,得波逸提;在私住處露地敷,或在白衣家敷,「越毗尼」。《五分律》中,若白衣請僧,借僧臥具在家敷,諸比丘坐,去時不舉,亦犯波逸提。

《摩得勒伽》中,比丘在比丘尼寺中,或異沙門、婆羅門寺中敷臥具,不舉,突吉羅。《根有律攝》中,如果不是在寺內而在其他沙門、婆羅門處,若

不舉，得惡作罪。

以上幾種情況在《四分律》中均未提及。

此外，藏傳《苾芻學處》中，所敷處所是「損壞處」，犯波逸提，與《四分律》不同。

（2）用時

①坐臥

《四分律》中，二人同座一牀時，下座認為上座應收（不囑咐便離開），而上座沒有收，下座得波逸提，因非威儀另得一突吉羅；上座認為下座應收（不囑咐便離開），而下座沒有收，上座得波逸提；二人同時離開都不收，二人俱波逸提。

《十誦律》記載：「有二比丘露地敷僧臥具已，俱從坐起去，後去者應舉。又二比丘露地敷僧臥具已，持衣鉢在中，一比丘先取衣鉢去，後取衣鉢去者應舉，不舉者犯。」但未說明是犯輕還是犯重。

《僧祇律》記載：「若和上、阿闍梨知為我敷，去時應囑，若不囑去者，越毗尼罪。」

《善見論》記載：「若先提坐蹬下至木牀，去時不自舉，不教人舉，突吉羅。」

《摩得勒伽》記載：「暫時坐起去，不自舉，不使人舉，突吉羅。」

②曬僧物

《五分律》中，比丘曬僧臥具，於邊坐禪、熟眠，犯突吉羅；不即收舉，日曝損壞，同樣犯突吉羅罪。

《僧祇律》中，「僧牀褥暴晒……亦波夜提」，《四分律》無此內容。

（3）收時

《根有律》、《根有律攝》中，「不囑授」離去，波逸提。這兩部律對於囑授的對象都有同樣的要求，即不應囑授無慚愧者、有仇隙者、年衰老者、病者及未受具戒者。此外，藏傳《苾芻學處》也有相關的要求，如：「若託他人代舉，雖不犯罪，但所託者必須已受近圓，非老、病、仇隙與輕緩學處者。」

《根有律攝》還有記載：「若苾芻路中許他為舉，來至寺內初夜不舉，乃

至明相出，不損而舉，得惡作罪；若損而舉者，便得墮罪。」

《五分律》中，「不囑舉」離去，波逸提；若囑和尚、同和尚、阿闍梨、同阿闍梨等諸大德，及病比丘舉者，犯突吉羅。

《十誦律》中，「不囑人遊行諸坊，突吉羅」。《薩婆多論》中，「不囑人遊行諸房，突吉羅」。其中，《薩婆多論》的「諸房」與《十誦律》的「諸坊」意思有些差異。

《摩得勒伽》記載：「若比丘不囑臥具出行，中道見比丘，語言：『與我舉坐牀、臥牀。』彼受囑已不舉，突吉羅。」

《巴利律》中，不託付比丘或沙彌或淨人而離去，波逸提。

藏傳《苾芻學處》記載：「若是二人共受用者，後起者應舉。若同時起，戒小者應舉。若同起，戒亦同，而不舉者，二俱成犯。」

《善見論》記載：「若實雨，言不雨而去，突吉羅。」

4. 究竟成犯
（1）去時成犯

《四分律》中，比丘在離開之前，應採取以下所說的防護措施：「有舊住比丘，若摩摩帝，若經營人，當語言：『我今付授汝，汝守護看。』若都無人者，當舉著屏處而去；若無屏處，自知此處必無有破壞，當安隱，持粗者覆好者上而去；若即時得還，便應去；若疾雨疾還，不壞坐具者，應往；若中雨中行，及得還者，應往；若少雨少行，及得還者，應往。」

如果不採取如上措施，出寺院大門，犯波逸提；「若一足在門外，一足在門內，意欲去而不去還悔，一切突吉羅」。

《十誦律》中，在露地敷僧臥具後，出寺門過四十九步，犯波逸提。但《薩婆多論》記載：「若露地敷僧臥具已，出寺過四十九步，地了，波逸提。」此處比《十誦律》多了「地了」，即明相出的情況，意思是比丘出寺門過四十九步後，等到明相出時，犯波逸提；而《十誦律》的意思是過四十九步即犯，兩者的觀點有些差異。

此外，《十誦律》記載：「又比丘露地敷僧臥具已，出寺門過牆籬少許，

至地了時，突吉羅。」此處的「過牆籬少許」即未滿四十九步，意思是比丘出寺門未滿四十九步，到明相出時，犯突吉羅。《薩婆多論》沒有提到這種情況。

《五分律》中，兩腳出界外，波逸提；一腳出界外，突吉羅。藏傳《苾芻學處》中，「已出門過四十九弓」，波逸提。

以上律典是以出寺門或出界的距離判罪。

《根有律》、《根有律攝》中，超過「四十九尋」，波逸提；四十九尋之內，突吉羅。《僧祇律》中，「去離二十五肘」，波逸提。《巴利律》中，兩腳「超過常人擲石所及之處」，波逸提；第一腳過擲石所及處者，突吉羅。《善見論》中，「離中人擲石外」，波逸提。這幾部律典以離開僧物的距離判罪，與《四分律》不同。

（2）未離去，在僧住處時

除去以上離寺門、離物而遠去成犯的情況，另有雖未遠去的成犯情況：

《四分律》：「若敷僧臥具在露地，不收而入房坐思惟，突吉羅。」

《僧祇律》：「若春月露地敷置，年少比丘坐上眠，即囑彼比丘。若牀上無比丘者，若比丘夜起大小行觸僧牀，一一觸已捨去，隨所觸，一一得波夜提。若是牀上有比丘者，即囑彼人，無罪。」

①經一日

《十誦律》：「若比丘地了時，露地敷眾僧臥具已，便入室坐息，至地了竟，乃舉著覆處，波夜提；地了竟、時中、前時、日中時、晡時、日沒時，露地敷僧臥具已，便入室坐息，至日沒竟時乃舉著覆處，波夜提。」即比丘在正出明相的時候敷僧臥具，到出完明相後才收舉，犯波逸提；從出完明相一直到日落的這段時間敷僧臥具，在日落結束後才收舉，犯波逸提。《薩婆多論》與此相同。此外，《薩婆多論》還多出一種情況：「若比丘初夜初分露地敷僧臥具，在中若坐若臥，去時不自舉，不教人舉，至地了時，波夜提。」

另外，《薩婆多論》記載：「若露地敷僧臥具，不問出寺不出寺，至地了時，波逸提。……若敷僧臥具，出寺外不問遠近，至地未了，日未沒，突吉羅。」這種情況在《四分律》中也沒有提及。

②僧物損壞

藏傳《苾芻學處》以「有風雨透至二層，或被蟲嚙」來界定究竟成犯。

《根有律》中，白天敷，入房休息，至初更（晚 7 至 9 時）收，敷具未損壞，得惡作罪，損壞，得波逸提罪；日暮時敷，至半更時不收、不自他看守，若不損壞者得惡作，若壞得波逸提罪。乃至一日之中各各時段「不即觀察，若未損壞得惡作罪，若損壞者得墮落罪」，風吹卷褔，或雨濕徹，皆名為壞。

《薩婆多論》記載：「若雖有覆障，而日雨所及，皆波逸提。」這也是從僧物會損壞的角度來結罪。

綜上所述，《十誦律》、《薩婆多論》、《根有律》、藏傳《苾芻學處》同時涉及了兩種角度來界定究竟成犯，只要符合其中之一即可構成究竟。

《鼻奈耶》、《摩得勒伽》、《毗尼母經》未明確記載本戒究竟成犯的相關判罪。

5. 犯戒主體

《四分律》中，比丘犯此戒，結波逸提，諸律在這一點上與《四分律》相同。此外，《四分律》、《薩婆多論》、《五分律》中，比丘尼犯此戒，亦結波逸提罪；式叉摩那、沙彌、沙彌尼，犯突吉羅。

《摩得勒伽》中，賊住比丘以及本不和合人、學悔沙彌，本犯戒人乃至污染比丘尼人，犯此戒時得突吉羅罪。如：「若賊住比丘敷臥具，去時不自舉，不使人舉，突吉羅。本不和合、學戒人不舉，突吉羅。」「本犯戒乃至污染比丘尼，寺舍中比丘敷臥具，不自舉，不使舉，突吉羅。」

（三）不犯

1. 所犯境不具足

《摩得勒伽》：「除臥牀、坐牀，餘長木、長板等隨意坐，不犯。」意思是簡易乃至未加工過、價值低廉的坐具。此外，該律典還記載：「『頗有比丘坐臥牀著露地，不自舉，不使人舉不犯耶？』答：『有。謂寶牀。』」

2. 能犯心不具足

《根有律攝》中，僧物、非僧物作非僧物想，不犯。《巴利律》中，於私物作私物想，若是自己的私物，不犯。

3. 方便加行不具足

《四分律》記載：「去時語舊住人，若摩摩帝，若經營人言：『守護此，付授汝。』若無人者，收著屏處而去；若無屏處可安，自知此處必無忘失，不畏壞，若以粗者覆好者上而去；若即去即時還；若暴風疾雨疾得還；若中雨中行，若少雨徐行得還者；若次第作如是方便去，無犯。」此外律文還記載：「若二人共一繩牀坐，下座應收。諸餘空木牀、繩牀、踞牀，若機浴牀，若臥具表裏，若地敷繩索、毳袊，敷在露地，若收而去。若在露地敷僧坐具，收攝已，入房思惟，無犯。」

《五分律》：「有諸比丘晒僧臥具，不敢出界外。以是白佛。佛言：『審還不雨，聽出界外。』」

《十誦律》記載：「若聚落邊寺中持臥具至空閑處，空閑處持來至聚落邊寺中，值雨不犯。」

《摩得勒伽》記載：「若白衣舍坐，不舉或人所奪，不犯。近經行，不犯。」「若在覆處……去時不舉，不犯。」

《僧祇律》中，若比丘敷牀褥後，有人來坐，比丘通知敷牀人後離去，無罪。此外：「若有二人共坐一牀，若上座欲去時應囑下坐，下坐欲去時應白上坐言：『我欲去，此牀當舉何處？』上坐若言：『汝自去，此牀我自當舉。』爾時去，無罪。」

《善見論》中，居士供養僧臥具，比丘接受後，「若不舉，若去時」，應先付囑其他比丘；若無人可付囑，也沒有合適的地方放置，則應作念：「我入聚落，不久當還。」作念後離去，無罪。「若入聚落已，有八難因緣不得來付囑，無罪」。若上座教下座敷牀，且上座有衣置牀上，此時下座可不收而去。「若為法師敷高座，若法師未來，敷者應守護，若法師坐已，得去無罪」。此外，在葉茂而無鳥聚集的樹下敷僧臥具，不收舉而去，不犯。

《巴利律》中，「收而離去，令收而離去，託他而離去，曝晒而離去」，不犯。

4. 犯戒主體不具足

《四分律》記載，「最初未制戒，癡狂、心亂、痛惱所纏」，不犯。

《五分律》與《四分律》相同。

《巴利律》中，「癡狂者、最初之犯行者，不犯」，比《四分律》少了「心亂、痛惱所纏」兩種情況。

5. 難緣

《四分律》記載：「若為力勢所縛，若命難，若梵行難，不作次第而去，不犯。」

《十誦律》記載：「若失戶鉤、戶鑰，無舉處，若八難中一一難起，不舉不犯。」

《根有律》記載：「言除時因緣者，謂除難緣。」《根有律攝》記載：「言餘緣者，謂是命難及淨行難。」可見，這兩部律中，有難緣不舉而去，不犯。

《摩得勒伽》記載：「眾僧臥具，力勢者所奪，隨意坐，不犯。」

《巴利律》中，「有障難時，災禍時」，不犯。

《善見論》記載：「若有八難因緣，去時不舉，不犯。」

藏傳《苾芻學處》記載：「犯者，非有難緣。」由此可反推出，有難緣不犯。

五、原理

（一）愛護僧物

此戒屬於遮戒，《善見論》記載：「此戒是制罪，從身心口起。」本戒主要遮止比丘不及時收舉僧物而使僧物損壞的行為。

不論是比丘晾曬臥具後去乞食，還是為應供而將臥具遺落在露地，在這個過程中，比丘都不具有主觀損壞臥具的意願，但是事先預料到天氣可能有變化並加以防護卻是可以做到的。因此，此戒的目的在於防範因輕忽而造成僧物的損壞。另外，居士供養僧物，「為求勝福」，若不能如法受用，不加愛惜，則「虛損信施」，招施主譏嫌。

因此，此戒的制定既是要求比丘對僧物要善加愛護，也是為了善用信施以成就施主的布施。如《薩婆多論》記載此戒制戒意趣：「為行道安樂故，為長養信敬，為令檀越善根成就故。」

（二）輕忽心理及制度制約

比丘對僧物的輕忽心來自以下幾種情形：首先，僧物來自信眾供養，比丘沒有珍惜，如《十誦律》佛陀反問比丘：「一切眾僧臥具，云何趣用踐蹋不知護惜？」其次，僧物保管與維護的權責不是很明確，如《根有律》中，寺院失火，比丘只搶救自己物品而不收取僧物。再次，比丘專注於修道，如《五分律》中，比丘很可能在坐禪時忘記收臥具。[1]

鑑於比丘的輕忽心理，某種制度上的制約就成為必要。律中記載，敷者是臥具收取的第一責任人，如果敷者將其囑咐給他人，被囑咐者則要承擔收

---

1 《五分律》卷 6：「復有諸比丘晒僧臥具，在邊坐禪，或熟眠寢語。諸比丘以是白佛，佛言：『不聽晒臥具，於邊坐禪，熟眠，犯者突吉羅。』」《大正藏》22 冊，43 頁上欄。

舉的責任。但這種權責劃分只是大致原則，其目的是增強比丘的責任心，而不是成為互相推卸責任的理由。愛護僧物是僧團每一個人的責任，見者皆須收舉。

當然，假如比丘對周圍環境有很好的判斷，並作了妥善的防護，露地敷僧物無人收取也不會造成損失，這種情況也是允許的。《巴利律》記載：「諸比丘，八個月不降雨時，於布帳內，或樹下之鳥或鷹不排便處，聽許鋪置臥具。」

（三）防範的種種形式

印度大部分地區屬於熱帶，氣溫較高，旱季和雨季的降雨量反差巨大。佛陀在世主要弘化的恆河中下遊地區，年降雨量非常豐富，在雨季經常會發生暴雨肆虐，洪水泛濫。如《五分律》中，比丘「去後大雨，水漲漂沒；食還不見，即便急覓」。而旱季則剛好相反，往往滴水不下，土地乾裂，氣溫可高達攝氏四十度。如該律記載：「不即收舉，日曝損壞。」《僧祇律》同樣記載：「牀褥在露地日炙風飄塵坌污穢。」在這樣的氣候條件下，守護露地僧物與及時收舉，就成為一項非常重要的工作。

當然，外在的因素可能不止與氣候有關，其他的因素也要關注。如《毗尼母經》記載：「如來所以教諸比丘護敷具者，見五種過：一、不欲令風吹；二、不令日曝；三、不令得天雨；四、不令塵土坌之；五、不令蟲鳥敷具上放不淨。」

六、總結

（一）諸律差異分析

1. 緣起差異

（1）結構差異

在緣起結構上，《四分律》、《鼻奈耶》、《十誦律》、《僧祇律》均有一個本制。《五分律》有一個本制、兩個隨制。《根有律》有一個本制、一個開緣、一個隨制。《巴利律》有一個本制、一個開緣。

（2）情節差異

《四分律》的本制是比丘在露地敷坐具或臥具後，由於受請的因緣離開時沒有收好，導致坐具、臥具被風雨鳥獸等損壞。其他律典的主要情節與《四分律》一致，細節上存在一些差異，具體如下：

在敷坐臥具的目的上：《十誦律》與《四分律》相似，均為坐；《鼻奈耶》為坐而談論；《僧祇律》為乞食前的準備；《五分律》為曬臥具；《根有律》應為日常的習慣行為；《巴利律》為浴日光。

在臥具的損壞程度上：《五分律》最重，被水所漂沒；《根有律》最輕，沒有受到風雨的損壞；其他律典相差不大。

在制戒的直接原因上：《四分律》、《鼻奈耶》、《五分律》、《巴利律》相似，均為比丘白佛後制；《十誦律》、《根有律》相似，均為佛查房發現後制；《僧祇律》為佛故問後制。

在隨制上，《五分律》的第一條為六群比丘使他人敷僧臥具後，離開而不收，導致臥具被鳥啄壞。當六群被長老比丘呵責時，反說佛沒有制「使人敷」臥具的情況，佛陀知道後便加了「使人敷」的隨制。第二條為諸比丘先在露地敷僧臥具，六群坐臥後離開時，之前的比丘與六群都讓對方來收取臥具，相互爭執不下，佛陀知道後，作了第二次「不囑舉」的隨制。《四分律》沒有隨制，而在戒本中有「教人敷」的表述，因此可以將《五分律》中第一個隨

制補充到緣起結構中，使情節更加完整。

（3）結論

綜上所述，本戒仍以《四分律》的本制為準，補充《五分律》的第一個隨制情節。

2. 戒本差異

從戒本文字上看，諸律文義基本一致，與《四分律》的部分差異主要體現在：首先，《僧祇律》、《僧祇比丘戒本》、梵文《説出世部戒經》中以「僧住處」或類似的表述，對應《四分律》中的「僧」；其次，《鼻奈耶》、《十誦律》、《十誦比丘戒本》、《五分律》、《彌沙塞五分戒本》中均多出「若坐，若臥」或類似的內容；再次，《解脱戒經》、《根有律》、《根有戒經》、《根有律攝》、梵文《有部戒經》、梵文《根有戒經》和藏文《根有戒經》中都沒有與「若教人敷」相對應的內容；最後，《五分律》、《彌沙塞五分戒本》、《根有律》、《根有戒經》、《根有律攝》、梵文《説出世部戒經》、梵文《根有戒經》、巴利《戒經》和藏文《根有戒經》中均多了「不囑舉」或類似的內容；此外，根本説一切有部的五部律典中還多出了「除餘緣故」這一對開緣情況的表述。

戒本調整方面，為了使所犯境表述得更加清晰，便於理解，借鑒《十誦律》、《根有律》、《僧祇律》等，將「僧繩牀、木牀，若臥具、坐褥」一句，精簡為「僧臥具、牀、座」；依據《十誦律》、《五分律》等，將「取」改為「敷」字。又借鑒《根有律》等，將「露地」這一條件提前，放在「若比丘」之後，並增加一個「於」字，使語序更加自然。為了避免歧義以及和其他戒條中指使他人的表述統一，依據《僧祇律》把句中前後兩個「教」字均換成「使」。據《鼻奈耶》將句子裏的前後兩個「舉」字均換為更容易理解的「收」字，並在最後為了文辭的流暢和統一，補入一個「者」字。此外，並據《十誦律》將「捨去」改為更加淺白易懂的「去時」。

3. 辨相差異

（1）所犯境

諸律中所犯境均為僧物，但具體所指各律不同。判罪方面，諸律間存在差異。

《四分律》沒有提及僧物之外的判罪情況；《薩婆多論》、《摩得勒伽》、《僧祇律》、《根有律攝》、《善見論》中，比丘自己的臥具不舉，犯突吉羅罪；《巴利律》認為不犯。從實際行持來說，比丘應當愛惜一切物，即使是比丘個人的物品，也不應浪費。另一方面，對於屬於比丘個人的物品，也應當享有支配的自由，不宜提升到犯戒的程度。因此，取《巴利律》的觀點比較合適。

另外，對於敷比丘尼僧臥具而不舉的情況，《四分律》未提及，《五分律》中犯波逸提，《摩得勒伽》中則犯突吉羅。雖然這些臥具不屬於比丘僧，但這些臥具的來源和比丘僧一樣，都是接受信眾的供養所得，因此從這個角度來講，兩者的性質一樣。另一方面，比丘尼僧臥具畢竟屬於不同的僧團，比丘若不收舉也不宜判為正犯，因此，取《摩得勒伽》的觀點為宜。

（2）能犯心

①發起心

《根有律》中，發起心為「故不囑授」。藏傳《苾芻學處》為「欲棄之而去，或欲置於損壞處」。《根有律攝》為「或為他緣，或輕慢心，或由忘念捨之而去」。其他律典對這個問題沒有明確記載。在僧團的實際生活中，對臥具、牀椅、坐褥等屬於僧團的公共財物，比丘都要有愛護之心，比如下雨時，要及時把這些敷在露地的僧物收起來，避免其受到損壞。從愛護公共財物的角度來說，無論比丘有輕慢、懈怠、故損還是忘念等心，實際上都對僧物缺少愛護之心，而即使有事緣，也應當「囑授」他人照看，因此，本戒發起心可規定為不護僧物之心。

②想心

想心方面《四分律》沒有記載。《巴利律》中，於僧物作僧物想、疑，於僧物作私物想，均正犯。藏傳《苾芻學處》為「想不錯亂」正犯。《根有律攝》中，僧物作僧物想、疑，正犯；非僧物作僧物想或疑，得惡作罪；僧物、非

僧物作非僧物想，不犯。

《巴利律》偏重於按所犯境來判罪。藏傳《苾芻學處》則要求心境相當才正犯。比丘對僧物的認知會影響到比丘的行為造作，這是本戒判罪的一個重要參考因素，故僧物作私物想時，應判為無罪，而作疑想時可借鑒《四分律》多數戒的判法，結突吉羅罪較為合理。其他判罪取《根有律攝》的觀點。

（3）方便加行

《四分律》等多數律典中，方便加行為：露地敷僧臥具，離開時不自收舉，也不教他人收舉。個別律典中則略有差異，如《毗尼母經》未提「不教他人收」的情況；藏傳《苾芻學處》方便加行是「如心所想顛倒而作」，其顛倒心（即發起心）是「欲棄之而去，或欲置於損壞處」，故內涵與《四分律》相同。

另外，《四分律》等律典中，教他敷亦正犯。《鼻奈耶》、《薩婆多論》、《根有律》、《根有律攝》、《善見論》、《毗尼母經》未提及教他作的結罪情況。《五分律》特別指出，不是自己所敷、非自己使人敷、自己沒有坐臥的敷具，見而捨去不收，也屬正犯。可見此判法更加注重保護僧物，但考慮到與自敷的情況畢竟不同，宜遵照《四分律》離寺時的囑咐次第實踐行持：上述情景下，如果知僧物無人收舉，比丘應次第找舊住比丘、摩摩帝、執事人，付囑此僧……若不次第採取防護措施，因非自敷，結突吉羅罪。

（4）究竟成犯

究竟成犯方面，各律分歧較大。在不囑授他人收舉的情況下，《四分律》以兩腳出寺門外，犯波逸提；《五分律》以兩腳出界外，犯波逸提；《十誦律》、藏傳《苾芻學處》以出門外一段距離（各律不等）後，犯波逸提；《薩婆多論》在出門一段距離，再加過明相才犯波逸提。而《僧祇律》、《根有律》、《根有律攝》、《巴利律》、《善見論》以離開僧物的距離判罰。

此戒制意是使用完僧臥具後要及時收起，以免損壞。《四分律》、《五分律》雖以出門或出界正犯，但又說下雨或起風時，如能及時返回則不犯。《僧祇律》以「二十五肘」為限，因為這個距離內下「極大粗雨」能及時返回。可見，諸律所規定的各種限度，或出寺門，出界，或離僧物一段距離，主要

是為了保護僧物，即在這段距離內能否及時返回收舉僧物。又如《五分律》中，因起坐之間都收起或敷僧臥具，導致僧臥具速壞，佛遂開許「若不雨，聽事都畢，然後舉之」。所以諸律正犯的標準不同，但內涵相通。

因此，在不囑受他人收舉的情況下，應以比丘隨意離開為正犯，具體的標準，本戒取《五分律》的觀點，兩腳出界外正犯。即若有事緣，來不及收舉，應囑授其他比丘，不囑授而出界，即犯波逸提。

此外，在不出寺門的情況下，諸律主要分為兩種情況。一種在規定時間段不收舉即犯。如《十誦律》中，比丘在正出明相的時候敷僧臥具，到出完明相後才收舉，犯波逸提；從出完明相一直到日落的這段時間敷僧臥具，在日落結束後才收舉，犯波逸提。《薩婆多論》與此類似，同時又有「若露地敷僧臥具，不問出寺不出寺，至地了時，波逸提」。比丘敷僧物之後也不可以不管不問，可採納《薩婆多論》的觀點，過明相前不收舉則犯。

另一種，無論是否過明相，如藏傳《苾芻學處》「有風雨透至二層，或被蟲囓」來界定究竟成犯。《根有律》在規定時段內不收舉，如果損壞則正犯，未損壞，則得突吉羅罪。若僧物未及時收舉而遭到損壞，那麼損壞時正犯較為合理。因而，在不出寺界的情況，如果僧物損壞，正犯，若未損壞而過明相，亦正犯。

關於結罪數量，只有《僧祇律》提到：「若春月露地敷置，年少比丘坐上眠，即囑彼比丘。若牀上無比丘者，若比丘夜起大小行觸僧牀，一一觸已捨去，隨所觸，一一得波夜提。」其他律典均沒有相關記載，上述觀點本戒不予採納。

（5）不犯

不犯部分，《十誦律》中，「若失戶鉤、戶鑰，無舉處」，不犯。這種情況在日常生活中難免會發生，而且此時的比丘也沒有故意不收舉的心，只是因鑰匙等丟了沒辦法收舉，所以這種開緣比較符合現實的持守需要。

4. 諸律內部差異

《四分律》的緣起部分沒有教他作的內容，而戒本中有「若教他敷」以及

「不教人舉」的內容。《鼻奈耶》、《十誦律》、《僧祇律》以及《根有律》與《四分律》相同。

（二）調整文本

通過以上諸律間觀點同異的對比與分析，文本在《四分律》的基礎上作如下調整：

1. 緣起

（1）本制

佛在舍衛城祇樹給孤獨園的時候，城中有一位長者請僧眾飯食。十七群比丘取僧坐具在露地敷，走時沒有收回，導致其被風、土、蟲、鳥等污壞。世尊因此制戒：「若比丘，於露地敷僧臥具、牀、座，去時不自收，波逸提。」

（2）隨制

佛制戒後，六群比丘使守園人、沙彌露地敷僧臥具，離開時沒有收撿，導致臥具被鳥啄、被泥污。長老比丘見後呵責，六群辯解是叫別人敷的，不違背佛制的戒。於是諸比丘把此事報告給佛，佛因此增制此戒，把「使人敷」、「不使人收」的情況納入戒條。

2. 戒本

若比丘，於露地[1]敷僧臥具[2]、牀、座[3]，若[4]自敷，若使[5]人敷，去時[6]不自

1　「於露地」，底本闕，據《鼻奈耶》、《彌沙塞五分戒本》、《根有律》、《根有戒經》、《根有律攝》加。

2　「敷僧臥具」，底本作「取僧」，據《十誦律》、《五分律》、《彌沙塞五分戒本》改。

3　「牀、座」，底本作「繩牀、木牀」，據《根有律》、《根有戒經》、《根有律攝》改。

4　「若」後，底本有「臥具、坐褥，露地」，據《僧祇律》、《僧祇比丘戒本》刪。

5　「使」，底本作「教」，據《十誦律》、《十誦比丘戒本》、《僧祇律》、《僧祇比丘戒本》、《五分律》、《彌沙塞五分戒本》改。

6　「去時」，底本作「捨去」，據《十誦律》、《十誦比丘戒本》、《僧祇律》、《僧祇比丘戒本》、《五分律》、《彌沙塞五分戒本》、《根有律》、《根有戒經》、《根有律攝》改。

收[1]，不使[2]人收者[3]，波逸提。

3. 關鍵詞
臥具：指牀墊、坐墊、牀座、被褥、枕囊或小褥等坐具或臥具。

4. 辨相
（1）犯緣

本戒具足七緣成犯：一、是僧物；二、知是僧物；三、在露處；四、不護僧物之心；五、自己放置或教人放置；六、離開後不收起，也不教他人收起；七、出界外或過明相或損壞時，成犯。

（2）辨相結罪輕重

①是僧物

屬於比丘僧臥具、牀褥等坐臥用具，若比丘不收取，波逸提。

屬比丘尼僧臥具，或其他比丘臥具，或下三眾臥具，乃至白衣臥具，若比丘不收取，突吉羅。

若空繩牀、木牀、踞牀，若機、浴牀，若臥具表裏，若地敷，若取繩索、毳紵，放在露地不收便去，突吉羅。

②知是僧物

僧物作僧物想，波逸提；僧物作僧物疑，突吉羅；非僧物作僧物想或疑，突吉羅；僧物或非僧物作非僧物想，不犯。

③在露處

④不護僧物之心

⑤自己放置或教人放置

1　「收」，底本作「舉」，據《鼻奈耶》改。

2　「使」，底本作「教」，據《僧祇律》、《僧祇比丘戒本》改。

3　「收者」，底本作「舉」，據《鼻奈耶》改。

⑥離開後不收起，也不教他人收起

比丘在離開之前，應按照如下次序，優先採取以下所說的防護措施。有舊住比丘、知事人，當告知對方：「我今付授汝，汝守護看。」如果無人，應放到屏處後離開。如果沒有屏處，自知僧物留在露地不會被破壞，可用粗者蓋在好的上面，若能很快返回，或下雨時能及時返回，方可離去。如果離寺時自己不收，也不作上述防護措施，雙足出界，波逸提；若有舊住比丘或知事人等同意守護，不犯。

如果看見他人使用後的僧物處於露地中，無人收舉時，比丘亦應如上次第採取防護措施，如果不作為，突吉羅。

若二人共一繩牀、木牀坐時，下座應收而去。下座作意上座當收，而上座未收，下座結一波逸提、一突吉羅；上座作意下座當收，而下座未收，上座犯波逸提；二人同時離開，皆不收，二人皆波逸提。

⑦出界外或過明相或損壞時

雙腳出界外，波逸提；若一足在界外，一足在界內，打算離去而內心反悔，突吉羅。

若未出界外，但未及時收舉而損壞，波逸提。

若未出界外，未收舉而過明相，波逸提。

⑧犯戒主體

比丘、比丘尼若犯，波逸提；式叉摩那、沙彌、沙彌尼若犯，突吉羅。

⑨不犯

比丘在離開之前，按照上文輕重中的次序作了防護措施，不犯。

若被強力所執，未作上述防護措施而離去，不犯。

有命難、梵行難時，未按次序作防護措施而去，不犯。

因鑰匙丟失而沒有可收舉的地方，不犯。

最初未制戒，癡狂、心亂、痛惱所纏，不犯。

七、現代行持參考

　　露地敷僧物戒關乎僧團公共物資的保管，以及如何成就居士的供養心。除了佛世時常見的繩牀、木牀、臥具、坐褥等傳統僧物之外，現代僧物又多了很多，比如寺院建設所需的水泥、木地板等建築物資，戶外勞作時使用的工具，戶外弘法時所用到的音響、桌椅、拜墊、台面等佈置物品。所有這些物品，尤其是一些電子設備如果不加以愛護並及時收存的話，可能造成僧團重大的財產損失。

　　對於露地僧物的及時收存與保管，僧物的守護主或者使用者屬於第一責任人。除此之外，每一位注意到僧物沒有及時收取的比丘都有義務通知相關人員，或者親自將其收取。如果以放任之心任由僧團公共財產受到損失，同樣會違犯此戒。

　　值得注意的是，現在漢地比丘的日常飲食起居等都在寺院內完成。不及時回收僧物，更多是相關負責人的疏忽，或者管理不善，而非比丘在外乞食無法及時趕回。因此，從僧團管理角度來看，一方面應該完善僧物的使用及管理制度，另一方面應該加強僧團成員的集體意識，以減少不必要的損失。

15

覆處敷僧物戒

一、緣起

（一）緣起略述

《四分律》只有本制。佛在舍衛國，有客比丘在邊僧房敷臥具宿，後不語舊比丘便去，僧臥具爛壞，舊住比丘譏嫌。世尊結戒。[1]

除《根有律》，其他律典只有本制。《根有律》有一個本制、七個緣起、一個隨制。

諸律緣起差異比較：

1. 制戒地點

《四分律》中，制戒地點為「舍衛國祇樹給孤獨園」，《鼻奈耶》[2] 與《四分律》相同，《十誦律》[3] 為「舍衛國」，《僧祇律》[4] 為「舍衛城」，《五分律》[5] 為「毗舍離」，《根有律》[6] 為「室羅伐城逝多林給孤獨園」，《巴利律》[7] 為「舍衛城祇樹給孤獨園」。

2. 緣起比丘

《四分律》中，緣起比丘為「客比丘」，《鼻奈耶》為「六群比丘」，《十誦律》為「二客比丘」，《僧祇律》為「諸比丘」，《五分律》、《巴利律》為「十七群比丘」，《根有律》為「二苾芻」。

---

1 《四分律》卷 12，《大正藏》22 冊，644 頁中欄至 645 頁上欄。

2 《鼻奈耶》卷 7，《大正藏》24 冊，879 頁下欄至 880 頁上欄。

3 《十誦律》卷 11，《大正藏》23 冊，77 頁下欄至 78 頁中欄；卷 53，《大正藏》23 冊，393 頁上欄至中欄。

4 《僧祇律》卷 14，《大正藏》22 冊，342 頁中欄至 343 頁上欄。

5 《五分律》卷 6，《大正藏》22 冊，43 頁中欄。

6 《根有律》卷 29，《大正藏》23 冊，783 頁下欄至 785 頁下欄。

7 《經分別》卷 5，《漢譯南傳大藏經》2 冊，53 頁至 55 頁；《附隨》卷 1，《漢譯南傳大藏經》5 冊，58 頁。

3. 緣起情節

《十誦律》、《根有律》與《四分律》相似，皆為客比丘不收臥具而制戒。《鼻奈耶》為六群比丘於房中不收臥具。《僧祇律》為婆羅門供食施衣，比丘不收斂臥具便去。《五分律》是十七群比丘不收臥具，悉皆爛壞，六群比丘來住其房，呵責，告佛制戒。《巴利律》也為十七群比丘結黨，集體不收臥具。

（二）緣起比丘形象

《四分律》對緣起比丘描述簡單，只說是其不打招呼離開，沒有過多刻劃人物形象。

《鼻奈耶》、《十誦律》、《五分律》的描述與《四分律》相似。其他律典與《四分律》有所不同。

《僧祇律》描述婆羅門「供食施衣」，諸比丘不收臥具而去，表現出一種「面對外緣不正知」的形象。

《根有律》中老者比丘分到房和臥具後，作是念：「試觀少者臥物有不？」關心同行的年少比丘。知道年少比丘有「草敷厚暖」，又想：「我若明朝還僧臥具恐廢行途，應還臥具就此同宿。」對行途有規劃，同時有點畏繁就簡。

《巴利律》中，十七群比丘是僧團中的一個小團體，「住時共住，往時同往」，並一起不收臥具。

（三）犯戒內因

《四分律》中，緣起比丘「不語舊比丘便去」，再無文描述，其犯戒內因不明確。《鼻奈耶》、《十誦律》、《五分律》、《巴利律》與《四分律》相同。

《僧祇律》中，比丘要去應供，或許是匆忙來不及收，以及正念不足，導致不收臥具。

《根有律》中，老少兩位比丘，老者知道要收臥具，但第二天趕時間，自己沒收也沒有讓年少比丘收，由此推斷，是內心的輕忽導致犯戒。

（四）犯戒外緣

《四分律》、《十誦律》、《根有律》僅提到「客比丘」，可以推斷「外出」為犯戒外緣。《巴利律》中是「出時」，與《四分律》一致。

《僧祇律》中，婆羅門「供食施衣」，比丘出去應供。

《五分律》記載的是「住處下濕」。《鼻奈耶》無文記載。

（五）犯戒後的影響

《四分律》記載，緣起比丘犯戒後造成了僧物的毀壞，「僧臥具爛壞蟲嚙色變」。其他律典與《四分律》一致。如《鼻奈耶》中，「坐具蟲食」；《十誦律》中，「草敷中生蟲，咬是草，咬牀腳、牀桄、牀檔、牀繩，咬被褥枕」；《僧祇律》中，「上有蟲鼠糞穢塵土不淨」；《五分律》中，臥具「悉皆爛壞」；《根有律》中，「眾蟻依此草敷穿壞房舍」；《巴利律》中，「臥具為蟻所嚙」。

（六）佛陀考量

《四分律》簡單記載，佛陀呵斥「汝所為非，非威儀」等。

《十誦律》詳細記載，佛陀呵責緣起比丘不護惜僧物，提到「諸居士血肉乾竭，為福德故，布施供養」，比丘要少用，善加守護。《根有律》中，佛陀呵責比丘，這些房舍臥具都是信心居士「自苦己身減妻子分，奉施僧田以求勝福」，而比丘受用時，不善守護。《僧祇律》中，佛亦質問比丘，出家人沒有別人代替收拾，為何不收舉？

《十誦律》、《根有律》中，佛陀是從居士供養不易的角度來教誡比丘，通過「居士血肉乾竭」、「自苦己身減妻子分」等形象生動、觸動人心的描述，讓比丘真正體會到居士供養的辛苦，從而好好珍惜僧物，精進辦道，以成就居士福德之願。《僧祇律》是從比丘個人行持的角度說明，佛陀呵斥這種行為不如法，與修道相悖，以此告誡比丘斷除這種惡行。

此外，律典中佛陀親自收拾臥具這個細節也有兩種不同描述，塑造了不同的佛陀形象。如《十誦律》中，佛陀就像一個普通的比丘，他收拾臥具的狀態是：「徐徐舉被褥枕，安徐舉牀，漸漸舉敷草卻蟲已，掃灑泥塗竟。抖擻被褥枕，打牀卻蟲還著本處。」而《根有律》中，佛陀就非普通比丘可比，而是神通自在：「世尊即便以神通力令土與蟻各在一邊，便以網輪具足百福莊嚴勝妙兩手捧蟻徐出，於其房外陰涼之地安置諸蟻令無損傷。」

（七）文體分析

除《根有律》有九個因緣外，其他律典只有一個因緣。

另外，《根有律》中有兩則伽陀。律中緣起開始，先攝頌曰「南方二苾芻，兩村二住處，井邊染須草，經行稃瓦盆」，予以概括。後文中佛陀教誡後，說伽陀：「於他信施物，知量而受用，自身得安隱，令他福德增。」宣說比丘珍惜信施物的殊勝道理。

《四分律》語言簡潔，有一段生動心理描寫。舊住比丘看不到客比丘時，先自己心理揣測：「將不命過，或能遠去，或能反戒作白衣，或能被賊，或為惡獸所食，或為水所漂？」

《十誦律》同《四分律》內容結構上不同之處是增加佛陀告誡比丘離開時三種囑託語：「此是戶鑰，此是房舍，此是臥具。」並且《十誦律》中將佛陀收拾臥具時的場景描寫得細緻傳神，使用「徐徐」、「安徐」、「漸漸」等詞將佛陀刻劃得自在安詳。

二、戒本

《四分律》中，本戒的戒本為：「若比丘，於僧房中敷僧臥具，若自敷，若教人敷，若坐，若臥，去時，不自舉，不教人舉，波逸提。」

（一）若比丘，於僧房中敷僧臥具

《四分律》、《四分律比丘戒本》[1] 作「若比丘，於僧房中敷僧臥具」，意思是：如果比丘，在僧房中鋪設屬於僧團的（牀褥等）臥具。

與《四分律》相似：

《五分律》、《彌沙塞五分戒本》[2] 作「若比丘，於僧房內自敷僧臥具」。

《僧祇比丘戒本》[3] 作「若比丘，僧房內敷牀褥」，「牀褥」與《四分律》「臥具」意思相似。

《僧祇律》作「若比丘，內覆處」，結合此律緣起，這裏的「內覆處」與《四分律》「僧房」意思相似。此外，省去了「敷僧臥具」的表述，但此律戒本下文有「自敷牀褥」的表述，因此結合來看，意思與《四分律》相似。

梵文《説出世部戒經》[4] 作 "yo punar bhikṣuḥ sāṃghike bhikṣuvihāre antośayyāṃ"，意思是：任何比丘，僧團比丘住處裏的牀鋪。

梵文《有部戒經》[5] 作 "yaḥ punar bhikṣuḥ sāṃghike vihāre śayyāṃ"，巴利《戒經》[6] 作 "yo pana bhikkhu saṅghike vihāre seyyaṃ"，意思均是：任何比丘，

1　《四分律比丘戒本》，《大正藏》22 冊，1018 頁中欄。

2　《彌沙塞五分戒本》，《大正藏》22 冊，197 頁上欄。

3　《僧祇比丘戒本》，《大正藏》22 冊，552 頁中欄。

4　Nathmal Tatia, *Prātimokṣasūtram of the Lokottaravādimahāsaṅghika School*, Tibetan Sanskrit Works Series, no. 16, p. 20.

5　Georg von Simson, *Prātimokṣasūtra der Sarvāstivādins Teil II*, Sanskrittexte aus den Turfanfunden, XI, p. 207.

6　Bhikkhu Ñāṇatusita, *Analysis of the Bhikkhu Pātimokkha*, p. 180.

僧團住處裏的牀鋪。

與《四分律》有部分差異：

《四分僧戒本》[1]、《新刪定四分僧戒本》[2]作「若比丘，僧房舍內，敷僧臥具、坐褥」。這裏比《四分律》多了「坐褥」。

《十誦律》作「若比丘，比丘房中敷僧臥具」，《十誦比丘戒本》[3]作「若比丘，比丘房舍中敷臥具」。這裏的「比丘房」，可以指僧房，或比丘個人的私房，與《四分律》「僧房」的意思略有差異。

《鼻奈耶》作「若比丘，比丘僧坐具於房中敷」。這裏的所敷的物品僅限於「坐具」，沒有《四分律》中「臥具」所涵攝的範圍廣。

與《四分律》差異較大：

以下律典中均以「草」、「葉」對應《四分律》中的「臥具」。

《解脫戒經》[4]作「若比丘，僧房中鋪草，鋪葉」。

《根有律》、《根有戒經》[5]、《根有律攝》[6]作「若復苾芻，於僧房內，若草，若葉」。

梵文《根有戒經》[7]作 "yaḥ punar bhikṣuḥ sāṃghike vihāre tṛṇasaṃstaraṃ vā parṇasaṃstaraṃ vā"，意思是：任何比丘，僧團住處裏，草鋪或葉鋪。

藏文《根有戒經》[8]作 "ཡང་དགེ་སློང་གང་དགེ་འདུན་གྱི་གཞིས་ལ་གནས་དུ་རྩྭའི་གདིང་བ་འམ། ལོ་མའི་གདིང་བ"，意思是：任何比丘，在屬於僧團的房舍中以草敷具、葉敷具（鋪）。

---

1 《四分僧戒本》，《大正藏》22 冊，1026 頁中欄。

2 《新刪定四分僧戒本》，《卍續藏》39 冊，266 頁下欄。

3 《十誦比丘戒本》，《大正藏》23 冊，474 頁中欄。

4 《解脫戒經》，《大正藏》24 冊，662 頁中欄。

5 《根有戒經》，《大正藏》24 冊，504 頁上欄。

6 《根有律攝》卷 9，《大正藏》24 冊，579 頁下欄。

7 Anukul Chandra Banerjee, *Two Buddhist Vinaya Texts in Sanskrit*, p. 33.

8 麗江版《甘珠爾》（འཇང་ས་ཏྷམ་བཀའ་འགྱུར）第 5 函《別解脫經》（སོ་སོར་ཐར་པའི་མདོ）12a-12b。

（二）若自敷，若教人敷

《四分律》、《新刪定四分僧戒本》、《四分律比丘戒本》作「若自敷，若教人敷」，意思是：自己鋪設，或指使別人鋪設。

與《四分律》相似：

《四分僧戒本》作「若自敷，教人敷」，《十誦律》、《十誦比丘戒本》、《僧祇比丘戒本》作「若自敷，若使人敷」，《根有律》、《根有戒經》、《根有律攝》作「自敷，教人敷」，《僧祇律》作「自敷牀褥，若使人敷」。

梵文《說出世部戒經》作"prajñāpetvā prajñāpayitvā vā"，意思是：鋪開後或是令（他人）鋪開後。

梵文《有部戒經》作"saṃstīrya vā saṃstārayed vā"，梵文《根有戒經》作"saṃstīrya vā saṃstārya vā"，意思均是：鋪開或是令（他人）鋪開。

巴利《戒經》"santharitvā vā santharāpetvā vā"，意思是：（自己）鋪開後，或者令（他人）鋪開以後。

藏文《根有戒經》作"བཏིང་ངམ། འཏིང་དུ་བཅུག་ནས"，意思是：自己敷設或使人敷設。

與《四分律》有部分差異：

《五分律》、《彌沙塞五分戒本》作「若使人敷，若他敷」，相比《四分律》多了「若他敷」的情況。

與《四分律》差異較大：

《鼻奈耶》、《解脫戒經》沒有與此句對應的內容。

（三）若坐，若臥

《四分律》、《新刪定四分僧戒本》、《四分律比丘戒本》作「若坐，若臥」，意思是：如果坐或者臥。

與《四分律》相同：

《鼻奈耶》、《五分律》、《彌沙塞五分戒本》作「若坐，若臥」。

與《四分律》相似：

《四分僧戒本》作「在中若坐，若臥」，《十誦律》作「是中坐臥」，《十誦比丘戒本》作「是中若坐，若臥」。

與《四分律》差異較大：

《僧祇律》、《僧祇比丘戒本》、《解脫戒經》、《根有律》、《根有戒經》、《根有律攝》、梵文《說出世部戒經》、梵文《有部戒經》、梵文《根有戒經》、藏文《根有戒經》、巴利《戒經》都沒有與此對應的內容。

（四）去時，不自舉，不教人舉，波逸提

《四分律》、《四分律比丘戒本》作「去時，不自舉，不教人舉，波逸提」，意思是：離開時，自己不收取（鋪設的臥具），也不交代別人（幫忙）收取，犯墮罪。

與《四分律》相似：

《十誦比丘戒本》作「去時，不自舉，不教人舉，波夜提」。

《四分僧戒本》、《新刪定四分僧戒本》作「從彼捨去，不自舉，不教人舉者，波逸提」，《十誦律》作「去時，不舉，不教舉者，波逸提」，《僧祇律》、《僧祇比丘戒本》作「去時，不自舉，不使人舉，波夜提」，《鼻奈耶》作「起後，不自收，不教人收者，墮」，《解脫戒經》作「不自舉，不教人舉，捨行，波逸提」。

梵文《有部戒經》作 "tataḥ prakramen noddharen noddhārayed vā pātay-antikā"，意思是：離開後不收起來或是不令（別人）收起來，墮。

與《四分律》有部分差異：

以下律典與《四分律》相比，多了「不囑舉」或類似的內容。

《五分律》、《彌沙塞五分戒本》作「去時，不自舉，不教人舉，不囑舉，波逸提」。

梵文《說出世部戒經》作 "tato prakramanto na uddhareya vā, na uddhar-āpeya vā, anāmantrayitvā vā prakrameya pācattikaṃ"，意思是：離開後不收起

來，不令（他人）收起來，或是沒有囑咐（他人）就離開，墮。

巴利《戒經》作"taṃ pakkamanto neva uddhareyya na uddharāpeyya, anāpucchaṃ vā gaccheyya, pācittiyaṃ"，意思是：離開（寺院）時，既沒有自己收起來，也沒有讓（他人）收起來就，或者沒有囑咐（他人）就離開，墮。

《根有律》、《根有戒經》、《根有律攝》作「去時，不自舉，不教人舉，若有苾芻不囑授，除餘緣故，波逸底迦」。

梵文《根有戒經》作"anuddhṛtyānuddhārya vā tato viprakrāmet santaṃ bhikṣum anavalokyānyatra tadrūpāt pratyayāt pāyantikā"，意思是：或是不收起來，不令（他人）收起來，然後也不囑咐（其他）在場的比丘就離開，除了有其他的原因，墮。

藏文《根有戒經》作" མ་བསྐལ་ས་སམ། སྤྱུད་ད་མ་བཅུག་ག།སམ། དགེ་སློང་འཁོད་པ་ལ་མ་བཙལ་བར་དེ་ནས་སོང་ན་དེ་འདྲ་བའི་རྐྱེན་མ་གཏོགས་ཏེ་ལྲང་བྱེད་དོ། །"，意思是：不收拾或不讓人收拾，有比丘（也）不託付就離開，除有其他的原因，墮。

以上《根有律》及之後的律典與《四分律》相比，除了多出「不囑授」外，還多出了「除餘緣故」或類似的表述。

三、關鍵詞

僧房

　　梵文《有部戒經》、梵文《根有戒經》中對應的表述都是 "sāṃghike（僧團的）vihāre（住處、房舍）"，意思是：位於僧團的住處（英譯：in the dwelling belonging to the samgha）。這兩部梵文戒本的前一條「露敷僧物戒」中都沒有上述的語詞。不過梵文《說出世部戒經》比較特殊，兩個戒條中都有 "sāṃghike（僧團的）bhikṣu（比丘）-vihāre（住處、房舍）"，意思是：僧團比丘的住處。而區別在於，本戒中緊接着有 "anto（內、內部）" 這一介詞，整個意思是：在僧團比丘的住處裏面（英譯：inside the dwelling for monks belonging to the samgha），而在上一條「露敷僧物戒」中則接有 "abhyavakāśe（露天）" 一詞，意思是：在僧團比丘露天的住處（英譯：in an open space in the dwelling for monks belonging to the samgha）。

　　巴利《戒經》作 "saṅghike（僧團的）vihāre（住處、房舍）"，意思與梵文《有部戒經》、梵文《根有戒經》相同，前一條「露敷僧物戒」中也沒有這一語詞。本戒與上一條戒「露敷僧物戒」一字之差，前者防護「露處」，本戒防護「覆處」。

　　藏文《根有戒經》作 "དགེ་འདུན（僧伽，僧團）གྱི་（的）གཙུག་ལག་ཁང（經堂、佛殿、寺廟、伽藍）"，意思是：僧團的房舍，此處的房舍不僅僅指住處，也泛指佛教場所（英譯：monastery）。

　　《四分律》無明文解釋。

　　《十誦律》解釋為：「比丘房者，或屬眾僧，或屬一人，極小乃至容四威儀行立坐臥。」意思是：此房舍是屬於僧團或者個人的，房間的大小足以使人行立坐臥。

　　《根有律》中，「僧房者，謂是如來弟子住處，於中堪得為四威儀行住坐臥」。

《根有律攝》解釋為：「言僧房者，謂四方僧伽房舍。下皆同此。若是私處但得惡作。言房舍者，於四威儀得為受用。」

《巴利律》中，「『僧伽之精舍』者，為僧伽而設施者」，即僧團的房舍。

綜上所述，梵文《有部戒經》、梵文《根有戒經》以及巴利《戒經》指的是位於僧團的住處，梵文《說出世部戒經》的意思是在僧團比丘的住處裏面，而藏文《根有戒經》意為僧團的房舍，但詞意比較寬泛，此處的房舍不僅僅指住處，也泛指佛教場所。關於房舍的所有者，漢譯律典中只有四部律典有解釋，《十誦律》中僧團或個人都可以，《根有律》、《根有律攝》、《巴利律》都為僧團。上述四部律典中，除《巴利律》外，其餘三部律典都是從可以行住坐臥四威儀來描述房舍。

四、辨相

（一）犯緣

具足以下五個方面的犯緣便正犯本戒：

1. 所犯境

此戒的所犯境包括所犯處所和所犯對象兩個必要條件，需兩個條件同時滿足才正犯此戒。

（1）所犯處所

《四分律》中，所犯處所是「僧房」。

《根有律》和《根有律攝》[1]中，所犯處所也是「僧房」，其具體含義如上關鍵詞中所述。

藏傳《苾芻學處》[2]中，所犯處所是「僧伽處，具處所相，能容四威儀，有損緣」。《巴利律》中，所犯處所是「僧伽之精舍」，是「為僧伽而設施者」。《善見論》[3]中，此戒的戒條名稱裏含有所犯處所，為「僧房」。《毗尼母經》[4]中，所犯處所是「眾僧房舍」。上述律典的表述有的與《四分律》不同，但含義均相同。

《十誦律》中，所犯處所是「比丘房中」。律文還記載：「比丘房者，或屬眾僧，或屬一人，極小乃至容四威儀行立坐臥。」除了僧房以外還包括私房。

1　《根有律攝》卷 9，《大正藏》24 冊，579 頁下欄至 580 頁上欄。
2　《苾芻學處》，《宗喀巴大師集》卷 5，96 頁至 97 頁。
3　《善見論》卷 15，《大正藏》24 冊，781 頁中欄。
4　《毗尼母經》卷 4，《大正藏》24 冊，824 頁上欄；卷 8，《大正藏》24 冊，848 頁下欄。

《鼻奈耶》、《薩婆多論》[1]、《摩得勒伽》[2]中，所犯處所是「房」，沒有要求一定是僧房。

《僧祇律》中，所犯處所是「內覆處」，含義與「房」相似。

《五分律》中，所犯處所範圍最廣，包括僧房內、比丘尼僧坊、白衣家。

《明了論》沒有本戒的內容，以下各部分不再重複說明。

（2）所犯對象

《四分律》中，所犯對象是眾僧臥具，「臥具」是指「繩牀、木牀、臥褥、坐具、枕，地敷下至臥氈」。

部分律典與《四分律》相同。《十誦律》、《薩婆多論》中，所犯對象是「僧臥具」。《薩婆多論》記載：「臥具者，粗細繩牀、木牀、被褥氈。」《摩得勒伽》中，所犯對象是「眾僧臥具」，包括「臥牀、坐牀」。《善見論》中，所犯對象是「僧臥具」或「枕囊或坐囊」，其中臥具包括「薦席，下至草敷」。《毗尼母經》中，所犯對象是眾僧「牀敷」與「臥具」。

《巴利律》中，所犯對象也是眾僧「臥具」。臥具包括「臥褥、治彌利加布、外套、地毯、莚、獸皮、尼師壇、毛氈、莚、葉座」，其中沒有提到《四分律》中的「牀」。

其他幾部律典中，所犯對象內涵與《四分律》並不完全相同。

《鼻奈耶》中，所犯對象是「僧坐具」。

《五分律》中，所犯對象是比丘僧臥具、比丘尼僧臥具，範圍比《四分律》大。另外，對於敷設臥具者，《五分律》為「自敷」、「若使人敷」、「若他敷」，所犯境的範圍包括了他人敷設的臥具。這一點比較特殊，《四分律》和其他律典都沒有記載。

《僧祇律》的關鍵詞中，所犯對象是「牀坐」、「枕褥」，沒有提到臥具應該屬僧。

《根有律》中，所犯對象是「若草，若葉」。《根有律攝》中，所犯對象

1　《薩婆多論》卷 6，《大正藏》23 冊，544 頁中欄至下欄。

2　《摩得勒伽》卷 2，《大正藏》23 冊，575 頁中欄至下欄。

是「若草，若葉而作敷具」。藏傳《苾芻學處》中，所犯對象是「草敷或葉敷，滿世共許量，或自用，或教他用」。這三部律典中所犯對象與其他律典有較大的不同。

2. 能犯心

（1）發起心

《四分律》沒有發起心的記載。

《薩婆多論》中，發起心為「出界不期還」。

藏傳《苾芻學處》中，發起心為「不願收舉」。

其他律典都沒有本戒的發起心。

（2）想心

《四分律》沒有本戒的想心。《巴利律》中，想心是「於僧伽物有僧伽物想、疑想、私物想」。

《根有律攝》中，本戒的想心是「初重，次輕，後二無犯」。若以「僧伽物」為境，那本戒正犯的想心應該為「於僧伽物有僧伽物想、疑」，比《巴利律》少「私物想」的情況。

藏傳《苾芻學處》中，想心是「想不錯亂」。

其他律典均沒有相關內容。

3. 方便加行

《四分律》中，本戒的方便加行是自敷、教他敷臥具，離去時不自舉，或不教人舉，或不付囑他人。《十誦律》、《僧祇律》、《根有律》、《根有律攝》、《五分律》、《巴利律》與《四分律》相同。其中，《僧祇律》、《五分律》、《根有律攝》的方便加行是自敷、教人敷，此內容是從戒條內提取出來的。

《薩婆多論》、《摩得勒伽》中，方便加行是敷臥具，離去時不自舉，也不囑咐他人。

《毗尼母經》中，方便加行是「受」臥具、牀敷，離開時不自舉，不教人舉，也不自己付囑或教他人付囑。

《鼻奈耶》、《善見論》中，方便加行為：自敷臥具，離去時不自舉，或不教人舉，沒有提到教他敷臥具和付囑他人的情況。

藏傳《苾芻學處》中，方便加行為「如心所想顛倒而作」，意思是心中不願收舉，也如此造作。

4. 究竟成犯

《四分律》中，究竟成犯有兩種情況：一、較長時間離開不回，那麼「出界外」便正犯；二、臨時外出不久便回，若超過二宿在界外，至第三宿明相出時便正犯。

《毗尼母經》中，若客比丘離開所寄宿的寺院前，未收舉臥具，也沒有白舊住比丘，「出界外」則正犯此戒。

其他律典中，究竟成犯都與《四分律》不同。

《十誦律》中，究竟成犯是「出界去」。

《薩婆多論》中，如果是舊住比丘，「出界不期還，至地了時」，即正犯此戒；如果是客比丘，「房中敷僧臥具，出界去」或者離開不回來，「出界至地了時」，均會正犯此戒。

《五分律》中，究竟成犯是「兩腳出」界外。

《根有律》、《根有律攝》中，究竟成犯是「離勢分」。其律文中，「勢分」為四十九尋，即離開的距離超過四十九尋，便屬於正犯。

藏傳《苾芻學處》中，究竟成犯是「或被蟲嚙，或已出門過四十九弓」，與《根有律》相比增加了蟲嚙的因素。

《巴利律》中，究竟成犯有兩種情況，「有籬之僧園，若出籬」，便正犯；「無籬之僧園者，〔行至〕超過擲石所及處」，便正犯。《巴利律·附隨》中，「第二腳過籬者」，便正犯。

《善見論》中，究竟成犯也有兩種情況：「若有籬，出籬外便犯」；「若無籬障」，離開「二擲石外」正犯。

《鼻奈耶》、《摩得勒伽》、《僧祇律》沒有究竟成犯的內容。

5. 犯戒主體

《四分律》中，犯戒主體是比丘，比丘尼同犯。《薩婆多論》、《五分律》與《四分律》相同。

其他的律只提到比丘為正犯。另外，《毗尼母經》還要求比丘是「客比丘」。

（二）輕重

1. 所犯境

《四分律》中，所犯境為比丘在僧房內的眾僧臥具時，結波逸提罪。除此以外，沒有其他結罪情況。其他律典的正犯情況如上犯緣中所述。

以下律典記載了非僧房，結突吉羅罪的情況：

《十誦律》中，若是「天、龍、夜叉、薛荔伽、拘槃茶、毗舍遮、羅剎等非人作」房舍，「若先破戒，若賊住，若先來白衣作房舍」，或「比丘尼僧」的房舍，或外道出家人的房舍，均結突吉羅。

《根有律》的緣起中，對於俗舍中所臥之草，要詢問施主，按其所説或棄或留，「若違言者」，得突吉羅罪；「雖居曠野亦舉草敷」；「雖在蘭若，其草不應散棄，可聚一邊，隨意而去。……不依行者，皆越法罪。」

《根有律攝》中，若在僧房，則結波逸提罪；「若是私處，但得惡作」；「若白衣舍，當須問主，依他所説或去或留，若違言者，得惡作罪；阿蘭若處舉起方行，不舉動時，得惡作罪」。

藏傳《苾芻學處》中，「若在居家處，敷草未棄而去，或未問主而輒棄；若在阿蘭若，敷草去時未顛倒豎置，或未掛樹間，或未棄捨而去」，結學處惡作罪。

《巴利律》中，「於精舍之擲石所及以內，或集會堂，或布帳內，或樹下鋪臥具」，或敷設「牀、椅子」，均結突吉羅罪。對於臥具的歸屬，若是僧伽物，結波逸提罪；「若為他人之私物者，突吉羅」。

2. 能犯心

（1）發起心

《薩婆多論》記載，若比丘出界時內心還打算回來，那麼至明相出時結突吉羅罪；若不打算回來，出界至明相出時便結波逸提罪。

其他律典中發起心的記載均如上文犯緣中所述。

（2）想心

《巴利律》中，於僧伽物有僧伽物想、疑想、私物想，均結波逸提罪；於私物有僧伽物想、疑想，均結突吉羅罪；於私物有私物想，若此物是他人之物，結突吉羅罪；若此物是自己之物，則無犯。

《根有律攝》中，僧伽物作僧伽物想、疑，結波逸提罪；非僧伽物作僧伽物想、疑，結突吉羅罪；非僧伽物、僧伽物作非僧伽物想者，均無犯。

藏傳《苾芻學處》僅記載「想不錯亂」結波逸提罪，沒有記載其他想心的結罪情況。

餘律無文記載。

3. 方便加行

《四分律》中，比丘自敷、教他敷臥具，離去時不自舉，或不教人舉，或不付囑他人，便結波逸提罪。諸律正犯的情況如上犯緣中所述。

《四分律》、《十誦律》、《薩婆多論》等律典也記載，若不能找到合適的付囑人，則應自己收舉。《僧祇律》記載了離去時不付囑的四種情況：第一種，正犯的情況，去不白，結波逸提罪；第二種，「若不白，去時，有比丘即入房住，不空故，得越毗尼罪」，這是比丘剛走就有他人入住，由於沒有時間上的間歇，房間沒有空置，因此結輕罪；第三種，忘記後來補白不犯，如律文：「若已去，忘衣鉢，還來取而白者，無罪。」第四種，為他人不白敷也結罪，如律文：「若比丘隨道行，天陰欲雨，年少比丘先去往至精舍，為和上、阿闍梨取牀褥已，天晴欲去者，當白。若不白去者，波夜提。」

《摩得勒伽》中，比丘出門時若忘記，可以付囑路上見到的其他比丘，如律文：「若比丘不囑臥具，出行中道見比丘，語言：『與我舉坐牀、臥牀。』」

《僧衹律》、《根有律》也有類似記載。

一些律典記載了付囑的對象。《四分律》記載應付囑「舊住比丘」或「經營人」或「若摩摩帝」。《十誦律》記載:「應付囑敷臥具者。若無敷臥具者,應付囑典房者;若無典房者,應囑修治房舍人;若無是人,應付囑是中舊比丘、善好有功德持戒者;若無是人,是僧坊中,若有善好賢者,若守僧坊民,應付囑。不應付囑無慚愧破戒比丘,亦不應囑小沙彌。」《薩婆多論》記載:「好持戒大沙彌亦得付囑之。」《五分律》記載:「不應囑和尚、阿闍梨,同和尚、阿闍梨等諸大德,及病比丘,犯者突吉羅。……隨臥具多少,若少,囑少比丘;若多,囑多比丘。」《根有律》記載:「若於其處無苾芻者,應囑求寂;此若無者,應囑俗人;此若無者,應觀四方好藏戶鑰,然後方去。若於中路逢見苾芻,應報之。」《巴利律》中,可以付囑「比丘,或沙彌,或淨人」。

對於被付囑者,《摩得勒伽》記載:「彼受囑已不舉,突吉羅。」《根有律攝》亦記載:「然諸苾芻受他囑授,即應存心為作其事。不依言者,得惡作罪。」

對於囑授的內容,各律典記載的也不相同。《四分律》為「與我掌護牢舉」或「汝掌護此物」,《十誦律》為「此是戶鑰,此是房舍,此是臥具」,《摩得勒伽》為「與我舉坐牀、臥牀」,《僧衹律》為「長老!是牀褥枕」、「當攝此牀褥」,《根有律》記載了五種囑授:「此是住房,此房可觀察,此是敷具,此應可當持,此是房門鑰。」《五分律》雖然沒有提到具體的囑授內容,不過提到了囑授的目的:「使彼知受,是名受囑。」所說的內容能達到「使彼知受」的效果即可。

另外,《摩得勒伽》記載:「暫時坐起去,不自舉,不使人舉,突吉羅。」

藏傳《苾芻學處》記載了一些犯學處惡作罪的情況,如:「若未舉敷具即行,途中憶起,未心念口言云『後不應如此』。若於途中遇他苾芻,未囑為代舉。若欲他往時,無患難因緣,未將敷具交付主人,未舉而去。若敷具有塵垢,未抖淨。若自不暇舉,未囑他苾芻代舉。若無可囑授者,未密藏戶鑰而去。若在途中遇他苾芻,未告知戶鑰處。」

4. 究竟成犯

《四分律》記載:「若出界外,波逸提。一腳在界外,一腳在界內,還悔而不去,一切突吉羅。若期去而不去,突吉羅。」此律還記載,比丘臨時外出不久便回,若超過二宿在界外,至第三宿明相出時便犯波逸提。

《五分律》記載:「一腳出界外,突吉羅;兩腳出,波逸提。」

《十誦律》記載:「若客比丘,比丘房中敷僧臥具,出界去,波逸提。」舊住比丘臨時出界本想即日便回的,若遇因緣無法回來,到明相出時結突吉羅罪。

《薩婆多論》記載:「若客比丘房內敷臥具,出界期還,至地了時,突吉羅;若不期還,出界至地了時,波逸提。若舊比丘敷臥具竟,出界不期還,至地了時,波逸提。」此中的究竟成犯與《四分律》不同。此外,《薩婆多論》還記載:「若客比丘房中敷僧臥具,出界去,波逸提;若舊比丘房中敷僧臥具,出界去,作是念即當還,有急因緣不得即還,出界至地了時,突吉羅。」這一點與《十誦律》相同。

《根有律》中,若比丘離開臥具,「乃至未離勢分已來得惡作罪,若離勢分便得墮罪」,這裏的「勢分」是指「四十九尋」。《根有律攝》的究竟成犯與此相同。

《善見論》記載:「若無籬障,去離一擲石外還,突吉羅;二擲石外還,波夜提。若有籬,出籬外便犯。」

《巴利律》中,究竟成犯有兩種情況,「有籬之僧園,若出籬」,或者「無籬之僧園者,〔行至〕超過擲石所及處」,便犯波逸提。《巴利律·附隨》記載:「第一腳過籬者,突吉羅;第二腳過籬者,波逸提。」

其他律中的相關情況如上文犯緣中所述。

5. 犯戒主體

《四分律》記載,比丘、比丘尼若犯本戒,結波逸提罪;式叉摩那、沙彌、沙彌尼若犯,結突吉羅罪。《薩婆多論》、《五分律》與其相同。《毗尼母經》中,比丘犯波逸提,此律還要求犯戒主體是「客比丘」。

其他律典只記載比丘犯本戒結波逸提罪。

（三）不犯

1. 所犯境不具足

《十誦律》：「不犯者，是房中留物去，乃至留盛富羅囊。」

《摩得勒伽》記載：「除臥牀、坐牀，餘長木、長板等隨意坐，不犯。」「若白衣舍坐，不舉……不犯。」

《根有律》：「若在磚硬地，或在沙石中，無蟲蟻處布以草敷，設不數看，此皆無犯。」

《根有律攝》記載：「若於寺中有草敷具是常所敷，主人遮時即不須卻。」

《巴利律》記載：「己之私物者，不犯也。」

2. 能犯心不具足

《根有律攝》中，僧物、非僧物作非僧物想，不犯。《巴利律》中，於私物作私物想，若是自己的私物，不犯。

3. 方便加行不具足

《四分律》中，若離開時囑咐舊住比丘看護臥具等物品，不犯；若無人可以囑咐，則應將臥具等物品放在不容易腐爛敗壞的地方；臨時外出已經達到兩夜，第三宿明相未出時自去或教人囑託舊住比丘，不犯。

《摩得勒伽》記載：「近經行，不犯。」

《僧祇律》記載：「若已去，忘衣鉢，還來取而白者，無罪。」

《巴利律》中，「收而離去，令收而離去，託他而離去」，不犯；「想〔速歸〕即止其行，〔令人〕以託之」，不犯。

4. 犯戒主體不具足

《四分律》記載：「無犯者，最初未制戒，癡狂、心亂、痛惱所纏。」《五

分律》、《根有律》的記載與此相同。

《巴利律》記載：「癲狂者、最初之犯行者，不犯也。」

5. 開緣

《四分律》記載，「若房舍壞、崩落、火燒，若毒蛇在內，盜賊、虎狼、師子，強力勢者所執，若被繫，若命難，若梵行難」，比丘無法收舉，不犯；又記載：「若水道留難，若道路有賊、虎狼、師子，若大水漲，為力勢所持，若被繫，若命難，若梵行難，二夜在界外，第三宿明相出，自不得往，不得遣使語人：『掌護此物，與我作摩摩帝。』無犯。」

《摩得勒伽》記載：「眾僧臥具，力勢者所奪，隨意坐，不犯。」

《根有律》記載：「若有難緣不須囑授。」

《巴利律》和藏傳《苾芻學處》也有難緣不犯的記載。

五、原理

（一）對治輕忽心

　　本戒屬於遮戒。與前面的「露敷僧物戒」一樣，都是因僧物損壞而制，主要區別在於「露處」和「覆處」。結合緣起來看，制這兩條戒都是為了對治比丘的輕忽煩惱，防止僧物被損壞，以及避免居士譏嫌。

（二）愛護三寶物，如護眼中珠

　　從諸律的記載來看，可能與印度本地的氣候、環境有關，蟲蟻對物品的危害很嚴重。比丘如果不能及時把臥具收拾打理好，很可能造成如《十誦律》記載的蟲蟻「啖牀腳、牀桄、牀檔、牀繩，啖被、褥、枕，啖已入壁中住」等連鎖的危害，《根有律攝》記載蟲蟻的危害甚至達到「致損房舍」的程度。諸律中的緣起比丘雖然沒有故意損壞僧物之心，但是沒有盡到愛護的責任，這種輕忽態度不能不加以防範。如《巴利律》記載，比丘「出時不收，不令收，又不託人而離去，以致坐臥具為蟻所嚙」。比丘出家以僧團為依靠，對三寶物應該愛惜並且要盡到保護的責任，以避免某些不必要的損失。《僧祇律》中，佛陀即呵責比丘：「汝等出家人更無給使為汝料理後事，去時何故不舉？」

　　同時不可忽略的是，僧物均由「諸居士血肉乾竭，為福德故，布施供養」，若不能守護好，則很容易招致社會的譏嫌和非議。反之，若能善加愛惜與利用，於己於他都大有裨益。亦如佛陀的教誡：「於他信施物，知量而受用，自身得安隱，令他福德增。」

　　由此可見，本戒的制戒意趣與「露敷僧物戒」類似，都強調對三寶物的愛護和珍惜。「愛護三寶物，如護眼中珠」，精勤守護僧物是每一位出家人應盡的責任。

（三）客比丘與常住比丘的關係

本戒中，一些律典的緣起比丘是客比丘，這對了解佛世時常住比丘與客比丘的關係提供了線索。

《四分律》和《五分律》中，客比丘找常住比丘提供住宿時說：「我在邊僧房中敷臥具宿。」「為我開房，示臥具處。」這種直接的態度和不客氣的語氣實際上反映了當時僧物屬十方所有的性質，無論舊住比丘還是客比丘都享有同等的所有權和使用權。客比丘並非是來向常住比丘「借宿」，而是在使用自己正當的權益。佛世時，比丘們為了弘法，大多遊行人間，這種公有制實際上也恰到好處地滿足了當時教法傳播的需要。

從主客關係的角度來說，可以看到常住比丘對客比丘的關照。如《四分律》中，常住比丘一段時間沒看到客比丘，心中開始有種種擔憂和猜測，然後到房中查看情況。《根有律》中，有僧寺缺少臥具，常住比丘「為供客故，遂於遠處求臥具草安一房中」，可謂極盡地主之誼。而客比丘對此也應當心存感恩，在離開時，事先跟常住比丘道別，妥善處理好臥具等僧物，否則很可能引起常住比丘的譏嫌。如《四分律》：「云何客比丘，語我在邊房敷眾僧臥具宿，不語我而去，使眾僧坐具爛壞蟲嚙色變？」

當然，更為重要的一點是，客比丘應聽從常住比丘的安排，安守本位，不可「反客為主」。例如《根有律》中，常住比丘認為向客比丘提供的草敷「實是難得，無宜輒棄」，但客比丘卻「不肯隨語，反相責數，並棄而行」，導致後來的其他客比丘無臥具可用而「備受艱辛」。

六、總結

（一）諸律差異分析

1. 緣起差異

（1）結構差異

《四分律》和其他律典只有一個本制。《根有律》有一個本制、七個緣起和一個隨制，其緣起構成較為豐富。

（2）情節差異

《四分律》、《十誦律》、《根有律》緣起情節類似，都是因客比丘不收臥具而制戒。尤其是《十誦律》和《根有律》十分相似：皆為二客比丘不收「草敷」，因此生蟲，毀壞牀具；佛陀巡視僧寮時發現此一情況，告誡大眾要愛惜居士的供養，然後制戒。《鼻奈耶》、《僧祇律》、《五分律》、《巴利律》與《四分律》有明顯差異，都是因舊住比丘不收臥具而引發佛陀制戒。

《四分律》本制中，所犯處所是「僧房」，沒有涉及其他處所。而《根有律》的七個緣起中，有兩個是在聚落的民房中，這就擴大了此戒持守地點的範圍，這一情節可以補充到《四分律》的緣起故事中。《根有律》隨制中沒有具體的情節，佛陀直接制定了「有難緣不須囑授」。

（3）結論

本戒仍以《四分律》的本制為準，補充《根有律》在民房中不收臥具的緣起情節。

2. 戒本差異

諸律間整體的差異不大。對於《四分律》中的「若自敷，若教人敷」，大部分律典與之相似，只有《五分律》、《彌沙塞五分戒本》還多了「若他敷」的情況，《鼻奈耶》、《解脫戒經》則完全缺少了與之對應的內容。《解脫戒經》以及根本說一切有部的五部律典都以「草」、「葉」對應《四分律》中「臥具」

的表述。相比《四分律》中的「不自舉，不教人舉」，《五分律》、《彌沙塞五分戒本》、《根有律》、《根有戒經》、《根有律攝》、梵文《說出世部戒經》、梵文《根有戒經》、巴利《戒經》、藏文《根有戒經》還多出了「不囑舉」或類似的內容。此外，五部根本說一切有部戒本的最後，還多出了「除餘緣」這一開緣的內容。

戒本調整方面，依據《四分僧戒本》將「僧房中」改為「僧房內」，以使表述更加精準。為使所犯境更加全面，根據《四分僧戒本》等在「臥具」後增加「坐褥」。為了避免歧義以及和其他戒條中指使他人的表述統一，依據《僧祇律》把句中前後兩個「教」字均換成「使」。據《鼻奈耶》將句子裏的前後兩個「舉」字均換為更容易理解的「收」字，並在最後為了文辭的流暢和統一，補入一個「者」字。此外，為了與上一條戒的表述統一，借鑒《僧祇律》等把「若坐，若臥」這一內容略去。

3. 辨相差異

（1）所犯境

①所犯對象

《四分律》和多數律典中，所犯境都是「繩牀、木牀、坐具、被褥、臥氈」這一類物品，但是《解脫戒經》、《根有律》、《根有律攝》、《根有戒經》、藏傳《苾芻學處》中的所犯境是「草、葉」。這兩者之間有較大的差異。

《解脫戒經》和《根有律》均有「臥具」一詞。《解脫戒經》中，本戒之前的戒條是：「若比丘，露地置僧臥具，不自收舉，不教人舉，捨行，波逸提。」《根有律》中，本戒的制戒緣起提到了「臥具」：「其少年者但與其房而無臥具。此少苾芻立性勤策，多覓乾草立與膝齊，用充臥物。」比丘沒有被分到臥具，所以自己找來乾草當作牀墊。因此《解脫戒經》和《根有律》等律典中的「草、葉」並不是指「臥具」。

《四分律》的制戒緣起中，佛陀制戒的原因是比丘「在邊房敷眾僧臥具宿，去而不語舊比丘，使眾僧敷具爛壞色變」。多數律典與此類似。而《根有律》的緣起中，佛陀制戒的原因是，在遍觀僧房的時候，「於其室內見草狼

籍，多諸蟲蟻內外穿穴」，這些「房舍皆是信心婆羅門諸居士等，自苦己身減妻子分，奉施僧田以求勝福。而諸苾芻受用之時，不知其量，不善守護，遂令蟲蟻非分虧損」。

可見，不同律典在本戒中都體現出愛護僧物的精神，只是所涉及的物品不同。《四分律》等是保護眾僧臥具不受損害，而《根有律》則是要避免草、葉生蟲破壞僧房。根據實踐的需要，草、葉等情況現在比較少見，因而，本戒取《四分律》等多數律典的觀點，以僧臥具為所犯對象。

②所犯處所

關於所犯處所，諸律間有較大差異。《四分律》、《根有律》等律典中所犯處所為「僧房」，《十誦律》包括僧房和私房，《鼻奈耶》、《薩婆多論》等律典為「房中」，《僧祇律》為「覆處」，《五分律》包括「僧房內」、「比丘尼僧坊」、「白衣家」。

本戒的制戒意趣是保護位於房間內（覆處）的眾僧臥具，不論是僧房、私房，還是白衣家，只要是在覆處，本質上沒有區別。只不過在白衣家敷而不收舉更容易引起俗眾譏嫌。因此，本戒的所犯處所可總結為「覆處」。

（2）能犯心

①發起心

《薩婆多論》中，發起心為「出界不期還」。藏傳《苾芻學處》中，發起心為「不願收舉」。其他律典沒有相關記載。從愛護公共財物的角度來說，無論比丘發起心如何，都應該正犯。所以，此處不以發起心為必要的犯戒條件。

②想心

《巴利律》中，僧物作僧物想、疑想、私物想，結波逸提罪；私物作僧物想、疑想，結突吉羅罪；私物作私物想時，若此物是他人之物，結突吉羅罪，若此物是自己之物，無罪。《根有律攝》中，僧物作僧物想、疑，結波逸提罪；非僧物作僧物想、疑，結突吉羅罪；非僧物、僧物作非僧物想，均無罪。藏傳《苾芻學處》中，「想不錯亂」，結波逸提罪。其他律典沒有相關記載。本戒具體判法以「露地敷僧物戒」的想心判法為準。

（3）方便加行

《四分律》及大部分律典中，本戒的方便加行為：敷僧臥具，若自敷，若教人敷，離去時不自舉，或不教人舉，或不囑舉。《鼻奈耶》、《善見論》為：離去時不自舉或不教人舉，沒有提到付囑他人的情況。藏傳《苾芻學處》中，方便加行為「如心所想顛倒而作」，即不收。此處取《四分律》等多數律典的判法。

（4）究竟成犯

諸律中，究竟成犯的判罪標準較為複雜，但大體上可以分為兩類。一類是空間範圍的限制，如《四分律》出界外，《根有律》離勢分，《巴利律》出籬或超過擲石處，《善見論》過二擲石外，藏傳《苾芻學處》出門過四十九弓，其中，擲石處、四十九弓可以理解為勢分範圍。此處以《四分律》為準。

另一類是對敷臥具的時間限制，如《四分律》第三宿明相出，《薩婆多論》地了時，藏傳《苾芻學處》被蟲囓時。由於存放在房內的物品相對比較安全，因而時間上可採用相對寬鬆的標準，可以採納《四分律》的判法。

4. 諸律內部差異

《鼻奈耶》的緣起沒有教他作的情況，而戒本則有「不教人收者」，正犯。《僧祇律》、《五分律》以及《根有律》與此相似，戒本有「使人敷」等內容而緣起中無。

（二）調整文本

通過以上諸律間觀點同異的對比與分析，文本在《四分律》的基礎上作如下調整：

1. 緣起

佛在舍衛國祇樹給孤獨園，有客比丘住在偏僻的僧房，不收拾臥具就悄然離開。舊住比丘到僧房中查看，發現臥具被蟲蛀毀壞，將此情況匯報佛

陀。佛呵責客比丘後制戒:「若比丘,於僧房內敷僧臥具、坐墊,若自敷,若使人敷,去時不自收,不使人收者,波逸提。」

佛陀為比丘制定「覆處敷僧物戒」後,有眾多比丘和商隊一起出行,在一聚落長者家借宿。因無臥具,鋪了很多乾草。商隊星夜出發,比丘棄草而去,害得長者夫婦收拾了半日。後又有比丘到長者家借宿,長者就不允許再鋪草,比丘們只得睡在硬地上。有比丘將此事報告給佛,佛告誡比丘,即使是在俗人家敷草住宿,用完也要收拾妥當。

2. 戒本

若比丘,於僧房內[1]敷僧臥具、坐墊[2],若自敷,若使[3]人敷[4],去時不自收[5],不使[6]人收者[7],波逸提。

3. 關鍵詞

僧房:本戒中指僧眾寮房。

4. 辨相

(1) 犯緣

本戒具足六緣成犯:一、是僧臥具;二、知是僧臥具;三、在覆處;四、自己放置或教人放置;五、離開時不收起,不教人收起,亦不囑授他人收起;六、出界或過三宿,成犯。

---

1 「內」,底本作「中」,據《四分僧戒本》、《新刪定四分僧戒本》、《僧祇比丘戒本》、《五分律》、《彌沙塞五分戒本》、《根有律》、《根有戒經》、《根有律攝》改。

2 「坐墊」,底本闕,據巴利《戒經》加。

3 「使」,底本作「教」,據《十誦律》、《十誦比丘戒本》、《僧祇律》、《僧祇比丘戒本》、《五分律》、《彌沙塞五分戒本》改。

4 「敷」後,底本有「若坐,若臥」,據《僧祇律》、《僧祇比丘戒本》、《根有律》、《根有戒經》、《根有律攝》刪。

5 「收」,底本作「舉」,據《鼻奈耶》改。

6 「使」,底本作「教」,據《僧祇律》、《僧祇比丘戒本》改。

7 「收者」,底本作「舉」,據《鼻奈耶》改。

（2）辨相結罪輕重

①是僧臥具

②知是僧臥具

僧物作僧物想、疑，波逸提；非僧物作僧物想、疑，突吉羅；非僧物、僧物作非僧物想，不犯。

③在覆處

④自己放置或教人放置

⑤離開時不收起，不教人收起，亦不囑授他人收起

若比丘離去時不自舉，不教人舉，不囑舉，波逸提；離開前，自己已收舉好僧物，或已教他人收舉，或已囑託給他人等，令其收舉，不犯。

⑥出界或過三宿

如果決意離開界內不回，雙腳出界，波逸提；未出界時，突吉羅；一腳在界內，一腳在界外，原打算離去而內心反悔，突吉羅。

如果計劃臨時出界，不久即回，若超過二宿在界外，至第三宿明相出時，波逸提；若計劃不久即返回者，界外二宿後，第三宿明相出之前，自己或遣使囑託舊住比丘等人保管，不犯。

⑦犯戒主體

比丘、比丘尼若犯本戒，波逸提；式叉摩那、沙彌、沙彌尼若犯，突吉羅。

⑧不犯

離開前，將僧物囑託給舊住比丘或知事人等，令其守護。無人託付時，把牀拖離牆壁，將僧物等置於牀上，覆蓋好後再離開。若仍擔心僧物損壞，可將僧物置衣架上，把牀立起來後再離開。如果已做上述防護措施，不犯。

若房舍損壞，或起火，或毒蛇入內，或賊難、惡獸難，或被強力所迫，或被繫閉，或有命難、梵行難時，不收舉而離去，不犯。

若道路阻塞，或有賊難、惡獸難，或被強力所持，或被繫閉，或有命難、梵行難時，已在界外過二宿，第三宿明相出時，自己無法返回，也無法遣使囑託舊住比丘等人保管僧物，不犯。

最初未制戒，癲狂、心亂、痛惱所纏，不犯。

七、現代行持參考

本戒與露處敷僧物戒的精神一致，主要區別在於所敷僧物場所的不同。本戒包含的惜福精神，在今天依然適用。

本戒所涉及到的僧物的內涵，同樣可以擴展到所有僧團所屬的公共物品。除了牀鋪、臥具以外，還包含佛堂的各種供具、拜墊，室內的公共電器，以及其他日常的公共生活設施。

從僧團管理角度來看，對於一些比較貴重，並且專業性較高的電器設備，應該安排專人負責，以避免由於他人錯誤操作而導致不必要的損壞。另外，從個人持戒的角度來看，只要比丘知道僧團的公共物品有蒙受損失的危險，而沒有採取相應的措施，就會犯到此戒。因此，對於比丘個人來說，應重在提升自己對公共物品的保護意識。

16

強敷戒

一、緣起

（一）緣起略述

　　《四分律》有一個本制、一個隨制。佛在舍衛國祇樹給孤獨園，六群比丘和十七群比丘一起遊行，至無比丘住處。十七群比丘恭敬六群比丘是上座，讓六群比丘先去找住處，六群言：「汝等去，我不求住處。」於是十七群比丘獨自尋找，找到住處，鋪設完臥具後，六群比丘趕到，說：「汝等起，當以大小次第止住。」十七比丘不讓，六群比丘強敷臥具，損惱對方，佛陀由此制戒。有比丘覆完臥具之後，才知道已有比丘先覆，於是擔心自己犯戒，佛陀知道後，增制「不知者，無犯」。[1]

　　諸律緣起差異比較：

1. 制戒地點

　　《四分律》中，制戒地點為「舍衛國祇樹給孤獨園」，《鼻奈耶》[2]與《四分律》相同，《十誦律》[3]為「舍衛國」，《僧祇律》[4]為「拘睒彌」，《五分律》[5]為「拘薩羅國」，《根有律》[6]為「室羅伐城逝多林給孤獨園」，《巴利律》[7]為「舍衛城祇樹給孤獨園」。

1　《四分律》卷 12，《大正藏》22 冊，645 頁上欄至下欄。
2　《鼻奈耶》卷 7，《大正藏》24 冊，880 頁上欄。
3　《十誦律》卷 11，《大正藏》23 冊，78 頁下欄至 79 頁上欄；卷 53，《大正藏》23 冊，393 頁中欄。
4　《僧祇律》卷 15，《大正藏》22 冊，344 頁上欄至下欄。
5　《五分律》卷 6，《大正藏》22 冊，44 頁上欄至中欄。
6　《根有律》卷 29，《大正藏》23 冊，786 頁下欄至 788 頁中欄。
7　《經分別》卷 5，《漢譯南傳大藏經》2 冊，55 頁至 57 頁；《附隨》卷 1，《漢譯南傳大藏經》5 冊，58 頁。

2. 緣起比丘

《四分律》中，緣起比丘為「六群比丘」，《僧祇律》、《五分律》、《巴利律》與《四分律》相同。《鼻奈耶》、《十誦律》為「迦留陀夷」，《根有律》為「鄔陀夷」。

3. 緣起情節

《鼻奈耶》只有一個本制，有眾多比丘前夜在講堂或坐禪或臥，緣起比丘後至，也在其中鋪設臥具，一會喘氣，一會呼喚，一會手腳煩擾他人，打擾到坐禪比丘，導致坐禪比丘離開。後有比丘白佛，佛制戒。《十誦律》也只有一個本制，緣起比丘惡心睡眠，時而打鼾磨牙，時而拍手動足，影響其他比丘休息，導致其他比丘消化不好，身體不樂。於是其他比丘各各共相近敷臥具，不想讓緣起比丘在他們中間臥。但緣起比丘強行在中臥。頭陀比丘將此事報告佛陀，佛陀制戒。《巴利律》也是一個本制，緣起比丘阻撓長老比丘而先得到好牀，後長老比丘將其逐出，但緣起比丘卻擠進長老比丘中間展設牀座，少欲知足比丘將此事報告佛陀，佛陀制戒。

《僧祇律》有一個緣起、一個本制。緣起中，世尊初夜為聲聞說法，結束後諸比丘各還住房，緣起比丘「於餘處談話，經久乃還」，扣房門，裏面比丘都說房屋已滿，無論緣起比丘如何軟語苦求，屋內的比丘都不開門。最後是堂內比丘在緣起比丘的重複苦求之下，才將門打開。進屋後，緣起比丘就「身牀上而臥，或以手肘膝叉築邊人」，甚至放氣調戲，諸比丘無法忍受就離開，後白佛。本制記載的是，有客比丘得緣起比丘房宿，緣起比丘「協先嫌故」，於是「盜以滑泥塗戶閾上」，導致客比丘夜出，腳踩到滑泥處，摔倒在磚石上。佛陀知道後，以此制戒。《五分律》有一個本制、三個隨制。本制與《鼻奈耶》相似。佛制戒後，緣起比丘讓白衣強覆臥具，於是佛陀隨制，教他亦犯。「不知者」開緣與《四分律》相同。另外，還有「不相觸惱」開緣。

《根有律》與《四分律》差異最大，有一個本制。本制記載緣起比丘和年少比丘人間遊行，晚上住在寺中，緣起比丘很晚才回來，大聲呼叫年少比丘開門，年少比丘都已休息，不願開門。緣起比丘於是用腳踹門，年少比丘怕

其損壞僧房，於是開門。緣起比丘進屋後，「便即入於少年牀上縱身而倒」，導致年少比丘「或有傷腹，或有損腰，或有損足」，由於害怕再受到傷害，年少比丘於是露地而臥，佛陀知道後制戒。後面的十個緣起描寫了緣起比丘在各種情況下損惱年少比丘。

上述諸律的緣起情節，可概括為四種類型：

（1）後到強敷臥具：《四分律》、《鼻奈耶》、《僧祇律》、《五分律》中，後來比丘要求住宿，先住比丘不同意，強敷臥具擾亂。

（2）被趕強敷臥具：《十誦律》中，迦留陀夷睡眠影響別人，同住不讓其住，其強住。

（3）惡心損惱同住：《根有律》沒有提及強敷臥具事，只寫種種損惱同住比丘。

（4）敷具損惱長老：《巴利律》中，六群比丘阻撓長老比丘而先取好牀，被逐出，而又強敷臥具。

（二）緣起比丘形象

諸律緣起比丘形象，有以下四類：

1. 霸道型。《四分律》中，六群比丘找住處之前言：「汝自去，我何豫汝事？」別人找到住處後，他又說：「汝等今者幾歲耶？」說話語氣霸氣十足，咄咄逼人。《五分律》、《巴利律》亦同，如：「汝小出去，上座應住！」其他律典都是上座欺負下座，《巴利律》中，一反常態，六群比丘為下座，公然擾亂上座，對上座講：「感不舒暢者出去！」

2. 自私型。《鼻奈耶》、《十誦律》中緣起比丘形象與《四分律》有所不同。兩部律中，緣起比丘彰顯出了無慚無愧、自私自利的煩惱特徵。如《鼻奈耶》中，晚到的緣起比丘為了讓先住比丘離開，「詐嚏喘」、「喘息」、「手腳煩擾」，假裝身體有病，只考慮自己，不顧別人。《十誦律》中，緣起比丘惡心睡眠，影響同住比丘休息，導致吃飯都不能消化，苦不堪言。結果他還說：「我自安樂，汝不樂者便自出去。」無慚無愧至極。

3. 無理型。《根有律》中，緣起比丘獨具特色。緣起比丘攝受年少比丘，天氣很冷「冷水遍灑以扇扇之」，天氣很熱，又「炭火房門急掩」等，極盡無理折磨之能事。

4. 欺詐型。《僧祇律》中，六群比丘為代表。六群比丘閒聊很晚回來，沒地方住，便軟語苦求：「與我少許，容一坐處。」如是苦求好多地方，都沒有人接納，最後終於有一比丘為其開門。他一進房門，其苦求形象搖身一變，「縱橫身牀上而臥，或以手肘膝叉築邊人⋯⋯放氣調戲」，種種擾亂。這種前後形象的巨變，反映出緣起比丘狡詐的形象特徵。

（三）犯戒內因

從《四分律》中可以看出，六群比丘最初不願找住處，不是因為其不住，而是因為懶惰。此後想藉「上座比丘」的特權不勞而獲，對方不聽，就引發瞋心而發生不當的行為。

《鼻奈耶》、《十誦律》與《四分律》有所不同，起因是散亂放逸。緣起比丘「鼾眠齘齒囈語頻申，拍手動足作大音聲」，惡心睡眠影響同住比丘睡眠，同住比丘抗議，引發其對抗。《僧祇律》、《五分律》最初也是散亂為因，六群比丘聊天很晚，回來沒有住處而引發惱惱。

《根有律》差異較大，強調種種惱惱行為，「縱身而倒」導致少年比丘傷腰傷腿。此行為除了散亂之外，還體現了緣起比丘內心的一種「無悲無愍，惱惱稱害」的「害」煩惱。

《巴利律》是六群比丘貪心促使，阻撓長老比丘，先取好牀，被長老比丘逐出，引發煩惱而犯戒。

（四）犯戒外緣

《四分律》中，犯戒外緣是比丘遊行到了新安住處，由此爭搶住房。《根有律》中，也是因為到外寺住宿，發生犯戒行為。

《僧祇律》、《五分律》未提新安住處，但通過住房已滿，到處尋找住房，

可反映出住房緊張的情況，促使了犯戒行為的發生。

餘律無明文説明，皆為與比丘共住時發生犯戒行為。

（五）犯戒後的影響

1. 對其他比丘的影響

諸律中，對其他比丘的影響主要有兩個方面。（1）對同行比丘的精神傷害：《四分律》中，犯戒行為導致上下座比丘激烈爭吵，並引發頭陀比丘譏嫌，佛陀呵斥；《鼻奈耶》、《僧祇律》中，先住比丘不堪忍受擾亂，無奈離去；《五分律》提到「妨諸比丘坐禪行道」。（2）對同行比丘的身體傷害：《十誦律》提到，同住比丘「聞是聲，不得眠故食不消，食不消故身體患癢，惱悶吐逆不樂」；《根有律》中，緣起比丘攝受的年少比丘，因為緣起比丘的損惱行為致其「傷腹」、「損腰」、「損足」，最後離他而去。

2. 對在家人的影響

《根有律》的隨制緣起中，比丘之間的損惱行為引發白衣譏嫌。

（六）佛陀考量

《四分律》中，緣起比丘強敷臥具，損惱先住比丘，佛陀由此制戒。除《根有律》外，其餘律典與《四分律》相同。《根有律》未提及強敷臥具事，但記載了種種損惱比丘的行為，其損惱同行的內涵與諸律相同。通過諸律一致性的記載可以看出，佛陀制定本戒的意趣，在於遮止對同行的損惱行為。因為損惱別人會引發爭鬥，從而影響自他修行，乃至導致整個團體不和合。

另外，本戒與牽他出僧房戒的制戒意趣相近，都是為了解決比丘住宿方面的糾紛。比丘在住宿的問題上發生糾紛，一種解決方式是採用粗暴的行為，即直接將對方趕出去，故佛制牽他出僧房戒，遮止這種粗暴行為。還有一種方式就是採取相對柔和的方式，不直接驅趕對方，而是通過擾亂對方，間接地實現讓對方離開的目的，如本戒中，緣起比丘並沒有直接驅趕對方，

而是強敷臥具，擾亂對方讓其離開，於是佛陀制本戒予以制止。由此可見，比丘在修道過程中，同一個煩惱會以多種形式出現。佛陀為了幫助比丘修道，制定多個戒條，從多個角度對治比丘堅固的煩惱。通過多次制戒的記載，可以感受到佛陀不厭其煩地教育弟子的慈悲用意。

佛陀的這種精神還體現在本戒的隨制中，如《五分律》中，佛陀先制戒，約束比丘自己不能強敷臥具，但緣起比丘找戒律漏洞，讓白衣強敷，故佛陀再次隨制，遮止這種找漏洞的煩惱。

（七）文體分析

《四分律》有兩個因緣，《僧祇律》與《四分律》相同。《鼻奈耶》有一個因緣，《十誦律》、《巴利律》有一個因緣，《五分律》為四個因緣，《根有律》有十一個因緣。

從語言風格看，《四分律》簡潔明了，有一定的人物對話，但書面語言較多，語言沒有明顯的感情色彩。《巴利律》與《四分律》相似。《鼻奈耶》緣起雖寥寥數語，只有客觀描述，沒有對話，但對緣起比丘的描寫比較生動，如：「時迦留陀夷詐噎喘，喘息粗惡，如厭喚呼，手腳煩擾。」

《十誦律》中的語言既有類似《四分律》中的對話，也有緣起比丘的生動描述，同時還有一定的心理描寫，如：「諸比丘各各共相近敷臥具，作是念：『莫令迦留陀夷入中臥。』」語言描寫豐富。《五分律》與《十誦律》相似。

《僧祇律》中，口語化風格明顯，對人物動作和心理的刻劃細緻、傳神，如描寫緣起比丘入門前是「軟語苦求」，進門後就「趣縱橫身牀上而臥，或以手肘膝叉築邊人」，並且還「在前者膝頭蹴，在後者肘頭築，放氣調戲」，前後對比的描述使得緣起比丘的形象躍然紙上。

《根有律》的語言風格簡潔生動，細節刻劃也很傳神。如緣起比丘因為對方比丘沒和其講話，心情不喜，於是躺在寺院門口，不讓寺內比丘出門上廁所，別人求他讓路，他答言：「具壽！於汝房中穿牆而出，我行疲極，誰能為起！」一句話將緣起比丘的無賴相刻劃得淋漓盡致，讓人哭笑不得。

二、戒本

《四分律》中，本戒的戒本為：「若比丘，知先比丘住處，後來強於中間敷臥具止宿，念言：『彼若嫌窄者，自當避我去。』作如是因緣，非餘，非威儀，波逸提。」

（一）若比丘，知先比丘住處，後來強於中間敷臥具止宿

《四分律》、《四分律比丘戒本》[1] 作「若比丘，知先比丘住處，後來強於中間敷臥具止宿」，意思是：如果比丘，知道此處已經是先來比丘的住處，（自己）後來強行在（先來比丘）中間鋪設臥具而住宿。

與《四分律》相似：

《四分僧戒本》[2]、《新刪定四分僧戒本》[3] 作「若比丘，先知比丘住處，後來於其中間，強敷臥具止宿」，《解脫戒經》[4] 作「若比丘，知他比丘先住處，後來強鋪臥具宿」。

梵文《有部戒經》[5] 作 "yaḥ punar bhikṣuḥ sāṃghike vihāre jānaṃ pūrvopagatāṃ bhikṣ(ū)ṃ paścād āgatyānupraskadya śayyāṃ kalpayed"，意思是：任何比丘，在僧團的住處，知道（其他）比丘先到，之後到來（還）強行安置牀鋪。

1　《四分律比丘戒本》，《大正藏》22 冊，1018 頁下欄。

2　《四分僧戒本》，《大正藏》22 冊，1026 頁中欄。

3　《新刪定四分僧戒本》，《卍續藏》39 冊，266 頁下欄。

4　《解脫戒經》，《大正藏》24 冊，662 頁中欄。

5　Georg von Simson, *Prātimokṣasūtra der Sarvāstivādins Teil II*, Sanskrittexte aus den Turfanfunden, XI, p. 207.

梵文《説出世部戒經》[1]作 "yo puna bhikṣu sāṃghike bhikṣuvihāre jānan bhikṣūṇāṃ pūrvaprajñaptāhi śayyāhi paścād āgatvā madhyeśayyāṃ prajñāpeya"，意思是：任何比丘，在僧團比丘的住處，知道（其他）比丘們先鋪設了牀鋪，之後到來（還）在中間鋪設牀鋪。

與《四分律》有部分差異：

《五分律》、《彌沙塞五分戒本》[2]作「若比丘，知他先敷臥具，後來強自敷，若使人敷」。

《十誦律》作「若比丘，知比丘房中先敷臥具，後來強敷，若使人敷」，《十誦比丘戒本》[3]作「若比丘，比丘房舍中，知諸比丘先安住敷臥具竟，後來強以臥具若自敷，若使人敷」。這裏以「比丘房」對應《四分律》的「比丘住處」。

以上幾部律典與《四分律》相比，主要多出了「使人敷」的內容。

《僧祇律》作「若比丘，知他比丘先敷置牀褥，後來欲擾亂故敷置」，《僧祇比丘戒本》[4]「若比丘，知僧房內比丘先敷牀褥，後來敷欲擾亂令去」。這裏的「牀褥」與《四分律》的「臥具」意思相似，但比《四分律》多出了「欲擾亂故」。此外，對比《四分律》「比丘住處」，《僧祇律》中缺少與之直接對應的內容，而《僧祇比丘戒本》則表述為「僧房」。

梵文《根有戒經》[5]作 "yaḥ punar bhikṣur jānan sāṃghike vihāre pūrvopagatānāṃ bhikṣūṇāṃ tataḥ paścād āgatyānupraskandyāsane niṣadyāṃ śayyāṃ vā kalpayed"，意思是：任何比丘，後到僧團住處，知道（其他）比丘們先到，（還）強行地安置在一個位置上，或坐，或臥。

1　Nathmal Tatia, *Prātimokṣasūtram of the Lokottaravādimahāsāṅghika School,* Tibetan Sanskrit Works Series, no. 16, p. 20.

2　《彌沙塞五分戒本》，《大正藏》22 冊，197 頁上欄至中欄。

3　《十誦比丘戒本》，《大正藏》23 冊，474 頁中欄。

4　《僧祇比丘戒本》，《大正藏》22 冊，552 頁中欄。

5　Anukul Chandra Banerjee, *Two Buddhist Vinaya Texts in Sanskrit,* p. 33.

藏文《根有戒經》[1]作 "ཡང་དགེ་སློང་གང་དགེ་འདུན་གྱི་གཙུག་ལག་ཁང་ནས་དགེ་སློང་དག་སྔ་ན་འཁོད་པར་ཤེས་བཞིན་དུ་ཕྱིས་ཞུགས་ནས་ལ་[གནོད་པ་དེ་འགྲོ་བར་འགྱུར་བ་དེ་ཉིད་དུ་ཤེས་དུ་ཏེ།] ཕྱིས་གནོད་བྱེད་དེ་སྟན་ན་འཆལ་ལས་འདུག་ན", 意思是:任何比丘,明知僧房中有比丘們先住,〔(想:)他感覺不方便,就會離開,〕強行安置在一個位置上或坐,或臥。語序上與《根有律》、《根有戒經》、《根有律攝》有所不同。

上述兩部梵藏《根有戒經》中,比《四分律》多出了「或坐,或臥」兩種行為。

巴利《戒經》[2]作 "yo pana bhikkhu saṅghike vihāre jānaṃ pubbupagataṃ bhikkhuṃ anupakhajja seyyaṃ kappeyya",意思是:任何比丘,知道其他比丘先到的僧團住處,還擠占(他人的)睡覺之處。這裏以「還擠占(他人的)睡覺之處」對應《四分律》的「後來強於中間敷臥具止宿」。

與《四分律》差異較大:

《鼻奈耶》作「若比丘,於房中先敷臥具,若後有來強敷坐具」。相比《四分律》缺乏「知」的內涵,並且此處強敷的是「坐具」,而非「臥具」。

《根有律》、《根有戒經》[3]、《根有律攝》[4]作「若復苾芻,於僧住處,知諸苾芻先此處住,後來於中故相惱觸,於彼臥具若坐,若臥」。與《四分律》相比,這裏描寫的似乎是(犯戒)比丘直接在先住比丘的臥具上「若坐,若臥」,與《四分律》中(犯戒)比丘強制在先住比丘中間鋪臥具而宿有很大不同。此外,還多出了「故相惱觸」的動機描寫,並以「僧住處」對應《四分律》的「比丘住處」。

1　麗江版《甘珠爾》(འཇང་ས་ཏ་ཧམ་འགྱུར)第 5 函《別解脫經》(སོ་སོར་ཐར་པའི་མདོ)12a-12b。
2　Bhikkhu Ñāṇatusita, *Analysis of the Bhikkhu Pātimokkha,* p. 180.
3　《根有戒經》,《大正藏》24 冊,504 頁上欄至中欄。
4　《根有律攝》卷 10,《大正藏》24 冊,580 頁下欄。

（二）念言：「彼若嫌窄者，自當避我去。」

《四分律》：「念言：『彼若嫌窄者，自當避我去。』」意思是：「心想：『他如果嫌（地方）擁擠，自然應當避開我而離去。』」

與《四分律》相似：

《四分僧戒本》作：「念言：『彼若嫌迮者，當自避我去。』」《新刪定四分僧戒本》、《四分律比丘戒本》作：「念言：『彼若嫌迮者，自當避我去。』」《解脫戒經》作「若嫌迮者自當去」。此處的「迮」，同「窄」，都是「狹窄」的意思。

巴利《戒經》作 "yassa sambādho bhavissati, so pakkamissatī ti"，意思是：「想着：『他要是覺得擁擠，自己就會離開。』」

與《四分律》有部分差異：

《根有律》作：「作如是念：『彼若生苦，自當避我去。』」《根有戒經》、《根有律攝》作：「作如是念：『彼若生苦者，自當避我去。』」

《十誦律》作：「不樂者自當出去」。《僧祇律》作：「作是念：『不樂者，自當出去。』」《十誦比丘戒本》、《五分律》、《彌沙塞五分戒本》作：「作是念：『若不樂者，自當出去。』」《鼻奈耶》作：「『若不喜我者，自當出夫。』」

梵文《説出世部戒經》作 "yasyodvahiṣyati so prakramiṣyatīti"，意思是：「想着：『誰不能忍受的，自己就會離開。』」

梵文《有部戒經》中作 "yasya sambādhaṃ bhaviṣyati sa prakramiṣyatīti"，梵文《根有戒經》作 "yasya sambādho bhaviṣyati sa viprakramiṣyatīti"，意思都是：「想着：『誰覺得難受，自己就會離開。』」

藏文《根有戒經》作 "གང་ལ་དེ་འགོ་བར་འགྱུར་བ་དེ་ཉིད་དུ་བུས་ཏེ"，意思是：（想着）他感覺不方便，就會離開。

以上律典與《四分律》的差異主要集中在對「彼若嫌窄者」的不同表述上。《四分律》的「嫌窄」，這些律典表述為「生苦」、「不喜」、「不樂」、「難受」或其他類似的原因。

與《四分律》差異較大：

《僧祇比丘戒本》沒有與此相對應的內容。

（三）作如是因緣，非餘，非威儀，波逸提

《四分律》、《四分律比丘戒本》作「作如是因緣，非餘，非威儀，波逸提」，意思是：（比丘）以這樣的原因，不是因為其他（的情況），做（這樣）不符合威儀（的事情），犯墮罪。

與《四分律》相似：

《新刪定四分僧戒本》作「作如是因緣，非餘，非威儀者，波逸提」。

與《四分律》有部分差異：

《四分僧戒本》作「作是因緣，非餘威儀者，波逸提」。這裏以「非餘威儀」對應《四分律》中的「非餘，非威儀」。

《十誦律》作「除彼因緣，波逸提」，《十誦比丘戒本》作「是因緣故，不異，波夜提」，《僧祇律》作「作如是因緣不異者，波夜提」，《僧祇比丘戒本》作「作是因緣不異，波夜提」，《解脫戒經》作「以是因緣，波逸提」。

梵文《根有戒經》作 "ity eva pratyayaṃ kṛtvā pāyantikā"，意思是：僅僅是這樣的原因而做，墮。

梵文《有部戒經》作 "idam eva pratyayaṃ kṛtvā nānyathāt pātayantikā"，意思是：僅僅是（因為）這樣的原因而做，（而）不是其他的原因，墮。

巴利《戒經》作 "etad-eva paccayaṃ karitvā anaññaṃ, pācittiyaṃ"，意思是：僅僅是因為這樣的原因而做，（而）不是其他的原因，墮。

梵文《説出世部戒經》作 "etad eva pratyayaṃ kṛtvā, ananyam imaṃ tasya bhikṣusya udvāhanapācattikam"，意思是：僅僅是（因為）這個原因而做，不是其他的原因，（造成）這比丘的焦慮，墮。這裏比《四分律》多出了「（造成）這比丘的焦慮」的意思。

以上《十誦律》及之後的律典與《四分律》相比，主要少了「非威儀」的內容。

與《四分律》差異較大：

《鼻奈耶》作「及煩擾者，墮」。

《五分律》、《彌沙塞五分戒本》作「波逸提」，《根有律》、《根有律攝》、《根有戒經》作「波逸底迦」；藏文《根有戒經》作 "ལྟུང་བྱེད་དོ།།"，意思是「墮」。

以上幾部律典均缺少與《四分律》「作如是因緣，非餘，非威儀」相對應的內容。

三、關鍵詞

強於中間敷臥具

　　梵文《説出世部戒經》對應的表述是 "madhye（中間）śayyāṃ（牀鋪、臥具）prajñāpeya（鋪設）"，意思是：在中間鋪設牀鋪（英譯：arrange a bed in the middle）。梵文《有部戒經》作 "anupraskadya（強行、侵犯）śayyāṃ（牀鋪、臥具）kalpayed（準備、安排）"，意思是：強行安置牀鋪（英譯：intrusively arrange a bed）。巴利《戒經》作 "anupakhajja（強行、侵犯）seyyaṃ（牀鋪、臥具）kappeyya（準備）"，意思與梵文《有部戒經》相似。梵文《根有戒經》作 "anupraskandyā（強行、侵犯）-asane（位置）niṣadyāṃ（坐）śayyāṃ（臥）vā（或）kalpayed（準備、安排）"，意思是：強行安置在一個位置上或坐或臥（英譯：intrusively arrange a seat to sit down or lie down）。藏文《根有戒經》作 "ཕྱིས་གནོན་བྱས་ཏེ（後入而強行地壓制）སྒྲ་ལ（在臥具上）ཉལ་ལམ་འདུག（或臥或坐）"，意思與梵文《根有戒經》相同。

　　《四分律》僅解釋了「中間」一詞：「中間者，若頭邊，若腳邊，若兩脅邊。」意思是：強行在先住比丘中間鋪設臥具，緊挨着他們的頭邊、腳邊或兩脅邊。《十誦律》解釋「強敷者，不隨他意，自強敷故。」意思是：在先住比丘不同意的情況下，自己強行鋪設臥具住宿。《根有律》解釋：「後來於中等者，謂是縱身強為坐臥。」內涵和梵文《根有戒經》相同。

　　《巴利律》中對應為「擠進先來比丘之〔牀〕間展設牀座」，其中「展設牀座」，含義為「以牀或椅子排設於入口或近出口處」，內涵與《四分律》相近。

　　《僧祇律》記載：「後來敷置者，欲擾亂使他出故。」《根有律攝》的戒條記載：「後來於中故相惱觸，於彼臥具若坐若臥。」這兩部律典還強調了強覆臥具的動機是為了擾亂或觸惱對方。

　　綜上所述，梵文《説出世部戒經》意為「在中間鋪設牀鋪」，梵文《有

部戒經》和巴利《戒經》內涵一致,指「強行安置牀鋪」。梵文《根有戒經》和藏文《根有戒經》意思是:強行安置在一個位置上或坐或臥,《根有律》、《根有律攝》與其相同。《四分律》、《十誦律》、《巴利律》內涵一致,指在先住比丘不同意的情況下,自己強行鋪設臥具住宿。《僧祇律》、《根有律攝》還強調了強覆臥具的動機。

四、辨相

（一）犯緣

具足以下五個方面的犯緣便正犯本戒：

1. 所犯境

《四分律》中為「比丘先得住處」，其中包括所犯對象和所犯處所兩個要素，必須兩個要素同時滿足時，才算正犯此戒：

（1）所犯對象

《四分律》中，所犯對象是「比丘」，對此觀點，諸律一致，其中，藏傳《苾芻學處》[1] 還要求是「具六法比丘」。

（2）所犯處所

《四分律》為比丘先住進的處所。除《十誦律》、《摩得勒伽》[2]、《根有律》、《根有律攝》[3]、《巴利律》、《善見論》[4] 和藏傳《苾芻學處》外，其他律典和《四分律》表達的內涵相同，也都是指比丘先住進的處所。

《十誦律》、《摩得勒伽》、《根有律攝》、《巴利律》對所犯境有兩條要求：首先，犯戒處所必須是其他比丘先住進的處所，這一點與《四分律》的緣起相同；其次，比丘所住的處所屬於僧（即僧住處），如果不屬於僧，則犯輕，這點在《四分律》中並未提及。《根有律》的戒條中也要求犯戒處所是其他比丘先住進的處所；此外，該律的戒條也要求住處屬僧，但是沒有犯輕的記載。《善見論》沒有明確要求此戒的犯戒處所。藏傳《苾芻學處》則要求「處所是

1　《苾芻學處》，《宗喀巴大師集》卷 5，97 頁。
2　《摩得勒伽》卷 2，《大正藏》23 冊，575 頁下欄；卷 10，《大正藏》23 冊，622 頁上欄。
3　《根有律攝》卷 10，《大正藏》24 冊，580 頁中欄至 581 頁上欄。
4　《善見論》卷 15，《大正藏》24 冊，781 頁中欄。

僧伽處，具處所相，能容四威儀」。

《毗尼母經》、《明了論》沒有此戒的內容，下不贅述。

2. 能犯心

（1）發起心

《四分律》沒有明確記載本戒的發起心。

《十誦律》中為惱他之心。《薩婆多論》[1] 與《十誦律》相同。

《僧祇律》的戒條中，「後來欲擾亂故敷置」，即想要擾亂他人之心。

《五分律》的緣起中，「若不相觸惱」，不犯。由此可知，需有觸惱心才為正犯。

《根有律》、《根有律攝》與《僧祇律》相同。

另外，《根有律攝》中，「作惱他意令他生苦」，即正犯。關鍵詞對此解釋為：「言生苦者，謂禮敬時生苦，或承事時、供養時、看病時、請教時、讀誦時、諮問時、與欲時、飲食時、受施時、坐臥等時，悉皆生苦。」

可見，以上《十誦律》、《僧祇律》等幾部律典中的發起心在表述上稍有不同，但其內涵相同，皆是指「故意損惱他人之心」。

此外，藏傳《苾芻學處》中，發起心為「欲強力侵住」，即想要強制侵占其他比丘的住處。

其他律典沒有相關內容。

（2）想心

《四分律》的戒條中，「知先比丘住處」正犯，即比丘內心知道自己想要敷臥具的地方已經先有其他比丘住。《十誦律》、《薩婆多論》、《僧祇律》、《五分律》、《根有律》、《根有律攝》、《巴利律》與《四分律》相同，其中，《僧祇律》與《五分律》的記載是從戒條中提取出來的。《根有律》的關鍵詞解釋為「知者，謂了其事」，意思是知道有先住比丘住。《巴利律》的關鍵詞解釋為「知者，知是長老，知是病者，知為僧伽所設施之〔僧物〕」。

1　《薩婆多論》卷 6，《大正藏》23 冊，544 頁下欄至 545 頁上欄。

另外《根有律攝》中，他先住作先住想或疑，正犯。藏傳《苾芻學處》與之相同。

《巴利律》中，於僧伽物有僧伽物想，或僧伽物疑，或有私物想，皆正犯。其中「物」根據上下文理解應為僧房。

《善見論》中，「知他比丘敷臥具竟……若不知，若疑」，均正犯此戒。

除此以外，其他律典沒有相關內容。

3. 方便加行

《四分律》中為「強於中間敷臥具止宿」，即強行在其他比丘的牀褥中間敷臥具。《十誦律》、《僧祇律》、《五分律》、藏傳《苾芻學處》在這一點上與《四分律》相同。《鼻奈耶》的方便加行與《四分律》有微細區別，「若比丘於房中先敷臥具，若後有來強敷坐具」，即強行在其他比丘的牀褥中間敷坐具。《巴利律》中，在「先來比丘之〔牀〕間」，或是在僧房的「入口或近出口處」鋪設牀椅，正犯此戒。

《根有律》、《根有律攝》與《四分律》有些不同，這兩部律沒有強調敷臥具之事，而是強調種種擾亂行為。如《根有律》和《根有律攝》的戒條記載：「故相惱觸，於彼臥具若坐若臥。」《根有律》的緣起中，緣起比丘通過在年少比丘禪坐時讓其誦經，誦經時讓禪坐，冷時讓去戶外，暖時更添衣服等行為，對其進行擾亂。《根有律攝》則舉例說明：「若見苾芻粗食不足，勸令誦經，竟夜不臥。若見他得飽滿美食，令其徹曉端坐繫念。若是寒時，遣居露地，以冷水灑，經夜為扇。若在熱時，遣居密室，近火而住，蓋以毛緂。」《鼻奈耶》的緣起和戒條中也記載了相似的擾亂行為，「如厭喚呼、手腳煩擾」等「煩擾者」。《善見論》中，此戒的方便加行為「惱他比丘」。

強調擾亂行為的差異，究其原因，或許與發起心有關。發起心可能是為了獲得住處，也可能是瞋心等其他原因。強敷的行為雖然損惱對方，但發起心不同，行為的意義就不一樣。

《十誦律》中，「若比丘為惱他故，閉戶開戶，閉向開向，然火滅火，然燈滅燈，若唄、咒願、讀經、說法、問難，隨他所不喜樂事作」，皆正犯。與

《根有律》的部分情況相似，《十誦律》把正犯此戒的範圍進行了擴展。《薩婆多論》與《十誦律》相同。

另外，《四分律》只提到比丘「自敷」正犯，未提到教他敷的情況，而《十誦律》、《薩婆多論》、《摩得勒伽》和《五分律》中除了自敷，教他敷也正犯。其他律典與《四分律》相同。

4. 究竟成犯

《四分律》中，究竟成犯為「隨轉側，脅著牀」，意思是隨着比丘臥下即正犯。

《十誦律》中，「若能敷者」，即正犯，「不能敷」，則犯輕，意思是隨着敷臥具的行為完成，即為究竟成犯，與《四分律》有所不同。《薩婆多論》與《十誦律》相同。

《巴利律》記載了兩種究竟成犯：在《巴利律·經分別》中，「坐臥者」，即比丘坐臥時正犯；而在《巴利律·附隨》中，「已臥者」，即比丘躺下後成犯。

《根有律》、《根有律攝》的戒條中，若在對方的臥具上坐、臥時，即正犯。這兩部律與《四分律》也有些不同。

藏傳《苾芻學處》為「或已住，或他了義時成犯」，「已住」表示已經完成強敷的行為，「了義」表示對方明白自己強敷的意圖。這兩種究竟成犯的情況都與《四分律》有所不同。

其他律典沒有明確記載本戒究竟成犯的時間。

5. 犯戒主體

《四分律》中，犯戒主體為比丘，比丘尼同犯。

《薩婆多論》、《五分律》與《四分律》相同。其他律典只提及比丘，沒有提及比丘尼的情況。

（二）輕重

1. 所犯境

（1）所犯對象

《四分律》中，損惱比丘結波逸提罪，其他律典正犯的記載見上犯緣。

關於非比丘的判罰，《四分律》未記載相關內容。

《僧祇律》中，擾亂「比丘尼，偷蘭遮；式叉摩尼、沙彌、沙彌尼，得越毗尼罪；俗人，得越毗尼心悔」。

《摩得勒伽》中，若比丘「逼本犯戒乃至污染比丘尼，突吉羅……逼惱非人等出家，突吉羅」，逼惱「賊住、本犯戒、本不和合、學戒、沙彌，突吉羅」。

《根有律攝》記載：「若令未近圓人生惱觸者，得惡作罪。」

（2）所犯處所

《四分律》中，比丘先住處，犯波逸提罪。《鼻奈耶》、《薩婆多論》、《僧祇律》、《五分律》對此觀點與之相同。其中，《五分律》的內容是從戒條內提取出來的。

《十誦律》中，「若臥牀前，若房內、戶外行處、高處、土埵前」敷臥具，犯波逸提。《薩婆多論》與此相同。

以下四部律典則強調，在僧住處才會犯重，在僧住處以外的地方犯輕。

《十誦律》中，比丘在「僧房舍中」強敷，犯波逸提；「是諸房舍屬天、龍、夜叉、薜荔伽、拘槃荼、毗舍遮、羅剎等非人，是中強敷臥具，得突吉羅；若是房舍屬先破戒、賊住，若先來白衣……比丘尼僧……外道出家，是中強敷臥具，得突吉羅」。

《摩得勒伽》中，在「僧寺」內逼惱他人，犯波逸提；「比丘尼寺中逼惱比丘、比丘尼，突吉羅；除如來弟子僧房舍內，餘寺內逼惱，突吉羅；私房逼惱，突吉羅」。

《根有律攝》中，「於僧住處皆得本罪，於餘住處咸得惡作」，「於尼住處等令他惱時，亦得惡作」。由此可知，這裏的「僧住處」指的是比丘僧團的

住處。

《巴利律》的戒條中，在「僧伽之精舍」，犯波逸提；如果在其他地方，犯突吉羅，如律文：「於精舍之近處，或集會堂，或布帳內，或樹下，或露地以展設牀座，或令人展設者，突吉羅。」《善見論》並未記載此戒的所犯處所。

《根有律》的戒條中，於「諸苾芻先此處住」的「僧住處」，犯波逸提。

藏傳《苾芻學處》中，在「處所是僧伽處，具處所相，能容四威儀」的其他比丘「先住其處」的地方，犯波逸提。

2. 能犯心

（1）發起心

①有損惱心

《四分律》、《鼻奈耶》沒有明確記載發起心。《十誦律》中，「若比丘為惱他故」，波逸提。《薩婆多論》與《十誦律》相同。《僧祇律》中，「後來敷置者，欲擾亂使他出故。作如是因緣不異者，波夜提」。《根有律》記載：「若苾芻故惱他苾芻者，皆得墮罪。」《根有律攝》中，「但使發心作惱他意，令他生苦」，得墮罪。

②無損惱心

《根有律攝》中，「設僧住處不作惱心」，得惡作，而《僧祇律》則記載：「若比丘夜眠時雖振動瘂語，不作擾亂意，無罪。」兩者觀點有些差異。《五分律》緣起中，「若不相觸惱」，不犯。由此可知，需有觸惱心才犯波逸提。

③其他

藏傳《苾芻學處》中，「除有病及恐怖因緣，欲強力侵住」，得墮罪。

其他律典沒有相關內容。

（2）想心

《四分律》中，「知先比丘住處」，犯波逸提罪；若「先不知」，不犯。《十誦律》、《薩婆多論》、《僧祇律》、《五分律》、《根有律》、《根有律攝》中，「知」的判罪與《四分律》相同。《巴利律》中，「知是長老，知是病者，知為僧伽所設施之〔僧物〕」，犯波逸提。

「不知」作為錯想的一種，在《根有律攝》中判為犯輕，與《四分律》有所不同。如律文：「若他先住作先住想、疑，惱時，墮罪；非先住人作先住想、疑，是先住人作非先住想，故為惱亂者，亦得惡作。」藏傳《苾芻學處》中，「於先住者作先住想或疑」，犯波逸提罪；「若於非先住者作先住想或疑，是惡作罪」。

另外，《善見論》中，「若不知，若疑，亦波夜提」，文義體現不論想心，只看結果。

《巴利律》中，於僧伽物（僧房）有僧伽物想、疑想、私物想，闖入而展設牀座者，結波逸提罪；於私物有僧伽物想者、疑想，突吉羅；於私物有私物想，若為他人私物，突吉羅；若為自己私物，不犯。

其他律典沒有相關內容。

3. 方便加行

《四分律》中，若比丘，「強於中間敷臥具止宿」，結波逸提罪。

《僧祇律》、藏傳《苾芻學處》與《四分律》相同。

《鼻奈耶》中，「若比丘於房中先敷臥具，若後有來強敷坐具」，即強行在其他比丘的牀褥中間敷坐具，犯波逸提。

《十誦律》、《薩婆多論》、《摩得勒伽》、《五分律》中，除了自敷外，教他敷也結波逸提罪。

另外，《十誦律》、《薩婆多論》記載：「閉戶開戶，閉向開向，然火滅火，然燈滅燈，若唄、咒願、讀經、說法、問難，隨他所不喜樂事作，一一波逸提。」

《根有律》、《根有律攝》的方便加行是用種種行為擾亂其他比丘，正犯的記載見上犯緣。《根有律攝》還記載了一些犯輕的情況：「苾芻不應大小行處久臥門邊，妨諸來者，凡作故心惱苾芻者，咸得墮罪。又亦不應於大小便處久作經行，到此室時不依大小，在前至者即應先入，便利既了不應久住，洗足之處須依長幼。僧伽器物下至染器，在前用者皆待事畢，不得依年大小奪先用者，亦不應器中安少染汁，作留滯心廢他所用。讀誦經時，先來已

坐，不應依大小令彼起避。僧伽剃刀若用了時，應復本處，不應留舉更備後須。此等不依行者，咸得惡作。」

《巴利律》中，在「先來比丘之〔牀〕間」，或是在僧房的「入口或近出口處」鋪設牀椅，犯波逸提；如果在「牀、椅子、入口、出口之近處以外，展設牀座」，犯突吉羅。《善見論》中，「惱他比丘」，犯波逸提。

其他律典沒有相關內容。

4. 究竟成犯

《四分律》記載：「隨轉側，脅著牀，波逸提。」即隨臥，犯波逸提。

《十誦律》、《薩婆多論》記載：「能敷者，波逸提；不能敷者，突吉羅。」

《巴利律》記載了兩種究竟成犯，《巴利律・經分別》記載：「以牀或椅子排設於入口或近出口處者，突吉羅；〔於其上〕坐臥者，波逸提。」而《巴利律・附隨》則記載：「臥之前行者，突吉羅；已臥者，波逸提。」

其他律典的究竟成犯情況如上述犯緣中所列。

5. 犯戒主體

《四分律》中，比丘、比丘尼若犯，結波逸提罪；式叉摩那、沙彌、沙彌尼若犯，結突吉羅罪。《薩婆多論》、《五分律》記載與《四分律》相同。

《摩得勒伽》中，比丘犯波逸提，「本犯戒等惱性住比丘，突吉羅；非人出家逼惱性住比丘，突吉羅」，此律還記載「賊住……本不和合、學戒沙彌」，犯突吉羅。

其他律典只提到比丘犯波逸提，未提及比丘尼及下三眾等人的判罰情況。

（三）不犯

1. 所犯境不具足

《四分律》中，「若語已住；若先與開間；若間寬廣不相妨閡」，不犯，即和先住比丘說過了以後再住下，或已徵得先住比丘的允許，事先預留，或

地方寬敞，不相妨礙，皆不犯。此外，「若有親舊人，親舊人教言：但於中敷，我自當為語其主」，這種情況與「若語已住」的情況相似，只是前者是比丘自語，而後者是親舊人為語。

《巴利律》記載：「為己之私物者，不犯也。」即房舍是屬於比丘個人所有，不犯。

2. 能犯心不具足

《四分律》中，若「不知」不犯，即如果不知道有先住比丘住宿，不犯。

對於「不知不犯」，不同律典判罰不同，如上文輕重中辨析。

此外，《僧祇律》中，「不作擾亂意，無罪」；《五分律》中，「若不相觸惱」，無犯。這一點《四分律》雖無明文記載，但上述「若語已住；若先與開間」等也都是「不相觸惱」的具體描述。

想心方面，《巴利律》中，於私物作私物想，若是自己的私物，不犯。

3. 犯戒主體不具足

《四分律》記載：「無犯者，最初未制戒，癡狂、心亂、痛惱所纏。」《五分律》、《根有律》與《四分律》相同。《巴利律》記載：「癡狂者、最初之犯行者，不犯。」

4. 開緣

《四分律》中，若倒地，若病轉側墮上；若為力勢所持；若被繫閉；若命難，若梵行難，無犯。《根有律攝》中，「若有餘緣者，無犯」。

《巴利律》：「染病而入，畏寒熱之苦而入，災禍時……不犯。」

《善見論》：「若八難因緣，不犯。」

五、原理

（一）故意損惱、侵擾他人

本戒屬於性戒。住宿房間不足時，緣起比丘明知有先到的比丘，卻強行鋪設臥具侵擾他人。佛制此戒是為了禁止此類故意損惱其他比丘的行為，保障僧團正常的生活秩序。

（二）戒臘原則與先佔原則

比丘在僧團中分房，未分之前按照戒臘先後次第分房，但是分配好之後，再要求他人放棄就顯得不合理。《四分律》記載，十七群比丘本來已經給了上座比丘先行選擇的機會：「諸長老實是我上座，我等先已語長老：『可先求住處，然後我等當求住處。』而今已住，終不能復移。」從中可以看出，比丘既已安頓下來，就先行獲得了屬於他的那一方領地。因此，在遵照戒臘先後的前提下，比丘獲得住處後，即應遵循先到先得的原則。

律典中也記載有一些不依戒臘而採取先佔原則的例子，如《根有律攝》還記載了以下幾種情形：大小便處，在前至者即應先入；使用各種僧伽器物，不得奪取先用者，要等待前面使用者使用完畢；讀誦經時，先來已坐，不應依大小令彼起避。這樣的處理原則無非是為了達到這樣的目的：比丘如廁更方便，器物得到更有效的利用，誦經現場能夠維持良好的秩序。

然而，先佔原則只是不成文的慣例，佛制戒之後才能作為成規固定下來。《五分律》記載，他人侵佔領地之後，比丘即可以反駁道：「汝不聞佛制，他敷臥具竟，不得復敷耶？」可見，如果佛未制定此戒，比丘濫用戒臘原則，很可能使得下座比丘的正當權益在遭受損害時，欲訴無據。有鑑於此，為了避免戒臘先後與先到先得發生衝突，佛陀規定僧團可以安排一位管理房舍牀褥的執事。如《僧祇律》記載：「佛告諸比丘：『汝等云何一切時隨上座

次第起？從今日後不聽一切時隨上座次第起。僧應拜成就五法人知付房舍牀褥。何等五法？不隨愛，不隨瞋，不隨怖，不隨癡，知得不得，是名五。』」[1]執事的安立代表了僧團的權威，職責所在，也只為能以最大限度貫徹和實施公平公正的原則。

（三）謙讓為上

對於修行人而言，良好的住宿環境是修行用功的保障。如果僧團中人多房少，比丘往往需要同住一間房。如果彼此之間不能互相尊重，和睦相處，很容易發生相互侵擾的行為。

《十誦律》中，有比丘因為被聲音所吵而影響了睡眠。比丘「不得眠故食不消，食不消故身體患瘍，惱悶吐逆不樂」。《鼻奈耶》中，迦留陀夷假裝生病導致坐禪比丘「皆收坐具避去」。《僧祇律》中，有比丘挪開他人尼師壇「作細聲唄」，自己用功卻打擾了他人。以上種種個人行為都給同行的日常生活帶來了干擾。

相反，《僧祇律》中，比丘在他處經行，「見先比丘來應當避去」，就表明了比丘之間應該達成某種默契，即使是公共地方，也須遵守先佔原則，否則可能既影響他人用功，也擾亂既定秩序。《五分律》中，有比丘主動邀請沒有臥處的比丘共同分享寢室，這種處處顧念他人的行為值得讚賞，也被佛陀所認可：「若不相觸惱，犯墮，無有是處。」

1　《僧祇律》卷 27，《大正藏》22 冊，445 頁中欄。

六、總結

（一）諸律差異分析

1. 緣起差異
（1）結構差異

《四分律》有一個本制、一個隨制。《鼻奈耶》、《十誦律》、《巴利律》只有一個本制。《僧祇律》有一個本制、一個緣起。《五分律》有一個本制、三個隨制。《根有律》有一個本制和十個緣起。

（2）情節差異

《四分律》主要情節是緣起比丘強行敷設臥具觸惱了對方，其他律典情節與《四分律》大致相同，在細節上存在一些差別。《四分律》中的觸惱對象是比緣起比丘小的十七群比丘，《巴利律》則是比緣起比丘大的長老比丘。一般來說，在比自己大的比丘中強行敷臥具，這種情況比較少見。

相比《四分律》，《鼻奈耶》、《十誦律》、《僧祇律》、《五分律》、《根有律》更偏重於以惡意的身口行為來觸惱對方。《僧祇律》重點描述的是緣起比丘苦求而不得的情形，少了一些強敷臥具的內容。而《根有律》則完全沒有提及敷臥具的事情，而是從多個角度描述了緣起比丘的惡行。

《五分律》中，有比丘使白衣敷臥具的情節，佛陀因此制定了「使人敷」的隨制。《四分律》沒有相關內容，可將此一情節補充到隨制中。

（3）結論

綜上所述，本戒仍以《四分律》的本制和隨制為準，再補充《五分律》中「使人敷」的隨制情節。

2. 戒本差異

諸律間主要的差異集中在以下幾點：

首先，對應《四分律》的「後來強於中間敷臥具止宿」，《根有律》、《根有戒經》、《根有律攝》作「後來於中故相惱觸，於彼臥具若坐，若臥」，其

中「於彼臥具」似乎是指在對方的臥具上坐臥；《鼻奈耶》則作「若後有來強敷坐具」，這裏以「坐具」對應《四分律》的「臥具」；而《十誦律》、《十誦比丘戒本》、《五分律》、《彌沙塞五分戒本》則多了「若使人敷」的情況；《僧祇律》、《僧祇比丘戒本》、《根有律》、《根有律攝》、《根有戒經》中則多出了「欲擾亂」、「相惱觸」等犯戒動機的描述。

其次，相比於《四分律》的「彼若嫌窄者」，《四分僧戒本》、《新刪定四分僧戒本》、《四分律比丘戒本》、《解脫戒經》、巴利《戒經》與《四分律》內涵相同，而除《僧祇比丘戒本》沒有這一內容以外，其他的漢譯戒本以及四部梵藏文戒本中則描述了「生苦」、「不喜」等其他的原因。

最後，《鼻奈耶》、《五分律》、《彌沙塞五分戒本》、《根有律》、《根有律攝》、《根有戒經》及藏文《根有戒經》均缺少與《四分律》「作如是因緣，非餘，非威儀」相對應的內容。

為了使戒本的所犯境表述得更加清晰易懂，結合緣起的內容，將「知先比丘住處」一句中的「先比丘」，據《僧祇律》改為「他比丘」；依《十誦比丘戒本》將「住處」改為「先安住敷臥具竟」。其後的「後來強於中間敷臥具止宿」一句，為了使語序通順，據《四分僧戒本》等將「強」字移到「敷」字前，並在「於」字後面增加一個「其」字。此外，結合辨相部分對究竟成犯條件的辨析，據《根有律》等將「止宿」改為「若坐，若臥」。最後，借鑒《十誦比丘戒本》等，將「念言：『彼若嫌窄者，自當避我去。』」一句改為：「作是念：『若不樂者，自當出去。』」為了避免歧義和誤解，將「作如是因緣，非餘，非威儀」據《五分律》、《根有律》等略去。

3. 辨相差異

（1）所犯境

本戒所犯境有二：所犯對象和所犯住處。

諸律中所犯對象一致，均為比丘。有些律典還記載了對於非比丘犯戒的情況，如《僧祇律》中，所犯對象是比丘尼時，偷蘭遮；下三眾，突吉羅；在家人，自責心懺悔。《根有律攝》中也有觸惱未受具戒者的記載，但結突吉羅罪。從現實情況來說，比丘損惱的對象不可能都是比丘，沙彌等也可能被

損惱到，《根有律攝》的記載對於比丘的日常行持很有參考價值。

住處方面，《四分律》中比丘先住處，犯波逸提罪。其他大部分律典與此觀點相同。此外，《十誦律》、《摩得勒伽》、《根有律攝》、《巴利律》提到，比丘住處屬於僧時才正犯本戒，如果不屬於僧則犯輕。這一差異《四分律》沒有提及。從被損惱者角度來看，比丘住處是否屬僧已顯得不是很重要，所以住處不屬於僧犯輕這一判罰，本戒不採用。

（2）能犯心

①發起心

《四分律》、《鼻奈耶》、《巴利律》沒有明確記載發起心。《十誦律》中，發起心是損惱心，《僧祇律》、《根有律》、《根有律攝》等律典與之相同，本戒發起心取損惱心。

此外，部分律典還討論了無觸惱心時的結罪情況，如《根有律攝》中若不作惱心，得惡作罪，而《僧祇律》和《五分律》則判無罪。《僧祇律》、《五分律》則是從觸惱者的角度來判罪的，既無觸惱之心，故而無罪。本戒此處取後者。

②想心

《四分律》中，先知比丘住處，波逸提；先不知，不犯。《十誦律》、《薩婆多論》、《僧祇律》、《五分律》、《根有律》、《根有律攝》、《巴利律》中「知」的判罪與《四分律》相同。《根有律攝》中，若他先住作先住想、疑，波逸提；非先住人作先住想、疑，突吉羅；先住人作非先住想，突吉羅。藏傳《苾芻學處》同《根有律攝》的前四種想心。《善見論》中，知、不知、疑，均波逸提。此外，《巴利律》的想心是僧伽物，此處不予討論。

關於想心「先不知比丘住處」，諸律共出現了三種不同的判罰：《四分律》判為無罪，《根有律攝》判為惡作，《善見論》判為波逸提。「不知」屬於「無損惱心」的一種心相，結合上文發起心的分析，判為無罪較為合理。此外，作疑想判突吉羅較為合理，其他情況採納《根有律攝》想心的判法。

（3）方便加行

《四分律》、《鼻奈耶》、《十誦律》、《僧祇律》、《五分律》、《巴利律》

以及藏傳《苾芻學處》中，本戒的方便加行為「強於中間敷臥具止宿」。不過，有的律典對方便加行的範圍進行了擴展，如《十誦律》中，「若比丘為惱他故，閉戶開戶，閉向開向，然火滅火，然燈滅燈」等等行為，皆正犯本戒。也有律典未提敷臥具之事，而是作種種行為觸惱對方，如《根有律》中，「故相惱觸，於彼臥具若坐若臥」等。

不論是強敷還是其他種種的行為，都對比丘構成了損惱。不過，從本戒的緣起、戒本，以及大多數律典的辨相來看，加行方便為強敷臥具，而且若作其他觸惱，可能會犯到身口綺戒，故本戒的方便加行為：強敷臥具止宿。

關於「教他敷」的情況，《四分律》沒有提及，《十誦律》、《薩婆多論》、《摩得勒伽》、《五分律》中，教他敷也正犯本戒，此處予以採納。

（4）究竟成犯

諸律中，究竟成犯有四種不同的觀點：《四分律》隨臥成犯；《根有律》、《根有律攝》、《巴利律》隨坐臥成犯；《十誦律》、《薩婆多論》、藏傳《苾芻學處》敷臥具的行為完成時成犯；藏傳《苾芻學處》中，對方了義時成犯。可見，諸律對比丘強敷的程度有不同的認識，從比丘開始敷，敷完到坐臥均有作為究竟的判法。從實踐來看，若對方了義時成犯，比丘可能才剛剛開始敷臥具，這時應該算作強敷的行為的開始，不宜判為正犯。此外，敷臥具僅是前行，其主要目的是坐臥，即使臥具敷完，畢竟還尚未使用臥具，也不應為正犯。再者，假若臥具已強敷，當比丘坐或臥時，比丘的目的即已達到，因此，第二種觀點「隨坐臥」作為究竟成犯更符合實踐的需求。故本戒取第二種觀點，以坐臥為究竟成犯。

結罪次數方面，《四分律》中，「隨轉側，脅著牀，波逸提」，可知每翻一次身，結一波逸提罪。其他律典中沒有結罪次數的相關記載。本戒仍以《四分律》為準。

4. 諸律內部差異

《十誦律》緣起沒有提到使人敷，而戒條有此內容。《巴利律》辨相對強敷牀座的位置有更加詳細的規定，即將牀座擺設於「入口或近出口處」。而緣

起則僅提到「擠進長老比丘中」。

（二）調整文本

通過以上諸律間觀點同異的對比與分析，文本在《四分律》的基礎上作如下調整：

1. 緣起
（1）本制
佛在舍衛國祇樹給孤獨園，六群比丘和十七群比丘一起遊行，十七群比丘恭敬六群比丘是上座，讓六群比丘先去找住處，六群騙十七群讓其獨自尋找。十七群找到住處，鋪設完臥具後，六群比丘趕到，強敷臥具，損惱對方，佛陀由此制戒：「若比丘，他比丘先安住敷臥具竟，後來於其中間強敷臥具，若坐，若臥，作是念：『若不樂者，自當出去。』波逸提。」

（2）隨制
佛在舍衛國祇樹給孤獨園，有比丘不知先有比丘已敷臥具，敷臥具後懷疑自己犯戒，佛陀開緣「不知者，無犯」。又有比丘讓白衣強敷臥具，於是佛陀隨制，教他亦犯。

2. 戒本
若比丘，知他比丘[1]先安住敷臥具竟[2]，後來[3]於其[4]中間強[5]敷臥具，若

1　「他比丘」，底本作「先比丘」，據《僧祇律》、《解脫戒經》改。
2　「先安住敷臥具竟」，底本作「住處」，據《十誦比丘戒本》改。
3　「來」後，底本有「強」，據《四分僧戒本》、《新刪定四分僧戒本》、《根有律》、《根有戒經》、《根有律攝》刪。
4　「其」，底本闕，據《四分僧戒本》、《新刪定四分僧戒本》加。
5　「強」，底本闕，據《四分僧戒本》、《新刪定四分僧戒本》、《鼻奈耶》、《十誦律》加。

坐，若臥 [1]，作是念：「若不樂者，自當出去。」[2] 波逸提。

3. 關鍵詞

於其中間強敷臥具：在先住比丘不同意的情況下，自己強行鋪設臥具住宿。

4. 辨相

（1）犯緣

本戒具足五緣成犯：一、先得住處安止的其他比丘；二、知道對方已先住；三、以損惱心；四、強敷臥具；五、隨身坐臥，成犯。

（2）辨相結罪輕重

①先得住處安止的其他比丘

先得住處安止的是比丘，波逸提；若是比丘尼、式叉摩那、沙彌、沙彌尼以及在家人，突吉羅。

②知道對方已先住

他先住作先住想，波逸提；他先住作先住疑，突吉羅；非先住人作先住想、疑，突吉羅；不知有比丘已經先住，不犯。

③以損惱心

以損惱心強敷，波逸提；無損惱心，不犯；若提前與先住比丘進行了溝通，對方事先預留出了空間，不犯。

④強敷臥具

若比丘自敷，教他敷，波逸提。

把牀或椅子安置於入口或近出口處，突吉羅。

1　「若坐，若臥」，底本作「止宿」，據《根有律》、《根有戒經》、《根有律攝》改。

2　「作是念：『若不樂者，自當出去。』」，底本作「念言：『彼若嫌窄者，自當避我去。』作如是因緣，非餘，非威儀」，據《十誦比丘戒本》、《五分律》、《彌沙塞五分戒本》改。

⑤隨身坐臥

強敷完成，隨身坐臥，波逸提；若臥時，每翻一次身，結一個波逸提罪；強敷完成，未坐臥，突吉羅；未強敷成，突吉羅；若未敷完而倒地，不犯。

把牀或椅子安置於入口或近出口處，於其上坐臥，波逸提。

⑥犯戒主體

比丘、比丘尼若犯，波逸提；式叉摩那、沙彌、沙彌尼若犯，突吉羅。

⑦不犯

若地方寬敞，不相妨礙，不犯。

若有親舊人對比丘説：「但於中敷，我自當為語其主。」不犯；若因生病翻轉身體時，墮上，不犯。

若被外力所強迫時，不犯。

若被繫閉時，不犯。

若有命難、梵行難時，不犯。

最初未制戒時，癲狂、心亂、痛惱所纏時，不犯。

七、現代行持參考

由於出家修行需要過集體生活，會與有各種不同生活習慣的人在一起共住共學。特別是在受用住宿等僧團公共資源時，由於個人習氣使然，在現代社會比丘仍然可能會發生搶佔有限資源的情況，比如房間的朝向、牀鋪的位置等等。因此，現代比丘需要嚴持此戒。

本戒的持守，有賴於僧團集體設立相關的制度。可以根據戒別倫理的原則，在僧團中按照戒臘順序依次進行僧物的分配，戒臘高的比丘具有優先選擇權。而如果下位法師已經先取得了使用權，後到的上座法師應該尊重僧團已有的安排。

不管是僧團執事還是清眾，均應尊重這一原則，服從僧團的集體安排。如有特殊情況，應該向上匯報，以期得到妥善處理，避免憑藉個人的權力或威望來侵害他人的正當利益，進而造成僧團不和合。

17

牽他出僧房戒

一、緣起

（一）緣起略述

《四分律》只有本制。六群比丘與十七群比丘共同出行，到了拘薩羅曠野道中一個住宿空間很有限的「小住處」。六群比丘詐稱自己不需要鋪設住處，讓十七群比丘先去打掃衛生，敷好臥具，然後在他們已經收拾妥當準備休息時，過來以上座的身分逼其讓出住處。十七群比丘不同意，六群比丘便以強力將其驅出。諸比丘以此因緣白佛，佛陀便制此戒。[1]

諸律緣起差異比較：

1. 制戒地點

《四分律》中，制戒地點為「舍衛國祇樹給孤獨園」，《鼻奈耶》[2]與此相同，《十誦律》[3]為「舍衛國」，《僧祇律》[4]、《五分律》[5]為「舍衛城」，《根有律》[6]為「室羅伐城逝多林給孤獨園」，《巴利律》[7]為「舍衛城祇樹給孤獨園」。

2. 緣起比丘

《四分律》中，緣起比丘為「六群比丘」，《鼻奈耶》、《十誦律》、《五分律》、《巴利律》與《四分律》相同。《僧祇律》為「難陀」、「優波難陀」，《根有律》為「鄔陀夷」。

1　《四分律》卷 12，《大正藏》22 冊，645 頁下欄至 646 頁上欄。
2　《鼻奈耶》卷 7，《大正藏》24 冊，880 頁上欄。
3　《十誦律》卷 11，《大正藏》23 冊，78 頁中欄至下欄；卷 53，《大正藏》23 冊，393 頁中欄。
4　《僧祇律》卷 14，《大正藏》22 冊，343 頁上欄至中欄。
5　《五分律》卷 6，《大正藏》22 冊，43 頁中欄至 44 頁上欄。
6　《根有律》卷 29，《大正藏》23 冊，785 頁下欄至 786 頁下欄。
7　《經分別》卷 5，《漢譯南傳大藏經》2 冊，57 頁至 60 頁；《附隨》卷 1，《漢譯南傳大藏經》5 冊，58 頁。

3. 緣起情節

《十誦律》、《巴利律》中的緣起內容比較相似，均只有本制，與《四分律》不同之處是眾僧做安居前的準備，其他情節則均與《四分律》比較相似。《鼻奈耶》中的情節與《四分律》較為相似。

《五分律》有一個本制、兩個隨制。其本制的場景即非行路又非安居，而是十七群比丘新作房舍，六群比丘以上座的身分入住，因不願與他人共住，所以將其強牽出去。佛陀制戒不得「強牽比丘出」。之後，六群比丘便指使他人牽出比丘，佛陀因此增制不得「使人牽」。最後，諸比丘不敢牽出浴室中熱悶倒地的比丘，致使其氣絕而死。佛陀便再次增制，在戒條中加入了「瞋不喜」這個要素，表明非「瞋不喜」的情況不犯。

《僧祇律》、《根有律》中的緣起內容與上述律典差異較大，並非是上座比丘以身分強佔住房。《僧祇律》有一個緣起、一個本制。其緣起的情節是，六群比丘為了獨住一房，而強牽客比丘出房；本制情節是，難陀和優波難陀將弟子強牽出房，佛陀以此因緣制戒。《根有律》是一個本制、一個隨制：其中本制情節是鄔陀夷因為瞋恚而在夜裏強牽門徒出房，佛陀因此制戒；隨制的情節是諸比丘不敢扶病比丘出危房，導致其被壓死，佛陀因此而開緣了遇到難緣的情況。

（二）緣起比丘形象

《四分律》中，六群比丘騙十七群比丘説「汝但去，我不敷」，後來「知十七群入寺掃灑房舍淨潔，敷好臥具已」，即來強佔，刻劃出虛偽而又恃強凌弱的形象。在十七群比丘不出去時，六群比丘便「強牽，瞋不喜驅出房」，突顯緣起比丘粗魯、易怒的性格。

與《四分律》相似，其他律典也描述了緣起比丘的粗魯形象。如《十誦律》中，緣起比丘強佔房舍，將下座比丘驅出時，「大力剿健，不大謹慎，即強牽出。是比丘柔軟樂人，頭手傷壞鉢破衣裂」，展現出粗魯、魯莽、無慈悲心、不考慮後果的形象。《僧祇律》中，在驅出客比丘時，或捉其手腳，或捉

頭高舉，處理事務如此簡單粗暴，除了粗魯、魯莽以外，還能看出他們的囂張跋扈。

另外，多部律典中記載了緣起比丘懈怠、放逸的形象。如《十誦律》中，在其他比丘積極準備安居房舍時，「六群比丘懈惰不作，遙見他作便生是念：『我等上座，須彼作竟受臥具已，當於後入隨上座驅起』」。《根有律》中，鄔陀夷帶着眾多少年比丘行路時，「或以三衣袋與之令負，或與鉢盂，或與雜袋，或與君持淨器，或與常用觸瓶，或與錫杖，或與皮鞋，所有資具悉令擎去，自垂兩手著上下二衣，調弄諸人，隨路而去」。也是一副懶惰懈怠、散亂放逸的形象。

（三）犯戒內因

《四分律》中，六群比丘強佔住處時與十七群比丘發生口角，於是「瞋不喜」，將對方強牽出房。其犯戒的內因是猛利的瞋恚煩惱。

其他律典所述與《四分律》基本一致。如《十誦律》中，「比丘房中瞋恨不喜，便強牽出」，《根有律》中，「怒而告曰……即便強驅令出」，《巴利律》中，六群比丘「瞋怒不喜，捉〔彼等〕首強行拖出」。

另外，《五分律》記載了六群比丘的心理活動，揭示了他們不肯與十七群比丘共住的原因。如律文：「時六群比丘作是念：『此諸比丘有慚愧，學戒法，初夜、後夜不睡，不臥，必見我罪，不宜共住。』」六群比丘自身不清淨，想覆藏自己的犯戒行為，因此要將他人牽出。這種排斥對方的行為，也是由瞋恨心驅使的。

（四）犯戒外緣

《四分律》中，六群比丘與十七群比丘共同出行，住處不定，是本戒的犯戒外緣。《根有律》與此相同。

《鼻奈耶》、《十誦律》和《僧祇律》中，比丘來到新的環境，並整治房

舍，是本戒的犯戒外緣。

《五分律》中，六群比丘來到新的地方，要尋找住處，是本戒的犯戒外緣。

上述幾種外緣的相似之處，是比丘來到新的環境需要安排住處，在此過程中與他人產生矛盾，引發內心的瞋煩惱，最後導致犯戒行為的發生。因此，比丘來到新的環境產生住宿的需求，是引發違犯本戒的主要外緣。

（五）犯戒後的影響

緣起比丘的行為使被牽出的比丘情緒激動，乃至於身體也受到傷害。《四分律》中，十七群比丘被牽出時：「高聲言：『莫爾諸賢！莫爾諸賢！』」他們原本已經整理好住處，可以開始安定的修行和生活，但緣起比丘將這些打破。另有幾部律典也記載了被牽出比丘因權益受損而情緒激動的情況。《僧祇律》中，「出房已弟子大呼」；《五分律》中，「十七群比丘即大喚」；《巴利律》中，「彼等被拖而哭叫」。兩部律典提到被牽出比丘身體受到了傷害。《十誦律》記載：「是比丘柔軟樂人，頭手傷壞，鉢破衣裂。」《根有律》記載：「聖者鄔陀夷驅我令出，通宵寒苦，僅得存生。」

（六）佛陀考量

《僧祇律》中，佛陀在制戒前勸誡緣起比丘說：「汝常不聞我無量方便讚說，於梵行人所應修慈，身行修慈，口意行修慈，常供養供給耶？」可見佛陀經常教育弟子修習慈心，以此調服瞋心煩惱。而緣起比丘的行為與佛陀的教育相違，僅靠修心的方便無法調伏其粗猛的煩惱。因此佛陀制戒，在身口方面禁止其行為，其目的主要還是對治其瞋恨心。

部分律典記載，在制戒以後，佛陀又因一些特殊情況作了開緣。如《十誦律》記載：「若房舍欲破故牽出不犯。」《五分律》中，「有病比丘在房，欲出庭中，不能起居」，請其他比丘幫忙，其他比丘怕犯戒而不敢做；另有一比

丘「浴室中浴，熱悶倒地，諸比丘不敢牽出，氣絕而死」。佛陀因此修訂戒條，並告訴諸比丘：「若病人須牽出房，牽出犯波逸提者，無有是處。」《根有律》記載：「時有苾芻居土窟房，時此苾芻身嬰疾患。天欲將雨，五色雲興，諸苾芻見報言：『具壽！宜可急出，天將大雨，恐土房崩。』時彼病重不能自出。時諸苾芻懼犯戒故不敢扶出。天既洪雨，土窟遂崩，壓彼病人，因斯命過。佛言：『有此難緣應當牽出。』」

可見，對於病緣和命難的情況，佛陀是完全開許的，甚至鼓勵比丘強牽對方出房。若比丘執持戒相而見死不救，反而與佛陀修慈心的教誡相違背。

（七）文體分析

《四分律》、《鼻奈耶》、《十誦律》、《巴利律》都僅有一個因緣。《鼻奈耶》中的內容相當於《十誦律》的簡化版。上述諸律典均屬於客觀敘述，表達手法簡單，沒有太細緻的情節。

《僧祇律》有兩個因緣，其語言簡練，但描述得非常傳神。如文中「六群比丘即各各捉其手腳，或捉頭高舉欲出之」，將六群比丘氣焰囂張的形象刻劃得十分細緻；「時世尊以神足在虛空中來，六群比丘見世尊已即撲地而去。佛語客比丘：『汝但在房中住。』」短短幾句話，就令佛陀的威德、智慧和慈悲躍然紙上。

《五分律》有三個因緣，其語言描述生動細緻。如：「十七群比丘言：『若不樂共住，上座可在前房，我等住於後屋。』六群比丘言：『此亦不得！』復求在簷下、庭中露住，皆悉不聽。彼既不聽，此不肯去，便強牽出。」六群比丘咄咄逼人，十七群比丘步步退讓，最後雙方僵持不下。這一部分情節緊湊，描述得生動而翔實。

《根有律》有兩個因緣，篇幅在諸律中最多，文中多有細節的描寫。如描寫年少比丘睡前做的一些工作：「於師臥處皆為敷說，濯足水塗足油安在一邊，各自洗足入溫堂中，誦所持經隨處眠臥。」

二、戒本

《四分律》中，本戒的戒本為：「若比丘，瞋他比丘不喜，僧房舍中住，若自牽出，教他牽出，波逸提。」

（一）若比丘，瞋他比丘不喜，僧房舍中住

《四分律》作「若比丘，瞋他比丘不喜，僧房舍中住」，意思是：如果比丘，瞋恨其他的比丘，（內心）不歡喜，（在）僧房中居住。

與《四分律》相似：

《四分僧戒本》[1]、《新刪定四分僧戒本》[2] 作「若比丘，瞋他比丘不喜，僧房舍內」，《四分律比丘戒本》[3] 作「若比丘，瞋他比丘不喜，僧房中」。相比《四分律》，這三部律典少了「住」的描述，但意思基本相同。

巴利《戒經》[4] 作 "yo pana bhikkhu bhikkhuṃ kupito anattamano saṅghikā vihārā"，意思是：任何比丘，對（其他）比丘瞋恚、不喜，在僧團的住處。

與《四分律》有部分差異：

以下律典與《四分律》相比，都缺少了「他比丘」。

《僧祇比丘戒本》[5] 作「若比丘，瞋恨不喜，僧房內」，《五分律》、《彌沙塞五分戒本》[6] 作「若比丘，瞋不喜，於僧房中」，《根有律》、《根有戒經》[7]、《根有律攝》[8] 作「若復苾芻，瞋恚不喜，於僧住處」。

1　《四分僧戒本》，《大正藏》22 冊，1026 頁中欄。

2　《新刪定四分僧戒本》，《卍續藏》39 冊，267 頁上欄。

3　《四分律比丘戒本》，《大正藏》22 冊，1018 頁下欄。

4　Bhikkhu Ñāṇatusita, *Analysis of the Bhikkhu Pātimokkha*, p. 182.

5　《僧祇比丘戒本》，《大正藏》22 冊，552 頁中欄。

6　《彌沙塞五分戒本》，《大正藏》22 冊，197 頁上欄。

7　《根有戒經》，《大正藏》24 冊，504 頁上欄。

8　《根有律攝》卷 9，《大正藏》24 冊，580 頁上欄。

《十誦律》作「若比丘，比丘房中，瞋恨不喜」，《十誦比丘戒本》[1]作「若比丘，比丘房舍中，瞋恚忿心不喜」。相比《四分律》中的「僧房舍」，這裏均作「比丘房」。

梵文《説出世部戒經》[2]作"yo punar bhikṣu bhikṣusya duṣṭo doṣāt kupito anāttamano sāṃghikād bhikṣuvihārād"，意思是：任何比丘，（由於）比丘的瞋恨、憎惡、憤怒、不高興，在僧團的比丘住處。

梵文《有部戒經》[3]作"yaḥ punar bhikṣur abhiṣaktaḥ kupitaś caṇḍīkṛto 'nāptamanāḥ sāṃghikād vihārād"，梵文《根有戒經》[4]作"yaḥ punar bhikṣur abhiṣaktaḥ kupitaś caṇḍībhūto 'nāttamanā sāṃghikād vihārād"，意思都是：任何比丘，觸惱、激怒、憤恨、不高興，在僧團的住處。

藏文《根有戒經》[5]作"ཡང་དགེ་སློང་གང་ཁྲོས་འཁྲུགས་རྣམ་པར་གྱུར་ཏེ་ཡིད་མ་རངས་ནས་དགེ་འདུན་གྱི་གཙུག་ལག་ཁང་ནས"，意思是：任何比丘，出於忿恨不喜，從僧眾的寺院。

與《四分律》差異較大：

《鼻奈耶》作「若比丘，至比丘房，詐為瞋恚」，這裏的「比丘房」與《四分律》的「僧房舍」有些差異。此外，還多了「詐」的描述，表明瞋恚的狀態是偽裝出來的，並不是真正的瞋恚。

《解脱戒經》[6]作「若比丘，先瞋恚，為惱亂故」，表明比丘的動機是為了惱亂他人，同時缺少與「僧房舍中住」相對應的內容。

《僧祇律》作「若比丘，在僧房內」，與《四分律》相比，缺少與「瞋他比丘不喜」相對應的內容。

1　《十誦比丘戒本》，《大正藏》23 冊，474 頁中欄。

2　Nathmal Tatia, *Prātimokṣasūtram of the Lokottaravādimahāsāṅghika School*, Tibetan Sanskrit Works Series, no. 16, p. 20.

3　Georg von Simson, *Prātimokṣasūtra der Sarvāstivādins Teil II*, Sanskrittexte aus den Turfanfunden, XI, p. 208.

4　Anukul Chandra Banerjee, *Two Buddhist Vinaya Texts in Sanskrit*, p. 33.

5　麗江版《甘珠爾》（འདུལ་བ་གཞུང）第 5 函《別解脱經》（སོ་སོར་ཐར་པའི་མདོ）12b。

6　《解脱戒經》，《大正藏》24 冊，662 頁中欄。

（二）若自牽出，教他牽出，波逸提

《四分律》、《四分律比丘戒本》作「若自牽出，教他牽出，波逸提」，意思是：如果自己將比丘驅趕出（僧房），或讓他人將比丘驅趕出（僧房），犯墮罪。

與《四分律》相似：

《四分僧戒本》作「若自牽出，若教人牽出，波逸提」，《新刪定四分僧戒本》作「若自牽出，若教人牽出者，波逸提」。

《鼻奈耶》作「驅他使出，若使人驅者，墮」。

巴利《戒經》作 "nikkaḍḍheyya vā nikkaḍḍhāpeyya vā, pācittiyaṃ"，意思是：（自己）驅趕，或者令（他人）驅趕（其他比丘），墮。

與《四分律》有部分差異：

《解脫戒經》作「牽他出房，波逸提」，相比《四分律》沒有明確是「自牽」或「教他牽出」的意思。

《五分律》、《彌沙塞五分戒本》作「自牽比丘出，若使人牽，作是語：『出去，滅去！莫此中住！』波逸提」。

《僧祇律》作「若自牽出，若使人牽出，乃至言：『比丘汝出去。』作是語者，波夜提」；《僧祇比丘戒本》作「牽比丘出，若自牽，若使人牽，下至言：『汝出去！』波夜提」。

梵文《說出世部戒經》作 "bhikṣuṃ nikaḍḍheya vā nikaḍḍhāpeya vā antamasato neha bhikṣū ti vā vadeya pācattikaṃ"，意思是：（自己）驅趕或是令（別人）驅趕（其他）比丘，乃至說「走開，比丘！」墮。

《五分律》及之後的律典與《四分律》相比，多了驅趕比丘的語言描寫。

《根有律》、《根有戒經》、《根有律攝》作「牽苾芻出，或令他牽出者，除餘緣故，波逸底迦」。

梵文《根有戒經》作 "bhikṣuṃ niṣkarṣen niṣkārṣāpayed vā anyatra tadrūpāt pratyayāt pāyantikā"，意思是：（自己）驅趕，或是令（他人）驅趕出（其他）比丘，除非有因緣，墮。

藏文《根有戒經律》作 "དགེ་སློང་སློང་དང་། སློང་དུ་འཇུག་ན་དེ་འདི་བའི་རྐྱེན་མ་གཏོགས་ཏེ་ལྟུང་བྱེད་དོ། །"，意思是：將比丘逐出或讓人逐出，除非有因緣，墮。

《根有律》及之後的五部根本說一切有部戒本，相比《四分律》，都增加了「除餘緣」或類似的表述

《十誦律》作「便自牽出，若使人牽出，『癡人遠去，不應住此』，除彼因緣，波逸提」，《十誦比丘戒本》作「若自挽出，若使人挽出，如是言：『出去！滅去！汝不應是中住。』是因緣故不異，波夜提」。

梵文《有部戒經》作 "bhikṣuṃ niṣkarṣen niṣkarṣayed vā cara pareṇa mohapuruṣa naśya tvaṃ na tvayeha vastavyam idam eva pratyayaṃ kṛtvā nānyathāt pā(tayantikā)"，意思是：（自己）驅趕或是令（他人）驅趕出（其他）比丘，（説）「癡人，你走開，然後消失！你不要在這裏居住」，以這樣一個並非其他的原因而作，墮。

《十誦律》及之後的戒本，相比《四分律》，除了增加了驅趕比丘的語言描寫外，還多了「除彼因緣」或類似的內容。

三、辨相

（一）犯緣

具足以下五個方面的犯緣便正犯本戒：

1. 所犯境

本戒的所犯境包含了兩個方面，所犯對象與所犯處所，必須兩個要素同時具足時，比丘才會正犯此戒。

（1）所犯對象

《四分律》中，所犯境是比丘。除了《薩婆多論》和藏傳《苾芻學處》外，其他律典均與《四分律》相同。

《薩婆多論》中，比丘，正犯。此律對於比丘尼的記載有兩處，一處記載正犯，另一處記載不正犯。

藏傳《苾芻學處》[1] 強調此比丘應具有六法。

《善見論》、《明了論》沒有記載本戒相關內容，下不贅述。

（2）所犯處所

對於所犯處所，有些律典的表述與《四分律》不同，但內涵相同。《摩得勒伽》[2] 的記載為寺內僧房，是「如來弟子寺舍」；《根有律》在戒條中記載為「僧住處」，關鍵詞解釋其含義是「佛弟子所住之處」；《根有律攝》[3] 的記載為「僧伽處」；《巴利律》的關鍵詞記載為「僧伽之精舍」，是「為僧伽所設施者」；藏傳《苾芻學處》記載「處所是僧伽處，具處所相，能容四威儀」。

其他律典的記載與《四分律》均有差別。

1　《苾芻學處》，《宗喀巴大師集》卷 5，97 頁。

2　《摩得勒伽》卷 2，《大正藏》23 冊，575 頁下欄；卷 10，《大正藏》23 冊，622 頁上欄。

3　《根有律攝》卷 9，《大正藏》24 冊，580 頁上欄至中欄。

《鼻奈耶》的記載為「比丘房」，沒有進行解釋。與其部派傳承相同的《十誦律》戒條中記載的也是「比丘房」，律文解釋為：「比丘房者，或屬僧，或屬一人，極小乃至容四威儀行立坐臥。」其含義包括僧房和比丘個人的私房。另外，《十誦律》記載，從「坐牀……臥牀上、房內、戶外行處、高上、土埵上」牽出，均為正犯。《薩婆多論》[1]則記載，從「坐牀前、若臥牀前、若房內房外行處、高處、土埵前」牽出，均為正犯。

《僧祇律》中，牽出處所是僧房內的「柱」、「戶」、「壁」等各種具體地點。

《五分律》中，從僧房中、「戶外」、「庭中」牽出，均是正犯。

可以看到，《僧祇律》中，所犯處所雖然仍在僧房內但更為具體化；《十誦律》、《薩婆多論》和《五分律》中，所犯處所的範圍與《四分律》相比差別更大，房內外的具體處所都被包括在內。

其他律典沒有相關要求。

2. 能犯心

（1）發起心

《四分律》中，本戒的發起心是「瞋他比丘不喜」。

《十誦律》、《薩婆多論》、《五分律》、《根有律》、《根有律攝》、《巴利律》均與《四分律》相同。其中，《五分律》的發起心來自戒條，《十誦律》的關鍵詞則解釋為：「瞋恨者，不隨意故。不喜者，瞋不喜見故。」《巴利律》的關鍵詞解釋為：「瞋怒不喜者，激動不滿之態。」《根有律攝》對此的解釋為：「或為貲財，或念雠隙，或因利養而生嫉妒，或由毀謗師主、門徒及餘知識，生瞋恨故。」

《摩得勒伽》中，發起心是「瞋恚」，沒有提及「不喜」。

《鼻奈耶》中，發起心是「詐為瞋恚」，意即假裝生起瞋恨心，並非真正的瞋恨心。藏傳《苾芻學處》中，發起心是「欲驅逐之」，即故意想要驅逐他人之心。這兩部律典與《四分律》有較大的差異。

1　《薩婆多論》卷6，《大正藏》23冊，544頁下欄。

《毗尼母經》[1]、《僧祇律》沒有這方面的記載。

（2）想心

《四分律》並未提到想心。

三部律典有想心方面的記載。《根有律攝》中，想心是在僧伽處作僧伽處想、疑，或者無過比丘作無過想、疑。

藏傳《苾芻學處》中，想心是「想不錯亂」。

《巴利律》中，於僧伽物有僧伽物想、疑、非僧伽物想，均正犯。與前兩部律典差異較大。

其他律典沒有這方面的內容。

3. 方便加行

《四分律》中，方便加行是自己或令別人把所犯對象從僧房舍中牽出。除《毗尼母經》外，其他律典均與《四分律》相同。《毗尼母經》中，「恃力驅出」所犯對象，正犯此戒，此律沒有記載教他驅出的加行。

《十誦律》、《僧祇律》、《五分律》、《根有律》在此基礎上還記載，用語言驅出也屬於正犯。《十誦律》的戒條記載：「自牽出，若使人牽出，『癡人遠去，不應住此。』」《僧祇律》的戒條記載：「若自牽出，若使人牽出，乃至言：『比丘，汝出去。』」《五分律》的戒條記載：「自牽比丘出，若使人牽，作是語：『出去，滅去！莫此中住！』」《根有律》的關鍵詞記載：「牽出者，或言驅出，或以手牽，自作使人。」

4. 究竟成犯

《四分律》中，究竟成犯是出戶，即牽出房門。

《根有律》、《根有律攝》、《巴利律》與《四分律》相同。

藏傳《苾芻學處》為「離處所勢分」，與《四分律》相似。

一些律典與《四分律》差異較大。

1　《毗尼母經》卷 4，《大正藏》24 冊，824 頁上欄。

《僧祇律》中，對於僧房內的具體處所，離一一處所即成正犯。

《十誦律》中，「若從牀上至地，從房內至戶，從戶至行來處，從高上至下處，從土埵上至地」，即正犯。《薩婆多論》中，「從牀上至地……乃至從土埵上至地」，牽離所在處所即正犯。

《五分律》中，「若於後屋，牽至前屋；若於前屋，牽出戶外；若於戶外，牽至庭中；若於庭中，牽出庭外」，即正犯。

其他律典均沒有相關的記載。

5. 犯戒主體

《四分律》中，犯戒主體是比丘，比丘尼同犯。

《薩婆多論》、《五分律》與《四分律》觀點相同。

藏傳《苾芻學處》中，本戒的犯戒主體是比丘，比丘尼不共犯。

其他律典中，犯戒主體均為比丘，沒有比丘尼的情況。

（二）輕重

1. 所犯境
（1）所犯對象

《四分律》中，如果牽出的對象是比丘，結波逸提罪；「若持他物出，突吉羅；若持物擲著戶外，突吉羅」。對於將他人物品拿出結突吉羅罪的情況，由於本戒中界定的是以瞋恚心拿出，而非以盜心偷取，所以與盜戒的「離本處」不同。

在牽出比丘結波逸提罪這一點上，其他律典與《四分律》相同。另外，各律典還記載了一些其他所犯境的結罪情況。

《十誦律》記載：「若牽出天、龍、夜叉、薜荔伽、拘槃荼、毗舍遮、羅剎等非人作比丘……得突吉羅；若牽惡比丘出，得突吉羅；若牽惡比丘衣鉢出，得突吉羅；若牽曳外道出家出，得突吉羅。」

《薩婆多論》記載：「若牽比丘尼三眾，突吉羅；若牽聾盲瞎啞、得戒沙

彌、波利婆沙、摩那埵，波逸提；在家無師僧、本破戒比丘還出家受戒、越濟人、六罪人、五法人，突吉羅；白衣，無罪。」此律對比丘尼的結罪還有另一處記載，與前文判罪不同：「若瞋恨心牽比丘尼，能者，波逸提；不能，突吉羅。」

《十誦律》還對被牽出的比丘作了兩種區分：「能牽者，波逸提；不能者，突吉羅。」《薩婆多論》與《十誦律》相同。

《摩得勒伽》中，若牽出「狂心、散亂心、聾盲瘖啞」的比丘，結波逸提罪；若牽出「非人作比丘乃至污染比丘尼」，或者牽出賊住、本犯戒、本不和合、學悔沙彌、沙彌、惡鬼等，均結突吉羅罪；牽出「惡比丘衣鉢」，結突吉羅；若僧眾共同牽出賊住比丘，亦結突吉羅罪。

《僧祇律》記載：「若比丘驅比丘出，波夜提；若驅比丘尼出，偷蘭遮；若驅式叉摩尼、沙彌、沙彌尼，得越毗尼罪；下至驅俗人出，越毗尼心悔。」

《五分律》中，比丘牽比丘尼、式叉摩那、沙彌、沙彌尼出，均結突吉羅罪。若牽出衣鉢，亦結突吉羅罪；比丘尼牽比丘、比丘尼，犯波逸提；牽下三眾，犯突吉羅。

《根有律攝》中，「若曳衣鉢，得惡作罪」，「若有苾芻是鬥諍者，先無諍事能令諍生，現有諍事令轉增長，戒見軌式多有虧損，如此之人瞋而曳出，若無善心，亦得惡作」，「若已近圓人，不行恭敬，不堪教誨者，應與六物驅令出去；若是求寂，與上下二衣亦驅令去。……如前所制，不依行者，咸得惡作」。

《巴利律》中，牽出「未受具戒者」或資具物品，均結突吉羅罪。

藏傳《苾芻學處》中，「逐未受近圓者」，結突吉羅罪。

此外，兩部律典還提到了驅出動物的幾種情況。《僧祇律》記載：「若比丘瞋恚蛇鼠，驅出，越毗尼罪。若作是言：『此是無益之物。』驅出無罪。若駱駝、牛、馬在塔寺中，畏污壞塔寺，驅出者無罪。」《根有律攝》詳細介紹了對待幾種動物的方法：「若於住處龍蛇忽至，應可彈指而語之曰：『賢首！汝應遠去，勿惱苾芻。』若告已不去者，應持軟物而冒去之，勿以毛繩等繫，勿令傷損，於草叢處安詳解放，待入穴已，然後捨去。若棄蚤蝨等，不可隨

宜輒便棄地，應於故布帛上觀時冷熱而安置之。此若無者，應安壁隙柱孔，任其自活。如前所制，不依行者，咸得惡作。」

（2）所犯處所

據《四分律》，若牽出僧房舍，結波逸提罪。

其他律典正犯情況如犯緣所述。

另外幾部律典記載了一些其他的結罪情況：

《薩婆多論》記載：「若比丘在僧祇房中，若在尼房中牽尼，突吉羅；若尼在僧祇房中牽比丘者，波逸提；若尼房中牽比丘，突吉羅。」

《摩得勒伽》中，「私房驅出，突吉羅；若露地驅出，突吉羅」；「比丘尼僧中，挽出比丘、比丘尼，突吉羅；除如來弟子寺舍，餘寺舍中挽出，突吉羅」。

《根有律攝》記載：「若尼住處、授學人處，或先犯人，或非人等所住之處，或自私房，或求寂住處，或於空處，或外道處，於斯等處曳出清淨苾芻，得惡作罪。」

《巴利律》中，若拖出「精舍附近，或集會堂，或布帳內，或樹下，或露地者」，結突吉羅罪。

2. 能犯心

（1）發起心

《四分律》中，比丘若「瞋他比丘不喜」而將其牽出，結波逸提罪。

《摩得勒伽》中，發起心為「瞋恚」，與《四分律》相比，少了「不喜」的描述。

《鼻奈耶》中，比丘「詐為瞋恚」而牽出其他比丘，犯波逸提。

藏傳《苾芻學處》中，若內心「欲驅逐之」而驅出比丘，結波逸提罪；「若以戲弄心暫驅逐」，結突吉羅罪。

《僧祇律》、《毗尼母經》沒有這方面的內容。

其他律典均與《四分律》相同。

（2）想心

《四分律》並未提到想心。《根有律攝》：「在僧伽處作僧伽想，境想六句，二犯墮罪，四皆惡作。無過苾芻作無過想，亦有六句，初重次輕，後二無犯。」文中沒有明確列出境想六句。參照該律其他戒條的內容，其兩處境想六句應為：

在僧伽處作僧伽處想、疑，結波逸提罪；非僧伽處作僧伽處想、疑，結突吉羅罪；僧伽處、非僧伽處作非僧伽處想者，結突吉羅罪。於無過苾芻作無過想、疑，結波逸提罪；有過苾芻作無過想、疑，結突吉羅罪；有過苾芻、無過苾芻作有過苾芻想者，無犯。

藏傳《苾芻學處》中，「想不錯亂」，正犯本戒，沒有記載其他的結罪情況。

《巴利律》記載：「於僧伽物有僧伽物想……波逸提；於僧伽物有疑想……乃至……於僧伽物有私物想……波逸提。……於私物有僧伽物想者，突吉羅；於私物有疑想者，突吉羅；於私物有私物想者，若為他人私物者，突吉羅；為己私物者，不犯也。」文中的「僧伽物」是指「僧伽之精舍」。

其他律典與《四分律》相同，均沒有想心的判罪記載。

3. 方便加行

《四分律》中，若自手將比丘牽出，或者指使其他人將比丘牽出，均結波逸提罪。

除《毗尼母經》外，其他律典的方便加行在這一點上與《四分律》相同。而《毗尼母經》中只記載「恃力驅出」犯波逸提，沒有記載「教他作」的相關內容。

對於自作教他，《薩婆多論》中，指使「比丘、比丘尼、式叉摩尼、沙彌、沙彌尼，乃至白衣」牽出比丘，均結波逸提罪。指使比丘牽出他人時，若能將他人牽出，指使比丘和被指使比丘均結波逸提罪；如不能將他人牽出，則指使比丘和被指使比丘均結突吉羅罪。

《十誦律》、《僧祇律》、《五分律》、《根有律》還記載，用語言驅出，也

犯波逸提。

此外，各律典還記載了一些不正犯的方便加行。

《四分律》記載：「若閉他著戶外，突吉羅。」

《摩得勒伽》中，「遣使、手印」牽出，結突吉羅罪。《根有律攝》的記載與此相似：「若以書印等令他牽出者，得突色訖里多。」

《五分律》記載：「若將其所不喜人來共房住，欲令自出；若出，若不出，皆突吉羅。」這是指刻意帶一個此比丘不喜歡的人來共住，想以這種方式使此比丘自己離開。

4. 究竟成犯

《四分律》中，將比丘牽出房門時，「隨出房」即結波逸提罪，「若牽多人出多戶，多波逸提；若牽多人出一戶，多波逸提；若牽一人出多戶，多波逸提；若牽一人出一戶，一波逸提」。

《十誦律》中，牽出他人時，「若從牀上至地，從房內至戶，從戶至行來處，從高上至下處，從土墤上至地，波逸提」。此外，如果牽不動他人，只結輕罪，「能牽者，波逸提；不能牽，突吉羅」。

《巴利律》記載：「於房內捉而拖出門口者，波逸提；於門口捉而向外拖出者，波逸提。」該律典也認為將比丘牽出房門時結波逸提罪，不過對於方便罪與結罪數量，與《四分律》有差異。律典中記載：「言『拖出』而命令他者，突吉羅。令拖〔出〕一室，而過多室之門者，〔一〕波逸提。」「一拖而越過多室者，〔一〕波逸提。」

《僧祇律》記載：「若比丘牽比丘出時，彼比丘若抱柱，若捉戶，若倚壁，如是牽離一一處，一一波夜提。若口呵叱遣彼比丘，隨語離一一處者，一一波夜提。若方便驅直出門者，得一波夜提。」

其他律中的相關情況如上文犯緣中所述。

5. 犯戒主體

《四分律》中，比丘、比丘尼若犯此戒，均結波逸提罪。《薩婆多論》、

《五分律》與此相同。

《摩得勒伽》記載了幾種特殊狀態比丘的結罪情況：若「污染比丘尼比丘」，或「狂心、散亂心、聾盲瘖瘂」比丘犯本戒，均結突吉羅罪。

另外，《四分律》、《薩婆多論》、《五分律》中，若式叉摩那、沙彌、沙彌尼犯此戒，結突吉羅罪。

其他律典中，比丘犯此戒，結波逸提罪。

（三）不犯

1. 所犯境不具足

幾部律典記載，在一些因緣下牽出弟子或非法比丘不犯。

《四分律》記載：「若共宿二夜至三夜，遣未受戒人出；若破戒，若破見，若破威儀，若為他所舉，若為他所擯，若應擯；以是因緣故有命難、梵行難：驅逐如此人等，無犯。」

《五分律》記載：「若牽無慚愧人，若欲降伏弟子而牽出者，皆不犯。」

《根有律攝》也記載，驅出破戒比丘不犯，如文：「若破戒人，大眾應共驅出，若恐鬥諍者，應為恐脅，持其衣鉢方便令出；若倚門，若抱柱，咸應斫去，並推出之；若事殄息，所斫截處僧應修補。」

《巴利律》中，牽出「犯戒者」、「癡狂者」、「門弟或弟子」中不如法的人及其資具，不犯。另外，「將鬥諍者、諍亂者、諍論者、論議者、使僧伽起紛爭者」及其資具牽出，不犯。

而對於這種情況，《摩得勒伽》中，牽出本犯戒、本不和合，結突吉羅罪，判罪與上述律典不同。《根有律攝》記載：「若於門徒，或於餘人，為訶責心，冀其懲息，牽出房時無犯。」「若有苾芻是鬥諍者，先無諍事能令諍生，現有諍事令轉增長，戒見軌式多有虧損，如此之人瞋而曳出，若無善心，亦得惡作。」判罪與否取決於發起心，呵責心便不犯，無善心便結突吉羅罪。

2. 能犯心不具足

《四分律》中，若「無恚恨心，隨次第出」，不犯。

《根有律攝》中，以呵責心牽出，不犯。

想心方面，《根有律攝》中，有過苾芻、無過苾芻作有過苾芻想者，無犯；《巴利律》中，「於私物有私物想者……為己私物者，不犯也」。

3. 犯戒主體不具足

《四分律》中，「最初未制戒，癡狂、心亂、痛惱所纏」，不犯。《五分律》、《根有律》與《四分律》相同。

《巴利律》僅記載了最初未制戒和癡狂兩種情況。

4. 開緣

《十誦律》記載：「若房舍欲破故牽出，不犯。」

《根有律》記載：「遇八難緣並皆無犯。」

《根有律攝》記載：「舍欲崩倒，牽出病人者，無犯。」

藏傳《苾芻學處》中，「有饒益因緣」牽出，不犯。

四、原理

（一）因貪生瞋

本戒屬於性戒。

本戒結犯的主要原因是比丘的瞋煩惱。律中記載，比丘為了得到更好的住宿環境，憑藉強力將他人驅出房間。比丘的瞋怒是由貪心未得到滿足而引發的。如《十誦律》中，緣起比丘不願打掃、修整僧房，卻希望佔有別人收拾好的房間：「我等上座，須彼作竟受臥具已，當於後入隨上座驅起。」而《五分律》中，比丘佔用新房不願意與人共享，因此將他人驅出。此戒的制定，遮止了此類故意損惱他人的行為，避免了因爭房而帶來的衝突。如《薩婆多論》中，制戒意趣為：「與諸比丘結戒者，為不苦惱眾生故，為滅鬥諍故。」

當然，比丘出於慈悲心而非泄私憤，為了達到教誡的目的，這種合理的牽出行為是允許的，如《五分律》記載：「若牽無慚愧人，若欲降伏弟子，而牽出者，皆不犯。」

（二）分房的原則

1. 上座優先

僧團在分房的時候，以戒臘高低分房，上座優先是大眾共許的原則。如《四分律》中，下座比丘主動讓上座選擇住處：「長老是我等上座，長老先去敷臥具，我等當次第敷之。」《僧祇律》也記載了客比丘要求好房的理由是：四方僧房應當「依次而住」。分房應該「依次而住」，指的就是「上座優先」的原則。

然而在分房之後，比丘既已安頓，其他人就不得再以任何理由牽他出房。《僧祇律》中，上座比丘住下之後兩次被驅出，此種行為既非待客之道，也有違僧團倫理。當然，律中也不乏上座憑恃戒臘侵擾其他比丘的例子，如

《十誦律》中，緣起比丘以上座的身分，強牽比丘出房，致使對方「頭手傷壞，鉢破衣裂」。如此行為既給對方帶來了苦惱，也違背了僧團和合共處的原則。

2. 房間統一調配與靈活使用

僧房本屬大眾共同所有而非個人私有，因此對房屋的使用與維護需要聽從僧團統一的分配。《僧祇律》中，由於僧團比丘流動性較大，因此房間住宿皆須統一調配，僧房分配及使用的規定稱之為「牀褥法」：當房子多時，一位比丘會佔用幾間房，不僅是住宿，還要負責打掃維護；當房子少時，幾位比丘可以同時用一間房，甚至在大堂中，所有比丘都可以居住。[1] 這種靈活的住宿管理方法，保證能及時維護與合理使用僧房。

---

1 《僧祇律》卷 27：「若房舍多者，一人與兩房。若不肯取兩：『我正得一房足。』爾時應語：『是不為受用故與，為治事故與。』若比丘多、房舍少者，應兩人、三人共與一房。若故不足，應五人、十人共與一房。若正有一大堂者，一切比丘應入中住。」《大正藏》22 冊，445 頁下欄。

五、總結

（一）諸律差異分析

1. 緣起差異

（1）結構差異

《四分律》、《十誦律》、《僧祇律》、《巴利律》只有一個本制。《根有律》有一個本制、一個隨制。《五分律》一個本制、兩個隨制。

（2）情節差異

其他律典與《四分律》主要故事情節相似，在細節上存在一些差異。《十誦律》、《巴利律》對制戒時間的記載為眾僧做安居前的準備，《四分律》和其他律典都沒有時間的記載。諸律在戒本中都有「教他作」的內涵，但是除了《五分律》以外，包括《四分律》在內的其他律典都沒有「教他作」的緣起情節，因此《五分律》「教他作」的隨制情節可以補充到《四分律》的緣起故事中。

《五分律》對病比丘有開緣的緣起情節，《根有律》對病緣、難緣有開緣，《四分律》和其他律典沒有相關記載。

（3）結論

綜上所述，本戒仍以《四分律》的本制情節為準，補充《五分律》中教人牽出的隨制情節。

2. 戒本差異

諸律的內容基本一致。主要的差別，一方面，相比《四分律》的「瞋他比丘不喜」，《鼻奈耶》作「詐為瞋恚」，《解脫戒經》作「先瞋恚，為惱亂故」，《僧祇律》缺乏對應的內容；另一方面，大眾部、化地部的戒本在文末多出了驅趕比丘的語言描寫，根本說一切有部的戒本中則多出了「除餘緣故」或類似的表述，而一切有部的戒本中，最後既多出驅趕比丘的語言描寫，又多出

了「除彼因緣」或類似的內容。

戒本調整方面，為了使語言精簡，據《僧祇律》等將「不喜」二字刪去；依《五分律》等將「僧房舍中住」改為「於僧房中」。為了避免歧義以及與其他戒本中指使他人的表達方式統一，據《十誦律》等將「教他」改為「使人」；並補入一個「若」字，以便能與前面「若自牽出」保持相稱。

3. 辨相差異

（1）所犯境

①所犯對象

諸律典中，本戒的所犯對象是比丘。對於牽出對象是非比丘的情況，《四分律》沒有記載，其他律典有相關記載。

比丘牽出比丘尼的結罪情況，各律典有一定的差異。《僧祇律》記載：「若驅比丘尼出，偷蘭遮。」該律典中「偷蘭遮」的含義與《四分律》不完全相同，此處是指波逸提罪和「越毗尼罪」中間的一個罪名，輕於波逸提罪，重於「越毗尼罪」。《五分律》記載：「比丘牽比丘尼出，突吉羅。」《薩婆多論》的記載有矛盾之處，一方面記載：「若牽比丘尼三眾，突吉羅。」「若比丘在僧祇房中，若在尼房中牽尼，突吉羅。」另一方面又記載：「若瞋恨心牽比丘尼，能者波逸提，不能突吉羅。」其自相矛盾的原因，也許是翻譯或流傳過程中出現了錯誤。

在實際行持中，比丘在房中牽出比丘尼的情況比較少見。一方面由於僧尼身分的差異，因房舍住宿問題雙方出現矛盾的可能性比較小；另一方面由於有諸多戒條的防護，如摩觸戒、與尼屏坐戒等，限制了比丘與比丘尼同處一個房間的機會。因此，此處依《五分律》判為突吉羅罪比較合理。此外，《五分律》中，比丘牽出式叉摩那、沙彌、沙彌尼出，結突吉羅罪，可作為現代行持的參考依據。

②所犯處所

對於所犯處所，《四分律》中為僧房內，《薩婆多論》、《摩得勒伽》、《僧祇律》、《五分律》、《根有律》、《根有律攝》、《巴利律》、藏傳《苾芻學處》

與此相同。其中《摩得勒伽》、《根有律攝》還明確記載「私房」結突吉羅罪。此外，《摩得勒伽》中的「露地」，《根有律攝》中的「空處」，《巴利律》中的「精舍附近」、「或樹下，或露地」均結突吉羅罪。

而不同的是，《鼻奈耶》和《十誦律》中的處所為「比丘房」，包括僧房和私房。再者，《十誦律》、《薩婆多論》的正犯處所還分別包括「戶外行處、高上、土埵上」和「戶外行處、高上、土埵前」，《五分律》也包括了「戶外」、「庭中」這一類的戶外處所。

綜合諸律來看，正犯處所為僧房內的觀點較為一致，僧房屬於三寶公共設施，一般以僧次進行分配，代表着僧團的決定和尊嚴。因而，在僧房內發生爭執，乃至牽出他人，其性質就更為惡劣。而從私房、戶外、林下、露地等處牽出，同樣會對比丘造成損惱，而從其造成的影響來看，依據《摩得勒伽》、《根有律攝》、《巴利律》判為突吉羅較為合適。

（2）能犯心

①發起心

《四分律》、《十誦律》、《薩婆多論》、《五分律》、《根有律》、《根有律攝》、《巴利律》中，發起心為「瞋他比丘不喜」。《摩得勒伽》為「瞋恚」，沒有提及「不喜」。《鼻奈耶》為「詐為瞋恚」。藏傳《苾芻學處》為「欲驅逐之」。此處依多數律典，發起心取「瞋他比丘不喜」。

②想心

共有三部律提到想心。《根有律攝》有兩種想心，一種是僧伽處，一種是無過比丘，此處僅比較僧伽處。此律中，僧伽處作僧伽處想、疑，結波逸提罪；非僧伽處作僧伽處想、疑，僧伽處、非僧伽處作非僧伽處想，均結突吉羅罪。《巴利律》中，於僧伽物作僧伽物想、私物想，波逸提。私物作僧伽物想、疑，突吉羅。私物作私物想者，屬於他人私物，突吉羅，屬於自己私物，不犯。藏傳《苾芻學處》中，「想不錯亂」，正犯。

《根有律攝》、《巴利律》的差異主要集中在兩個方面。第一，僧伽處作非僧伽處想時，《根有律攝》判為突吉羅，《巴利律》判為波逸提。此戒正犯有兩個關鍵條件：一是僧房，一是瞋心牽出。因「是僧房」的想心有錯，

僅有一個滿足條件，故此處取《根有律攝》的觀點，判為突吉羅罪。第二，非僧伽處作非僧伽處想時，《根有律攝》判為突吉羅，《巴利律》則要看非僧伽處的歸屬對象，屬於他人時，結突吉羅罪，屬於自己時，無罪。此外仍取《根有律攝》的觀點，理由同前。

（3）方便加行

諸律典中，方便加行都是「牽出」。自作教他均正犯。此外，《十誦律》、《僧祇律》、《五分律》、《根有律》中，通過語言驅他出僧房也屬於正犯，符合行持的需要，故予以採納。

（4）究竟成犯

諸律中，究竟成犯大致有以下幾種：《四分律》、《根有律》、《根有律攝》、《巴利律》中，究竟成犯是出戶，即牽出房門；《十誦律》、《薩婆多論》、《僧祇律》中，牽離房內所在處所即正犯；藏傳《苾芻學處》為「離處所勢分」；《五分律》中，「若於後屋，牽至前屋；若於前屋，牽出戶外；若於戶外，牽至庭中；若於庭中，牽出庭外」，均正犯。

從距離上來說，《僧祇律》等律典最短，離處但未出房門即犯。《四分律》次之，以牽出房門為限。藏傳《苾芻學處》中距離又遠一些，牽出房門後還要再經過一段勢分的距離才能正犯。《五分律》則長短不定，其正犯的標準是由內而外，從一個場所到另一相鄰的場所即犯，次序依次是後屋、前屋、戶外、庭中、庭外。此處取《四分律》的觀點，以出房門為究竟成犯。

結罪次數方面，《四分律》中，若牽多人出多戶，多波逸提；若牽多人出一戶，多波逸提；若牽一人出多戶，多波逸提；若牽一人出一戶，一波逸提。《巴利律》中，「令拖〔出〕一室，而過多室之門者，〔一〕波逸提」。《僧祇律》記載：「若比丘牽比丘出時，彼比丘若抱柱，若捉戶，若倚壁，如是牽離一一處，一一波夜提。若口呵叱遣彼比丘，隨語離一一處者，一一波夜提。若方便驅直出門者，得一波夜提。」此處取《四分律》的觀點。

（5）犯戒主體

對於犯戒主體，《四分律》中，比丘、比丘尼若犯此戒，均結波逸提罪。《薩婆多論》、《五分律》與此相同。而藏傳《苾芻學處》中，比丘尼結突吉羅

罪。其他律典沒有記載比丘尼的結罪情況。

在上述三部律典都將比丘尼判為正犯，本戒依此觀點，對比丘尼判為波逸提。

（6）不犯

《十誦律》中，若房舍欲破而牽出，不犯。《五分律》中，為了降伏弟子而牽出，不犯。《巴利律》中，能使眾人起紛爭、鬥諍者，牽出不犯。這幾種情況，其目的是利益對方，或者維護團體的清淨，故而無罪。以上幾種情況《四分律》並未提及，在實際行持的過程中，遇到這幾種情況的可能性還是比較大，因此為了現實行持的需要，此處取用這幾部律的觀點。

4. 諸律內部差異

《四分律》的緣起沒有教他作的情況，而戒條和辨相都提到教人牽出，亦正犯。《十誦律》、《僧祇律》、《根有律》以及《巴利律》與此相同。《鼻奈耶》的戒條提到了使人驅出以及「詐為瞋恚」，而緣起沒有。

（二）調整文本

通過以上諸律間觀點同異的對比與分析，文本在《四分律》的基礎上作如下調整：

1. 緣起
（1）本制

佛在舍衛國祇樹給孤獨園，六群比丘、十七群比丘同道行，到了一個住宿空間很有限的寺院。十七群比丘先入寺，將寺院打掃乾淨，六群比丘隨後便驅趕十七群比丘，並將其強行牽出房外。佛陀以此制戒：「若比丘，瞋他比丘，於僧房中，若自牽出，波逸提。」

（2）隨制

佛制戒比丘不能自己將他比丘牽出，於是六群比丘指使守園人、沙彌將

他比丘牽出。諸比丘將此事告訴佛陀，佛以此因緣增制此戒，將「使人牽出」的行為也納入戒條。

2. 戒本

若比丘，瞋他比丘[1]，於僧房中[2]，若自牽出，若使人[3]牽出，波逸提。

3. 辨相

（1）犯緣

本戒具足六緣成犯：一、是比丘；二、僧房中；三、知道是僧房；四、以瞋恨不喜之心；五、自牽出，或教人牽出，或以語言驅逐；六、出房門，成犯。

（2）辨相結罪輕重

①是比丘

若牽出比丘，波逸提；若牽出比丘尼、式叉摩那、沙彌、沙彌尼，突吉羅；若將他人的物品拿出房間，突吉羅。

②僧房中

若在僧房中牽出，波逸提；若從私房、戶外、林下等處牽出，突吉羅。

③知道是僧房

僧房作僧房想、疑，波逸提；非僧房作僧房想、疑，突吉羅；僧房作非僧房想、非僧房作非僧房想，突吉羅。

④以瞋恨不喜之心

以瞋恨不喜之心牽出比丘，波逸提；若沒有瞋恨心，不犯。

⑤自牽，教人牽，或以語言驅逐

自己從僧房舍中將他人牽出，或者令人將其牽出，或者用語言將其驅

---

1 「丘」後，底本有「不喜」，據《鼻奈耶》、《僧祇律》、《解脫戒經》刪。
2 「於僧房中」，底本作「僧房舍中住」，據《五分律》、《彌沙塞五分戒本》改。
3 「若使人」，底本作「教他」，據《十誦律》、《僧祇律》、《僧祇比丘戒本》、《五分律》、《彌沙塞五分戒本》改。

出，均犯波逸提；若將他人關在門外，突吉羅。

⑥出房門

將比丘牽出房門，波逸提；隨牽多少個比丘、隨出房門，一一結波逸提罪；若牽多人出多個房門，結多個波逸提罪；若牽多人出一房門，結多個波逸提罪；若牽一人出多房門，結多個波逸提罪；若牽一人出一房門，結一個波逸提罪。

⑦犯戒主體

比丘、比丘尼若犯，波逸提；式叉摩那、沙彌、沙彌尼若犯，突吉羅。

⑧不犯

若與沙彌已經共宿過限，將其遣出，不犯。

若破戒，破見，破威儀，若被他人所舉，若被擯者，若應擯者等，驅出，不犯。

牽出使清淨比丘面臨命難、梵行難等危險的比丘，不犯。

若房舍欲破而牽出，不犯。

為了降伏弟子而牽出，不犯。

牽出鬥諍者、諍亂者、諍論者、論議者、使僧眾起紛爭者及其資具，不犯。

最初未制戒，癡狂、心亂、痛惱所纏，不犯。

六、現代行持參考

　　本戒的制戒精神與強敷戒類似，都是為了避免僧團倫理失衡，以及比丘之間出現恃強淩弱的情況。在現代社會，那些容易引發犯戒的外緣依然存在。雖然物質條件相對豐富，居住條件普遍提高，但仍有僧團面臨住房緊張的困難，也有寺院會根據需要調整僧眾的住所。此時若比丘倚仗資歷高或者是舊常住的身分，從而要求更好的居住條件，或者執著自己的房間、牀鋪，不願更換，或者是與人攀比，就有可能引發矛盾和爭執，甚至發生驅逐行為。

　　需要注意的是，在現實生活中，引發衝突的焦點未必還為牀鋪之爭，但卻可能換成權力和名位等更高層面的角逐。或雖看似一些小事，卻容易成為誘發深層煩惱和長期矛盾的導火線，最後彼此瞋恨，互相看不慣，乃至以一方被驅逐而告終，這是非常可惜的。以慈悲無諍為所求的比丘，理應全力避免發生此種情況。

18

坐脫腳牀戒

一、緣起

（一）緣起略述

《四分律》僅有一個本制。諸比丘在重閣中住，上下兩層均有人。重閣的樓板薄，樓上的比丘坐脫腳牀時「不安庠」，導致牀腳掉落，穿破樓板，砸在樓下比丘身上，令其受傷。世尊以此因緣制戒。[1]

諸律緣起差異比較：

1. 制戒地點

《四分律》中，制戒地點為「舍衛國祇樹給孤獨園」，《鼻奈耶》[2] 為「羅閱城迦蘭陀竹園」，《十誦律》[3] 為「舍衛國」，《僧祇律》[4] 為「曠野精舍」，《五分律》[5] 為「舍衛城」，《根有律》[6] 為「室羅伐城逝多林給孤獨園」，《巴利律》[7] 「舍衛城祇樹給孤獨園」。

2. 緣起比丘

《四分律》中，緣起比丘為一「比丘」，《鼻奈耶》為「跋難陀」，《十誦律》為一「客比丘」，《僧祇律》為「下座誦經」比丘，《五分律》為「客比丘」，《根有律》為「鄔波難陀」，《巴利律》為「樓上比丘」。

---

1 《四分律》卷 12，《大正藏》22 冊，646 頁上欄至中欄。
2 《鼻奈耶》卷 7，《大正藏》24 冊，880 頁上欄。
3 《十誦律》卷 11，《大正藏》23 冊，79 頁上欄至下欄。
4 《僧祇律》卷 15，《大正藏》22 冊，344 頁下欄。
5 《五分律》卷 6，《大正藏》22 冊，44 頁中欄至下欄。
6 《根有律》卷 30，《大正藏》23 冊，788 頁中欄至 789 頁中欄。
7 《經分別》卷 5，《漢譯南傳大藏經》2 冊，60 頁至 61 頁；《附隨》卷 1，《漢譯南傳大藏經》5 冊，58 頁。

3. 緣起情節

與《四分律》相同，其他律典也都是僅有一個本制。《僧祇律》、《五分律》、《巴利律》的情節與《四分律》相似，只是對牀腿掉落到樓下原因的描述略有不同：《僧祇律》為比丘「縱身而坐」，《五分律》為比丘「身體重大，不一其心頓身牀上」，《巴利律》為比丘「強坐」。

《鼻奈耶》、《十誦律》與《四分律》略有差異。《鼻奈耶》中，緣起比丘「於閣上放身疾坐」，導致「牀足下陷」，將樓下比丘的頭打破。《十誦律》中，重閣的樓板由不堅實的蘆葦鋪成，比丘沒有小心防護反而「用力坐尖腳牀上」，導致「牀腳及支陷下，傷比丘頭，垂死」。

《根有律》與《四分律》差異較大。律中記載緣起比丘與乞食者共同出行，因其懶惰而讓對方幫自己負擔衣袋。對方不肯，其便懷恨在心，伺機報復。後有一晚兩人同宿，緣起比丘住重閣上，乞食者住樓下。緣起比丘想找乞食者聊天被拒絕，於是故意將牀移到乞食者頭部上方的位置，然後用力坐下去令牀腳脫落，穿過樓板，將乞食者的頭打破。

（二）緣起比丘形象

《四分律》中，緣起比丘「坐不安庠」，可見其不攝正念，威儀不整。

《鼻奈耶》中，緣起比丘「放身疾坐牀上」，與《四分律》相比，比丘的動作更粗猛，不護正念。

《十誦律》中，緣起比丘「多憙調戲」。

《僧祇律》中，在上座比丘乞食回來以後，緣起比丘才出去乞食，可見其行事拖沓。

《根有律》中，緣起比丘找人共同出行，大眾知其「稟性惡行不堪共居，竟無一人許共同去」，可見其名聲不佳。後其讓乞食者幫忙拿衣袋，對方不肯，便心想：「此乞食者未須與語，且忍共去後自當知。」對一件小事都懷恨在心，表現出其睚眥必報的性格特點。

《五分律》中，緣起比丘「身體重大」，在砸傷樓下比丘以後，「即下辭

謝」。其是由於身體原因，不小心而犯戒，事後又馬上來表達歉意，其行為相對來說更容易被人理解和接受。

《巴利律》中，緣起比丘的形象刻劃得不明顯。

（三）犯戒內因

《四分律》中，緣起比丘沒有觀察到牀腿和樓板的情況，內心輕忽，不正知是其犯戒內因。《鼻奈耶》、《十誦律》、《僧祇律》、《五分律》、《巴利律》與《四分律》相同。

另外，《十誦律》還記載，緣起比丘「大聲戲笑，作種種無益語言，然後入房」，可見散亂也是其犯戒內因。

《根有律》中，緣起比丘與人結怨，懷恨在心，於是伺機報復，趁自己住重閣上而對方在重閣下，因忿恨心而犯戒。

（四）犯戒外緣

《四分律》中，重閣的樓板薄和比丘坐臥時牀腳脫落，是重要的犯戒外緣。對於樓板的問題，除《十誦律》提到了「葦棧」，其他律典均未提及。對於牀腳脫落的問題，《鼻奈耶》和《十誦律》的記載為「牀足下陷」，除此之外，其他律典均與《四分律》相同。

從諸律可以看出，重閣的樓板薄或牀腳未固定，易脫落，是引發違犯本戒的主要外緣。

（五）犯戒後的影響

《四分律》中，緣起比丘令樓下的比丘「壞身血出」。其他律典也有類似記載，且受傷的位置均是頭部：《鼻奈耶》為「比丘頭破」，《十誦律》為「傷比丘頭，垂死」，《僧祇律》為「頭血流出」，《五分律》為「頭破大喚」，《根

有律》為「打破彼頭」令其「極為苦痛」,《巴利律》為傷及「樓下比丘頭,彼比丘呼痛」。

(六)佛陀考量

諸律對佛陀的記載較少,故不作具體分析。

(七)文體分析

諸律與《四分律》相同,都只有一個因緣。

除《根有律》以外,其他律典都是簡潔明了地敘述了樓下比丘被砸傷的經過,之後佛陀集僧制戒。結構簡單,情節單一。

《根有律》的內容最為詳盡,情節跌宕曲折。乞食者欲與緣起比丘同行,被他人勸阻,其稱:「我滿十夏不依止他,亦不就彼求受學業,彼於我處欲何所為?」後來兩人產生摩擦,緣起比丘伺機報復,這些情節為比丘犯戒埋下了伏筆。之後故事發展至乞食者被緣起比丘故意砸傷,第二天早上便告辭離去,此處加入了一些心理活動和細節描寫,使整個事件的前因後果更加清晰,如:「彼作是念:『若容入房,乃至天明言未能了,我今宜臥不與開門。』」「彼作是念:『我若苦言,或容更打。』」

《十誦律》中,語言精簡但生動有趣,寥寥數語,將樓上樓下兩位比丘一動一靜的形象刻劃得很傳神,如:「得閣下者是坐禪人,寂靜,早入房中,敷牀褥結加趺坐,樂默然故。在閣上者多憙調戲,經唄,咒願,問難,大聲戲笑,作種種無益語言。」《僧祇律》中則有很多的口語化表達,很貼近生活,可讀性強。如「下座……作是言:『嘘!』極即縱身而坐,牀腳下脫即傷上座頭,頭血流出。上座作如是言:『殺我!殺我!』」

二、戒本

《四分律》中，本戒的戒本為：「若比丘，若房，若重閣上，脫腳繩牀，若木牀，若坐，若臥，波逸提。」

（一）若比丘，若房，若重閣上

《四分律》、《四分律比丘戒本》[1] 作「若比丘，若房，若重閣上」，意思是：如果比丘，在房舍中，或有上下兩重的閣樓上。

與《四分律》相似：

《新刪定四分僧戒本》[2] 作「若比丘，僧房，若重閣上」，這裏以「僧房」對應《四分律》中的「房舍」。

《四分僧戒本》[3]、《解脫戒經》[4] 作「若比丘，房重閣上」。

《十誦律》作「若比丘，比丘房閣中」，《十誦比丘戒本》[5] 作「若比丘，比丘重閣上」。

《僧祇比丘戒本》[6] 作「若比丘，僧房閣屋上」，《五分律》、《彌沙塞五分戒本》[7] 作「若比丘，僧重閣上」。

梵文《說出世部戒經》[8] 作 "yo puna bhikṣuḥ sāṃghike bhikṣuvihāre upari vaihāyasakuṭikāye"，意思是：任何比丘，在僧團比丘住處的重閣上。

1　《四分律比丘戒本》，《大正藏》22 冊，1018 頁下欄。
2　《新刪定四分僧戒本》，《卍續藏》39 冊，267 頁上欄。
3　《四分僧戒本》，《大正藏》22 冊，1026 頁中欄。
4　《解脫戒經》，《大正藏》24 冊，662 頁中欄。
5　《十誦比丘戒本》，《大正藏》23 冊，474 頁中欄。
6　《僧祇比丘戒本》，《大正藏》22 冊，552 頁中欄。
7　《彌沙塞五分戒本》，《大正藏》22 冊，197 頁中欄。
8　Nathmal Tatia, *Prātimokṣasūtram of the Lokottaravādimahāsāṅghika School*, Tibetan Sanskrit Works Series, no. 16, p. 20.

梵文《有部戒經》[1]作“yaḥ punar bhikṣuḥ sāṃghike vihāre uparivihā-yasikuṭikāyām”，巴利《戒經》[2]作“yo pana bhikkhu saṅghike vihāre upari-vehāsakuṭiyā”，意思均是：任何比丘，在僧團住處的重閣上。

與《四分律》有部分差異：

《根有律》、《根有戒經》[3]、《根有律攝》[4]作「若復苾芻，於僧住處，知重房棚上」。

梵文《根有戒經》[5]作“yaḥ punar bhikṣur jānan sāṃghike vihāre uparivihāyasikṛtāyāṃ kuṭikāyām”，意思是：任何比丘，知道是在僧團住處彎曲的重閣上。這裏增加了重閣「彎曲的」修飾。

相比《四分律》，《根有律》、《根有戒經》、《根有律攝》、梵文《根有戒經》均多出了「知」的意思。

藏文《根有戒經》[6]作“ཡང་དགེ་སློང་གང་དགེ་འདུན་གྱི་གཏུག་ལག་ཁང་གི་སྟེང་གི་ནམ་མཁའ་ལ་ཐོག་པོར་བར”，意思是：任何比丘，在僧團住處上空腐朽的屋頂上。與《四分律》不同的是「腐朽的屋頂上」這一位置。

《鼻奈耶》作「若比丘，上重閣上」，《僧祇律》作「若比丘，在閣屋上」，這兩部律典相比《四分律》僅提到了「重閣」，而沒有「房」的表述。

（二）脫腳繩牀，若木牀

《四分律》作「脫腳繩牀，若木牀」，意思是：牀腳（容易）脫落的繩牀或者木牀。古代的「牀」實際包括了臥牀和坐椅。

1　Georg von Simson, *Prātimokṣasūtra der Sarvāstivādins Teil II*, Sanskrittexte aus den Turfanfunden, XI, p. 208.

2　Bhikkhu Ñāṇatusita, *Analysis of the Bhikkhu Pātimokkha*, p. 182.

3　《根有戒經》，《大正藏》24 冊，504 頁中欄。

4　《根有律攝》卷 10，《大正藏》24 冊，581 頁上欄。

5　Anukul Chandra Banerjee, *Two Buddhist Vinaya Texts in Sanskrit*, p. 33.

6　麗江版《甘珠爾》（འདུལ་བ་འགྲེལ）第 5 函《別解脫經》（སོ་སོར་ཐར་པའི་མདོ）12b。

與《四分律》相似：

《四分僧戒本》、《新刪定四分僧戒本》、《四分律比丘戒本》作「脫腳繩牀、木牀」。

《根有律》、《根有戒經》、《根有律攝》作「脫腳牀及餘坐物」。

梵文《有部戒經》作 "ahāryapādake pīṭhe vā mañce vā"，梵文《根有戒經》作 "āhāryapādake maṃce vā pīṭhe vā"，意思都是：在腿可移去的牀或椅子上。

巴利《戒經》作 "āhaccapādakaṃ mañcam vā pīṭham vā"，意思是：在腳可移去的牀或椅子上。

與《四分律》有部分差異：

《鼻奈耶》作「作尖足繩牀」，《十誦律》作「尖腳牀」，《十誦比丘戒本》作「若尖腳坐牀，若臥牀」，《僧祇律》、《僧祇比丘戒本》作「敷尖腳牀」。

《五分律》、《彌沙塞五分戒本》作「尖腳繩牀、木牀」。

梵文《說出世部戒經》作 "āhatya pādake mañce vā pīṭhe vā"，意思是：尖腿的牀或椅子上。

上述律典對牀的描述都是「尖腳牀」，與《四分律》的「脫腳牀」不同。

《解脫戒經》作「脫腳牀，不支持」，此處多出了「不支持」的描述。

藏文《根有戒經》作 "ཞེ་འམ། ཁྲི་ཅུ་རྐང་བ་འབྱུང་བར་ཤེས་བཞིན་དུ"，意思是：知道牀或小椅子的腿將穿出（腐朽屋頂）。這裏增加的「知道」的意思，相比上一段的《根有律》、《根有戒經》、《根有律攝》和梵文《根有戒經》而言，所強調知道的內容各有不同。

（三）若坐，若臥，波逸提

《四分律》作「若坐，若臥，波逸提」，意思是：或者坐下，或者躺下，犯墮罪。

與《四分律》相同：

《四分僧戒本》、《四分律比丘戒本》、《解脫戒經》作「若坐，若臥，波逸提」。

與《四分律》相似：

《新刪定四分僧戒本》作「若坐，若臥者，波逸提」，《僧祇律》、《僧祇比丘戒本》作「若坐，若臥，波夜提」。

梵文《說出世部戒經》作 "abhiniṣīdeya vā abhinipadyeya vā pācattikaṃ"，巴利《戒經》作 "abhinisīdeyya vā abhinipajjeyya vā, pācittiyaṃ"，意思均是：坐下或是躺下，墮。

與《四分律》有部分差異：

《鼻奈耶》作「縱力坐，若臥者，墮」。

《十誦律》、《五分律》、《彌沙塞五分戒本》作「用力坐臥，波逸提」。

《十誦比丘戒本》作「用力若坐，若臥，波夜提」。

《根有律》、《根有戒經》、《根有律攝》作「放身坐臥者，波逸底迦」。

梵文《有部戒經》作 "balena niṣīded vā nipadyed vā (pāta)yantikā"，梵文《根有戒經》作 "sahasā balenābhipaded vābhinipadyeta vā pāyantikā"，意思都是：用力地坐下或躺下，墮。

藏文《根有戒經》作 "ཤྱིང་གྱིས་ཕབ་སྟེ་ཉལ་ལམ་འདུག་ན་ལྟུང་བྱེད་དོ།"，意思是：如果仍（以身體）重坐或臥，墮。

上述律典與《四分律》相比，多出了「用力」、「放身」等含義。

三、關鍵詞

脫腳牀

在對應「脫腳」的表述上，梵文《根有戒經》、梵文《有部戒經》均作 "āhāryapādake"，該詞是由 "āhārya（可移動、可拆卸）" 和 "pādaka（腳）" 兩個詞組成，其含義為「腳可移動的牀」（英譯：bed with removable legs），引申為「可拆卸腿的」。巴利《戒經》作 "āhaccapādaka"，和上面兩部梵文戒經相似，該詞由 "āhacca（可移去的）" 和 "pādaka（腳）" 兩個詞組成，含義與梵文一致。不過梵文《說出世部戒經》作 "āhatya pādaka"，後一部分的 "pādaka（腳）" 的意思和上面都是一樣的，但是前面 "āhatya" 則是「尖」的意思，整個語詞翻譯為：尖腳的牀（英譯：bed with sharp legs）。

藏文《根有戒經》作 "ཁྲི（牀）འམ（或）ཁྲིའུ（小繩牀，小椅子）རྐང（根基，腳）འབྱུང་བར（生起，露出；在此處理解為穿孔，破洞）"，意思是：牀或小椅子的牀腳穿出〔腐朽屋頂〕（英譯：be pierced by the legs of a bed or a coach）。

《四分律》記載：「脫腳牀者，腳入陛。」意思是牀腳插入榫孔的牀。結合《四分律》中「露地敷僧物戒」的記載，「入陛牀」是常見的五種牀中的一種。[1]

《根有律》記載：「棚上脫腳牀者，謂此牀腳不連上蓋。」《根有律攝》：「脫腳牀者，謂插腳牀。雖是插腳，逆楔牢者無犯。」由這兩部律典的解釋可看出「脫腳牀」的牀腳和牀板是分開的，沒有固定在一起，若是住在閣樓上，牀腳就很容易會從縫隙中掉下去。

《巴利律》記載：「『脫腳牀』者，腳套上而已。『脫腳椅』者，腳套上

---

[1] 《四分律》卷 12：「繩牀者有五種：旋腳繩牀、直腳繩牀、曲腳繩牀、入陛繩牀、無腳繩牀，木牀亦如是。」《大正藏》22 冊，644 頁上欄。

而已。」

《十誦律》、《僧衹律》中對應為「尖腳牀」。《十誦律》記載：「牀者，
臥牀。臥牀者，五種：阿珊蹄腳、波郎劬腳、羝羊角腳、尖腳、曲腳。坐禪
牀亦有五種：阿珊蹄腳、波郎劬腳、羝羊角腳、尖腳、曲腳。」與《四分律》
類似，《十誦律》中的「尖腳牀」也是五種牀的一種。《僧衹律》記載：「尖腳
者，如橛。」

綜上所述，詞源分析中，梵文《根有戒經》、梵文《有部戒經》以及巴
利《戒經》含義相同，都是指腳可移動的牀；梵文《說出世部戒經》含義是
尖腳的牀。藏文《根有戒經》意思是：牀或小椅子的牀腳穿出〔腐朽屋頂〕。
上述漢譯律典中，《四分律》、《根有律》、《根有律攝》、《巴利律》為「脫腳
牀」，內涵與梵文《根有戒經》等一致；《十誦律》、《僧衹律》為「尖腳牀」，
含義與梵文《說出世部戒經》相同。

關於「脫腳」與「尖腳」，對應的梵語分別是"āhārya"與"āhatya"，
這兩個單詞含義雖然差別較大，但拼寫非常接近。佛教在印度發展初期，各
種經典都是依靠口傳，雙方的講說和聽聞能力對經典的正確流傳影響很大，
乃至於方言和口音都有可能會導致文本出現錯誤；在使用文字記錄以後，律
典還經過了梵、巴等文字之間的轉譯，一些人為的錯誤也可能會影響內容的
準確性。因此，對於"āhārya"和"āhatya"這兩個單詞，可能是不同梵本本
身的差異，也有可能是文本在流傳和轉譯的過程中出現的流變。

四、辨相

（一）犯緣

具足以下五個方面的犯緣便正犯本戒：

1. 所犯境

《四分律》中，所犯境是重閣上的脫腳牀。其中包括兩個必要條件，即重閣上和脫腳牀，分別對應所犯處所和所犯對象。本戒正犯的所犯境需同時具足這兩個條件。

（1）所犯處所

《四分律》中，所犯處所是在僧房或私房的重閣上。《四分律》戒條中，所犯處所是「若房，若重閣上」，有「或者在房舍，或者在重閣上」的含義，而辨相部分則記載「比丘在重閣上坐脫腳牀……波逸提」，去掉了「或者在房舍」這層含義，兩者之間有些差異。

對於房舍，《十誦律》關鍵詞解釋為「比丘房者，或屬僧，或屬一人」，《僧祇律》為「如世尊所聽」，《根有律》、《根有律攝》為佛弟子「所住之處」，藏傳《苾芻學處》[1] 為「僧伽藍」中。這些律典與《四分律》的表述不同，但內涵相同。《五分律》、《巴利律》僅為僧房，範圍較小，《五分律》為「僧重閣上」，而《巴利律》要求是「僧伽之精舍」。《摩得勒伽》[2] 為「比丘寺」中，在比丘尼、下三眾、外道等寺中均不正犯。《鼻奈耶》、《薩婆多論》[3]、《毗尼母經》[4] 沒有對房作出具體解釋。另外，《十誦律》和藏傳《苾芻學處》還強調了

1　《苾芻學處》，《宗喀巴大師集》卷5，97頁至98頁。
2　《摩得勒伽》卷2，《大正藏》23冊，575頁下欄；卷10，《大正藏》23冊，622頁中欄。
3　《薩婆多論》卷6，《大正藏》23冊，545頁上欄。
4　《毗尼母經》卷4，《大正藏》24冊，824頁上欄。

房舍的大小，認為至少能夠「容四威儀，行立坐臥」。

「重閣」是指多層的樓閣。《四分律》中關鍵詞記載：「重閣者，立頭不至上者是。」《巴利律》也記載："Vehasakuti nama majjhimassa purisassa asisaghatta（閣樓：中等身材的男子頭部不會碰到。）"，即重閣離地面的距離要超過中等身材男子的高度。之所以這樣規定，是因為牀腳從樓上掉落時，如果重閣較低，對樓下比丘的傷害較小甚至不會有傷害；而從高的地方掉下來，更容易威脅到樓下比丘的生命安全。

同《四分律》一樣，除了《明了論》、《巴利律》和藏傳《苾芻學處》外，其餘所有律典都明確指出本戒的所犯處所是重閣上，而《巴利律》和藏傳《苾芻學處》要求所犯處是「樓上」，與重閣意思相同。幾部律典描述了重閣的情況：《根有律》中關鍵詞記載「重閣危朽」，《根有律攝》[1]記載「重房棚上者，謂是草室棚閣，顯非牢固」，《薩婆多論》強調必須「安牀處底薄」才正犯，《僧祇律》中「若疏作地」正犯，藏傳《苾芻學處》記載「有穿漏緣」。這幾部律典都認為重閣不堅實或者樓板不堅固，牀腿有從樓上穿透掉落的可能，是正犯的必要條件。

《善見論》[2]中，除了所犯境是重閣外，只記載了兩條開緣，並無其他的辨相內容；而《明了論》沒有本戒相關的內容，下不贅述。

（2）所犯對象

《四分律》中，所犯對象是「脫腳」繩牀、木牀。即繩牀和木牀在製作時僅將牀腳插入榫孔，但沒有固定，因此牀腳是活動的、可拆卸的。

其他律典有「脫腳牀」和「尖腳牀」兩種不同的記載。

脫腳牀。《根有律》為脫腳的「牀」、「及餘諸座」，《根有律攝》為脫腳的「牀」、「坐物」，《巴利律》為「脫腳牀或脫腳椅」。這三部律典與《四分律》的表述不同，但內涵是相同的。《根有律攝》中，「雖是插腳，逆楔牢者無犯」，強調牀腳沒有固定好。

1　《根有律攝》卷 10，《大正藏》24 冊，581 頁上欄。
2　《善見論》卷 15，《大正藏》24 冊，781 頁中欄。

尖腳牀。《鼻奈耶》中，所犯對象是「尖足繩牀」；《十誦律》、《薩婆多論》、《僧祇律》是「尖腳」的「臥牀」或「坐牀」，一腳尖乃至四腳尖;《五分律》是「尖腳繩牀、木牀」；藏傳《苾芻學處》為「所坐之物是牀或小牀，寬齊三輪，腳如橛狀」。這幾部律典的表述略有差異，但內涵相同。其牀腳為尖腳，與《四分律》差別較大。

《摩得勒伽》包括了上述兩種情況，卷 2 為「不楔牀腳」，卷 10 為「尖腳牀」。

《毗尼母經》沒有相關記載。

2. 能犯心

（1）發起心

《四分律》並未提到本戒的發起心。

《根有律》中，發起心為「欲惱他」，目的是「故令腳出傷損他人」；《根有律攝》為「掉戲」和「不防備」；藏傳《苾芻學處》為「不顧損他而欲坐」。《毗尼母經》緣起中為「意不審悉」。

其他律典沒有記載相關內容。

（2）想心

《四分律》並未提到本戒的想心。

《根有律》中，想心為「知僧房舍有脫腳牀」，即對於所犯境的情況內心明了。《根有律攝》觀點與此相同。

另外《根有律攝》還記載了「脫腳作脫腳想、疑」和「僧伽住處作僧伽住處想、疑」兩種想心正犯的情況。

藏傳《苾芻學處》中，想心為「於脫腳牀或知或疑」，與《根有律攝》中的第一種相同。

《巴利律》中，「於僧伽物有僧伽物想」、「於僧伽物有疑想」、「於僧伽物有私物想」均屬於正犯，即判罪只依事實而不依想心。此處僧物是指「僧伽之精舍」。只要是僧伽精舍，不論是否作僧伽精舍想均屬於正犯，與《根有律攝》中的第二種想心有些差異。

其他律典沒有記載相關内容。

3. 方便加行

《四分律》中，方便加行是「若坐，若臥」。《摩得勒伽》、《僧祇律》、《巴利律》的記載與《四分律》相同。

《鼻奈耶》為「縱力坐若臥」，《十誦律》、《薩婆多論》、《五分律》為「用力坐臥」。《根有律》和《根有律攝》為「放身坐臥」，意即「極縱身或坐，或臥」；《毗尼母經》為「直放身坐」。這幾部律典的表述雖然不同，但内涵相同，與《四分律》的區別在於增加了坐臥時「放身」、「用力」這一要素，排除了不用力坐臥的情況。此外，《根有律》關鍵詞中記載，「或時自作，或被他教」，均正犯此戒。

藏傳《苾芻學處》為「發動往坐」，沒有提到「臥」，與《四分律》差異較大。

4. 究竟成犯

《四分律》中，究竟成犯為「若坐，若臥，隨脅著牀，隨轉側」，即坐下或臥下時脅肋觸碰到牀，或者在牀上轉身均成正犯。

《十誦律》、《薩婆多論》是「隨用力坐臥」，意思是用力坐下或者臥下時正犯，與《四分律》比較相似。

藏傳《苾芻學處》中，「坐已成犯」。

《巴利律》：「坐之前行者，突吉羅；坐已者，波逸提。」

其他律典沒有明確記載究竟成犯，不過看文義均為坐下或者臥下，與《十誦律》相似。

5. 犯戒主體

《四分律》中，犯戒主體是比丘，比丘尼同犯。

《薩婆多論》、《五分律》、藏傳《苾芻學處》與《四分律》觀點相同。《摩得勒伽》中，比丘與學悔沙彌均為此戒的犯戒主體。

其他律典中，犯戒主體均為比丘，沒有比丘尼的情況。

（二）輕重

1. 所犯境

《四分律》中，比丘在僧房或私房的重閣上，坐臥脫腳牀結波逸提罪；若坐臥「獨坐牀，或一板牀，或浴牀」，則結突吉羅罪。其他律典所犯境的正犯相關記載，見上犯緣。

對於所犯處所，幾部律典記載了一些犯輕的情況，是《四分律》所沒有的。《摩得勒伽》中，若所犯處所在比丘寺中的重閣上，結波逸提罪；在其他寺舍均結突吉羅罪，如律文：「賊住寺中，本犯戒、本不和合寺中，比丘尼寺中，除比丘寺，餘四眾寺，突吉羅。外道寺中，突吉羅。」「自重閣上坐尖腳牀，突吉羅。……除如來寺舍，餘寺舍坐尖腳牀，突吉羅。」《根有律攝》中，在僧房坐臥脫腳牀結波逸提罪；「若餘房者，得惡作罪」。

對於所犯對象，《十誦律》記載了一些特殊的犯戒情況：「若以石支尖腳牀，波逸提。若以磚支，若以木支，若以白鑞支，若鉛錫支，一一波逸提。」《薩婆多論》也記載：「若用磚、石、瓦等物能傷人者，用以揩牀腳，波逸提。」用石、磚、木、白鑞、鉛錫、瓦等物品墊牀腳，其原理和脫腳牀一樣，若樓板穿破，也會漏到樓下傷人，因此也被禁止使用。《僧祇律》記載了兩種犯輕的情況：「若反牀而坐者，得越毗尼罪；若著橫椅，越毗尼罪。」

2. 能犯心

《四分律》並未提到本戒的發起心和想心。《根有律》、《根有律攝》、《巴利律》和藏傳《苾芻學處》記載了一些發起心和想心的結罪情況。其他律典的記載如上犯緣中所述。

（1）發起心

《根有律》中，「縱身坐臥欲惱他者」，結波逸提罪。《根有律攝》中，若在不牢固的重閣上，內心「不防備」而坐臥脫腳牀，則結波逸提罪；「若屋牢

固，為防備者，無犯」。坐臥時，若「情懷掉戲恣放其身，得波逸底迦；非掉戲者無犯」。

（2）想心

《根有律攝》記載：「脫腳境想六句，二墮兩輕，後二非犯，如是准知。住處住處想亦為六句，初二墮罪，次皆惡作。」對於脫腳境想：於脫腳作脫腳想、疑，得墮罪；非脫腳作脫腳想、疑，得惡作罪；非脫腳、脫腳作非脫腳想者，無犯。對於住處境想：於住處作住處想、疑，得墮罪；非住處作住處想、疑，得惡作罪；非住處、住處作非住處想者，惡作。可以看到在「脫腳境想」和「住處境想」中，對於最後兩個境想的結罪情況是有差異的，一判不犯，一判惡作。對於「脫腳境想」來說，不論脫腳還是非脫腳，如果作非脫腳想，內心就是清淨的。而對於「住處境想」來說，在「非住處、住處作非住處想」的情況下，脫腳牀這個犯緣並沒有變化，從比丘內心來說符合「若餘房者，得惡作罪」的情況，因此結突吉羅罪。

《根有律》中，想心為「知僧房舍有脫腳牀」，即對於所犯境的情況內心明了，犯波逸提。《根有律攝》也有相同的判罪。

《巴利律》記載：「於僧伽物有僧伽物想，於樓上或坐或臥於脫腳牀或脫腳椅者，波逸提；於僧伽物有疑想……乃至……於僧伽物有私物想……或臥者，波逸提；於私物有僧伽物想者，突吉羅；於私物有疑想者，突吉羅；於私物有私物想，若為他人私物者，突吉羅；為己之私物者，不犯也。」

藏傳《苾芻學處》中，「於脫腳牀或知或疑」，結波逸提罪；「若樓無穿漏因緣作穿漏想或疑而坐者，是惡作罪」。

3. 方便加行

《四分律》中，比丘在重閣上若坐若臥脫腳牀，結波逸提罪。其他律典正犯的結罪情況如犯緣中所述。

《薩婆多論》記載：「凡比丘坐臥法一切審詳，不審詳必有所傷，兼壞威儀，突吉羅。」

4. 究竟成犯

《四分律》中，比丘坐臥脫腳牀，「若坐，若臥，隨脅著牀，隨轉側」，結波逸提罪。

《十誦律》、《薩婆多論》記載：「隨用力坐臥，一一波逸提。」

其他律典均在坐下或臥下時結波逸提罪。

《巴利律》記載了結方便罪的情況，這是包括《四分律》在內的其他律典都沒有提到的。律中記載，本戒的結犯「有兩種罪：坐之前行者，突吉羅；坐已者，波逸提」，意即在坐下以前的方便加行，均結突吉羅罪；在坐下以後，便結波逸提罪。

5. 犯戒主體

《四分律》中，比丘、比丘尼若犯此戒，均結波逸提罪；若式叉摩那、沙彌、沙彌尼犯此戒，結突吉羅罪。《薩婆多論》、《五分律》與此相同。

藏傳《苾芻學處》僅記載比丘、比丘尼犯此戒結波逸提罪，沒有記載下三眾的結罪情況。

其他律典中，比丘犯本戒均結波逸提罪，沒有比丘尼的情況。

《摩得勒伽》記載了幾種特殊犯戒主體的結罪情況：「學戒人坐臥，波夜提。」「非人出家乃至污染比丘尼人坐臥，突吉羅。」「聾盲暗啞，突吉羅。」

（三）不犯

1. 所犯境不具足
（1）所犯處所

《四分律》記載了與重閣有關的幾種不犯情況：「若彼重閣上有板覆，若刻木作華覆，若重厚覆。」在這些情況下，由於樓板牢固，即使坐脫腳牀，牀腿也不會掉落到樓下，所以不犯。

其他律典也有一些這方面的記載。

《十誦律》中，「若以材棧、板棧、桌子棧，若厚泥」，不犯。

《薩婆多論》記載：「若重閣上安牀處牢厚不穿漏者，不犯。」

《僧祇律》中，「若以泥土作地堅牢，若板作密」，不犯。

《根有律》中，「若是版棚或是磚地」，不犯。

《根有律攝》中，「若屋牢固」，不犯；「若板棚上」，不犯。

《巴利律》中，「牀板重疊時」，不犯。[1]

另外，《摩得勒伽》記載：「閣下坐尖腳牀，不犯。」《僧祇律》記載：「若邊閣，閣下無人坐，皆無罪。」《巴利律》中，「非在樓上時……樓下不使用時」，不犯。《善見論》記載：「無罪者，非重閣者不犯。」在樓下坐脫腳牀，或者在樓下沒有人的時候坐，牀腿掉落也不會傷害到別人，所以不犯。這種情況，包括《四分律》在內的其他律典都沒有提到。

對於重閣的高度，《巴利律》中，「觸及頭頂處」，不犯。

（2）所犯對象

《四分律》記載：「不犯者，若坐旋腳繩牀、直腳繩牀、曲腳牀、無腳牀，若牀楷大，若脫腳牀安細腰……若反牀坐，若脫牀腳坐，無犯。」在這些情況下，坐臥時牀腿不會掉落到樓下，所以不犯。

其他律典也記載了一些與牀有關的不犯情況。

《十誦律》記載：「若是牀腳支木朽腐，若草團支，若衣團支，若納團支，不犯（木支朽則軟，不能傷人，故言不犯）。」

《薩婆多論》記載：「若用一切軟物揩牀腳，不犯。」「若牀腳不尖者，不犯。」

《僧祇律》記載：「四腳圓，無罪。」

《根有律》記載：「或腳以版支，或時仰著，此皆無犯。」《根有律攝》記載：「若腳下安替，或仰置者無犯。」「脫腳牀者，謂插腳牀；雖是插腳逆楔牢者，無犯。」

《巴利律》記載：「〔腳〕有拴緊時……不犯也。」

---

1 從巴利原文來看，此處「牀板重疊時」的意思與《四分律》「有板覆」、「重厚覆」比較相似。

藏傳《苾芻學處》中，「仰及有足墊」，不犯。

2. 能犯心不具足

《五分律》記載：「若板覆閣及木簣，知必不下脫，不犯。」

《根有律攝》中，若比丘內心「為防備者，無犯」，「非掉戲者，無犯」。

想心方面，《根有律攝》中，非脫腳、脫腳作非脫腳想者，無犯；《巴利律》中，「於私物有私物想……為己之私物者，不犯也」。

3. 方便加行不具足

《薩婆多論》中，「不用力坐臥」，不犯。

《巴利律》記載：「立於其處以手捉之或倚靠時，不犯也。」

《善見論》記載：「下至倚立，不著頭，無罪。」

4. 犯戒主體不具足

《四分律》中，「最初未制戒，癡狂、心亂、痛惱所纏」，不犯。

《五分律》、《根有律》與《四分律》相同。

《摩得勒伽》記載：「癡狂、散亂心、重病，不犯。」

《巴利律》僅記載了最初未制戒和癡狂兩種情況。

五、原理

（一）脫腳牀帶來的危險

本戒屬於遮戒，主要防止比丘不威儀的行為對自他可能造成的傷害。如緣起故事中，樓上比丘坐臥粗魯，致使牀腿穿破樓層，砸傷樓下比丘。《根有律》中，比丘因此而被打破頭，「極為苦痛」，甚至如《十誦律》中已經達到「垂死」的嚴重程度。可見，此戒的制定意在遮止比丘在日常行為中輕忽怠慢之心，以避免引發不必要的安全事故。

當然，此戒的制定與當時的房屋建築特點以及上下牀的安置有關。《薩婆多論》中，除了「用力坐臥」，「重閣、尖腳坐牀、安牀處底薄」也是造成事故不可忽略的因素。比丘睡臥的房間是重閣，閣板輕薄，用材簡陋。如《四分律》所謂「閣薄」，《十誦律》僅為「葦棧」。同時，重閣之上的牀腿也不牢固，在遭受突然的重壓下，脫腳牀容易脫落，穿破薄陋的閣板。

（二）安全與防護

這類意外事故的發生，雖然多少有些偶然的成分，但是從諸律的記載可知，樓上的比丘不無要反省之處。最為顯著的是《五分律》，最初有樓上的比丘「常繫其念，坐臥上下，初不卒暴」，與樓下的比丘相安無事。後來，有客比丘來住，「不一其心，頓身牀上」，立即就將後者砸傷。可見，後面的客比丘沒有正念攝心，未能善加觀察和防範警覺外境。缺乏安全意識是造成他人受傷的重要原因。《薩婆多論》中，佛陀即告誡比丘：「凡比丘坐臥法，一切審詳；不審詳，必有所傷。」

如果比丘具備一定的覺照能力和安全意識，養成儀態安靜和明察外物的習慣，注意體諒他人，此類事故是可以避免的。除了比丘自己要小心謹慎，避免輕忽、粗暴的舉動以外，律典也提供了很多改善外部環境的方法。如律

典開緣的條件就有很多的解決方案：可以在樓層危薄之處覆上堅固的板子，或用堅固的物品支住牀板，或用軟物包住牀腿，或是乾脆把牀換個方向或挪個地方，或順勢把沒有固定的牀腿都取下之後再行坐臥。不過，關鍵還是要求比丘以善護他人之心，來觀察和規避生活中可能存在的危險。

六、總結

（一）諸律差異分析

1. 緣起差異

（1）結構差異

各律典緣起結構相同，都只有一個本制。

（2）情節差異

《四分律》和其他各律典緣起情節大體相同，只是在個別細節上存在差異。《四分律》、《僧祇律》、《五分律》、《根有律》、《巴利律》中，牀腳脫落，傷及樓下的比丘。《鼻奈耶》、《十誦律》是牀腳下陷。究其原因，《四分律》、《鼻奈耶》、《十誦律》、《僧祇律》、《巴利律》是由於犯戒比丘用力坐，加之樓板不結實造成的；《五分律》中是比丘「身體重大」。《根有律》的緣起情節相對複雜，犯戒比丘因為對同行不滿，故意製造了牀腳傷人的「事故」。

（3）結論

綜上所述，本戒緣起無需調整，仍取《四分律》的結構與情節。

2. 戒本差異

各律典間差異首先體現在「脫腳牀」還是「尖腳牀」的表述上。《鼻奈耶》、《十誦律》、《十誦比丘戒本》、《僧祇律》、《僧祇比丘戒本》、《五分律》、《彌沙塞五分戒本》、梵文《説出世部戒經》均為「尖腳牀」或類似的表述，而《四分律》及其他律典則是「脫腳牀」。其次體現在坐臥的描述上。《鼻奈耶》、《十誦律》、《十誦比丘戒本》、《五分律》、《彌沙塞五分戒本》、《根有律》、《根有戒經》、《根有律攝》、梵文《有部戒經》、梵文及藏文《根有戒經》中，對應《四分律》最後的「若坐，若臥」部分，還多出了「用力」、「放身」等內容。

為了使戒本的表述更加清晰，避免歧義，據《僧祇比丘戒本》將「若房，

若重閣上」改為「僧房閣屋上」。並據《根有律》等將「繩牀，若木牀」改為「牀及餘坐物」，以更符合現代人的理解。

3. 辨相差異
（1）所犯境
①所犯對象
各律典戒條中對「牀腳」有兩種不同的描述，即脫腳牀與尖腳牀。

在漢文律典中，《四分律》、《四分僧戒本》、《新刪定四分僧戒本》、《四分律比丘戒本》、《解脫戒經》、《根有律》、《根有戒經》、《根有律攝》、《巴利律》戒條中的內容均為「脫」腳牀；而《鼻奈耶》、《十誦律》、《十誦比丘戒本》、《薩婆多論》、《僧祇律》、《僧祇比丘戒本》、《五分律》、《彌沙塞五分戒本》戒條中的內容均為「尖」腳牀。

《巴利律》作“āhaccapādakaṃ（腳可移去的）”，梵文《根有戒經》、梵文《有部戒經》作“āhāryapādake（腳可移動的）”，其含義均與脫腳牀相同；而梵文《説出世部戒經》作“āhatya（尖）pādake（足）”。可見，梵本之中對於此詞的記載也不是一致的，但“āhāryapādake（足可移動的）”與“āhatya（尖）pādake（足）”，經過羅馬轉化以後的“āhārya”與“āhatya”兩個單詞，含義雖然有所差別，但拼寫僅相差一個字母，這代表在原來的梵文文本中兩個詞的讀音和拼寫也非常接近，因此不排除流傳或轉譯中出現了差錯。

《四分律》記載：「脫腳牀者，腳入陛。」意為牀腳插入楔孔的牀，與尖腳牀的意思極為相似，都在強調牀腳是插入樓板的。其他如《根有律》、《根有律攝》、《巴利律》提到的均為脫腳牀，主要強調牀腳沒有固定好。

另外，也有律典提到尖腳牀，如《鼻奈耶》、《十誦律》、《僧祇律》、《五分律》和藏傳《苾芻學處》等，主要強調的是尖腳。不僅如此，其中有律典也同時說明了牀腳是活動的。如《僧祇律》的緣起中，比丘「縱身而坐，牀腳下脫即傷上座頭，頭血流出」，而後又有佛問比丘「汝云何閣上敷尖腳牀用力坐」，可見這裏所說的脫腳牀的牀腳是尖腳的。此外，《五分律》緣起中亦有比丘「敷尖腳牀」的牀腳下脫而打比丘頭。《十誦律》亦有「用力坐尖

腳牀上。以葦棧故，牀腳及支陷下，傷比丘頭垂死」，這裏也是牀腳脫落而傷人。

可見，脫腳牀和尖腳牀更多的可能只是從兩個方面說其危險性。尖腳容易陷入地板，而脫腳則容易掉落，砸傷他人。幾部律典都同時提到了脫腳牀和尖腳牀，二者實際上是指脫腳的尖腳牀，只是不同的律典側重於不同的方面，從掉落會砸傷他人的角度，本戒仍取《四分律》的名稱，即脫腳牀。

②所犯處所

諸律中，所犯處所大致可以分為兩類：僧房和私房的重閣上。有些律典中，僧房、私房均有記載，如《四分律》、《十誦律》，有些律典僅記載了僧房，如《五分律》、《巴利律》。本戒取《四分律》的觀點，所犯處所為僧房和私房的重閣上。

在犯罪輕重方面，《四分律》中，在私房重閣上坐臥脫腳牀，結波逸提罪。《摩得勒伽》、《根有律攝》結突吉羅罪。本戒的制戒意趣主要是防止對其他比丘可能造成的傷害，這種潛在的傷害在人員密集之處更容易發生。僧房中止宿者可能比較多，私房主要用於比丘個人的居止，所以牀腳脫落掉下，傷害到他人的概率較小，這或許是造成判罪輕重差異的原因之一。不過本戒是遮戒，不論是僧房還是私房都是為了防止對他人造成傷害，從預防的角度來說，二者沒有差別。故此處取《四分律》的觀點，於僧房或私房重閣上坐臥脫腳牀，均正犯本戒。

（2）能犯心

①發起心

《四分律》並未提到本戒的發起心。《根有律》中，發起心為「欲惱他」，《根有律攝》為「掉戲」和「不防備」，藏傳《苾芻學處》為「不顧損他而欲坐」，《毗尼母經》為「意不審悉」。其他律典也沒有提到本戒的發起心。

事實上，如果比丘沒有發起心，在完全意外的情況下，由於不小心被撞倒等原因誤坐到脫腳牀上，應該是不犯戒的。雖然各律典在本戒中都沒有明文記載，不過可以參照其他戒條。《四分律》的「大殺戒」中提到，若比丘「擲刀杖、瓦石」等，由於意外原因而誤斷人命，不犯；「一切無害心」，

不犯。[1]《十誦律》和《摩得勒伽》在大殺戒中也記載了意外殺人不犯的情況。[2] 可以推想，大殺戒是因意外而免責的，因此這條戒在意外的情況下也應該不犯。不犯的原理是缺少發起心這個犯緣。

因此對本戒來說，意外情況應該不犯戒。綜合諸律的記載，從實踐的角度來看，本戒犯戒的情況應該有輕忽和故意兩種，比丘的發起心應該是不護安全之心。

②想心

至於想心，《四分律》在本戒中也未記載。不過在記載了想心的戒條中，除大淫戒和酒戒以外，其他戒條中的觀點有很強的規律性。因此參照其他戒條的共同點，列舉出本戒的想心為：脫腳牀作脫腳牀想，結波逸提罪；脫腳牀疑，結突吉羅罪；非脫腳牀作脫腳牀想、非脫腳牀疑，均結突吉羅罪。這與其他律典的差別主要體現在「脫腳牀作脫腳牀疑」的情況上。《根有律攝》中，「脫腳作脫腳想、疑」，正犯。藏傳《苾芻學處》中，「於脫腳牀或知或疑」，正犯。這兩部律典中對脫腳牀作脫腳牀疑，均為正犯，而《四分律》則僅犯突吉羅罪。

從實踐的角度來看，如果其他犯緣都具足，但犯戒比丘對脫腳牀存疑；那他對牀腿是否能夠脫落內心就不肯定，坐臥時甚至很可能懷著試一試的心態。而當犯戒比丘內心明知道是脫腳牀時，他清楚牀腿一定會脫落，坐臥時心態就是積極主動。這兩種心態不同，造業自然有輕重。這或許是《四分律》對「想」判重、對「疑」判輕的原因。而從另一個角度來看，此時犯戒比丘面對的是脫腳牀，不論比丘怎麼想，在他坐臥以後產生的結果都是一樣的，牀腿都會掉落。因此，如果依結果判罪，「想」和「疑」的結罪應該是相同

1　《四分律》卷 2：「不犯者，若擲刀杖、瓦石誤著彼身死者，不犯。若營事作房舍，誤墮塹石、材木、椽柱殺人，不犯。重病人扶起，若扶臥，浴時、服藥時，從涼處至熱處，從熱處至涼處，入房，出房，向廁往返，一切無害心而死，不犯。」《大正藏》22 冊，577 頁中欄。

2　《十誦律》卷 2：「阿羅毗國僧坊中壞故，房舍比丘在屋上作，手中失墼墮木師上，木師即死。比丘心疑：『我將無犯波羅夷？』是事白佛，佛言：『不犯。從今日當一心執作。』」《大正藏》23 冊，10 頁下欄至 11 頁上欄。《摩得勒伽》卷 4：「有比丘曠野中作僧坊，比丘手中磚打比丘命終，尋即生悔。乃至佛言：『不犯。當好用意捉磚。』」《大正藏》23 冊，589 頁下欄。

的。這或許就是《根有律攝》和藏傳《苾芻學處》對「想」和「疑」都判重的原因。《四分律》的判定更符合業果原理，因此本戒應該採用「想」重、「疑」輕的判罪標準。

對於「脫腳牀作非脫腳牀想」，《四分律》有明確想心記載的戒條中，不同戒條的判定有些差別，判罪並不完全依據比丘的想心：兩個戒條判為重罪，為大淫戒和飲酒戒；兩個戒條沒有寫，為殘宿食戒和不受食戒；部分戒條判為輕罪，如大殺戒、大妄語戒、摩觸戒等等；部分戒條判為不犯，如大盜戒、迴僧物戒、用蟲水戒等。《四分律》中本戒的資料不足，不能明確判斷。《根有律攝》對此判為不犯。從實踐角度來看，比丘若作非脫腳牀想，那麼他就應該不具足發起心。因此對於本戒來説，脫腳牀作非脫腳牀想，依《根有律攝》判為不犯更加合理。

對於「非脫腳牀作非脫腳牀想」，《根有律攝》判為不犯。《四分律》中，「不犯者，若坐旋腳繩牀、直腳繩牀、曲腳牀、無腳牀」，對這種想心也判為不犯。兩者的觀點相同。

因此本戒的想心應該是：脫腳牀作脫腳牀想，結波逸提罪；作脫腳牀疑，結突吉羅罪；非脫腳牀作脫腳牀想、非脫腳牀疑，均結突吉羅罪；脫腳牀或非脫腳牀作非脫腳牀想，不犯。

（3）方便加行

《四分律》、《僧祇律》、《巴利律》和《摩得勒伽》中，方便加行是「若坐，若臥」。而《鼻奈耶》、《十誦律》、《薩婆多論》、《五分律》、《根有律》、《根有律攝》、《毗尼母經》則在坐臥的基礎上增加了「放身」、「用力」這一要素。對本戒的方便加行和究竟成犯來説，是否有這個要素差別較大。《四分律》等三部律判罰較嚴，完成坐臥動作即犯；而對另幾部律來説，普通的坐臥被簡除，僅用力坐臥才算正犯，犯戒的範圍縮小了。

從實踐角度來看，《四分律》的判定更嚴謹和合理。試想有一個重閣上牀腿的位置樓板非常薄，不需要用力坐也會穿漏；有比丘明知如此還是故意坐下去並把樓板坐穿，砸傷樓下的人。如果按「用力坐臥」為定罪標準，他的行為是不犯的。這顯然不符合本戒的制戒精神。而正常情況下，比丘雖然沒

有縱身用力而坐，只要是一般的坐或臥，在比丘不防護安全的情況下，一樣會發生危險。因此，本戒仍以《四分律》等的加行為準，即「若坐，若臥」，而不考慮是否用力、縱身等。

（4）究竟成犯

《四分律》中，究竟成犯為「若坐，若臥，隨脅著牀，隨轉側」，即坐時或臥時，正犯。《十誦律》、《薩婆多論》中，用力坐、臥時，正犯。《巴利律》、藏傳《苾芻學處》中，坐已成犯。其他律典沒有明確記載究竟成犯。此處取《四分律》的觀點。

結罪次數方面，《四分律》中，「隨轉側，波逸提」，即每翻一次身，結一波逸提罪。《十誦律》、《薩婆多論》記載：「隨用力坐臥，一一波逸提。」其他律典沒有結罪次數的相關記載。

（5）不犯

《僧祇律》中，若閣下無人時，於重閣上坐時，即便牀腳脫落也不傷人，故不犯。《摩得勒伽》中，閣下坐尖腳牀，不犯。《善見論》中，非重閣者不犯。從實踐的角度來講，上述觀點可作行持參考。

4. 諸律內部差異

對於所犯處所的記載，《四分律》在戒條中的描述與緣起和辨相中的內容不符。在戒條中，《四分律》作「若房，若重閣上」，與緣起相比，多了「若房」，若從字面上看，所犯境則包括了單層的房舍。而緣起情節中描述的地點是「在重閣上」，後來佛陀制戒前呵責「云何比丘在重閣上，坐脫腳牀上坐不安庠」。辨相部分也記載「比丘在重閣上坐脫腳牀」。緣起和辨相均直接指出所犯處所為「重閣」。

在其他文本的戒條中，《四分僧戒本》作「房重閣上」，《四分律》作「若在重閣上」，這兩處文字內容明確，均是僅指重閣上。《新刪定四分僧戒本》作「僧房，若重閣上」，《四分律比丘戒本》作「若房，若重閣上」，但這兩個戒本也是依據《四分律》重新修訂的，並非第一手材料。除此以外，其他版本的所有戒條內容均是指「重閣上」，包括《鼻奈耶》、《十誦律》、《僧祇

律》、《五分律》、《根有律》等廣律及其戒本，也包括梵巴藏版本的戒本。因此，從文獻的角度來看，本戒的所犯處所應該是僅指「重閣上」，而不包括單層的房舍。

從實踐角度來看，在一層坐臥脫腳牀，牀腿即使掉落也不會產生傷人的後果，並非本戒所制的範圍。再者，有三部律論記載了在樓下坐臥不犯的情況。《摩得勒伽》記載：「閣下坐尖腳牀，不犯。」《巴利律》中，「非在樓上時」，不犯。《善見論》記載：「無罪者，非重閣者不犯。」

綜合各方面的觀點來看，《四分僧戒本》中「房重閣上」的含義即符合《四分律》的緣起和辨相，也與其他律典的觀點一致；從行持上看也更符合本戒的制戒精神。這應當是對本戒所犯處所的一個合適的定義。

此外，對於此問題，其他律典在緣起、戒條和辨相方面均是一致的。

（二）調整文本

通過以上諸律間觀點同異的對比與分析，文本在《四分律》的基礎上作如下調整：

1. 緣起
佛在舍衛國祇樹給孤獨園時，住在重閣上的比丘，因為坐脫腳牀時行為輕躁，致使牀腳脫落，砸傷了樓下的比丘。佛陀以此因緣制戒。

2. 戒本
若比丘，僧房閣屋上[1]，脫腳牀及餘坐物[2]，若坐，若臥，波逸提。

1　「僧房閣屋上」，底本作「若房，若重閣上」，據《僧祇比丘戒本》改。
2　「牀及餘坐物」，底本作「繩牀，若木牀」，據《根有律》、《根有戒經》、《根有律攝》改。

3. 關鍵詞

（1）閣屋：這裏指上下兩重的閣樓，兩層之間的距離超過一人的高度，樓板不堅固，牀腳有從樓上穿透掉落的可能。

（2）脫腳牀：指牀腳可以插入樓板縫隙的牀。其牀腳和牀板是分開的，沒有固定在一起，若是住在閣樓上，牀腳就很容易會從縫隙中掉下去。

4. 辨相

（1）犯緣

本戒具足五緣成犯：一、在地板薄、不堅固的樓閣上；二、脫腳牀、脫腳椅；三、知道是脫腳牀、椅；四、以不護安全之心而欲坐臥；五、坐或臥，成犯。

（2）辨相結罪輕重

①在地板薄、不堅固的樓閣上

僧房或私房重閣上，波逸提；非重閣者，不犯。

②脫腳牀、脫腳椅

坐脫腳牀、椅，波逸提；坐臥獨坐牀，或一板牀，或浴牀，突吉羅。

③知道是脫腳牀、椅

脫腳牀作脫腳牀想，波逸提；作脫腳牀疑，突吉羅；非脫腳牀作脫腳牀想、疑，突吉羅；脫腳牀、非脫腳牀作非脫腳牀想，不犯。

④以不護安全之心而欲坐臥

⑤坐或臥

在樓閣上，如果比丘坐臥脫腳牀或者脫腳椅，坐、臥時，波逸提；在臥的狀態下，每翻一次身，結一個波逸提罪。

如果用磚、石頭、瓦片等能掉落傷人的物品來支牀腳，波逸提。

⑥犯戒主體

比丘、比丘尼若犯此戒，波逸提；式叉摩那、沙彌、沙彌尼若犯，突吉羅。

⑦不犯

如果放置牀、椅的地方，樓板很結實、堅固，不會穿漏，不犯。

雖在樓上坐臥，但樓下無人時，不犯。

如果知道牀腿一定不會脫落掉下樓去，如旋腳繩牀、直腳繩牀、曲腳牀、無腳牀，若牀楮大，若脫腳牀安細腰，不犯。

如果將牀反轉，或者將牀腿摘下，坐臥，不犯。

如果比丘是由於意外原因而坐、臥脫腳牀，不犯。

最初未制戒，癲狂、心亂、痛惱所纏，不犯。

七、現代行持參考

現代社會的住房結構都比較堅固，像律中記載的由於牀腿穿破樓板而砸到人的情況，不太可能出現。但本戒涉及到的公共安全意識卻是極為重要，如高空墜物，即便是很小的物件也有可能產生很大的危害。另外，睡雙層牀的比丘也需要做好防護，避免在坐臥時太過粗魯，導致牀板破裂而影響他人的安全。所以，對於比丘而言，在行住坐臥中要具足正知正念，對周圍環境要保持一定的敏感性，注意觀察可能存在的危險，避免自己或他人受到不必要的傷害。

19

用蟲水戒

一、緣起

（一）緣起略述

《四分律》有一個本制、一個隨制。佛在拘睒彌國時，闡陀比丘建造大屋，「以蟲水和泥教人和」，令世人譏嫌「無有慈心，害眾生命」。佛陀因此制戒。此是本制。後來比丘有疑，不知有蟲無蟲而作波逸提懺，佛開緣「不知，無犯」，此為隨制。[1]

1. 制戒地點

《四分律》中，制戒地點為「拘睒彌國」，《鼻奈耶》[2] 為「羅閱城迦蘭陀竹園」，《十誦律》[3] 為「俱舍彌國」，《僧祇律》[4] 為「曠野精舍」，《五分律》[5] 為「拘舍彌國」，《根有律》[6] 為「憍閃毗瞿師羅園」，《巴利律》[7] 為「阿羅毗邑阿伽羅婆塔廟」。

2. 緣起比丘

《四分律》中，緣起比丘為「闡陀」，《根有律》與《四分律》相同。《鼻奈耶》為「闡怒」，《十誦律》為「闡那」。以上四部律典的緣起人物因音譯不同而略有差異，實則為同一人。《僧祇律》為「營事比丘」，《五分律》為「闡陀」、「優陀夷」，《巴利律》為「阿羅毗邑之諸比丘」。

1　《四分律》卷 12，《大正藏》22 冊，646 頁中欄至 647 頁上欄。

2　《鼻奈耶》卷 7，《大正藏》24 冊，880 頁上欄至中欄。

3　《十誦律》卷 11，《大正藏》23 冊，79 頁下欄。

4　《僧祇律》卷 15，《大正藏》22 冊，344 頁下欄至 345 頁上欄。

5　《五分律》卷 6，《大正藏》22 冊，44 頁下欄至 45 頁上欄。

6　《根有律》卷 30，《大正藏》23 冊，789 頁中欄至下欄。

7　《經分別》卷 5，《漢譯南傳大藏經》2 冊，64 頁至 65 頁；《附隨》卷 1，《漢譯南傳大藏經》5 冊，59 頁。

3. 緣起情節

《四分律》有一個本制和一個隨制，其餘律典只有一個本制。其中，《鼻奈耶》、《巴利律》與《四分律》的本制相同。

《十誦律》、《僧祇律》、《根有律》與《四分律》的不同點是這三部律典沒有表明使用蟲水的原因，而《四分律》明確記載是為了建造房屋。

《五分律》與《四分律》稍有不同，《五分律》描寫了闡陀澆水和泥與優陀夷用有蟲水飲食、澆浴兩個情節，它們同時出現在一個故事裏，其中闡陀澆水和泥與《四分律》的本制相似，而優陀夷用有蟲水飲食、澆浴的情節，與其他律典的記載有所差異。

（二）緣起比丘形象

《四分律》沒有刻劃緣起比丘形象，《僧祇律》、《巴利律》與《四分律》相同。

《鼻奈耶》中，諸比丘對緣起比丘勸諫時，其態度「很戾，不隨諫語」，刻劃了一個性格倔強、固執己見的比丘形象。

《十誦律》中，緣起比丘面對其他比丘的質疑，狡辯道：「我用水和泥，不用蟲。」《五分律》也有類似內容：「但飲水，勿飲蟲！」《根有律》中，緣起比丘甚至詭辯道：「豈諸生命我喚將來？豈復有人數以相付？豈可欲去我不聽行？四海寬長因何不去？江河池沼盆甕瓶瓨何不走入？」表現出緣起比丘對自己行為沒有慚愧與悔過之心。

（三）犯戒內因

《四分律》中，緣起比丘對生命缺少憐憫心以及在工程過程中不按程序操作的疏忽懈怠之心是其犯戒的內因，其他律典與《四分律》相同。

（四）犯戒外緣

《四分律》中，建設房子需要大量用水，以及水中有蟲，是比丘犯戒的外緣。其他律典也有類似記載，如《五分律》中，作大房舍工程用水、飲食、澆浴；《僧祇律》中營事比丘的種種營事；《巴利律》中的「修葺房屋」等等。

其他律典沒有明顯的記載。

（五）犯戒後的影響

《四分律》中緣起比丘用蟲水，引發了諸長者的嫌責：「沙門釋子不知慚愧，無有慈心，害眾生命，外自稱言：『我修正法。』如今觀之有何正法？以蟲水和泥教人和害眾生命。」《五分律》中，居士譏嫌道：「無憐愍心，無沙門行，破沙門法。」《僧祇律》中，緣起比丘被世人譏嫌：「沙門瞿曇無量方便毀呰殺生，讚歎離殺。而今沙門以蟲水澆草泥，此是敗壞人，何道之有？」

《十誦律》中，緣起比丘的行為引發了其他比丘的呵責：「汝知是水有蟲，云何用和泥？汝於畜生中無憐愍心。」《根有律》中，少欲比丘譏嫌：「云何苾芻以有蟲水將澆草等，自作使人不顧生命？」

（六）佛陀考量

1. 佛陀的開緣

《四分律》中佛開緣：「不知，無犯。」佛陀之所以開緣是因為人的意識具有局限性，此外總會有一些意外的情況發生，且不能為人的意識所能掌控。因此，比丘就很容易擔心犯戒，令內心不安穩。於是「或有波逸提懺悔者，或有畏慎者」，佛陀的開緣正是對這種行為的包容，令比丘們得以安心辦道。

2. 僧團和合

比丘之間的勸諫，涉及到僧團內部的和合。當勸諫不起作用，意見不能達成一致時，就需要制定戒律，以達到知見的統一。如《鼻奈耶》諸比丘語闡怒：「汝無以蟲水灑地和泥。」《十誦律》諸比丘語闡那言：「汝莫用有蟲水澆草，和泥，殺諸小蟲。」《根有律》諸苾芻見而告之：「具壽闡陀！勿以有蟲水澆草土牛糞等。」緣起比丘不聽勸諫，諸比丘只能報告給佛陀，闡陀在佛陀的威德之下，承認錯誤，佛陀也因此制戒。

3. 出家人之本業

《僧祇律》中，世人譏嫌道：「沙門瞿曇無量方便毀呰殺生，讚歎離殺。」佛陀也呵斥緣起比丘：「此是惡事，正應為世人所嫌。」可見，佛陀此舉是為了避免世人的譏嫌。因為佛陀宣揚慈悲不殺，比丘身為佛法的踐行者、傳道者，反而違背佛陀的教導，這會破壞僧團的形象，損減世人對佛教的信心。所以佛陀制定此戒的用意在於防護譏嫌，增長慈心。

（七）文體分析

《四分律》有兩個因緣，其他律典只有一個因緣。

諸律的故事結構也都類似，先是緣起比丘用蟲水，然後被譏嫌，諸比丘報告佛制戒。諸律緣起的情節與文字都比較簡單，沒有過多細節描述。

《十誦律》、《五分律》、《根有律》都記載了緣起比丘面對其他人的指責，採取了詭辯的方式來應對，增強了故事的趣味性。而《根有律》中，緣起比丘更是一口氣反問了對方五個問題，強而有力地闡述了自己觀點。雖然有強詞奪理之嫌，但是辯論現場的激烈情景躍然紙上。

二、戒本

《四分律》中，本戒的戒本為：「若比丘，知水有蟲，若自澆泥，若草，若教人澆者，波逸提。」

（一）若比丘，知水有蟲

《四分律》、《四分僧戒本》[1]、《新刪定四分僧戒本》[2]、《四分律比丘戒本》[3] 作「若比丘，知水有蟲」，意思是：如果比丘，知道水裏有蟲子。

與《四分律》相同：

《十誦律》、《十誦比丘戒本》[4]、《僧祇比丘戒本》[5]、《五分律》、《彌沙塞五分戒本》[6]、《解脫戒經》[7] 作「若比丘，知水有蟲」。

與《四分律》相似：

《根有律》、《根有戒經》[8]、《根有律攝》[9] 作「若復苾芻，知水有蟲」，《鼻奈耶》作「若比丘，知有蟲水」，《僧祇律》作「若比丘，知蟲水」。

梵文《説出世部戒經》[10] 作 "yo puna bhikṣur jānan saprāṇakenodakena"，梵文《根有戒經》[11] 作 "yaḥ punar bhikṣur jānan saprāṇakenodakena"，意思均

1　《四分僧戒本》，《大正藏》22 冊，1026 頁中欄。

2　《新刪定四分僧戒本》，《卍續藏》39 冊，267 頁上欄。

3　《四分律比丘戒本》，《大正藏》22 冊，1018 頁下欄。

4　《十誦比丘戒本》，《大正藏》23 冊，474 頁中欄。

5　《僧祇比丘戒本》，《大正藏》22 冊，552 頁中欄。

6　《彌沙塞五分戒本》，《大正藏》22 冊，197 頁中欄。

7　《解脫戒經》，《大正藏》24 冊，662 頁中欄。

8　《根有戒經》，《大正藏》24 冊，504 頁中欄。

9　《根有律攝》卷 10，《大正藏》24 冊，581 頁上欄。

10　Nathmal Tatia, *Prātimokṣasūtram of the Lokottaravādimahāsāṅghika School*, Tibetan Sanskrit Works Series, no. 16, p. 20.

11　Anukul Chandra Banerjee, *Two Buddhist Vinaya Texts in Sanskrit*, p. 34.

是：任何比丘，知道水中有蟲子。

巴利《戒經》[1]作"yo pana bhikkhu jānaṃ sappāṇakaṃ udakaṃ"，意思是：任何比丘，知道是有活生物的水。

藏文《根有戒經》[2]作 "ཡང་དགེ་སློང་གང་ཤེས་བཞིན་དུ་སྲོག་ཆགས་དང་བཅས་པའི་ཆུས"，意思是：任何比丘，明知含有蟲的水。

與《四分律》有部分差異：

梵文《有部戒經》[3]作"yaḥ punar bhikṣuḥ saprāṇakenodakena"，意思是：任何比丘，水裏有蟲子。與《四分律》相比，缺少「知道」的意思。

（二）若自澆泥，若草，若教人澆者，波逸提

《四分律》作「若自澆泥，若草，若教人澆者，波逸提」，意思是：如果自己澆泥，澆草，或者教別人澆，犯墮罪。

與《四分律》相似：

《四分律比丘戒本》作「若自澆泥，若澆草，若教人澆者，波逸提」，《新刪定四分僧戒本》作「自用澆泥，澆草，若教人澆者，波逸提」，《四分僧戒本》作「自用澆泥，澆草，教人澆者，波逸提」。

《僧祇律》、《僧祇比丘戒本》作「澆草、泥，若使人澆，波夜提」，《十誦比丘戒本》作「若自澆草、土，若使人澆，波夜提」，《解脫戒經》作「自澆草、土，若教人澆，波逸提」。

梵文《說出世部戒經》作"tṛṇaṃ vā mṛttikāṃ vā siñceya vā siñcāpeya vā pācattikaṃ"，梵文《有部戒經》作"tṛṇaṃ vā mṛttikaṃ vā siṃcet secayed vā pātayantikā"，意思均為：（自己）澆或令（他人）澆草或是泥，墮。

1　Bhikkhu Ñāṇatusita, *Analysis of the Bhikkhu Pātimokkha*, p. 186.

2　麗江版《甘珠爾》(འདུལ་བ་ཀ་འགྱུར) 第 5 函《別解脫經》(སོ་སོར་ཐར་པའི་མདོ) 12b。

3　Georg von Simson, *Prātimokṣasūtra der Sarvāstivādins Teil II*, Sanskrittexte aus den Turfanfunden, XI, p. 209.

巴利《戒經》作"tiṇaṃ vā mattikaṃ vā siñceyya vā siñcāpeyya vā, pāci-ttiyaṃ"，意思是：如果自己（用蟲水）澆草或泥土，或者令（他人）澆，墮。

與《四分律》有部分差異：

《十誦律》作「自用澆草，和泥，若使人用，波逸提」，這裏的「和泥」與《四分律》「澆泥」略有不同。

《鼻奈耶》作「灑地，若教人灑，自和泥，若教人和者，墮」，與《四分律》相比，沒有「澆草」，但多了「灑地」的表述。此外，「和泥」與《四分律》「澆泥」也略有不同。

《根有律》、《根有戒經》、《根有律攝》作「自澆草、土，若和牛糞，及教人澆者，波逸底迦」。

梵文《根有戒經》作"tṛṇaṃ vā gomayaṃ vā mṛttikāṃ vā siñcet siñcayed vā pāyantikā"，意思是：（自己）澆草、牛糞或泥，或令（他人）澆，墮。

藏文《根有戒經》作"རྩྭ་འམ། ལྱི་བ་འམ། ས་ལ་འདེབས་སམ། འདེབས་སུ་འཇུག་ན་ལྟུང་བྱེད་དོ།།"，意思是：卻用來澆草、牛糞、土地，或令他人澆，墮。

以上《根有律》及之後的律典比《四分律》多出了「牛糞」的類別。

與《四分律》差異較大：

《五分律》、《彌沙塞五分戒本》作「若取澆泥，若飲食諸用，波逸提」，與《四分律》相比，這兩部律典沒有「澆草」，但多了「若飲食諸用」的表述。

三、關鍵詞

蟲

梵文戒本中均使用 "prāṇaka" 一詞，該詞除了廣義上一般泛指一切「有情」（英譯：living-being）外，也可以特指「動物」（英譯：animal），而在本戒中則進一步特指「昆蟲」（英譯：insect）。巴利《戒經》對應為 "pāṇka"，藏文《根有戒經》對應為 "སྲོག་ཆགས"，詞意與梵文相同。

《四分律》沒有對「蟲」作解釋。

《十誦律》對蟲的內涵闡釋為「若眼所見，若漉水囊所漉」，即水中眼睛可見或者漉水囊可濾得的生物。《五分律》記載：「有蟲水者：囊漉所得，肉眼所見。」《根有律》中記載：「蟲有二種：一為眼所見，二為羅所得。」《根有律攝》與《根有律》相同。上述四部律典內涵相同。

《僧祇律》對蟲的定義為「蟲者，乃至微細有命」，在律文的描述中進一步說到有蟲水需要「重囊漉」與「諦視」有蟲無蟲，表明《僧祇律》對「蟲」的定義與上述幾部律典是一致的。

綜上所述，詞源分析中，「蟲」在幾部戒經的含義相同，都是指「昆蟲」之意。在有關鍵詞解釋的五部漢譯律典中，諸部律典的內涵是一致的，指水中可由漉水囊過濾所得或者肉眼能夠看到的生物。

四、辨相

（一）犯緣

具足以下五個方面的犯緣便正犯本戒：

1. 所犯境

《四分律》中，所犯境是蟲水及其他含蟲的液體。

關於蟲，諸律相同，都指的是蟲。而《十誦律》、《僧祇律》、《五分律》、《根有律》、《根有律攝》[1] 則進一步解釋，蟲是指漉水囊過濾所得，肉眼能夠看到的蟲。藏傳《苾芻學處》[2] 所講的蟲指「畜生，常眼能見」，與上述幾部律稍有不同，沒提到漉水囊。

而關於水，諸律對此沒有特別地要求。

另外，《四分律》提到，除了水以外，「若有蟲酪漿、清酪漿，若酢，若漬麥漿」等各種含蟲的液體也正犯。《十誦律》中，「若用有蟲汁」，正犯。《僧祇律》有相似的情況，若用「洗器水、米潘、一切漿、苦酒，諸有蟲者」，也正犯。《根有律攝》中，「此中言水，亦收漿、醋等物」。藏傳《苾芻學處》中，水指的是蟲子「繫屬的所依處」，應該是指蟲能夠在其中生存的各種水。其他律典僅提到含蟲的水才正犯，未提到其他液體。

《明了論》沒有此戒的內容，下不贅述。

2. 能犯心

（1）發起心

《四分律》沒有對發起心作描述。

1　《根有律攝》卷 10，《大正藏》24 冊，581 頁上欄至中欄。
2　《苾芻學處》，《宗喀巴大師集》卷 5，98 頁。

《巴利律》中，發起心為「故意」心欲澆。藏傳《苾芻學處》中，「發起心，非為自事，欲澆其水」，即發起心不是為了自己的事，僅僅是想要澆水的意圖。

《根有律》提到比丘以殺心決河池水，水中蟲魚命斷，犯波逸提；若不死，突吉羅；無殺心則不犯。由此可以說，《根有律》中，發起心是「殺心」。

其他律典都沒有發起心的記載。

（2）想心

《四分律》中，「若有蟲水，有蟲水想」，是正犯。除《薩婆多論》[1]、《摩得勒伽》[2]、《毗尼母經》[3] 沒有提及，《僧祇律》為「知水有蟲」外，其他律典與《四分律》觀點相同。

其中，《五分律》、《根有律》、《根有律攝》、藏傳《苾芻學處》還提到，有蟲水，有蟲疑，也正犯，而《四分律》中，有蟲有蟲疑，不正犯。

《十誦律》在有蟲的情況下，不論知與不知都正犯。

3. 方便加行

《四分律》中，自澆、教人澆、以物投水、灑地等方式，正犯。從其所指的內涵來判斷，應是各種使用的方式（包括自用或教人用）都正犯。

《十誦律》、《僧祇律》、《根有律》、《根有律攝》與《四分律》類似。

《五分律》中，方便加行為「食」和「用」，戒條、辨相沒有提到教他，但是緣起故事中提到了教他的情況。

《巴利律》、《善見論》[4]、藏傳《苾芻學處》中，方便加行僅提到自澆、使人澆。《鼻奈耶》為「灑地」、「和泥」，包括自作或教他作。《薩婆多論》為「澆草上和泥」。《摩得勒伽》為「自澆」。《毗尼母經》為「和泥」。

1　《薩婆多論》卷 6，《大正藏》23 冊，545 頁上欄至中欄；卷 8，《大正藏》23 冊，552 頁中欄至下欄。

2　《摩得勒伽》卷 2，《大正藏》23 冊，575 頁下欄；卷 10，《大正藏》23 冊，622 頁上欄。

3　《毗尼母經》卷 4，《大正藏》24 冊，824 頁中欄；卷 7，《大正藏》24 冊，841 頁中欄至下欄。

4　《善見論》卷 15，《大正藏》24 冊，781 頁下欄。

4. 究竟成犯

分兩種情況：

（1）不論結果。《四分律》中沒有提到蟲死時成犯，對於究竟成犯未作明確說明。《鼻奈耶》、《摩得勒伽》、《五分律》、《根有律攝》與《四分律》相同。

《僧祇律》記載：「方便澆一息一，波夜提。」「使人澆者，一方便語一波夜提。」《善見論》記載：「隨息，一一得波夜提；若教他澆，隨語語得波夜提。」二者表達的內涵相同，都說明自澆水動作停下來的那一刻，即為正犯；教他時說完一句話便犯。

《薩婆多論》記載：「隨用水多少，用用波逸提。」《毗尼母經》記載：「若用，得波逸提。」說明這兩部律都是用的時候成犯。《巴利律》中，究竟成犯是「已澆者，波逸提」。

（2）《十誦律》、《根有律》、藏傳《苾芻學處》中，蟲死時，成犯。

5. 犯戒主體

《四分律》中，犯戒主體是比丘，比丘尼同犯。

《薩婆多論》、《五分律》、藏傳《苾芻學處》與《四分律》相同。

其他律典中，犯戒主體是比丘，未提及其他情況。

（二）輕重

1. 所犯境

《四分律》中，所犯境是蟲水及各種有蟲的液體時，犯波逸提。

諸律正犯本戒的判罪如犯緣中所述。

另外，《摩得勒伽》中，「比丘有蟲水澆草土瞿摩耶，波夜提。土草中有蟲亦如是」，由此可知，此律中如果用水澆有蟲的「土草」，也犯波逸提。「以乳、酥、酪澆草土中蟲，突吉羅。」《根有律攝》記載：「縱無蟲水不應輒棄，得惡作罪。」

2. 能犯心

（1）發起心

《四分律》沒有記載關於發起心的結罪情況。

《巴利律》中，「故意」心欲澆，波逸提。藏傳《苾芻學處》中，「非為自事，欲澆其水」，波逸提。

《根有律》中，「殺心」，正犯。

其他律典與《四分律》一樣，也沒有關於發起心的記載。

（2）想心

《四分律》中，若有蟲，有蟲想，波逸提；蟲疑，突吉羅；無蟲作有蟲想或疑，突吉羅；「不知有蟲作無蟲想」，不犯。《巴利律》與之相同。

而《十誦律》、《五分律》、《根有律》、《根有律攝》、藏傳《苾芻學處》中，有蟲作有蟲想、疑，都結波逸提；無蟲作有蟲想、疑，結突吉羅。另外《根有律攝》中，有蟲、無蟲作無蟲想，不犯。《鼻奈耶》、《善見論》中，有蟲有蟲想，波逸提。《僧祇律》中，「知水有蟲」，犯波逸提。《十誦律》中，「有蟲水中無蟲想用」也犯波逸提；「無蟲水中無蟲想用」，不犯。其他律典未提及相關內容。

3. 方便加行

《四分律》中，自澆，教人澆，皆波逸提：「若知水有蟲，以草、若土擲中者，波逸提。……若以土、若草著有蟲清酪漿中、酢中、水中、漬麥漿中，若教人者，波逸提。」即無論是澆或是以物投水等各種使用的方式，自用或教人用都犯波逸提。

《十誦律》、《僧祇律》、《根有律》、《根有律攝》與《四分律》類似。《十誦律》中，「牛屎、乾土乃至以竹蘆葉著有蟲水中」，結波逸提。《根有律》記載：「若自用，若教人用澆草等，得波逸底迦。」《根有律攝》記載：「若草土、牛糞塗地泥牆，自作使人並皆同犯。……凡是洗鉢及洗足處，有水沾地，應作曼荼羅，形如槊刃或隨水流勢。若正方正圓作者，得惡作罪。」《僧祇律》記載：「若用有蟲水與和上、阿闍梨洗浴，得波夜提。」

此外，《根有律》中還提到了兩種用水犯此戒的情況：「若苾芻河池水處多有蟲魚，苾芻殺心決去其水，隨有蟲魚命斷之時，皆得墮罪；若不死者，皆得惡作。若於此水處偃之令斷，於其下畔隨蟲命斷，或時不死，得罪同前。」

《摩得勒伽》中，「若遣使、手印，突吉羅」。此律還記載，如果在有「大蟲」的水中洗浴，犯突吉羅。《毗尼母經》記載：「不聽用有蟲水和泥，不聽積泥著屋上」。其他律典正犯的方便加行如上犯緣中所述。

4. 究竟成犯

《四分律》對於究竟成犯未作明確說明。

《鼻奈耶》、《摩得勒伽》、《五分律》、《根有律攝》與《四分律》相同。《巴利律》：「澆之前行者，突吉羅；已澆者，波逸提。」

《十誦律》記載：「隨蟲死，一一波逸提。」《根有律》、藏傳《苾芻學處》與《十誦律》相同。此外，《根有律》還記載：「若不死者，皆得惡作。」

《薩婆多論》記載：「隨用水多少，用用波逸提。」《毗尼母經》記載：「若用，得波逸提。」

《僧祇律》記載：「若比丘知水有蟲，方便澆一息一，波夜提；隨息多少，一一波夜提；使人澆者，一方便語一波夜提；若更語疾疾澆，語語波夜提。」《善見論》與《僧祇律》相同：「若自澆，若教他澆，自澆者，隨息一一得波夜提；若教他澆，隨語語得波夜提。」

5. 犯戒主體

《四分律》中，犯戒主體為比丘、比丘尼。《薩婆多論》、《五分律》、藏傳《苾芻學處》與《四分律》相同。

《四分律》、《薩婆多論》、《五分律》中，式叉摩那、沙彌、沙彌尼，突吉羅。

其他律典，比丘犯本戒，結波逸提；沒有記載比丘尼及下三眾的情況。

（三）不犯

1. 所犯境不具足

《四分律》記載：「若蟲大，以手觸水令蟲去，若漉水灑地，若教人灑者，一切無犯。」

《五分律》記載：「若諦視不見，囊漉不得，不犯。」

《根有律攝》記載：「斯等漉用或可去蟲，或取無蟲處用，或可信人言水無蟲，斯並無犯。」

2. 能犯心不具足

《四分律》中，「不知有蟲作無蟲想」，不犯。

《十誦律》中，「無蟲水中無蟲想用」，不犯。

《根有律》記載：「若無殺心者，無犯。」

《根有律攝》、《巴利律》中，無蟲、有蟲作無蟲想，不犯。

《根有律攝》記載：「不知有蟲，無犯。」

《巴利律》中，非故意，不犯。

3. 犯戒主體不具足

《四分律》、《五分律》、《根有律》中，最初犯人，癡狂、心亂、痛惱所纏，不犯。《巴利律》中，癡狂者、最初之犯行者、無念者、無知者，不犯。

五、原理

（一）遮止殺心和防範殺業

1. 煩惱與性遮

此戒中的闡陀使用有蟲水，殺害蟲命，反映了他內心中的一種愚癡煩惱。《薩婆多論》把殺生定義為三種：「有貪毛角皮肉而殺眾生；有怨憎恚害而殺眾生；有無所貪利，有無瞋害而殺眾生，是名愚癡而殺眾生。如闡那用有蟲水，是謂癡殺眾生。」

殺生是性罪，如《善見論》對此戒的定性：「此是性罪，從身心口起。」對於殺罪的防護，由最小的水中蟲開始，漸漸發展至畜生、人，層層遞進。《薩婆多論》說：「此殺生戒凡有四戒，於四戒中此戒最是先結。既結不得用有蟲水澆草土和泥，便取有蟲水飲。既不得用一切有蟲水，便故奪畜生命。既制不得奪畜生命，便奪人命。凡奪物命，有四結戒，以事異故，盡名先作。」

2. 深防殺業

以「用蟲水戒」與「斷畜生命戒」為例，這兩條戒其實都是指殺害畜生，它們的區別是「斷畜生命戒」以命斷為成犯要素，而「用蟲水戒」只要一澆水便犯。可見，後面一戒對殺業的防護更加深細。另外，與「斷畜生命戒」以「殺心」作為成犯要素不同，「用蟲水戒」不論其動機是否具有殺心，只要主體的意圖僅僅是欲要澆水，這就是他現前直接的目的，至於動機是善意或惡意與結果無關。比如比丘為了滅火而使用有蟲水，動機雖善但仍然犯此戒，因為存在一種可能：比丘知道水裏有蟲，卻忽略它們的存在。

不以「殺心」與「命斷」為成犯要素，其實也就是從最細微之處防護，避免累積與增長殺業，這也是此戒的意趣所在。

3. 個人日常行持

《根有律攝》中，洗鉢水澆地生蟲，嚼齒木時漱口「傾水流污地」，用作洗鉢及洗足的小水壇的使用，都涉及到此戒。可見，此戒的另一個目的在於提醒比丘注意個人衛生，避免使臉盆、刷牙缸之類的器具積存剩水，否則時間一長，生出蟲子，澆水於地，就傷害物類。《根有律攝》中，「縱無蟲水不應輕棄……應須散灑，或向牆邊齊一肘來是其傾處」，以及《摩得勒伽》中，「以乳、酥、酪澆草土中蟲」，結突吉羅罪，提示我們即使水中無蟲，倒水時也要低處灑水，因為流水的沖擊對草土中的蟲子，無異於洪水瀑流，很可能會給它們帶來傷害。以此類推，如熱水等其原理也類似。

(二)「不殺生」理念與信仰之深度

古印度人敬奉自然，認為萬物皆有靈性，他們對大地草木尚且尊奉崇拜，更不用說細微的小蟲了。因為小蟲雖小，數量卻很多，殺生造罪很難說不是很重。耆那教的修行者在日常生活中，甚至用紗罩掩口鼻，避免吸入空氣裏的飛蟲，行路時揮動撣子，以驅走路上的昆蟲，可見其防護之嚴密。

「用蟲水戒」反映出印度人對殺生重視，這背後是其對業果的重視，對輪迴的怖畏。這種意識已經深入骨髓，而且能夠使其將關注的對象從最細微的生命存在擴展到整個世界，在此信仰基礎上的諸多理念，如靈魂解脫、業報輪迴和非暴力，以及諸多行為，如不去耕墾土地，不壞生種等，也就不難理解了。

在中國民眾的意識中，這種殺生造罪的理念似乎遠不如印度人那麼深刻。義淨三藏看到了在文化觀念影響下社會習慣的不同，《根有律雜事》記載，在中國「屠兒牽羊入寺」放生，就被認為是了不起的善舉，而對有蟲水的使用則很不重視：「神州之地四百餘城，出家之人動有萬計，於濾水事存心者寡，習俗生常，見輕佛教。」[1]

---

1 《根有律雜事》卷 19，《大正藏》24 冊，293 頁中欄至下欄。

（三）觀蟲濾水與用水困難

古代印度地處南亞次大陸，屬熱帶季風氣候，氣候炎熱，這種氣候特徵使得昆蟲繁殖旺盛，自然形成的水中會滋生大量微生物。在當時，飲用水直接從江河裏獲取，因此在取用的時候需要觀察水質，否則不能輕易使用。《僧祇律》記載，比丘用水時皆須「諦觀」：「蟲生無常，或先無今有，或今有後無，是故比丘日日諦觀，無蟲便用。」而使用濾水囊等工具恰好可以起到淨水過濾的作用，但是有時候蟲子細小，很難過濾。如《南海寄歸內法傳》裏提到，在印度炎熱的六、七月，水中「其蟲更細不同餘時，生絹十重蟲亦直過」[1]，由上可知，在當時獲取飲用水確實很困難。

而在此戒緣起故事中，比丘建房使用大量有蟲水和泥，很可能與濾水囊使用不方便有很大關係。比如《僧祇律》記載的「漉水法」[2]就很複雜，且每次只能過濾少量水。《薩婆多論》中，有時甚至要設置三重漉水囊才能過濾乾淨。《根有律雜事》中，漉水囊若不善加護理，很容易壞，此外，如果比丘過濾大量水的話會很辛苦。[3]《巴利律》則說到造房時「濾水囊不足」[4]的問題等等。由此看來，在生產力不發達的古代，吃水、用水很費人力與時間，所以在急需用水與態度輕忽的情況下，就會出現直接飲用有蟲之水或者澆草和泥的問題。

---

1 《南海寄歸內法傳》卷 1，《大正藏》54 冊，208 頁中欄。

2 《僧祇律》卷 15：「當交豎三杖，縛上頭，以漉囊繫之，以器承下，漉囊中恆停水，數到著井中。」《大正藏》22 冊，345 頁上欄。

3 《根有律雜事》卷 19：「時諸苾芻每用羅竟，不數洗濯，不捩乾，不日暴，不翻轉，令羅疾壞。佛言：『凡用羅者，應為洗等。若不作者，得越法罪。』時有苾芻濾大眾水，徒眾既多，遂生勞倦。佛言：『若眾大羅遲，水不供者，應作濾水釜。』苾芻不知如何作。佛言：『若銅鐵瓦，應作釜形，底下為孔，大如盞許，作蓮臺形，可高四指，上安多孔，大如粗箸。上以疊裏，或用絹布纏以細繩，於中濾水。用了洗覆，如上准為。』」《大正藏》24 冊，293 頁下欄至 294 頁上欄。

4 《犍度》卷 15：「世尊住毗舍離城大林重閣講堂。爾時，諸比丘建造，濾水囊不足。諸比丘以此事白世尊，〔世尊曰：〕『諸比丘！許用有框濾水囊。』有框濾水囊不足。諸比丘以此事白世尊，〔世尊曰：〕『諸比丘！許用濾水布。』」《漢譯南傳大藏經》4 冊，161 頁。

（四）衛生清潔與外道區分等

1. 與居士的關係

《根有律攝》中，比丘「洗鉢及洗足處，有水沾地」，「其地多諸蠅蟻」。比丘疏於打掃洗水台，生出大量蟲蟻與蚊蠅，環境之差猶如大小便之處。居士看到情況後譏嫌：「但諸苾芻咸不淨潔，洗鉢濯足不擇處所。」[1] 由此可知，比丘維護日常個人衛生，也是一項很重要的工作，僧團環境的衛生整潔對於樹立良好的僧團形象十分重要。

2. 與外道的關係

《根有律攝》中，比丘洗鉢及洗足的水壇作成正方正圓曼荼羅，此種日月形曼荼羅者，讓人懷疑比丘們成為供養日月的外道。[2] 因此，《根有律攝》中，水壇「若正方正圓作者，得惡作罪」。說明佛陀為了避免世人對佛教與外道產生混淆，明確區分了一些象徵着宗教特徵的標識。

1　《根本說一切有部尼陀那目得迦》卷 3：「爾時佛在室羅伐城。時諸苾芻隨處洗鉢及以濯足，遂令其地多諸蠅蟻。時婆羅門及諸居士問苾芻曰：『此是聖者便利處耶？』苾芻答言：『非是便利，是我洗鉢濯足之所。』居士聞已遂生譏嫌，作如是語：『但諸苾芻咸不淨潔，洗鉢濯足不擇處所。』」《大正藏》24 冊，425 頁上欄。

2　《根本說一切有部尼陀那目得迦》卷 3：「時諸苾芻以緣白佛，佛言：『不應隨處洗鉢濯足。汝等當知，若洗鉢處應可塗拭作小水壇。』時諸苾芻作圓曼荼羅，居士見已咸作是言：『諸釋迦子供養於日。』世尊告曰：『不應圓作。』時諸苾芻作曼荼羅形如半月，居士復言：『苾芻事月。』佛言：『壇有二種：一如𥶡刃，二如甕形。或可隨彼水流勢作。若作日月形曼荼羅者，得惡作罪。若為三寶，隨何形勢悉皆無犯。』」《大正藏》24 冊，425 頁上欄至中欄。《中阿含經》卷 4：「或事日、月、尊佑大德，叉手向彼。」《大正藏》1 冊，442 頁上欄。《賢愚經》卷 13：「諸梵志等，或事日月，或復事火。事日月者，翹腳向之。其事火者，朝夕燃之。」《大正藏》4 冊，443 頁下欄。

六、總結

（一）諸律差異分析

1. 緣起差異
（1）結構差異
諸部律典中，僅《四分律》有一個本制和一個隨制，其他律典都只有一個本制。

（2）情節差異
《四分律》中，本制情節講述比丘用蟲水，佛陀制戒；隨制情節是比丘不知是有蟲水還是無蟲水，佛因此重制。《鼻奈耶》、《十誦律》、《僧祇律》、《五分律》、《根有律》、《巴利律》的本制情節與《四分律》一致，其中《五分律》還提到了比丘飲用蟲水，這不屬於此處所講的用蟲水的範疇。

（3）結論
綜上所述，本戒緣起無需調整，仍取《四分律》的結構與情節。

2. 戒本差異
諸律間的差異集中在與《四分律》「若自澆泥，若草，若教人澆者」對應的內容上。《五分律》、《彌沙塞五分戒本》中少了「澆草」而多了「若飲食諸用」，「飲食」這一情況在《四分律》及多數律典中，應該被歸入到「飲蟲水戒」遮止的範疇。《鼻奈耶》中則少了「澆草」而多了「灑地」的情況。此外，根本說一切有部的五部戒本，除了澆「泥」、「草」以外，列舉的類別中還多了澆「牛糞」這一項。

為使戒本的表述更加簡潔、準確，據《十誦比丘戒本》等將「泥，若草」改為「草、土」。對於「若教人澆者」一句，為與其他戒條中指使他人的表述統一，依《僧祇律》等將「教人澆者」改為「使人澆」。此外，據非漢文戒本將「若」字改為「或」字，以強調其與前面的「自澆」是並列的關係。

3. 辨相差異

（1）能犯心

①發起心

《巴利律》中，發起心為「故意」；藏傳《苾芻學處》為「非為自事，欲澆其水」；《根有律》為「殺心」。《四分律》及其他律典沒有發起心的記載。

《根有律》以殺心作為發起心，混淆了與「斷畜生命戒」的差別。和《巴利律》相比，藏傳《苾芻學處》的發起心更為明確。本戒意趣是從細微之處防護，避免累積與增長殺業。相對而言，藏傳《苾芻學處》的發起心比較符合實際的行持。由於下文中方便加行不僅局限於澆水一種行為，因此，本戒的發起心調整為欲用蟲水之心。

②想心

諸律中，有蟲有蟲想結波逸提罪；無蟲作有蟲想、疑，均結突吉羅罪。其差異主要體現在有蟲有蟲疑和有蟲無蟲想兩個方面。

《四分律》、《巴利律》中，有蟲有蟲疑，結突吉羅罪，《十誦律》、《五分律》、《根有律》、《根有律攝》、藏傳《苾芻學處》結波逸提罪。此處，取《四分律》的觀點。其原理和大殺戒類似，內心有疑時，殺心並不堅定，如大殺戒中，人作人想結波羅夷罪，人作人疑則結偷蘭遮罪。

對於有蟲無蟲想，《十誦律》按境判罪，結波逸提罪，《四分律》、《巴利律》按心判為無罪。無蟲想時，能犯心不具足，故本戒取無罪這一觀點。

（2）方便加行

本戒的方便加行有多種形式。從水的用途方面來説，《四分律》中有澆泥、澆草、灑地等；在使用方式上，《四分律》有自澆、教人澆等：這些情況均正犯。此外，以物投水的行為，如《四分律》「若以土、若草」以及《十誦律》「牛屎、乾土乃至以竹蘆葉」投入蟲水中等情況，皆正犯，因為這種方式也可能會傷害到蟲子的性命。《十誦律》、《僧祇律》、《根有律》、《根有律攝》與《四分律》類似。其他律典如《巴利律》、《善見論》以及藏傳《苾芻學處》、《鼻奈耶》、《薩婆多論》、《摩得勒伽》、《毗尼母經》的方便加行亦都在上述範疇之內。

此外,《五分律》將用蟲水和飲蟲水戒合為一條戒,而對蟲水的使用則分為兩類,飲食相關的為「內用」,澆泥、洗浴、浣濯相關的為「外用」。因而,其外用的方面可視為與本戒相關的部分。

綜合兩條戒以及諸律來看,有必要將兩條戒適用範圍加以界定。《四分律》的飲蟲水戒,其範圍為飲用,屬於《五分律》的內用。而澆水、澆泥、灑地等方式屬於《五分律》的外用。綜合諸律來看,仍以《四分律》為準,將本戒的蟲水的使用範圍規定為飲用之外的所有使用方式。

(3)究竟成犯

《四分律》、《鼻奈耶》、《摩得勒伽》、《五分律》、《根有律攝》沒有明確提到究竟成犯,其他律典中究竟成犯可以歸納為以下四種觀點。

第一種,如《僧祇律》、《善見論》中,澆水中間動作停止時,正犯。第二種來自《巴利律》,其究竟成犯是「已澆者」,可以理解為澆水完成時正犯,但未論及中間是否有停息。第三種,如《十誦律》、《根有律》和藏傳《苾芻學處》,蟲死時成犯。第四種,如《薩婆多論》、《毗尼母經》,用的時候成犯。

前兩種觀點比較類似,均以階段性的停息作為究竟成犯。從現實來看,這種判罰僅局限於澆水情況的判罪,未涉及蟲水作為其他用途時的結罪情況。另外,假如階段性澆水持續很長時間時,可能已經造成了大量蟲子的傷亡,但因澆水行為沒有終止而不正犯。故不取前兩種觀點。第三種以蟲死作為正犯的時間節點,實際操作時會有諸多不便,如蟲子有大有小,有多有少,特別是對於數量眾多、體型較小的蟲子來說,很難判斷其是否已死,故這種觀點也不予採納。相對而言,第四種來自《薩婆多論》、《毗尼母經》「用時即犯」的觀點最為合理,用時即犯意味着不論蟲水作何用途,只要用就有可能傷生害命,這種觀點在判罪時也容易操作,故引處取「用時即犯」這種觀點。對於以物投水的情況,所投物入水就可能造成蟲子命斷。綜合諸部律典,本戒的究竟成犯為隨用蟲水或所投物入水。

結罪數量方面,《十誦律》:「隨蟲死,一一波逸提。」《薩婆多論》:「隨用水多少,用用波逸提。」《五分律》中,蟲蟲波逸提,未提是否蟲死。《僧祇律》、《善見論》中,澆水時,每停息一次,結一波逸提;使人澆時,每說

一次，結一波逸提。此處取《薩婆多論》中「用用波逸提」的觀點，即每用一次蟲水，結一波逸提罪。此外，本戒的究竟成犯除了用蟲水外，還包括將污染物傾倒入水，根據《薩婆多論》的原理，結罪次數調整為每傾倒一次，結一波逸提罪。

4. 諸律內部差異

《鼻奈耶》緣起中沒有提到教他作的內容，而戒條中有「若教人灑」以及「教人和」，均為正犯。《十誦律》、《僧祇律》戒條和辨相中均有教他作，而緣起中則無。其他律典中則是相符順的。

（二）調整文本

通過以上諸律間觀點的同異的對比與分析，文本在《四分律》的基礎上作如下調整：

1. 緣起
（1）本制

佛在拘睒彌國，闡陀比丘欲作大房，用蟲水和泥教人和，被居士譏嫌，佛知道後制戒：「若比丘，以蟲水自澆草、土，或使人澆，波逸提。」

（2）隨制

佛制戒後，有比丘不知是有蟲水還是無蟲水，後知有蟲，或者作波逸提懺悔，或者畏懼，佛增制此戒，規定知者才犯。

2. 戒本

若比丘，知水有蟲，若自澆草、土[1]，或[2]使人澆[3]，波逸提。

1　「草、土」，底本作「泥，若草」，據《十誦比丘戒本》、《根有律》、《根有戒經》、《根有律攝》改。

2　「或」，底本作「若」，據梵文《說出世部戒經》、梵文《有部戒經》、梵文《根有戒經》、巴利《戒經》、藏文《根有戒經》改。

3　「使人澆」，底本作「教人澆者」，據《十誦比丘戒本》、《僧祇律》、《僧祇比丘戒本》改。

3. 關鍵詞

蟲：本戒中指水中可由漉水囊過濾所得並且肉眼能夠看到的有情。

4. 辨相

（1）犯緣

本戒具足四緣成犯：一、是蟲水及其他含蟲的液體；二、知有蟲；三、欲用蟲水；四、隨用蟲水，或投入可致蟲死的物品，成犯。

（2）辨相結罪輕重

①是蟲水及其他含蟲的液體

用含有蟲的水，波逸提；除蟲水外，使用各種含有蟲的漿、醋、乳等液體，波逸提。

②知有蟲

有蟲有蟲想，波逸提；有蟲有蟲疑，突吉羅；無蟲作有蟲想、疑，突吉羅；有蟲作無蟲想，不犯。

③欲用蟲水

④隨用蟲水，或投入可致蟲死的物品

使用蟲水時，波逸提；使用包括於自身的受用和於身外的所有使用。前者為除了飲用和食用之外，於自身的所有受用，如洗浴，或嚼齒木，或洗手足等；後者是用於身外之物，謂洗濯衣鉢，若浣染衣，若灑地等。

自用，教人用，皆波逸提；每用一次，結一個波逸提罪。用水之前行者，突吉羅。

傾倒牛屎、土等污染物到有蟲水中，自作教他作，皆波逸提；每傾倒一次，結一個波逸提罪。

⑤犯戒主體

比丘、比丘尼若犯，波逸提；式叉摩那、沙彌、沙彌尼若犯，突吉羅。

⑥不犯

若蟲大，以手觸水令蟲離去，不犯。

用濾過的水灑地，或教人灑，不犯。

最初未制戒，癲狂、心亂、痛惱所纏時，不犯。

七、現代行持參考

現代社會中，由於自來水和純淨水的普及，比丘犯到此戒的可能性不大。但如果比丘生活環境不具備使用自來水的條件，或者在參與土木工程建設、農田水利灌溉、園林園藝養護等工作時，仍然需要做好相關的防護工作。

另外，為了防止誤傷水中的生命，要避免把有蟲的水傾瀉至會使生物致死的環境中，也不要把熱水以及污染物傾倒至自然水系中，否則既污染環境、違背社會風尚、環保理念，又傷害生命，更會犯戒。

20

覆屋過三節戒

一、緣起

（一）緣起略述

《四分律》只有一個本制。佛在拘睒彌國瞿師羅園時，闡陀比丘起大房，用草覆房，覆完第一遍後，還有剩餘；於是再覆一層，草還沒用完；於是覆第三層，覆完後還有餘草，闡陀想：「我不能常從檀越求索草。」因而繼續覆屋，最終由於草覆的太重導致房屋倒塌。居士看見後，譏嫌比丘。佛因此制戒。[1]

諸律緣起差異比較：

1. 制戒地點

《四分律》中，制戒地點為「拘睒彌國瞿師羅園」，《鼻奈耶》[2] 為「舍衛國祇樹給孤獨園」，《十誦律》[3]、為「俱舍彌國」，《僧祇律》[4] 為「拘睒彌」，《五分律》[5] 為「拘舍彌國」，《根有律》[6] 為「憍閃毗瞿師羅園」，《巴利律》[7] 為「憍賞彌國瞿師羅園」。除《鼻奈耶》外，其他律典的制戒地點因音譯而略有不同，實則為同一地點。

1　《四分律》卷 12，《大正藏》22 冊，647 頁上欄至中欄。

2　《鼻奈耶》卷 7，《大正藏》24 冊，880 頁中欄。

3　《十誦律》卷 11，《大正藏》23 冊，80 頁上欄；卷 53，《大正藏》23 冊，393 頁中欄；卷 59，《大正藏》23 冊，445 頁中欄。

4　《僧祇律》卷 15，《大正藏》22 冊，345 頁上欄至下欄。

5　《五分律》卷 6，《大正藏》22 冊，44 頁下欄。

6　《根有律》卷 30，《大正藏》23 冊，789 頁下欄至 792 頁上欄。

7　《經分別》卷 5，《漢譯南傳大藏經》2 冊，62 頁至 64 頁；《附隨》卷 1，《漢譯南傳大藏經》5 冊，58 頁。

2. 緣起比丘

《四分律》中，緣起比丘為「闡陀」，《僧祇律》、《五分律》、《巴利律》與《四分律》相同。《鼻奈耶》為「一摩訶盧比丘」，《十誦律》為「闡那」，《根有律》為「六眾苾芻」。

3. 緣起情節

其他律典與《四分律》相同，只有一個本制。

《鼻奈耶》、《十誦律》、《五分律》、《巴利律》的情節與《四分律》較為相似。不過各律典均有一些獨特的情節。《鼻奈耶》中，緣起比丘用檀越的百千兩金建大講堂，耗資巨大。《十誦律》中，緣起比丘建大房，嫌建房「日日看視」耗時和麻煩，想偷懶，最後「即日作竟即日崩倒」。《五分律》中，房屋倒塌毀壞了一婆羅門種的麥子。《巴利律》中，緣起比丘為集草木而踐壞一婆羅門麥田。這些情節在《四分律》和其他律典中都沒有出現。

《僧祇律》的情節與《四分律》的差異較大。律中詳細地描述緣起比丘請覆屋師覆屋，並和覆屋師發生衝突。覆屋人問緣起比丘覆屋的厚薄到何程度，緣起比丘讓他將所有的草都覆上。覆屋師認為草太多，但緣起比丘堅持，結果「草多厚故繫縛不禁，始得時雨悉皆斷解」。之後他又強行讓覆屋師重新覆屋，被行人譏嫌。諸比丘報告佛後，佛制戒。

與《四分律》差別最大的是《根有律》。律中詳細地描述了緣起比丘建房的因緣，六群比丘到他寺院投宿，生輕賤心，遭到他寺院比丘的反諷，說他們不能「安一基石」，六群比丘為了證明自己，推舉緣起比丘闡陀建造一寺，以回應他人的侮辱。緣起細緻地描述了緣起比丘通過種種方便度化城中一個大富長者，令長者為修福業而發心為眾僧營造住處，並全權委託緣起比丘辦理。緣起比丘聯繫磚匠、木匠等一日之內建成三層寺。但該寺「下無水竇，上無泄渠」，夜間下雨導致崩塌，長者知道後「便懊惱悶絕於地」。但律中記載佛陀示現神通，又讓阿難對長者傳遞佛語，幫助長者重拾對三寶的信心。這些情節在其他律典中都沒有記載。

（二）緣起比丘形象

《四分律》中，緣起比丘沒有將多餘的草還給施主或者給其他有需要的比丘，而是不顧房屋的承受能力，一層又一層地往上覆，表現出內心的貪婪和吝嗇。

《鼻奈耶》、《五分律》、《巴利律》沒有明確描述緣起比丘的形象。

《十誦律》中，緣起比丘建房怕麻煩，有點偷懶，又急功近利，結果弄巧成拙。

《僧祇律》中，緣起比丘請覆屋師覆房，覆屋師說覆屋根據厚薄不同，有三種方式，並詢問緣起比丘需要哪種。緣起比丘則回答，不用管有幾種覆屋方式，儘管覆即可，如是至三，非常固執。覆屋師想用佛陀的話來說服他，「一切世間皆有法限，如法限者世所稱讚」，卻被闡陀用一句「但盡用覆，何須多言？」來簡單粗暴地回絕。晚上屋頂被雨淋，房頂「悉皆斷解」，於是緣起比丘要求覆屋師免費地再覆一次，覆屋師不願意，闡陀就「自恃王力，強使更覆而不與直」，並「苦言呵責」，表現的是一個固執、蠻橫、粗暴的形象。

《根有律》中，鄔波難陀評價緣起比丘是「辯才無礙」，於是推舉他來承建一所寺廟。緣起比丘爽快答應：「善哉！既是勝田，我當為作。」表現其敢於承擔的形象。晚上在房中通宵不寐思考如何完成目標，十分努力。最後他決定度化城中一大富長者來完成目標。此長者是「多財稟性慳吝，乃至滌器濁水亦不惠人」，度化難度可見一斑。但闡陀「妙閑三藏得無礙辯，善識時宜應機說法」，有次第地一步步引導長者。長者最後「倍生深信」，決定為僧造大房舍，並交由闡陀全權負責。闡陀能力非凡，一日之內「造三層寺一百口房」。同時，緣起比丘對長者家的門人，初次見面是還比較客氣，但在長者敬信佛法後，緣起比丘對門人說：「汝從今後，勿令諸餘黑鉢之輩輒入此門，若放入者，我令長者與汝重杖，替以別人。」態度前後反差較大。此律刻劃出一個辯才無礙、敢作敢當，能力超群、通達善巧方便，但同時也有點勢利和仗勢欺人的比丘形象。

（三）犯戒內因

《四分律》中，緣起比丘因為貪圖施主供養的覆屋草而導致房屋倒塌，是受貪煩惱驅動。《巴利律》中，緣起比丘的犯戒內因與《四分律》相同。

《十誦律》中，緣起比丘「人性懈墮」，急於求成導致犯戒。

《僧祇律》中，通過緣起比丘和覆屋人的對話可以看出，緣起比丘由於不懂造房規則而又固執己見引發犯戒。

《根有律》中，緣起比丘「多覓備力之人將入寺中，並功相助造三層寺，一日便成」，為急功近利之心驅使。

《鼻奈耶》和《五分律》沒有明確記載緣起比丘的犯戒內因。

（四）犯戒外緣

《四分律》中，緣起比丘犯戒的外緣是比丘建房，居士供養比丘覆屋的材料。

《鼻奈耶》、《根有律》、《巴利律》中，犯戒外緣均是檀越供養緣起比丘建房。

《十誦律》、《五分律》中，犯戒外緣是比丘建房。

《僧祇律》中，犯戒外緣是緣起比丘請覆屋師覆房。

（五）犯戒後的影響

《四分律》中，緣起比丘犯戒後，引起房屋倒塌，這一點諸律與《四分律》相同。

《鼻奈耶》中，供養房舍的長者聽說房屋倒塌後「驚怪愁憂」。《根有律》中，供養房舍的長者「懊惱悶絕於地。時諸親族以冷水灑面，得少蘇息」。

諸律中，緣起比丘的行為引發了居士的譏嫌。《四分律》中，居士譏嫌：「沙門釋子不知慚愧，乞求無厭。」《僧祇律》中，行人譏嫌：「釋子恃王勢力，

強使人作而不與價？」《五分律》中，婆羅門譏嫌比丘：「無沙門行，破沙門法。」《巴利律》亦是引起婆羅門譏嫌非難。

（六）佛陀考量

《根有律》中，緣起比丘建好房後，世尊心想：「六眾鄔陀所造之寺，於後夜分必定崩隤。」之後佛陀又想：「若我及僧眾不為受用所造寺者，彼之施主見寺崩壞生大懊惱，必歐熱血而取命終。」可見佛陀能洞察一切緣起，了解眾生根性，能預知緣起比丘的犯戒行為將對施主造成的影響。於是佛陀大悲心自然流露，半夜去施主造的房中住宿，並讓阿難通知諸比丘：「若有獲得勝定，當以定力於初夜分往詣鄔陀所造寺中各修善品。」

之後，在施主「懊惱悶絕於地」時，佛陀又讓阿難去見長者，並告訴他：「汝寺於初夜時有耆宿德行苾芻皆入受用，於後夜分世尊自往，及帝釋諸天皆來雲集，入汝寺中共為受用，宣說妙法。汝之福利無量無邊，當須歡喜，勿為憂悒。」長者聽後感動不已，不但不厭恨緣起比丘，還「請其食已，便以新氎人奉一張，苾芻所須資具之物，隨意供給」。佛陀用神通和悲智，善觀緣起，成功地化解危機，並種種方便攝受施主，令施主生信增福。

（七）文體分析

本戒的制戒緣起中，《四分律》有一個因緣，《根有律》中還有一個本事，記錄舍利弗和鄔陀過去的因緣，還有一個伽陀。其他律典與《四分律》一致。

《四分律》、《鼻奈耶》、《十誦律》、《五分律》、《巴利律》以客觀敘述為主，情節簡單。

《僧祇律》中有不少特點鮮明的人物，對話情節也較為曲折。如：「鄔陀清旦往到屋師所作如是言：『汝云何為我覆屋乃至如是？』覆屋人言：『何以故？』鄔陀言：『竟夜被雨，衣鉢盡濕。』覆屋人言：『我先不語阿闍梨，覆屋有三種，厚薄不同，乃至隨語一切盡與。』鄔陀言：『汝當更為我覆。』覆

屋人言：『更與我食直作價。』闡陀言：『價直汝先已得。』屋師言：『先已得者先已作訖，若欲更作者價三倍於先。』乃至闡陀自恃王力，強使更覆而不與直，闡陀復自繞其房苦言呵責。」將緣起比丘蠻橫、粗暴、固執的形象刻劃得非常生動。

《根有律》情節跌宕起伏，故事曲折複雜，並且有大量細膩的心理描寫，敘事性和可讀性都非常強。如：「是時闡陀便作是念：『求執衣裾尚不聽近，欲求餘物其可得乎？』」「若更有餘黑鉢者入，不識機宜令其失信，我今宜可預設方便不令其入。」同時《根有律》的文本結構最為完整，除記載了比丘建房多覆犯戒外，還詳細描寫了比丘建房的因緣。

二、戒本

　　《四分律》中，本戒的戒本為：「若比丘，作大房舍，戶扇、窗牖及餘莊飾具，指授覆苫齊二、三節。若過，波逸提。」

（一）若比丘，作大房舍

　　《四分律》、《新刪定四分僧戒本》[1] 作「若比丘，作大房舍」，意思是：如果比丘，建造大房屋。

　　與《四分律》相同：

　　《五分律》、《彌沙塞五分戒本》[2] 作「若比丘，作大房舍」。

　　與《四分律》相似：

　　《四分律比丘戒本》[3]、《僧祇律》作「若比丘，作大房」，《根有律》、《根有戒經》[4]、《根有律攝》[5] 作「若復苾芻，作大住處」。

　　《四分僧戒本》[6]、《解脫戒經》[7] 作「若比丘，欲作大房」，《十誦律》作「若比丘，欲起大房」，《十誦比丘戒本》[8] 作「若比丘，欲作大房舍」，《僧祇比丘戒本》[9] 作「若比丘，經營作大房」。

　　梵文《有部戒經》[10] 作 "mahallakaṃ bhikṣuṇā vihāraṃ kārayatā"，意思是：

1　《新刪定四分僧戒本》，《卍續藏》39 冊，267 頁上欄。

2　《彌沙塞五分戒本》，《大正藏》22 冊，197 頁中欄。

3　《四分律比丘戒本》，《大正藏》22 冊，1018 頁下欄。

4　《根有戒經》，《大正藏》24 冊，504 頁中欄。

5　《根有律攝》卷 10，《大正藏》24 冊，581 頁中欄。

6　《四分僧戒本》，《大正藏》22 冊，1026 頁中欄。

7　《解脫戒經》，《大正藏》24 冊，662 頁中欄。

8　《十誦比丘戒本》，《大正藏》23 冊，474 頁中欄。

9　《僧祇比丘戒本》，《大正藏》22 冊，552 頁中欄。

10　Georg von Simson, *Prātimokṣasūtra der Sarvāstivādins Teil II*, Sanskrittexte aus den Turfanfunden, XI, p. 209.

比丘建造大房舍。

梵文《根有戒經》[1]作“mahāntaṃ bhikṣuṇā vihāraṃ kārayitvā”，意思是：比丘建造大房舍後。

巴利《戒經》[2]作“mahallakaṃ pana bhikkhunā vihāraṃ kārayamānena”，意思是：如果比丘要建造大的房舍。

藏文《根有戒經》[3]作“པང་དགེ་སློང་གིས་གཞལ་ལག་ཁང་ཆེན་པོ་ཞིག་རྩིག་ཏུ་འཇུག་ན”，意思是：任何比丘，如果將要建造某大房舍。

與《四分律》有部分差異：

《鼻奈耶》作「比丘作大講堂」。

梵文《說出世部戒經》[4]作“mahallakaṃ bhikṣuṇā vihāraṃ chādāpaya-mānena”，意思是：比丘正在覆蓋大房舍時。

（二）戶扇、窗牖及餘莊飾具，指授覆苫齊二、三節

《四分律》作「戶扇、窗牖及餘莊飾具，指授覆苫齊二、三節」，意思是：門窗及其他的裝飾物，指示，授意用草苫覆蓋房屋，達到兩、三層。其中「牖」指牆壁上的木窗，「苫」為用茅草編製的覆蓋物。

梵文《有部戒經》重構的戒本中對應的部分有兩處殘缺，由於丟失的內容較多，這裏便不再參與比較。

與《四分律》相似：

《四分僧戒本》、《新刪定四分僧戒本》作「戶扉、窗牖及諸莊飾具，指授覆苫齊二、三節」，《四分律比丘戒本》作「戶扉、窗牖及餘莊飾具，指授覆苫齊二、三節」。

1　Anukul Chandra Banerjee, *Two Buddhist Vinaya Texts in Sanskrit*, p. 34.

2　Bhikkhu Ñāṇatusita, *Analysis of the Bhikkhu Pātimokkha*, p. 184.

3　麗江版《甘珠爾》（འཛད་བཀའ་འགྱུར）第 5 函《別解脫經》（སོ་སོར་ཐར་པའི་མདོ）12b。

4　Nathmal Tatia, *Prātimokṣasūtram of the Lokottaravādimahāsāṅghika School*, Tibetan Sanskrit Works Series, no. 16, p. 20.

與《四分律》有部分差異：

以下律典均缺少了覆「苫」的內容，但表達覆兩三層屋頂的含義與《四分律》是一致的。

《解脫戒經》作「自觀視二覆、三覆，至窗牖」，多了「至窗牖」的意思。

《鼻奈耶》作「先作闥、窗牖，得通日光，細泥塗地，再三覆之」，增加了「得通日光」和「細泥塗地」的表述。

《十誦律》作「當疊壁安梁戶向治地，應再三覆」，《十誦比丘戒本》作「從戶牖平地邊漸次，若二，若三疊令堅牢」。

《五分律》作「從平地累，留窗戶處，極令堅牢，再三重覆」，《彌沙塞五分戒本》作「從平地疊，留窗戶處，極令堅牢，再三重覆」。

梵文《根有戒經》作 "yāvad dvārakośārgalasthānād ālokasaṃjñinā bhūmiparikarmopādāya dvau vā trayo vā chedanaparyāyāḥ saharitāḥ adhiṣṭhātavyāḥ"，意思是：為了固定門栓，為了固定窗戶，在門框附近的位置，泥糊得以疊建兩或三層。

藏文《根有戒經》作 "སྒོའི་སྒྲུབས་དང་། གཏན་པ་དང་། སྤྱང་བའི་གནས་ཇི་ཚང་བའི་འད་ཤེས་ཀྱིས་ས་བརྐོས་པ་ནས་བཟུང་སྟེ། ཕག་གུའི་རིས་པ་འཇིམ་པ་དང་བཅས་པ་གཉིས་སམ་གསུམ་བཅུང་བར་བྱའོ། །"，意思是：觀察門框、門閂、窗戶等的地（理）位置，應用磚、泥建兩、三層。

以上《十誦律》及之後的律典增加了「疊壁」或相似的表述。

以下律典都提出比丘應該站在植物少的地方指示建房。

《僧祇律》作「施戶牖，經營齊再三覆，當於少草地中住」，《僧祇比丘戒本》作「施戶牖，齊再三覆，當於少草地中住教」。

梵文《說出世部戒經》作 "yāvad dvārakoṣārgalapratiṣṭhānam ālokasandhiparikarmam upādāya dve vā trayo vā cchādanaparyāyā adhiṣṭhihitavyāḥ alpaharite sthitena"，意思是：為了固定門栓，為了安置窗戶，在門框附近的位置，（比丘可以）站在草較少的地方指示覆蓋兩、三層覆蓋物。

巴利《戒經》作 "yāva dvārakosā aggaḷaṭṭhapanāya ālokasandhiparikammāya dvatticchadanassa pariyāyaṃ appaharite ṭhitena adhiṭṭhātabbaṃ"，意思是：為了固定門栓，為了安置窗戶，在門框附近的位置，（比丘可以）站在農作物較少的地方來指定覆蓋兩、三層覆蓋物。

與《四分律》差異較大：

《根有律》、《根有律攝》作「於門桄邊應安橫扂及諸窗牖，並安水竇。若起牆時是濕泥者，應二三重齊橫扂處」，《根有戒經》作「於門桄邊應安擴扂及諸窗牖，並安水竇。若起牆時是濕泥者，應二三重齊擴扂處」。

（三）若過，波逸提

《四分律》作「若過，波逸提」，意思是：如果超過，犯墮罪。

與《四分律》相同：

《五分律》、《彌沙塞五分戒本》、《解脫戒經》作「若過，波逸提」。

與《四分律》相似：

《四分僧戒本》、《新刪定四分僧戒本》、《四分律比丘戒本》作「若過者，波逸提」，《僧祇律》、《僧祇比丘戒本》作「若過者，波夜提」，《根有律》、《根有戒經》、《根有律攝》作「若過者，波逸底迦」。

《十誦律》作「過是覆者，波逸提」。

《十誦比丘戒本》作「若過疊，波夜提」。

《鼻奈耶》作「若過三者，貝逸提」。

梵文《有部戒經》作 "tata uttara(m) adhitiṣṭhet pātayantikā"，梵文《根有戒經》作 "tata uttari adhitiṣṭhet pāyantikā"，意思都是：如果指定（建造）超過限度，墮。

藏文《根有戒經》作 "དེ་ལས་ལྷག་པར་རྩིག་ན་ལྟུང་བྱེད་དོ།།"，意思是：如果建造超過（限度），墮。

與《四分律》有部分差異：

以下兩部律典還涉及站在植物少的地方指示的內容。

梵文《説出世部戒經》作 "taduttariṃ adhiṣṭhiheya alpaharite sthito pi pācattikaṃ"，意思是：如果指定超過了限度，即使站在草較少的地方，墮。

巴利《戒經》作 "tato ce uttariṃ, appaharite pi ṭhito, adhiṭṭhaheyya, pācittiyaṃ"，意思是：如果指定超過限度，即使站在農作物較少的地方，墮。

三、關鍵詞

大房舍

梵文《説出世部戒經》、梵文《有部戒經》、巴利《戒經》均作 "mahallakaṃ（大）vihāraṃ（房舍）"，意思是：大的房舍（英譯：large dwelling）。梵文《根有戒經》作 "mahāntaṃ vihāraṃ"，意思完全相同。

藏文《根有戒經》作 "གཙུག་ལག་ཁང（經堂，佛殿，寺廟，伽藍）ཆེན་པོ（大的）"，本意是大的經堂，也有佛殿、寺院等內涵，也可以理解為大型的僧住處（英譯：a great monastery）。

《四分律》記載：「大舍者，多用物。」含義是用料多的房子。

《十誦律》解釋：「大房者，溫室、講堂、合溜堂、高樓、重閣、狹長屋。」這裏通過列舉的方式來表達「大房」的含義，從中可以看出，「大房」具有形量大的特點。所列舉的「溫室、講堂、合溜堂」可以推測是僧團的房子，但從「高樓、重閣、狹長屋」等描述，不能肯定房屋的所屬。

《摩得勒伽》記載：「云何大房？謂私房，是名大房。或有主，名大房。」[1]這裏「大房」有兩種內涵：一種是比丘自己的私房，另一種是有主房。

《僧祇律》記載：「大者，過量；房者，世尊所聽。」

「大房舍」在《根有律》中對應為「大住處」，其含義為：「大者，有二種：一、施物大；二、形量大。此謂形量大。言住處者，謂於其中得為行住坐臥四威儀事。」《根有律攝》言：「大住處者，有二種大：一、形量大；二、施物大。此據形大，有主為作。」《根有律》和《根有律攝》中「大住處」的含義相同，均是指形量大的房屋。

《巴利律》記載：「大精舍者，有施主之精舍。」同時《巴利律》辨相中

---

1 《摩得勒伽》卷 2，《大正藏》23 冊，575 頁下欄。

有「以己之財而作，除己之住屋外凡公眾者，不犯也」的開緣，因此，《巴利律》中的「大精舍」指的是為己而作的有主房。

其他律典沒有相關解釋。

綜上所述，詞源分析中，梵語戒經與巴利《戒經》含義一致，同為「大的房舍」之意，藏文《根有戒經》中本意是大的經堂，也可指佛殿、寺院。上述漢譯律典中「大房」的含義有一定的差異。《四分律》、《十誦律》、《僧祇律》、《根有律》中「大房」都是指形量大的房屋，《根有律攝》是指形量大的有主房，《巴利律》指為己而作的有主房，《摩得勒伽》則包含私房和有主房兩種情況。

四、辨相

（一）犯緣

具足以下五個方面的犯緣便正犯本戒：

1. 所犯境

本戒的所犯境有二，所犯對象和所用材料，二者同時滿足便正犯此戒。

（1）所犯對象

《四分律》中，所犯對象為大房的屋頂。

《鼻奈耶》為大講堂的屋頂。

《十誦律》也為大房的屋頂，此律關鍵詞解釋為「溫室、講堂、合溜堂、高樓、重閣、狹長屋」，均屬於大房的範圍。

《薩婆多論》[1] 為房舍的屋頂，包括上、中、下房三品。

《巴利律》的戒條和關鍵詞為大精舍的屋頂。

藏傳《苾芻學處》[2] 中，所犯對象是寺院的屋頂。對於「寺院」，要求「能容四威儀，多分圍繞，非他先已造餘者」。

《根有律》、《根有律攝》[3] 在戒條和關鍵詞中記載，所犯對象是大房的牆壁，與《四分律》和其他律典均不同。

《善見論》[4] 未明確提及。

其他律典的記載均與《四分律》相同。

《毗尼母經》和《明了論》沒有辨相記載，下不贅述。

1　《薩婆多論》卷 7，《大正藏》23 冊，545 頁中欄至下欄。

2　《苾芻學處》，《宗喀巴大師集》卷 5，98 頁。

3　《根有律攝》卷 10，《大正藏》24 冊，581 頁中欄至下欄。

4　《善見論》卷 15，《大正藏》24 冊，781 頁中欄至下欄。

（2）所用材料

《四分律》中，覆屋所用的材料是苫。

《鼻奈耶》和《薩婆多論》中，所用材料是草。

《十誦律》中，所用材料是草、木簀和瓦、泥。

《僧祇律》的關鍵詞中，所用材料為草、泥、板、石灰。

《五分律》中，所用材料為草、瓦和板。

《根有律》、《根有律攝》中，所用材料是濕泥。

《巴利律》中，所用材料是瓦、石、粘土、草、樹葉。

《善見論》中，所用材料是瓦、石灰、草。

藏傳《苾芻學處》中，所用材料「非用石及熟磚或木等」。

《摩得勒伽》[1]未明確提及。

2. 能犯心

（1）發起心

《四分律》沒有明確提及發起心。

藏傳《苾芻學處》中，發起心是「欲過三重蓋之心未間斷」。

其他律典沒有明確提及發起心，和《四分律》相同。

（2）想心

《四分律》沒有提及想心。

《根有律攝》中，想心是濕泥作濕泥想、疑。

《巴利律》提到了想心，即覆蓋超過二、三重作超過想、疑及作不超過想，均正犯。可見，《巴利律》在正犯境「覆二、三重以上」的情況下，不依想判罪。

藏傳《苾芻學處》中的想心是「想不錯亂」。

其他律典與《四分律》相同。

1　《摩得勒伽》卷 2，《大正藏》23 冊，575 頁下欄；卷 10，《大正藏》23 冊，622 頁中欄。

3. 方便加行

《四分律》中方便加行為指授覆屋三節。

《巴利律》和《十誦律》為指示過三層覆屋。

《鼻奈耶》、《摩得勒伽》、《僧祇律》、《五分律》、《善見論》、藏傳《苾芻學處》為覆屋過三層。

《薩婆多論》為覆屋過限，包括三種情況：覆屋頓成，或「下房以中上房覆法」，或「中房以上房覆法」。其含義與上述律典不同。

《根有律》、《根有律攝》為用濕泥起牆壁過二三重，導致其高度超過了房屋的「橫居處」，與《四分律》和其他律典差異較大。

此外，《僧祇律》、《根有律》的關鍵詞中，以及《根有律攝》、藏傳《苾芻學處》的辨相中均記載，自作或使人作，結波逸提罪。

4. 究竟成犯

《四分律》中，究竟成犯為「不去至不見不聞處」，第三節覆完。

《十誦律》中，「是比丘若在中，即竟第三覆者」，正犯。

《五分律》中，開始覆第四層時，只要草、瓦或板等材料一覆蓋上去，便成犯，如律文「覆竟，波逸提」。

《僧祇律》中，比丘欲使屋師見到自己後而能使屋師快些把屋頂覆好，作種種方便，屋師見到比丘，不管屋頂是否覆蓋完成，比丘得波逸提。

《根有律攝》為濕泥過限外遍匝。

《巴利律》中，「已指示者，波逸提」。

藏傳《苾芻學處》中，「過第三重蓋完時成犯」。

其他律典未明確提及相關內容。

5. 犯戒主體

《四分律》中，犯戒主體是比丘，比丘尼同犯。

藏傳《苾芻學處》與《四分律》相同。

其他律典記載的犯戒主體均是比丘。

（二）輕重

1. 所犯境

各律典中，所犯境方面正犯波逸提罪的情況如上文犯緣中所述。諸律均沒有記載犯輕罪的相關內容。

2. 能犯心

（1）發起心

《四分律》沒有提及發起心結罪的情況。

其他律典中發起心結罪的情況如上文犯緣中所述。

（2）想心

《四分律》沒有提及想心結罪的情況。

《根有律攝》記載：「濕泥濕泥想、疑，有其六句，初重次輕，後二無犯。」即濕泥濕泥想、疑，結波逸提；非濕泥作濕泥想、疑，結突吉羅；濕泥、非濕泥作非濕泥想，不犯。

《巴利律》中，於覆二、三重以上，有過想、有疑想、有以下想，均結波逸提罪；於覆二、三重以下，有過想、有疑想，結突吉羅罪；有以下想，不犯。

藏傳《苾芻學處》中，比丘「想不錯亂」，結波逸提罪。

其他律典與《四分律》相同。

3. 方便加行

《四分律》中，指授覆屋過三節，波逸提。

其他律典正犯的記載如上犯緣中所述。

《摩得勒伽》記載：「若手印、遣使，突吉羅。使黃門覆，突吉羅。」

《根有律攝》記載：「遣書作時，但得惡作。」

《善見論》記載：「若空處作屋過三節覆，突吉羅。」

對於結罪數量，《十誦律》記載：「是比丘若在中，即竟第三覆者，是舍若用草覆，隨所用草，一一波逸提；若用木簀覆，隨用木簀，一一簀波逸提；

若以瓦覆，隨所用瓦，一一波逸提。」

《薩婆多論》記載：「覆房法各自有限。若下房以中上房覆法者，以珍重故，兼頓成故。若用草覆，草草波逸提。若中房以上房覆法者，亦以珍重故。若用草覆，草草波逸提。若隨上中下覆法者，以頓成故，房成已，一波逸提。」

《五分律》記載：「若至第四重，若草，若瓦，若板覆，一一草、瓦、板，皆波逸提。」

《巴利律》記載，若三覆以後再覆物品，「覆瓦時，一瓦一波逸提；覆石時，一石一波逸提；覆粘土時，一土塊一波逸提；覆草時，一束草一波逸提；覆樹葉時，一葉一波逸提」。

《善見論》記載：「若過三節，隨用瓦多少，一一波夜提。若石灰覆過三節，隨用搏搏得波夜提。若草覆過三節，隨用草，把把得波夜提。」

《僧祇律》又列出了一種正犯的情況：「比丘作是念：『當作方便持草木竹往彼，彼若見我當疾好覆。』屋師見已，好不好，得波夜提。」

4. 究竟成犯

《四分律》中，比丘「不去至不見不聞處」，第三節覆完，犯波逸提。

《十誦律》中，「是比丘若在中，即竟第三覆者」，也就是隨草、木、瓦物覆蓋到房頂上，完成第三層覆蓋時，犯波逸提。

《五分律》中，開始準備覆第四層時，犯突吉羅；只要草、瓦或板等材料一覆蓋上去，便犯波逸提。如律文：「方便及燒、斫時，皆突吉羅；覆竟，波逸提。」

《根有律攝》記載：「若濕泥者，於其限外著一團時，便得惡作；若遍匝者便得本罪。」

藏傳《苾芻學處》記載，一日之中第三重蓋完繼續蓋時，結波逸提罪。「或未用泥，或未安橫居，或未安水竇，或未善築牆基等，縱於他日過限蓋亦犯墮罪。若雖安水竇等，過限蓋亦犯墮罪。但蓋三重者無犯，蓋第四重時得一惡作罪。又蓋大房時未安門樞、門扇及未留窗牖等，是學處惡作罪」。

《巴利律》記載，「指示之前行者，突吉羅；已指示者，波逸提」。

《僧祇律》中，比丘欲使屋師見到自己後而能使屋師快些把屋頂覆好，作種種方便，屋師見到比丘，不管屋頂是否覆蓋完成，比丘得波逸提罪。如律文：「比丘作是念：『當作方便持草木竹往彼，彼若見我當疾好覆。』屋師見已，好不好，得波夜提。如是作方便，欲使屋師見故，往禮拜和上、阿闍梨，受經誦讀，若經行，若入聚落，屋師見我已當疾好覆。見已，好不好，俱得波夜提。如是一切作方便，得波夜提。」

其他律典沒有相關記載。

5. 犯戒主體

《四分律》中，比丘、比丘尼犯本戒，波逸提；式叉摩那、沙彌、沙彌尼若犯，突吉羅。

藏傳《苾芻學處》中，比丘、比丘尼犯本戒，波逸提；沒有提及下三眾的結罪情況。

《薩婆多論》中，比丘若犯本戒，結波逸提罪；比丘尼和下三眾若犯，均結突吉羅罪。

《五分律》中，比丘犯本戒，波逸提；「沙彌，突吉羅」。其他未提及。

其他律典僅記載比丘若犯本戒，結波逸提罪，其他人的結罪情況均未提及。

（三）不犯

1. 所犯境不具足

《十誦律》記載：「若用板覆，若用鳥翅覆，若用優尸羅草根覆，不犯。」此律還記載：「問：『頗有比丘過第三重複舍不得波逸提耶？』佛言：『有！若先作舍以板隨意覆。』」

《摩得勒伽》記載：「用草覆、板覆，不犯。」對於草的判罪，與《四分律》差異較大。

《根有律》中,「若是熟磚及以石木」,無犯。《根有律攝》與此相似,「或時乾墼及以熟磚木石等成,便無限齊」。

2. 能犯心不具足

《根有律攝》中,濕泥、非濕泥作非濕泥想,不犯。

《巴利律》記載:「於覆二、三重以下而有以下想者,不犯也。」

3. 方便加行不具足

《四分律》記載:「不犯者,指授覆苫二節竟,至第三節覆未竟,至不見不聞處。」

《薩婆多論》記載:「若不頓壘牆成,無罪。」

《僧祇律》記載:「若不作方便,往見已為好疾覆,無罪。」

《巴利律》中,「覆二、三重,覆二、三重以下」,不犯。

《善見論》記載:「若一教罷,不犯。……無罪者,語已去,不犯。」

4. 犯戒主體不具足

《四分律》記載:「無犯者,最初未制戒,癡狂、心亂、痛惱所纏。」

《五分律》、《根有律》與《四分律》內涵一致。

《巴利律》僅記載:「癡狂者、最初之犯行者,不犯也。」

5. 開緣

《四分律》記載:「水陸道斷,賊難,諸惡獸難,水大漲,或為力勢所持,若被繫,若命難,若梵行難,指授覆二節至第三節未竟,不去至不見不聞處,無犯。」

《根有律》記載:「施主欲得疾成,雖過重數,並皆無犯。」

《根有律攝》記載:「若有別人為眾興造,告苾芻曰:『我解營作,假令高大亦不傾隤。』苾芻信之,斯亦無犯。」「雖是濕泥,覆以草席,雖遭雨水,無懼崩隤;或時施主須遣急營:限齊雖過,斯皆非犯。」

《巴利律》記載：「於山窟、於石房、於草房，為他人而作，以己之財而作，除己之住屋外凡公眾者，不犯也。」

　　《善見論》記載：「若覆不好，壞更覆，不犯。」

五、原理

（一）房屋因何而倒

本戒是一條遮戒。制戒的主要原因是比丘造大房舍坍塌，給施主帶來了重大損失，招致了世人的譏嫌。

從煩惱的角度來看，比丘造房不考慮房屋的實際承受能力，過量使用建築材料，導致房屋倒塌，這本身就是貪煩惱和癡煩惱的體現。如《四分律》中，在三次給房覆草之後，緣起比丘猶不知止，導致在第四次覆草時房舍「摧折崩破」，前功盡棄。《僧祇律》中，建築師再三規勸覆屋薄厚要有限度，緣起比丘卻沒有聽從。貪吝和愚癡是比丘造房失敗的主要原因。

（二）護供養之心，增布施之福

從本戒緣起中可以看出，佛陀時代的印度，白衣將各種修梵行的沙門視為無上福田，勤於供養，熱情很高。因此，除滿足比丘飲食、資具等日常的生活所需之外，王公貴族、大富長者還會為僧團建造講堂、僧坊等，以供說法與常住之用。如《鼻奈耶》中記載緣起比丘「取檀越百千兩金作大講堂」，《根有律》中有長者發心「今我舍內多有財賄，得為僧伽造立住處」。

根據《薩婆多論》，施主供養三寶主要可以產生兩種功德：居士供養時隨心所感的布施功德，僧團使用時隨物增長的受用功德。[1]《根有律》中，佛陀讓阿難寬慰長者說「多有施主奉為如來造立房舍，然佛世尊竟不受用，於彼施主福亦隨生」，說明不假受用，布施行為的本身就可以感生福報，令施主獲益；然後接着說，「何況汝寺於初夜時有耆宿德行苾芻皆入受用，於後夜分世

1　《薩婆多論》卷 7，《大正藏》23 冊，545 頁中欄至下欄。

尊自往，及帝釋諸天皆來雲集，入汝寺中共為受用，宣說妙法，汝之福利無量無邊」[1]，顯示了受用還會帶來更多的福報。乃至只要布施者不起邪見，在其命終之前，隨着布施之物使用壽命的延長，福德會一直增長下去。[2]

由此可知供養之物受用的時間越久，居士的福報增長越大。居士發心為比丘建房，供養的資具或錢財的金額一般都比較大，房子建好後，正常情況下可以使用很長的時間，施主的福報便可以得到持續性的增長。由於比丘造房的方式不當導致新建的房屋倒塌，實際上大大損減了施主的福報，進一步也容易對居士的信心造成較大的打擊。

佛陀制定此戒，能夠保護信眾的供養之心，讓他們能夠因供養三寶而獲得更多的福報，同時也能夠避免世人的譏嫌，守護更多人的善根。

（三）房屋建設與施工

佛法認為萬事萬物都是依憑緣起的法則生起和存在，律中的比丘卻無視這種客觀規律，一味憑着主觀的意願行事，才最終帶來了不可挽回的損失。

《僧祇律》中，當緣起比丘表示將所有的草料都要覆蓋房頂時，造房師多次提醒，「一切世間皆有法限」、「當有齊限，那得盡用」，但緣起比丘堅持己見，「但盡用覆，何須多言？」《根有律》記載緣起比丘不惜重金僱傭多人，「三層寺一百口房」、「一日便成」，然後到長者之家報告「造寺已成，應為慶讚」。如此大的建築規模在短時間內建成，很容易會忽視細節的處理和基礎的設施，所以其所造之房「下無水竇，上無泄渠」、「戶中窗牖，皆不安置，無疏通處，形若方篅，但有小門才通出入」，顯示緣起比丘事先對於室外的排水

1　《根有律》卷 30，《大正藏》23 冊，791 頁中欄。

2　《薩婆多論》卷 7：「若作僧新房舍及以塔像，曠路作井及作橋梁，此人功德一切時生，除三因緣：一、前時事毀壞，二、此人若死，三、若起惡邪。無此三因緣者，福德常生。」《大正藏》23 冊，545 頁中欄。

系統和房屋本身的格局都有欠考慮。缺乏建築常識，又急於求成，成為其造房失敗的主要原因。

相反，如果比丘精熟房屋建築，其經驗技術能夠確保房屋安全，相關的建設項目早已得到了眾人的認可。這種情況下，比丘不會造成如上諸種過患，也就不會犯到此戒。《根有律攝》記載：「若有別人為眾興造，告苾芻曰：『我解營作，假令高大亦不傾隤。』苾芻信之，斯亦無犯。」

六、總結

（一）諸律差異分析

1. 緣起差異

（1）結構差異

各律典緣起結構相同，只有本制。

（2）情節差異

《鼻奈耶》、《十誦律》、《五分律》、《巴利律》主要情節與《四分律》相似，都是比丘建房時過度使用材料，致使房屋倒塌。《五分律》、《巴利律》多了毀壞婆羅門麥田的細節。

《僧祇律》的情節差異較大。緣起比丘請覆屋師覆屋，不聽其勸告，堅持將所有的草都覆上，造成房屋倒塌。之後他又強行讓覆屋師重新覆屋，被人譏嫌，佛因此制戒。

《根有律》差異最大，六群比丘為了證明自己，推舉緣起比丘建造寺院。比丘從一長者處化緣後，在一日之內速成三層高的寺院，第二天就倒塌了。多虧佛陀早有預見，採取相應措施，化解了長者的懊惱之心。佛陀也因此制戒。

（3）結論

綜上所述，本戒緣起無需調整，仍取《四分律》的結構與情節。

2. 戒本差異

諸律間的差異主要體現在：與《四分律》相比，其他戒本中均缺少與「苦」相對應的內容；《僧祇律》、《僧祇比丘戒本》、梵文《說出世部戒經》、巴利《戒經》多出「當於少草地中住」及類似的內容；《十誦律》、《十誦比丘戒本》、《五分律》、《彌沙塞五分戒本》、梵文《根有戒經》、藏文《根有戒經》多出了「疊壁」或相似的表述；此外，漢譯根本說一切有部幾部戒本的表述和《四分律》

及其他戒本差異較大。

為了使戒本的表述更加明確、清晰，結合多部廣律中緣起的內容，據《彌沙塞五分戒本》將「戶扇、窗牖及餘莊飾具，指授覆苫」部分改為「從平地壘留窗戶處，極令堅牢」；再將其後的「二、三節」改為「三重覆」，以使更加易於理解。此外，為了避免歧義，據《十誦律》在「若過」後又增加一個「覆」字。

3. 辨相差異
（1）所犯境
①所犯對象

諸律的所犯對象分為兩類：屋頂和牆壁。

《四分律》和其他大部分律典（未記載所犯對象者除外）中，所犯對象為屋頂，但諸律對屋頂的限定不同：《四分律》為大房的屋頂；《鼻奈耶》中是大講堂的屋頂；《薩婆多論》為房舍的屋頂，包括上房、中房、下房三品；《巴利律》為大精舍的屋頂；藏傳《苾芻學處》為寺院的屋頂，並且要求「能容四威儀，多分圍繞，非他先已造餘者」，從描述中看，應該是比較大的寺院。可以看出，除《薩婆多論》中所犯對象是上中下三品屋舍的屋頂外，其他律典中，所犯對象均為「大房」的屋頂。

《根有律》、《根有律攝》中，所犯境為大房的牆壁，與《四分律》等多數律典觀點不同。

本戒取《四分律》等大多數律典的觀點，所犯對象為大房的屋頂。

②所用材料

《四分律》中覆屋所用的材料為苫，《鼻奈耶》、《薩婆多論》為草。苫是一種草，因此這三部律所犯境相同。《十誦律》為草、木簀和瓦，《僧祇律》為草、泥、板、石灰，《五分律》為草、瓦和板，《巴利律》為瓦、石、粘土、草、樹葉，《善見論》為瓦、石灰、草，藏傳《苾芻學處》為「非用石及熟磚或木等」。《根有律》、《根有律攝》所犯對象是大房的牆壁，故所用建築材料為濕泥。除《根有律》、《根有律攝》外，不同律典中，覆屋所用的材料也不

相同，種類繁多，其中草是多數律典所共有。

結罪方面，對同一材料和不同材料的判罪均存在輕重的差異。《四分律》、《十誦律》、《僧祇律》、《五分律》、《巴利律》、《善見論》中，用草覆結波逸提罪，但《摩得勒伽》中用草覆不犯。《十誦律》中，用優尸羅草根覆，不犯。《僧祇律》、《五分律》中，用板覆結波逸提罪，《十誦律》、《摩得勒伽》中則不犯。藏傳《苾芻學處》中，用「石及熟磚或木等」則不犯。

這些差異可能與部派所在地區的造房工藝、造房材料的差異有關係。此處取《四分律》的觀點。

（2）能犯心

諸律中，唯有《根有律攝》、《巴利律》和藏傳《苾芻學處》有想心的相關記載。《四分律》及其他律典中沒有提及想心的結罪情況。

《根有律攝》中，濕泥作濕泥想、疑，結波逸提罪；非濕泥作濕泥想、疑，結突吉羅罪。藏傳《苾芻學處》為「想不錯亂」，結波逸提罪。《巴利律》中，本戒的想心判法更偏重於客觀事實。只要「覆二、三重以上」，不論想心如何，均判為正犯。《根有律攝》的想心涉及到具體的材質，此想心並不常見。而《巴利律》則是對覆屋程度的認知有所偏差，而無論是從安全角度，還是從防護譏嫌的角度來看，對覆屋的層數以事實判罪更為合理。因此，綜合諸律來看，本戒以《四分律》等律典為準，即不考慮想心。

（3）方便加行

本戒的方便加行可分為兩大類。《四分律》中，方便加行為：不離開見聞處，指授覆屋三節。《十誦律》中，無論比丘是否在場，只要其指示或自覆三層完成，即正犯。《鼻奈耶》、《摩得勒伽》、《僧祇律》、《五分律》、《善見論》、藏傳《苾芻學處》為覆屋過三層。《根有律》、《根有律攝》以牆壁為所犯境，故其方便加行為用濕泥起牆壁過三重。除《根有律》、《根有律攝》外，諸律的方便加行均為覆屋過限，不過在細節方面略有差異，《四分律》要求不離開見聞處，《薩婆多論》則分為三種情況來討論。

《四分律》中，「指授」他人為自己覆屋時正犯本戒，沒有提自覆時如何結罪。《僧祇律》、《根有律》、《根有律攝》、《巴利律》、藏傳《苾芻學處》中，

自作或使他人作均正犯。本戒主要防止的是過量覆屋，至於是自覆還是教他人覆，本質上並無差別，故本戒對於這一觀點予以採納。綜合諸律，本戒的方便加行為，自覆或使人覆，覆屋過三重。

此外，教他方面，比丘直接教他，正犯本戒，通過間接手段教他時，結突吉羅罪，如《摩得勒伽》中，若手印遣使結突吉羅罪，《根有律攝》中，遣書教他結惡作罪。這些觀點雖來自他部律，但均可作為實踐行持的參考。

（4）究竟成犯

本戒的究竟成犯比較複雜，諸律中共有以下幾種情況：第一，《四分律》、《十誦律》中，究竟成犯為第三層覆完時；第二，《巴利律》中，覆屋過二、三重後，又繼續指示覆屋，指示完成時，究竟成犯，此後，每覆一物結一波逸提罪；第三，《五分律》中，開始覆第四層時，隨所用草或瓦或板覆時，成犯；第四，《僧祇律》中，比丘作意屋師見到自己後會盡快把屋頂覆好，遂作種種方便，當屋師見到比丘時，不管屋頂是否覆蓋完成，比丘得波逸提；第五，藏傳《苾芻學處》中，超過第三重後繼續覆屋，第四重覆屋完成，究竟成犯；第六，《根有律攝》所犯對象是牆壁，達到三重後，又在牆壁周匝塗濕泥，當塗遍整個牆壁時，究竟成犯。

過限後判罪的寬嚴不同。《五分律》判罪較嚴，超過三重的限度後，每覆一物結一波逸提罪；而藏傳《苾芻學處》則要寬一些，超過第三重後繼續覆屋，完成第四重時才構成正犯。第三層敷完時成犯，也就意味着第三重不能完工，並不符合現實的情況，因此，本戒取《五分律》和《巴利律》的觀點，第三節覆完後，隨所覆物成犯。而對於結罪數量，以《十誦律》、《五分律》、《巴利律》和《善見論》為準，即第三層覆完後，覆第四層時，隨所覆物，一一波逸提。

（5）犯戒主體

部分律典中，對於比丘尼結罪的情況存在差異。《四分律》、藏傳《苾芻學處》中，比丘尼若犯，結波逸提罪。《薩婆多論》中，比丘尼若犯，結突吉羅罪。從實踐的角度來說，比丘尼過量覆屋，也會造成很大的負面影響，故本戒取《四分律》的觀點，判為正犯。

4. 諸律內部差異

《四分律》緣起中有「有餘草第三覆，猶復有餘草在」，可見是超過了三節。如戒條中亦有「指授覆苫齊二、三節，若過，波逸提」，即是超過三節後才正犯此戒。而辨相中，比丘指示覆屋滿三節，不離見聞處，第三節覆完即正犯此戒，與緣起和戒條略有不同。《十誦律》與《四分律》相似。

《鼻奈耶》的緣起只是提到「作大講堂，一日累塗覆，即夜崩壞」，並沒有提到覆幾節的問題。而戒條中則規定「細泥塗地，再三覆之（重草蓋之）。若過三者，貝逸提」。《巴利律》與此類似，緣起中只是提到「再三修葺塗飾，〔因〕重壓而使精舍倒塌」，並沒有提到覆幾節，而戒條和辨相中則提到「指示覆二、三重」，過者則正犯。《五分律》緣起並未提到覆屋的層數，如：「以墼薄累作於四壁，極重複之；覆重壁坏一時崩倒。」戒條中則過三重則正犯。而辨相中則是「若至第四重」時，正犯。

《根有律》中，比丘蓋房子沒有按要求建窗戶和水竇，缺少排水設施。當夜「風驚雷震便下大雨」，導致「形如大篅水無出處，其水浸漬寺便崩倒」。但是並沒有提及覆屋的相關情節，緣起與戒條、辨相不相符順。

其他律典中緣起與戒本、辨相皆相符順。

（二）調整文本

通過以上諸律間觀點同異的對比與分析，文本在《四分律》的基礎上作如下調整：

1. 緣起

佛在拘睒彌國瞿師羅園，闡陀比丘起大房，用草覆房。覆完第一遍後，還有剩餘，於是再覆一層，草還沒用完，於是覆第三層，覆完後還有餘草。闡陀擔心不能常從居士那裏獲得草，因而繼續覆屋，最終導致房屋倒塌。居士譏嫌比丘，佛因此制戒。

2. 戒本

若比丘，作大房舍，從平地壘留窗戶處，極令堅牢¹，齊三重覆²。若過覆³，波逸提。

3. 辨相

（1）犯緣

本戒具足四緣成犯：一、為己造大房；二、自覆，使人覆；三、覆屋過三重；四、第三重覆完後，隨所覆物，成犯。

（2）辨相結罪輕重

①為己造大房

②自覆，使人覆

若比丘自覆或使他人覆，波逸提；若通過手印、書信令他人覆時，突吉羅。

③覆屋過三重

④第三重覆完後，隨所覆物

第三重覆完時，波逸提；第三重覆完後，繼續覆屋，隨所覆物，一一波逸提；若指示齊三重覆後離去，不犯。

⑤犯戒主體

比丘、比丘尼若犯，波逸提；下三眾若犯，突吉羅。

⑥不犯

最初未制戒，癡狂、心亂、痛惱所纏，不犯。

---

1 「從平地壘留窗戶處，極令堅牢」，底本作「戶扇、窗牖及餘莊飾具，指授覆苫」，據《彌沙塞五分戒本》改。

2 「三重覆」，底本作「二、三節」，據《五分律》、《彌沙塞五分戒本》改。

3 「覆」，底本闕，據《十誦律》加。

七、現代行持參考

隨着時代的發展和社會的進步，現代建築材料一般都是具有較強承載力的鋼筋混凝土材料。正規建築在施工之前，專業的人員會設計圖紙，計算建築物各部分的承受能力。建築施工工程中，監理會監督工程的進展。工程結束後，專業人員還要驗收施工質量，所以一般不會出現律典緣起中房頂過重將房屋壓塌的情況。不過，如果因貪欲和無知而擅自改變設計，不觀察緣起而盲目施工，也有可能會出現一些問題。因此，本戒的制戒精神仍然具有現實的指導意義。

修建寺院或或者翻新寺院房屋時，一方面要把握緣起，科學施工，科學管理；另一方面，也要珍惜信施，合理使用建房材料，做到物盡其用，以保護居士供養的發心。

九十波逸提（一）

比丘戒研究　　　　　第六冊

作　者

淨業編委會

責任編輯

陳志倩　蕭嘉敏

裝幀設計

Sands Design Workshop

排　版

Sands Design Workshop

出　版

明報出版社有限公司

發　行

明報出版社有限公司
香港柴灣嘉業街 18 號
明報工業中心 A 座 15 樓
電話：2595 3215
傳真：2898 2646
網址：http://books.mingpao.com/
電子郵箱：mpp@mingpao.com

版　次

二〇二四年五月初版

印　刷

美雅印刷製本有限公司

I S B N

978-988-8829-22-4